Patrick Stiefel

Eine dezentrale Informations- und Kollaborationsarchitektur für die unternehmensübergreifende Produktentwicklung

VIEWEG+TEUBNER RESEARCH

Patrick Stiefel

Eine dezentrale Informations- und Kollaborationsarchitektur für die unternehmensübergreifende Produktentwicklung

Mit einem Geleitwort von Prof. Dr. Jörg P. Müller

VIEWEG+TEUBNER RESEARCH

Bibliografische Information der Deutschen Nationalbibliothek
Die Deutsche Nationalbibliothek verzeichnet diese Publikation in der
Deutschen Nationalbibliografie; detaillierte bibliografische Daten sind im Internet über
<http://dnb.d-nb.de> abrufbar.

Dissertation Technische Universität Clausthal, 2010

D 104

1. Auflage 2011

Lektorat: Ute Wrasmann | Sabine Schöller

Vieweg+Teubner Verlag ist eine Marke von Springer Fachmedien.
Springer Fachmedien ist Teil der Fachverlagsgruppe Springer Science+Business Media.
www.viewegteubner.de

Umschlaggestaltung: KünkelLopka Medienentwicklung, Heidelberg
Gedruckt auf säurefreiem und chlorfrei gebleichtem Papier
Printed in Germany

ISBN 978-3-8348-1562-0

Das schönste Glück des denkenden Menschen ist,
das Erforschliche erforscht zu haben und das Unerforschliche zu verehren.

(Johann Wolfgang von Goethe)

Geleitwort

Globalisierung und der Übergang von der Produktions- zur Wissensgesellschaft sind die wesentlichen Faktoren, die die Produktentwicklung in unserer industrialisierten Welt beeinflussen, ihr neue Chancen eröffnen, sie aber auch vor neue Herausforderungen stellen.

Globaler Wettbewerb erhöht den Innovationsdruck und führt zu kürzer werdende Innovations- und Produktentwicklungszyklen. So dauert die Neuentwicklung eines Automobils heute beispielsweise nur noch etwa halb so lange wie vor zehn Jahren. Dies wiederum stellt neue Anforderungen an Produktentwicklungsprozesse und -systeme und deren Verzahnung mit anderen Kernprozessen wie Customer Relationship Management und der Planung von Produktionsanlagen und Produktion.

Globale Zusammenarbeit schafft Chancen durch globale Arbeitsteilung und Zusammenarbeit, schafft aber auch Risiken durch die Zusammenarbeit mit unbekannten, möglicherweise nicht vertrauenswürdigen Partnern und die Widrigkeiten verteilter Projektorganisation und entfernter Zusammenarbeit. Hier ergeben sich neue Anforderungen an Kollaborations- und Projektmanagement-Prozesse und –Systeme und deren Verzahnung mit anderen Unternehmenssystemen.

Traditionelle Ansätze des Produktdatenmanagement (PDM) / Product Lifecycle Management (PLM) stoßen vor dem Hintergrund dieser Anforderungen unternehmensübergreifender Zusammenarbeit an ihre Grenzen:

- Zentralisierte Datenhaltung und Datenzugriff sind angesichts großer Datenmengen und intensive Datenkommunikation oft nicht mehr möglich.
- Starre, zentral organisierte Kollaborationsarchitekturen sind nicht geeignet für die Unterstützung dynamischer, organisationsübergreifender Entwicklungsverbünde der Zukunft, in denen Kollaborationsprozesse in flexibler Weise heterogene Prozess- und Datenstrukturen der Entwicklungspartner abbilden müssen.
- Etablierte Formen der IT-Organisation und Nutzer-/Rollen-/Rechteverwaltung bilden nicht in genügendem Maße die Sicherheits- und Vertrauensmodelle ab, die notwendig sind, um IT-gestützte unternehmensübergreifende Produktentwicklungsprozesse sicher, schlank und effektiv gestalten und managen zu können.

Das vorliegende Buch setzt sich mit der Fragestellung auseinander, welche Anforderungen IT-Architekturen und IT-Systeme erfüllen müssen, um für die Unterstützung von Informations- und Kollaborationsprozessen für die unternehmensübergreifende Produktentwicklung der Zukunft anwendbar zu sein.

Dabei identifiziert, verfolgt und verzahnt der Autor zwei wesentliche Elemente: Zum einen werden *dezentralisierte Architektur- und Ausführungskonzepte* in der Daten- und Prozessorganisation durch ein Peer-to-Peer-Modell realisiert. Zum anderen wird ein *modellbasiertes Vorgehen* bei der Spezifikation von Kollaborationsprozessen und ihrer schrittweisen Abbildung auf Informationssysteme der Produktentwicklung vorgeschlagen.

Der im Buch präsentierte Lösungsansatz erscheint dabei auf den ersten Blick durchaus radikal. Die Abwendung vom hierarchischen Client-Server-Prinzip der IT-Organisation und die Hinwendung zu flachen Peer-To-Peer-Architekturen wird in der Welt der IT-Organisation und IT-Strategie, die gegenwärtig von Begriffen wie Governance und Konsolidierung geprägt ist und gegen Dezentralisierungsüberlegungen (wie gegenwärtig im Kontext von Virtualisierung und Cloud Computing) instinktiv ablehnend reagiert, zweifelsohne mehrheitlich Reaktionen hervorrufen, die zwischen Amusement, Skepsis und blankem Entsetzen schwanken. Tatsache ist aber auch, dass den IT-Strategen heute überzeugende Antworten auf die Probleme und Fragen, die in diesem Buch thematisiert werden, immer noch fehlen.

Der methodische Ansatz des Buchs, existierende Ansätze und Tabus grundsätzlich in Frage zu stellen und Anforderungen, Modelle und IT-Architekturen für künftige Produktentwicklungssysteme ausgehend von einer radikalen Gegenhypothese zu untersuchen, ist ebenso unkonventionell wie produktiv. Das Buch beschreibt übersichtlich und detailliert grundlegende Anforderungen sowie innovative technologische und prozessorientierte Bausteine eines dezentral organisierten informationstechnologischen Ansatzes zur Unterstützung zukünftiger unternehmensübergreifender Produktentwicklungsprozesse. Konkretes Ergebnis ist ein experimentelles, dezentral organisiertes PDM/PLM-System, das zum einen die generelle technische Machbarkeit des Ansatzes nachweist, zum anderen dazu dient, Vor- und Nachteile ebenso wie weitere Herausforderungen und zukünftige Forschungsfragen herauszuarbeiten.

Das Buch illustriert in überzeugender Weise, dass in dezentral organisierten Produktentwicklungsprozessen auch verstärkt dezentrale IT- und Organisationskonzepte sinnvoll und notwendig sind. Dass am Ende die radikale Hypothese der prinzipiell besseren Eignung dezentraler Ansätze relativiert werden muss, ist weder überraschend noch negativ. *Der Weg ist das Ziel* – die auf diesem Weg gesammelten und in dem Buch dokumentierten Erkenntnisse sind lehrreich und innovativ; sie bieten Forschern und IT-Praktikern im Bereich des PDM/PLM neue Erkenntnisse und Fingerzeige in Bezug auf die Auswahl von Architekturprinzipien, Technologien, und Vorgehensweisen.

Clausthal-Zellerfeld, im März 2011 Prof. Dr. Jörg P. Müller

Danksagung

An dieser Stelle möchte ich mich ganz besonders bei Herrn Prof. Dr. Jörg Müller für die wissenschaftliche Betreuung meiner Arbeit, insbesondere für die schöne Zeit am Institut für Informatik der TU Clausthal bedanken. Jörg, Du gabst mir die Möglichkeit, mich selbständig in ein Forschungsthema einzuarbeiten und dieses nach bestem Wissen und Gewissen auszugestalten. Du hast mir immer wieder mit Rat und Tat zur Seite gestanden und mir nützliche Tipps für meine thematische, aber auch persönliche Weiterentwicklung gegeben. Gemeinsam mit Dir konnte ich die Wirtschaftsinformatik-Arbeitsgruppe am Institut gestalten und meine Meinung in viele organisatorischen Bereichen einbringen. Die fachlichen Diskussionen mit Dir haben stets dazu beigetragen, die Forschung und Lehre kontinuierlich voranzubringen. Mit der hier vorliegenden Arbeit ist eine Basis geschaffen worden, die Du mit Deinem wissenschaftlichen Nachwuchs hoffentlich noch lange am Institut weiterentwickeln wirst.

Ich bedanke mich ebenfalls bei Herrn Prof. Dr. Niels Pinkwart für die Übernahme des Koreferats und seine Unterstützung beim Entwurf der empirischen Studie.

Ein ebenso großes Dankeschön möchte ich allen Mitgliedern meiner Projektgruppe für „Dezentrale und Kollaborative Produktentwicklung" aussprechen. Ihr alle habt maßgeblich dazu beigetragen, dass immer wieder neue Ideen in meine Arbeit aufgenommen werden konnten und sich die P2P-basierte Produktmodellentwicklung zu einem stabilen Forschungsgegenstand der Wirtschaftsinformatik in Clausthal entwickelt hat.

Elisabeth Höhne und Thomas Dokters danke ich persönlich für Ihre Impulse und Anregungen in der Anfangszeit meiner Dissertation. Ihr seid mitverantwortlich für die Geburt dieser Idee. Dann möchte ich mich explizit bei Robert Kühne und Stefan Kehl bedanken, die mich beide maßgeblich bei der Umsetzung meiner Ideen durch ihr Programmierwissen unterstützt und die in dieser Arbeit entwickelte Architektur durch ihre Ideen mitgestaltet haben. Nico Bachmann und Stephan Wilde danke ich für ihre Hilfe bei der Entwicklung der Serviceschnittstellen und Workfloweinheit. Sara Bessling und Tobias Ronsdorf sei gedankt für ihre Ideen bei der Gestaltung der Metamodelle und Transformationen im Rahmen des modellgetriebenen Softwareentwicklungsprozesses.

Es liegt mir am Herzen mich ganz besonders bei einem Mitglied der Projektgruppe zu bedanken, Christian Hausknecht, dessen unermüdlicher Einsatz mit dafür verantwortlich ist, dass ich mich immer wieder neu motivieren konnte, die Arbeit abzuschließen und niemals aufgegeben habe. Du hast mich unentwegt unterstützt und warst mir eine wahnsinnig große Hilfe. Das Wort „Danke" reicht hier eigentlich gar nicht aus.

Am Schluss möchte ich mich noch bei meiner Frau Miriam Stiefel dafür bedanken, dass aus mir das geworden ist, was ich heute bin: Ein engagierter, neugieriger Wissenschaftler. Als ich Dich zu Beginn meines Studiums kennengelernt habe, war ich mir noch nicht in dem Maße wie heute bewusst, wie leistungsbereit man sein muss, um seine Ziele zu erreichen. Nur dank Dir habe ich mich kontinuierlich gesteigert und dafür bin ich Dir wirklich sehr dankbar. Schön, dass es Dich gibt.

Liebe Eltern, mit der Anschaffung des Commodore C16 Plus 4 hat alles angefangen, schon sehr früh haben wir in der Familie über den ersten IBM PC verfügt, an dem ich insbesondere mit Dir, lieber Walter, viele Stunden verbracht und dabei sehr viel gelernt habe. Ihr seid Euch nicht sicher gewesen, ob ein Studium und die Promotion in der Informatik das Richtige für mich sind, habt mich aber nie alleine gelassen, mich unterstützt wo ihr nur konntet und immer an mich geglaubt. Diese Arbeit ist der Beweis dafür, dass ich die richtige Wahl getroffen habe.

Clausthal-Zellerfeld, im März 2011 Patrick Stiefel

Zusammenfassung

Unternehmen suchen nach neuen Ansätzen in der kollaborativen Produktentwicklung, um die unternehmensübergreifende, kollaborative Produktentwicklung (engl.: Collaborative Product Development, CPD) durch effizientere IT- und Datenaustauschverfahren zu unterstützen (Li und Qiu 2006). Bei der Definition und der Ausführung von Produktentwicklungsaufgaben haben sich bi- oder multilaterale Entwicklungskollaborationen schon länger bewährt, vgl. (Tietze 2003, S. 195 ff.), da sich durch den Zusammenschluss unterschiedlicher Partner mit heterogenen Kernkompetenzen die individuellen Entwicklungs- und Produktionstechnologien, bzw. Produkt- und Prozess-Know-how positiv ergänzen (Albers und Schweineberger 1998, S. 4 ff.).

Die tiefgreifenden Veränderungen in der Art und Weise der Zusammenarbeit von Unternehmen fordern neue IT-Architekturen, -Methoden und -Ansätze für die kollaborative Produktentwicklung. Gesucht sind lose gekoppelte, dynamische Netzwerkstrukturen, die eine ad-hoc-Zusammenarbeit unterstützen. Hierarchische Client-/Server-Architekturen sind zu unflexibel, um zukünftige Kollaborationsnetzwerke der zukünftigen Generation zu unterstützen; die Ausgangshypothese dieser Arbeit ist, dass Architekturansätze des Peer-to-Peer-Computing hierfür geeigneter sind.

In dieser Arbeit wird daher erstmalig der Versuch unternommen, Methoden des Produktdatenmanagements mit dezentralen IT-Technologien zu koppeln. Ziel ist die Entwicklung eines Ansatzes für zukünftige lose gekoppelte Kollaborationsplattformen. Der Fokus dieser Arbeit liegt dabei auf den frühen Phasen der Produktentwicklung. Motiviert durch die Tatsache, dass in der Produktentwicklung besonders sensible Daten ausgetauscht werden und Produktentwicklungsprozesse durch häufige Änderungsanforderungen und Wechsel der Kollaborationsteilnehmer geprägt sind, trägt diese Arbeit dazu bei, Unternehmen für eine bessere Zusammenarbeit neue, effizientere IT-Technologien und Sicherheitsinfrastrukturen vorzuschlagen.

Zur Klärung der zentralen Fragestellung der Machbarkeit sind Anforderungen auf technischer und organisatorischer Ebene zu formulieren und die Vor- und Nachteile klar voneinander abzuwägen. In der Arbeit wird das Konzept der **dezentralen, kollaborativen Produktentwicklung (DeCPD)** entwickelt. Ziel ist es, existierende Verfahren der CPD um dezentrale Vorgehensweisen und Methoden zu erweitern und dabei den Nutzen und die Vorteile, aber auch Risiken und Nachteile eines P2P-basierten Kollaborationsansatzes herauszuarbeiten.

Neue Technologien und Formen der Kollaboration erfordern neue Vorgehensmodelle für die Produktentwicklung. Dazu wird in dieser Arbeit das Vorgehensmodell der **organisationsübergreifenden modellbasierten Produktentwicklung (OMP)** entwickelt:

- Unter Verwendung der Prinzipien der modellgetriebenen Softwareentwicklung (engl.: model-driven software engineering, MDSD), vgl. (Stahl, Völter et al. 2005), werden **Modelle für die dezentrale Prozess-, Daten- und Netzwerkgestaltung auf unterschiedlichen MDSD-Abstraktionsebenen** entwickelt und deren Abhängigkeiten beschrieben.

- Für ein ausgewähltes Szenario werden die zugehörigen OMP-Modellinstanzen entwickelt und Modelltransformationen durchgeführt. Daraus entsteht ein plattformspezifisches OMP-Modell, das als Basis für den Entwurf und einer **DeCPD-Mehrschichten-Architektur** dient. Für diese Architektur erfolgt die Implementierung einer **DeCPD-Runtimeplattform**.

Abschließend wird im Rahmen der Evaluierung wird zunächst mit Hilfe geeigneter Methoden die Funktionsweise der DeCPD-Architektur überprüft und darüber hinaus eine empirische Untersuchung durchgeführt, um festzustellen, in wie weit die vorgeschlagenen Methoden und Vorgehensweisen der DeCPD in der der unternehmensübergreifenden Produktentwicklung eingesetzt werden können.

Inhalt

1 Einleitung

Unternehmen suchen nach neuen Möglichkeiten und Ansätzen in der kollaborativen Produktentwicklung, um die organisationsübergreifende Wissensverarbeitung durch neue IT- und effizientere Datenaustauschverfahren zu unterstützen. Kollaborationsplattformen sind eine der wesentlichen Entwicklungstendenzen. Sie bieten die Möglichkeit, Produktdaten unterschiedlicher Kooperationspartner phasenübergreifend im Produktlebenszyklus zu integrieren. Damit sind sie ein notwendiger Ansatz, die geforderte Zusammenarbeit unterschiedlicher Unternehmen in kollaborativen Produktdatenmanagement(PDM)-Netzwerken zu ermöglichen und leisten einen entscheidenden Beitrag zur Bewältigung der langfristigen Herausforderungen im digitalen Produktentwicklungsprozess (Kamrani und Nasr 2008, Kap. 1.1 und 1.2).

Bis zum Jahre 2015 prognostizieren die Autoren Radtke, Zielke und Abele im Auftrag von McKinsey eine Revolution in der Schlüsselbranche der deutschen Volkswirtschaft, der Automobilindustrie. Steigender Kosten- und Innovationsdruck zwinge die Hersteller in eine „Produktivitätszange" und damit zu einem dritten, revolutionären Einschnitt nach der Erfindung des Fließbands durch Henry Ford und der Lean Production durch Toyota (Radtke, Abele et al. 2004). Wesentliche Veränderungen betreffen die Produktstruktur und eine Verringerung der Fertigungstiefe durch Verlagerung der Innovations- und Wertschöpfungsschwerpunkte weg vom OEM hin zu starken Systemzulieferern mit massivem Einfluss auf das Endprodukt („Smart-Modell").

Die unternehmensübergreifende, kollaborative Produktentwicklung (engl.: Collaborative Product Development (CPD)) ist wichtigster Bestandteil dieser Entwicklungstendenz (Li und Qiu 2006). Besonders bei der Definition und der Ausführung von Produktentwicklungsaufgaben haben sich bi- oder multilaterale Entwicklungskollaborationen schon länger bewährt, vgl. (Tietze 2003, S. 195 ff.), da sich durch den Zusammenschluss unterschiedlichster Partner mit heterogenen Kernkompetenzen die individuellen Entwicklungs- und Produktionstechnologien, bzw. Produkt- und Prozess-Know-how positiv ergänzen (Albers und Schweineberger 1998, S. 4 ff.).

Der Trend zeigt, dass die Zusammenarbeit zwischen einzelnen Bereichen eines Unternehmens und die unternehmensübergreifende Kooperation weiter zunehmen werden. Dazu werden in (Krause, Franke et al. 2007) drei essentielle Entwicklungstendenzen aufgezeigt, die dabei helfen sollen, die gegenwärtigen Defizite – zu hohe Komplexität, zu geringe Integrationstiefe und Interoperabilität – zu beseitigen:

- Ausreifung der existierenden Methoden, Werkzeuge und Systeme,
- Entwicklung von anpassungsfähigen, skalierbaren und offenen Integrationsplattformen mit intelligenter Umgebung, sowie
- Durchsetzung von Standards in Werkzeugen.

Nach (Krause, Franke et al. 2007) erfordert ein erfolgreiches Collaborative Engineering die folgenden Voraussetzungen:

- Nutzung von Ontologien als gemeinsame Sprachbasis einer Domäne, bzw. eines Arbeitsgebiets.
- Öffnung der Unternehmen für eine optimale Zusammenarbeit durch Einbindung externer Arbeitsvorgänge in unternehmensinterne Arbeitsprozesse und einen geeigneten Umgang mit technischen Sicherheitsinfrastrukturen zum Schutz des intellektuellen Firmeneigentums.
- Abstimmung der technischen und organisatorischen Prozesse zwischen den kooperierenden Unternehmen.

1.1 These und Ziele dieser Arbeit

Die tiefgreifenden Veränderungen in der Art und Weise der Zusammenarbeit von Unternehmen fordern neue IT-Architekturen, -Methoden und -Ansätze für die kollaborative Produktentwicklung. Gesucht sind lose gekoppelte, dynamische Netzwerkstrukturen, die eine ad-hoc-Zusammenarbeit unterstützen. Aus dieser Beobachtung lässt sich die Hypothese aufstellen, dass hierarchische Client-/Server-Architekturen nicht unbedingt die passendste Architektur- und Netzwerktopologie sind, um Kollaborationsnetzwerke der zukünftigen Generation zu unterstützen, aber Peer-To-Peer ein potentieller Kandidat ist, um die geforderte Dynamik zu erbringen.

Zur Klärung der zentralen Fragestellung der Machbarkeit sind Anforderungen auf technischer und organisatorischer Ebene zu formulieren und die Vor- und Nachteile klar voneinander abzuwägen. Daher wird in dieser Arbeit das Konzept der **dezentralen, kollaborativen Produktentwicklung (DeCPD)** entwickelt (vgl. Def. 8, S. 95). Dabei wird folgendes Ziel verfolgt:

- Die unter dem Begriff der kollaborativen Produktentwicklung (CPD) bekannten Verfahren werden um dezentrale Vorgehensweisen und Methoden erweitert, damit der Nutzen und die Vorteile eines P2P-basierten Kollaborationsansatzes herausgearbeitet und klar von den Risiken und Nachteilen abgegrenzt werden können.

Neue Technologien und Formen der Kollaboration erfordern neue Vorgehensmodelle für die Produktentwicklung. Daher wird das Vorgehensmodell der **organisationsübergreifenden modellbasierten Produktentwicklung (OMP)** entwickelt (vgl. Def. 13, S. 113):

- Unter Verwendung der Prinzipien der modellgetriebenen Softwareentwicklung (engl.: model-driven software engineering, MDSD), vgl. (Stahl, Völter et al. 2005), werden auf den MDSD-Abstraktionsebenen Modelle für die dezentrale Prozess-, Daten- und Netzwerkgestaltung entwickelt und deren Abhängigkeiten untereinander beschrieben.

- Für ein ausgewähltes Szenario werden die zugehörigen OMP-Modellinstanzen entwickelt und Modelltransformationen durchgeführt. Daraus entsteht ein plattformspezifisches OMP-Modell, das als Basis für den Entwurf und einer DeCPD-Mehrschichten-Architektur dient. Für diese Architektur erfolgt die Implementierung einer DeCPD-Runtimeplattform.

1.2 Kernbeiträge dieser Arbeit

In dieser Arbeit wird erstmalig der Versuch unternommen, Methoden des Produktdatenmanagements mit dezentralen IT-Technologien zu koppeln. Ziel ist die Entwicklung eines Ansatzes für die nächste Generation lose gekoppelter Kollaborationsplattformen in der kollaborativen Produktentwicklung.

Der Fokus dieser Arbeit liegt dabei speziell auf den frühen Phasen der Produktentwicklung. Motiviert durch die Tatsache, dass die Produktentwicklung ein höchst sensibler Anwendungsbereich der Ingenieurtechnologien ist und insbesondere in dieser Phase durch häufige Design-Changes und Wechsel der Kollaborationsteilnehmer geprägt ist, trägt diese Arbeit dazu bei, produktentwickelnden Unternehmen für eine optimale Zusammenarbeit neue, effizientere IT-Technologien und Sicherheitsinfrastrukturen vorzuschlagen.

Die entwickelte DeCPD-Architektur schafft durch Nutzen der Peer-To-Peer(P2P)-Technologie eine flexible, skalierbare und intelligente Kollaborationsumgebung, in der Engineering-Kompetenzen und Prozesswissen verteilt verwaltet werden können. Die Produktentwickler werden dabei durch eine Design-By-Feature-Technologie, sowie durch die ad-hoc Übertragung kurzfristiger Design-Changes und das verteilte Speichern besonders großer CAD-Produktmodelle unterstützt.

Das Nutzen der P2P-Verfahren verspricht eine Steigerung der Effizienz und Leistungsfähigkeit durch die Verteilung der Entwicklungsprozesse und Produktmodelldaten über die Kollaborationsteilnehmer. Die Möglichkeit, spontan Kollaborationsverbünde zu bilden, erhöht darüber hinaus die Flexibilität des Ansatzes. Durch ein dynamisches Nutzen von Ressourcen im P2P-Verbund kann die Komplexität bei Produktentwicklungsaufgaben besser beherrscht und die Skalierbarkeit gesteigert werden.

Um trotz dezentraler Verteilung der Produktmodelle die Verfügbarkeit der Modelle zu sichern, sind Mechanismen zur Steigerung der Robustheit und Zuverlässigkeit notwendig. Es existieren unterschiedliche Overlay-Ansätze für P2P-Systeme[1] und damit eine breite Auswahl an konkreten Implementierungen, die je nach Einsatz- und Verwendungszweck unterschiedliche Vor- und Nachteile mit sich bringen (Braun, Brogle et al. 2007). Diese Arbeit evaluiert frei zur Verfügung stehende Overlays und ermittelt FreePastry als geeigneten Kandidaten für das P2P-Backend. Durch Nutzen von FreePastry erfolgt dann die Implementierung der Product Collaboration Platform, einem Forschungsdemonstrator zur Simulation des Ablaufs einer DeCPD.

Der in dieser Arbeit entwickelte, modellgetriebene Ansatz für das Design der DeCPD-Architektur (OMP) berücksichtigt Modellanforderungen auf den unterschiedlichen Abstraktionsebenen der MDSD. Der dabei entstehende, vollständige Satz an OMP-Modellen, inklusive notwendiger Transformationen, hilft Produktentwicklern und Ingenieuren, ihre DeCPD-Umgebung so zu gestalten, wie es der jeweilige Anwendungsfall erfordert. Das

[1] Lang etablierte P2P-Overlays für das Filesharing sind Napster als klassisches Beispiel der zentralisierten P2P-Systeme oder Gnutella 0.4 stellvertretend für die reinen P2P-Systeme (Saroiu, Gummadi et al. 2002). Moderne Clients für P2P-Filesharing basieren inzwischen häufig auf dem im Oktober 2002 durch Bram Cohen entwickelten P2P-Overlayprotokoll BitTorrent. Im Februar 2009 wurden bereits 27-55% des gesamten Internetdatenverkehrs durch Einsatz von BitTorrent abgewickelt (http://torrentfreak.com/bittorrent-still-king-of-p2p-traffic-090218/).

Vorgehensmodell kann als Muster für zukünftige Entwicklungen von Architekturen für die DeCPD genommen werden.

1.3 Fragestellungen und Lösungsansätze

In Anlehnung an die Hierarchieebenen der Zulieferpyramide (vgl. Abb. 1) wird in dieser Arbeit unterschieden zwischen Kollaborationen mit Produktentwicklern gleicher Hierarchie-Ebene und Kollaborationen zwischen Produktentwicklern unterschiedlicher Hierarchie-Ebenen.

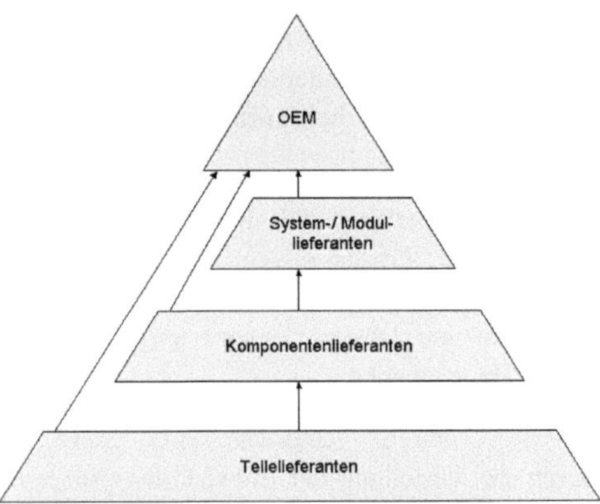

Abb. 1: Zulieferpyramide nach (Ten Hompel und Heidenblut 2008)

Jede Kollaboration hat immer einen Auftraggeber (im Folgenden Initiator genannt) und eine beliebe Anzahl an Auftragnehmern (im Folgenden als Teilnehmer bezeichnet).

- Wenn sich der Initiator der Kollaboration auf einer höheren Ebene der Zulieferpyramide befindet als die Teilnehmer (zum Beispiel die Kollaboration zwischen einem OEM und einer Menge von Systemlieferanten), so wird von einem nicht-vertrauenswürdigem Verhältnis der Teilnehmer untereinander ausgegangen. In diesem Fall arbeitet jeder Teilnehmer isoliert an der Bearbeitung eines Problems und stimmt die Entwicklungsprozesse direkt mit dem Initiator ab (vgl. Kollaborationen 1,2 und 3 in Abb. 2). Jeder Teilnehmer ist stark daran interessiert, den an der Kollaboration beteiligten Konkurrenten hinsichtlich Funktionalität, Preis, usw. überlegen zu sein.

- Wenn sich der Initiator der Kollaboration auf der gleichen Ebene der Zulieferpyramide wie die Teilnehmer befindet (zum Beispiel eine Kollaboration zwischen mehreren 2nd Tier Zulieferern), so wird von einem vertrauenswürdigen Verhältnis ausgegangen (vgl. Kollaboration 4 in Abb. 2). Ziel kann beispielsweise die gemeinsame Entwicklung einer Problemlösung sein, wobei die Entwicklungen häufig untereinander abgestimmt werden.

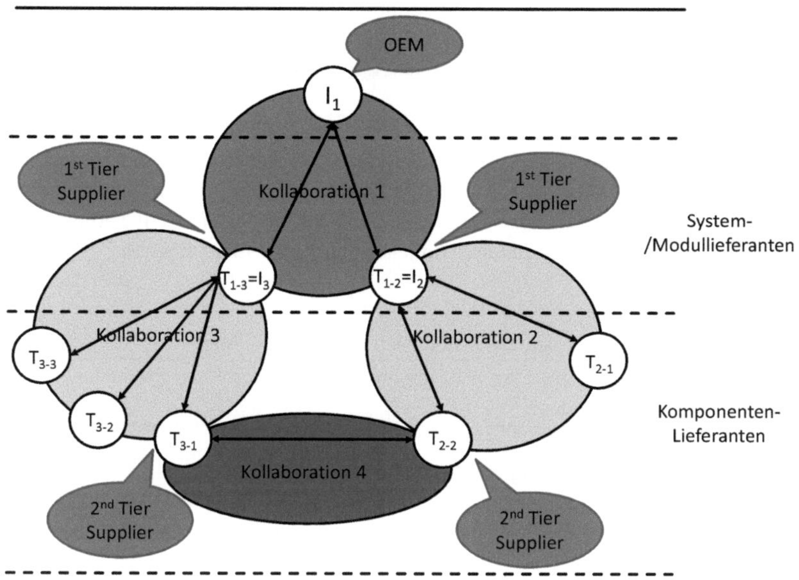

Abb. 2: Mögliche Kollaborationen innerhalb der Zulieferpyramide

Kollaborative Produktentwicklungstätigkeiten können also zwischen vertrauenswürdigen und nicht-vertrauenswürdigen Produktentwicklern stattfinden. Eine der zentralen Fragestellungen dieser Dissertation ist damit wie folgt:

1. Wie können die unter dem Begriff der kollaborativen Produktentwicklung bekannten Verfahren und Vorgehensweisen adaptiert und unter Berücksichtigung von funktionalen und nicht-funktionalen Anforderungen, wie zum Beispiel dem Vertrauen der Kollaborationsteilnehmer untereinander, zu einem flexiblen, dezentralen Konzept für die kollaborative Produktentwicklung (DeCPD) erweitert werden?

➢ In Abschnitt 3 werden die CPD-Verfahren dahingehend erweitert, dass Produktentwicklungsprozesse und -daten durch dezentrale Vorgehensweisen flexibel verwaltet werden können. Das DeCPD-Konzept lehnt sich an das zur Beschreibung von Multiagentensystemen bekannte Prinzip der Verteilten Problemlösung (DSP) an.

Der Entwurf von kollaborativen Produktentwicklungs-Workflows ist eine Arbeit, die von den Ingenieuren über die im Unternehmen vorhandenen PDM-Systeme (PDMS) vorgenommen wird. Die softwareseitige Realisierung der Workflows wird durch die IT-Spezialisten, also in der Regel durch die PDM-Systemhersteller selbst durchgeführt. Um die Lücke zwischen Anwender und Entwickler zu schließen, ist seit der Einführung des Vorgehensmodells der modellgetriebenen Softwareentwicklung (MDSD) ein Ansatz vorhanden, mit dem diese strikte Trennung der Aufgaben aufgelöst wird. Dazu wird in Softwaremodellen auf unterschiedlichen Abstraktionsebenen die gewünschte Funktionsweise der zu entwickelnden

Software, in diesem Fall einer Kollaborationsplattform, spezifiziert. Durch möglichst automatisierte Transformationen werden die Modelle von umgangssprachlichen Beschreibungen (CIM) über plattformunabhängige Modelle (PIM) in plattformspezifische Modelle (PSM) überführt.

Diese Arbeit schlägt unter dem Konzept der organisationsübergreifenden, modellbasierten Produktentwicklung (OMP) einen modellgetriebenen Softwareentwicklungsansatz zur Spezifikation von Design-Time-Modellen für die Entwicklung einer DeCPD-Architektur vor. Diese Modelle werden aus unterschiedlichen Sichten (der Prozess-, Daten- oder Netzwerksicht) spezifiziert[2].

Auf der CIM-Ebene der Prozessmodelle stellt sich zunächst die Frage:

2. Wie können Geschäftsprozesse zur Beschreibung von verteilten Produktentwicklungsprozessen gestaltet werden?

- In Abschnitt 4.2.4 werden organisationsübergreifende Geschäftsprozesse für die DeCPD auf der MDSD-Ebene der umgangssprachlichen Beschreibung (CIM) entwickelt. Dabei werden insbesondere die relevanten Phänomene der Iterationen (also die zyklische Entwicklung von Produktmodell-Versionen und -Varianten) und der Subkollaborationen (Ausgliederung von Teilentwicklungen) mit berücksichtigt.

Die entwickelten CIM-Geschäftsprozessmodelle dienen als Ausgangspunkt für die Transformation in zugehörige Workflowbeschreibungen und der Festlegung von benutzerspezifischen Teilworkflows. Im Rahmen der Transformation muss dabei auf der plattformunabhängigen Ebene (PIM) festgelegt werden, wo die lokalen Workflowabschnitte ausgeführt werden und ob beispielsweise ein Koordinator notwendig ist. Daraus ergibt sich die Fragestellung:

3. Welche Formen dezentraler Architekturmodelle für die Festlegung der Ausführungsorte der Workflows und Koordinationsarten gibt es?

- Diese Arbeit stellt aufbauend auf den Ideen der Dissertation von (Roser 2008) verschiedene generische Architekturformen vor, die sich als Basis für eine DeCPD-Architektur eignen (vgl. Abschnitt 4.3.4).

Daran schließt sich unmittelbar die Frage an:

4. Welche Technologien eignen sich zur Beschreibung der dezentralen Architekturmodelle auf der plattformspezifischen Ebene?

- Auf der PSM-Ebene werden passend zu den Geschäftsprozessen auf CIM-Ebene Workflowmodelle in BPEL vorgeschlagen (vgl. Abschnitt 4.4.4).

[2] Modelle der Prozesssicht werden transparent und ohne Graufärbung dargestellt, für Modelle der Datensicht wird zur besseren Unterscheidung eine hellgraue Färbung und für Modelle der Netzwerksicht eine dunkelgraue Färbung gewählt. Die dabei relevanten Fragestellungen werden in den Umrandungen im Folgenden immer entsprechend gefärbt.

Für die Speicherung der verteilten Produktmodelle wird ein Datenmodell benötigt, mit dem die während eines Produktentwicklungsprozesses entstehenden Modellstrukturen abgebildet werden können. Diese Anforderung geht über die existierenden Ansätze für integrierte Produktdatenmodelle (IPM) hinaus. Es gehört hier nicht nur die Verwaltung von Produktstrukturen dazu, sondern auch die Integration von Spezifikationen, Vorschlägen, den zugehörigen Versionen und Varianten, sowie die Zuordnung aller Datenelemente zu spezifischen Subkollaborationen.

5. Welche Elemente sind Bestandteil des DeCPD-Datenmodells und wie stehen diese in Beziehung zueinander?

➢ In dieser Arbeit wird auf der CIM-Ebene ein Vorschlag für ein generisches DeCPD-Datenmodell entwickelt (vgl. Abschnitt 4.2.2). Das Datenmodell wird stufenweise entwickelt und hergeleitet, indem nacheinander die einzelnen Aspekte Subkollaborationen, Versionen und Varianten betrachtet werden.

Im Rahmen der DeCPD sind im Unterschied zu den in der CPD sonst üblichen zentralen Speichermodellen durch Datenbanken insbesondere dezentrale Dateiverwaltungsstrategien von besonderem Interesse. Die Frage dabei ist:

6. Welche Verfahren gibt es für das Speichern & Verwalten von Produktmodellen in einem dezentralen Verbund?

➢ Auf der PIM-Ebene des Datenmodells werden mögliche Speicherverfahren vorgestellt und miteinander verglichen (vgl. Abschnitt 4.3.2). Im Wesentlichen lassen sich dabei die lokale, die hybride und die dezentrale Produktmodellspeicherung voneinander unterscheiden.

Die über das DeCPD-Datenmodell spezifizierten Produktentwicklungsprobleme müssen so beschrieben werden, dass diese nach der Datenübertragung an Dritte ausgewertet und verstanden werden können. Ferner sind verteilt entwickelte Lösungsansätze und -Fortschritte so zu dokumentieren, dass der Entwicklungs-zwischenstand von jedem Beteiligten der dezentralen Kollaboration extrahiert werden kann. Somit gilt im Rahmen der MDSD weiterhin die Frage zu klären:

7. Welche Technologie eignet sich, um die generischen CIM-Datenmodelle auf der PSM-Ebene um semantische Eigenschaften zu ergänzen und um die verteilten Entwicklungszwischenstände abbilden zu können?

➢ Zur formalen Beschreibung von Anfragen und Modellen wird ein ontologiebasierter Ansatz verwendet. Die grundlegende Idee hierbei ist die Nutzung von ontologiebasierten Abfragesprachen für die Beschreibung der Produktmodell-Spezifikationen und dazugehörigen Ontologieausprägungen als Basis für die semantische Beschreibung von Produktmodell-Vorschlägen (vgl. Abschnitt 4.4.2).

Neben der Festlegung eines Prozess- und Datenmodells werden letztendlich durch den Entwicklungsingenieur spezifische Anforderungen an die Netzwerkarchitektur gestellt. Dies geschieht in der Regel durch funktionale und nicht funktionale Anforderungen woraus sich direkt die Fragestellung ableiten lässt:

8.	Welche funktionalen und nichtfunktionalen Anforderungen werden an eine Netzwerkarchitektur für die DeCPD gestellt?

- Auf der CIM-Ebene des Netzwerkmodells werden unter anderem die nichtfunktionalen Anforderungen Datensensibilität, Vertrauenswürdigkeit und Budget, sowie die funktionalen Anforderungen Ausfallsicherheit und Datenverfügbarkeit identifiziert (vgl. Abschnitt 4.2.6).

Nicht jede der P2P-Topologien lässt sich ohne weiteres für den Einsatz in der DeCPD adaptieren. Das liegt insbesondere daran, dass sich die Anforderungen an ein Netzwerk für den Austausch von meist sehr sensiblen Produktdaten sehr stark von denjenigen Anforderungen unterscheiden, die an ein P2P-Netzwerk für den Austausch von beispielsweise Musikdateien gestellt werden (Mahlmann und Schindelhauer 2007, Kap 13, S. 243 ff.). Insbesondere diese Tatsache motiviert die Fragestellung auf der PIM-Ebene der Netzwerksicht:

9.	Welche P2P-Topologien (unstrukturiert, strukturiert oder hierarchisch) eignen sich für den Einsatz in der dezentralen, kollaborativen Produktentwicklung?

- Zur Beantwortung dieser Frage werden im Abschnitt 4.3.6 DeCPD-Basisdienste und deren Anforderungen an die P2P-Topologie beschrieben. Insbesondere der Vergleich zum etablierten Client-/Server-Prinzip soll die Vorteile des dezentralen Ansatzes aufzeigen.

Auf der plattformspezifischen Ebene der Netzwerksicht müssen vorhandene P2P-Overlay-Implementierungen auf Ihre Eignung untersucht werden. Daher stellt sich die Frage:

10.	Welche Overlay-Implementierungen können als P2P-Backend für die DeCPD-Architektur genutzt werden und welche Anpassungen sind gegebenenfalls notwendig?

- In dieser Arbeit wird das strukturierte P2P-Netzwerk FreePastry auf seine Eignung als P2P-Overlay zur Umsetzung der DeCPD-Basisfunktionen aus der PIM-Ebene genauer untersucht. In Abschnitt 4.4.6 wird beschrieben, welche Modifikationen notwendig sind, um FreePastry als P2P-Backend in der DeCPD nutzen zu können.

Nachdem auf allen MDSD-Abstraktionsebenen die einzelnen Modelle der DeCPD beschrieben worden sind, stellt sich die Frage:

11.	Wie können die auf den Abstraktionsebenen der MDSD erstellten Modelle für ein gegebenes Szenario instanziiert und durch Modelltransformationen ineinander überführt werden?

- In Abschnitt 4.7 wird ein Szenario für die Umsetzung des Falls einer DeCPD-Kollaborationen zwischen Produktentwicklern unterschiedlicher Hierarchie-Ebenen erstellt, woran die zuvor festgelegten Metamodell- und Instanzen-Abhängigkeiten, sowie Modelltransformationen überprüft werden können.

Als Ergebnis des OMP-Entwicklungsprozesses sind PSM-Modellinstanzen für die Umsetzung des Szenarios festgelegt. Darauf aufbauend wird eine Architektur für die DeCPD entworfen, auf deren Basis eine DeCPD Runtime-Plattform entwickelt wird. Damit wird die Frage geklärt:

12.	Aus welchen Schichten und Softwareeinheiten besteht eine Architektur für die DeCPD?

- In Abschnitt 5 wird eine Mehrschichten-Architektur für die Umsetzung der DeCPD-Design-Time-Modelle aus Abschnitt 4 entwickelt. Abb. 127 auf Seite 209 zeigt den Aufbau der Architektur.

Im Rahmen der Evaluierung wird in dieser Arbeit zunächst untersucht, ob die Architektur und die darin vorgesehenen Methoden der einzelnen Schichten den gegebenen Anforderungen standhalten. Die Architektur wird dabei hinsichtlich ihres Architekturstils klassifiziert und in Bezug auf die im Rahmen von Architekturevaluierungen wichtigen Qualitätsattribute beurteilt. Die Softwareeinheiten werden nach einem Prüfverfahren des V-Modell XT untersucht. Im Rahmen der Evaluierung werden darüber hinaus aber noch zwei wesentliche Fragen (13 und 14) geklärt:

13.	Welche Funktionen hat der in dieser Arbeit implementierte Software-Prototyp und wie weit ist die DeCPD-Architektur praxistauglich?

- Als „Proof of Concept“ wird in dieser Arbeit der Prototyp „Product Collaboration Platform“ (PCP) in der Version 2.0 entwickelt, der in der Version 1.0 bereits auf der Cebit Messe Hannover im Jahr 2009[3] präsentiert wurde.

14.	Welche Vorteile bringt ein dezentraler Ansatz für die kollaborative Produktentwicklung und in wie weit können Unternehmen durch den Einsatz einer solchen Lösung im Vergleich zu den existierenden, zentralen Ansätzen für Kollaborationsplattformen profitieren?

- Zur Beantwortung dieser Frage wird eine empirische Studie durchgeführt. Ziel der Studie ist es, Anforderungen und Wünsche in Bezug auf die nächste Generation lose gekoppelter Kollaborationsplattformen für die unternehmensübergreifende, modellbasierte Produktentwicklung zu untersuchen. Dazu wurden Experten befragt, die sich täglich mit Problemen im Bereich Produktdatenmanagement und Produktlebenszyklusmanagement-Strategien beschäftigen.

[3] http://plm.in.tu-clausthal.de/PCP/cebit.php?node=welcome [01.04.2011]

1.4 Inhaltsübersicht

Diese Arbeit ist wie folgt gegliedert:

- Im **Kapitel 2** werden die in dieser Arbeit verwendeten Technologien und jeweils der aktuelle Stand der Technik in der Forschung vorgestellt.

- Im **Kapitel 3** wird das Konzept der dezentralen und kollaborativen Produktentwicklung (DeCPD) vorgestellt.

- **Kapitel 4** widmet sich dem Konzept der organisationsübergreifenden modellbasierten Produktentwicklung (OMP). In Anlehnung an das MDSD-Vorgehensmodell werden Design-Time-Modelle auf den unterschiedlichen Abstraktionsebenen (CIM, PIM und PSM) für die OMP-Aspekte Prozess-, Daten- und Netzwerksicht vorgestellt. Der Abschnitt schließt mit der Vorstellung eines konkreten DeCPD-Szenarios als Resultat einer dazugehörigen Modelltransformation.

- Im **Kapitel 5** wird eine Mehrschichten-Architektur für die DeCPD als Ergebnis der modellgetriebenen Softwareentwicklung vorgestellt.

- Im **Kapitel 6** erfolgt die Evaluierung der DeCPD-Ansätze. Dazu gehört einerseits die Feststellung, in wie weit die Architektur und die Methoden der Architekturschichten den Anforderungen gerecht werden, und darüber hinaus eine empirische Untersuchung über die Anwendbarkeit und Praktikabilität einer DeCPD.

- Im abschließenden **Kapitel 7** werden die Ergebnisse zusammengefasst und ein Ausblick auf zukünftige Arbeiten gegeben.

In Abb. 3 ist die Gliederung dieser Arbeit im Zusammenhang mit den zuvor beschriebenen Fragestellungen dargestellt. Die jeweiligen Fragestellungen sind durch die Nummerierungen in den Kreisen eindeutig zugeordnet.

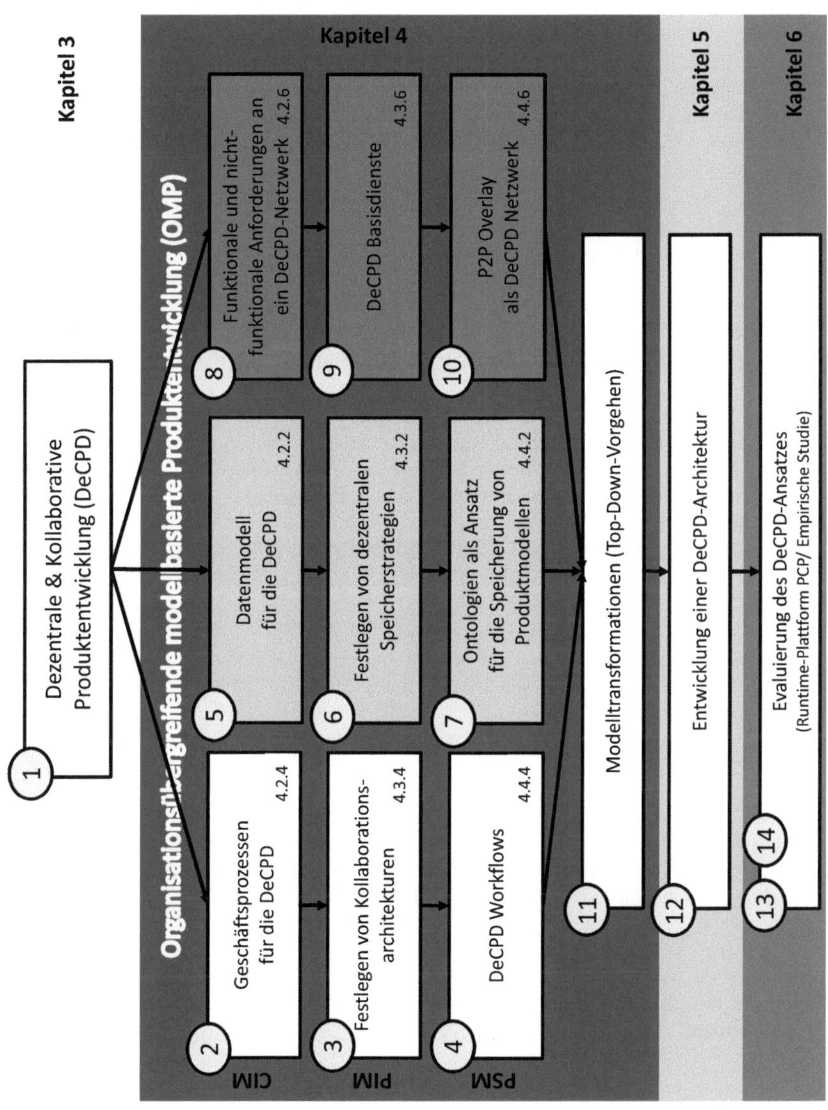

Abb. 3: Einordung der Fragestellungen dieser Dissertation in die Gliederung

1.5 Veröffentlichungen

1. Stiefel P.D., Hausknecht C., Müller J.P. (2010): Using ontologies to support decentral product development processes. In: AAMAS 2010. Agent-based Technologies and applications for enterprise interOPerability (ATOP) Workshop, Toronto, Canada. Erweiterte Version akzeptiert zur Veröffentlichung. Springer-Verlag 2011.

2. Stiefel P.D., Müller J.P. (2010): Eine modellbasierte Software-Architektur zur Unterstützung dezentraler Prozesse in der Produktentwicklung. In: Schumann M., Kolbe L.M., Breitner M.H., Frerichs A. (Hrsg.): Multikonferenz Wirtschaftsinformatik 2010. Göttingen, 23. - 25. Februar 2010. Univ.-Verl. Göttingen, Seiten 835-852. http://webdoc.sub.gwdg.de/univerlag/2010/mkwi.pdf

3. Stiefel P.D., Müller J.P. (2009) A Model-Based Software Architecture To Support Decentral Product Development Processes. In: Exploring the grand challenges for next generation eBusiness. Booklet for the 8th Workshop on eBusiness (Web 2009) at International Conference on Information Systems (ICIS), Phoenix, Arizona, Seite 48. Erweiterte Version akzeptiert zur Veröffentlichung. Springer-Verlag 2011. http://www.som.buffalo.edu/isinterface/Web09/Booklet_Version_Dec13_Updated.pdf

4. Stiefel P.D., Müller J.P., Hausknecht C., Dokters T. (2008): Realizing dynamic product collaboration processes in a model-driven framework. Case study and lessons learnt. In: Pawar K.S., Goncalves R., Thoben K.-D. (Hrsg.): Proceedings of the 14th International Conference on Concurrent Enterprising, Lisbon, Portugal. http://www.ice-proceedings.org/Projects/408/ICE%202008/Enterprise%20Interoperability/122%20-%20303%20ICE%202008_Stiefel_Mueller_20080211_submit.pdf

5. Barth T., Müller J.P., Müller U., Stiefel P.D. (2008): Unterstützung kollaborativer Entwicklungsprozesse durch Peer-to-Peer basierte Produktdatensuche. In: Bichler M. (Hrsg.): Multikonferenz Wirtschaftsinformatik 2008. TU München in Garching. Gito-Verl., Berlin, Seiten 519-530. http://ibis.in.tum.de/mkwi08/08_Entwicklungsprozesse_und_Product_Lifecycle_Management/03_PLM_Barth.pdf

6. Stiefel P.D., Müller J.P. (2007): ICT interoperability challenges in decentral, cross-enterprise product engineering. In: Gonçalves R.J., Müller J.P., Mertins K., Zelm M. (Hrsg.): Enterprise Interoperability II. New Challenges and Approaches. Springer-Verlag London Limited, London, Seiten 171-182. http://www.springerlink.com/index/x20801734383535v.pdf

7. Stiefel P.D., Müller J.P. (2006): A peer to peer based approach to collaborative product engineering. In: GI-Tagung "Informations- und Wissensdrehscheibe Produktdatenmanagement", Siegen, Germany.

2 Hintergrund und Stand der Technik

In diesem Abschnitt werden die in dieser Dissertation verwendeten Technologien und Konzepte erklärt. Zunächst wird für jede Technologie relevante Hintergrundinformation beschrieben. Darauf aufbauend wird dargestellt, wie die unterschiedlichen Technologien im Kontext eingesetzt und verwendet werden, bzw. was aktuelle Forschungsfragestellungen sind. Daraus leitet sich ab, wie Technologien für das Erarbeiten von Lösungsansätzen zu den Fragestellungen aus Abschnitt 1 verwendet werden können.

2.1 Hintergrund: Kollaborative Produktentwicklung

Um den Begriff der kollaborativen Produktentwicklung (CPD) zu fassen, werden in diesem Abschnitt zunächst die Begriffe Kommunikation, Koordination, Kooperation und Kollaboration erklärt. Nach der Einführung des Begriffs Produktentwicklung wird das Konzept der kollaborativen Produktentwicklung näher beleuchtet. Es werden Phasen einer Kollaboration, sowie die Bedeutung unterschiedlicher Kollaborationstypen (produktdaten-, projekt- oder prozessorientiert) vorgestellt.

2.1.1 Kommunikation, Koordination, Kooperation und Kollaboration

Es gibt vier Begriffe, die zur Beschreibung der Zusammenarbeitsformen zwischen Individuen verwendet werden. In Anlehnung an das 3K-Modell nach Teufel et. al. beschreibt der Begriff ***Kommunikation*** die Art und Weise, wie Informationsobjekte zwischen Organisations-einheiten ausgetauscht werden (Teufel 1995, Kap. 1.2.2).

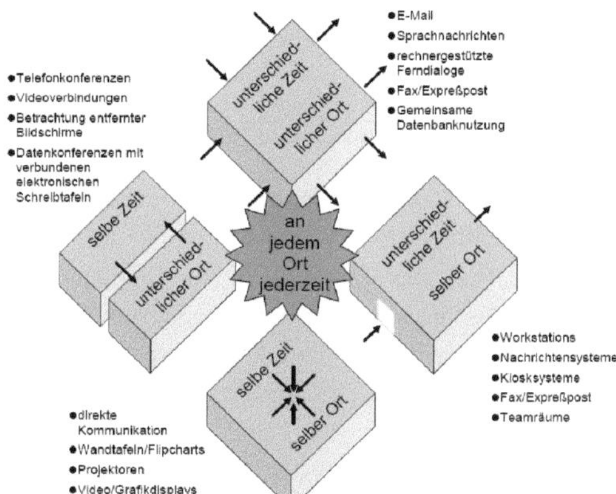

Abb. 4: Anytime-Anyplace-Matrix nach (O'Hara-Devereaux und Johansen 1994)

Ohne ***Koordination*** generieren unterschiedliche Einheiten Redundanz oder stark unterschiedliche, zusammenhangslose Ergebnisse. Koordination ist notwendig, um Einheiten darüber zu informieren, zu welchem Zeitpunkt und in welcher Form eine Reaktion notwendig ist, um das gemeinsame Ziel zu erreichen. Dies erfordert in jedem Fall gemeinsame Interessen der Beteiligten, bzw. eine organisatorische Zusammengehörigkeit.

Einen noch stärken Zusammenhalt erreicht man, wenn alle Einheiten ein und dasselbe Ziel verfolgen und ihnen die Konsequenz jeder einzelnen Handlung bewusst ist. In diesem Fall spricht man von ***Kooperation***. Formen der Kooperation können nach den Dimensionen Raum und Zeit wie in der „Anytime-Anyplace-Matrix" nach OHara-Devereaux und Johansen angeordnet werden (vgl. Abb. 4).

Das 3K-Modell nach Teufel wird neben der Klassifizierung von Kooperationsformen auch dazu verwendet, um Groupware-Anwendungen, also CSCW-Systeme zu strukturieren und zu klassifizieren. In Abb. 5 sind webbasierte Applikationstypen von CSCW-Systemen in durch die drei Intensitätsgrade der Zusammenarbeit aufgespannte Systemklassen eingeteilt (vgl. Enzyklopädie der Wirtschaftsinformatik[4], Stichwort „Web-basiertes Lernen").

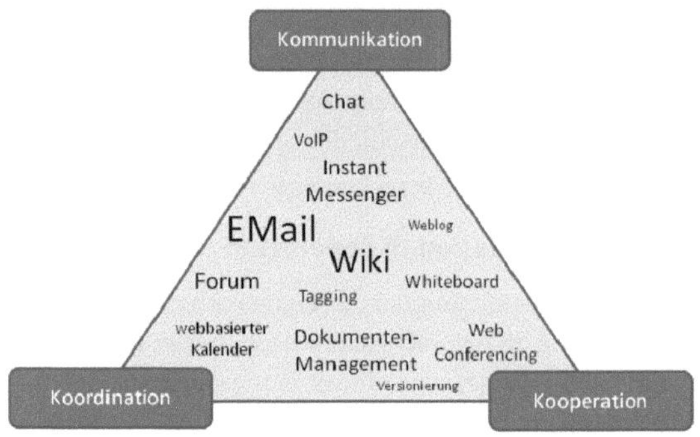

Abb. 5: Einordnung von webbasierten Diensten im 3K-Modell nach (Buddendick, Gruttmann et al. 2007/ 2008)

Nach (Gronau 2002) lassen sich folgende Ziele der vorgestellten Interaktionsmechanismen Kommunikation, Koordination und Kooperation wie folgt festlegen:

- ***Ziel der Kommunikation*** ist die Erweiterung, Korrektur oder Absicherung von vorhandenen Daten- oder Informationsbeständen
- ***Ziel der Koordination*** ist es, die Handlungen von Elementen und Teilsystemen im Sinne der Zielerreichung des Gesamtsystems zu integrieren und
- ***Ziel der Kooperation*** ist die Unterstützung der arbeitsteiligen Leistungserstellung zwischen verteilten Aufgabenträgern, Organisationseinheiten oder Organisationen.

Def. 1: Kollaboration

Kollaboration beschreibt nach (Andriessen 2003) allgemein die Zusammenarbeit mehrerer Einzelpersonen (Individuen) innerhalb einer Gruppe.

Der Begriff Kollaboration unterscheidet sich von den drei K-Wörtern Kommunikation, Koordination und Kooperation wie folgt (Rashid, Behm et al. 2006). Im Unterschied zu Kommunikation geht es bei Kollaboration nicht um den reinen Informationsaustausch, sondern um das *Nutzen von Information, um etwas Neues zu schaffen*. Im Gegensatz zu Koordination, hat jede Kollaboration einen *Spontanitätscharakter* und läuft in der Regel nicht

[4] http://www.enzyklopaedie-der-wirtschaftsinformatik.de/wi-enzyklopaedie

harmonisch strukturiert ab. Und ergänzend zur Kooperation sind *Ablehnungen und Widersprüche*, letztendlich gar *Konflikte* durchaus erwünscht. Kollaborationen werden also verwendet um Probleme zu lösen, um neue Lösungsansätze zu generieren, bzw. um neue Produkte zu designen.

Im Rahmen einer Kollaboration sind die folgenden Schritte essentiell, vgl. (Schrage 1990), (Winer und Ray 1994): Definieren des Kollaborationsziels/ der Herausforderung (engl.: achievement point), Festlegen der Kollaborationsteilnehmer, Definieren des Kollaborationsraums (blackboard, shared screen) und das Festsetzen eines genügend großen Zeitraums zum Finden eines Prototyps.

Ein anschaulicher Vergleich zwischen ***Kooperation*** und ***Kollaboration*** wird zusätzlich in (Gronau 2002) geliefert. Im Fokus der Betrachtung stehen die Elemente verteilter Systeme. In einer ***Kooperation*** werden abgegrenzte Teilaufgaben von einzelnen Aufgabenträgern separat bearbeitet. Zur Sicherstellung eines gemeinsamen Arbeitsergebnisses werden dazu Informationen ausgetauscht (vgl. Abb. 6, links).

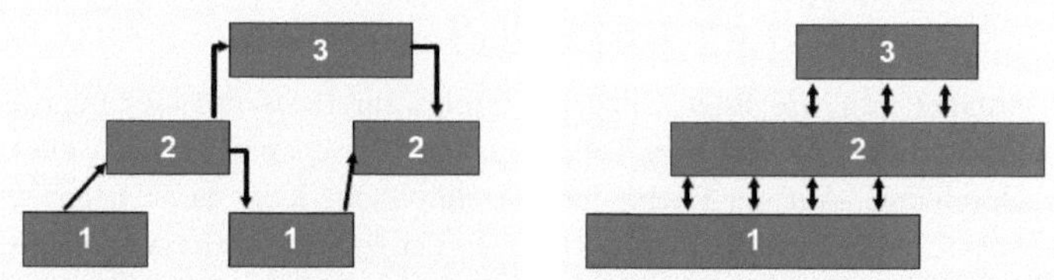

Abb. 6: Vergleich zwischen Koordination (links) und Kollaboration (rechts) in verteilten Systemen nach (Gronau 2002)

In einer ***Kollaboration*** dagegen arbeiten die Aufgabenträger gemeinsam an der Aufgabenerfüllung – Eine Abgrenzung in Teilaufgaben ist nicht mehr möglich (vgl. Abb. 6, rechts). Als Beispiel für die Kollaboration nennt Gronau: „[...] die gemeinsame verteilte Erstellung oder Bearbeitung eines Dokumentes oder die gemeinsame Festlegung produktdefinierender Eigenschaften im Rahmen des Konstruktionsprozesses."

2.1.2 Produktentwicklung

Def. 2: Produktentwicklung

> Nach Eigner bezeichnet man als Produktentwicklung (engl.: product engineering) „[...] alle Tätigkeiten, die das Produkt und sein zur Produktion, Betrieb und Entsorgung benötigtes Umfeld (Werkzeuge, Vorrichtungen, Maschinen, Anlagen,...) über den Produktlebenszyklus beschreiben. Das Ergebnis ist eine vollständige Produktdefinition (engl.: intellectual product), die aus der Produktstruktur, allen seinen zugehörigen Dokumenten und Konfigurationen besteht." (Eigner 2009, Kap. 1)

In der VDI-Richtlinie 2221 werden die Grundlagen des methodischen Entwickelns bzw. des Konstruierens und ein Vorgehensmodell vorgestellt, welches die wichtigsten Aufgaben und Ergebnisse bei der Produktentwicklung definiert (VDI 1993). Grundlage bei der Entwicklung von technischen Systemen bzw. Produkten ist eine ***Problemlösungsstrategie***, die in jeder ihrer Lebensphasen angewendet wird (vgl. Abb. 7).

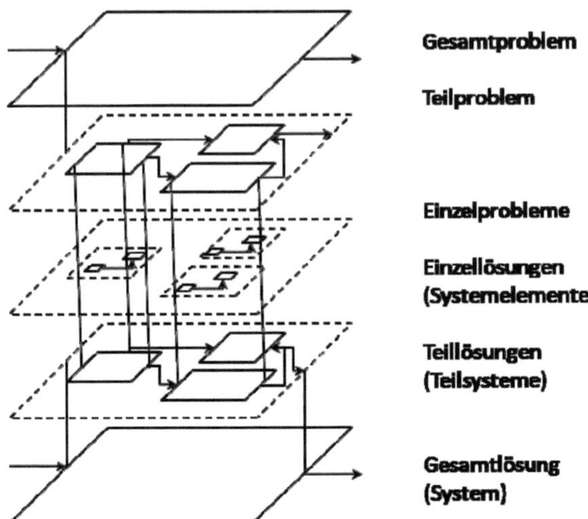

Abb. 7: Problemlösungsstrategie nach (VDI 1993)

Der Ablauf gestaltet sich wie folgt. Zunächst erfolgt auf Basis des Gesamtproblems eine **Problemanalyse** zur Spezifikation von Teilproblemen. Diese werden dann weiter zerlegt in atomare Einzelprobleme. Auf der Ebene der Einzelprobleme kann damit begonnen werden, Einzellösungen (Systemelemente) zu entwickeln. In der **Systemsynthese** werden diese dann zu Teillösungen (Teilsystemen) kombiniert. Bevor jedoch eine endgültige Entscheidung getroffen wird und die Festlegung der Gesamtlösung erfolgt, werden die Teillösungen in der **Systemanalyse** beurteilt.

Auf Basis dieser Problemlösungsstrategie kann ein generisches **Vorgehensmodell für die Produktentwicklung** abgeleitet werden, vgl. Abb. 8. Dieses sieht sieben aufeinander aufbauende Arbeitsschritte vor, in denen als Arbeitsergebnis jeweils ein konkretes Produktmodell als Resultat vorliegt. Begonnen wird mit der Erstellung einer Anforderungsliste, die stufenweise über Funktionsstrukturen, Lösungsprinzipien und modularen Strukturen zum Vorentwurf und schließlich zum Gesamtentwurf reifen. Das Modell ist sehr flexibel, da nicht jeder Schritt zwingend vollständig durchlaufen werden muss und Rückschritte, bzw. Iterationen erlaubt sind.

Die nach der VDI-Norm beschriebenen Arbeitsergebnisse werden als **Produktkonkretisierung** beschrieben. Der **Produktkonkretisierungsgrad** gibt an, wie detailgenau ein Produktmodell beschrieben ist und hängt ab von der Entwicklungssituation, der aktuellen Produktentwicklungsphase und den verfolgten Zielen der Entwicklung (Lindemann 2007).

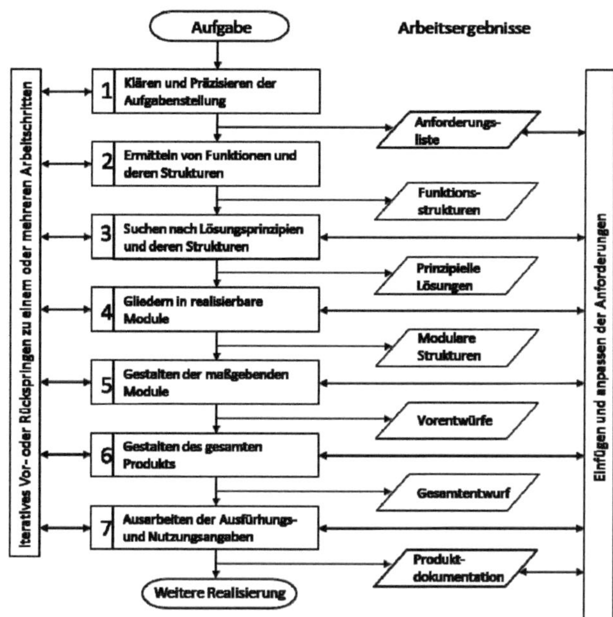

Abb. 8: Vorgehensmodell zum Entwickeln und Konstruieren von technischen Systemen bzw. Produkten nach (VDI 1993)

Produktkonkretisierungsgrade sind in der Literatur durch viele Autoren in vergleichbarer Art und Weise vorgestellt wurden. In der Abb. 9 sind zwei Beispiele der Autoren Ehrlenspiel und Rude abgebildet. Aus einem Vergleich der Konkretisierungsmodelle lassen sich im Wesentlichen vier Grade der Produktkonkretisierung ableiten: ***Anforderungsmodell*** (auch oft als Anforderungsliste bezeichnet), ***Funktionsmodell*** (bzw. Funktionsstruktur), ***Wirkmodell*** (oder Wirkstruktur, Prinzip) und ***Gestaltmodell*** (Baumodell). Eine detaillierte Beschreibung der Produktkonkretisierungsgrade ist in Anhang A dargestellt.

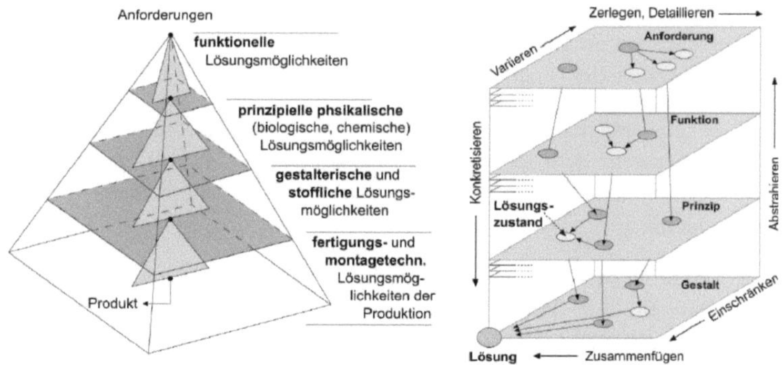

Abb. 9: Produktkonkretisierung links mit dem Pyramidenmodell nach (Ehrlenspiel 2009) oder rechts mit dem Modellraum des Konstruierens nach (Rude 1998)

Der Begriff der kollaborativen Produktentwicklung (engl.: Collaborative Product Development, CPD) wird in der Literatur oft synonym verwendet mit dem Begriff „Collaborative Engineering“ (Krause, Franke et al. 2007, S. 61 ff.).

Entstanden ist die Bezeichnung aus der Entwicklungstendenz, dass sich die zu Beginn des 20. Jahrhunderts angestrebte Spezialisierung von Produktentwicklungsaufgaben in separierten Entwicklungsdomänen auf Grund der zunehmenden Komplexität der Produkte und des damit einhergehenden, stark ansteigenden Mehraufwands für das Integrieren der Entwicklungsergebnisse ein Umdenken erforderlich machte.

Im Fokus jeder Kollaboration stehen:

- Die Zusammenarbeit in interdisziplinären Teams, sowie
- die Integration abteilungs- und unternehmensübergreifender Informationen.

Zwei Begriffe finden sich in der Literatur für die Beschreibung dieser integrierenden Vorgehensweisen in der kollaborativen Produktentwicklung: Das ***Simultaneous Engineering (SE)***, bzw. das ***Concurrent Engineering (CE)***.

Def. 3: Simultaneous und Concurrent Engineering

Als SE (engl. für „gleichzeitige Entwicklung“) bezeichnet man allgemein die **Parallelisierung von Arbeitsabläufen** sowie die **Integration aller am Wertschöpfungsprozess beteiligten Fachbereiche**. Das CE wird in der Literatur vielfach mit dem SE gleichgesetzt (Ehrlenspiel 2009, S. 216 ff.) oder (Sendler 2009, S. 11 ff.).

Einige Autoren bezeichnen mit dem Begriff CE eine strengere Form des SE, in der zusätzlich zur Parallelität und Gleichzeitigkeit eine enge Zusammenarbeit im Sinne einer Kooperation mit den damit verknüpften Abstimmungen notwendig ist. In dieser Arbeit wird auf diese Differenzierung verzichtet und damit das SE in Anlehnung an Ehrlenspiel definiert als „zielgerichtete, interdisziplinäre Zusammen- und Parallelarbeit“ nicht nur in der Produktentwicklung, sondern auch in der Produktions- und Vertriebsentwicklung. Das SE hat daher im Wesentlichen die folgenden drei Ziele:

- Die Einsparung von Zeit bei Produkterstellung,
- die Verringerung der Entwicklungs- und Herstellkosten und
- die Verbesserung der Qualität bezogen auf die Vorstellungen der Kunden.

Da frühe Design- und Konstruktionsentscheidungen die späteren Prozesse entscheidend mitbestimmen, lassen sich mit dem SE besonders in den frühen Phasen der Produktentwicklung Zeit- und Kosteneinsparungen erzielen, die sich im weiteren Verlauf mehr als bezahlt machen.

Allerdings weisen die Autoren Scheer et. al. darauf hin, dass eine zwingende Voraussetzung dafür ist, dass alle am Produktentwicklungsprozess beteiligten Organisationseinheiten (Forschung, Entwicklung, Konstruktion, Berechnung, Arbeitsvorbereitung, Fertigung, Vertrieb, Marketing usw.) je nach Zugriffsberechtigung und Rolle im Prozess **gleichzeitig auf konsistente Datenbestände zugreifen** können (Scheer und Cocchi 2006, S.123 ff.). Weiterhin ist zwingend ein **funktionierendes Projektmanagement** erforderlich, bei dem alle

Phasen des Entwicklungsprozesses von der ersten Produktidee bis zur Produktion durch interdisziplinäre Teams begleitet werden.

In einem Modell nach (Ehrlenspiel 2009) werden zur Verdeutlichung der Wirkung des SEs die folgenden Annahmen getroffen (vgl. Abb. 10):

a) Die Entwicklungszeit wird durch SE im Vergleich zur konventionellen, sequentiellen Produktentwicklung bis auf etwa die Hälfte reduziert. Dabei bleiben die **Entwicklungskosten (EKK)** mit 30% der alten Herstellkosten[5] (HK) **konstant**.
b) Durch SE können die **Herstellkosten um ~25% gesenkt** werden. Auch die Durchlaufzeit in der Fertigung verkürzt sich um etwa 25%.
c) Als letztes sind die **Betriebskosten[6]** zu nennen, die sich um ~20% verringern.

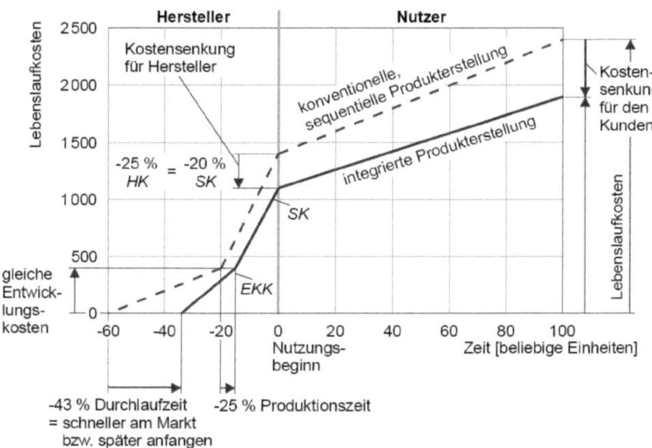

Abb. 10: Verringerung der Herstell- und Gebrauchskosten durch Simultaneous Engineering

Bei diesen Annahmen ergeben sich die folgenden Vorteile, die in der Abb. 10 graphisch dargestellt sind:

- **Herstellerseite:** Die **Durchlaufzeit[7] wird um 43% kürzer**. Damit ist ein Hersteller mit seinem Produkt entweder schneller am Markt oder er kann später mit der Entwicklung anfangen und damit besser auf Marktänderungen reagieren. Auch die **Selbstkosten[8] sinken in etwa um 20%.**

[5] ***Herstellkosten* = *Materialkosten*** (die durch betriebszweckbezogenen Verbrauch von Stoffen und Energien entstandenen, über die Verbrauchsmenge direkt erfassten Materialeinzelkosten: Werkstoffkosten wie Rohstoffe oder Halbfabrikate, Hilfsstoffkosten wie Verpackungsmaterial, Betriebsmittelkosten wie Strom, Gas, usw. zuzüglich den Materialgemeinkosten (Beschaffung und Lagerung)) + ***Fertigungskosten*** (direkte Fertigungseinzelkosten durch nicht materialbezogenen Ressourceneinsatz im Produktionsprozess (z.B. Lohnstückkosten) und indirekte Fertigungsgemeinkosten, wie z.B. Raum- und Energiekosten).

[6] ***Betriebskosten*** = Ausgaben eines Unternehmens für den operativen Geschäftsbetrieb (Kauf von Roh-, Hilfs- und Betriebsstoffen, sowie die Personalkosten).

[7] ***Durchlaufzeit*** = Zeitspanne, die von Beginn der Bearbeitung bis zur Fertigstellung eines Erzeugnisses benötigt wird (= Rüstzeit, Bearbeitungszeit + Liegezeit).

[8] ***Selbstkosten*** = Herstellkosten + Verwaltungs- und Vertriebsgemeinkosten.

- **Kundenseite:** Wird diese Selbstkostensenkung direkt an den Kunden weitergegeben, so sinkt auch der Preis um 20%. Je nach Betriebszeit (Lebensdauer des Produkts) sinken damit auch die **Lebenslaufkosten**[9].

Die Methoden des Simultaneous Engineering sind allerdings nur für die Optimierung der unternehmensinternen Abläufe ausgerichtet. Durch die Globalisierung ist es mehr als je zuvor notwendig, über die gesamten Produktentwicklungsprozesse hinweg, externe Zulieferer, Design- und Ingenieurbüros oder Dienstleister zu integrieren. Das wiederum erfordert intensivere Abstimmungsprozesse in den sich überlappenden (parallelen) Prozess-Phasen und deutlich mehr Kommunikation. In diesem Kontext die Produktivität zu steigern und die Produkteinführungszeit zu verkürzen erfordert eine **Erweiterung der SE-/CE-Methoden zum sogenannten „Collaborative Engineering", also der kollaborativen Produktentwicklung**.

2.1.2.1 Phasen der kollaborativen Produktentwicklung

In Anlehnung an (Krause, Hayka et al. 2004) lässt sich die kollaborative Produktentwicklung allgemein in die folgenden fünf Phasen einteilen (vgl. Abb. 11).

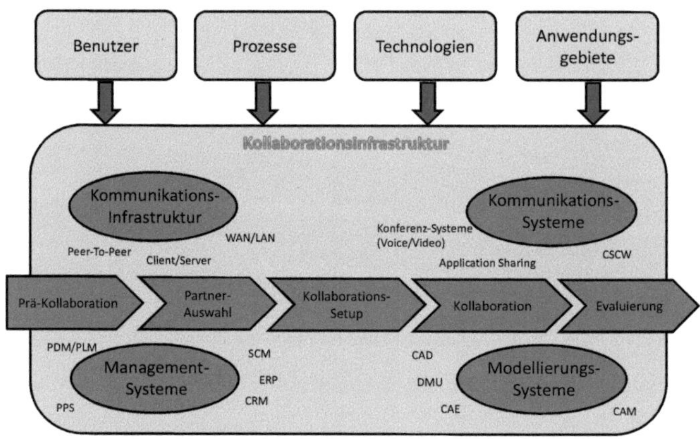

Abb. 11: Phasen der kollaborativen Produktentwicklung nach (Krause, Hayka et al. 2004)

- **Prä-Kollaboration:** Feststellung, dass eine Produktentwicklung nicht ohne Einbeziehung von Kollaborationspartnern durchgeführt werden kann und Entscheidung für das Durchführen einer Kollaboration.
- **Auswahl der Partner:** Festlegen der Kollaborationspartner, sofern diese bereits bekannt sind, initiieren einer internetbasierten Suchbörse zum Auffinden geeigneter Kollaborationspartner.

[9] ***Lebenslaufkosten*** = Kosten aus der Sicht des Produktnutzers (Kunden) = Investitionskosten + Betriebskosten + Instandhaltungskosten (Ehrlenspiel 2009, S. 604).

- **Kooperationssetup:** Aufbau der temporären Kollaborationsinfrastruktur und der Kollaborationsumgebung. Dazu zählen insbesondere die technische Infrastruktur, die es erlaubt, die existierenden Systeme der Kollaborationspartner und die in den Systemen verarbeiteten Produktdaten in eine gemeinsame, virtuelle Systemumgebung für die verteilte Produktentwicklung zu integrieren.
- **Kollaboration:** In dieser Phase finden die eigentlichen kollaborativen Arbeitsschritte statt.
- **Evaluierung:** Abbau der Kollaborations-Infrastruktur, sowie Evaluation der Zusammenarbeit und der erzielten Ergebnisse.

2.1.2.2 Kollaborationstypen

Die fünf Phasen der kollaborativen Produktentwicklung finden sich in unterschiedlichen Kollaborationstypen, wobei im Wesentlichen die folgenden drei zu unterscheiden sind: Die **produktdaten-, projekt- oder prozessorientierten Kollaborationen** (Krause, Franke et al. 2007, S. 64-65). Alle drei Typen erfordern die Festlegung einer Kommunikationsinfrastruktur, über die die beteiligten Nutzer Informationen und Wissen je nach Bedarf austauschen können (vgl. Abschnitt 2.1.1). Darauf aufbauend können nun die Kollaborationstypen definiert werden. Je nach Typ sind unterschiedliche Management- und Modellierungssysteme erforderlich.

2.1.2.2.1 Produktdatenorientierte Kollaborationen

Bei **produktdatenorientierten Kollaborationen** muss sichergestellt werden, dass die für den Produktentwicklungsprozess notwendigen Produktdaten immer zum richtigen Zeitpunkt und am richtigen Ort zur Verfügung stehen. Produktdaten werden dabei in der Regel von unterschiedlichsten Kollaborationsteilnehmern (Zulieferer, Dienstleister und Systemlieferanten) beigesteuert, bzw. bezogen.

In der Regel werden Produktdaten in sogenannten Produkt-Daten-Management(PDM)-Systemen verwaltet. Diese werden jedoch meistens unternehmensintern angewendet. Bei produktdatenorientierten Kollaborationen sind also die Produktdaten zwischen den Entwicklungspartnern auszutauschen. In der Regel findet ein Produktdatenaustausch wie folgt statt:

- Ein Anwender authentifiziert sich am Quell-PDM-System. Die Authentifizierungsinformationen werden an das Ziel-PDM-System weitergegeben, um dort die Berechtigungsüberprüfung durchzuführen.
- Für einen erfolgreichen Datenaustausch ist in der Regel ein Mapping von Datenelementen des Quelldatenformats in entsprechende Elemente des Zieldatenformats vorzunehmen. Dieses Mapping ist in der Regel firmenspezifisch. Je nach Zielunternehmen können dabei auch die Granularität und der Umfang der Produktdaten variieren.
- Sobald klar ist, wie Produktdaten aus einem Quell-PDM-System in ein Ziel-PDM-System überführt werden können, sind die auszutauschenden Produktdaten in ein neutrales Datenaustauschformat (zum Beispiel STEP) zu überführen. Eine Konvertierung von Geometriedaten ist bei Bedarf mit durchzuführen.

- Kommt es zu einem Fehler, muss in jedem Fall ein Rollback vorhanden sein.

Die Heterogenität der PDM-Systeme ist eines der größten Probleme in produktdatenorientierten Kollaborationen. Jedes der im Kollaborationsverbund teilnehmenden Unternehmen hat in der Regel sein eigenes PDM-System im Einsatz oder verwendet seine ganz individuelle Strukturierung der Produktdaten durch unternehmensinterne Richtlinien.

PDM/PLM endet in der Regel an Unternehmens- bzw. Abteilungsgrenzen, somit liegen kollaborationsübergreifend betrachtet Produktdaten für ein zu entwickelndes Produkt über die verschiedensten PDM-/PLM-Systeme verteilt vor. Für die temporären Kollaborationsverbünde eine besonders schwer zu handhabende Situation. Oftmals werden freigegebene Produktdaten an Kollaborationspartner gesendet und liegen dann dort als Replikat vor. Gleichzeitig wird also an unterschiedlichen Entwicklungsschwerpunkten des Produktmodells in unterschiedlichen Datenformaten gearbeitet. Anschließend sind die Entwicklungsfortschritte zu integrieren. Dieser Prozess führt oftmals zu Verzögerungen und einer erhöhten Fehleranfälligkeit.

Benötigt werden Systeme, die alle heterogenen Datenquellen integrieren, so dass während des gesamten Produktlebenszyklus unabhängig vom Standort konsistent und transparent auf die Daten zugegriffen werden kann. Für die Dauer der Kollaboration entsteht somit ein virtuelles PDM-System, dass in der Regel als ***Kollaborationsplattform*** bezeichnet wird (vgl. Abschnitt 2.2). Diese muss zusätzlich zu den organisatorischen Aufgaben insbesondere die folgenden, technischen Probleme zu überwinden:

- Meist nur geringe Bandbreite im WAN,
- Überwindung von Firmenfirewalls und
- Bereitstellung eines unternehmensübergreifenden Benutzer- und Zugriffsmanagements.

2.1.2.2.2 Projektorientierte Kollaborationen

Bei einer **projektorientierten Kollaboration** dagegen geht es um die Organisation von verteilten Projekten durch Multiprojektmanagement, einem verteiltem Sicherheitsmanagement und Produktentwicklungsreviews.

Zum Multiprojektmanagement gehört neben der Koordination der fachlichen Prozesse (also der Zuordnung von konkreten Aufgaben zu verteilten Verantwortlichen mit geeigneter Kompetenz) auch eine Abstimmung der eigentlichen Projektmanagementprozesse (z.B. die Abstimmung von Terminplänen). Insbesondere durch die starke Vernetzung der komplexen und nur wenig transparenten Einzelaufgaben ergeben sich große Probleme.

Drei wesentliche Entwicklungen lassen sich zur Beherrschung von projektorientierten Kollaborationen auf dem Markt verzeichnen:

- OEM binden ihre Zulieferer direkt in die unternehmensinternen Prozesse ein und dokumentieren dieses in ihrem Projektmanagement-Handbuch.
- Große Unternehmen betreiben in der Regel Internetportale um darüber den Produktdatenaustausch zu realisieren. Diese Portale bieten in der Regel Funktionen für

webbasierte Terminkoordination, Kontaktdatensuche und/oder den Dokumentenaustausch.

- Moderne Groupware-Systeme bieten weitere Möglichkeiten in der Realisierung der unterschiedlichen Teilaspekte des verteilten Projektmanagements: Teamkommunikation, Dokumentenmanagement und Projektverwaltung.

In einem Projektmanagement finden sich nach (Ehrlenspiel 2009, S. 198 ff., Kap. 4.3.4.1) die folgenden Aufgaben. Die **Projektaufbauorganisation** dient der Strukturierung des Projektes, also zum Beispiel der Aufteilung von Projekten in Teilprojekte bis hin zu konkreten Arbeitspaketen (Stichwort: Matrixorganisation als Mischform zwischen funktionaler und produktbezogener Organisation). Parallel dazu werden die **Zieldefinition** (Festlegung der Produkteigenschaften und Anforderungen an das Produkt, sowie der Zielkosten) und die Aufgabenklärung erarbeitet. Im Rahmen der **Projektablauforganisation** werden personelle, finanzielle und sachliche Ressourcen entsprechend der Bedingungen des Projekts zugeordnet (= **Projektplanung;** in der Regel eine Phasenorganisation mit Meilensteindefinition). Ein Projektleiter wird benannt und die Teams gebildet. Die Projektleitung ist mit Anlauf des Projekts für eine regelmäßige **Projekt-Kalkulation** (Vor- und Nachkalkulation) und -**Steuerung** verantwortlich (Rückmeldeverfahren, Freigabebesprechungen, Projektberichtswesen, Dokumentation und Qualitätsaudits). Insbesondere steht die regelmäßige Lösung von Zielkonflikten im Vordergrund.

2.1.2.2.3 Prozessorientierte Kollaborationen

Bei einer **prozessorientierten Kollaboration** gilt es, die internen Produktentwicklungsprozesse zu einem unternehmensübergreifenden Prozess zu verbinden. Das ist besonders schwierig, da viele Unternehmen bereits große Mühe haben, die eigenen internen Produktentwicklungsprozesse zu spezifizieren und/ oder zu kontrollieren.

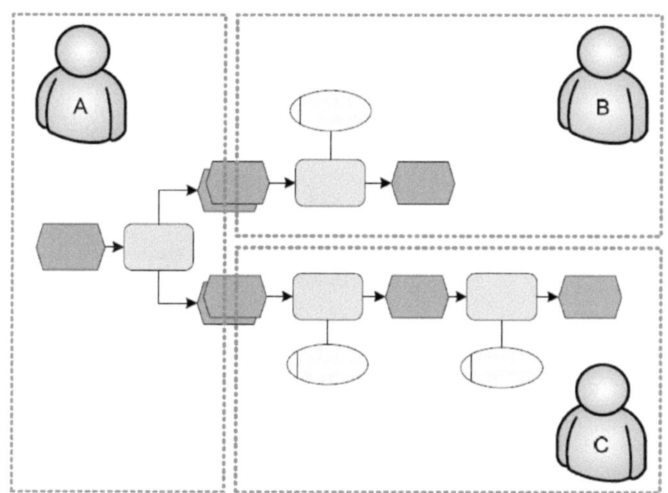

Abb. 12: Kollaborative Geschäftsprozesse nach (Walter und Werth 2008)

Eine prozessorientierte Kollaboration (vgl. Abb. 12) wird repräsentiert durch einen unternehmensübergreifenden, kollaborativen Geschäftsprozess, dem nach Walter in diesem Kontext die folgenden Charakteristika zugeteilt werden (Walter und Werth 2008).

- **Output-Erstellung:** Jeder kollaborative Geschäftsprozess erstellt in jedem Fall einen definierten Output. Dieser Output könnte zum Beispiel ein finales Produktmodell als Lösung eines gegebenen Produktentwicklungsproblems sein.
- **Langfristige Orientierung:** Kollaborative Produktentwicklungsprozesse dienen der Zuordnung zu immer wiederkehrenden Entwicklungsaufgaben gleicher Entwicklungspartner.
- **Kollektive Steuerung:** Es wird ein Kontrollmechanismus benötigt, der es erlaubt sowohl die unternehmenseigenen, als auch die den externen Partnern zur Verfügung gestellten Prozessteile zu steuern.

Zur Vermittlung des Grundverständnisses von prozessorientierten Kollaborationen in Wertschöpfungsnetzwerken haben (Zang, Hofer et al. 2004) einen dreischichtigen Architekturansatz zur Abbildung des kollaborativen Geschäftsprozessmanagements (engl.: Collaborative Business Process Management, kurz: C-Business) vorgestellt, der eine Erweiterung der klassischen prozessorientierten Architekturen ist, vgl. Sichtenkonzept „Architektur Integrierter Informationssysteme" nach (Scheer 2002).

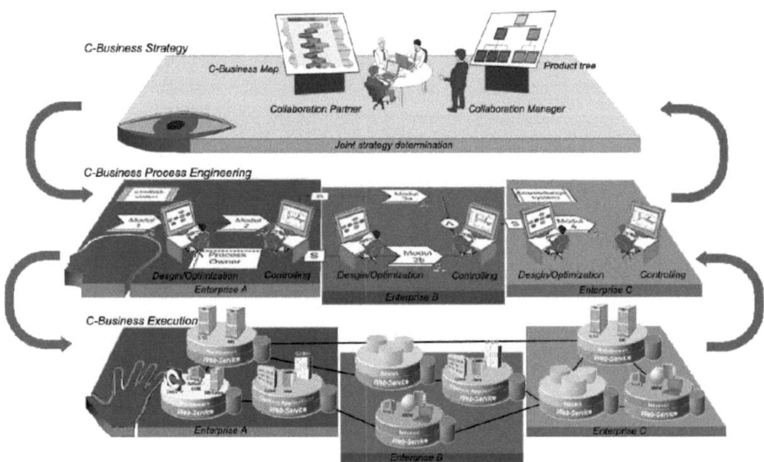

Abb. 13: Architektur für das kollaborative Geschäftsprozessmanagement nach (Zang, Hofer et al. 2004)

In der obersten Ebene (**C-Business Strategy**) wird die globale Kollaborationsstrategie beschrieben. Die zweite Ebene (**C-Business Process Engineering**) beschreibt den Entwurf, die Optimierung und das Controlling der internen, lokalen Geschäftsprozesse (Unternehmen A, B und C), sowie der Übergangsprozesse zwischen den beteiligten Unternehmen. Die unterste Ebene (**C-Business Execution**) fokussiert die Ausführung der Geschäftsprozesse im gesamten Wertschöpfungsnetzwerk und spezifiziert den dazu notwendigen, dezentralen

Bedarf von Informations- und Kommunikationstechnologien (kurz: IKT), sowie deren globale Vernetzung.

Die Architektur (vgl. Abb. 13) verdeutlicht auf den horizontalen Ebenen den Unterschied zwischen Management, Prozessmodellierung und IT-Infrastrukturen zur Implementierung der Prozesse, sowie auf den vertikalen Ebenen den Unterschied zwischen lokalem und globalem Wissen.

In Anlehnung an das Architekturmodell nach (Zang, Hofer et al. 2004) lässt sich ein Lebenszyklusmodell erstellen, das als ein **Leitfaden für eine prozessorientierte Kollaboration** herangezogen werden kann. Ähnlich wie bereits im allgemeinen Phasenmodell nach Krause vorgestellt, gibt es auch hier die Phasen, die in einem geschlossenen Zyklus, dem sogenannten **C-Business Life-Cycle** stehen.

Ist das Bewusstsein geschaffen, dass eine Produktentwicklung nur in Kollaboration mit geeigneten Experten stattfinden kann, beginnt die erste Phase des C-Business Life-Cycles (vgl. Abb. 14).

- **Phase 1: Strategische Partneranalyse (C-Business Strategy).** Diese Phase dient der Vereinigung der individuellen Ziele der Partner zu einer gemeinsamen Strategie. Eine Ist-Analyse liefert die Erkenntnis, welcher Partner welchen Beitrag liefern kann, beantwortet aber nicht die Frage, wie dies konkret erfolgt. Zum Beispiel wird anhand eines Produktstrukturbaumes festgelegt, welche Produktbestandteile durch welchen Lieferanten erzeugt werden.
- **Phase 2: Lokales Sollkonzept (C-Business Process Engineering).** Dem lokalen Ist-Modell werden die globalen Sollkonzepte gegenübergestellt. Anhand der in Phase 1 festgelegten Strategie können nun interne Geschäftsprozesse abgeleitet werden, die der Erreichung des gemeinsamen Ziels dienen. Bei der Prozessmodellierung ist es wichtig, dass die internen Prozesse einen öffentlichen und einen privaten Anteil haben. Ein Prozessmodellierungs-Tool muss also die Spezifikation von internen und externen Sichten ermöglichen.
- **Phase 3: Globales Sollkonzept (C-Business Process Engineering).** Die öffentlichen Teile der Geschäftsprozesse werden über das Netzwerk verteilt und ein gemeinsames Sollkonzept spezifiziert. Jeder Partner hängt seinen individuellen, privaten Geschäftsprozessteil an das virtuelle, globale Geschäftsprozessmodell an. Gleichzeitig werden Schnittstellen für den Datenaustausch spezifiziert.
- **Phase 4: Lokale Implementierung (C-Business Execution).** Anhand des virtuellen, globalen Geschäftsprozessmodells können nun die einzelnen Partner die Geschäftsprozesse implementieren. Damit ist jeder Teilnehmer bereit, auf Interaktionen der Partner zu reagieren.
- **Phase 5: Kollaborationsausführung (C-Business Execution).** Die Kollaboration wird entsprechend des globalen Geschäftsprozessmodells ausgeführt.

Sind die fünf Phasen einmal durchlaufen, kann sich das Konsortium unter Umständen umformieren oder erweitern. Dann beginnt der Zyklus erneut.

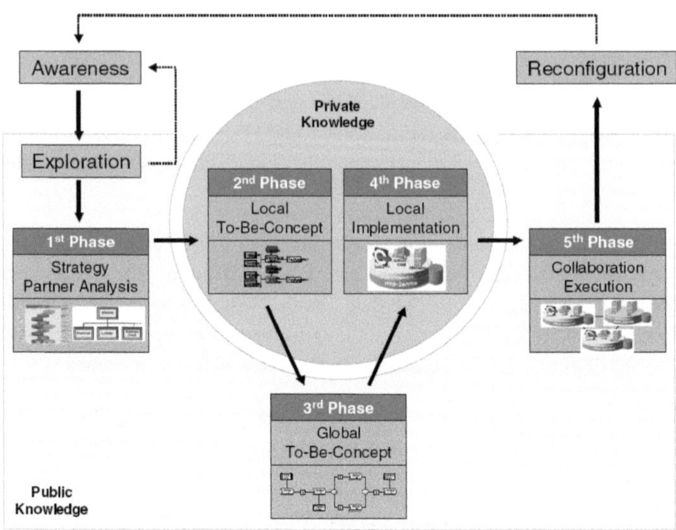

Abb. 14: C-Business Lifecycle nach (Zang, Hofer et al. 2004)

2.2 Stand der Technik: Kollaborative Produktentwicklung

In diesem Abschnitt werden aktuelle Ansätze für die kollaborative Produktentwicklung vorgestellt. Es gibt unterschiedliche Strategien zur Durchführung der CPD (vgl. Abschnitt 2.2.1). In der Regel bieten aktuelle PDM-Systeme Funktionen für die unternehmensübergreifende Zusammenarbeit bei der Produktentwicklung. Hier wird noch einmal die Funktionalität dieser Systeme vorgestellt (vgl. Abschnitt 2.2.2). Aktuell werden insbesondere auch Ansätze für Kollaborationsplattformen interessant, von denen anschließend zwei wichtige Vertreter vorgestellt werden (vgl. Abschnitt 2.2.3).

2.2.1 Strategien für die kollaborative Produktentwicklung

In der produzierenden Industrie werden im Rahmen von kollaborativen Produktentwicklungstätigkeiten in der Regel häufig Integrationen von PDM-Arbeitsumgebungen durchgeführt (Abramovici, Schlingensiepen et al. 2003). Dabei sind drei Anwendungsszenarien relevant (vgl. Abb. 15):

- **Integration heterogener PDM-Systeme innerhalb eines Konzerns.** Diese Situation wird regelmäßig in Großkonzernen angetroffen. Aus historischen Gründen werden hier in der Regel Produktdaten derselben Produktmodelle in den verschiedensten PDM-Systemen verwaltet (zum Beispiel Teilestrukturen und -stammdaten in PDMS-A und produktbeschreibende (CAD-)Dokumente in PDMS-B). Das Arbeiten mit zwei oder mehreren PDM-Systemen erschwert die durchgängige Bearbeitung erheblich.

  Größtes Ziel dabei ist das Zusammenführen der Einzelsysteme in ein Gesamtsystem. Dies ist eine Grundvoraussetzung für unternehmensübergreifende Kollaborationen.

- **Zusammenarbeit zwischen verschiedenen Firmen mit unterschiedlichen PDM-Systemen.** In der Regel ist diese Form der Zusammenarbeit anzutreffen, wenn Systemlieferanten mit den OEMs zusammenarbeiten. Dabei setzt jeder der beteiligten Entwicklungspartner sein individuelles PDMS für die lokale Produktdatenverwaltung ein. Die Produktmodelle werden damit vollständig unterschiedlich klassifiziert (Nummern- oder Begriffssystem) und liegen in ganz unterschiedlichen Detaillierungsgraden vor.

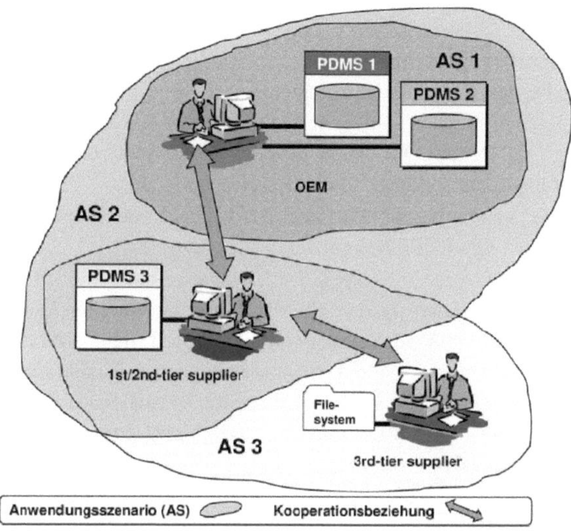

Abb. 15: Übersicht über die relevanten Anwendungsszenarien einer kollaborativen Produktentwicklung nach (Abramovici, Schlingensiepen et al. 2003)

Für gewöhnlich tauschen Unternehmen die Produktdaten daher nur zu ganz bestimmten Zeitpunkten aus, in der Regel dann, wenn bestimmte Meilensteine in der Entwicklung erreicht sind. Das hat allerdings den Nachteil, dass Produktinformationen nur selten im aktuellen Zustand vorliegen. Damit erfolgen Reaktionen auf konstruktive oder technologische Probleme einzelner Produktmodelle oftmals viel zu spät. Dies führt zu unnötigen Änderungen, langen Entwicklungszeiten und enormen Kosten.

- **Zusammenarbeit zwischen Lieferanten.** Bei der Zusammenarbeit von 2nd und 3rd Tier Lieferanten kommt es sehr häufig zu der Situation, das einige der Teilelieferanten nicht über ein PDM-System verfügen, sondern Produktmodelle lediglich in modell-beschreibenden CAx-Dateien vorliegen. Die Integration der CAx-Systeme in bestehende PDM-Systemlandschaften ist eine besonders große Herausforderung.

Diesem Problem begegnet man in der Regel dadurch, dass für den kleineren Partner externe PDM-Clients zur Verfügung gestellt werden. Durch Nutzen des PDM-Clients kann dann auf manuellem Wege eine Datenintegration in das Ziel-PDM-System vorgenommen werden.

2.2.2 Kollaborative Produktentwicklung mit aktuellen PDM-Systemen

PDM-Systeme verfügen über umfangreiche Funktionen, die jeweils in Modulen, bzw. Komponenten strukturiert angeboten und durch den Nutzer beliebig kombiniert werden können. Ferner richten alle namhaften PDM-Systemhersteller[10] ihre Produkte verstärkt auf die Unterstützung von Tätigkeiten im Rahmen von unternehmensübergreifenden, kollaborativen Produktentwicklungen aus. Im Folgenden sollen kurz die wesentlichen Funktionen von aktuell verfügbaren PDM-Systemen vorgestellt werden (Gausemeier und Hahn 2006, Kap. 4.2.2, S. 238 ff.):

- **Dokumentenmanagement**
  Die Aufgabe des Dokumentenmanagements besteht darin, die teamweit entstehenden Dokumente zu ordnen, zu speichern und bei Bedarf am Arbeitsplatz des Entwicklers zur Verfügung zu stehen. Mit dem Begriff Dokument ist in diesem Umfeld eine rechnerbasierte Darstellung und Beschreibung von Produktmodellen gemeint. Insbesondere geometrische 2D- und 3D-Produktmodellrepräsentationen dienen der Veranschaulichung von Produktmodellen.

  Mit Hilfe von Metadaten werden die Modelle so beschrieben, dass eine Klassifizierung möglich wird und die Modelle entsprechend in die Produktstruktur eingeordnet werden können. Darüber hinaus ist eine benutzerabhängige Zugriffssteuerung möglich. Die automatische Integration und die permanente Aktualisierung der Metadaten aus den CAx-Dokumenten im PDM-System ist nach wie vor eine der größten Herausforderungen.

  Aktuelle PDM-Systeme verwenden zum Speichern der Dokumente einen Mechanismus, bei dem die Dateien in der Regel zentral auf speziellen Datenträgerbereichen des Servers (engl.: data vault) abgelegt werden. Die Anzahl der Speicherbereiche und deren Vernetzung können individuell gestaltet sein.

  Produktdaten müssen in modernen PDM-Systemen nicht nur zeitnah zur Verfügung stehen, sondern sind die Basis für das Erstellen komplexer Baugruppenmodelle, die mit unterschiedlichen CAD-Systemen an global verteilten Standorten konstruiert wurden. In Echtzeit müssen Komponenten ausgetauscht und alternative Konstruktionen evaluiert werden.

- **Produktstrukturmanagement**
  Für die Beschreibung komplexer Produktmodelle werden diese mit Hilfe von Produktstrukturen untergliedert. Man unterscheidet weiterhin:

  - **Teilestruktur, bzw. Stückliste (engl.: bill of material, BOM):** Beschreibung des Aufbaus eines Produktmodells aus Baugruppen und Komponenten.

[10] Eine Übersicht von bekannten PDM-System-Herstellern findet sich auf der folgenden Seite: http://www.edmpdm.de/software/edmpdm_systeme.htm [01.04.2011]

- **Funktionsstruktur:** Beschreibt den funktionalen Aufbau eines Produktmodells gegliedert nach Haupt- und Nebenfunktionen.
- **Vertriebs- und Konfigurationsstruktur:** Variantenspezifische Produktmodellbeschreibungen für am Markt vertriebene Produkte.
- **Montagestruktur:** Beschreibt die Zusammenbaureihenfolge einzelner Komponenten im Rahmen des Montageprozesses.
- **Servicestruktur:** Strukturierung nach Servicegesichtspunkten.

Mit Hilfe des Strukturmanagements werden die einzelnen Strukturen konsistent gehalten. Genau wie bei den Metadaten wird versucht, die CAx-Strukturen direkt in die PDM-Systemumgebung zu portieren.

- **Konfigurations-, Versions- und Variantenmanagement**
  Produktstrukturen und Dokumente unterliegen ständigen Änderungen. Dabei entstehen nacheinander verschiedene Entwicklungsstände (Versionen) oder parallel alternative Produktmodellausprägungen (Varianten), die in der Regel an verteilten Standorten entwickelt werden. Zu bestimmten Zeitpunkten finden Integrationen der Teilentwicklungen statt (engl.: merge). Dementsprechend sind ausgeklügelte Änderungshistorien notwendig, die die Änderungen über den gesamten Entwicklungsprozess abbilden.

  Eine Konfiguration ist dabei immer eine gültige Produktmodellzusammensetzung zu einem bestimmten Zeitpunkt. Dazu gehört mindestens eine gültige Produktmodellbeschreibung pro Komponente, damit das Gesamtprodukt komplett beschrieben ist. Gelegentlich werden Konfigurationen im PDM-System abgespeichert, um einen fixen Entwicklungsstand zu repräsentieren.

- **Freigabe- und Änderungsmanagement**
  Im Freigabemanagement wird die Freigabe von Konfigurationen gesteuert. Dazu gibt es in der Regel vorher fest definierte Genehmigungsverfahren, sogenannte Freigabeabläufe für Änderungen an Produktmodellen. Das Änderungsmanagement organisiert dann die ordnungsgemäße Speicherung der Änderungen am Produktmodell, also im Prinzip wer was wann warum geändert hat. Alle an der Entwicklung beteiligten Ingenieure werden über Änderungsvorgänge direkt informiert.

- **Workflowmanagement**
  Im Workflowmanagement werden in der Regel Standardabläufe, insbesondere Freigabe- und Änderungsprozesse spezifiziert. Zur Dokumentation des Workflowablaufs speichern PDM-Systeme Statusübergänge von Produktmodellen und Dokumenten (z.B. „in Arbeit“, „zur Prüfung durch Person X“, „freigegeben“). Der Übergang von einem Status in einen anderen ist über den Workflow festgelegt. Genau genommen ist darin definiert welcher Entwickler zu welchem Zeitpunkt welche Aktion ausführen muss.

- **Projektmanagement**
  Hauptaufgabe ist die Planung, Steuerung und Kontrolle der Produktentwicklungsprojekte. In der Regel werden dazu externe Enterprise-Projektmanagementsysteme genutzt, also solche Systeme, die allen rollenspezifische Funktionen über den gesamten Projektzyklus anbieten.

2.2.3 Kollaborationsplattformen

Kollaborationsplattformen heutiger Generation müssen nach (Krause, Franke et al. 2007, S. 64 ff.) im Sinne einer „Common Core Technology" kommunikations-, produktdaten-, prozess- und organisationsorientierte Kooperationsaspekte fokussieren (vgl. Abb. 16).

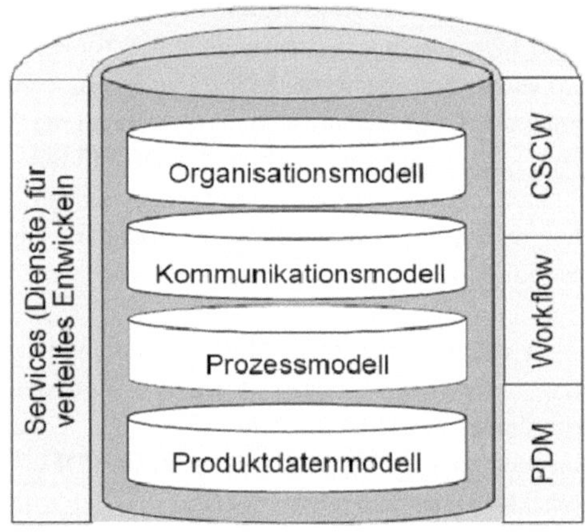

Abb. 16: Common Core Technology nach (Katzenbach 2009, S. 92 ff.)

In Bezug auf die ***Prozessorientierung*** ist die Herausforderung, verteilte unternehmensinterne Produktenwicklungsprozesse verschiedener Partner miteinander zu einem unternehmensübergreifenden Prozess zu verknüpfen. Im Fokus der ***Kommunikation*** steht die Bereitstellung einer Architekturkomponente, die eine ad-hoc-Kommunikation entweder zwischen ausgewählten Teilnehmern oder innerhalb von Gruppen der Kooperation realisiert. ***Produktdaten*** müssen für alle Beteiligten (zum Beispiel Endhersteller, Dienstleister, Zulieferer oder Systemlieferanten) während der Phasen des Produktentwicklungsprozesses uneingeschränkt und konsistent zur Verfügung stehen. Die ***Organisation*** eines verteilten Entwicklungsprojektes muss die Herausforderungen in Bezug auf gleichzeitige Planung, übergreifende Steuerung und Überwachung mehrerer (untereinander abhängiger) Projekte bewältigen.

Nach (Abramovici, Schlingensiepen et al. 2003) muss jede Kollaborationsplattform folgende Basisfunktionalität bieten:

1. Darstellung eines zusammenhängenden, kollaborativen Produktstrukturbaums.

2. Graphische Benutzeroberfläche (engl.: GUI-Interface), die in die gewohnte PDM-Umgebung eingebettet wird und dabei die gewohnte Nomenklatur (z.B. Regeln für die Nummerierung von Produktmodellen, usw.) und Granularität, also den Detailgrad der Produktmodellbeschreibung, beibehält. Die existierenden PDM-Systeme sollen dabei nicht abgelöst werden.

2.2.3.1 Kollaborationsplattformen für die produktdatenorientierte Kollaboration

Im Bereich der ***produktdatenorientierten Kollaboration*** hat seit einiger Zeit das Unternehmen PROSTEP mit seiner Kollaborationsplattform OpenPDM® ein Integrationswerkzeug am Markt etabliert, mit dem der dateibasierende Datenaustausch zwischen heterogenen PDM-Systemen ermöglicht wird, vgl. Abb. 17.[11]

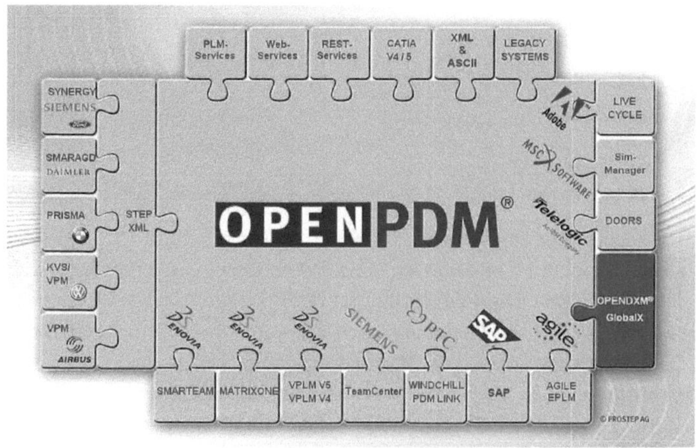

Abb. 17: OpenPDM®-Konnektoren Übersicht

Die Systemarchitektur sieht vor, die notwendige Datenintegration auf einem OpenPDM®-Server über sogenannte Konnektoren zu den PDM-Systemen renommierter Hersteller (zum Beispiel SAP, Dassault Systèmes, Siemens PLM, PTC, IBM, usw.) zu vollziehen. Die Produktentwickler arbeiten jedoch weiter in Ihren gewohnten PDM-Systemlösungen, die Integration verläuft weitgehend im Hintergrund. Durch die intensive Zusammenarbeit mit den PDM-Systemherstellern garantiert ProSTEP eine hohe Sicherheit, Stabilität der Konnektoren und Kompatibilität zu existierenden PDM-Systemen. Weiterhin gibt es bereits eine Vielzahl von Standard-Mappings, so dass viele produktdatenbasierte Kollaborationen ohne große Konfigurationen erfolgreich durchgeführt werden können.

Im Rahmen des Verbundprojekts PDM-Collaborator[12] wurde darüber hinaus die Möglichkeit erforscht, im Rahmen von kollaborativen Produktentwicklungen auf eine zentrale Datenbasis zu verzichten. Ziel war es, eine Multi-PDM-Umgebung zu schaffen, die es dem Produktentwickler ermöglicht, auf unterschiedlichste PDM-Systeme durch On-Demand-

[11] Vgl. http://www.prostep.com/unsere-produkte/openpdm/ [01.04.2011]
[12] http://www.pdm-collaborator.de/ [01.04.2011]

Transformationsprozesse zuzugreifen. Die Architektur des Ansatzes ist in Abb. 18 dargestellt (Krause, Hayka et al. 2003, S. 7 ff.).

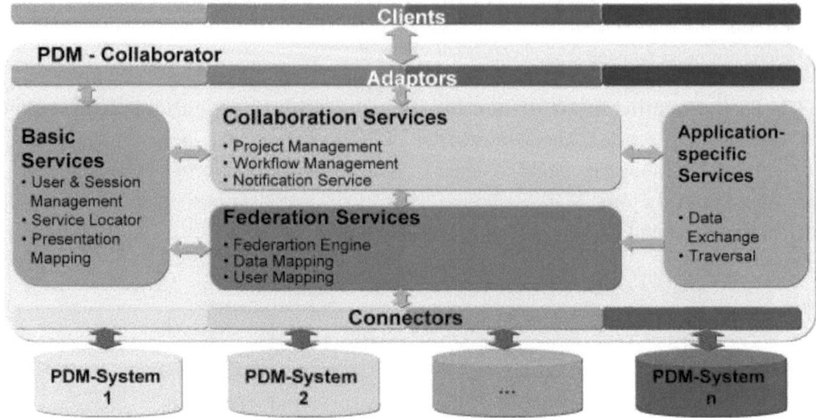

Abb. 18: **Architektur** des PDM-Collaborators nach (Krause, Hayka et al. 2003, S. 7 ff.)

Mit Hilfe sogenannter **Adaptoren** können PDM-Systeme an die Multi-PDM-Umgebung angebunden werden, mit **Connectoren** kann dessen Inhalt von jedem beliebigen Ort abgefragt oder verändert werden. Die **Federation Services** stellen Transaktionskonzepte bereit, durch die sichergestellt wird, dass Manipulationen an Produktmodell nicht zu Dateninkonsistenzen führen. **Collaboration Services** übernehmen die Prozessintegration und koordinieren Kollaborationstätigkeiten. **Basic Services** steuern das Rechtemanagement und damit den Zugriff auf die verteilten Produktmodelle. **Application-Specific Services** erweitern die Federation Services um zusätzliche Konsistenzmechanismen, wie zum Beispiel ein standortübergreifendes Versions- und Variantenmanagement.

2.2.3.2 Produktdaten- und prozessorientierte Kollaboration

Seit 2006 wird besonders aktiv der für die unternehmensübergreifende Produktentwicklung von der Object Management Group (OMG) standardisierte Ansatz **PLM Services**[13] verfolgt, der aktuell in der Version 2.0 existiert.

In PLM Services werden standardisierte Schnittstellen für den integrierten Zugriff auf PDM-, ERP- und/oder CAD-Systeme spezifiziert. Die als Webservice gekapselten Methoden operieren beim Kollaborations-Initiator auf den entsprechenden Quellsystemen, vgl. Abb. 19. Der Austausch der Produktdaten erfolgt über XML-Nachrichten. PLM Services spezifiziert ein Mapping des STEP AP214 basierten Datenschemas in das XML-basierte Austauschformat.

Durch Nutzen entsprechender Dienste wird einem Kollaborationspartner der Zugriff auf benötigte Informationen der Quellsysteme ermöglicht. Damit ist es beispielsweise möglich, dass ein externer Produktentwickler über den Webbrowser direkt auf der Produktstruktur des OEM navigiert und sich durch Nutzen der vom OEM angebotenen Dienste die benötigten

[13] http://www.omg.org/spec/PLM/ [01.04.2011]

Modellinformationen je nach Sicht und Bedarf empfängt und gegebenenfalls modifiziert wieder speichert.[14]

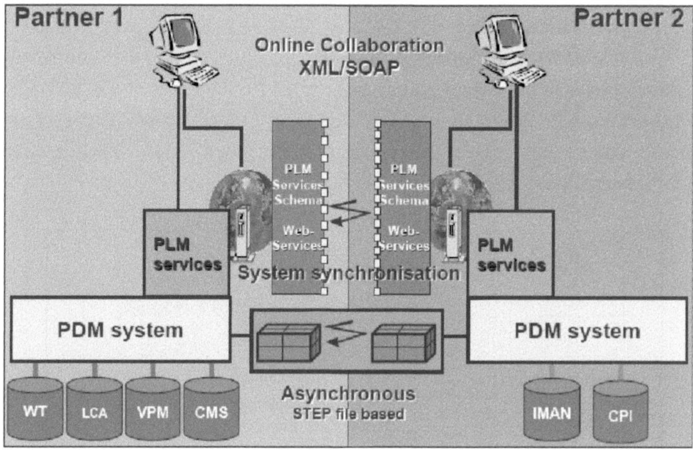

Abb. 19: Architektur der OMG PLM Services nach (Ungerer, Lämmer et al. 2005)

2.3 Hintergrund: Produktdatenaustausch in Kollaborationen

In diesem Abschnitt wird genauer erklärt, wie ein Produktdatenaustausch in kollaborativen Entwicklungsumgebungen realisiert werden kann. Dazu wird noch einmal der Begriff des Produktmodells enger gefasst und daraus die Anforderungen an ein Produktdatenmodell abgeleitet. Im Speziellen wird anschließend die Idee eines wissensbasierten Produktdatenaustauschs mit Hilfe von Ontologien vorgestellt.

2.3.1 Produktmodelle

Def. 4: Produktmodell

Ein ***Produktmodell*** ist „[...] eine Spezifikation von Produktinformationen in Form technischer Dokumente oder sonstiger Produktrepräsentationen, die im Laufe des Produkt-Entwicklungsprozesses als (Zwischen-)Ergebnisse entstehen. Produktmodelle stellen damit formale Abbilder realer oder geplanter Produkteigenschaften dar." (Grabowski, Anderl et al. 1993)

Damit enthält ein Produktmodell in einer hinreichenden Vollständigkeit alle relevanten Informationen, die für die Produkterstellung, -nutzung und -entsorgung nötig sind. Nach Lindemann beziehen sich Produktmodelle weiterhin auf einen bestimmten *Entwicklungsprozess* (vgl. Abb. 20) und arbeiten mit einer konkreten ***Produktmodellausprägung*** (Lindemann 2007, S. 18 ff.):

- ***Zielmodell:*** Erfassung, Strukturierung und Dokumentation von gewünschten Systemmerkmalen.

[14] http://www.prostep.org/en/standard-info/omg-plm-services.html [01.04.2011]

- ***Problemmodell*:** Generierung eines besseren Problem- oder Systemverständnisses in Bezug auf existierende oder zu entwickelnde Systeme zur Darstellung von Schwachstellen und Optimierungspotenzialen (Belastungen, Realisierbarkeit, Werkstoffeigenschaften, usw.).
- ***Entwicklungsmodell*:** Zur Spezifikation der Struktur sowie der geometrischen und stofflichen Beschaffenheit eines zu entwickelnden Produktes.
- ***Verifikationsmodell*:** Erfassung und Analyse wesentlicher Eigenschaften eines Produktes, die für eine Bewertung hinsichtlich der Produktqualität und Anforderungserfüllung relevant sind.

Abb. 20: Produktmodelle im Entwicklungsprozess nach (Lindemann 2007)

2.3.2 Produktdatenmodelle

Ein ***Produktdatenmodell*** dient als Schema, durch das festgelegt wird, wie die Daten eines zu beschreibenden Produkts aufgebaut sein müssen und welche Beziehung sie zueinander haben sollen. Es beschreibt den Aufbau der Datenstruktur und ist somit ein formales Modell (Speck 1998). Wird ein Produktdatenmodell mit den Daten eines konkreten Produkts gefüllt, so entsteht das ***Produktmodell***. Das Produktmodell kann damit als eine Instanz des Produktdatenmodells angesehen werden.

Je nach Produktlebenszyklusphase oder Einsatzgebiet kann ein Produktdatenmodell verschiedene Strukturierungen des gleichen Produkts darstellen. Diese zielgerichteten Darstellungen werden auch als ***Sichten*** bezeichnet. Ein Produktentwickler kann sich aus der Gesamtdatenmenge dann die für sich relevanten Daten herausfiltern, alle irrelevanten Daten werden ausgeblendet.

Drei verschiedene Sichten sind relevant:

- **Attributsicht**
  - Entsteht durch Gruppierung ausgewählter Merkmale (Geometrie, Werkstoff, Herstellkosten, Arbeitszeit, usw.)

- **Struktursicht**
  - Stellt einen Zusammenbau einer Produktkomponente nach unterschiedlichen Gesichtspunkten dar (as designed, as assembled, as maintained, as shipped, usw.)
- **Aggregationssicht**
  - Zielt auf einen bestimmten Untersuchungsgegenstand ab (engl.: zone of interest), zum Beispiel ein Bauraum.

Für folgende Produktmodelle müssen entsprechende Datenmodell-Schemata definiert werden (Grabowski, Anderl et al. 1993):

- **Struktur- oder teileorientierte Produktmodelle** sind produktstrukturorientierte Modelle, also Stücklisten, Klassifikationsschemata, Aufbauübersichten, Erzeugungsgliederungen, Baugruppenstrukturen oder Versions-/Varianten-Strukturen.
- **Topologisch-geometrische Produktmodelle** dienen der mathematischen Beschreibung von geometrischen Formen eines Produktes durch Draht-, Oberflächen-, Volumen- oder Hybridmodelle.
- **Feature- oder funktionsorientierte Produktmodelle** enthalten zusätzlich zur Geometrie Informationen über technische Eigenschaften des Produktes sowie deren Zusammenhänge. Diese können zum Beispiel technologische Eigenschaften wie Toleranzen, Passungen, Oberflächenbeschaffenheit, usw. oder funktionale Eigenschaften wie Kräfte, Momente, usw. sein
- **Tätigkeitsorientierte Produktmodelle** beinhalten Informationen über Tätigkeiten die zur Erstellung des Produktes ausgeführt werden müssen, inklusive der Arbeitsbedingungen.
- **Das integrierte Produktmodell (IPM)** ist ein Ansatz, der alle während des Produktlebenszyklus (Planung, Entwicklung, Konstruktion, Herstellung, Vertrieb, Betrieb und Beseitigung) anfallenden Produktdaten berücksichtigt. Die folgenden wesentlichen Bestandteile sind in jedem IPM zu finden:
  - **Funktion**
  - **Gestalt** (Form/Lage, Toleranzen, Oberflächengüte und –härte, usw.)
  - **Montage** (Einbauraum, Zugänglichkeit, usw.)
  - **Berechnung** (Festigkeit, Lebensdauer, usw.)
  - **Qualitätssicherung** (zum Beispiel Wartung, Ersatzteile)
  - **Kosten**
  - **Dispositionsdaten** (Verfügbarkeit, Lieferzeiten, usw.)

2.3.3 Wissensbasierter Produktdatenaustausch

In der kollaborativen Produktentwicklung spielt zunehmend die Formalisierung von **explizitem Wissen** eine wesentliche Rolle. Explizites Wissen ist kommunizierbar und kann in Dokumenten festgehalten werden. **Implizites Wissen** dagegen ist im Gedächtnis der Individuen gespeichert und daher nicht direkt zugänglich.

Für die Modellierung von **Wissen** wird ein einheitliches Verständnis von **Begriffen** vorausgesetzt. Jedem Begriff ist wiederum durch eine Reihe von **Merkmalen** charakterisiert.

Zwischen den Begriffen gibt es Beziehungen, so dass **Begriffssysteme (sog. Taxonomien)** mit Begriffen in über- und untergeordneter Beziehung aufgebaut werden können.

Begriffssysteme verlangen ein einheitliches Verständnis und Akzeptanz der Nutzer. Insbesondere in der Produktentwicklung ist durch die Beteiligung der unterschiedlichsten Disziplinen (Mechanik, Regelungstechnik, Softwaretechnik, usw.) die größte Herausforderung ein einheitliches Verständnis vom Modellinhalt disziplin- und abteilungsübergreifend zu erzeugen. Wenn bei einer Kollaboration zwischen Hersteller und Lieferanten keine einheitlichen Begriffe und zugehörige Klassifikationen für die Beschreibung von Produktmodellkomponenten verwendet werden, dann ist implizites Wissen notwendig um gewünschte Komponenten zu suchen und zu finden. Eine automatische Suche versagt in diesem Fall.

Eine Möglichkeit ein einfaches Begriffssystem aufzubauen ist die Einführung von **Metadaten**. Allgemein bezeichnet man als Metadaten Daten, die Informationen über andere Daten enthalten. Anders ausgedrückt bieten Metadaten die Möglichkeit kurz und bündig den Inhalt eines Produktmodells mit nur wenigen Informationen zu charakterisieren. In der Produktentwicklung hat sich dafür das als Dublin Core Standard bekannte Metadatenschema durchgesetzt.

Um komplexe Begriffssysteme zu etablieren ist darüber hinaus ein gemeinsames **Wissensmodell** notwendig, dass von allen Beteiligten (Menschen und Maschinen) verstanden wird. Nur dadurch wird Wissen eindeutig abgebildet. Wissensmodelle werden durch Ontologien beschrieben.

2.3.3.1 Ontologien

Angelehnt an Thomas H. Davenports[15] 1993 bekannt gewordene Aussage „*People can't share knowledge if they don't speak a common language*" sind für die Integration verteilter Produktmodelle die Unterschiede in ihrer Beschreibung (Heterogenität) zu überwinden. Die Voraussetzung dafür ist, dass eine klare Semantik, also Bedeutung der Produktmodelldaten, vorliegt. Schon jeder hat erleben müssen, dass die eigenen gedanklichen Verknüpfungen zwischen den verwendeten Worten und den damit einhergehenden Vorstellungen beim Kommunikationspartner nicht notwendigerweise reproduzierbar sind. Daher entsteht häufig ein nicht unerheblicher Aufwand, um die Vokabulare und die dahinterstehende Bedeutung gegeneinander abzugleichen (Dostal, Jeckle et al. 2004). In verteilten Wissensmanagementsystemen löst man diese Problematik durch die Verwendung von Ontologien.

Def. 5: Ontologie

Nach (Gruber 1993) ist eine **Ontologie** „[…] eine formale Spezifikation einer gemeinsamen Konzeptualisierung" (engl.: shared conceptualization).

Eine Ontologie beschreibt also einen Wissensbereich (engl.: knowledge domain) mit Hilfe einer standardisierten Terminologie sowie Beziehungen und ggf. Ableitungsregeln zwischen

[15] Thomas H. Davenport ist einer der Top25-Consultants der Welt und ist seit 1999 als Professor für „Management and Information Technology" am Babson College in Wellesley, Massachusetts tätig.

den dort definierten Begriffen. Das gemeinsame Vokabular ist in der Regel in Form einer Taxonomie gegeben, die als Ausgangselemente (engl.: modelling primitives) Klassen, Relationen, Funktionen und Axiome enthält (Hesse 2002).

Mit Hilfe des semiotischen Dreiecks (Bedeutungsdreiecks) nach Odgen und Richards (1923) kann die Interaktion zwischen Worten (allg.: Symbole), Begriffen und realen Dingen der Welt dargestellt werden. Ein Beispiel ist in Abb. 21 gezeigt. Eine Ontologie reduziert die Anzahl der Abbildungen von Symbolen auf Gegenstände der realen Welt, im Idealfall ist die Abbildung eindeutig.

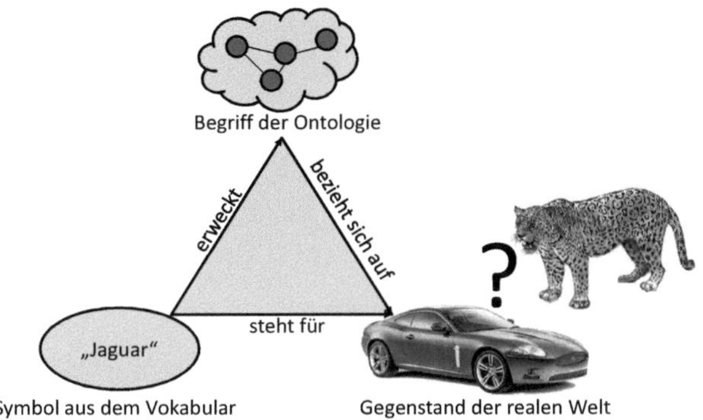

Abb. 21: Semiotisches Dreieck für das Symbol „Jaguar" nach Odgen und Richards

Im Folgenden sei die Ontologie formal definiert (Ehrig und Studer 2006). Eine Ontologie ist ein 7-Tupel $O := (L, C, R, F, G, H, A)$, dessen Bestandteile wie folgt definiert sind:

- ***Lexikon L***
  Das Lexikon enthält eine Menge von Symbolen (lexikalischen Einträgen) für Begriffe L_C und eine Menge von Symbolen für Relationen L_R. Ihre Vereinigung ist das Lexikon $L := L_C \cup L_R$.
- ***Menge C von Begriffen***
  Für jeden Begriff $c \in C$ existiert wengistens eine Aussage in der Ontologie.
- ***Menge R zweistelliger Relationen***
  Für jede Relation gibt es einen Definitionsbereich (domain) $C_D \in C$ und einen Wertebereich (range) $C_R \in C$. Zusätzlich werden die Funktionen d und r eingeführt, die – angewandt auf eine Relation $r \in R$ - die entsprechenden Definitions- und Wertebereichsbegriffe C_D und C_R liefern.
- ***Zwei Abbildungsfunktionen F, G***
  $F: 2^{L_C} \rightarrow 2^C$ und $G: 2^{L_R} \rightarrow 2^R$ verknüpfen Symbole $\{I_1, I_2, \dots, I_n\} \subset L$ mit den zugehörigen Begriffen und Relationen in der gegebenen Ontologie. Ein Symbol kann auf mehrere Begriffe oder Relationen verweisen; umgekehrt kann auf einen Begriff oder eine Relation von mehreren Symbolen verwiesen werden.

- ***Taxonomie H***
  Begriffe sind durch eine irreflexive, azyklische und transitive Relation $H, (H \subset C \times C)$ taxonomisch miteinander verbunden. $H(C_i, C_j)$ bedeutet, dass C_i ein Subbegriff von C_j ist.
- ***Menge von Ontologie-Axiomen A***
  Axiome sind stets wahre Aussagen innerhalb einer Ontologie, die dazu dienen Wissen explizit abzubilden, das nicht von anderen Begriffen abgeleitet werden kann.

Beispiel nach (Hausknecht 2010):

Gegeben sei eine Menge aus Symbolen, die von Entwicklungspartnern bei der Entwicklung eines Projektes verwendet werden:

$$L = \{\text{"Brick\_1"}, \text{"Brick"}, \text{"Stein"}, \text{"stone"}, \text{"Plate"}, \text{"related\_with"}, \text{"Platte"}, \text{"hasHoles"}, \text{"length"}, \text{"width"}, \text{"Brick\_TUC\_001"}, \dots\}$$

Um diese Symbole später eindeutig Begriffen zuordnen zu können, wird zunächst eine Menge C erstellt:

$$\mathrm{C} = \{\text{Part}, \text{Brick}, \text{Plate}, \text{Technic}, \text{TechnicBrick}, \dots\}$$

Es folgt eine Menge R, um die möglichen Relationen zwischen Begriffen abzubilden, sowie die beiden Funktionen d und r, die den Definitions- bzw. Wertebereich festlegen:

$$\mathrm{R} = \{\text{hasLength}, \text{hasWidth}, \text{hasHeight}, \text{isConnectedWith}, \text{hasHoles}, \dots\}$$

$$\mathrm{d} = \{(\text{hasLength}, \text{Brick}), (\text{hasLength}, \text{Plate}), (\text{hasHoles}, \text{TechnicBrick}), \dots\}$$

$$\mathrm{r} = \{(\text{hasLength}, \text{Integer}), (\text{hasHoles}, \text{Boolean}), (\text{isConnectedWith}, \text{Brick}), \dots\}$$

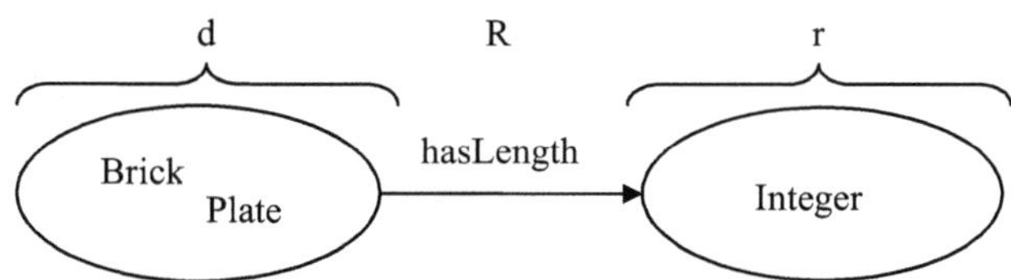

Abb. 22: Beispielrelation für die Abbildung einer Domäne (d) in einen Wertebereich (r)

Nun können die Abbildungen von L nach C bzw. R erstellt werden, um den Symbolen eine eindeutige Bedeutung zukommen zu lassen. Diese Zuordnungen F (Symbole ->Begriffe) und G (Symbole -> Relationen) bilden somit den wesentlichen Nutzen von Ontologien.

$$\mathrm{F} = \{(\{\text{"Brick\_1"}, \text{"Brick"}, \text{"Stein"}, \text{"stone"}, \text{"Brick\_TUC\_001"}\}, \{\text{Brick}\}), (\{\text{"Plate"}\}, \{\text{Plate}\})\}$$

$$\mathrm{G} = \{(\{\text{"}related\_with\text{"}\}, \{\text{isConnectedWith}\}), (\{\text{"}hasHoles\text{"}\}, \{\text{hasHoles}\}), (\{\text{"}length\text{"}\}, \{\text{hasLength}\}), (\{\text{"}width\text{"}\}, \{\text{hasWidth}\})\}$$

Das unterschiedliche Vokabular von Entwicklungspartnern wird durch diese Abbildungen zusammengeführt und damit eine Eindeutigkeit der Aussagen erzielt.

Als Taxonomie lassen sich einige Subbegriffe von Part und Technic ableiten:

$H = \{(\text{Brick}, \text{Part}), (\text{Plate}, \text{Part}), (\text{Technic}, \text{Part}), (\text{TechnicBrick}, \text{Technic})\}$

Ontologien formalisieren allgemein Gegenstände der realen Welt und deren Beziehungen zueinander, wodurch entsprechende Begriffshierarchien entstehen. In der **Wissensdomäne** Produktentwicklung werden also durch Ontologien Produktmodelle und deren Beziehungen zueinander modelliert.

Eine Ontologie entsteht in fünf Phasen:

1. **Definition der Wissensdomäne.** In dieser Phase wird der Gegenstand der Ontologie definiert und die Domäne klar abgegrenzt. Beispiel: Fachübergreifende Terminologie für die Entwicklung einer Baumaschine.
2. **Konzeption der Wissensdomäne.** Hier wird der Inhalt und Umfang der Ontologie konzeptionell festgelegt. Bei der Entwicklung der Baumaschine sind viele Fachbereiche beteiligt, somit ist die Frage zu klären welche Bereiche zusammenarbeiten sollen und welche Phase der Produktentwicklung unterstützt werden soll
3. **Entwurf des Ontologiemodells.** Die zuvor aufgestellten Konzepte werden nun mit Hilfe von Beschreibungssprachen genau spezifiziert.

   Das **Resource Description Framework (RDF)** ist eine solche formale Beschreibungssprache, vgl. Anhang B.1. RDF ermöglicht es, Aussagen über *Ressourcen* (Beispiel: Modell eines 2x2-Legosteins, eine 5x5-Legowand, usw.) und deren *Beziehung* zueinander zu treffen. Ressourcen sind in der Regel einem ganz bestimmten Typ, auch *Klasse* genannt, zugeordnet (Beispiel: Lego-Komponenten, Lego-Baugruppen). Die Menge aller Bezeichner für Ressourcen, Beziehungen und Klassen, also das Vokabular, wird von derjenigen Person festgelegt, die konkrete Vorstellungen darüber hat, welche Bezeichner gewählt werden sollen.

   Ein Computersystem interpretiert jeden Bezeichner zunächst nur als Zeichenkette. Die Bedeutung dieser Zeichen müssen dem System erst klar gemacht werden, so dass dieses in der Lage ist Schlüsse zu ziehen, die auf menschlichem Hintergrundwissen beruhen. Genau dieses terminologische Wissen, also Wissen über die in einem Vokabular verwendeten Begriffe, kann mit Hilfe von **RDF-Schema (RDFS)** spezifiziert werden. Über universelle Ausdrucksmittel können mit Hilfe von RDFS semantische Beziehungen über einem nutzerseitig definierten Vokabular getroffen werden. RDFS ist also eine Wissensrepräsentations- bzw. Ontologiesprache, vgl. Anhang B.

   Mit RDF-Schema ist es prinzipiell möglich, Produktmodelle zwischen verschiedenen Anwendungen auszutauschen, ohne dass die ursprüngliche Bedeutung verloren geht (Hitzler 2008, Kap. 3, S. 33-88). Leider ist RDF-Schema nicht ausdrucksstark genug.

Daher wurde die **Web Ontology Language (OWL)**[16] entwickelt, die ein effizientes Schlussfolgern ermöglicht, vgl. Anhang B.3. Sie wurde im Februar 2004 vom W3C als Ontologiesprache standardisiert und wird in vielen Anwendungsbereichen eingesetzt. Es gibt drei Teilsprachen: OWL Lite ⊂ OWL DL ⊂ OWL Full. Sie unterscheiden sich hinsichtlich der Stärke der unterstützten Ausdruckslogik und insbesondere im Punkt Entscheidbarkeit (Hitzler 2008, Kap. 5, S. 123-159).

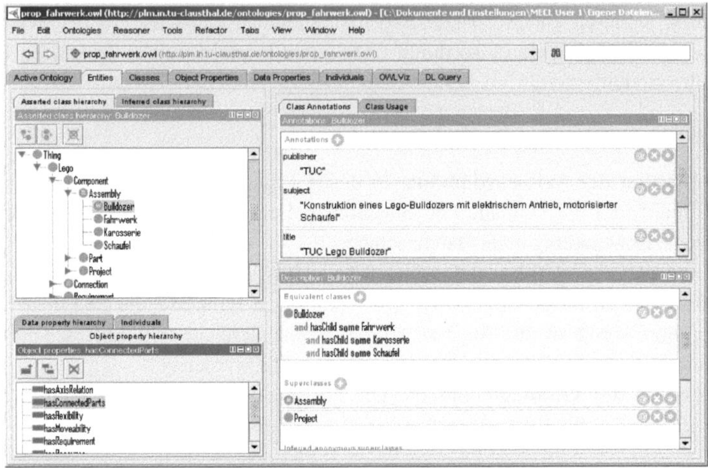

Abb. 23: Erstellen von Ontologien mit Protégé

4. **Implementierung des Ontologiemodells.** Das Ontologiemodell wird softwareseitig realisiert. Protégé[17] ist beispielsweise ein Editor für das Arbeiten mit Ontologien, im speziellen für OWL basierte (vgl. Abb. 23). Darüber hinaus verfügt Protégé aber auch über Plugins und Schnittstellen, mit deren Hilfe das Basispaket um Funktionalität erweitert werden kann. Ein gutes Beispiel dafür sind verschiedene Reasonner, die damit unkompliziert eingebunden werden können, als Beispiel sei hier Pellet[18] genannt.

5. **Entwurf von Ontologien.** In dieser Phase wird das Klassenmodell genutzt, um konkrete Ontologie-Ausprägungen zu erstellen. Dies geschieht in der Regel durch die Anwender der Ontologie und erfolgt fachspezifisch. Für die Entwicklung einer Baumaschine werden auf den Klassen basierende Baugruppen-Instanzen definiert (zum Beispiel Fahrwerk-Meier, Karosserie-Schulz, usw.).

2.4 Stand der Technik: Produktdatenaustausch in Kollaborationen

Die Entwicklung des Produktdatenaustauschs zwischen den Unternehmen geht seit den 80er Jahren parallel einher mit der Entwicklung der notwendigen Integrationsstufen, vgl. Abb. 24. Ein strukturierter Produktdatenaustausch ist inzwischen unumgänglich. Dabei müssen

[16] OWL eignete sich besser für die Erstellung eines Logos
[17] http://protege.stanford.edu/ [01.04.2011]
[18] http://clarkparsia.com/pellet [01.04.2011]

Produktdaten vollständig beschrieben und über Systemgrenzen hinweg verfügbar gemacht werden.

- In den 80er Jahren bestand die wesentliche Herausforderung darin, heterogene 2D- bzw. 3D-CAD-Systeme miteinander zu koppeln. Eine der entscheidenden Technologien, die sich daraus entwickelte war **IGES** (Initial Graphics Exchange Specification)[19]. IGES definierte ein herstellerunabhängiges Datenformat zum digitalen Austausch von CAD-Daten über sogenannte Entities. Somit konnten die Strukturen von Produktmodellen (Linien, Flächen, Kurven, usw.) durch entsprechende Entity-Typen repräsentiert werden.

- Ab der 90er Jahre wurde IGES sukzessive abgelöst durch **STEP** (Standard for the Exchange of Product Model Data)[20], das als nächste Entwicklungsstufe der mit IGES begonnenen Standardisierungsbemühungen gilt. STEP wurde unter Führung der ISO[21] entwickelt und gilt als Schlagwort für das offiziell unter dem Namen ISO-10303 bekannte Austauschformat. Jede STEP-Datei ist eine Instanziierung eines gegebenen Schemas, die in der objektorientierten Modellierungssprache EXPRESS entwickelt werden. Mit EXPRESS ist es nicht nur möglich, Produktdaten in objektorientier Form zu beschreiben, sondern es können auch Regeln formuliert werden, durch die den Daten eine Bedeutung zukommt. Dadurch sind im Laufe der Zeit eine Reihe von Datenschemata (= Anwendungsprotokolle, AP) entstanden, die jeweils für einen bestimmten Anwendungsbereich gestaltet wurden (zum Beispiel den Automobilbau). Eines der bekanntesten Anwendungsprotokolle ist das AP214 (ISO 10303-214 „Application Protocol Core Data for Automotive Design and Processes"), welches seit der Entstehung kontinuierlich weiterentwickelt wird. Es entsteht zunächst in der Version CC1 zur Abbildung von 3D Komponenten, dann folgt unmittelbar die Erweiterung zur Abbildung von 3D Baugruppen (CC2).

  Seit Mitte der 90er Jahre verlagerte sich die Aufgabe des bisher rein geometriebasierten Produktdatenaustauschs hin zur Vernetzung von PDM-Systemen. Auf Initiative des VDA wurde Anfang der 90er Jahre dann ein Standard für den Austausch von Produktdaten ins Leben gerufen: **STEP AP 214 CC6**. Durch die Möglichkeit, geometrische und strukturelle Produktmodelldaten herstellerunabhängig und unternehmensübergreifend austauschen zu können, zählt STEP damit zu den integrierten Produktmodellen (Schichtel 2002, S. 161 ff.).

- Ab dem Jahre 2000 wurde der Produktdatenaustausch insbesondere durch Nutzen modernen IuK-Technologien entschieden verbessert. Im Rahmen des **PDTnet**[22] Projekts haben sich etablierte Automobilhersteller (darunter auch BMW, DaimlerChrysler und Volkswagen) Gedanken darüber gemacht, wie die neutrale und systemunabhängige Produktdatenkommunikation zwischen Automobilherstellern und

---

[19] http://www.uspro.org/documents/IGES5-3_forDownload.pdf [01.04.2011]

[20] http://www.mel.nist.gov/sc5/soap/ [01.04.2011]

[21] International Organization for Standardization (ISO), http://www.iso.org/iso/home.html [01.04.2011]

[22] http://www.prostep.org/de/standards-amp-infos/pdt-net-projekt.html [01.04.2011]

Zulieferern basierend auf dem Standard STEP ISO 10303 AP214 unter Verwendung moderner Internettechnologien und XML-Standards vollzogen werden kann. Dabei wurden im Wesentlichen zwei Kernthemen abgehandelt: Der Produktdatenaustausch zwischen Partnern mit unterschiedlichen PDM-Systemen und ein webbasierter Zugriff auf das Partner-PDM-System mit einer konsistenten Datenverwaltung im eigenen System. Als Ergebnis des Projekts entstand das **PDTnet STEP AP214 XML Schema** zur Beschreibung des herstellerunabhängigen Produktdatenaustauschs.

- Seit den letzten Jahren wird intensiv an einem neuen OMG-Standard, den sogenannten **PLM Services**[23] gearbeitet. Ziel der Entwicklung ist es, die STEP AP214 durch ein Referenzmodell für den synchronen und asynchronen Zugriff auf PLM-relevante Daten mittels Web Services zu ergänzen. Damit wird neben der reinen PDM-System-Integration die Möglichkeit geschaffen, Entwicklernetzwerke durch gegenseitiges Nutzen von Diensten innerhalb von Portalen und/ oder Marktplätzen zu verschmelzen.

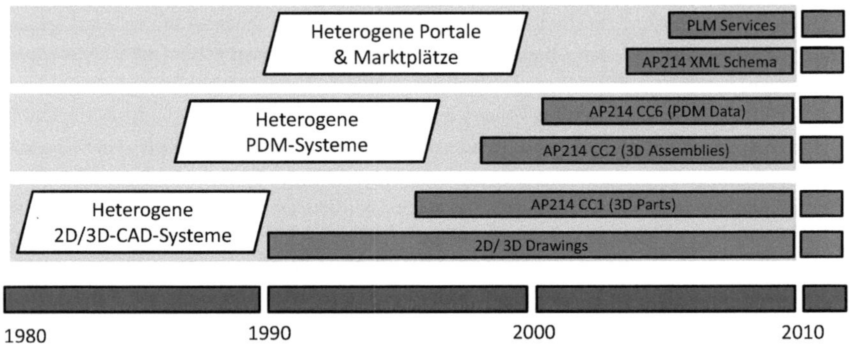

Abb. 24: Technologieroadmap Standards im Produktdatenaustausch nach (Katzenbach 2009, Kap. 9)

2.5 Hintergrund: Dezentrale Informationstechnologien

Als ein wesentliches Ziel dieser Arbeit gilt es zu untersuchen, in wie weit sich Peer-To-Peer(P2P)-Technologien als verteiltes Dateisystem für die kollaborative Produktentwicklung eignen. Daher ist notwendig, dem Leser an dieser Stelle ein Grundverständnis von P2P zu vermitteln.

Dazu werden in diesem Abschnitt zunächst die Grundlagen von P2P und die Eigenschaften von P2P-Systemen erklärt (vgl. Abschnitte 2.5.1 und 2.5.2). Im Abschnitt 2.5.3 wird eine Möglichkeit angegeben, wie P2P-Systeme hinsichtlich ihres Strukturierungs-, Hierarchie- oder Kopplungsgrad klassifiziert werden können. Damit wird der Grundstein gelegt, um eine Unterscheidung zwischen unstrukturierten, strukturierten und hierarchischen P2P-Overlaystrukturen vorzunehmen (vgl. Abschnitt 2.5.4). Im Abschnitt 2.5.5 werden Klassifizierungs-Strategien für die Untersuchung, bzw. Beurteilung der Leistungsfähigkeit des gewählten Overlays. Diese Kriterien werden später benötigt, um P2P-Overlayansätze für

[23] http://www.omg.org/spec/PLM/ [01.04.2011]

den Einsatz in der DeCPD zu vergleichen und die Wahl eines exemplarischen Vertreters zu rechtfertigen.

2.5.1 Peer-To-Peer (P2P)

Die größten Probleme verteilter Systeme sind Fehlertoleranz und Skalierbarkeit. Diese beiden Eigenschaften waren die wesentliche Motivation für die Etablierung von Peer-To-Peer-(P2P)-Architekturen, mit denen sich „Single-Points-of-Failure" und Engpässe in Bezug auf Rechnerlast und Verteilung vermeiden lassen. Fällt ein Teil des P2P-Systems aus (kompletter Rechnerausfall, Netzwerkunterbrechung), so hat dies nicht unmittelbar zur Folge, dass das Gesamtsystem ausfällt.

Herausforderungen von P2P-Architekturen sind nach (Hauswirth und Dustdar 2005):

- Die Wahl einer geeigneten P2P-Architekturform kann das Überleben des Gesamtsystems in großen Grenzen ermöglichen.
- Durch effektive Nutzung aller im Verbund vorhandener Netzwerk- und Rechnerressourcen lassen sich Hochlastszenarien vermeiden.
- Lokales Wissen der einzelnen Teilnehmer wird nutzbar durch die Verwendung von strukturierten Metainformationen, die dann für Suchanfragen verwendet werden können.

In einem P2P-System wird in der Regel eine unüberschaubare Menge an Daten verwaltet und organisiert. Genau diese Tatsache lässt erkennen, warum zentrale Systeme ungeeignet erscheinen, um den oben genannten Herausforderungen zu begegnen. Bedauerlicherweise resultieren jedoch viele Herausforderungen in einer hohen Komplexität:

- Um Ausfallsicherheit zu gewährleisten, sind im Vergleich zu Verfahren in zentralen Netzwerken deutlich komplexere Replikationsmechanismen für Daten und Metadaten in P2P-Systemen zu implementieren.
- Auch die Implementierung des „Information Retrieval", also der Suche in verteilten Systemen ist höchst komplex. Da kein zentraler Index vorhanden ist, sind Strategien vorzusehen, wie nach gewünschten Ressourcen gesucht werden kann.
- Die verteilte Metadatengenerierung und deren Integration ist ein weiterer wesentlicher Komplexitätsfaktor.

Nach (Oram 2001) kann durch den sogenannten Lackmustest festgestellt werden, ob es sich bei einem gegebenen System um ein P2P-System handelt. Dabei müssen die beiden folgenden Fragen beantwortet werden:

1. Können sich Teilnehmer dynamisch an- und abmelden und erhalten temporäre Netzwerkadressen?
2. Haben die Peers einen hohen Grad an Autonomie und sind damit gleichberechtigt?

Def. 6: Peer-To-Peer-(P2P)-System

Allgemein ist ein Peer-To-Peer(P2P)-System ein **Overlay-Netzwerk des Internets**, in dem Rechner ebenbürtig ohne zentrale Koordination kommunizieren und eine Anwendung zur Verfügung stellen. Der Begriff Overlay bezeichnet die Tatsache, dass über dem bestehenden Netzwerk, dem Internet, ein weiteres Netz gesponnen wird, in dem ausschließlich die Peer-To-Peer-Teilnehmer vorhanden sind (Mahlmann und Schindelhauer 2007, S. 11 ff.).

2.5.2 Die sechs wichtigsten Eigenschaften von Peer-To-Peer(P2P)-Systemen

Im Idealfall erfüllt ein P2P-System die im Folgenden genannten sechs klassifizierenden Eigenschaften (Steinmetz und Wehrle 2005), (Steinmetz und Wehrle 2004):

- **Rollensymmetrie:** Jeder Peer ist sowohl Client als auch Server.
- **Dezentralisierung:**
  - **Verzicht auf zentrale Koordination:** Es gibt keinen zentralen Knoten, der die Interaktionen der Peers untereinander steuert oder koordiniert.
  - **Verzicht auf zentrale Datenbasis:** Jeder Peer speichert einen Teil der im Gesamtsystem vorhandenen Daten. Kein Peer kennt oder verwaltet also den Gesamtdatenbestand.
  - **Keine globale Sicht auf das System:** Jeder Peer kennt nur seine Nachbarschaft, d.h. genau die Peers mit denen er interagiert.
- **Selbstorganisation:** Das Gesamtverhalten des Systems entsteht aus lokalen Interaktionen zwischen den Peers.
- **Autonomie:** Peers sind autonom in ihren Entscheidungen und ihrem Verhalten.
- **Zuverlässigkeit:** Peers werden zuverlässig durch Mechanismen wie Replikation oder Reputationsmanagement.
- **Verfügbarkeit:** Alle im System gespeicherten Daten müssen jederzeit von jedem Peer aus zugreifbar sein. Diese Forderung bedeutet, dass trotz verteilter Speicherung Verbindungsausfälle oder auch eine unbekannte Glaubwürdigkeit von Peers toleriert werden müssen.

2.5.3 Klassifikation von P2P-Systemen

Ein P2P-System baut immer auf einer konkreten Netzwerktopologie auf und ist ein dem Basisnetzwerk übergeordnetes Netzwerk. Daher spricht man anstelle von P2P-System auch oft von einem **Overlay-Netzwerk** (Aberer, Alima et al.). Jedes Overlay-Netzwerk liefert entsprechend seiner Struktur einen unterschiedlichen Beitrag zur Lösung des Problems der **Ressourcen-Lokation**.

Annahme: Eine Gruppe G von Peers, jeder durch eine Adresse $\mathbf{p} \in \mathbf{P}$ identifiziert, verwaltet Ressourcen $\mathbf{R(p)} \subseteq \mathbf{R}$, wobei jede Ressource $\mathbf{r} \in \mathbf{R(p)}$ durch einen Schlüssel $\mathbf{k} \in \mathbf{K}$ identifiziert wird. Jeder Peer ist mit $\mathbf{K(p)} \subseteq \mathbf{K}$ assoziert.

Def. 7: Ressourcenlokation in einem P2P-System

Die **Lokation einer Ressource** mit dem Schlüssel k bedeutet nach Hauswirth, dass – ausgehend von einem beliebigen Peer – der für diese Ressource zuständige Peer p gefunden werden soll, d.h. es gilt $\mathbf{k} \in \mathbf{K(p)}$. Oder anders ausgedrückt bedeutet Ressourcen-Lokation die Verwaltung, bzw. den Zugriff auf die binäre Relation $\boldsymbol{I} = \{(\boldsymbol{p}, \boldsymbol{k}) | \boldsymbol{k} \in \boldsymbol{K}(\boldsymbol{p})\} \subseteq \boldsymbol{K} \times \boldsymbol{P}$, auch Indexinformation genannt, wobei jeder Peer nur $\boldsymbol{I}(\boldsymbol{p}) \subseteq \boldsymbol{I}$ kennt (Hauswirth und Dustdar 2005).

Zugang zu einem Overlay-Netzwerk, bzw. das Verlassen desselben erfolgt über das **Netzwerkverwaltungsprotokoll.** Um einem Netzwerk beizutreten muss ein Peer p mindestens ein Mitglied des Netzwerks $\overline{\mathrm{p}} \in \mathrm{G}$ kennen, um diesem eine Join-Nachricht zu schicken: $\overline{\mathrm{p}} \longrightarrow \mathrm{join(p)}$. Diese Aktion wird je nach P2P-System weitere Nachrichten zur Reorganisation der Nachbarschaftsverhältnisse, bzw. der von den Peers verwalteten Indexinformation auslösen. Ein Peer kann durchaus Mitglied in mehreren Gruppen sein, dadurch entsteht die Möglichkeit, Systeme bei Bedarf zu verbinden.

Daten zu suchen, einzufügen und zu löschen sind weitere Funktionalitäten, die ein P2P-System anbieten muss. Sie werden im **Datenverwaltungsprotokoll** definiert:

- $p \longrightarrow search(k)$: Finde Peers, die eine Ressource mit Schlüssel k besitzen.
- $p \longrightarrow insert(k, r)$: Füge eine Ressource r mit Schlüssel k in das Netzwerk ein.
- $p \longrightarrow delete(k)$: Lösche eine Ressource mit dem Schlüssel k.

Da ein Peer in der Regel nicht direkt eine Anfrage beantworten kann, wird die Anfrage an benachbarte Peers weitergeleitet. Welche Peers für die Weiterleitung selektiert werden, hängt vom jeweiligen P2P-System und dessen Suchstrategie ab.

Klassifizieren kann man P2P-Systeme also hinsichtlich folgender Eigenschaften:

- Verteilung der Indexinformation auf die teilnehmenden Peers
- Auswahl und Verwaltung der Nachbarschaftsbeziehungen
- Verwaltete Information über die Nachbarschaft
- Spezifische Protokolle (Netzwerkverwaltungs- und Datenverwaltungs-Protokoll)

2.5.3.1 Klassifikation nach dem Grad der Strukturierung

Verwalten Peers keine Informationen über die Ressourcen anderer Peers, so spricht man von **unstrukturierten P2P-Systemen**. Die Indexinformation in Bezug auf eine Ressource $\mathrm{k} \in \mathrm{K(p)}$ wird nur von Peer p verwaltet und p verwaltet keine Information über Ressourcen, die von benachbarten Peers N(p) verwaltet werden. Dadurch ist eine gezielte Weiterleitung von Nachrichten nicht möglich. Als Beispiel sei hier das P2P-System Gnutella genannt, beim dem Anfragen und Antworten so lange weitergeleitet werden, bis die Lebensdauer der Anfrage abläuft. In **strukturierten P2P-Systemen** dagegen verwalten Peers lokal Wissen über die von anderen Peers verwalteten Ressourcen z.B. durch Routing-Tabellen, wodurch eine zielorientierte Suche ermöglicht wird.

Fazit: In strukturierten P2P-Systemen ist ein effizienteres Suchen möglich, da nur wenige Weiterleitungen der Suchanfrage stattfinden, während der Suchaufwand und die dadurch anfallende Netzbelastung bei unstrukturierten P2P-Systemen hoch sind und mit zunehmender Anzahl teilnehmender Endsysteme weiter steigen.[24]

2.5.3.2 Klassifikation nach dem Hierarchiegrad

Hier werden ***flache und hierarchische P2P-Systeme*** voneinander unterschieden. Flache P2P-Systeme, wie Gnutella, haben keine Unterscheidung der Rollen, die ein Peer spielt. Bei Napster dagegen, einem hierarchischem Vertreter, stellen ausgewählte Peers dem Netzwerk zentral bestimmte Funktionalität wie zum Beispiel die Suche zur Verfügung. Ein Knoten verwaltet in diesem Fall die Indizes des gesamten Netzwerks. Erst nach der Abfrage des Index kommunizieren die Peers direkt untereinander.

2.5.3.3 Klassifikation nach dem Kopplungsgrad

Der Kopplungsgrad eines P2P-Systems gibt an, wie viele Gruppen existieren können. In einem stark gekoppelten P2P-System existiert zu jedem Zeitpunkt genau eine Gruppe, in der alle teilnehmenden Peers eingeordnet sind. Jeder Peer hat wiederum eine spezielle, statische Gruppenrolle, die festlegt, welche Daten er verwaltet, bzw. in welcher Art und Weise die Nachrichten behandelt werden. In solchen Systemen sind die Schlüsselintervalle zur Identifikation der Peers identisch mit denen zur Identifikation der Daten. Bekanntester Vertreter ist Chord. Lose gekoppelte Systemen, wie zum Beispiel Gnutella, bieten dagegen die Möglichkeit, Peer-Vereinigungen unabhängig voneinander zu etablieren, bei Bedarf zu vereinigen oder wieder zu trennen.

2.5.4 P2P Topologien

Bei den P2P Topologien wird entsprechend der Klassifikation von P2P-Systemen unterschieden zwischen ***unstrukturierten, strukturierten und hierarchischen P2P-Systemen***. Die Unterschiede dieser Topologien werden jeweils anhand eines exemplarischen Vertreters vorgestellt. Das Hauptaugenmerk liegt dabei auf Ressourcen-Lokationsstrategien. Dieses Grundverständnis wird später benötigt, um eine Klassifizierung der Systeme hinsichtlich ihrer Eignung für die dezentrale und kollaborative Produktentwicklung feststellen zu können.

2.5.4.1 Unstrukturierte P2P-Overlay-Netzwerke

Im diesem Abschnitt werden die Eigenschaften von unstrukturierten P2P-Overlay-Netzwerken am Beispiel von Gnutella 0.4[25] diskutiert.

Etablieren eines unstrukturierten P2P-Overlay-Netzwerks. Dieser Prozess erfordert, dass jeder Knoten lokal folgende Entscheidungen der Reihe nach trifft: Es wird in einer Schleife immer wieder überprüft, welche Knoten bereits im Netzwerk vorhanden sind (Locate Candidate Set of Peers), dann wird aus der gefundenen Anzahl an Peers entschieden, welche Peers gute Nachbarn wären (Evaluate(Candidate Set)), um daraus dann die „Besten" auszuwählen (select as neighbours the "best" peers) und zu denen eine Verbindung herzustellen. Dies wird solange durchgeführt, bis keine neuen Nachbarn mehr gebraucht werden.

[24] vgl. http://www.e-teaching.org/technik/vernetzung/architektur/peer-to-peer/ [01.04.2011]
[25] vgl. http://rfc-gnutella.sourceforge.net/index.html [01.04.2011]

Die Strategie für die Wahl der Nachbarn (Evaluate) steht hierbei im Vordergrund. Unstrukturierte Systeme verwenden keinen deterministischen, globalen Algorithmus zur Wahl der Nachbarschaft, sondern müssen lokal möglichst optimale Entscheidungen darüber treffen, welche Nachbarschaftsbeziehungen letztendlich ein optimales Overlay erzeugen. Die folgenden Evaluierungs-Algorithmen werden in (Acosta und Chandra 2005, Kap. 3) vorgestellt:

- **High-Degree-Biased (Power Law)**
  Neue Peers orientieren sich beim Anmelden am System an Knoten mit einem hohen Nachbarschaftsgrad.
- **Proximity-Biased**
  Hier wird die Netzwerk-Latenzzeit angefragter Knoten untersucht, um festzustellen, welche Knoten sich in Bezug auf Netzwerkdistanz möglichst nah am anfragenden Peer befinden.
- **Connectivity-Biased**
  Hier werden Knoten bevorzugt, die durch vorherige Verbindungen noch nicht konnektiert wurden.
- **Proximity-Connectivity Hybrid**
  Erweitert die Evaluierungsfunktion des Connectivity Biased Algorithmus um die Latenz-Untersuchung.

An einem Gnutella(0.4)-Netzwerk kann also ein Peer nur dann teilnehmen, wenn dieser mindestens einen Peer kennt, der bereits Mitglied im Netzwerk ist. An genau diesen Peer wird eine Ping-Nachricht geschickt, die wie eine Suchanfrage durch das Netz weitergeleitet wird. Bei Gnutella werden nach dem „High-Degree-Biased"-Verfahren Peers mit einem hohen Nachbarschaftsgrad[26] gesucht. Angefragte Peers beantworten die Ping-Anfrage mit einer Pong-Antwort, in der einige Systemparameter, sowie ihre Adresse enthalten sind. Aus den empfangenen Pong-Nachrichten wählt der dem Netzwerk beitretende Peer maximal vier Peers aus und stellt zu diesen nur dann eine Verbindung her, wenn sie die maximale Anzahl an zulässigen Verbindungen noch nicht überschritten haben.

Ressourcen-Lokation in unstrukturierten P2P-Overlay-Netzwerken. Da unstrukturierte P2P-Systeme unabhängig vom gebildeten Overlay-Netzwerk sind, ist theoretisch jede beliebige Suchstrategie möglich (Nöldner 2007). Im Folgenden sollen drei Suchstrategien entsprechend aus (Lv, Cao et al. 2002, Kap. 4) vorgestellt werden: **Flooding-basierte Suche**, **Expanding-Ring-Methode** inkl. der Erweiterung **Iterative Deepening** und die **Random-Walks-Methode**.

- **Flooding-basierte Suche**
  Erreicht eine Suchanfrage einen Knoten, so wird diese beim flutenden Suchmechanismus (auch breadth-first Suche, BFS genannt) im Falle der Nichtbeantwortbarkeit an alle Nachbarschaftsknoten weitergeleitet.

[26] Bei Gnutella I sind maximal vier aktive Verbindungen zu benachbarten Peers möglich.

Gnutella verwendet dieses Verfahren und tauscht Nachrichten mit Hilfe eines Time-To-Live(TTL)-Verfahrens aus. Nach dem Erhalt einer Nachricht wird ihr TTL-Wert herabgesetzt. Solange die TTL > 0 ist und ein Identifikator einem Peer signalisiert, dass eine Nachricht zum ersten Mal empfangen wurde, wird diese an alle Peers in der Nachbarschaft weitergeleitet. In der Regel hat ein Peer genau vier aktive Verbindungen, so dass die Nachricht an drei weitere Teilnehmer geroutet werden kann. Jeder Teilnehmer überprüft lokal, ob eine Suchanfrage beantwortet werden kann (QueryHit) und schickt das Ergebnis genau den Netzwerkpfad zurück, auf dem die Suchanfrage (Query) geschickt wurde. Der Ansatz von Gnutella I ist sehr einfach, jedoch durchaus effizient. Suchergebnisse werden schnell zurückgeliefert und das Netzwerk ist relativ fehlertolerant. Sei T der mittlere Wert der TTL. Ein Ping bei 4 Verbindungen (V) pro Peer und einer typischen TTL von T=7 erzeugt genau $\sum_{i=0}^{T} \mathrm{V} \cdot (\mathrm{V}-1)^{\mathrm{i}} = 13.120$ Nachrichten.

Die korrekte Wahl einer TTL gestaltet sich jedoch schwierig. Ist der TTL-Wert zu hoch, wird das P2P-Netzwerk stark mit Nachrichten belastet. Ist der TTL-Wert zu niedrig, so sinkt die Wahrscheinlichkeit eine gesuchte Ressource zu finden. Dadurch, dass die Nachrichten an alle Nachbarn weitergeleitet werden, entstehen Duplikate, insbesondere in Overlaystrukturen, die einen hohen Verbindungsgrad aufweisen. Duplikate erzeugen zusätzlichen Overhead, der selbst durch geschickte Duplikaterkennung nicht gänzlich vermieden werden kann und mit steigender TTL noch weiter zunimmt. Die in (Lv, Cao et al. 2002, Kap. 4, S. 88 ff.) vorgestellten Methoden sind ein Ansatz um diese Nachteile beseitigen.

- **Expanding-Ring-Methode**
  Eines der Hauptprobleme beim Fluten ist die Wahl einer geeigneten TTL. Um dieses Problem zu beherrschen, wurde der Expanding-Ring-Algorithmus entwickelt. Ein Peer startet eine flutende Suchanfrage mit einer möglichst kleinen TTL. Ist die Suche nicht erfolgreich, so startet der Peer eine neue Flooding-basierte Suchanfrage, dann jedoch mit einer höheren TTL.

- **Iterative Deepening-Methode**
  Eine modifizierte Variante der Expanding-Ring-Methode ist das **Iterative Deepening**. Hier wird zu Beginn der Suche eine Policy definiert, die aus einer festen Anzahl vordefinierter Suchen mit zunehmender Suchtiefe $\{a_1, a_2, \ldots, a_n\}$ besteht. Schickt ein Peer eine Suchanfrage an das Netzwerk, so wählt er als TTL zunächst die kleinste Policy a_1 aus. Beim Iterative Deepening wird eine Suchanfrage bei den teilnehmenden Peers allerdings nicht verworfen, wenn die TTL den Wert a_1 erreicht hat, sondern für eine Wartezeit W zwischengespeichert.

  Der suchende Peer erhält inzwischen Antworten von den an der Suche teilnehmenden Peers. Ist eine gültige Antwort dabei, so ist die Suche beendet und alle Peers verwerfen nach der Zeit W die Suchanfrage.

Hat der suchende Peer nach einer Zeit von W noch keine passende Antwort erhalten, so sendet er eine sogenannte Resend Message. Diese Resend Message enthält einen Verweis auf die originale Suchanfrage, den originalen TTL von a_1 und den erhöhten TTL von a_2. Nachbarn, welche die originale Suchanfrage bereits einmal verarbeitet haben, müssen diese nicht noch einmal auswerten, sondern nur weiterleiten. Ist eine Suchtiefe von a_1 erreicht, so aktivieren alle teilnehmenden Peers die Suchanfrage und schicken diese an ihre Nachbarn mit einer TTL von a_2-a_1 weiter. Dieser Prozess wird solange wiederholt, bis der suchende Peer eine gültige Antwort erhalten hat oder bis die TTL bei a_n liegt.

Die Peer- und Netzauslastung des Iterative-Deepening-Verfahrens ist zwar besser, jedoch ist durch die Wartezeit W die gewartet werden muss, bevor mit einem neuen Suchvorgang begonnen werden kann, die komplette Zeitdauer eines Suchvorgangs höher als beim ursprünglichen Expanding-Ring-Verfahren.

- **Random Walks**

  Die Eigenschaften eines skalierbaren Suchalgorithmus erfordern relevante Peers so schnell wie möglich mit so wenig Aufwand wie nötig zu finden. Diese Eigenschaft bringen die bisherigen Broadcast-Suchstrategien leider nicht mit.

  Beim Random Walk wird statt auf Breitensuche nun die Tiefensuche angewendet. Eine Suchanfrage wird nicht an alle benachbarten Peers versendet, sondern nur an einen zufällig ausgewählten. Damit ein Peer eine Suchanfrage nicht mehrfach erhält und Schleifen vermieden werden, ist in der Suchanfrage der bisherige Pfad gespeichert.

  Eine weitere neue Eigenschaft ist, dass ein Peer Nachbarschaftsinformationen speichert. Peers speichern Informationen über Dienste, die die Nachbarn ersten und zweiten Grades anbieten. Bei Erhalt einer Suchanfrage über ein Peer also lokal und in den Nachbarschaftsinformationen, ob eine gültige Antwort vorhanden ist, wenn nicht, dann wird die Suchanfrage von dort aus wieder an einen beliebig ausgewählten Peer weitergeleitet und zwar so lange, bis der TTL-Zähler der Suchanfrage abgelaufen ist. Damit die Suchanfrage nicht unnötig oft durch das Netzwerk versendet wird, fragt diese regelmäßig beim Ersteller der Suchanfrage nach, ob bereits eine gültige Antwort erhalten wurde (Checking).

  Bei sogenannten k-Random-Walk ist es möglich gleichzeitig k Suchanfragen an das Netz zu schicken. Hierbei ist allerdings zu beachten, dass dadurch die Netzbelastung entsprechend steigt und sich Random Walks je nach Wahl von k einem flutenden Ansatz annähert.

2.5.4.2 Strukturierte P2P-Overlay-Netzwerke

Im diesem Abschnitt werden nun die Eigenschaften von strukturierten P2P-Overlay-Netzwerken speziell am Beispiel von Pastry diskutiert. Pastry wird hier besonders intensiv vorgestellt, da dieses aus noch zu belegenden Gründen später als P2P-Overlay in der

Implementierung des in dieser Arbeit vorgestellten Ansatzes zum Einsatz kommt (vgl. Abschnitt 4.4.6).

Etablieren eines strukturierten Overlay-Netzwerks. Im Vergleich zu den unstrukturierten P2P-Netzwerken ist die Idee hierbei, Knoten gezielt an bestimmten Positionen im Overlay-Netzwerk zu platzieren. Die Form des Overlay Netzwerks kann unterschiedliche Strukturen aufweisen, so zum Beispiel eine Ring-Form oder einen Koordinatenraum. In Abhängigkeit der Position die ein Knoten im System einnimmt, ergibt sich der Zuständigkeitsbereich des Knotens und damit auch welche Daten auf ihm gespeichert werden, bzw. welche Aufgaben dieser übernimmt. Die Verteilung der Daten erfolgt mittels Distributed Hash Tables (DHT), vgl. „Netzwerk-Topologie: DHT".

Durch die kontrollierte Platzierung von Knoten und Verteilung von Daten lassen sich effiziente Routing-Algorithmen implementieren. Weiterhin bieten strukturierte P2P-Netzwerke den Vorteil, dass Ressourcen innerhalb einer bestimmten Anzahl von Schritten gefunden werden und damit für Suchen eine maximale Laufzeit zugesichert werden kann. Dafür muss allerdings ein höherer Verwaltungsaufwand betrieben werden, um die Struktur während des Betriebs aufrecht zu erhalten, insbesondere wenn Knoten dem System beitreten oder dieses verlassen. Weiterhin speichert jeder Knoten eine bestimmte Menge an Routing-Informationen.

Netzwerk-Topologie: Distributed Hash Tables (DHT). DHT sind eine Datenstruktur, die in strukturierten P2P-Systemen dazu verwendet wird, um zu speichernde Daten auf genau diejenigen Knoten zu verteilen, die sich im System befinden. Wie bei herkömmlichen Hash-Funktionen werden Daten durch „Hashing" auf eine definierte Anzahl an Hash-Behältern abgebildet. Das Hashing-Verfahren beruht darauf, aus einem zu speichernden Schlüsselwort eines Elements genau die Netzwerkadresse zu berechnen, an der dieses Element untergebracht wird.

Nach (Schönemann und Keller 2004) nennen wir U (für „Universum") die Menge der möglichen Schlüssel. Sei $\mathrm{S} \subseteq \mathrm{U}$ eine Menge zu speichernden Schlüssel mit $|S| = n$. Um die Elemente von S zu speichern wird eine Menge von Behältern (engl.: buckets, B) zur Verfügung gestellt, wobei jeder Behälter ein mit einem Schlüssel identifiziertes Element aufnehmen kann.

Eine Hashtabelle H

ist eine Menge von nummerierten Behältern $\mathrm{B_0}, \mathrm{B_1}, \ldots, \mathrm{B_{m-1}}$.

Eine Hashfunktion h

ist eine ganzzahlige Funktion $\mathrm{h}: \mathrm{U} \rightarrow 0, \ldots, \mathrm{m} - 1$.

Für $u \in U$ gibt $h(u)$ den Behälter B an, in dem der Schlüssel u untergebracht ist. Der Wert $\frac{n}{|U|}$ ist die Schlüsseldichte. Ein kleines Beispiel in Abb. 25 demonstriert die Funktionsweise. Gegeben seien eine Menge B = {Produktmodelle}, U = {Produktmodellziffern}, m = 5 und die Funktion anf(u) = Anfangsziffer von u aus U. So gilt: h(u) = 0, falls $0 \leq anf(u) \leq 1$; h(u) = 1, falls $2 \leq anf(u) \leq 3$; usw.

Beim DHT-Verfahren werden die Peers an eine Position im Netzwerk gehasht und erhalten Bereiche des Wertebereichs der Hashfunktion zugeteilt, in dem sie Daten speichern. Anders ausgedrückt beherbergt jeder Peer einen der Behälter der Hash-Funktion. Die Daten werden ebenfalls gehasht und entsprechend den Behältern und damit den Peers zugeordnet. Sobald ein neuer Knoten dem Netzwerk beitritt, übernimmt dieser einen Teilbereich anderer Knoten. Die Wertebereiche, für den ein Peer verantwortlich ist werden also mit steigender Peer-Anzahl immer kleiner oder anders ausgedrückt steigt die Anzahl der Behälter. Verlässt dagegen ein Peer das Netzwerk, so müssen die Nachbarknoten den Bereich des verlassenden Knoten mit übernehmen. Der Vorteil gegenüber dem normalen Hashing ist, dass das Betreten und Verlassen der Peers nur Strukturveränderungen in den benachbarten Peers nach sich zieht.

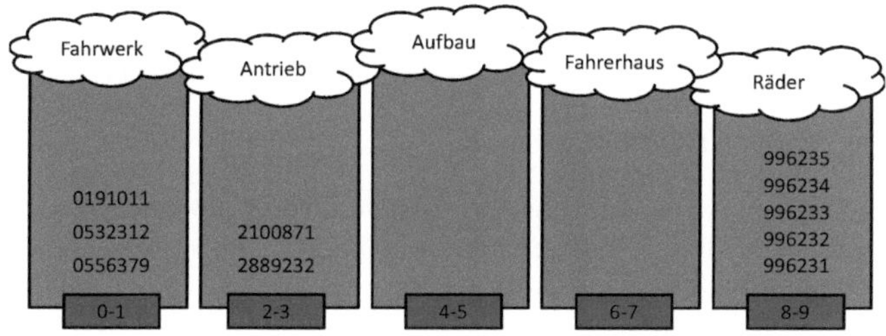

Abb. 25: Durch eine Hashfunktion kategorisierte Produktmodelle

Um einen neuen Knoten im Netzwerk aufzunehmen wird in der Regel ein zufallsbasierter Algorithmus gewählt, der die Knoten gleichmäßig über das strukturierte Overlay verteilt. Gelegentlich treten dabei sogenannte **Routing Hotspots** auf. Das sind diejenigen Knoten, die sehr beliebte Daten beherbergen und damit entsprechend häufig angesprochen werden, was zu einer entsprechenden Überlastung führt. Ein zweites Problem sind die sogenannten **Query Hotspots**. Diese Knoten müssen, wie der Name schon verrät, häufig Suchanfragen beantworten. Das liegt in der Regel an einer ungünstigen Verteilung der Knoten.

Ressourcen-Lokation in strukturierten P2P-Overlay-Netzwerken. Auch in strukturierten Netzen ist die Herausforderung das möglichst schnelle Auffinden einer Ressource. In unstrukturierten Netzwerken lag das Problem darin, dass ein Peer nicht wusste, wo eine Ressource im Netzwerk liegt und an welchen Peer somit eine Suchanfrage gerichtet werden muss. Die Lösung liegt im DHT-Verfahren, welche bei Suche nach einer Ressource R über eine Abbildung f(R) genau die Stelle im Netzwerk zurückliefert, an der sich die Ressource befindet. Im Folgenden werden einige DHT-basierte P2P-Systeme vorgestellt, insbesondere jedoch das P2P-System Pastry, da es in dieser Arbeit – aus guten Gründen, die später noch aufgezeigt werden – eine zentrale Rolle spielt.

Im Folgenden soll am Beispiel des P2P-Systems **Pastry** das Verfahren zur Lokation von Ressourcen vorgestellt werden. Antony Rowstron und Peter Druschel entwickelten dieses System bei Microsoft in Cambridge mit der Zielsetzung ein vollständig dezentralisiertes, fehlertolerantes, skalierbares Peer-To-Peer-Netzwerk zu entwerfen (Rowstron und Druschel 2001). Pastry basiert auf den zuvor vorgestellten, verteilten Hash-Tabellen: Jedem Peer und jedem Datenobjekt wird dabei eine eindeutige ID durch Hashing zugewiesen (in der Regel eine 128-Bit ID). Jede ID wird als Zahl zur Basis 2^b, $b \in \mathbb{N}$ interpretiert (b ist typischerweise 4, daraus folgt eine hexadezimale Darstellung der ID), $B = \{0,1,\dots,2^b - 1\}$ ist dann die Menge der möglichen Ziffern für Peer- bzw. Daten-IDs.

Beispiel: Sei b=2. Daraus folgt, dass die Menge an Ziffern $B = \{0,1,2,3\}$ ist. Die ID-Länge sei 16-Bit, damit ist eine mögliche ID $(2310)_4$ das entspricht dezimal dem Wert: $0 \cdot 4^0 + 1 \cdot 4^1 + 3 \cdot 4^2 + 2 \cdot 4^3 = (180)_{10}$. Die höchste darstellbare ID ist $(3333.3333)_4$ (das entspricht dezimal $(65.535)_{10}$).

Jedes Objekt wird in Pastry von genau demjenigen Peer verwaltet, dessen ID der ID des Objekts numerisch am nächsten ist. Weiterhin verwaltet jeder Peer in Pastry drei Nachbarschaftsklassen: Die Routing-Tabelle R, das Leaf-Set L und die Nachbarschaftsmenge M.

Pastry: Die Routing-Tabelle R

Gegeben sei in Tab. 1 eine exemplarische Routing-Tabelle für einen Peer p mit der ID 2310 (=8-Bit ID für den Fall b=2, also der Basis 4). Für jedes Präfix z der eigenen ID und für jede Ziffer $j \in B$ kennt ein Peer p einen anderen Peer, dessen ID mit $z \circ j$ beginnt, es sei denn $z \circ j$ ist ein Präfix der ID von p.

Zur Erinnerung: Bestehe die Menge $\mathcal{M}$ aus den Elementen $m_1, m_2, \dots, m_l$ und die Menge $\mathcal{N}$ aus den Elementen $n_1, n_2, \dots, n_k$. Dann lautet die Konkatenation von $\mathcal{M} \circ \mathcal{N} := \{m_i \circ n_j | i = 1,\dots,l \wedge j = 1,\dots,k\}$. Die Präfixe z für die ID 2310 sehen wie folgt aus: $z = 2, 23, 231$, mögliche Ziffern für die Bildung von IDs sind: $j = 0,1,2,3$. Daraus folgt die Konkatenationsmenge $z \circ j = 2 \circ 0, 2 \circ 1, \dots, 231 \circ 3$. In der Tab. 1 sind die Konkatenationen in den Zellen jeweils oben links dargestellt.

In der obersten Zeile der Tab. 1 finden sich IDs von Peers, die kein gemeinsames Präfix mit p teilen, in der nächsten Zeile befinden sich Peers, die alle genauso wie p mit dem Präfix z=2 beginnen, usw. Grau hinterlegt sind Einträge, die einem Präfix der ID 2310 entsprechen und daher leer sind. Existiert für ein Präfix z und ein $j \in B$ <u>kein</u> Peer, dessen ID mit $z \circ j$ beginnt, so bleibt der Eintrag in der Tabelle leer.

Pastry: Das Leaf-Set L

Das Leaf-Set L eines Peers mit $|L| = l$ besteht aus l/2 Peers mit der nächst höheren und l/2 Peers mit der nächst niedrigeren ID zum Peer p.

Pastry: Die Nachbarschaftsmenge M

Die Nachbarschaftsmenge besteht aus $|M| = 2^b$ Verbindungen zu denjenigen Peers des Netzwerks, die gemäß der Latenzzeit am nächsten sind. M wird normalerweise nicht zum Routing verwendet, sondern nur dann benötigt, wenn es beim Routing Probleme gibt.

Tab. 1: Nachbarschaftsklassen eines Pastry Peers mit der ID 2310

Peer-ID: 2310				
Routing-Tabelle R				
	j = 0	j = 1	j = 2	j = 3
z = ∅	0 0331	1 1300	2 X	3 3101
z = 2	20 2012	21 2130	22 2203	23 X
z = 23	230 2303	231 X	232 2323	233 2330
z = 231	2310 X	2311 -	2312 2312	2313 -
Leaf-Set L				
	2230	2303	2312	2320
Nachbarschaftsmenge M				
	1300	1002	1133	1330

Für die Lokation von Ressourcen mit Pastry kann der in Src. 1 dargestellte Algorithmus nach (Mahlmann und Schindelhauer 2007, S. 105 ff.) angewendet werden. In Pastry verwaltet immer derjenige Peer ein Datum, dessen ID der ID des Datums am nächsten ist. Bei der Suche nach einem bestimmten Datum von einem Peer p aus, wird also zunächst die ID dieses Datums bestimmt (auch Ziel-ID genannt), und dann der Algorithmus aufgerufen.

- Schritt 1: Ruft ein Peer die Methode Suche(ID) auf, so wird zunächst überprüft, ob die Ziel-ID innerhalb der Grenzen des lokalen Leaf-Sets (L) liegt. Dabei bezeichnen $L_{-\lceil\frac{l}{2}\rceil}$, beziehungsweise $L_{\lceil\frac{l}{2}\rceil}$ die IDs des gewählten Leaf-Set-Intervalls, beginnend beim kleinsten Intervall. Liegt die ID innerhalb dieser Grenzen, so wird die Anfrage an denjenigen Peer $\dot{p}$ weitergeleitet, dessen ID numerisch am nächsten an der Ziel-ID liegt: $|ID - \dot{p}|$ muss minimal sein. Dieser Peer wird dann in der Lage sein, die Anfrage zu beantworten, da er für die Ziel-ID verantwortlich ist. Diese Überprüfung wird für alle Intervalle durchgeführt.

- Schritt 2: Ist die Suche im lokalen Leaf-Set dagegen erfolglos, so wird in der Routing-Tabelle ein Peer $\dot{p}$ gewählt, dessen gemeinsames Präfix mit der Ziel-ID um mindestens eine Ziffer länger ist, als das gemeinsame Präfix von p und der Ziel-ID. Dieser Peer $\dot{p}$ wird das Routing dann mit demselben Algorithmus fortsetzen. Sei $ZielID_r$ die r-te Ziffer der Ziel-ID (Der Index r beginnt mit 0). Dann bezeichnet $R_r^{ZielID_r}$ den Eintrag der Routing-Tabelle R in Spalte $ZielID_r$ und Zeile r.

Ist die gesuchte Zelle $R_r^{ZielID_r}$ leer, so wählt man aus allen bekannten Knoten $L \cup R \cup M$ einen Knoten $\dot{p}$ aus, für den gilt, dass a) der gemeinsame Präfix von $\dot{p}$ und der ZielID größer oder gleich dem gemeinsamen Präfix von p und der ZielID ist und b) der numerische Abstand von $\dot{p}$ zur ZielID kleiner ist als der numerische Abstand von p zur ZielID.

```
Suche(ID)

// Schritt 1
if (L_-⌊|L|/2⌋ ≤ ZielID ≤ L_⌊|L|/2⌋)
    // ID ist im Leaf-Set -> Weiterleiten an den Peer ṗ ∈ L für
    //den  |ZielID − ṗ| minimal ist.

// Schritt 2
else
   // Benutzen der Routing-Tabelle
   // Anzahl der ident. Präfixe von p und ID:
   r ← pfx(p, ZielID)
   if (R_r^ZielID_r ≠ null)
      // Leite weiter an Peer R_r^ZielID_r
   else
      // Seltener Fall
      Leite weiter an ṗ ∈ L ∪ R ∪ M mit
      pfx(ṗ, ZielID) ≥ r  und  |ṗ − ZielID| < |p − ZielID|
```

Src. 1: Routing-Algorithmus für Pastry nach (Mahlmann und Schindelhauer 2007, S. 105 ff.)

Beispiel 1: Suche nach Datum 2233.

- Schritt 1: Zunächst wird überprüft, ob der Wert 2233 innerhalb des ersten (kleinsten) Intervalls des Leaf-Sets liegt. In diesem Fall also: $2303 \leq 2233 \leq 2312$. Dies ist nicht der Fall, daher wird das nächst größere Intervall überprüft: $2230 \leq 2233 \leq 2320$. Hier ist die Bedingung erfüllt, somit muss nun die Anfrage an den Knoten weitergeleitet werden, für den der Abstand zum Datum an geringsten ist. Da gilt: $|2233 - 2230| < |2233 - 2320| = (3)_4 < (21)_4$, ist der Knoten 2230 verantwortlich für den gesuchten Wert. Der Algorithmus terminiert in diesem Fall.

Beispiel 2: Suche nach Datum 2321.

- Schritt 1: Die Überprüfung, ob der Wert 2321 innerhalb der Schranken des Leaf-Sets liegt, schlägt fehl. Somit kennt man keinen Knoten der unmittelbaren Nachbarschaft, der das gesuchte Datum verwaltet und es muss die Routing-Tabelle für das Weiterleiten der Suchanfrage genutzt werden.

- Schritt 2: Zunächst wird r bestimmt. $r \leftarrow pfx(2310{,}2321) = 2$. ZielID_r ist also die 2. Ziffer von der ID des gesuchten Datums (2321), also die 2. In der Routing-Tabelle wird in der Zeile r (= 2. Zeile) und in der Spalte ZielID_r (= 2. Spalte) die dort gespeicherte ID nachgeschlagen. In der Tab. 1 entspricht dies dem Wert 2323. An diesem Knoten $\dot{p}$ wird die Suche fortgesetzt.

In Abb. 26 ist der Pastry-Peer 2310 aus dem Beispiel mit seiner Nachbarschaft dargestellt. Die durchgezogenen Pfeile entsprechen den Einträgen der Routing-Tabelle R und die gestrichelte Pfeile den Einträgen des Leaf-Sets L.

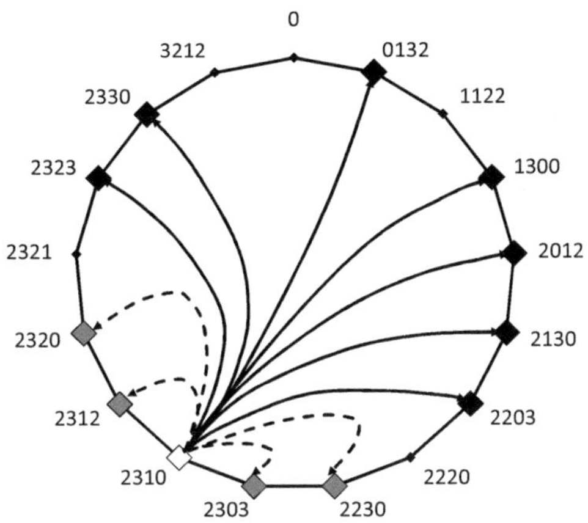

Abb. 26: Netzwerkgraph eines Pastry-Peers mit seiner Nachbarschaft

2.5.4.3 Hierarchische P2P-Overlay-Netzwerke

Die hierarchischen P2P-Overlays sind das Gegenstück zu den unstrukturierten Netzwerken, wo es keine Unterscheidung der einzelnen Peers gibt. Bei den hierarchischen P2P-Overlays werden Peers aus dem Verbund ausgewählt (sogenannte Super-Peers), um darauf Indexinformationen zu speichern. Damit lässt sich die Suchgeschwindigkeit entscheidend erhöhen. Eines der bekanntesten hierarchischen P2P-Systeme ist Napster. Inzwischen gibt es jedoch einige Verbesserungen in Bezug auf die Skalierbarkeit und Robustheit des Ansatzes (vgl. Abschnitt 2.5.5). Nach der Schließung von Napster wurde in Kazaa mit dem FastTrack-Protokoll eine neue Generation hierarchischer P2P Overlays geschaffen.

Netzwerk-Topologie: Super-P2P-Systeme. In Super-P2P-Systemen werden die Vorteile der effizienten, zentralisierten Suche mit den Vorteilen einer lastverteilten, dezentralen Suche vereint. Damit lassen sich die Stärken der unterschiedlichen Peers (zum Beispiel in Bezug auf Bandbreite oder Rechenleistung) nutzen (Garcés-Erice, Biersack et al. 2003)

In Abb. 27 ist der Aufbau eines Super-P2P-Systems gezeigt. Sei $S_i \subseteq G_i$ die Menge der Super-Peers in Gruppe i und $R_i = G_i - S_i$ die Menge der regulären Peers in einer Gruppe G_i. Jeder Peer gehört genau einer Gruppe an, pro Gruppe G_i muss mindestens ein Super-Peer $s_j \in S_i$ existieren. Je mehr Super-Peers es gibt desto robuster ist das gesamte System.

Kommunikation zwischen den Gruppen erfolgt nur über die Super-Peers, die im Bild als grau hinterlegte Kreise dargestellt sind. Die nicht gefüllten, weißen Kreise entsprechen den regulären Peers, die Anfragen stellen und beantworten können und immer mit einem Super-Peer aus der Gruppe verbunden sind.

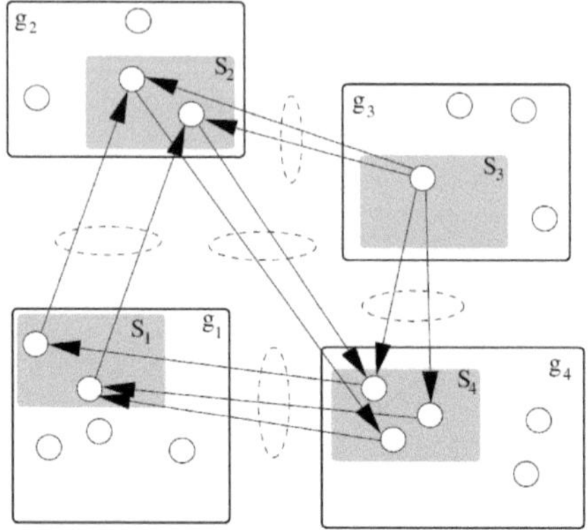

Abb. 27: Kommunikation zwischen Super-Peers im Top-Level-Overlay und zwischen Peers im Bottom-Level-Overlay nach (Garcés-Erice, Biersack et al. 2003)

Die Wahl von s_j erfolgt nach speziellen Kriterien: Zum Beispiel der Rechenleistung, der Bandbreite der Netzanbindung oder der bisherigen Onlinezeit eines Peers. Beim Anmelden an das Netzwerk übermittelt jeder reguläre Peer r_j dem Super-Peer s_j seine Leistungsdaten, anhand derer dieser dann entscheidet, ob der neu aufgenommene Peer ein Kandidat für einen Super-Peer ist. Bei Ausfall eines Super-Peers muss ebenfalls entschieden werden, welcher Peer der Gruppe diese Rolle übernimmt. Bei der Ernennung eines Peers zum Super-Peer werden alle Gruppenmitglieder und Super-Peers der anderen Gruppen darüber informiert. Bei der Gruppenbildung wird immer darauf geachtet, dass topologisch nahe liegende Peers zu einer Gruppe zusammengefasst werden.

Die Kommunikation der Super-Peers untereinander erfolgt über das Top-Level-Overlay, der Zusammenschluss der Peers innerhalb einer Gruppe wird dagegen als Bottom-Level-Overlay bezeichnet. Die konkrete Ausprägung der beiden Overlays ist prinzipiell beliebig – So könnte beispielsweise das Top-Level-Overlay in einer Ringstruktur (Chord) organisiert sein, während in den Bottom-Level-Overlays beispielsweise Pastry zum Einsatz kommt. Allgemein beliebt sind hierarchische DHT Ansätze.

Ressourcen-Lokation in Super-P2P-Systemen. In (Garcés-Erice, Biersack et al. 2003) wird folgender, generischer Lookup-Service vorgestellt. Gegeben ein Schlüssel k, dann sei die Gruppe G_i verantwortlich für k. Angenommen ein Peer $p_i \in G_i$ möchte denjenigen Peer finden, der für die Ressource mit dem Schlüssel k verantwortlich ist, so werden folgende Schritte nacheinander ausgeführt:

1. Peer p_i sendet eine Anfrage zu einem der Super-Peers in S_i.
2. Sobald die Anfrage einen Super-Peer erreicht hat, wird diese über den Top-Level Lookup-Service durch das Top-Level-Overlay zu derjenigen Gruppe g_j geroutet, die

verantwortlich ist für den Schlüssel k. Dabei wird die Nachricht nur über Super-Peers von einer Gruppe zur nächsten geroutet.

3. Durch Nutzen des Bottom-Level Lookup-Service wird parallel dazu in jeder Gruppe j ausgehend von Superpeer s_j überprüft, ob ein Peer $p_j \in G_j$ für den Schlüssel k verantwortlich ist. Wird in einer Gruppe der Peer gefunden, so wird die Suchanfrage dorthin geroutet.

2.5.5 Qualitätsmerkmale von P2P-Overlay-Netzwerken

Um P2P-Overlay-Netzwerke hinsichtlich ihrer Qualität zu klassifizieren, können diese in vier Kategorien bewertet werden (Heckmann, Steinmetz et al. 2006). Diese Kategorien werden üblicherweise auch genutzt, um die Qualität zentraler Systeme zu untersuchen: Adaptivität, Effizienz, Vertrauenswürdigkeit und Validität. In den einzelnen Kategorien spielen dann bestimmte Qualitätsmerkmale eine Rolle, vgl. Tab. 2. Die dort genannten Merkmale sind in einem P2P-Forschungsprojekt der Universität Darmstadt ermittelt wurden. Ziel des Projektes war es zu untersuchen *„in wie weit sich die Qualität von P2P-Systemen durch systematische Erforschung dafür geeigneter Mechanismen verbessern lässt“.*[27]

Tab. 2: Qualitätsmerkmale von P2P-Overlay-Netzwerken in Anlehnung an (Heckmann, Steinmetz et al. 2006)

Adaptivität	***Vertrauenswürdigkeit***
Skalierbarkeit	Verlässlichkeit
Stabilität	Verfügbarkeit
Flexibilität	Zuverlässigkeit
	Robustheit
	Sicherheit
Effizienz	***Validität***
Leistungsfähigkeit	Lokalisierbarkeit
Aufwand	Kohärenz
	Konsistenz
	Korrektheit

2.5.5.1 Adaptivität

Mit ***Adaptivität*** ist die Anpassungsfähigkeit eines P2P-Systems an innere und äußere Rahmenbedingungen, sowie deren dynamische Veränderung gemeint. Anpassungsfähigkeit kann qualitativ oder quantitativ gemessen werden.

2.5.5.1.1 Skalierbarkeit und Stabilität

Im Kontext von quantitativer Adaptivität ist ***Skalierbarkeit*** ein Maß für die Fähigkeit des P2P-Systems, sich an die verändernde Anzahl von Entitäten (und damit Nutzern) anzupassen. Dabei sind auch die zur Verfügung gestellten Dienste anzupassen. Bei sehr häufigen Anpassungsvorgängen ist es wichtig, dass das P2P-System seine Funktionalität aufrecht erhält. Dies wird auch als ***Stabilität*** bezeichnet. In Bezug auf ***Stabilität*** werden vom Overlay Strategien erwartet, die während der gesamten OMP-Prozesse garantieren, dass sich das Netzwerk stabil im Sinne eines Lastenausgleichs zwischen den beteiligten Entwicklern (Peers) verhält. Selbst wenn also Knoten ausfallen, sollte die Funktionsfähigkeit durch die Wahl alternativer Anbieter erhalten bleiben. Skalierbarkeit und Stabilität kann gemessen

[27] vgl. http://www.quap2p.tu-darmstadt.de/ [28.08.2009]

werden durch diverse Metriken wie zum Beispiel Antwortzeit und Trefferquote, Anzahl der Hops einer Suchnachricht, Lastverteilung über die Peers, Stretchfaktor[28], Relative Delay Penalty (RDP), usw.

2.5.5.1.2 Flexibilität

Qualitative Adaptivität, auch als **Flexibilität** bezeichnet, bedeutet die Anpassung an durch Kontextinformationen beschriebene Gegebenheiten, die die Anwendung zur Laufzeit charakterisieren. Kontext bezeichnet allgemein eine hilfreiche Zusatzinformation, welche die Funktionsweise von Software zur Laufzeit verbessert und kann nutzer- oder netzzentriert sein. **Nutzerzentrierter Kontext** ist dann gegeben, wenn der Kontext durch Interaktion mit dem Nutzer erhoben wird, dies kann zum Beispiel eine Suchanfrage sein. **Netzzentrierte Kontext** wird nicht durch Interaktion mit dem Nutzer erhoben, sondern autonom aus dem P2P-System gewonnen, wie z.B. die Anzahl der verbundenen Peers, die Struktur, Konnektivität des Netzes, usw.

2.5.5.2 Effizienz

Mit Effizienz ist das Verhältnis von Leistung und dem dafür aufzubringenden Aufwand, bzw. den daraus resultierenden Kosten gemeint. Dieses Verhältnis kann prinzipiell auf drei Ebenen bestimmt werden: im Peer selbst, im Overlay und im (Internet-)Netzwerk. Auf jeder dieser Ebenen fallen Aufgaben (Tasks) an, die einen Ressourceneinsatz erfordern, um den Task zu erfüllen, vgl. Beispiele in Tab. 3.

Tab. 3: Beispielaufgaben im P2P-Overlay und verbrauchte Ressourcen

	Beispiel-Aufgabe	**Ressourceneinsatz**
Peer-Ebene	Weiterleitung einer Datei	Bandbreite[29]
Overlay-Ebene	Ausüben einer Quorum[30]-Rolle in einem Peer-Verbund	Kapazität und Rechenzeit
Netzwerk-Ebene	Auswahl von geeigneten Anbietern von Datei-Fragmenten beim Download	Speicherplatz, Bandbreite in Abhängigkeit der Netzwerklast beim Anbieter

Für gegebene Aufgaben wird überprüft, wie leistungsfähig ein P2P-System auf der gegebenen Ebene ist, um die Aufgabe zu erfüllen. Es ist zum Beispiel von Interesse, wie **leistungsfähig** ein P2P-System bei der Erbringung einer Aufgabe, bzw. eines bestimmten Dienstes ist oder wie leistungsfähig bestimmte Overlay-Operationen (zum Beispiel die Ressourcenlokation) sind.

Wurde die Leistungsfähigkeit für die Erfüllung einer Aufgabe bestimmt, so ist der **Aufwand** zu ermitteln, der dazu erbracht werden musste. Der Aufwand muss in Bezug zu den **erzeugten Kosten** gesetzt werden, um daraus letztendlich die Effizienz zu bestimmen. Zur Messung von Leistungsfähigkeit und Aufwand sind entsprechende Metriken notwendig, die hier nicht vorgestellt werden.

[28] Der Stretchfaktor meint hier die Datenmenge mit Redundanz im Verhältnis zur Datenmenge ohne Redundanz.

[29] Bandbreite steht kurz für Datenübertragungsgeschwindigkeit, gemessen in Dateneinheiten pro Zeiteinheit, vgl. http://www.computerbase.de/lexikon/Datenübertragungsrate [03.07.2009]

[30] Als Quorum wird in einem P2P-Rechnerverbund eine Komponente bezeichnet, die im Fall eines Teilausfalls des Verbunds die Datenintegrität sichert, vgl. http://www.computerbase.de/lexikon/Computercluster [01.04.2011]

- **Peer-Ebene**
  Für die Bestimmung der Effizienz ist hier wichtig, die verfügbaren lokalen Ressourcen eines Peers für einen Task zu ermitteln. Zu den lokalen Ressourcen eines Peers zählen unter anderem die Upload- und Download-Bandbreite, die Rechenkraft, der Speicherplatz, die Online-Zeit, die User-Verfügbarkeit, usw. Als Tasks können betrachtet werden: Das Bearbeiten von Nachrichten, das Weiterleiten von Nachrichten, das Document Caching, usw.

- **Die Overlay-Ebene**
  Auf der Overlay-Ebene wird die Nutzung von Kapazitäten der einzelnen Peers für unterschiedlichen Aufgaben und Anfragen im Overlay bewertet. Werden – wie zuvor auf der Peer-Ebene beschrieben – für eingehende Anfragen lokal Ressourcen zugewiesen, dann müssen auf der Overlay-Ebene die „richtigen" Peers für die Erfüllung einer Aufgabe ausgesucht werden.

  Als Ressourcen werden also auf der Overlayebene immer Gruppen von Peers mit unterschiedlichen Fähigkeiten für verschiedene Anfragen und Aufgaben verglichen, deren aktuelle Kapazitäten ermittelt und erwartete Kapazitäten berechnet, um mit diesen Erkenntnissen die Auswahl des aufgabenerfüllenden Peers zu optimieren. Mögliche Aufgaben im Overlay sind zum Beispiel die Datenreplikation, die Datenübertragung von Chunks, die Teilnehmerschaft in einem Quorum, usw.

- **Die IP-Infrastruktur-Ebene**
  Auf dieser Ebene wird das zuvor angesprochene Underlay in den Mittelpunkt gerückt und dabei insbesondere eine optimale Nachbarschaftswahl zu finden.

  Als Ressourcen werden auf dieser Ebene Peers mit unterschiedlichen Platzierungen, bzw. Anbindungen an das P2P-System betrachtet. Dabei kann die geographische Position eine Rolle spielen, die Netzwerk-Position oder die Internet Service Provider (ISP) Zugehörigkeit und damit der Anbindungstyp und die Bandbreite der Knoten.

  Die wesentliche Aufgabe auf dieser IP-Infrastruktur-Ebene ist die optimierte Auswahl der benachbarten Peers hinsichtlich verschiedener Kriterien: Schnelle Antwortzeit, niedrige Hop-Zahl, geringer Inter-Domain-Verkehr in den ISP-Netzen. Wesentlicher Mechanismus dabei ist das Erstellen einer Ordnung auf der Menge der für die Partnerschaft in Frage kommenden Peers und anschließend die Auswahl der Nachbarn entsprechend dieser Ordnung.

2.5.5.3 Vertrauenswürdigkeit

Zum Bereich der Vertrauenswürdigkeit zählen im Prinzip zwei wesentliche Untersuchungsgegenstände: Die Bestimmung der ***Zuverlässigkeit eines Overlays*** und die Bereitstellung von ***Sicherheitsmerkmalen*** zur Steigerung der Verlässlichkeit.

2.5.5.3.1 Verlässlichkeit

(Heckmann, Steinmetz et al. 2006) teilen Verlässlichkeit in drei Teilaspekte auf: **Verfügbarkeit, Zuverlässigkeit, Robustheit/Fehlertoleranz** und definieren Metriken zu deren Bestimmung.

Verfügbarkeit ist danach ein Maß für die Fähigkeit eines P2P-Systems, Ressourcen oder Dienste auf eine Anfrage hin zu liefern bzw. auszuführen. Als Beispiel für die Verfügbarkeit kann das P2P-Telefonnetz Skype angeführt werden. Dabei muss das System Auskunft über die Verfügbarkeit eines Benutzers (also eines Peers) geben können. Ist dieser verfügbar, so kann er prinzipiell angerufen werden; ist er es nicht, so wäre ein Verbindungsaufbau von vornherein unmöglich.

Mathematisch kann die Verfügbarkeit folgendermaßen modelliert werden:

$$Verfügbarkeit_j = p(p_j | i_j) * p(i_j)$$

Dabei ist $p(i_j)$ die Wahrscheinlichkeit, dass ein Index (also eine Peer-Adresse) für einen gewünschten Dienst gefunden wird. $p(p_j | i_j)$ dagegen ist die Wahrscheinlichkeit, dass ein Dienst gefunden werden kann unter der Bedingung, dass ein Index gefunden wurde. Die Verfügbarkeit ist also die Wahrscheinlichkeit, dass ein Index-Peer gefunden und der Dienst von diesem dann auch tatsächlich angeboten wird. Die obige Formel stellt diesen Zusammenhang durch Anwendung des Multiplikationssatzes für bedingte Wahrscheinlichkeiten dar.

Zuverlässigkeit geht als Maß noch einen Schritt weiter und bildet ab, ob die Ressourcen oder Dienste auch in der Art und Weise geliefert werden, wie sie vorher spezifiziert worden sind. Verfügbarkeit ist also per definitionem die Voraussetzung von Zuverlässigkeit. Um ein Maß für die Zuverlässigkeit zu finden, muss auf jeden Fall die Verfügbarkeit als Größe mit einfließen. Zusätzlich muss die Qualität bewertet werden, mit der ein Dienst angeboten wird. Eine hohe Qualität bedeutet dabei, dass der Peer den Dienst passend zur Dienstspezifikation anbietet.

$p(QoS_j | Verfügbarkeit_j)$ stellt die Wahrscheinlichkeit dar, mit der ein Dienst von einem Peer in einer guten Qualität angeboten wird, sofern der Peer verfügbar ist. Als Formel ergibt sich:

$$Zuverlässigkeit = p(QoS_j | Verfügbarkeit_j) * Verfügbarkeit_j$$

Als Maß für **Robustheit** lässt sich wählen, wie viele Peers ein Netzwerk verlassen können, ohne das damit eine bestimmte Dienstleistung nicht mehr erbracht werden kann. Folgende Annahme kann getroffen werden: Je mehr Teilnehmer sich im Netzwerk befinden, desto mehr Teilnehmer könnten einen bestimmten Dienst anbieten. Damit steigt ebenfalls die Wahrscheinlichkeit, mit der ein bestimmter Peer einen Dienst übernehmen kann, sobald der vorherige, dienstanbietende Peer das Netzwerk verlässt.

Sei M_j die Menge aller Peers, die einen bestimmten Dienst anbieten und w_j die Wahrscheinlichkeit, dass ein Peer einen Dienst j übergeben bekommt, so gilt:

$$Robustheit\ j = \lfloor M_j \cdot (1 + w_j) \rfloor - 1.$$

Man erkennt leicht, dass die Robustheit ansteigt, je größer w_j wird.

2.5.5.3.2 Sicherheit

Sicherheit ist auf Grund der speziellen Eigenschaften von P2P-Systemen eine Herausforderung. Das gilt innerhalb des P2P-Netzwerks, als auch bei der Kommunikation mit externen Partnern. Sicherheitsmaßnahmen sind nach (Rannenberg, Pfitzmann et al. 1999) kein Selbstzweck und orientieren sich immer an Schutzzielen, von denen in der Regel die folgenden unterschieden werden: **Vertraulichkeit, Integrität, Verfügbarkeit und Zurechenbarkeit**. In (Damker 2002) sind die Schutzziele auf P2P-Netzwerke übertragen wurden:

Im Rahmen von **Vertraulichkeit** sollen insbesondere die in einem P2P-System ausgetauschten Nachrichteninhalte nicht von Dritten, sondern nur von den Kommunikationspartnern gelesen werden können. Dabei müssen auch die auf einem Peer gespeicherten Daten sicher gespeichert werden und dürfen nur mit dem Einverständnis des Nutzers übertragen werden. Oftmals ist es auch erwünscht, dass Sender und Empfänger einer Nachricht vor den anderen Nutzern anonym bleiben.

Zur Wahrung der **Integrität** müssen Fälschungen von Nachrichteninhalten beim Austausch erkannt werden oder unberechtigte Änderungen von Daten auf Peers erkannt und ggf. frühzeitig verhindert werden. Auch Änderungen an der P2P-Software selbst sind zu verhindern.

Verfügbarkeit im Kontext von Sicherheit bedeutet, dass das P2P-System jederzeit jedem Nutzer zur Verfügung stehen muss, es sei denn die Nutzung ist ihm explizit untersagt. Ferner muss sichergestellt sein, dass die verbleibenden Ressourcen des Rechners, der in einem P2P-Verbund Rechenleistung und Kapazität zur Verfügung stellt, zu jeder Zeit in dem erwarteten Umfang zur Verfügung stehen und genutzt werden können.

In puncto **Zurechenbarkeit** muss ein Sender (oder Empfänger) einer Nachricht nachweisen können, dass eine Nachricht wirklich von ihm versendet (oder empfangen) wurde und er muss feststellen können, dass er die richtige Instanz der Nachricht erhalten hat (bzw. von welcher Instanz die Nachricht stammt). Werden für dezentrale Dienste Entgelte verlangt, so ist die korrekte Verrechnung sicherzustellen.

2.5.5.4 Validität

Das Qualitätsmerkmal Validität bezieht sich im Wesentlichen auf die ***Lokalisierbarkeit*** von Datenbeständen und ist eine der wichtigsten Anforderungen an ein P2P-Netzwerk.

2.5.5.4.1 Lokalisierbarkeit

Ein Objekt ist dann lokalisierbar, wenn dessen Speicherort von einem P2P-Zugriffsmechanismus innerhalb einer für die gegebene Aufgabe tolerierbaren Zeit an den

Suchenden zurückgegeben wird. Bei der Lokalisierbarkeit werden strukturierte und unstrukturierte Netzwerke voneinander unterschieden. In strukturierten Netzen gibt es eine globale Routingstruktur, in der Nachrichten über eine Hash-ID einem zuständigen Knoten zugeteilt werden (vgl. Abschnitt 2.5.4.2), während in unstrukturierten Netzwerken in der Regel eine zufallsbasierte, netzwerkflutende Suche zum Einsatz kommt (vgl. Abschnitt 2.5.4.1).

2.5.5.4.2 Kohärenz und Konsistenz

Ein Objekt ist dann **konsistent**, wenn jedes Replikat genau dieselbe Revision enthält. Ein Suchergebnis ist folglich **kohärent**, wenn bei einer Suche die aktuelle Revision des Objekts gefunden werde.

Konsistenz hängt also direkt ab von dem Vorhandensein von Replikation, die aus unterschiedlichen Gründen von Interesse sein kann:

- Hohe Garantie der Verfügbarkeit von Objekten und Sicherung der Robustheit des Overlays bei größeren Ausfällen
- Erhöhung der Lokalisierbarkeit in Rendezvous-Systemen
- Verbesserung der Lastverteilung durch Caching

2.5.5.4.3 Korrektheit

Hierbei steht im Mittelpunkt, bei Änderung an Datenobjekten die semantisch miteinander (zum Beispiel über Hyperlinks) in Beziehung stehen, die Korrektheit zu wahren.

Ein Beispiel verdeutlicht die Relevanz: Teilproduktmodelle (Repräsentant für Objekte) stehen in der Regel über miteinander in Beziehung. Fazit: Die im Netzwerk verteilten Objekte enthalten Links zueinander. Ferner existiert eine globale Sicht (Stückliste), in der die Reihenfolge und Menge der miteinander zu kombinierenden Objekte festgelegt ist. Würde beispielsweise ein Teilproduktmodell gelöscht werden, so muss es korrekter Weise auch aus der Stückliste entfernt und die betroffenen übergeordneten Modelle (welche das Teilproduktmodell integriert haben) identifiziert und aktualisiert werden. Das kann oftmals nicht ohne einen manuellen Eingriff seitens des Bearbeiters geschehen.

2.6 Stand der Technik: Dezentrale Informationstechnologien

Dezentrale Informationstechnologien werden in dieser Arbeit im Wesentlichen als Basis für die ***verteilte Datenspeicherung*** benutzt. In diesem Bereich haben sich seit Ende der 90er Jahre einige Peer-To-Peer-Systeme etabliert, auf die im Folgenden kurz eingegangen werden soll.

Als Basis für die DeCPD kommen viele der P2P-Systeme, die sich für die verteilte Datenspeicherung etabliert haben nicht in Frage, da diese oftmals nicht als quelloffene Implementierungen zugänglich sind. Daher wird im Rahmen des State-Of-the-Arts auf Basis der zuvor vorgestellten Qualitätsmerkmale noch eine qualitative Beurteilung der zur Verfügung stehenden P2P-Overlays vorgenommen, unter deren Verwendung dann eine geeignete Implementierung erfolgen kann.

2.6.1 P2P-Systeme für die verteilte Datenspeicherung (Content Distribution)

Viele P2P-Systeme, die für den Austausch von Daten entwickelt wurden, gehen davon aus, dass ein Datenobjekt einmal geschrieben aber nicht mehr verändert wird. Im Fokus dieser Systeme steht die stark frequentierte Nachfrage nach den jeweiligen Objekten, jedoch nicht deren Modifikation. Der Grund für diese Annahme liegt in der Motivation, aus der heraus die Systeme geschaffen wurden. Peer-To-Peer-Dateitauschbörsen wie zum Beispiel Napster, Kazaa oder eDonkey dienen hauptsächlich dem Austausch von Musik- oder Videodateien, die in der Regel solche Benutzer austauschen, die nicht der Originator sind, und die daher auch kein Interesse an einer Modifikation der Datei haben.

Die P2P-Clients Azareus und eMule sind die heutigen Spitzenreiter des P2P Filesharings und belegen mit > 500 Mio. Downloads im Juli 2010 Platz 1 und 2 auf der Alltime Download Liste der OpenSource Projektwebseite SourceForge[31]. Applikationen für den reinen Datenaustausch sind inzwischen ergänzt worden um Funktionen aus den Bereichen Kommunikation oder Streaming.

Im Kommunikationsbereich ist die bekannteste P2P-Applikation Skype[32], bei der in Spitzenzeiten bis zu 23 Millionen User gleichzeitig online sind. Im 4. Quartal 2009 haben Skype-Nutzer insgesamt 36,1 Milliarden Minuten über Skype telefoniert, davon waren 1/3 Videogespräche.[33] Für Gruppenkommunikation auf P2P-Basis war einst Groove führende Applikation für Projektplanung, Dateisynchronisation und virtuelle Meetings. Das von Ray Ozzie[34] entwickelte Groupwareprodukt ist seit März 2005 in den Händen von Microsoft und ist inzwischen integriert in die Microsoft Office Produktpalette und dort vermarktet unter dem Produktnamen SharePoint Workspace[35].

Im P2P Filesharing können zwei Sorten von verteilten Dateisystemen unterschieden werden: Die Systeme, die eine Veränderung der Daten zulassen, aber wo nur der ursprüngliche Autor das Recht dazu hat (Freenet zum Beispiel) und die Systeme, wo Veränderungen durch beliebige Nutzer vorgenommen werden können (OceanStore, Ivy oder P-Grid beispielsweise). Zum besseren Verständnis der generellen Funktionsweise sei hier OceanStore genauer vorgestellt.

2.6.1.1 OceanStore

OceanStore[36] wurde an der Universität Berkeley mit dem Ziel entwickelt, einen globalen, dezentralen Datenspeicher bereitzustellen, der in der Lage ist, bis zu 10^{10} Benutzer mit jeweils 10.000 Dateien zu verwalten (Kubiatowicz, Bindek et al. 2000).

OceanStore hat zwei primäre Designziele: Sicherheit und Verfügbarkeit. Die Verfügbarkeit wird im Wesentlichen durch das Prinzip der Serverunabhängigkeit garantiert. Gespeicherte Daten werden immer in Bewegung gehalten und liegen idealerweise immer genau auf dem Server, wo sie gebraucht werden. Das führt allerdings häufig zu einer Ineffizienz, die dann

[31] http://sourceforge.net/top/topalltime.php?type=downloads [01.04.2011]
[32] http://www.skype.com/intl/de/home/ [01.04.2011]
[33] http://about.skype.com/ [01.04.2011]
[34] Ray Ozzie ist der Erfinder von Lotus Notes, einem der weltweit führenden Groupwareprodukte aus dem Hause IBM. http://www-01.ibm.com/software/de/lotus/wdocs/notes-domino8/notes.html [01.04.2011]
[35] http://office.microsoft.com/sharepoint-workspace [01.04.2011]
[36] http://oceanstore.cs.berkeley.edu/ [01.04.2011]

besonders stark ins Gewicht fällt, wenn es zu Engpässen im Netzwerk kommt. Diese Probleme löst ein spezielles Caching-Verfahren (engl. „promiscuous caching"), welches erlaubt, Daten überall und zu jeder Zeit zu cachen.

In Bezug auf Verschlüsselung werden alle Daten mit Hilfe von symmetrischen Verschlüsselungsverfahren codiert. Das erlaubt den Schutz von privaten Inhalten. Durch das Verwenden der kryptografischen Hashfunktion SHA-1 kann zum Beispiel das Wiederfinden einer Datei garantiert werden. Zum Schutz gegen Datenverlust wird in OceanStore das Konzept der „floating replicas" eingesetzt. Replikate werden dabei nicht an einen physikalischen Server gebunden. Ferner gibt es eine Versionskontrolle (Deep Archival Storage), das bei aufgetretenen Fehlern eine „undo"-Funktionalität bereitstellt.

Jedes Datum wird in OceanStore durch ein Datenobjekt repräsentiert, das zusätzlich zum eigentlichen Inhalt eine Reihe an Beschreibungsmerkmalen speichert und über einen Hashwert (GUID) im Netzwerk identifiziert wird. Datenobjekte werden als Fragmente über die teilnehmenden Rechner verteilt. Jede Anfrage im Netz nach einer Ressource mit einer bestimmten GUID verweist auf ein Wurzelobjekt, das den Speicherort von weiteren Fragmenten kennt. Die Daten selbst werden in Datenblöcken gespeichert. Der Zugriff erfolgt über B-Bäume in logarithmischer Zeit. Ein Updatevorgang (also das Hinzufügen, Ersetzen oder Löschen von Daten) resultiert in einer Änderung von den entsprechenden Datenblöcken, wodurch ein neuer Wurzelblock unter einer neuen Versions(V-)GUID entsteht, oder ein nicht mehr benötigter Wurzelblock gelöscht wird (vgl. Abb. 28).

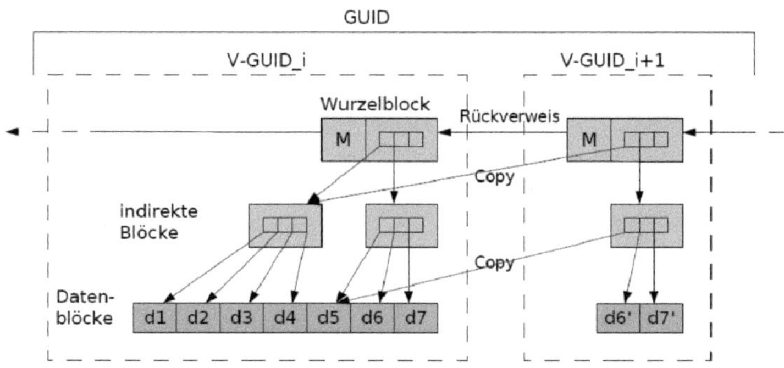

Abb. 28: Änderung von Datenblöcken in OceanStore

In OceanStore gibt es zwei Schichten mit Servern.

- Im inneren Ring sind leistungsfähige, vertrauenswürdige Server mit guter Anbindung an das Internet untergebracht, die hauptsächlich dafür sorgen, dass immer eine aktuelle Version eines Datenobjekts bereitsteht und Änderungen koordinieren. Beim Suchen nach einem Datum wird zuerst der lokale Cache durchsucht. Wird das Datum dort nicht gefunden, wird es aus dem inneren Ring heruntergeladen. Die Kommunikation dazu verläuft über das byzantinische Vereinbarungsprotokoll[37]. Eine byzantinische

[37] http://www.computerbase.de/lexikon/Byzantinischer_Fehler [01.04.2011]

Vereinbarung gilt nur dann als getroffen, wenn weniger als ein Drittel der beteiligten Server ein fehlerhaftes (bzw. absichtlich gefälschtes) Ergebnis liefern. Bei n Servern und m bösen Servern wird eine Vereinbarung nur bei n>3m+1 getroffen.

- Der äußere Ring dagegen ist dafür verantwortlich, Archivdaten zu speichern. Daher sind hier beliebige Rechner denkbar, also auch solche die nicht sehr leistungsfähig sind oder über eine deutlich schwächere Internetanbindung verfügen.

2.6.2 Aktuelle Ansätze zur Qualitätsverbesserung von Peer-To-Peer Overlay-Ansätzen

In diesem Abschnitt werden aktuelle Ansätze für die Verbesserung der Qualität von P2P-Overlays vorgestellt.

2.6.2.1 Adaptivität

Skalierbarkeitseigenschaften unstrukturierter Netze wurden in vielen Arbeiten untersucht (Schollmeier und Schollmeier 2002). ***Gnutella*** beispielswiese skaliert deshalb nicht, da die Netzwerklast jedes Knotens mit einer steigenden Anzahl der Suchanfragen – auch durch Aufnahme weiterer Knoten in das Netzwerk – enorm wächst. Neben den in Abschnitt 2.5.4.1 vorgestellten Suchansätzen zur Verbesserung der Skalierbarkeit bei der Suche in unstrukturierten Netzen, wird zum Beispiel mit ***GIA*** in (Chawathe, Ratnassamy et al. 2003) ein Ansatz vorgestellt, um die Skalierbarkeit von Gnutella zu verbessern. Grundidee ist das dynamische Anpassen der Topologie, in dem jeder Knoten nur noch entsprechend seiner Kapazitäten[38] Anfragen erhält. Ferner wird eine aktive Flusskontrolle zur Vermeidung von Überlast einzelner Knoten, die ***One-Hop-Replikation*** von Metadaten – Knoten mit hoher Kapazität antworten für schlecht erreichbare – und eine ***Random Walk basierte Suche*** eingeführt (vgl. Ressourcen-Lokation in Abschnitt 2.5.4.1).

Grundsätzlich stellen jedoch DHT-basierte Verfahren in strukturierten P2P-Netzwerken, wie das zuvor vorgestellte ***Pastry*** (Rowstron und Druschel 2001) einen skalierbaren Ansatz dar, da Datenobjekte anhand ihrer IDs auf dafür zuständigen Peers abgelegt und somit unter gegebenen Schlüsseln adressiert werden (vgl. Abschnitt 2.5.4.2). Somit werden nur O(log n) Nachrichten pro Suche benötigt, jedoch müssen erweiterte Suchmechanismen (***Bereichssuche oder Volltextsuche***) auf Basis der Indexstruktur realisiert werden. Für Bereichssuchen stellen (Ramabhadran, Ratnasamy et al. 2004) die sogenannten ***Präfix-Bäume*** vor, die besonders effizient und sehr belastbar sind. Für eine Volltextsuche kann das Konzept ***inverser Inidizes*** auf DHT übertragen werden (Reynolds und Vahdat 2003). Darauf basierend wurden einige Erweiterungen zur Performance-Steigerung vorgeschlagen, wie zum Beispiel ***Caching-Mechanismen***, Kompression mit ***Bloom-Filter***, usw. die in (Li, Thau Loo et al. 2003, Kap. 5) zusammengefasst vorgestellt werden.

Für die Verbesserung der Flexibilität gibt es Overlayansätze, in denen versucht wird eine Suchfunktionalität bereitzustellen, welche die Vorteile einer Verteilten Hash Tabelle (Distributed Hash Table - DHT) und die hohe Trefferwahrscheinlichkeit einer Volltextsuche

[38] Kapazität kann hier verstanden werden als bearbeitete Anfragen pro Zeiteinheit.

aus unstrukturierten Netzwerken kombinieren. (Bradler, Krumov et al. 2009) erforschen mit PathFinder zurzeit einen solchen Ansatz.

Weiterhin kann das Verhalten des Overlays bei einer hohen Nutzerfluktuation (engl.: Churn) flexibel gestaltet werden, in dem zum Beispiel möglichst eine Partitionierung des Netzwerks verhindert wird. Hier entwickeln (Bradler, Krumov et al. 2010) mit BridgeFinder eine Möglichkeit, frühzeitig Konnektivitätsengpässe zu erkennen um gezielt Gegenmaßnahmen einzuleiten.

2.6.2.2 Effizienz

Zur Steigerung der Effizienz müssen auf der **Peer-Ebene** in einem P2P-System geeignete Scheduling- und Warteschlangenverwaltungs-Mechanismen bereitgestellt werden, die auf den lokalen Ressourcen die eingehenden Anfragen und Reihenfolgen der zu bearbeitenden Tasks regeln.

Die Bandbreite ist eines der größten Probleme bei der Übertragung von physikalischen Dateien („elephant flows“). Viele aktuelle Ansätze verfolgen daher zur Effizienzsteigerung die ***Optimierung der Nachbarschaftswahl***. Dort finden sich Strategien, bei denen ein ressourcenliefernder Peer durch den anfragenden Peer auf Basis der zur Verfügung stehenden Bandbreite gewählt wird. Als Beispiel sei hier für die unstrukturierten Netze erneut die Gnutella-Erweiterung GIA genannt, die den eingehenden Datenstrom einzelner Knoten durch Ausgabe von Sendeberechtigungen regelt. Generell ermöglicht das Einführen einer Breitbandmanagementschicht inkl. Scheduling die gezielte Steuerung der overlay-spezifischen Kommunikation („mice-flows“), vgl. (Graffi, Pussep et al. 2007). Overlay-Nachrichten können dann prioritätsbasiert abgearbeitet werden.

Betrachtet man den zur ***Verfügung stehenden Speicherplatz*** der teilnehmenden Peers, dann sind insbesondere bei Content-Delivery-Netzwerken Strategien notwendig, die sogenannten Chunks (also die Datenfragmente) unter den Teilnehmern so zu verteilen, dass die Downloadzeiten minimiert werden. Mit ***BitTorrent*** gibt es seit längerem einen effizienten Ansatz, in dem dynamisch entschieden wird, auf welchen Peers welche Chunks gespeichert werden, um somit eine möglichst hohe Bandbreite beim Nachfragen von Ressourcen zu erzielen. Insbesondere Streaming-P2P-Anwendungen wie Skype[39] oder Joost[40] stellen hohe Anforderungen an das P2P-Netzwerk: Faire Lastverteilung, Echtzeitfähigkeit oder das Nutzen der Peer-Heterogenität.

Auf der **Overlay-Ebene** ist es das Ziel, dienstgüteorientiert Ressourcenallokation im Netzwerk zu betreiben um das Überlasten einzelner Peers oder ungenutzte Rechenzeit zu vermeiden, Latenzgarantien zu erbringen oder eine faire Lastverteilung zu erzeugen.

Ein Beispiel für die Effizienz des Overlays ist die Anzahl der benötigten Hops beim Routing. Ein Overlaynetzwerk, das wie bereits beschrieben Routingmechanismen und Knoten-adressierungen für das darunterliegende physikalische Underlaynetzwerk implementiert,

---

[39] http://www.skype.com/intl/de/home/ [01.04.2011]
[40] http://www.joost.com/ [01.04.2011]

sollte so gut wie möglich diese physikalischen Nachbarschaftsbeziehungen abbilden. Mit Netzwerklatenzen lässt sich die „Entfernung“ zweier im Overlay benachbarten Knoten bezüglich des darunterliegenden Netzes bestimmen. Mit dem sogenannten „latency stretch“ kann so bestimmt werden, wie sehr die durchschnittliche Latenz eines Overlayhops die eines Underlayhops übersteigt (Tomanek 2004, S. 8 ff.). Die Bestimmung der Entfernung ist in Abb. 29 exemplarisch gezeigt.

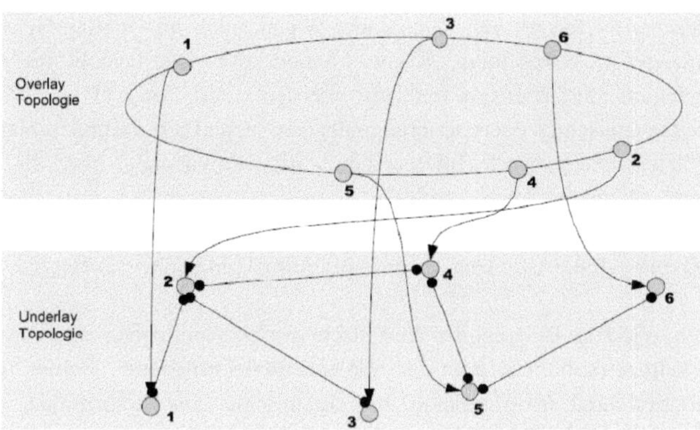

Abb. 29: Beispiel für das Zusammenspiel zwischen Overlay und Underlay

Dort sind sechs Knoten und deren Verbindungsstruktur im Internet (Underlay), bzw. im darüber liegenden Pastry-Overlay abgebildet. Die Knoten 3 und 6 sind im Overlay direkt benachbart, im Underlay liegen diese jedoch 4 Hops auseinander. Würde eine Nachricht im Overlay von Knoten 3 an Knoten 2 über Knoten 6 geroutet werden, so würde dies insgesamt zu sieben Hops (3->2->4->5->6->5->4->2) im Underlay führen. Größte Schwäche vieler P2P-Systeme sind die oft großen, geographischen Entfernungen zwischen benachbarten Overlayknoten im Underlay. Durch das in der Regel zufällige zuweisen von Overlay-IDs ist es sehr unwahrscheinlich, dass zwei im Underlay benachbarte Knoten dies auch im Overlay sind. Im Wesentlichen können drei Ansätze unterschieden werden, wie Overlays an die Topologie des darunterliegenden Netzes und an dessen Entfernungsstruktur angepasst werden können (Ratnasamy, Stoica et al. 2002):

- ***Proximity Route Selection (PRS).***
  Hier wird zum Weiterleiten von Paketen derjenige Knoten aus der Routingtabelle gewählt, der den besten Trade-Off zwischen Gewinn (= Fortschritt im Overlay-ID-Raum) und Kosten (= gemessen durch Latenzen) aufweist. Dabei müssen die Routingtabellen nicht angepasst werden.

- ***Proximity Neighbor Selection (PNS).***
  Hiermit wird das Erstellen einer Routingtabelle unter Einbeziehung der Netzwerklatenzen der Nachbarschaft bezeichnet. (Castro, Druschel et al. 2003) identifizieren PNS als vielversprechende Technik um einen Routing-Ansatz in strukturierten P2P-Systemen zu etablieren, der Umgebungseigenschaften berücksichtigt

und nicht unnötig mehr Overhead zur Verwaltung dieser Informationen erzeugt. Als Proof-Of-Concept stellen Sie in ihren Arbeiten einen flexiblen DHT-basierten Ansatz auf Pastry-Basis dar.

- ***Geographical ID Selection (GIS)***
  Hierbei wird die geographische Position bei der Erstellung der Overlaytopologie berücksichtigt. In (Liu, Liu et al. 2004) wird vorgeschlagen, dass Knoten, die im physikalischen Netzwerk nah beieinander liegen, auch im Overlay-Netzwerk ähnliche IDs zugewiesen bekommen. Somit können pro Overlayhop die im Underlay zurückgelegten Entfernungen reduziert werden. (Xu, Tang et al. 2003) sehen die Latenzzeiten zwischen Peers untereinander als wesentlich an und schlagen daher vor globale, latenzzeitenbasierte Internet-Landkarten aufzubauen, über die Peers die am „nahesten" gelegenen Peers ermitteln können. Grundsätzlich gilt jedoch, dass GIS-Netze weniger fehlertolerant sind. Fällt ein Teil des Netzes aus, so kommt es zu sehr großen Overlay-Inkonsistenzen, da dort auf einmal ein ganzer ID-Bereich fehlt.

P2P-Aktivitäten, wie zum Beispiel der Austausch von Dateien, haben einen direkten Einfluss auf das Verkehrsaufkommen auf der **IP-Infrastrukturebene**. Ferner ist auch der Kommunikationsaufwand im Vergleich zur eigentlichen Diensterbringung sehr hoch. In vielen Arbeiten wurden Messungen des Verkehrsaufkommens von P2P-Systemen durchgeführt wie zum Beispiel in (De Meer, Tutschku et al. 2007) exemplarisch für Gnutella-Netzwerke die Netzwerklast für Suchanfragen, oder die Overlay-Variabilität, vgl. Abb. 30.

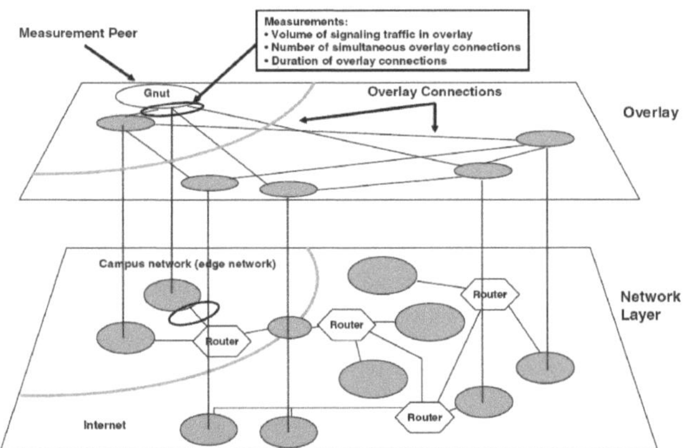

Abb. 30: Schema für die Analyse des Gnutella Netzwerks nach (De Meer, Tutschku et al. 2007)

Sobald Netzwerkverkehr die Domain eines Internetanbieters (engl. Internet Service Provider, ISP) verlässt, entstehen Kosten, die in jedem Fall zu minimieren sind. Netzwerk-Traffic sollte also möglichst nur innerhalb eines Internetanbieters geroutet werden, bzw. kostenminimale Wege wählen. Dazu sind Mechanismen vorzuschlagen, wie etwa das lokale zur Verfügung stellen der ISP-Zugehörigkeit und der Integration in die Funktionsabläufe, vgl. auch P4P-Architektur nach (Xie und Yang 2008).

2.6.2.3 Vertrauenswürdigkeit

Um die ***Zuverlässigkeit*** eines P2P-Systems zu garantieren ist ***Replikation*** ist ein wesentliches Mittel. Zur Erhöhung der ***Sicherheit*** gibt es zwei Möglichkeiten: Einerseits wird versucht, die aus zentralen Systemen bekannten Sicherheitsmechanismen wie zum Beispiel Zugriffs- und Nutzerkontrollen zu adaptieren, was in der Regel schwer fällt. Inzwischen wird verstärkt versucht das Vertrauen als Basis für effizientere Sicherheitsmechanismen zu verwenden, wie zum Beispiel durch Nutzen von Reputationssystemen.

2.6.2.3.1 Replikation

Bei der ***Verwaltung von Replikaten*** werden die folgenden zwei Ansätze voneinander unterschieden: Die verwalterbasierte und die kollektive Replikation. Im ersten Fall ist genau ein Peer für die Konsistenz eines Objekts verantwortlich ***(Owner-Replication)***, während im zweiten Fall alle Peers, die ein Replikat besitzen gleichermaßen dafür verantwortlich sind, die Konsistenz eines Objektes zu sichern. In diesem Fall gibt es zwei bekannte Ansätze. Die ***Path-Replication,*** bei der Replikate auf allen Peers gespeichert werden, die zwischen dem Suchenden und dem Besitzer der Datei liegen, und die zufällige ***Random-Replication***. Die verwalterbasierte Replikation benötigt spezielle Mechanismen zur Weitergabe der Verwalterrolle bei Ausfall eines Peers, während die kollektive Replikation spezielle Updateverfahren benötigt, um bei Änderungen alle im Netzwerk vorhandenen Replikate konsistent zu halten.

Daneben gibt es viele Untersuchungen über eine ideale ***Anzahl der Replikate***, damit diese effektiv gefunden und genutzt werden können. Für die Verteilung der Replikate in unstrukturierten Overlays gibt es im Wesentlichen drei Ansätze: ***Die gleichmäßige, die proportionale und die Quadratwurzel-Verteilung*** (Lv, Cao et al. 2002).

Annahme: Jedes Objekt i wird auf n_i Knoten gespeichert, die Anzahl aller zu speichernden Objekte ist N, m sei ein beliebiger aber fester Wert und die Anfragewahrscheinlichkeit für ein Objekt i lautet q_i. Dann gilt:

- Für die gleichmäßige Verteilung: $n_i = \frac{N}{m}$ (alle Objekte werden auf der gleichen Anzahl an Knoten gespeichert),
- für die proportionale Verteilung $n_i \, \alpha \, q_i$ (die Anzahl der Replikate ist proportional zur Anfragewahrscheinlichkeit der jeweiligen Objekte i)
- und für die Quadratwurzel-Verteilung: $n_i \, \alpha \sqrt{q_i}$ (die Anzahl der Replikate ist proportional zur Quadratwurzel der Anfragewahrscheinlichkeit der jeweiligen Objekte i).

Die Autoren belegen, dass die Quadratwurzel-Verteilung unter dem Kriterium der Minimierung des Gesamtdatenverkehrs bei der Suche am besten geeignet ist.

Neben der Anzahl der Replikate ist die Entscheidung wichtig, auf welchem Peer Replikate gespeichert werden sollen. Bei der sogenannten ***Owner-Replication*** wird eine Datei immer beim Suchenden gespeichert, bei der ***Path-Replication*** auf allen Peers, die zwischen dem Suchenden und dem Besitzer der Datei liegen und bei der ***Random-Replication*** zufällig. Die

Kombination Quadratwurzel-Verteilung und Path Replication ist zum Beispiel in FreeNet implementiert.

Durch Nutzen der sogenannten ***Erasure Codes*** kann die Datenmenge noch weiter reduziert werden (Weatherspoon und Kubiatowicz 2002). Dabei werden Informationen in m Fragmente aufgeteilt und diese wiederum in n Teile kodiert, wobei n > m ist. Anschließend werden die erzeugten n Fragmente im Netzwerk verteilt. Die Information kann aus beliebigen m Fragmenten wiederhergestellt werden, solange genügend Teile im Netzwerk vorhanden sind, vgl. Abb. 31.

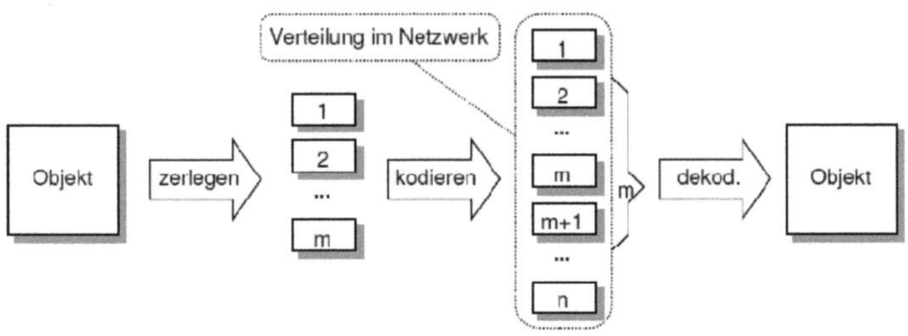

Abb. 31: Anwendung der Erasure Codes für die Replikation in P2P-Overlays

Es gibt inzwischen diverse ***Algorithmen für die Replikation*** in P2P-Systemen, von denen im Folgenden die wichtigsten in Anlehnung an (Pohl 2004, Kap. 3, S. 14 ff.) vorgestellt werden:

- In ***heuristischen Verfahren*** gibt es folgende Varianten für die Auswahl von Replikationsknoten (On, Schmitt et al. 2003):
  - Random (zufällige Wahl),
  - HighlyUpFirst, HUF (Knoten mit der höchsten Uptime)
  - HighlyAvailableFirst, HAF (Knoten mit der höchsten Verfügbarkeit),
  - Combined (Knoten mit dem Maximum über die Durchschnittswerte von HAF und HUF) oder
  - Local (lokales Speichern eines Replikats).

- Der ***Adaptive Data Replication (ADR)*** passt das Replikationsschema in Abhängigkeit der Anzahl an Schreib- und Lesezugriffen adaptiv an (Wolfson, Jajodia et al. 1997). Prinzipiell gilt, dass viele Schreiboperationen zu vielen Updates der Replikate führen und das bedeutet wiederum einen hohen Kommunikationsaufwand. Bei vielen Schreibzugriffen reduziert der ADR-Algorithmus daher die Anzahl der Replikate. Sind potentiell mehr Lese- als Schreibzugriffe vorhanden, so wird dagegen die Replikat-Anzahl erhöht.

- Der ***Dimension-Tree (D-Tree)*** ist nach (Chen, Katz et al. 2002) ein Multicast-Baum, über den Updates verteilt werden. Der Baum wird primär aufgebaut aus einer Reihe an ressourcenspeichernden „Servern". Diese müssen geringe Antwortzeiten garantieren und die Kapazitätsgrenzen (Speicherplatz, Prozessorauslastung und Bandbreite) tolerieren. Die Wurzeln des Baumes bilden die Primärreplikate, also die Datenquelle.

Die Blätter des Baumes sind die „Clients", die an den „Servern" die Objekte nachfragen. Grundsätzlich gibt es zwei Verfahren zur Platzierung von Replikaten: NaivePlacement und SmartPlacement. Beide Verfahren versuchen den Server s für ein Replikat zu wählen, der die Latenz- und Kapazitätsanforderungen des Client erfüllt. Der Unterschied besteht im Suchraum – NaivePlacement sucht in den „dichtesten" Servern nach einem geeigneten Platz, SmartPlacement schaut darüber hinaus in allen Kinderknoten, seinem eigenen Vater- und in den Geschwisterknoten nach potentiellen Replikat-Ablagemöglichkeiten.

2.6.2.3.2 Sicherheitsmaßnahmen und Realisierungsmöglichkeiten

Nach (Damker 2002) gibt es eine Reihe an Sicherheitsmaßnahmen die im Kontext der jeweiligen P2P-Applikation, also in diesem Fall von P2P-basierten Kollaborationslösungen, eingeordnet werden müssen:

- **Authentifizierung und Identifizierung**
  Authentifizierung ist Allgemein der Kontrollprozess, ob eine Identität auch tatsächlich korrekt ist. Sind die Nutzer innerhalb einer kollaborativen Umgebung in der Lage sich gegenseitig zu authentifizieren, dann kann sichergestellt werden, dass die Identitäten im Netzwerk stimmen. Dadurch kann eine Vortäuschung einer falschen Identität und damit der unrechtmäßige Zugriff auf geschützte Bereiche verhindert werden.

- **Autorisierung**
  Der Autorisierungsprozess findet nach der Authentifizierung statt und entscheidet über die Berechtigungen der Benutzer innerhalb der Kollaboration. Autorisierung findet in der Regel auf Basis von Arbeitsgruppen statt. Die Autorisierung ermöglicht unter anderem das gemeinsame Nutzen bestimmter Daten oder Dienste. Hier müssen sich Peers gegenseitig Zugriff auf ihre Ressourcen erlauben.

- **Vertraulichkeit und Integrität**
  Hierbei ist sicherzustellen, dass kein Dritter Kenntnis über den Datenaustausch an sich und schon gar nicht über die ausgetauschten Daten von zwei Kollaborationspartnern erhalten.

Es werden aktuell im Wesentlichen zwei Ansätze zur Sicherstellung der Identitäten in P2P-Umgebungen verfolgt. Einerseits wird versucht eine ***Public Key Infrastructure (PKI)***[41] einzurichten, andererseits wird versucht das ***Verhalten eines Peers*** zu beobachten, um darüber festzustellen, ob dieser tatsächlich vertrauenswürdig ist und sich so verhält, wie es von ihm erwartet wird.

In (Berket, Essiari et al. 2004) wird zum Beispiel ein Ansatz für den kollaborativen Datenaustausch vorgestellt, der Authentifizierungs- und Verschlüsselungsmechanismen

---

[41] Mit Hilfe einer Public-Key-Infrastruktur ist es möglich, eine Kommunikation in einem Rechnernetz durch Verwendung von Zertifikaten abzusichern. Die Zertifikate werden genutzt, um die Authentizität eines öffentlichen Schlüssels für einen asymmetrischen Verschlüsselungsprozess zu verifizieren. Dabei werden die Zertifikate von einer Zertifizierungsstelle ausgegeben. Für nähere Informationen siehe zum Beispiel (Swoboda, Spitz et al. 2008, S. 166 ff.)

auf Basis einer PKI-Infrastruktur bietet. (Wölfl 2005) schlägt darüber hinaus eine spezielle Peer-To-Peer-PKI vor, die effizientes Suchen und Verteilen von Zertifikaten und Vertrauens-Empfehlungen durch eine Kombination von skalierbaren P2P-Overlayprotokollen und logischen PKI-Berechnungsmodellen ermöglicht. Peers mit X.509-Zertifikaten, die von vertrauenswürdigen Zertifizierungsstellen bezogen wurden, sind in der Regel vertrauenswürdig und erhalten Zugriff auf speziell geschützte Kommunikationskanäle.

Zum Aufbau von Vertrauensbeziehungen werden ***Reputationssysteme*** verwendet, die Informationen über die Nutzer sammeln und analysieren. Neben einer nutzerbasierten Bewertung von Peerverhalten nach dem eBay[42]-Reputationssystem gibt es einige interessante Ansätze, die hier nur überblicksartig erwähnt werden sollen:

- **EigenTrust** (Kamvar, Schlosser et al. 2003). Dieser Algorithmus diente primär dem Entfernen von nicht-vertrauenswürdigen Dateien in einer P2P-Dateitauschbörse. Jeder Peer verfügt über einen globalen Vertrauenswert, der auf den Uploads der Vergangenheit basiert. Bösartige Peers werden identifiziert und aus dem Netzwerk eliminiert.

- **P2PRep** (Aringhieri, Damiani et al. 2006). In diesem Ansatz verwaltet jeder Peer eine Erfahrungs-Historie, in der Erfahrungswerte gespeichert werden, die aus vergangenen Dateiaustauschvorgängen resultieren. Bevor ein Peer eine Transaktion startet, fragt er das Netzwerk nach vorhandenen Erfahrungen über den Empfänger. Anhand dieser Werte kann dann lokal mit einem fuzzy-basierten Verfahren entschieden werden, ob ein Transfer durchgeführt wird oder nicht.

- **PeerTrust** (Xiong und Liu 2003). Dieser Algorithmus findet primär in e-Commerce Communities Einsatz. Zentrale Idee ist es, die Aussagen (Feedbacks) eines Peers über das Verhalten eines anderen zu gewichten, und zwar unter monetären Gesichtspunkten. Bei der Bewertung wird berücksichtigt, wie wertig ein Gut (Dokument oder Gegenstand der realen Welt) war, dass zwischen zwei Parteien ausgetauscht wurde. Je wertiger ein ausgetauschtes Gut, desto höher die Gewichtung in den Erfahrungswerten. Weiterhin wird die Aussagefähigkeit eines Feedback-Anbieters angegeben, zum Beispiel in Abhängigkeit der Kreditwürdigkeit. Ebenfalls neu ist in diesem Ansatz die Zahlung einer Prämie für gut geeignete Feedbacks als Anreiz für weitere Feedbacks

2.6.2.4 Validität

Zur Verbesserung der Lokalisierbarkeit von Ressourcen in Overlays werden kontinuierlich die Zugriffsmechanismen für strukturierte und auch für unstrukturierte Ansätze verbessert.

- In unstrukturierten Overlays ist der Zugriff auf Ressourcen in der Regel probabilistisch[43], wobei zwei Verfahren voneinander unterschieden werden können: Die

---

[42] http://www.ebay.de/ [01.04.2011]

[43] Probabilistisch meint eine nicht streng kausale Aussage (auch: Wahrscheinlichkeitsaussage).

„first-hit"-Suche, bei der eine Suche als beantwortet gilt, wenn genau ein Treffer erzielt wurde (vgl. GIA-Ansatz) und die ***„exhaustive"[44]-Suche***, bei der versucht wird, alle auf die Suchanfrage passenden Treffer zurückzuliefern.

Ein klassischer Vertreter der erschöpfenden Suche sind die Rendezvous-Systeme. Für jedes Dokument zeichnet sich ein bestimmter Rendezvous-Peer verantwortlich, der dann die Suchanfragen beantwortet. Ein probabilistisches, skalierbares Rendezvous-System ist ***BubbleStorm***, welches die effiziente Wahl von Rendezvous-Peers über dynamisch wachsende, zufällige Untergraphen kontrollierter Größe regelt und damit komplexe Suchanfragen mit guter Lastverteilung bearbeiten kann (Terpstra, Leng et al. 2007).

Grundsätzlich kann sich jedoch auch ein unstrukturiertes Overlay durch Verändern bestimmter Systemparameter wie beispielsweise der Flooding-Tiefe ausgehend von einem „first-hit"-Netzwerk zu einem sich deterministisch verhaltenden P2P-System entwickeln, bei dem eine vollständige Ergebnismenge durch hohe Kommunikationskosten zurückgeliefert wird.

- Bei den Zugriffsmechanismen in strukturierten P2P-Systemen gibt es den bekannten ***ID-Lookup.*** Soll ein Objekt unter mehreren IDs gefunden werden, muss es auch unter mehreren Bezeichnern im Netzwerk abgelegt werden. Eine ***Bereichssuche*** erweitert den ID-Lookup dahingehend, dass nach einem Intervall von IDs gesucht werden kann. Eine ***Multi-Attribut-Suche*** wird dann benötigt, wenn der Bereich mehrere, eventuell über UND-/ODER-Semantik verknüpfte Dimensionen aufweist (z.B. „Produktmodell-Nummer", „PM-Name", „Gewicht"). Bei einer ***Volltextsuche*** werden die Dokumente nach bestimmten Inhalten (Worten) durchsucht, es muss jedoch nicht zwingend eine vollständige Übereinstimmung mit den Suchkriterien vorliegen. Ein weiterer Suchansatz sind die sogenannten ***Table-Joins***. Jeder „Join" verknüpft Objekte unterschiedlicher Art zu einem gemeinsamen Ergebnisobjekt.

  Auch das Betrachten der Häufigkeitsverteilung ist für das effiziente Lokalisieren von Ressourcen von erheblicher Bedeutung. Bestimmte Ressourcen werden wesentlich häufiger nachgefragt als andere. Das Nachfragen von Dateien in einer Dateitauschbörse beispielsweise folgt einer Zipf-Verteilung[45]. Das hat Konsequenzen für die Lastverteilung im P2P-Overlay, insbesondere bei strukturierten Netzen, in denen alle Objekte mit einer gleichen ID auf einem ganz bestimmten Peer gespeichert werden, der – im Falle einer Zipf-Verteilung – dann stark überlastet ist. Das betrifft nicht nur das Senden der Objekte (Dokumente), sondern auch das Bearbeiten der Suchanfragen.

Korrektheit. Um die Korrektheit in Umgebungen zu wahren, in denen die einzelnen Datenobjekte stark einander verflochten sind, verfolgen aktuelle Ansätze die Idee, parallel zu den eigentlichen Datenobjekten sogenannte Linkobjekte zu generieren, in denen die

---

[44] Englisch für: erschöpfend, vollständig

[45] Der US-amerikanische Linguist George Kingsley Zipf (1902-1950) fand heraus, dass – wenn man die Wörter eine Sprache nach ihrer Häufigkeit ordnet und dem häufigsten Wort den Rang 1, dem zweithäufigsten den Rang 2, usw. gibt – so gilt: Das Produkt aus Rang und Häufigkeit ist immer annähernd eine Konstante.

Verknüpfung der Dokumente untereinander gespeichert ist. Bei der Revisionierung oder Löschung von Objekten muss das Linkobjekt automatisch aktualisiert werden, was wiederum geeignete Änderungspropagierungs-Algorithmen erfordert.

Neben den bekannten Vertretern CVS und Subversion findet sich ein verteiltes Versionskontrollsystem beispielsweise im ***GIT-Ansatz***[46]. Globale Konsistenz gibt es jedoch nicht, da Änderungen immer nur paarweise und nicht über ein P2P-Overlay ausgetauscht werden (Loeliger 2009). Die QuaP2P-Forschergruppe aus Darmstadt evaluiert zurzeit den eigenimplementierten Ansatz P2P-VCS, eine dezentrale Versionskontrolle auf Basis von FreePastry, welche unter anderem eine systemweite Korrektheit von versionierten Objekten unter Nutzung von Linkobjekten garantieren soll.

2.7 Hintergrund: Modellgetriebene Softwareentwicklung

In dieser Arbeit wird das Vorgehensmodell der modellgetriebenen Softwareentwicklung verwendet, um eine Architektur für die DeCPD zu entwickeln. Die Idee dabei ist es, Softwaremodelle auf unterschiedlichen Abstraktionsstufen durch Modellentwickler der entsprechenden Domäne, also vom plattformbedienenden Ingenieur auf der Geschäftsprozessebene über den DeCPD-Architekturdesigner bis hin zum Programmierer auf der Implementierungsebene, entwickeln zu lassen.

Dieser Abschnitt beschäftigt sich zunächst mit den Grundlagen der modellgetriebenen Softwareentwicklung, kurz MDSD.

2.7.1 Das Konzept der MDSD

Modelle werden in der Softwareentwicklung schon länger eingesetzt, jedoch häufig nur zu Dokumentationszwecken. Werden Modelle auch eingesetzt, um die Artefakte des lauffähigen Systems zu bilden, dann spricht man von modellgetriebener Softwareentwicklung. Die Modelle müssen so genau wie möglich die durch die Software zu erbringende Funktionalität beschreiben. Dies ist wiederum nur dann möglich, wenn sie mit einer gewissen Semantik hinterlegt sind und eindeutig das Verhalten der Software zur Laufzeit charakterisieren.

Laut Stahl et. al. ist die modellgetriebene Softwareentwicklung (engl.: model-driven software development, MDSD) „*[...] ein Oberbegriff für Techniken, die aus formalen Modellen automatisiert lauffähige Software erzeugen*" (Stahl, Völter et al. 2005). In Abb. 32 sind die wesentlichen Bestandteile des MDSD-Konzepts dargestellt. Diese werden im Folgenden noch genauer beschrieben.

[46] http://git-scm.com/ [30.08.2009]

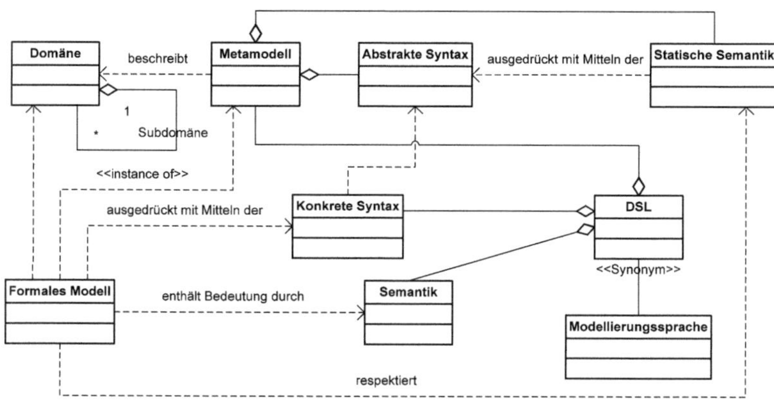

Abb. 32: Wesentliche Bestandteile des MDSD-Konzepts nach (Stahl, Völter et al. 2005)

2.7.1.1 Domänen und domänenspezifische Sprachen

In der MDSD wird immer nur ein begrenzter Interessenbereich, bzw. ein spezifischer Problemraum (in fachlicher oder technischer Hinsicht) modelliert. Dies bezeichnet man in der Regel als (Anwendungs-)**Domäne**, vgl. (Völter und Vogel 2009, S. 170 ff.).

Für die Modellierung des Sachverhalts einer Domäne kann eine **domänenspezifische Sprache (DSL)** definiert werden, welche die geforderte Semantik des Modells liefert. Basis eines jeden MDSD-Prozesses ist das formale **Modell**, welches mit Hilfe einer DSL beschrieben werden kann. Diese verzichtet auf technische Details und befindet sich auf einer höheren Abstraktionsebene als die üblichen Programmiersprachen. Dies ermöglicht, dass Domänenexperten ohne Kenntnis der technischen Ausführungen fachliche Tatbestände modellieren. Anders ausgedrückt ermöglicht der Einsatz einer DSL die Integration von Expertenwissen in die Modellierung. Beim Erstellen einer DSL muss sehr genau abgewägt werden, auf welche Details im Rahmen der Modellierung verzichtet werden kann, damit wesentliche Informationen nicht unberücksichtigt bleiben.

Häufig wird die in der Softwareentwicklung weit etablierte **Unified Modeling Lanuage (UML)** in Form von UML-Profilen als DSL verwendet. Sie bietet eine Reihe unterschiedlicher Diagrammtypen mit einheitlichen Notationen zur Abbildung der Beziehungen eines Softwaresystems.

Um eine DSL zu beschreiben, bedarf es eines **Metamodells**. Das Metamodell wird oberhalb des eigentlichen Modells definiert und liefert Aussagen über die zur Verfügung stehenden Modellelemente und ihren Beziehungen zueinander. Dies definiert die Struktur der Sprache **(abstrakte Syntax)**. Die abstrakte Syntax der Programmiersprache Java beschreibt zum Beispiel, dass es Klassen gibt, die Attribute und Operationen haben, von anderen Klassen erben können, usw.

2.7.1.2 Die Plattform

Das Konzept der **Plattform** ist ein weiterer, wesentlicher Bestandteil der MDSD. Nach Gruhn et. al. ist eine Plattform „[...] eine Ausführungsumgebung für eine Anwendung. Ihre Funktionalität stellt sie durch Schnittstellen bereit, auf die die Anwendung ohne Kenntnis der Implementierung zugreifen kann.“ (Gruhn, Pieper et al. 2006, S. 26). Eine Plattform im Bereich der Betriebssysteme ist zum Beispiel Windows oder für Programmiersprachen die Plattform Java, bzw. für eine Middleware Java EE.

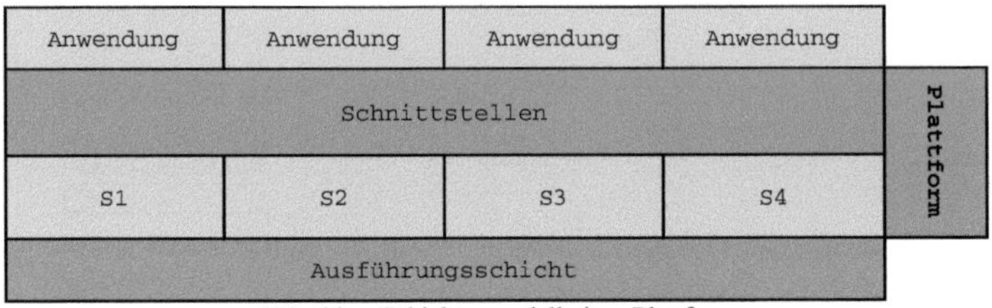

Abb. 33: Schichtenmodell einer Plattform

Im Schichtenmodell einer Plattform in Abb. 33 wird der Zusammenhang noch einmal verdeutlicht. Auf der untersten Ebene, der Ausführungsschicht, werden die Anwendungen ausgeführt. In der Regel besteht diese Schicht aus Hardwarekomponenten, kann aber auch durchaus eine weitere Plattform repräsentieren (Stichwort: Stapelbarkeit von Plattformen). In der Schicht darüber werden Subsysteme hinter einer Fassade von Schnittstellen spezifiziert. Subsysteme greifen auf die Funktionalität der Ausführungsschicht zu und reichen diese Funktionalität über Schnittstellen (hier: S1-S4) an die Anwendungen weiter.

Zusammenhang zwischen Plattform und DSL. Eine Plattform stellt Bausteine zur Verfügung, die im Rahmen einer bestimmten Domäne erbracht werden müssen. Die DSL beschreibt, wie diese Dienste einfach und effizient verwendet werden müssen, um die Plattformfunktionalität bereitzustellen. Während also mit Hilfe einer DSL ein Problemraum skizziert wird, spannt eine domänenspezifische Plattform den korrespondierenden Lösungsraum auf.

2.7.2 Modelltransformationen

Modelltransformationen überführen ein Quellmodell in Abhängigkeit von einer gegebenen Transformationsdefinition in ein Zielmodell. Die Transformationsdefinition selbst besteht aus einer Menge von Transformationsregeln, die beschreiben wie die Quellsprache in die Zielsprache transformiert wird (vgl. Abb. 34).

Das Quellmodell durchläuft mehrere Transformationen bis schließlich das Softwareprodukt entsteht. Damit die Transformation möglichst automatisch durchgeführt werden kann, bedarf es einer Menge formal definierter Transformationsregeln, den sogenannten Mappings. Diese werden in Form von Metamodellen beschrieben.

Es gibt prinzipiell zwei Arten von Transformationen. Zum einen gibt es die **Modell-zu-Modell-Transformation**, bei der aus dem Quellmodell basierend auf dem Quellmetamodell durch Anreicherung von zum Beispiel technischen Informationen ein Zielmodell auf Basis des Zielmetamodells erstellt wird. Daneben gibt es auch noch die **Modell-zu-Code-**

Transformation, bei der auf Basis einer gegebenen Plattform entsprechende Dienste, bzw. Quellcodes erzeugt werden.

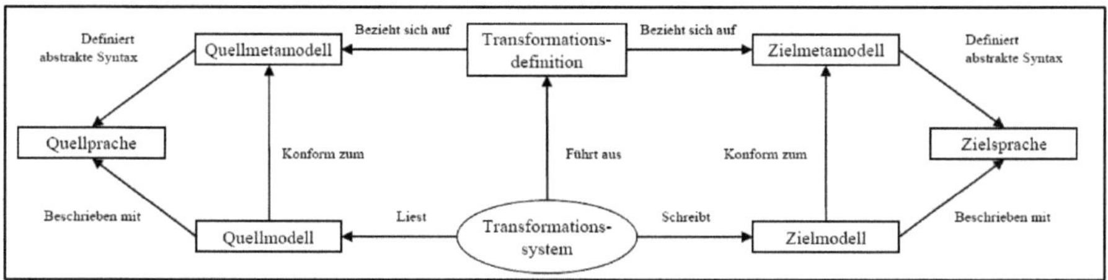

Abb. 34: Beziehungen zwischen Transformation, Modell, Metamodell und Sprache nach (Czarnecki und Helsen 2006)

Neben dem rein **generativen Ansatz der MDSD** durch die Anwendung von Modelltransformationen kann auch mittels **direkter Interpretation** der Modelle eine lauffähige Anwendung generiert werden. In diesem Fall werden sogenannte ausführbare UML-Modelle (engl.: Executable UML) benötigt, die von der virtuellen Maschine ohne Zwischenschritt der Modelltransformation interpretiert werden können. Diese Initiative wird von der OMG seit einiger Zeit stark vorangetrieben.

2.7.3 Forward-/ Reverse- und Roundtrip-Engineering

Im Rahmen des generativen Ansatzes wird immer von einem abstrakten Modell in ein konkretes Modell transformiert. Dieser Prozess wird auch als **Forward Engineering** bezeichnet. Oftmals ist es jedoch wünschenswert, dass Änderungen im konkreten Zielmodell automatisch auch zu Änderungen der Modelle auf der höheren Abstraktionsebene führen. Dieser Fall des **Reverse Engineerings** fordert die Bidirektionalität der Transformationsregeln. Beispiel: Das Anpassen von Modellen bei Änderungen im Quellcode erfordert das Vorhandensein von Quelltext-Annotationen, da im Quellcode die Domänensemantik nicht mehr ersichtlich ist. Unter dem **Roundtrip Engineering** wird letztendlich die Möglichkeit verstanden, an zwei Artefakten auf verschiedenen Abstraktionsebenen Änderungen durchzuführen, wobei die Änderungen in beide Richtungen propagiert werden und die Modelle dabei synchronisiert und konstant gehalten werden.

2.8 Stand der Technik: Modellgetriebene Softwareentwicklung

Im Rahmen der MDSD haben in der letzten Zeit eine Reihe von Techniken und Vorgehensweisen etabliert, von denen hier zwei der wichtigsten Vertreter kurz vorgestellt werden sollen.

2.8.1 Architekturzentrierte MDSD

Die architekturzentrierte, modellgetriebene Softwareentwicklung (AC-MDSD) ist sehr praktisch orientiert und fokussiert in ihrer Domäne die Beschreibung von Softwarearchitekturen. Das Metamodell der DSL muss dementsprechend abstrakte Architekturkonzepte beinhalten. Die Transformation bei einer AC-MDSD erzeugt nicht die gesamte Anwendung, sondern lediglich den architektonischen Infrastrukturcode (Skelett). Der nicht generierte, fachliche Implementierungscode wird dann manuell in der Zielsprache implementiert.

In der AC-MDSD wird versucht, die Gestaltung der Plattform so architekturnah wie möglich zu gestalten, in dem dort die wesentlichen Architektur-Konzepte bereits berücksichtigt werden. Damit wird die Lücke zwischen Modell und Zielplattform verkleinert und kommt daher oft auch nur mit einem Generierungsschritt aus.

Zwei der bekanntesten Vertreter von AC-MDSD sind im OpenSource-Bereich die Lösungen OpenArchitectureWare und AndroMDA.

2.8.2 Model Driven Architecture

Ein MDSD-Ansatz lässt die Wahl der konkreten Modellierungssprachen grundsätzlich offen und macht keine Einschränkungen hinsichtlich der Transformationen in lauffähige Anwendungen. Die **Model Driven Architecture (MDA)** der OMG beispielsweise ist eine Spezialisierung der modellgetriebenen Softwareentwicklung. Auf Grund der seit 2007 existierenden Standardisierung sind dort die zu verwendenden Modellierungssprachen und Transformationregeln streng festgelegt.

- Die DSL wird auf der Basis der Meta Object Facility (MOF) definiert. Rein theoretisch sind beliebige Notationen und Metamodelle möglich, solange diese mit Hilfe des OMG-Metametamodells definiert werden.
- MDA regt die Verwendung von UML-Profilen als konkrete Syntax für die DSL an. Für die statische Semantik werden dementsprechend Object Constraint Language (OCL)-Ausdrücke genutzt.

Ein weiterer, wesentlicher Bestandteil ist der mehrstufige Prozess, um von einem anwendungsdomänenorientierten Modell zu einer lauffähigen Anwendung zu gelangen. Für das Generieren von ausführbarem Code aus Modellen sieht das Konzept der MDA einen 3-Ebenen-Ansatz vor (vgl. Abb. 35).

Rechnerunabhängiges Modell (engl.: Computation Independent Model, CIM). Mit dem rechnerunabhängigen Modell wird auf Geschäftsprozessebene die gewünschte Funktionalität des Gesamtsystems ohne Bezug auf Informations- und Kommunikations-Technologien beschrieben. Dabei werden die Umgebung (Akteure, Aufgaben, usw.) und die inhaltlichen Anforderungen des Systems fokussiert. Die Modellierer der CIM-Ebene benötigen in der Regel kein Wissen über das MDSD-Vorgehen, sie sind für gewöhnlich auch keine IT-Experten. Das CIM, welches in der Regel nicht in UML sondern einer Prozessmodellierungssprache modelliert wird, ist also eine Brücke zwischen den Unternehmensmodellierern, bzw. domänenspezifischen Experten und den Herstellern der Software (Pilone, Pitman et al. 2006, Kap. A, S. 187 ff.), (Object Management Group 2003).

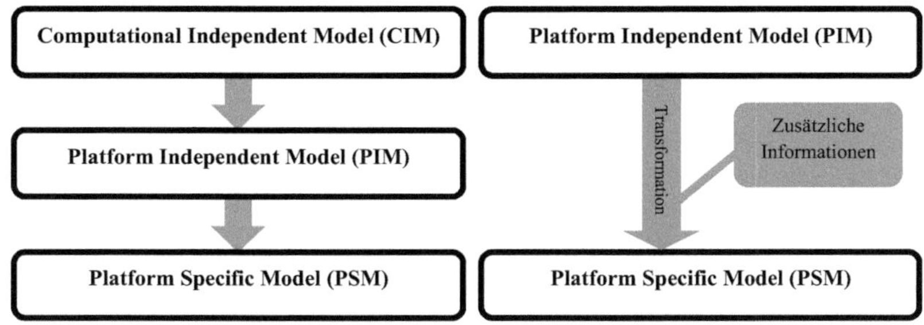

Abb. 35: Modelltransformationen in der MDA nach (Object Management Group 2003)

Auf der Ebene der CIM-Modelle wird in dieser Arbeit eine Modellierungssprache verwendet, die sehr einfach verständlich ist und zwar nicht nur für die Geschäftsprozessdesigner, die die Modelle aus Sicht der Geschäftslogik beschreiben, sondern auch für die technischen Entwickler, die später dafür verantwortlich sind, die Prozesse technisch so umzusetzen, dass das gewünschte Ergebnis erzielt wird. Dies ist die ***Business Process Modeling Notation (BPMN)***, vgl. (Object Management Group 2009). BPMN hat dazu noch einen weiteren entscheidenden Vorteil, nämlich die Möglichkeit unkompliziert die XML-basierte Repräsentation der BPMN-Modelle auf ausführbare Prozessbeschreibungssprachen wie BPEL zu mappen (Allweyer 2009).

Plattformunabhängiges Modell (engl.: Platform Independent Model, PIM). In einem PIM werden unabhängig von technologiespezifischen, sowie herstellergebundenen Plattformen die technischen Anforderungen, bzw. **Systemaspekte**, modelliert. Das PIM ist unabhängig von implementierungstechnischen Details. Im Zusammenhang der Modellierung von Systemaspekten wird oft von **Domänen** gesprochen. Eine **horizontale Domäne** beschreibt dabei einen Querschnittsaspekt eines Systems, also bei einer DeCPD-Kollaborationsplattform zum Beispiel die Aspekte „Verfügbarkeit der Produktmodelle", „Verteilte Suchmechanismen", „Replikation", usw. Eine **vertikale Domäne** dagegen beschreibt Konzepte eines fachlichen Anwendungsgebiets, also beispielsweise „Produktdatenmanagement (PDM)", „2D-/3D-Visualisierung", usw. (vgl. Abb. 36).

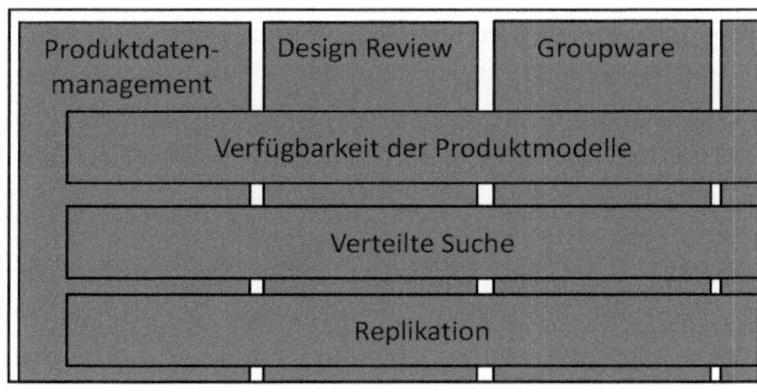

Abb. 36: Horizontale und vertikale Domänen im PIM

Plattformspezifisches Modell (engl.: Platform Specific Model, PSM). Das PSM fügt dem PIM nun zusätzliche Informationen über die zur Laufzeit verwendete Plattform hinzu. Die OMG sieht eine Verwendung einer serviceorientierten Architektur (SOA) auf der PSM Ebene vor.

Für die Transformationen legt die MDA die Transformationssprache QVT (Query/Views/Transformations) fest.

2.8.3 Chancen und Ziele modellgetriebener Softwareentwicklung

In (Völter und Vogel 2009) werden viele Gründe genannt, warum MDSD verwendet werden sollte, dazu zählen unter anderem:

Wiederverwendung. Das Anwenden eines MDSD-Vorgehens erfordert das Etablieren einer entsprechenden Infrastruktur. Dazu gehören der Aufbau einer domänenspezifischen Sprache (DSL), der Definition von Plattformen, sowie das Nutzen von Modellierungswerkzeugen und Generatoren. Für den Aufbau dieser Infrastruktur muss in der Regel sehr genau überprüft werden, welche Anforderungen die Domäne stellt. Insbesondere deshalb eignet sich ein MDSD-Ansatz nicht bei einmaliger Anwendung, sondern nur dann, wenn die Infrastruktur mehrfach genutzt wird. Dieser Prozess führt zum Beispiel zu sogenannten Software-Produktlinien (engl.: Software Product Lines). Eine Produktlinie zeichnet sich in der Regel dadurch aus, dass sie eine Menge fachlicher und technischer Merkmale gemeinsam hat, wodurch die Möglichkeit der Wiederverwendung von Bausteinen, Frameworks, aber auch Metamodellen, Generatoren und Transformationen gegeben ist.

Integration von Domänenexperten. Fachexperten können in einen MDSD-Prozess sehr einfach integriert werden, wenn die Domäne durch die domänenspezifische Sprache auf den unterschiedlichsten Abstraktionsebenen entsprechend gut gestaltet ist. Das erhöht allgemein die Praxistauglichkeit des entwickelten Ansatzes. Die Definition der DSL ist in der Regel ein sehr aufwendiger Prozess und erfolgt iterativ.

Definierte Zielarchitektur. Im Hinblick auf eine zu entwickelnde Software-Architektur (vgl. Abschnitt 5), müssen die Elemente des Quellmetamodells einer MDSD-Abstraktionsebene auf entsprechende Elemente des Zielmetamodells einer „tieferen" Abstraktionsebene abgebildet werden. Dazu muss klar in Regeln abgebildet werden, welche Elemente einer Ebene in eine tiefere Ebene abgebildet werden können. Bei der Transformation auf eine Zielplattform (bzw. auf deren Architektur) muss diese eine begrenzte Menge an definierten Konzepten enthalten und möglichst „schlank" sein. MDSD erzwingt eine wohl definierte Architektur. Regeln für den Umgang mit der Architektur sind in den Transformationen codiert.

Zusammenfassend lassen sich die folgenden **wichtigen Punkte für einen MDSD-Entwicklungsansatz** skizzieren: Größere Entwicklungseffizienz, bessere Integration der Fachexperten, leichtere Änderbarkeit von Software, verbesserte Umsetzung der Software-Architektur und die Möglichkeit zur verhältnismäßig einfachen Portierung der Fachlogik auf andere Plattformen.

2.9 Hintergrund: Serviceorientierte Architektur (SOA)

In diesem Abschnitt wird der Begriff der serviceorientierten Architektur (SOA) näher gebracht. Dazu wird zunächst der Begriff der Architektur eingeführt, um daraufhin dann speziell auf den Architekturstil SOA einzugehen.

SOA wird im Rahmen der modellgetriebenen Softwareentwicklung als ein Quasi-Standard für die Beschreibung der Architekturen auf plattformspezifischer Ebene gehandelt und wird auch im Rahmen dieser Arbeit dazu verwendet.

2.9.1 Der Begriff der Architektur

Allgemein wird als eine ***Softwarearchitektur*** nach Rosen et. al. ein Softwaresystem inklusive der damit verbundenen Komponenten, ihren Beziehungen und der unter ihnen ausgetauschten Informationen verstanden (Rosen 2008, Kap. 2, S. 27 ff.). Eine Architektur ist also ein Bauplan mit den Anforderungen an das zu entwickelnde System. Sie soll primär dazu dienen, die Komplexität des Systems und insbesondere die Systemanpassungen bei Veränderungen der betriebswirtschaftlichen, organisatorischen oder technischen Umgebung zu beherrschen. Bei der Entwicklung einer Softwarearchitektur sind daher die folgenden Prinzipien wichtig:

- **Separierung der Bestandteile**
  Bestandteile einer Architektur sind als voneinander unabhängig zu beschreiben. Das ist deshalb wichtig, damit die Anpassung eines Teils einer Architektur nicht durch andere Teile beeinflusst wird.
- **Sichten**
  Eine Sicht auf eine Architektur beschreibt diese aus einem speziellen Gesichtspunkt für einen ausgewählten Nutzerkreis. Typische Sichten sind die Geschäftsprozess-, IT-, Anwendungs-, Technologie- und Implementierungs-Sicht.
- **Flexibilität**
  Eine Architektur sollte so flexibel sein, dass zukünftige Änderungen möglichst unproblematisch integriert werden können. Dafür sollten genau die Stellen in der Architektur markiert werden, an denen mit hoher Wahrscheinlichkeit Änderungsanforderungen auftreten.
- **Abstraktion**
  Abstraktionsschichten bieten die Möglichkeit, ein gegebenes Problem auf einer Schicht feingranularer zu beschreiben. Beispielsweise ist das Entity-Relationship-Modell (ERM) eine Abstraktionsschicht zur Entwicklung eines Relationalen Datenbankschemas (RDBS).
- **Konsistenz**
  Eine gute Architektur sollte konsistente Dienste anbieten, die in mehreren Lösungsansätzen wiederverwendet werden können.
- **Geschäftsprozessorientierung**
  Eine Architektur sollte ihren Zweck erfüllen und damit die Geschäftsprozesse des Unternehmens in einer adäquaten Form umsetzen bzw. unterstützen.

- **Nutzen von Pattern**
  Ein Pattern ist eine generische Lösungsbeschreibung für ein Problem, dass in einer Umgebung häufiger auftritt. Es kann wiederverwendet werden, um ein vergleichbares Problem schneller zu lösen.
- **Verständlichkeit**
  Eine Architektur muss so verständlich aufgebaut sein, dass es einfach möglich ist, architekturkonforme Lösungen zu implementieren.
- **Kommunikation**
  Eine Architekturbeschreibung soll dazu dienen, dass Entwickler mit unterschiedlichen Wissensschwerpunkten (Systemnutzer und -designer gleichermaßen) ein gemeinsames Verständnis der IT-Lösung erreichen. Daher gibt es verschiedene Modellarten, die die Architekturdesigner unterstützen.

2.9.2 Serviceorientierte Architektur (SOA)

Eine serviceorientierte Architektur (SOA) ist ein spezieller Architekturstil, in der geschäftsprozessorientierte Dienste (engl.: Services) entwickelt und verwendet werden, um diese auf höherer Ebene mit Geschäftsprozessen kombinieren zu können. Insbesondere unter Beachtung der Tatsache, dass die Dienste in beliebiger Kombination eingesetzt werden können, um die Funktionalität mehrerer Geschäftsprozesse abzudecken, entsteht ein hoher Mehrwert für den Einsatz einer SOA. Um genau dieses Ziel zu erreichen, sind vor allem für organisationsübergreifende Dienstkompositionen geeignete SOA-Entwicklungs-umgebungen zu entwerfen und Standards einzuhalten.

Der Begriff **Dienst** (engl.: Service) beschreibt nach Masak „eine Dienstleistung, welche einem Kunden zur Verfügung gestellt wird." (Masak 2007, S. 5 ff.). Entscheidend ist dabei aus Sicht des Autors die **Beteiligung des Kunden im Definitions- und Weiterentwicklungsprozess eines Dienstes**. Erfolgreiche Dienste sind immer aus der Sicht des Kunden und nicht aus der Sicht des Anbieters definiert.

Während im Zeitalter der Dienstleistungsgesellschaften in den Unternehmen selbst durchaus Erfahrung im Umgang mit kundenorientierten Diensten herrscht, so ist laut Masak die IT-Welt noch am Anfang einer solchen Entwicklung. Summa summarum haben Dienste in Unternehmen und innerhalb einer Software eines gemeinsam: *„Alle Funktionen in einem realen System, seien es Abläufe in Organisationen, Prozesse, Aktivitäten, Funktionen in Softwaresystemen, Applikationen, Teile von Applikationen oder Softwarefunktionen lassen sich als Services darstellen oder aus Services aufbauen!"*

Betrachtet man eine SOA aus der Unternehmensperspektive, so ergibt sich die in Abb. 37 dargestellte Übersicht (Rosen 2008, Kap.2, S. 37 ff.). Diese berücksichtigt die folgenden acht Aspekte:

1. **Definition der Dienste und Diensttypen**
   In dieser Arbeit sollen die folgenden Granularitäten von Diensten betrachtet werden (Erl 2006, S. 44 ff.):

- **Anwendungsdienste (auch Task Services)**
  Sehr grobgranulare Dienste, die eine Geschäftsfunktion umsetzen (zum Beispiel der Anwendungsdienst: „Veröffentlichen einer Produktmodell-Spezifikation"). Semantisch passen diese Dienste in der Regel sehr gut zu den Geschäftsprozessen und weisen eine hohe Wiederverwendbarkeit auf.
- **Domänendienste (auch Entity Services)**
  Domänendienste sind etwas feingranularer und können direkt mit den darüber liegenden Anwendungsdiensten assoziiert werden. Sie sind nach wie vor geschäftsprozessorientiert, jedoch mit Fokus auf einen speziellen Geltungs- bzw. Geschäftsbereich (Domäne) und einer entsprechend detaillierteren Beschreibung (zum Beispiel die Domänendienste: „Veröffentliche Modellspezifikation im Netzwerk", „Informiere Adressaten über neue Spezifikation", usw.).
- **Nutzdienste (auch Utility Services)**
  Diese feingranularen Dienste bieten in der Regel gemeinsam verwendete Funktionalitäten an (zum Beispiel die Nutzdienste „Erzeuge Spezifikation aus Quelldaten", usw.).

2. **Spezifikation der Konstruktions- und Nutzungsart von Diensten**
   In einer SOA muss eindeutig festgelegt werden, wie Dienste im Kontext einer Unternehmenslösung sinnvoll eingesetzt werden können. Dazu gehört zum Beispiel die Angabe der Funktionalitäten der Dienste, welche Interaktionen zwischen den Diensten gefordert werden und welche Konfigurationen zur Ausführung notwendig sind.
3. **Vorgehensweise für die Integration von Altsystemen (engl.: legacy systems) in die Dienstumgebung**
   Oftmals ist Unternehmensfunktionalität noch nicht als Dienst verfügbar. Dabei stellt sich die entscheidende Frage, wie bestimmte Altsystem-Funktionalität als Dienst verfügbar gemacht werden kann.
4. **Kombination von Diensten zur Abbildung von Prozessen**
   In einer SOA muss eine Abbildung definiert werden, in der Dienste auf höheren Ebenen zu Unternehmensprozessen gebündelt werden können.
5. **Beschreibung der Service-Kommunikation**
   Eine technische Infrastruktur muss die Integration der Dienste (Komposition) und Kommunikation zwischen den Diensten unterstützen.
6. **Beschreibung der Zusammenarbeit der Dienste auf semantischer Ebene.**
   Durch die semantische Beschreibung der SOA-Umgebung in einem gemeinsamen Unternehmens-Informationsmodell wird definiert, welche Arten von Information zwischen den Diensten ausgetauscht werden.
7. **Verknüpfung der Unternehmensziele mit den Diensten**
   Ein Geschäftsmodell ist das Basiselement, um von dort die Ziele zu extrahieren, die mit Hilfe der SOA erreicht werden sollen. Zentrale Fragstellungen in diesem Zusammenhang sind zum Beispiel, welche Dienste erforderlich sind, um das Unternehmensziel zu erreichen und ob tatsächlich die erforderlichen Fähigkeiten vorliegen, um die Prozesse durch Dienste abzubilden?

8. **Festlegen, wie die Architektur benutzt werden kann**
Eine Anleitung für die Nutzungsweise der Architektur ist notwendig und unumgänglich, um die Entwicklung von konformen Lösungen zu ermöglichen.

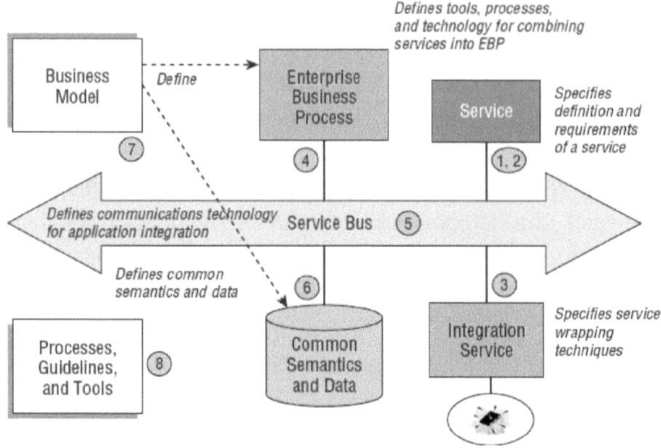

Abb. 37: Eine SOA aus der Unternehmensperspektive nach (Rosen 2008)

Eine SOA basiert auf den Wechselwirkungen zwischen drei verschiedenen Beteiligten, dem **Dienstanbieter**, dem **Dienstnutzer** und dem **Dienstverzeichnis** (engl.: Service Registry). Mit dem sogenannten SOA-Paradigma (oder auch „find-bind-execute"-Paradigma) lässt sich eine SOA wie folgt beschreiben (vgl. Abb. 38) und (Masak 2007, S. 101 ff.): Ein Dienstanbieter stellt einen Dienst zur Verfügung und ist für dessen Ausführung verantwortlich (=execute). Damit der Dienst auch von einem potentiellen Dienstnutzer gefunden werden kann (=find), wird der Dienst im Dienstverzeichnis veröffentlicht. Bei Webservices werden dazu zwei Techniken angewandt: UDDI und WSDL (vgl. Abschnitt 2.10.1). Der Dienstnutzer findet die gesuchten Dienste mit Hilfe einer Interfacebeschreibungssprache innerhalb des Dienstverzeichnisses und nutzt dann die Interfacebeschreibungen, um den Dienst beim Anbieter nutzen zu können. Dazu wird ein Dienstnutzungsvertrag zwischen Anbieter und Nutzer geschlossen (=bind).

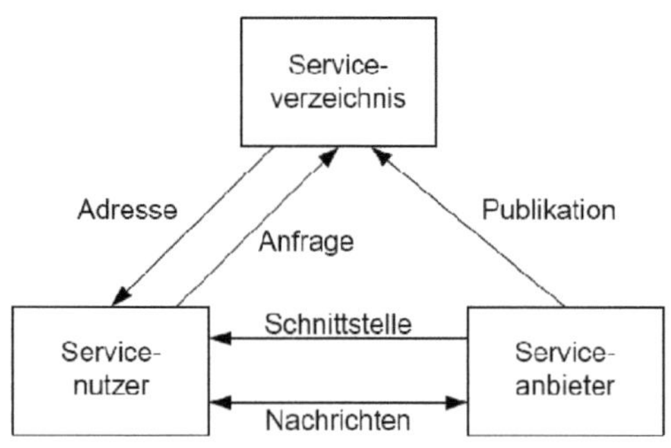

Abb. 38: Modell einer SOA nach (Masak 2007)

Die eigentliche Nutzung über das Netzwerk wird mit einer nachrichtenbasierten Protokollsprache geregelt, dies ist für gewöhnlich die Sprache SOAP (vgl. Abschnitt 2.10.2). Dadurch dass nicht mehr zwangsweise der Dienstanbieter und dessen Dienstimplementierung von vornherein bekannt sind, entsteht die in einer SOA übliche **lose Kopplung**. Das bedeutet auch, dass für ein und denselben Dienst durchaus mehrere Anbieter existieren können.

In Abb. 39 ist eine Schichtensicht des Enterprise Service Bus[47] (kurz: ESB) für eine SOA dargestellt, um noch einmal den Zusammenhang zwischen Geschäftsprozesswelt und Servicewelt zu verdeutlichen (Emig, Weisser et al. 2006).

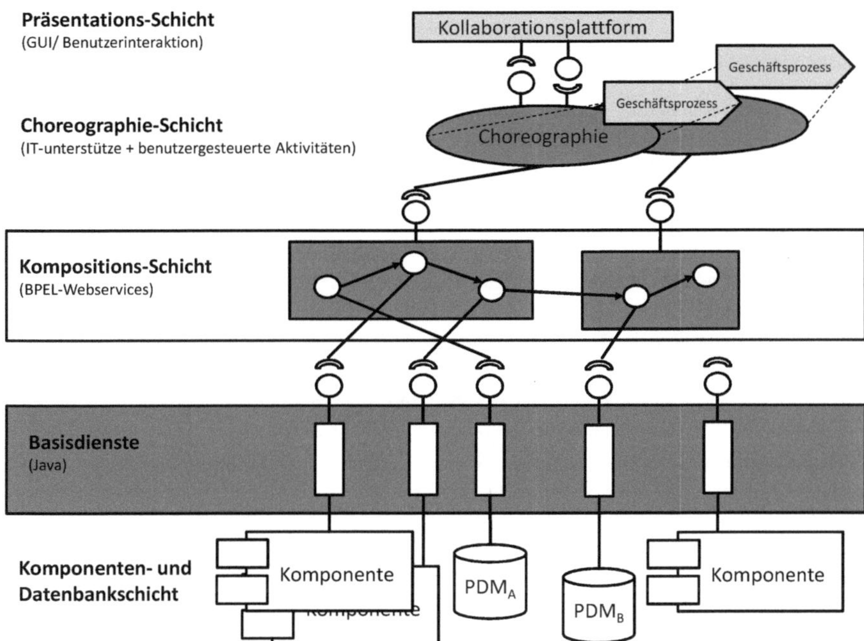

Abb. 39: Darstellung eines Enterprise Service Bus einer service-orientierten Architektur nach (Emig, Weisser et al. 2006)

In der sogenannten **Choreographie-Schicht** werden in Form von Navigationspfaden (=Choreographien) die erforderlichen IT- und Benutzerinteraktionen (Webservice-Abhängigkeiten und Nachrichten-Interaktionen) zur Umsetzung der Geschäftsprozesse beschrieben. Die Interaktionen können dabei nur einen Partner betreffen (=lokale Choreographie) oder organisationsübergreifend mehrere Parteien involvieren. Die Benutzerinteraktion wird gesteuert über die **Präsentations-Schicht**, während der notwendige Zusammenhang der Web-Services in der **Kompositions-Schicht** IT-seitig abgebildet wird.

[47] Der Begriff Enterprise Service Bus (ESB) beschreibt die Integration verteilter, lose gekoppelter Dienste über eine Kommunikationsinfrastruktur (Bus) in der Anwendungslandschaft eines Unternehmens (Chappell 2004). Das ESB ist das Backend für eine service-orientierte Architektur. Über geeignete Adapter wird das plattformunabhängige Anbieten und Nutzen von Diensten möglich (= Kopplung). Im Rahmen der Java-Technologie ist in diesem Fall oft die Rede der sogenannten Java Business Integration, die Container-Services für die Unternehmensintegration vorsieht.

Eine lokale Choreographie wird dabei durch Orchestrierung der notwendigen Basis-Dienste in den lokalen Business Process Execution Language (BPEL)-Engines realisiert, während eine organisationsübergreifende Choreographie aus dem gezielten Zusammenspiel mehrerer BPEL-Engines resultiert. Die in der Kompostions-Schicht verwendeten Basisdienste implementieren Komponenten-Funktionalität oder Zugriffsschnittstellen der **Komponenten- und Datenbank-Schicht**.

2.9.2.1 Service-Orchestrierung vs. Service-Choreographie

Wichtigste Eigenschaft des SOA-Paradigmas ist die Möglichkeit einzelne Dienste miteinander zu verknüpfen, um daraus wiederum neue, zusammengesetzte Dienste zu erhalten. Dieser im Allgemeinen als **Service-Komposition** bekannte Prozess kann in zwei Formen weiter unterschieden werden: **Orchestrierung und Choreographie**.

Bei der **Orchestrierung** entsteht ein neuer Dienst durch die Wiederverwendung der Funktionalität bereits implementierter und bereitgestellter Dienste. Der Orchestrator ruft die Services in einer von ihm festgelegten Reihenfolge bei den Dienstanbietern auf und stellt die integrierte Funktionalität als neuen Dienst bereit. Er übernimmt damit Aufgabe des Koordinators.

Eine **Choreographie** dagegen beschreibt die Zusammenarbeit mehrerer Akteure aus einer globalen Perspektive und nicht aus der Sicht der einzelnen Instanz. Diese Zusammenarbeit wird durch Spezifikation der Interaktionen zwischen den teilnehmenden Diensten auf der Nachrichtenebene beschrieben. Dabei entsteht allerdings kein neuer ausführbarer Dienst wie bei der Orchestrierung, sondern eine Schablone für einen kollaborativen, organisationsübergreifenden Dienst. Eine Choreographie wird also als Bindeglied eingesetzt, um vorhandene Dienst-Orchestrierungen so miteinander zu verknüpfen, dass die erwartete kollaborative Funktion entsteht (vgl. Abb. 40).

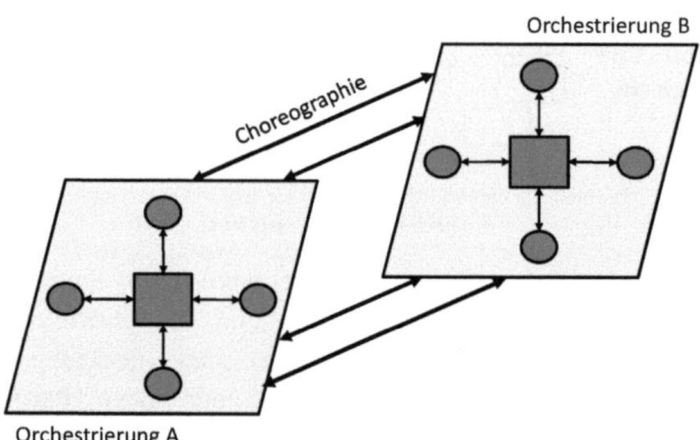

Abb. 40: Dienst-Orchestrierung vs. Dienst-Choreographie nach (Peltz 2003)

2.10 Stand der Technik: Serviceorientierte Architektur (SOA)

Mit dem Begriff **Service-Oriented Computing (SOC)** bezeichnet man allgemein Techniken zur Umsetzung des SOA-Paradigmas. Insbesondere ist hier der Einsatz von Standards gefragt, um technologisch geeignete Lösungen zu erzeugen.

2.10.1 WSDL

Die Web Services Description Language (WSDL) ist eine Spezifikation für XML-basierte Netzwerkdienste. Eine WSDL-Datei kann direkt aus vorhandenem Quellcode generiert werden und ist ein notwendiger Bestandteil für die Definition von Webservices. Jeder Dienstanbieter ist mit WSDL in der Lage einen Dienst zu beschreiben, ohne das darunter liegende Übertragungsprotokoll (in der Regel SOAP) zu kennen. In einer WSDL-Datei werden die im Folgenden genannten Elemente definiert:

- Mit dem Element **wsdl:types** werden Datentypen definiert, die in der XML-Schema Spezifikation standardmäßig nicht vorgesehen sind und innerhalb der auszutauschenden Nachrichten (**wsdl:messages**) Verwendung finden. Die eigenen Datentypen sind selbstverständlich auch in XML-Schema zu spezifizieren (van der Vlist 2002, Kap. 7, S. 99 ff.).

  Im Beispiel in Src. 2 wird ein komplexer Datentyp[48] (engl.: complex type) zur Abbildung eines Produktmodells entwickelt.

Src. 2: Definition eines Datentyps „ProductModelDef"

```
<wsdl:types>
   <xsd:schema targetNamespace="http://plm.in.tu-
   clausthal.de/services/DirectoryService">
      <xsd:complexType name="ProductModelDef">
            <xsd:sequence>
               <xsd:element name="productmodelID" type="xsd:int" />
               <xsd:element name="owner" type="xsd:string" />
               <xsd:element name="name" type="xsd:string" />
               <xsd:element minOccurs="0" name="description" type="xsd:string" />
               <xsd:element minOccurs="0" name="price" type="xsd:float" />
            </xsd:sequence>
      </xsd:complexType>
   </xsd:schema>
</wsdl:types>
```

- **wsdl:message** ist ein abstrakter Datentyp, der die zu übermittelnden Anfrage- und Antwortnachrichten eines Web Service festlegt. Jede Nachricht besteht aus logischen Bestandteilen (**wsdl:part**), die eine Nachricht näher spezifizieren, also zum Beispiel Attributen Datentypen zuordnet.

Src. 3: Anfage- und Antwortnachrichten eines Webservice

```
<wsdl:message name="DirectoryRequestMessage">
  <wsdl:part name="request" type="xsd:string"></wsdl:part>
</wsdl:message>
```

[48] Zur Erinnerung: Einfache, atomare Datentypen (hier: xsd:element name="productmodelID",...) alleine haben keinen Einfluss auf ihre Beziehung untereinander. Komplexe Datentypen beschreiben die Struktur eines XML-Dokuments, in dem sie einfache Datentypen schachteln und das Auftreten ihrer Reihenfolge festlegen. Dafür gibt es drei verschiedene Möglichkeiten: xsd:all (die aufgezählten Elemente können in beliebiger Reihenfolge auftreten), xsd:sequence (die Reihenfolge, in der die Elemente genannt werden, muss genau eingehalten werden) und xsd:choice (es werden mehrere Alternativen spezifiziert).

```
<wsdl:message name="DirectoryResponseMessage">
  <wsdl:part name="response" type="tns:ProductModelDef"></wsdl:part>
</wsdl:message>
```

- Jedes **wsdl:portType**-Element enthält eine Liste von abstrakten Operationen (**wsdl:operation**), getrennt nach Input- und Output-Messages. Dabei wird ein Methodenname festgelegt, unter dem ein Dienstnutzer einen Dienst empfangen kann. Die Operationsarten können aus den folgenden Kategorien stammen:
  a) **one-way:** Der Dienst empfängt nur eine Eingabe, schickt aber keine Antwort.
  b) **notification:** Der Dienst schickt eine Nachricht an den Client (umgekehrter Fall).
  c) **request-response:** Eine Nachricht die der Client an den Dienst sendet, worauf dieser ihm eine Rückantwort zusendet.
  d) **solicit-reponse:** Eine Nachricht die der Dienst an einen Client sendet und worauf der Client dann antwortet (umgekehrter Fall zu c).

Src. 4: Der PortType „DirectoryService" und die damit verknüpfte Operation „queryLocalDirectory"

```
<wsdl:portType name="DirectoryService">
    <wsdl:operation name="queryLocalDirectory">
      <wsdl:input message="tns:DirectoryRequestMessage"></wsdl:input>
      <wsdl:output message="tns:DirectoryResponseMessage"></wsdl:output>
    </wsdl:operation>
</wsdl:portType>
```

- Mit Hilfe des **wsdl:binding**-Elements werden Message-Formate und Protokolldetails für Operationen festgelegt. Für ein bestimmtes **wsdl:portType**-Element können beliebig viele **binding**-Elemente existieren. Damit kann eine Operation unter verschiedenen Protokollen (und nicht nur SOAP) angeboten werden. Der Stil eines SOAP-Bindings ist entweder vom Typ „rpc" oder vom Typ „document" und sagt etwas über die Codierung der Nachrichten aus. Die Elemente **wsdl:input** und **wsdl:output** beinhalten jeweils ein **soap:body**-Element, worüber die Ein- und Ausgabewerte des Web Service festgelegt werden.

Src. 5: SOAP-Bindung für den DirectoryService

```
<wsdl:binding name="DirectoryServiceSOAP" type="tns:DirectoryService">
   <soap:binding  style="rpc" transport="http://schemas.xmlsoap.org/soap/http" />
      <wsdl:operation name="queryLocalDirectory">
            <soap:operation soapAction="http://plm.in.tu-
                  clausthal.de/services/DirectoryService/queryLocalDirectory" />
         <wsdl:input>
            <soap:body use="encoded"
                  encodingStyle="http://schemas.xmlsoap.org/soap/encoding/" />
         </wsdl:input>
         <wsdl:output>
            <soap:body use="encoded"
                  encodingStyle="http://schemas.xmlsoap.org/soap/encoding/" />
         </wsdl:output>
      </wsdl:operation>
</wsdl:binding>
```

- Durch das **wsdl:port**-Element kann ein Endpunkt (also eine konkrete URL) definiert werden, unter der der Webservice im Internet erreichbar ist. Mehrere Endpunkte können mit Hilfe des **wsdl:service**-Elements gruppiert werden.

Src. 6: Definition des Endpunkts „DirectoryServiceEndpoint“

```
<wsdl:service name="DirectoryService">
    <wsdl:port name="DirectoryServiceEndpoint" binding="tns:DirectoryServiceSOAP">
        <soap:address location="http://plm.in.../services/DirectoryService" />
    </wsdl:port>
</wsdl:service>
```

Auf Basis der hier beispielhaft entwickelten WSDL Servicebeschreibung wird im **Anhang B** gezeigt, wie der DirectoryService in einem TopDown-Vorgehen unter Verwendung der Eclipse[49] Entwicklungsumgebung entwickelt und durch OpenSource-Lösungen bereitgestellt werden kann.

2.10.2 SOAP

Das Simple Object Access Protocol (SOAP) ist ein XML-basiertes Nachrichtenprotokoll für den Austausch von Informationen in einer verteilten Umgebung. Jeder Teilnehmer implementiert eine Seite des SOAP-Nachrichtenkanals zur Etablierung einer Verbindung.

Der **SOAP-Client** ist eine Applikation mit der es möglich ist einen **SOAP-Request** mittels HTTP an den **SOAP-Server** zu schicken (vgl. Abb. 41). Der SOAP-Server antwortet daraufhin mit einer **SOAP-Response** als Reaktion auf den Request. Der Server besteht aus folgenden Komponenten: Dem **Service-Manager**, einer **Deployed Service List** und einem **XML Translator**. Der Manager liest die Requests und ermittelt passende Dienste aus der Deployed Service List. Wird der Dienst gefunden, so wird mit Hilfe des XML Translators die Nachricht an die Backend-Applikation weitergereicht und eine passende Antwort für den SOAP-Client generiert.

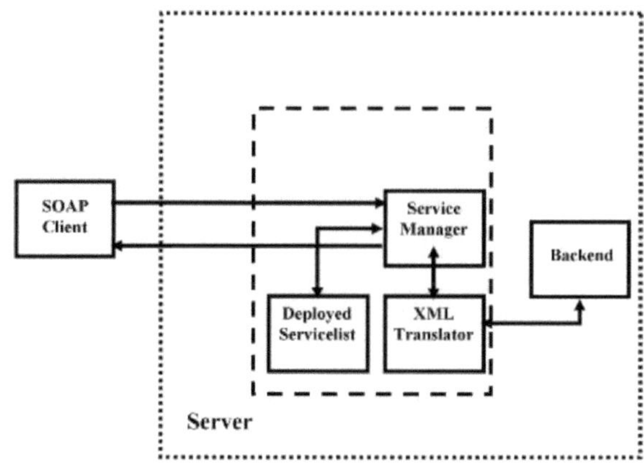

Abb. 41: Austausch von Informationen durch SOAP

[49] http://www.eclipse.org/ [01.04.2011]

Eine wichtige Eigenschaft des SOAP-Protokolls ist, dass es zustandslos ist und sich die SOAP-Nachrichten somit auch asynchron (zum Beispiel über E-Mails) austauschen lassen. Laut W3C-Spezifikation besteht jede **SOAP-Nachricht** aus einem **SOAP-Envelope**, der sich aus **SOAP-Header** und **SOAP-Body** zusammensetzt ((W3C) 2007, Kap. 2.1). Im Header befinden sich Transportinformationen. Innerhalb des SOAP-Bodys befinden sich die Nutzdaten im XML-Format. Schlägt die Verarbeitung der SOAP-Nachricht fehl, so wird eine SOAP-Fault-Nachricht an den Sender der Nachricht zurückgeschickt. Für den im vorherigen Abschnitt vorgestellten Webservice sieht der SOAP Request Envelope wie im Src. 7 aus, die korrespondierende SOAP Response ist in Src. 8 abgebildet.

Src. 7: SOAP Request Envelope für den Directory Service

```
<soapenv:Envelope
 xmlns:soapenv="http://schemas.xmlsoap.org/soap/envelope/"
 xmlns:ns0="http://plm.in.tu-clausthal.de/services/DirectoryService"
 xmlns:xsd="http://www.w3.org/2001/XMLSchema"
 xmlns:xsi="http://www.w3.org/2001/XMLSchema-instance">

 <soapenv:Body>
      <ns0:queryLocalDirectory>
         <request    soapenv:encodingStyle="http://schemas.xmlsoap.org/soap/encoding/"
                     xsi:type="xsd:string">12345</request>
      </ns0:queryLocalDirectory>
 </soapenv:Body>

</soapenv:Envelope>
```

Src. 8: SOAP Response Envelope für den Directory Service

```
<soapenv:Envelope
 xmlns:soapenv="http://schemas.xmlsoap.org/soap/envelope/"
 xmlns:ns1="http://plm.in.tu-clausthal.de/services/DirectoryService">

 <soapenv:Body>
        <ns1:queryLocalDirectoryResponse>
          <response>
             <productmodelID>12345</productmodelID>
             <owner>ParticipantA</owner>
             <name>Bucket_PartA</name>
             <description>This is a test product model of participant A</description>
             <price>250.99</price>
          </response>
        </ns1:queryLocalDirectoryResponse>
  </soapenv:Body>
</soapenv:Envelope>
```

2.10.3 BPEL

Neben der Möglichkeit, Dienste zu definieren und über Verzeichnisse verfügbar zu machen, wird ein Verfahren benötigt, mit dem Dienste in fest definierte Workflows (=Dienst-Kompositionen) eingebettet und somit (organisationsübergreifende) Geschäftsprozesse dargestellt werden können. Diese Workflows sollten mit Hilfe von Standards beschrieben werden, um Portabilität und Interoperabilität zu fördern. Die dazu verwendete Sprache nennt sich **Business Process Execution Language (for Webservices), kurz: (WS-)BPEL**.

Für die benötigten Dienstkompositionen sind Interaktionen zwischen Anbietern und Nutzern zu beschreiben. Ein BPEL-Workflow integriert dazu unmittelbar existierende WSDL-Dienstbeschreibungen der Partner und beschreibt die Interaktion zwischen Ihnen. Bei der Entwicklung eines BPEL-Workflows sind die folgenden fünf Schritte nacheinander auszuführen (Juric 2009), (Hewitt 2009, Kap. 6, S. 231 ff.):

1. Bereitstellen der Partnerdienste durch Definition von Webservices in WSDL.
2. Die WSDL für den BPEL-Workflow definieren.
3. „PartnerLinkTypes" spezifizieren.
4. Den BPEL-Workflow zusammenstellen.
5. Den Workflow veröffentlichen (Deploy-Prozess).

Im Anhang D ab Seite 310 wird ein vollständiges BPEL-Beispiel entwickelt, welches die hier genannten Punkte nacheinander abarbeitet. Das BPEL-Beispiel kapselt den im Rahmen einer DeCPD wichtigen Prozess des Empfangens von Nachrichten in einem Workflow. Im Folgenden soll noch einmal auf die wesentlichen BPEL-Elemente (PartnerLinkTypes, PartnerLinks und Aktivitätstypen) eingegangen werden.

PartnerLinkTypes. Ein PartnerLinkType repräsentiert die Interaktion zwischen dem BPEL-Prozess und einer involvierten Partei. Jeder PartnerLinkType kann entweder eine oder zwei Rollen besitzen, für die jeweils ein entsprechender PortType definiert werden muss. Bei **synchronen Operationen** wird nur eine Rolle pro PartnerLinkType benötigt, da nur in einer Richtung eine Operation aufgerufen wird. In diesem Fall wartet der BPEL-Prozess bis zum Erhalt der Nachricht und wird erst dann fortgesetzt. Bei **asynchronen Operationen** werden entsprechend zwei Rollen benötigt, wobei die erste Rolle den Aufruf der Operation durch den Client und die zweite Rolle den Aufruf des Callbacks beschreibt.

PartnerLinks. Sie definieren konkrete Partner, die mit dem BPEL-Workflow verbunden sind. Jeder PartnerLink ist eine Ausprägung eines speziellen PartnerLinkTypes und hat zwei Attribute: `myRole` zur Spezifikation der Rolle des Dienstes selbst und die `partnerRole` zur Spezifikation der Rolle des Partners. Der Zusammenhang zwischen PartnerLink und PartnerLinkType wird in Abb. 42 noch einmal verdeutlicht.

Aktivitätstypen. BPEL unterscheidet Basisaktivitäten und strukturelle Aktivitäten. Basisaktivitäten sind atomare Operationen (also einfache Statements), welche die wesentlichen Funktionalitäten wie zum Beispiel die Kommunikation mit anderen Services bereitstellen. Zu den wichtigsten Basisaktivitäten zählen:

- **<bpel:invoke>.** Diese Aktivität dient zum Aufruf von Operationen, die durch andere Dienste bereitgestellt werden.
- **<bpel:receive>.** Eingehende Service-Requests sind die einzige Option, einen neuen BPEL-Prozess zu instanziieren. Receive ist eine blockierende Eingangsoperation. Der Workflowablauf wird also erst dann eingesetzt, wenn ein Request an die Receive-Aktivität erfolgt ist.

- **<bpel:reply>.** Synchrone Operationen liefern einen Rückgabewert zurück. Zur Abbildung der Antwortnachrichten dient das reply-Element.
- **<bpel:assign>.** Mit dieser Aktivität werden Variablen einen Wert zugewiesen.

Weitere Basisaktivitäten sind: throw, terminate, wait, empty, scope und compensate.

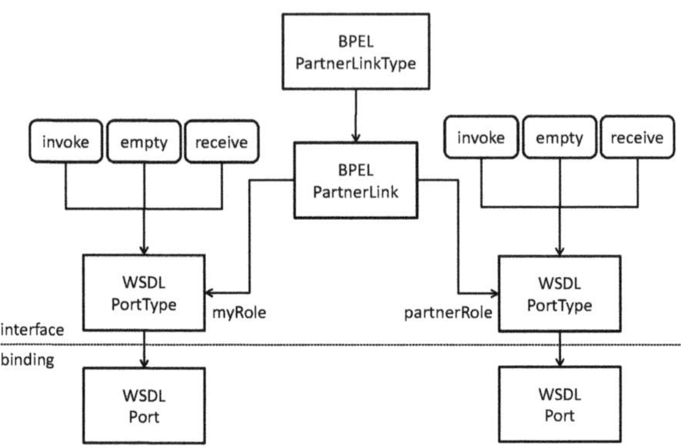

Abb. 42: Elemente und Kommunikationswege von WS-BPEL nach (Finger und Zeppenfeld 2009)

Strukturelle Aktivitäten beschreiben Ablaufreihenfolgen und Ablaufbedingungen von gekapselten Elementen (Basisaktivitäten und/oder weitere strukturelle Aktivitäten). Dazu gehören:

- **<bpel:sequence>.** Dieses Element erlaubt eine Zusammenfassung von Aktivitäten, die sequentiell abgearbeitet werden sollen. Eine Aktivität wird immer erst dann ausgeführt, wenn all ihre vorhergehenden Aktivitäten abgearbeitet wurden.
- **<bpel:flow>.** Dieses Element gestattet eine nebenläufige Ausführung ihrer gekapselten Aktivitäten. Bei flow-Elementen können auch zusätzliche Synchronisationsbedingungen eingesetzt werden, zum Beispiel Vor- oder Nachbedingungen für die Ausführung von Aktivitäten.
- **<bpel:pick>.** Mit Hilfe von pick werden Antworten eines asynchronen Dienstaufrufs empfangen. Solange die Nachricht nicht eingetroffen ist, wartet der Workflow.
- **<bpel:while>.** Dies signalisiert eine bedingte Wiederholung, ganz analog zu der bekannten while-Schleifen aus Programmiersprachen wie Java.
- **<bpel:if>.** Verzweigung ebenfalls analog zur if-Anweisung in Programmiersprachen.

2.11 Zusammenfassung

In diesem Abschnitt soll zusammenfassend betrachtet werden, in welchem Rahmen die zuvor beschriebenen Technologien im Einzelnen in dieser Arbeit verwendet werden, wo deren Schwachpunkte liegen und welche Neuerungen diese Arbeit anstrebt.

Die unternehmensübergreifende, kollaborative Produktentwicklung wird zurzeit im Wesentlichen durch Kollaborationsplattformen unterstützt, deren Ziel die Schaffung von Multi-PDM-Umgebungen ist. Im Fokus steht dabei die Integration von Produktdaten auf zentralen Servern, die meistens von den Kollaborationsinitiatoren eingerichtet und administriert werden müssen. Dieser Prozess ist sehr aufwändig und erlaubt es nicht, spontane Entwicklungsverbünde zu bilden. Besonders für die Unterstützung der frühen Phase des Produktlebenszyklus ist das ein entscheidender Nachteil. Insbesondere ist das häufige Versenden von sehr großen CAD-Produktmodellen über client-/serverbasierende Netzwerke ein sehr zeitaufwändiger Prozess, der mit langen Wartezeiten einhergeht. Die auf dem Markt erhältlichen, bzw. in der Forschung erprobten Ansätze OpenPDM, PDM-Collaborator oder die PLM Services fokussieren lediglich die Datenintegration ohne besondere Rücksicht auf die Skalierbarkeit des Ansatzes.

Der in dieser Arbeit vorgestellte Ansatz der DeCPD soll hier einen entscheidenden Beitrag leisten. Durch Nutzen der P2P-Technologie sollen Produktmodelle immer nur dann zwischen Parteien ausgetauscht werden, wenn dies der Produktentwicklungsprozess erfordert. Darüber hinaus ist eines der wichtigen Funktionen einer DeCPD-Lösung, dass sich Kollaborationsteilnehmer spontan in Entwicklungsverbünden formieren können, ohne aufwändige PDM-Systemadministrationen. Die DeCPD muss dazu die Verfahren des Collaborative Engineerings (vgl. Def. 3) adaptieren und um dezentrale Methoden und Vorgehensweisen erweitern. Dabei wird in Anlehnung an die existierenden Ansätze der Kollaborationstyp der produktdatenorientierten Kollaborationen (vgl. Abschnitt 2.1.2.2.1) fokussiert und zwar durch Unterstützung der Kollaborationsteilnehmer in allen notwendigen Kollaborationsphasen, von der Prä-Kollaboration bis zur Evaluierung (vgl. Abschnitt 2.1.2.1).

- Für den Produktdatenaustausch werden in dieser Arbeit nicht die in kollaborativen Entwicklungsumgebungen sonst etablierten Produktdatenaustauschformate STEP (AP 214xx) verwendet, da diese in ihrer jetzigen Ausprägung keine semantischen Informationen berücksichtigen. Stattdessen werden Ontologien genutzt, um ein semantisches Datenmodell für den Austausch von Produktmodellen zu erstellen. Sogenannte Basisontologien sind dabei die Grundlage einer jeden Kollaboration und werden durch OWL beschrieben (vgl. Abschnitt 2.3.3.1). In einer Basisontologie ist das gesamte Wissen einer Domäne in Form von Baugruppen, Einzelteilen und möglichen Verbindungen codiert. In dieser Arbeit wird als Domäne Lego verwendet, um ein möglichst einfaches Anwendungsbeispiel für die Formulierung von Spezifikationen und Vorschlägen zu verwenden.
- Peer-To-Peer (P2P) wird als Backend für die in dieser Arbeit entwickelte DeCPD-Architektur gewählt. Wie bereits dargestellt, werden in der P2P-Forschung seit vielen Jahren Erweiterungen die in den Topologien eingesetzten Algorithmen für das Routing oder die Suche weiterentwickelt, um die Qualitätseigenschaften der P2P-Systeme (Adaptivität, Effizienz, Vertrauenswürdigkeit und Validität) zu verbessern. Diese Arbeit entwickelt oder verbessert keine P2P-Overlayprotokolle oder -Algorithmen, sondern selektiert im Rahmen der Entwicklung der DeCPD-Architektur ein bestimmtes P2P-Netzwerks und zeigt darauf aufbauend erstmalig eine Möglichkeit auf, wie P2P-Technologie generell in der Produktentwicklung verwendet werden kann.

  Von den vorgestellten Topologien wird ein strukturiertes P2P-Overlay gewählt. Der Grund dafür ist, dass wie bereits geschildert im Gegensatz zu den anderen Topologien sichergestellt werden kann, dass eine durch das Netzwerk geroutete Suche auch garantiert zum Erfolg, bzw. Misserfolg führt und nicht auf Grund von TTL-Überschreitungen abgebrochen wird. Ein weiter Grund ist, dass das vorgestellte Pastry-Netzwerk unter dem Namen FreePastry in einer ausgereiften Implementierung als OpenSource-Lösung frei auf dem Markt erhältlich ist und einfach erweitert werden kann. Die vorgestellten Erweiterungsmöglichkeiten von unstrukturierten oder hierarchischen Netzwerken sind erst dann interessant, wenn im Anwendungsfall das Verwenden eines solchen P2P-Netzwerks eher in Frage kommt und bleiben in dieser Arbeit unberücksichtigt.

Von den vielseitigen Maßnahmen zur Verbesserung der unterschiedlichen Overlays hinsichtlich ihrer Qualitätseigenschaften (vgl. Abschnitt 2.5.5) werden in dieser Arbeit nur einige untersucht. Insbesondere sind für die DeCPD Maßnahmen zur Erhöhung der Vertrauenswürdigkeit durch Replikation oder Sicherheit zu betrachten. Dagegen werden Maßnahmen zur Steigerung der Adaptivität, Effizienz und Validität nur wenig betrachtet, da diese oftmals eine komplizierte Erweiterung des P2P-Netzwerks erfordern und diese Aufgabe nicht im Fokus dieser Arbeit steht.

- Unter dem Begriff der OMP wird in dieser Arbeit das Vorgehensmodell der modellgetriebenen Softwareentwicklung adaptiert. Ziel ist die Entwicklung von Softwaremodellen für die Schaffung einer DeCPD-Architektur. Mit Hilfe der UML werden dabei Metamodelle aus unterschiedlichen Sichten (Prozess-, Daten- und Netzwerksicht) zur Beschreibung des domänenspezifischen Modells erstellt. Entsprechend des Vorgehens der MDA werden diese Modelle ausgehend vom CIM über das PIM zum PSM definiert (vgl. Abschnitt 2.8.2). Darüber hinaus werden Modelltransformationen für die Modell-zu-Modell-Transformation beschrieben. Mit Hilfe dieses Vorgehens ist es möglich, Ingenieure und IT-Spezialisten gleichermaßen in den Entwicklungsprozess der DeCPD-Architektur zu integrieren. Es gibt bisher keinen vergleichbaren Ansatz bei der Entwicklung von Softwarelösungen für die kollaborative Produktentwicklung. Die vorgestellten Metamodelle können Unternehmen, die einen dezentralen Ansatz für die kollaborative Produktentwicklung einführen wollen, als Referenz bei der Definition ihrer Prozess-, Daten- und Netzwerkmodelle dienen.
- SOA ist wie vorgestellt ein spezieller Architekturstil, mit dem geschäftsprozess-orientierte Dienste entwickelt und in beliebiger Reihenfolge zu Geschäftsprozessen auf höherer Ebene kombiniert werden können. Insbesondere deshalb eignet sich dieser Stil zum Einsatz in der modellgetriebenen Softwareentwicklung und wird oftmals miteinander kombiniert. In dieser Arbeit werden im Rahmen des OMP-Vorgehens die Geschäftsprozesse auf der CIM-Ebene für die DeCPD in ausführbare Workflows transformiert. Diese sind ihrerseits aus Diensten zusammengesetzt und können durch lokale oder entfernte Peers ausgeführt bzw. bereitgestellt werden. Beim Nutzen und Erweitern der Standard-Vorgehensweisen des Service-Oriented Computing in dezentralen Umgebungen kann dabei auf inzwischen weit etablierte Technologien und Standards (BPMN auf der CIM-Ebene oder BPEL und WSDL auf der PSM-Ebene) zurückgegriffen werden. Nur eine dienstorientierte Architektur ermöglicht die in dieser Arbeit fokussierte koordinatorlose Steuerung von Geschäftslogik. Darüber hinaus können Dienste dezentral im P2P-Netzwerk angeboten und über darüber gefunden werden. Ohne eine entsprechende SOA-Schicht ist eine DeCPD-Architektur zu starr.

3 Dezentrale und Kollaborative Produktentwicklung

Nachdem in Abschnitt 2 die Grundlagen und der State-of-the-Art der kollaborativen Produktentwicklung, der Peer-To-Peer-Technologie und der modellgetriebenen Softwareentwicklung erläutert wurden, wird nun in diesem Abschnitt das im Rahmen dieser Dissertation entwickelte Konzept der dezentralen kollaborativen Produktentwicklung (DeCPD) vorgestellt.

3.1 Definition

In diesem Abschnitt soll der Begriff der dezentralen, kollaborativen Produktentwicklung (DeCPD) genauer gefasst werden.

Def. 8: Dezentrale kollaborative Produktentwicklung

> Als **dezentrale, kollaborative Produktentwicklung (DeCPD)** wird eine Erweiterung der kollaborativen Produktentwicklungskonzepte verstanden, mit der es möglich ist, Produktentwicklungs-Prozesse und -Daten dezentral zu verwalten, ohne dabei auf zentrale Koordinatoren für die Steuerung der Prozessabläufe oder die Verwaltung von Produktmodelldaten zurückgreifen zu müssen.

Jeder DeCPD-Prozess verläuft phasenorientiert. Je nach Phase sind bestimmte Produktentwickler-Rollen aktiv, um die ihnen zugetragene Aufgabe zu erledigen. Jeder DeCPD-Prozess besteht aus einer zeitlich angeordneten, fixen Anzahl an Kollaborationsphasen, in der jeweils eine bestimmte Anzahl an Entwicklungspartnern aktiv ist und die ihnen zugetragene Aufgabe erfüllen (vgl. Abb. 43).

Die ***Initialphase*** beschreibt den Zeitpunkt t_0, in dem ein Initiator eine Produktmodell-Spezifikation im Netzwerk veröffentlicht. Die ***Reaktionsphase*** beschreibt den Zeitpunkt t_1, zu dem die Spezifikation einsehbar ist und ein potentiell interessierter Teilnehmer einen Vorschlag abgeben kann. Die ***Sichtungsphase*** (t_2) beschreibt den Vorgang der Überprüfung durch den Initiator, ob einer oder mehrere abgegebenen Vorschläge von Bedeutung sind. Die ***Korrekturphase*** (t_3) ist optional und erlaubt dem Initiator eine Neu-Veröffentlichung einer modifizierten Spezifikation oder die Aufforderung an einen beliebigen Teilnehmer zur Anpassung seines Vorschlags. Nach einer Korrekturphase folgen in jedem Fall erneut die Reaktions- und Sichtungsphase (t_1, t_2). Mit oder ohne Korrekturphase folgt als letztes die **Abschlussphase** (t_4), in der die Kooperation mit oder ohne Erfolg abgeschlossen wird.

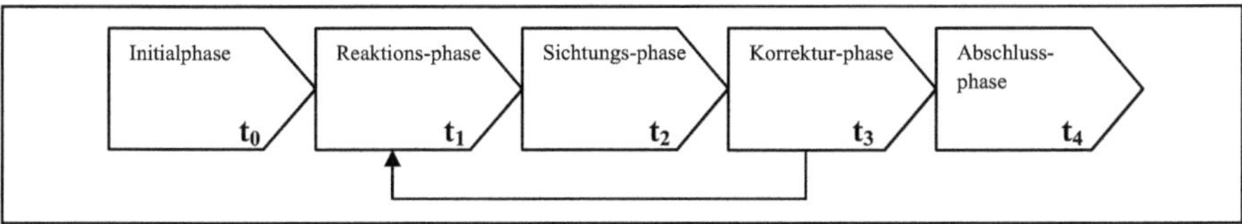

Abb. 43: Phasen einer kollaborativen Produktentwicklung

Um die Handlungen in den unterschiedlichen Phasen genauer zu spezifizieren wird ein Beschreibungsmuster adaptiert, dass aus dem Forschungsbereich der Verteilten Künstlichen Intelligenz (kurz: VKI, engl.: Distributed Artificial Intelligence) entnommen ist, dem sogenannten ***Verteilten Problemlösen (kurz: DSP, engl.: distributed problem solving)***. Dieses wird in leicht veränderter Form genutzt, um den Ablauf einer DeCPD konzeptuell genauer zu fassen. Der wesentliche Unterschied zwischen der Darstellung eines DeCPD- und eines herkömmlichen DSP-Prozesses besteht darin, dass die Akteure in einem DSP-Prozess autonome Softwareagenten sind, während es sich im Fall der OMP um menschliche Akteure (Produktentwickler) handelt. Dennoch lassen sich viele Parallelen erkennen, die positiv ausgenutzt werden können (vgl. Abschnitt 3.3).

3.2 Verteilte Produktmodelle

Entsprechend der in Abschnitt 2.3.1 vorgestellten Differenzierung von **Produktmodellen** nach Lindemann fokussiert diese Arbeit die kollaborative Gestaltung eines **Entwicklungsmodells**, das die verteilte Spezifikation der Baugruppenstruktur, sowie der geometrischen und stofflichen Beschaffenheit des zu entwickelnden Produktes beinhaltet.

Die Grundlage eines jeden **DeCPD-Entwicklungsprojekts** ist daher ein Stückliste (engl.: bill of material, BOM). Über die BOM lassen sich **Komponenten** (Baugruppen oder Einzelteile) selektieren, für die Entwicklungspartner (bzw. Lieferanten) gesucht werden.

Def. 9: Teilproduktmodell (TPM)

> Ein **Teilproduktmodell** (TPM) ist die metadatenbasierte Beschreibung einer Komponente eines Produktstrukturbaumes und ist das zentrale Datenelement in einer DeCPD. Jedes Teilproduktmodell kann einen individuellen Typ besitzen, der entweder **Spezifikation** oder **Vorschlag** ist.

Ein TPM des Typs „Vorschlag“ (TPM-Vorschlag) ist die Antwort eines Teilnehmers auf ein durch den Initiator der Kollaboration veröffentlichtes TPM des Typs „Spezifikation“ (TPM-Spezifikation). Dabei beschreiben Spezifikationen allgemein ausgedrückt die gesuchten Konstruktionseigenschaften von Komponenten (also entweder eines Einzelteils oder einer Baugruppe) und Vorschläge repräsentieren eine mögliche Konstruktion.

Def. 10: Verteiltes Produktmodell vPM

> Im Rahmen einer DeCPD bezeichnet ein **verteiltes Produktmodell** (vPM) die Gesamtheit aller entwickelten Teilproduktmodelle während einer Kollaboration, die verteilt unter den Teilnehmern im Kollaborationsraum vorliegen und nur zu bestimmten Zeitpunkten durch ausgewählte Personen integriert werden können.

Die Verteilung der TPMs entspricht einer durch den Initiator der Kollaboration festgelegten Strategie (vgl. Abschnitt 4.3.2). Das vPM beschreibt den virtuellen Konstruktionszustand der Kollaboration zu einem beliebigen Zeitpunkt (t) und besteht aus einer Menge von Teilproduktmodellen (TPM), die unter den Entwicklungspartnern verteilt im Kollaborationsraum vorliegen:

- Die Darstellung sei: $vPM = \{TPM_{ij}\}$, wobei i=1,…,n die Kennziffer des Kollaborationsteilnehmers und j=1,…,m die fortlaufende Nummerierung der Teilproduktmodelle eines Teilnehmers sind.
- TPM_{1j} sind damit also alle Teilproduktmodelle des Teilnehmers i=1, also: $TPM_{1j} = \{TPM_{1A}, \dots, TPM_{1Z}\}$. Die Variable i=1 bleibt dem Initiator vorbehalten.

Die Motivation dafür, dass ein Teilnehmer i mehrere Teilproduktmodelle veröffentlicht liegt darin begründet, dass während der Iterationen in der kollaborativen Produktentwicklung Anpassungen, bzw. Modifikationen an den TPMs vorgenommen werden müssen. Das betrifft die Spezifikation gleichermaßen wie den Vorschlag. In diesem Fall wird auch von TPM-Versionen, bzw. TPM-Varianten gesprochen.

3.2.1 Spezifikation und Vorschlag

Eine **Spezifikation** hat das Format einer Suchanfrage. Da das Datenformat der Spezifikation in der DeCPD allen Teilnehmern bekannt ist, können diese automatisch auf einem lokalen Datenbestand ausgewertet werden und durch die Teilnehmer gültige **(Lösungs-)Vorschläge** erstellt werden. Eine Möglichkeit zur formalen Beschreibung von Spezifikationen und Vorschlägen erfolgt im Rahmen der PSM-Modellbeschreibungen des OMP-Datenmodells in Abschnitt 4.4.2.

Die Spezifikation liefert zu Beginn der Kollaboration nur dann direkt ein Ergebnis, wenn sich im Netzwerk bereits konkrete Vorschläge zur Auswertung befinden. Es soll jedoch ohne Beschränkung der Allgemeinheit davon ausgegangen werden, dass für das verteilte Produktmodell zum Zeitpunkt t_0 gilt: $vPM(t_0) = \emptyset$.

- Die Notation einer Spezifikation eines Teilnehmers i auf ein Teilproduktmodell j lautet: S_{ij}. Die Variable i kennzeichnet den Initiator und ist bei den Spezifikationen in der Regel 1, es sei denn es gibt mehrere Initiatoren (= Sonderfall). Die Variable j kennzeichnet das Teilproduktmodell, auf das sich die Spezifikation bezieht. Vorschläge stehen immer in Bezug zu einer bestimmten Spezifikation, daher lautet die Notation entsprechend: $S_{ij} \circ V_j$, wobei j=2,…,n den Teilnehmer eindeutig identifiziert.
- Die Notation für das virtuelle Produktmodell (vPM) in einer Kollaboration mit einem Initiator wird also erweitert auf: $vPM = \{TPM_{ij}\} = \{S_{ij}\} \cup \{S_{ij} \circ V_j\}$.

In Abb. 44 ist ein kleines Beispiel eines DeCPD-Projektes zur Verdeutlichung dieser Zusammenhänge dargestellt. Es werden zwei von drei Komponenten durch Angabe einer Spezifikation im Entwicklungsverbund veröffentlicht. Für die Komponenten 1 wird die Spezifikation S_{11} und für die Komponente 2 die Spezifikation S_{12} ausgeschrieben. Auf die Spezifikation S_{11} reagiert der Teilnehmer i=2 durch Veröffentlichung eines Lösungsvorschlags, nämlich $S_{11} \circ V_2$ und der Teilnehmer i=3 durch Veröffentlichung des Vorschlags $S_{11} \circ V_3$. Der Teilnehmer i=2 veröffentlicht darüber hinaus auch einen Vorschlag für die Spezifikation S_{12}.

Alle die in einer Kollaboration veröffentlichten Spezifikationen und Vorschläge können in mehreren **Versionen** existieren. Dieser Fall tritt dann ein, wenn sich im Verlauf der Kollaborationsiterationen ein Teilnehmer dazu entscheidet, seine Spezifikation, bzw. seinen Vorschlag zu modifizieren und in veränderter Form erneut zu veröffentlichen.

Weiterhin muss man zwischen **Versionen** und **Varianten** unterscheiden. Von einer **Variante** spricht man dann, wenn es zu einem Zeitpunkt in der Kollaboration gleichzeitig mehrere gültige Versionen einer TPM-Spezifikation oder eines TPM-Vorschlags gibt. Allerdings gilt:

Von jeder Spezifikations-Variante gibt es zu einem Zeitpunkt jedoch nur eine gültige Spezifikations-Version.

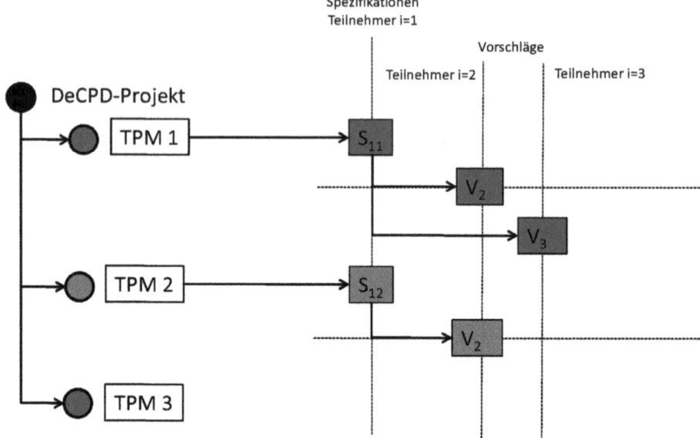

Abb. 44: Zusammenhang zwischen Komponenten und Teilproduktmodellen in einem DeCPD-Projekt

Zur Abbildung von Versionen und Varianten wird die Notation für eine Spezifikation erweitert auf $S_{ij}(x.y)$, dabei steht x für die Version und y für die Variante. Äquivalent wird auch die Notation für die Vorschläge um die Angabe von Versionen und Varianten erweitert.

In der Abb. 45 wird das zuvor dargestellte Beispiel aus Abb. 44 dahingehend erweitert, dass der Initiator zwei Varianten der Spezifikation für das Teilproduktmodell 1 ausschreibt, nämlich $S_{11}(1.0)$ und $S_{11}(1.1)$. Der Teilnehmer i=2 reagiert mehrfach durch Abgabe von Vorschlägen. Für die Spezifikation $S_{11}(1.0)$ werden zwei Vorschlags-Varianten durch ihn veröffentlicht: $S_{11}(1.0) \circ V_2(1.0)$ und $S_{11}(1.0) \circ V_2(1.1)$. Im Laufe der Zeit wird jedoch die Vorschlags-Version $S_{11}(1.0) \circ V_2(1.0)$ ersetzt durch eine neue Version $S_{11}(1.0) \circ V_2(2.0)$.

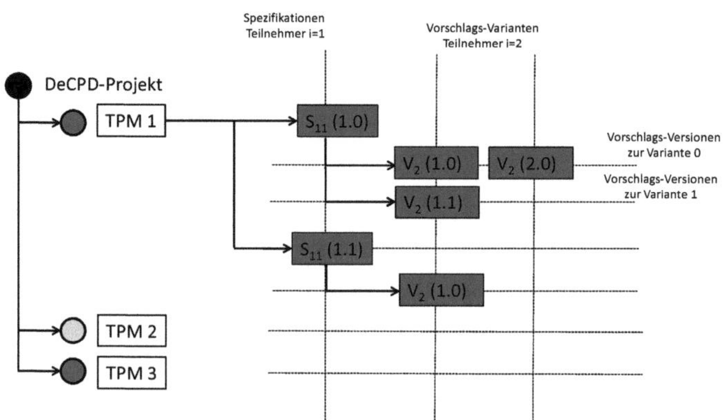

Abb. 45: Teilproduktmodelle mit Angabe der Version und Variante

Die Unterscheidung zwischen den Begriffen Variante und Version ist in Abb. 46 noch einmal an der Entwicklung einer Spezifikation verdeutlicht. Zu Beginn der dort dargestellten Kollaboration liegt eine Spezifikation für das TPM 1 in der Variante A und der Version 1 vor. Nach der ersten Iteration (also einem Kollaborationsdurchlauf, vgl. Abb. 43) verändert der Initiator die Spezifikation und erstellt eine neue Version. Nach der dann folgenden Iteration entscheidet der Initiator sich dazu parallel zwei Varianten der Spezifikation zeitgleich zu veröffentlichen, nämlich die 3. Version der Spezifikation in der Variante A und eine erste Version in der Variante B. Beide Varianten werden parallel weiterentwickelt, wodurch dann in jeder Variante weitere Versionen entstehen.

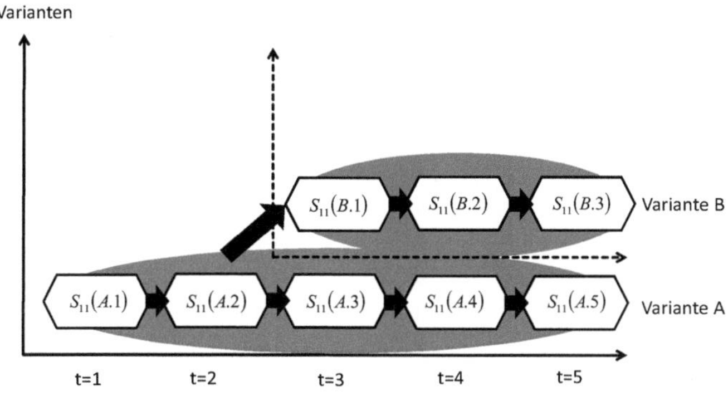

Abb. 46: Vergleich Variante und Version einer TPM-Spezifikation

3.3 Das Konzept der Verteilten Problemlösung

In der Verteilten Künstlichen Intelligenz (VKI) versucht man Systeme intelligenter Objekte zu schaffen, die produktiv zusammen arbeiten. Diese Objekte, die ***Software-Agenten (engl.: software agent)*** genannt werden, können als Softwaremodule mit individueller Intelligenz und Selbständigkeit verstanden werden, die zusammen eine Gemeinschaft bilden. Solche Gemeinschaften werden allgemein als ein ***Mehragentensystem*** beschrieben.

Def. 11: Verteilte Problemlösung

> Mit dem Prinzip der Verteilten Problemlösung (DSP) können nach (Durfee 1999; Eymann 2003, Kap. 2.3.3, S. 41 ff.) Mehragentensysteme beschrieben werden, die aus einer Reihe an interagierenden Software-Agenten bestehen, die miteinander kollaborieren, um ein gemeinsames, globales Ziel zu erreichen, von dem die Agenten nicht notwendiger Weise Kenntnis haben müssen.

In dieser Arbeit wird die kollaborative Produktentwicklung jedoch als ein benutzerseitig angetriebener Ablauf verstanden. Auch wenn ein Produktentwickler autonom über die durchzuführenden Schritte entscheidet, so sind sein Eingreifen und seine individuelle Lösungsformulierung für das Erzielen eines Ergebnisses in der DeCPD zwingend erforderlich.

Def. 12: Software-Agent

Aus der Vielzahl möglicher Definitionen eines **Software-Agenten** spezifiziert (Wooldridge 1999, S. 5) diesen pragmatisch als *„...computer system that is situated in some environment, and that is capable of autonomous action in this environment in order to meet its design objectives."*

Würde das Verhalten eines Produktentwicklers durch einen Agenten nachgebildet werden, so müssten die folgenden Eigenschaften berücksichtigt werden (Eymann 2003, S. 25 ff.):

- **Autonomie**
  Die Mehrzahl der Aufgaben führt der Software-Agent ohne direkten Eingriff eines Menschen aus. Im Regelfall entscheidet er selbst, welche Aktion wann, wie und unter welchen Bedingungen durchgeführt werden soll (Operationsautonomie). Dazu ist ein bestimmter Grad der Entscheidungsfreiheit notwendig. Die Planung zukünftiger Aktionen beruht im Regelfall auf Vergangenheitserfahrungen (Verhaltensautonomie). Verhaltensautonomie setzt Operationsautonomie voraus.

- **Sozialverhalten**
  Ein Software-Agent kann mit anderen Agenten kommunizieren und interagieren. Interaktion findet genau dann statt, wenn diese notwendig scheint, um ein gegebenes Problem zu lösen, bzw. andere Agenten bei der Findung einer Problemlösung zu unterstützen. Kommunikation meint hier nicht nur den reinen Informationsaustausch, sondern insbesondere kollaborationsunterstützende Kommunikation, also Interaktion zum gemeinsamen Erreichen eines Ziels.

- **Proaktivität**
  Jeder Software-Agent hat seine eigenen Ziele. Um diese zu erreichen kann er verschiedene Strategien verfolgen. Zielgerichtetes Arbeiten auf dem Modell kann dann festverdrahtet implementiert werden, wenn von einer statischen Umgebung ausgegangen wird: Ausgehend von einem Modell-Anfangszustand kann durch bestimmte Verfahren ein Endzustand erreicht werden. Bei einer dynamischen Umgebung dagegen, muss der Software-Agent die Verfahren zur Zielerreichung anpassen.

- **Reaktivität**
  Software-Agenten überwachen ihre Umgebung, dass heißt sie besitzen Kenntnisse über ihre Nachbarschaft und/ oder das Netzwerk, in welchem sie sich befinden und passen sich an, sobald Veränderungen spürbar sind. Die Intelligenz des Agenten hängt von gewählten Parametern ab. Unter Umständen ist es jedoch aus organisatorischen Gründen nur möglich, ein bestimmtes Umfeld der Kollaboration zu überwachen.

Ein durch Agenten aufgespanntes Kollaborationsnetzwerk kann im Allgemeinen als ein Mehragentensystem bezeichnet werden. In solchen Mehragentensystemen gibt es folgende drei Problemfelder, die bei der Implementierung berücksichtigt werden müssen:

- **Kommunikation**
  In diesem Problemfeld werden Kommunikationsarten und -protokolle fokussiert, die Agenten in die Lage versetzen, miteinander zu kommunizieren.

- **Kooperation und Interaktion**
  Es muss eine Sprache definiert werden, mit der die Vorgehensweisen, Handlungen und Pläne von Agenten beschrieben werden können, um diese bei Bedarf auszutauschen. Weiterhin muss sichergestellt werden, dass lokale Entscheidungen zu einer gemeinsamen Problemlösung führen.

- **Koordination**
  Hier muss die Art und Weise spezifiziert werden, in der sich Agenten miteinander koordinieren, um das Gesamtproblem zu lösen. Auch die geeignete Formulierung, Zerlegung und Assoziation von Problemen zu Agenten muss spezifiziert werden.

Aufbau und Verhalten von Agenten in Mehragentensystemen sind zentraler Forschungsbestandteil der VKI. Mehragentensysteme werden in der Regel in Domänen eingesetzt, in denen Probleme gelöst werden sollen, die aufgrund von Ressourcenbeschränkungen oder des Sicherheitsrisikos eines zentralen Systems zu umfangreich für einen einzelnen Agenten sind. Produktentwicklungskollaborationen könnten systemisch als ***Mehragentensysteme*** beschrieben werden. Hier würden die Agenten miteinander interagieren, um ein gegebenes, komplexes Produktentwicklungsproblem gemeinsam zu lösen. Folgende Vorteile würde diese Betrachtung in Anlehnung an (Eymann 2003, S. 39 ff.) bringen:

- Komplexitätsreduktion
- Erhöhte Kooperationsgeschwindigkeit (Parallelverarbeitung)
- Gesteigerte Zuverlässigkeit (Redundanz der PE-Agenten)
- Größere Flexibilität und
- Wiederverwendbarkeit

3.3.1 Verteilten Problemlösungsstrategien im Rahmen einer DeCPD

Mehragentensysteme lassen sich grundsätzlich von zwei Ansätzen beschreiben: Dem Ansatz des **Verteilten Problemlösens** (engl.: Distributed Problem Solving, DSP) oder dem Ansatz der **Multiagentensysteme** (engl.: Multi Agent Systems, MAS).

Wie in der DSP beginnt ein Produktentwicklungsproblem in einer DeCPD bei einem Initiator mit der zentralen Definition des Gesamtproblems. Dieser zerlegt das Problem bevor jeder der teilnehmenden Produktentwickler die Lösung eines Teilproblems anstrebt. Es entsteht also eine Problemlösungshierarchie – Diese gibt es bei Multiagentensystemen (MAS) dagegen nicht. Bei den MAS erzeugen Agenten permanent Lösungen für kleinste Problemstellungen, die Gesamtlösung kommt dabei durch emergente[50] Lösungskombination zustande. Es gibt keinen übergeordneten Problemlöser, der die Gesamtlösung erzeugt.

Nach (Durfee und Rosenschein 1994, Kap. 2.1, S. 53 ff.) wird beim DSP von vollkommener Information über das Problem ausgegangen. Dadurch ist es möglich das Problem je nach Kompetenz der beteiligten Produktentwickler auf diese zu verteilen. Die Entwickler werden grundsätzlich als kooperativ angenommen und arbeiten auf ein gemeinsames Ziel hin. Dazu kommunizieren sie miteinander, um sich Wissen über das Problem, bzw. sich entwickelnde Lösungen auszutauschen. Die dazu benötigten Protokolle können durch den Designer des Systems im Vorfeld festgelegt werden.

Beim DSP gibt es im Wesentlichen drei Schwerpunkte: Das Aufteilen von Aufgaben (engl.: Task Sharing), das Zusammenführen von Ergebnissen (engl.: Result Sharing) und die verteilte Planung (engl.: Distributed Planning). In allen drei Ansätzen lassen sich Parallelen zum Modell der verteilten Produktentwicklung ziehen.

Task Sharing: Das Task Sharing beschreibt eine Parallelisierung von Aufgaben durch Delegieren von Teilaufgaben. Ursprünglich wurde das Konzept in Kontraktnetzwerken verwendet (Smith 1981). Diese beschreiben ein Allokationskonzept, um Aufträge verteilten Prozessoren zuzuweisen. Ein Managerknoten hat Aufträge, die innerhalb eines Verteilten Systems berechnet werden sollen. Dazu werden Ankündigungen (Announcements) an alle verfügbaren Knoten versendet. Die Knoten (Bieter) senden je nach ihren Fähigkeiten unterschiedliche Gebote an den Managerknoten zurück. Dieser überprüft die Gebote und gibt den Zuschlag einem Knoten (Kontraktor).

Im Rahmen der DeCPD wird das Task-Sharing-Konzept adaptiert, um den Ablauf genauer zu beschreiben. Dieser gliedert sich in drei Abschnitte (Problem-Dekomposition, Zuordnung und Synthese).

- **Phase 1: Problem-Dekomposition.**
  Zu Beginn eines DeCPD-Prozesses erstellt der Initiator für ausgewählte Komponenten der Produktstruktur eine Problembeschreibung unter Angabe der gesuchten Produktmodellanforderungen. Im Prinzip handelt es sich dabei um eine Zerlegung des DeCPD-Gesamtproblems, repräsentiert durch den obersten Knoten des Produktstrukturbaums (Baugruppe) in mehrere einzelne Teilprobleme (Komponenten). Dabei wird jede Komponente in Form einer **Teilproduktmodell(TPM)-Spezifikation** im Entwicklungsnetzwerk ausgeschrieben.

  In der Dekompositionsphase entsteht ein Entwicklungsnetzwerk, das sich, so wie in Abb. 47 dargestellt, in der Regel aus mehreren Teilnetzwerken zusammensetzt. Der OEM erstellt beispielsweise die TPM-Spezifikationen A und B und verteilt diese unter den 1st Tier Suppliern, vgl. grüngefärbtes Entwicklungsnetzwerk. In der Regel sind die 1st Tier Supplier untereinander Konkurrenten und werden nur mit den ihnen bekannten Second Tier Suppliern zusammenarbeiten. Dazu schreiben sie die TPM-Spezifikation

[50] Aus der Bedeutung des lateinischen Verbs „*emergere*“ ("auftauchen“ oder "sich zeigen“) lässt sich die Bedeutung des Wortes Emergenz ableiten. Ein Systemverhalten ist dann emergent, wenn sich das Ergebnis nicht aus dem Verhalten der einzelnen PE-Agenten herleiten lässt.

des OEM mit erweiterten Informationen erneut in ihrem eigenen Entwicklungsnetzwerk aus (im Beispiel sind das die TPM-Spezifikationen A_1-A_3 im orangefarbenen Netzwerk und TPM-Spezifikationen B_1-B_2 im blaugefärbten Netzwerk).

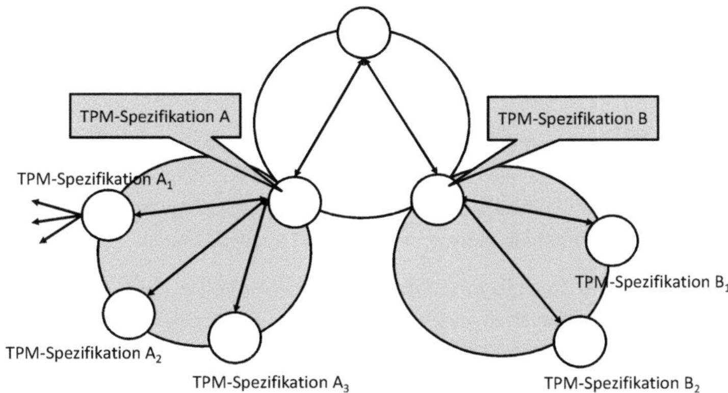

Abb. 47: Stufen eines DeCPD-Entwicklungsnetzwerks

- **Phase 2: Zuordnung.**
  Auf die nun ausgeschriebenen TPM-Spezifikationen können Kollaborationsteilnehmer passende TPM-Vorschläge abgeben. Ein gültiger **TPM-Vorschlag** erfüllt idealerweise alle durch den Initiator erwarteten Zieleigenschaften.

  In der Regel tritt jedoch der Fall ein, dass ein Teilnehmer nur einen Teil der Anforderungen umsetzen kann und bestimmte Vorgaben nicht einhält. In jedem Entwicklungsnetzwerk entstehen im Laufe der Zeit eine Reihe an Vorschlagsversionen eines Entwicklungspartners und/ oder mehrere alternative, bzw. konkurrierende Vorschlagsvarianten unterschiedlicher Entwickler.

- **Phase 3: Synthese (Zusammenführen und Auswerten).**
  In dieser Phase ist der Initiator des DeCPD-Projektes dafür verantwortlich, die Teilergebnisse der einzelnen Entwicklungsnetzwerke zusammenzutragen und lokal auszuwerten. Da nicht automatisch jede Lösung den Vorstellungen des Initiators entspricht, findet in der Regel nach der 1. Synthese eine weitere Iteration des Gesamtprozesses (Dekomposition-Zuordnung-Synthese) statt und zwar so lange, bis eine gültige Gesamtlösung gefunden ist.

Result Sharing: Die Adaption des Result Sharing Verfahrens der DSP bedeutet, dass bei der Erstellung eines TPMs durch einen Produktentwickler Entwicklungsresultate anderer Produktentwickler mit einbezogen werden müssen. Im Regelfall bestehen zwischen den Teilmodellen Abhängigkeiten in Form von Schnittstellen, wodurch das unmittelbare Erstellen korrekter Problemlösungen nur dann möglich ist, wenn die Schnittstellen bereits bekannt sind. Diese entwickeln sich erst im Laufe des Entwicklungsprozesses, wenn die konkrete

Ausprägung eines Modells festgelegt ist. Teilmodelle sind also in bestimmten Rahmen fiktiv zu entwickeln und werden erst im Laufe der Zeit zu einer korrekten Lösung.

Distributed Planning (DP): Beim DP sind grundsätzlich zwei Ansätze voneinander zu unterscheiden. Einerseits kann die Aufgabe darin bestehen, zentral Teilaufgaben an die Entwickler zum Beispiel via Task Sharing zu delegieren (Partial Order Planner), andererseits können auch die Entwickler selbst Entwicklungsaufgaben charakterisieren, wodurch ein gemeinsamer Entwicklungsplan entsteht (Durfee 1999, Kap. 5 ff.).

DP – Partial Order Planner: Bei diesem Verfahren der Verteilten Planung übernimmt ein Produktentwickler zentral die Definition eines Produktentwicklungsplans (Partial Order Plans), in dem strikt die einzelnen Aktionen in einer Reihenfolge angeordnet werden, so dass diese parallel (in Entwicklungsthreads) abgearbeitet werden können.

DP – Verteilte Plan-Generierung: Oftmals ist es erforderlich einen Plan gemeinsam durch Inanspruchnahme von Expertenwissen zu entwickeln. In diesem Fall handelt es sich um eine Kombination der Task- und Result-Sharing-Konzepte, wobei ersteres benutzt wird, um die generelle Problemformulierung unter den Produktentwicklern bekannt zu machen, während das Result Sharing benötigt wird, wenn sich Experten untereinander Teilpläne austauschen.

3.3.2 Parallelen zwischen DeCPD und DSP

Die DeCPD ist ein ideengetriebener Prozess, in dessen Verlauf eine Vielzahl an Modellalternativen entsteht. Der konkrete Verlauf hängt stark davon ab, wie schnell Fortschritte bei der Lösung eines gegebenen Produktentwicklungsproblems in den einzelnen Phasen erzielt werden.

Einen solchen Prozess in einem automatisierten Agenten-System unterzubringen, würde bedeuten, das nicht deterministische, entscheidungsabhängige Verhalten eines Produktentwicklers in einem Agenten nachzubilden. Nur dadurch wird es möglich, die erforderliche Autonomie zu implementieren, die es einem Software-Agenten ermöglicht, unabhängig von Benutzerinteraktionen zu entscheiden, welche Dienste bzw. Operationen bei Eintreten bestimmter Situationen ausgeführt werden sollen. Auch wenn die DeCPD in dieser Arbeit nicht als agentenorientierter Ansatz implementiert wird, sind im Verhalten eines Produktentwicklers viele Parallelen zu einem Agenten zu sehen:

- Der Produktentwickler entscheidet im Rahmen einer DeCPD autonom, welche Operation er zu welchem Zeitpunkt ausführt. Diese Entscheidung wird nicht zentral gesteuert. Der Entwickler trifft diese Entscheidung auf Grund eines ihm bekannten, globalen Modellzustands.
- Produktentwickler können untereinander kommunizieren und sich gegenseitig unterstützen, um Entwicklungs- und Changeprozesse bei der Lösungsfindung eines korrekten Modellvorschlags zu koordinieren und um möglichst schnell auf ein gemeinsames Ergebnis zu stoßen.
- Jeder Produktentwickler verfügt über lokale Ziele. Entwickler (wie auch Agenten) werden im Rahmen einer Kollaboration immer den für sich maximalen Gewinn und

Nutzen erzielen wollen. „*Objects do it for free; agents do it for money*" (Wooldridge 1999, S. 10).

- Die Koordination der Arbeiten erfolgt über einen zentralen Workflow. Hier ist festgelegt, welche Handlungsschritte zu welchem Zeitpunkt durch welchen Produktentwickler durchgeführt werden können. Wann ein Workflowschritt (eine Operation) ausgeführt werden kann, hängt wiederum vom Modellzustand ab.

In der Abb. 48 ist ein Vergleich zwischen den Konzepten „Dezentrale und kollaborative Produktentwicklung" (DeCPD) und „Verteilte Problemlösung" (DSP) dargestellt.

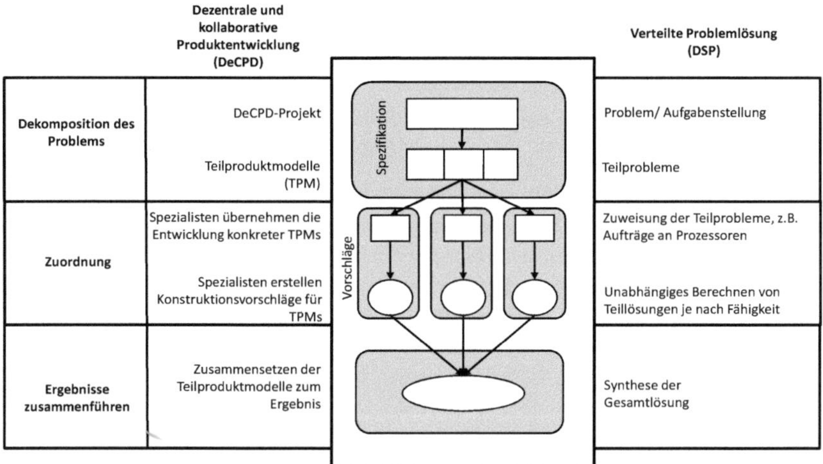

Abb. 48: Vergleich zwischen den Konzepten der Dezentralen und kollaborativen Produktentwicklung (DeCPD) und der Verteilten Problemlösung (DSP)

3.4 Anforderungen an die DeCPD und Abgrenzung zum State-of-the-Art

Im Rahmen der Spezifikation der Design-Time-Modelle für die DeCPD werden Anforderungen auf der Daten-, der Prozess- und der Netzwerkebene berücksichtigt.

3.4.1 Datenebene

Wie im Abschnitt 2.2 beschrieben, kann aktuell davon ausgegangen werden, dass die Entwicklungspartner in der Regel über heterogene PDM-Systeme verfügen und daher für eine Kollaboration entweder die Entwicklungspartner direkt in das lokale PDM-System des Kollaborationsinitiators integriert oder Produktdaten nur zu bestimmten Zeitpunkten (Entwicklungsmeilensteinen) mit den Kollaborationsteilnehmern ausgetauscht werden.

Eine auf Basis der DeCPD-Modelle entwickelte Runtime-Kollaborationsplattform ist im Bezug auf das Dokumentenmanagement eine **Integrationsplattform für verteilt vorliegende Teilproduktmodelle**. Über Konnektoren wird die Möglichkeit geboten, lokal vorliegende Modelldaten in das interne Datenmodell zu integrieren. Damit wird ein zentraler Vorschlag aktueller Entwicklungstrends (OpenPDM, PDM Collaborator oder PLM Services) aufgegriffen, vgl. Abschnitt 2.2.3.

In Bezug auf das Produktstrukturmanagement fokussiert die DeCPD also die verteilte Entwicklung von Teilproduktmodellen entlang einer beliebig erweiterbaren Teilestruktur (Stückliste) und berücksichtigt die üblichen Anforderungen des Versions- und Variantenmanagement, also dem verteilten Entstehen von Entwicklungsständen oder alternativen Produktmodellausprägungen. Weitere Formen der Produktstrukturen (Funktions-, Vertriebs-, Montage- oder Service-Strukturen) bleiben in diesem Ansatz unberücksichtigt.

Zu bestimmten Zeitpunkten kann der Initiator eine entstandene Konfiguration zentral speichern und damit Entwicklungsstände einfrieren. Das Freigabemanagement muss den Zugriff auf die verteilten Produktmodelle steuern, dies ist wesentlich komplizierter als in zentralen Entwicklungsumgebungen. Im Gegensatz zu einem zentralen Freigabewesen trägt in einer dezentralen Kollaboration jeder der beteiligten Entwickler Verantwortung dafür, dass nur ausgewählte Partner Zugriff auf die von ihm freigegebenen Produktmodelle erhalten.

Für ein gemeinsames Verständnis von Spezifikationen und Vorschlägen wird für deren Beschreibung in der DeCPD ein **ontologiebasierter Ansatz** gewählt. Dabei ist das Grundvokabular innerhalb einer domänenspezifischen Basisontologie spezifiziert. Darauf aufbauend werden dann Spezifikationen in Form einer Anfragesprache spezifiziert, wodurch Kollaborationsteilnehmer in die Lage versetzt werden, die durch den Initiator formulierten, Produktentwicklungsaufgaben zu lesen und zu verstehen. Im Verlaufe der Kollaboration werden Teilnehmer individuelle Lösungsstrategien beschreiben und dabei in der Regel das Basisvokabular durch eigene Ontologien erweitern. Damit jeder Kollaborationsteilnehmer das erweiterte Vokabular versteht, muss ihm die Erweiterung zugänglich gemacht werden.

Die Verteilung der ontologiebasierten Spezifikationen und Vorschläge erfolgt in dieser Arbeit über ein Peer-To-Peer-Netzwerk.

3.4.2 Netzwerkebene

Dezentralität als Konzept zum Entwurf verteilter Systeme hat sich nach (Stäber 2008) inzwischen als ein anerkanntes Prinzip für das Management globaler und dynamischer Netzwerke etabliert. Eine dezentrale Architektur auf Basis der P2P-Technologie bietet für Kollaborationsplattformen einen flexiblen, skalierbaren Ansatz zur Beherrschung der Anforderungen:

- Unterstützung von ad-hoc-Zusammenschlüssen weltweit verteilter Partner, die untereinander zuvor in der Regel keine feste Partnerschaft eingegangen sind.
- Effiziente Verteilung von Produktmodellen unter den beteiligten Produktentwicklern entweder im Sinne einer Lastverteilung oder einer aufgabenorientierten Verteilung und des damit in der Regel einhergehenden, schnelleren Antwortzeitverhaltens.

Die folgenden P2P-Dienste werden benötigt, um eine dezentrale Kollaborationsanwendung bereitzustellen:

1. Das Etablieren und dynamische Erweitern eines Kollaborationsverbunds bestehend aus einer vorher nicht bekannten Anzahl an Produktentwicklern.
2. Die verteilte, langfristige und zuverlässige Speicherung von Produktmodellen in einem dezentralen Produktmodell-Repository.
3. Die dynamische Optimierung der Leistungsfähigkeit des P2P-Systems und Tolerierung von temporäreren Nicht-Erreichbarkeiten von Produktentwicklern.

Die Kernidee von Peer-To-Peer-Systemen ist das gemeinsame Nutzen von verteilt verfügbaren Ressourcen. Dabei kann es sich um Speicherplatz handeln, CPU-Zeit, Inhalte oder gegebenenfalls auch menschliche Arbeitskraft. Die Ressourcen selbst liegen bei den Teilnehmern (Peers) im Netzwerk (vgl. (Oram 2001, Kap. 1). Es kann kaum angezweifelt werden, dass insbesondere in Produktentwicklungsszenarien Kapazitätsengpässe bei den oben genannten Ressourcen dazu führen, dass die Entwicklung neuer Produkte langsamer einhergeht, als bei geschickter Kopplung der Ressourcenkapazitäten, bzw. durch Nutzen dezentraler Informations- und Kommunikationstechnologien möglich wäre. Die folgenden Behauptungen lassen sich daraus ableiten:

- Das verteilte Speichern von Produktdaten über mehrere Knoten hinweg ist insbesondere für die in der Produktentwicklung üblichen, sehr großen CAD Dateien ein interessanter Ansatz. Bei geschickter Verteilung der Dateiabschnitte auf benachbarten Knoten kann die Downloadzeit verkürzt werden, und das ist wiederum vor allem bei weltweiten Kollaborationen interessant, die stark unter langen Wartezeiten bei der Anfrage von externen Dateien leiden.
- Durch Verwenden von Replikationsstrategien kann ebenfalls die Downloadgeschwindigkeit, aber auch die Verfügbarkeit von Produktmodellen entschieden verbessert werden. Bei der Replikation werden vollständige Kopien der Produktmodelldaten oder Produktmodellfragmente auf idealerweise benachbarten Peers abgelegt. Das verringert im Falle einer breiten Verteilung bei der Anfrage eines Modells die Empfangszeit. Liegen mindestens zwei oder genügend weitere Kopien von Produktmodellen im Netzwerk, so erhöht dies entsprechend die Verfügbarkeit und vermeidet das bei client- /serverbasierten Ansätzen übliche Flaschenhalsproblem oder gar Ausfälle.
- In einer P2P-basierten Produktentwicklung ist es möglich, Design Changes in Echtzeit unter den beteiligten Produktentwicklern auszutauschen. Dazu können ad-hoc Verbünde zwischen ausgewählten Entwicklern spontan etabliert werden, um Teilentwicklungen dezentral in Subgruppen voranzutreiben. Da die Kommunikation in diesem Fall nur noch zwischen ausgewählten Knoten direkt abläuft, verringert dies insgesamt die Netzwerklast und beschleunigt den Entwicklungsvorgang an sich.
- Wegen der geforderten Autonomie eines jeden Peers können dezentrale Produktkollaborationen zu einer bisher nicht vorhandenen Flexibilität führen, da jeder Produktentwickler selbst entscheidet, wann er einen Beitrag zur Lösung eines gegebenen Produktentwicklungsproblems veröffentlicht und wann er gegebenenfalls diesen Vorschlag wieder zurückzieht. Die Beiträge werden idealerweise niemals auf zentralen Knoten zwischengespeichert.

Der Einsatz von P2P für einen besonders sensiblen Anwendungsbereich wie die Produktmodellentwicklung bringt jedoch einige Herausforderungen mit sich, die in den reinen P2P-Anwendungen, so wie diese zurzeit auf dem Markt vertreten sind, nicht oder nur ansatzweise auftauchen.

- Beim verteilten Speichern von Produktmodellen dürfen diese in keinen Fall unverschlüsselt auf fremden Knoten gespeichert werden. In der Regel reichen jedoch existierende Verschlüsselungsverfahren vollkommen aus, um dieser Anforderung gerecht zu werden. Bei intelligenten Filesharing-Ansätzen aus der P2P-Welt werden zusätzlich sogar nur Dateifragmente auf den beteiligten Peers gespeichert. In der Kombination entsteht ein Ansatz, in dem lediglich akzeptiert werden muss, dass vertrauliche Informationen für Dritte unzugänglich im Netzwerk verteilt werden. Ist diese Akzeptanz vorhanden, so bietet der Ansatz einen klaren Mehrwert gegenüber den herkömmlichen client-/ serverbasierten Verfahren (vgl. Abschnitt 2.2).
- Die Berücksichtigung von Lokalitätseigenschaften, also dem Speichern von Produktmodell(-Fragmenten) auf benachbarten Knoten in Produktentwicklungsverbünden, ist in reinen P2P-Filesharing-Anwendungen nur ein sekundäres Ziel, da es dort in der Regel primär darauf ankommt, möglichst umfangreiche Dateisammlungen hervorzubringen (vgl. P2P-Dateitauschbörsen). Dabei kommt es nicht so sehr darauf an, wie schnell eine Datei verfügbar ist, sondern dass diese überhaupt im Repertoire aufzufinden ist. In den Prozessen der DeCPD ist es wichtig, dass möglichst viele (bisher unbekannte) Partner einen Beitrag für eine Kollaboration leisten und neue Modellvorschläge zur Verfügung stellen. Modelle sind jedoch in der Regel das Ergebnis von temporären Zusammenarbeiten. Insbesondere dabei ist die geschickte Wahl von Knoten für das Speichern von Ressourcen unerlässlich, da genau dies den entscheidenden Geschwindigkeitsvorteil für die beteiligten Entwickler hervorbringen kann.
- Echtzeitkommunikation ist in der Regel ein P2P-Feature, das spätestens seit Verbreitung der Messenger auch im unternehmerischen Bereich akzeptiert und etabliert ist. Kommunikation in der DeCPD umfasst jedoch nicht nur das Senden und Empfangen von persönlichen Nachrichten, sondern insbesondere die Echtzeit-Verteilung von Produktmodellen und zugehörigen Änderungs-informationen (Changes) unter den Entwicklungsgruppen.
- Die Aufnahme von neuen Mitgliedern in ein Kollaborationsnetzwerk wird durch das P2P-Prinzip erleichtert. Sobald ein beliebiger Knoten eines existierenden Kollaborationsnetzwerks bekannt ist, kann unmittelbar (ad-hoc) die Aufnahme in dieses erfolgen. Peers mit Administrationsrechten können dezentral festlegen, welche Zugriffsrechte der neu aufgenommene Peer in der Kollaboration erhalten soll. Damit wird das zentrale Konfigurationsproblem auf die Entwickler verteilt, wodurch sich der Customizing-Prozess der Kollaborationsumgebung beschleunigt. Diese Idee ist in existierenden PDM-Systemen bisher in keiner Form vorgesehen. Diese sind, wie bereits vorgestellt, in der Regel sehr restriktive, client-/ serverbasierte Datenbankanwendungen, die ein hohes Maß an zentraler Konfiguration benötigen, um im Kontext den Produktentwickler jeweils den entsprechenden Zugriff auf die gewünschten Modelle zu ermöglichen.

3.4.3 Prozessebene

In Bezug auf das **Workflowmanagement** soll den Entwicklern ebenfalls ein flexiblerer Ansatz für die CPD zur Verfügung gestellt werden, als dies bisher in Kollaborationsplattformen möglich ist. Die Idee hierbei ist es, dass ein Kollaborationsinitiator den Verlauf einer Kollaboration durch Modellierung des kollaborativen Geschäftsprozesses individuell gestalten kann. Das ist zwar auch bisher schon üblich, allerdings nur innerhalb einer ausgewählten PDM-Systemumgebung und bindet alle Partner an genau dieses Zielsystem.

Diese Arbeit sieht vor, dass der festgelegte Workflow zentral durch einen Initiator definiert und vor Beginn einer Kollaboration unter den Teilnehmern verteilt, dann aber dezentral ausgeführt wird. Ein absolutes Novum ist die dezentrale Ausführung des Workflows – Die Koordination der Workflowschritte wird rein über den Zustand des Produktmodells gesteuert.

3.5 Anwendungsfall

Die in dieser Arbeit im Rahmen des MDSD-Prozesses definierten OMP-Modelle werden an einem intuitiven Anwendungsfall demonstriert. Es soll ein einfacher Bulldozer aus Lego[51]-Bausteinen konstruiert werden (vgl. Abb. 49). Der Bulldozer besteht auf der obersten Ebene der Produktstruktur aus drei Baugruppen (Fahrwerk, Karosserie und Schaufel), die ihrerseits immer weiter bis auf Einzelteilebene zerlegbar sind. Damit lassen sich besonders intuitiv die Zusammenhänge zwischen Spezifikation und Vorschlag, sowie Versionen und Varianten und natürlich die Verteilung der TPMe im Entwicklungsverbund verdeutlichen. Dazu werden einige Annahmen getroffen:

- Es wird unterschieden zwischen Konstruktionsbeschreibungen einzelner Legobausteine (***Bausteinklassen***) und real existierenden, bereits gefertigten Bausteinen, im Folgenden als ***Bausteininstanz*** bezeichnet, vgl. Abb. 50.
- Der Initiator verfügt zum Zeitpunkt t_0 (Initialphase) über einen ***Katalog***, in dem einige Lego-Bausteinklassen inklusive konstruktionstechnischer Angaben (wie z.B. Länge, Höhe, Breite) definiert sind. Zu diesen Bausteinklassen kann er also entsprechende Instanzen fertigen.
- Expertenwissen muss sich der Initiator jedoch von Kollaborationsteilnehmern einholen. Das betrifft einerseits das ***eingeschränkte Wissen über spezielle Bausteinklassen***, die für eine Neuentwicklung unter Umständen notwendig sind. Weiterhin verfügt der Initiator nur über ***beschränktes Konstruktionswissen***; insbesondere weiß er zu wenig darüber, wie konkrete Bausteininstanzen (sofern lokal bekannt) zu Zusammenbauten kombiniert werden können, um Konstruktionsprobleme zu lösen. Er ist dabei auf Experten angewiesen.

[51] Als Erfinder der Lego-Steine gilt der dänische Tischlermeister Ole Kirk Christiansen, der das Unternehmen 1932 gründete (http://www.lego.com/eng/info/default.asp?page=timeline). Am 28. Januar 1958 wurde das bis heute verwendete Kopplungsprinzip der Lego-Steine durch Noppen an der Oberseite und hohle Röhren an der Unterseite zum Patent angemeldet, welches 1988 auslief. Auch der seit 1996 als Marke (Lego®) eingetragene Name im Bundespatentamt wurde mit Wirkung vom 16. Juli 1009 gelöscht. Bis zum Jahre 2003 war Lego eine ungetrübte Erfolgsgeschichte, die durch eine produktstrategisch ungünstige Ausrichtung des Unternehmens im gleichen Jahr zu Verlusten in Höhe von 1,4 Milliarden dänischen Kronen führte. Nach aktuellen Pressemeldungen stabilisiert sich die Lage seid Übernahme der Unternehmensführung durch Jørgen Vig Knudstorp inzwischen wieder (http://www.spiegel.de/wirtschaft/0,1518,571541,00.html).

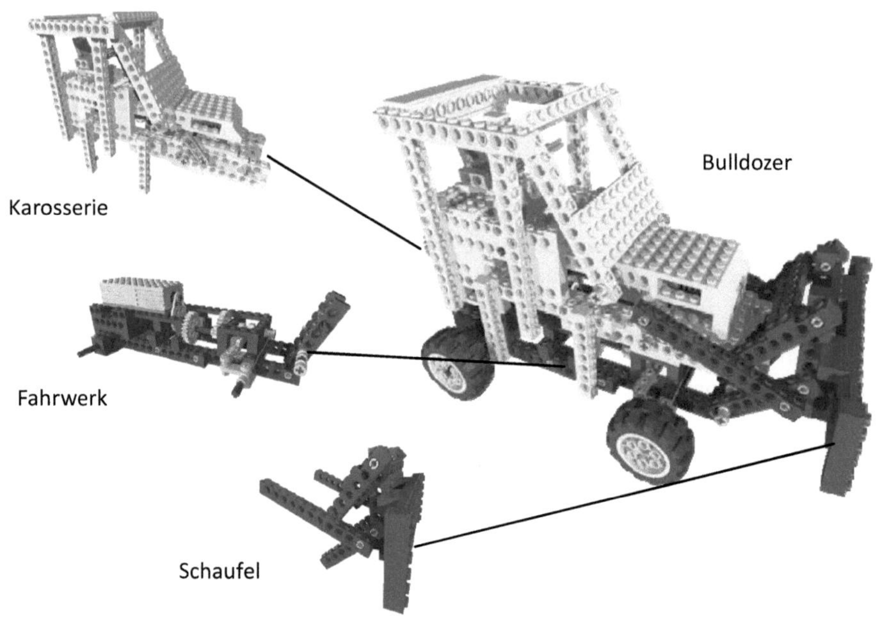

Abb. 49: Anschauungsobjekt zur Veranschaulichung der OMP-Modelle nach (Hausknecht 2010)

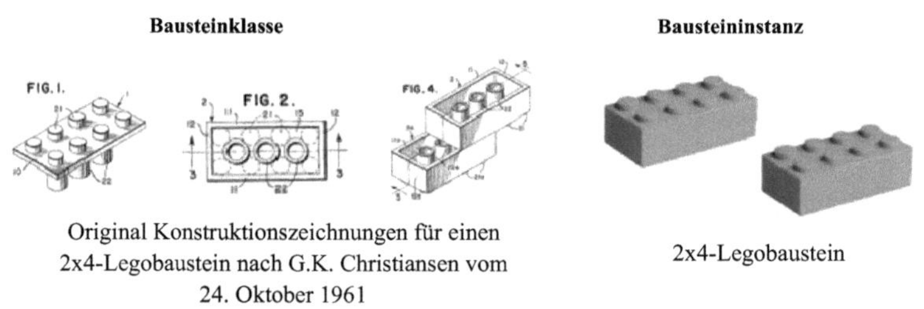

Abb. 50: Unterschied zwischen Bausteinklassen und Bausteininstanz

Der Bulldozer wird als CAD-Modell in LDraw nachgebildet, dadurch liegt für jedes Teilproduktmodell des Bulldozers eine geometrische Beschreibung vor, was die Untersuchung der Zusammenhänge der kollaborativen Entwicklungstätigkeiten nachvollziehbar macht. Das LDraw Format wurde von James Jessiman entwickelt und ermöglich es, dreidimensionale Lego-Modelle in plattformunabhängigen, zeilenorientierten ASCII-Code abzubilden. Es sieht für die Abbildung der Modelle die in Abb. 51 dargestellte Achseneinteilung vor, wobei die X-Achse der Breite (engl.: width), -Y der Höhe (engl.: height) und Z der Tiefe (engl.: depth) entspricht.

Da Legosteine genormte Größen aufweisen, kann mit Hilfe einer geeigneten Einheit (LDraw-Unit, kurz: LDU) jeder beliebige Stein maßstabsgetreu beschrieben werden. So auch der 1x1-(Lego-)Baustein (engl.: 1x1-brick) mit den Maßen: Noppendurchmesser = 12 LDraw Units (LDU), Bausteinhöhe = -24 LDU und Bausteintiefe und -breite = 20 LDU. Für eine ***Platte (engl.: plate)*** gelten dieselben Maße, mit Ausnahme der Bausteinhöhe, die mit -8 LDU angegeben ist.

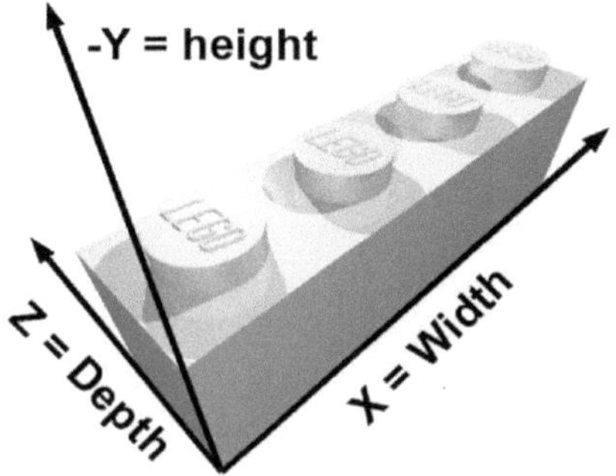

Abb. 51: Klassischer 1x4-Lego-Baustein im LDraw-Koordinatensystem

4 Organisationsübergreifende modellbasierte Produktentwicklung

In Abschnitt 3 wurde ein dezentrales Konzept für die kollaborative Produktentwicklung vorgestellt. In diesem Abschnitt wird nun ein Vorgehensmodell für die modellbasierte Entwicklung einer DeCPD-Architektur vorgestellt.

4.1 Definition

In diesem Abschnitt wird der Begriff der organisationsübergreifenden, modellbasierten Produktentwicklung (OMP) genauer gefasst.

Def. 13: Organisationsübergreifende modellbasierte Produktentwicklung

Das Vorgehensmodell der **organisationsübergreifenden modellbasierten Produktentwicklung** (OMP) beschreibt die Entwicklung von Design-Time-Modellen für die DeCPD in Anlehnung an das Verfahren der modellgetriebenen Softwareentwicklung (MDSD).

Dazu gehören:

1. **Die Spezifikation von Design-Time-Metamodellen für die unterschiedlichsten Abstraktionsebenen der MDSD (CIM, PIM und PSM).** Die Entwicklung erfolgt sichtenorientiert (vgl. Abb. 52). Dabei werden für jede Abstraktionsebene nacheinander für die Daten-, die Prozess- und die Netzwerksicht entsprechende Metamodelle spezifiziert, wobei Modellelemente einer Sicht Anknüpfungspunkte zu Elementen anderer Sichten haben. Somit existiert immer ein sichtenübergreifendes, gemeinsames Metamodell für jede Abstraktionsebene.

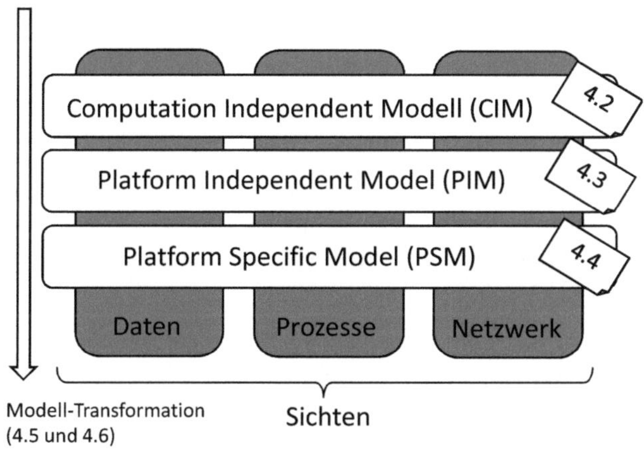

Abb. 52: Sichten und MDSD-Abstraktionsebenen für die OMP

2. **Entwicklung und Design einer Architektur für ein gegebenes Szenario.** Das gewählte DeCPD-Szenario bestimmt über die Ausprägung der Modellinstanzen der CIM-, PIM- und PSM-Metamodelle. Die als Ergebnis der Modelltransformation entstehende plattformspezifische Modellinstanz ist Ausgangspunkt für die Entwicklung der DeCPD-Architektur.

Auf Basis der im Rahmen des OMP-Vorgehens entwickelten DeCPD-Architektur kann dann eine Runtime-Plattform implementiert werden. In dieser Arbeit wird der Forschungsdemonstrator „Product Collaboration Platform“ entwickelt, mit dem exemplarisch für ein Szenario der Ablauf einer DeCPD gezeigt wird.

Für jede Sicht wird in den folgenden Abschnitten jeweils ein Metamodell auf der entsprechenden MDSD-Abstraktionsebene vorgestellt. Anschließend werden für die DeCPD mögliche Instanzen dieses Metamodells erläutert. Viele Instanzen, insbesondere die des Datenmodells, orientieren sich an dem Lego-Anwendungsfall, der in Abschnitt 3.5 vorgestellt wurde. Dadurch ist eine intuitive Erklärung komplexer Sachverhalte möglich.

Am Ende dieses Abschnitts wird ein DeCPD-Szenario vorgestellt und über eine vollständige Instanz des plattformspezifischen Modells beschrieben. Das ermöglicht im weiteren Verlauf dieser Arbeit dann die Spezifikation der Runtimeplattform für die DeCPD.

4.2 CIM-Modelle für die OMP

4.2.1 Ein Metamodell für die CIM-Datensicht

Während der Durchführung eines DeCPD-Projekts entsteht eine Datenstruktur, die durch ein vereinfachtes Metamodell, wie in Abb. 53 als Graph dargestellt, repräsentiert werden kann. In diesem Graphen werden als Knoten genau die folgenden Elemente der DeCPD verwendet: Das DeCPD-Projekt, die Komponenten, Spezifikationen, Vorschläge und das Ergebnis.

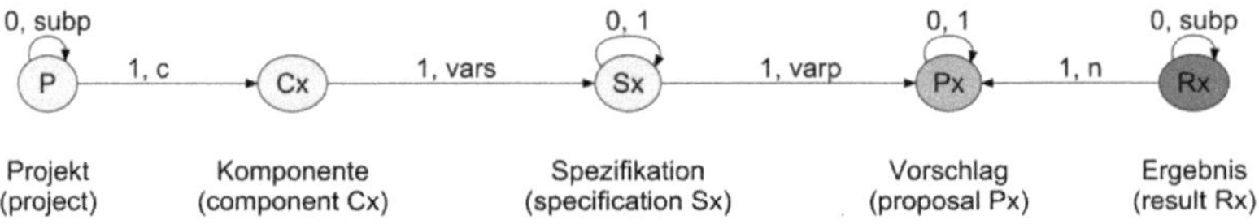

Abb. 53: Vereinfachtes CIM-Metamodell der Datensicht nach (Hausknecht 2010)

Das CIM-Metamodell der Datensicht sieht folgende Beziehungen der Elemente untereinander vor: In einem **Projekt (engl.: project)** werden eine Reihe (minimal eine (1), maximal c) **Komponenten (engl.: components) C_X** verarbeitet. Diese Eigenschaft wird durch eine Kante zwischen Projekt und Komponente unter Angabe der Kardinalität in der (min,max)-Notation im Graphen abgebildet.

Grundsätzlich gilt die Regel, dass die **Komponenten** in einem DeCPD-Prozess als **Spezifikationen (engl.: specifications) S_X** veröffentlicht werden. In einigen Kollaborationsformen kann es vorkommen, dass nacheinander (im Laufe der Iterationen) mehrere Versionen einer Spezifikation erstellt werden. Diese Eigenschaft wird durch die reflexive Beziehung vom Spezifikations-Element zu sich selbst im Metamodell ausgedrückt. Zeitgleich gültige Spezifikations-Varianten, also parallel ausgeschriebene Spezifikationen für eine Komponente, werden durch die (1, var_S)-Beziehung zwischen Komponente und Spezifikation zum Ausdruck gebracht.

Ein Projekt kann in mehrere **Sub-Projekte** gegliedert sein. Das kommt in der Regel dann vor, wenn eine Komponente zu komplex ist, um als solches einzeln als Entwicklungsproblem beschrieben zu werden. In diesem Fall wird die betreffende Komponente detaillierter im Sub-Projekt ausgeschrieben. Daher gibt es im Metamodell ebenfalls eine reflexive Beziehung beim Projekt. Maximal kann es sub_P Sub-Projekte eines übergeordneten Projekts geben.

Auf eine Spezifikation reagiert ein Teilnehmer mit einem **Vorschlag (engl.: proposal, P_X)**. Beim Vorschlag gelten dieselben Eigenschaften wie bei einer Spezifikation in Bezug auf Versionen und Varianten.

Das **Ergebnis-Objekt (engl.: result) R_X** ist das Resultat des Synthese-Prozesses (vgl. Abb. 48) eines (Sub-)Projektes. In jedem Sub-Projekt besteht ein Ergebnis aus einer Menge an miteinander kombinierten Vorschläge, und zwar in der Art, dass für jedes ausgeschriebene Einzelteil mindestens eine Lösungsalternative gewählt wird (1,n). Das Resultat des gesamten Projektes ist dann die Kombination der Lösungen aus jedem Sub-Projekt.

Neben den eigentlichen Datenelementen (Projektausschreibung, Spezifikation, Vorschlag und Projektergebnis) ist im CIM-Metamodell eine Zuordnung der **Akteure** zu den entsprechenden Datenelementen notwendig. Als Akteure werden in der DeCPD der Initiator und die Teilnehmer betrachtet. Der **Initiator** erzeugt die Projektausschreibung, legt die zu entwickelnden **Komponenten** fest und erzeugt die dazugehörigen, komponenten-beschreibenden Spezifikationen.

Jeder **Teilnehmer** liest die **Projekt-Ausschreibung** und kann daraufhin „interessante" Spezifikationen anfordern. Nach Möglichkeit erzeugt jeder der Teilnehmer mindestens einen gültigen **Vorschlag**. Aus der Menge der erhaltenen Vorschläge kann der Initiator dann wiederum das Projektergebnis formieren.

Ein weiteres Element des Metamodells der CIM-Datensicht ist die **Sichtbarkeitsstufe**. Jedes der beschriebenen Datenelemente hat eine bestimmte Sichtbarkeit, die entweder **privat** oder **öffentlich** ist. Durch Angabe der Sichtbarkeit einzelner Datenelemente kann der Ingenieur spezifizieren, wie der Zugriff auf die Datenelemente möglich sein soll. Das vollständige Metamodell ist in Abb. 54 dargestellt.

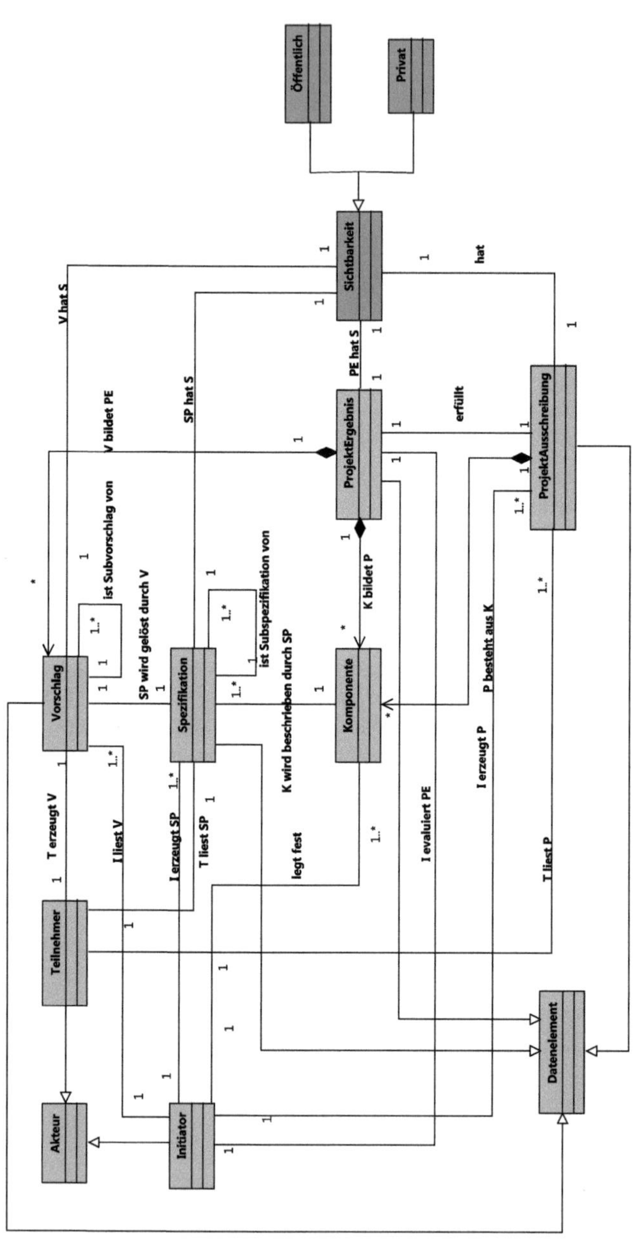

Abb. 54: CIM-Metamodell der Datensicht

4.2.2 Datenmodellinstanzen in Abhängigkeit der Komplexität

In diesem Abschnitt werden Datenmodell-Instanzen durch sukzessive Erhöhung der Komplexität basierend auf dem vereinfachten Metamodell aus Abb. 53 entwickelt. Dabei wird beginnend mit der Instanz A zunächst nur eine Spezifikation pro Komponente zugelassen und weder Sub-Projekte, noch Versionen oder Varianten sind erlaubt. In den darauffolgenden Instanzen werden dann Subkollaborationen, sowie Versionen und Varianten von Spezifikationen und Vorschlägen mit berücksichtigt. Ziel ist die Erfassung der maximal möglichen Produktmodelle, um später von der Komplexität des Datenmodells auf den Aufwand beim Produktmodellaustausch innerhalb des Kollaborationsnetzwerks schließen zu können. In **Tab. 4** sind noch einmal alle Instanzen des CIM-Datenmodells dargestellt.

Tab. 4: Übersicht über die betrachteten CIM-Datenmodell Instanzen

	Sub-Projekte	Spezifikations-Varianten	Vorschlags-Varianten	Spezifikations-Versionen	Spezifikations-Varianten
Instanz A	–	–	–	–	–
Instanz B	✓	–	–	–	–
Instanz C	✓	✓	–	–	–
Instanz D	✓	✓	✓	–	–
Instanz E	✓	✓	✓	✓	–
Instanz F	✓	✓	✓	✓	✓

4.2.2.1 CIM-Datenmodell Instanz A

In der „einfachsten“ Modellinstanz bestimmt der Initiator die zu entwickelnden Komponenten des Bulldozers und schreibt diese jeweils als Spezifikation aus. Die Komponenten sollen in der Kollaboration nicht weiter zerlegt werden und zwar unabhängig davon, ob es sich um Einzelteile oder Baugruppen handelt. Die Festlegung der Granularitätsstufe obliegt damit dem Initiator.

Für jede Komponente wird ***genau eine*** Spezifikation im Kollaborationsverbund ausgeschrieben (Spezifikations-Varianten = 0). Eine Spezifikation kann im Laufe des Kollaborationsprozesses auch nicht modifiziert werden (Spezifikations-Versionen = 0). Zu jeder Spezifikation S_x wird es in diesem Fall nur ***genau einen*** Vorschlag P_x geben (Vorschlags-Varianten und -Versionen = 0). Dadurch, dass es keine Variabilität in den Vorschlägen gibt, kann es ***nur einen*** gültigen Lösungsvorschlag geben.

In Abb. 55 ist links das für diese Modellinstanz reduzierte Metamodell der OMP dargestellt und rechts ein beispielhafter Graph für den Fall, dass der Initiator drei Komponenten in die Kollaboration einbringt.

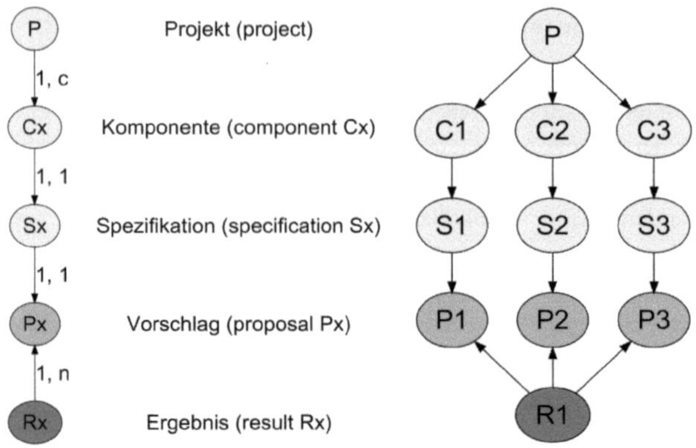

Abb. 55: CIM-Datenmodell Instanz A:
Vereinfachtes Metamodell (links) und beispielhafter Graph (rechts)

4.2.2.2 CIM-Datenmodell Instanz B

In den meisten Kollaborationen wird der Fall eintreten, dass auf Grund der Komplexität der Produktstruktur, die Komponenten in verschiedenen Sub-Projekten entwickelt werden. Zum Beispiel könnte der Initiator bei der Erstellung der Projektstruktur (wie in der Modellinstanz A abgebildet) feststellen, dass die Komponente C_3 (bzw. das Teilproblem C_3) aller Voraussicht nach zu komplex ist. Daher wird diese(s) daher als C_{31} und C_{32} mit separaten Spezifikationen ausgeschrieben. Die Motivation für die Entscheidung zu einem Sub-Projekt (vgl. Projekt_1 in Abb. 56) liegt darin begründet, dass ein Initiator erkennt, dass nur die Entwicklung einer oder mehrerer Teillösungen in der abschließenden Synthese zum Erfolg führt. Im Beispiel ist zu sehen, dass die Teillösung R_2 aus dem Sub-Projekt mit den Vorschlägen P_1 und P_2 aus dem Hauptprojekt kombiniert werden müssen, um das Gesamtergebnis R_1 zu erzielen.

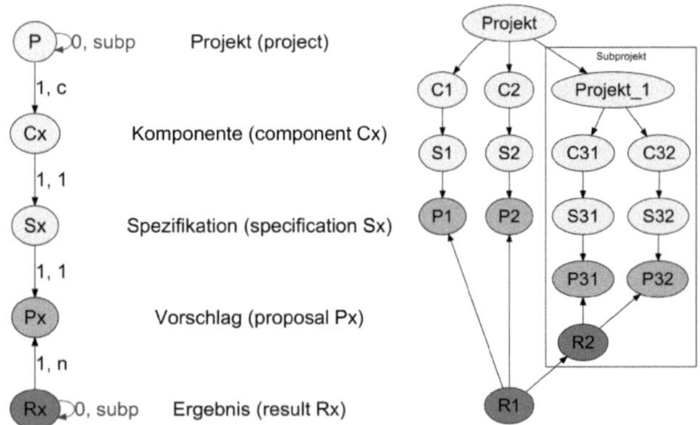

Abb. 56: CIM-Datenmodell Instanz B:
Metamodell (links) und beispielhafter Graph (rechts)

4.2.2.3 CIM-Datenmodell Instanz C (Vorschlagsvarianten)

In dieser Modellinstanz soll jetzt die Möglichkeit vorgesehen werden, dass auf eine Spezifikation ***mehrere Vorschläge*** abgegeben werden können. In diesem Fall sprechen wir bekanntlich von Vorschlags-Varianten (vgl. Abschnitt 3.2.1).

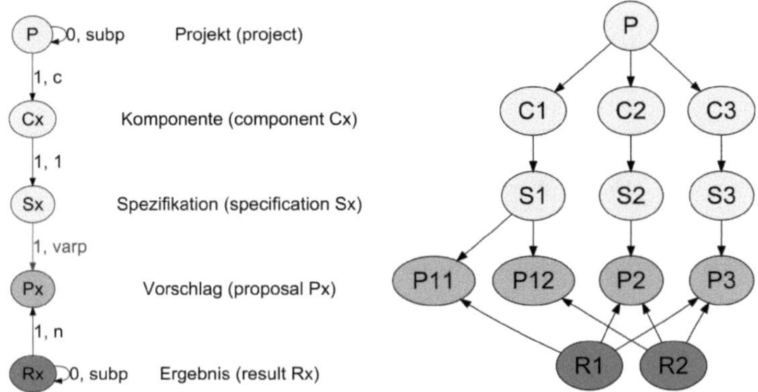

Abb. 57: CIM-Datenmodell Instanz C: Metamodell (links) und beispielhafter Graph (rechts)

Zur Demonstration wird der Beispielgraph aus Abb. 55 erweitert, in dem auf die Spezifikation S_1 die Vorschläge P_{11} und P_{12} abgegeben werden (vgl. Abb. 57 rechts). Es ist dabei für die Gesamtbetrachtung unerheblich ob der Vorschlag nur von einem oder mehreren Teilnehmern (Konkurrenten) stammt. Wichtig ist, dass dadurch beim Initiator im Rahmen der Synthese mehrere Möglichkeiten für den Zusammenbau entstehen (hier: die Ergebnisse R_1 und R_2). In Abb. 57 ist links das veränderte Metamodell dargestellt. Hier gilt das Augenmerk der Kardinalität an der Kante von der Spezifikation zum Vorschlag. Statt der bisherigen 1,1-Kardinalität ist diese jetzt 1,n.

4.2.2.4 CIM-Datenmodell Instanz D (Spezifikationsvarianten)

Gelegentlich kann es vorkommen, dass in einer DeCPD zeitgleich mehrere Varianten einer Spezifikation ausgeschrieben werden sollen. Das kann darin begründet liegen, dass ein Initiator parallel mehrere Entwicklungen auf Basis unterschiedlicher technologischer Ansätze gleichzeitig vorantreiben möchte oder aber es entstehen im Laufe der Iterationen einer DeCPD mehrere Entwicklungszweige. Letzterer Fall tritt immer dann auf, wenn noch nicht sicher ist, ob ein bisheriger Entwicklungszweig wirklich zum Ziel führt, was in der Regel sehr oft vorkommen wird.

Auch für diesen Fall sei ein kleines Beispiel vorgeführt, in dem ein Initiator für die Komponenten C_1 die beiden Spezifikations-Varianten S_{11} und S_{12}, für C_2 die Spezifikation S_{21} und für C_3 die Spezifikations-Varianten S_{31} und S_{32} erstellt (vgl. Abb. 58). In dem Beispielgraph ist dargestellt, wie im DeCPD-Prozess auf die Spezifikation S_{11} die Varianten P_{111} und P_{112} entstehen. Von allen anderen Vorschlägen gibt es in diesem Beispiel keine Varianten mehr.

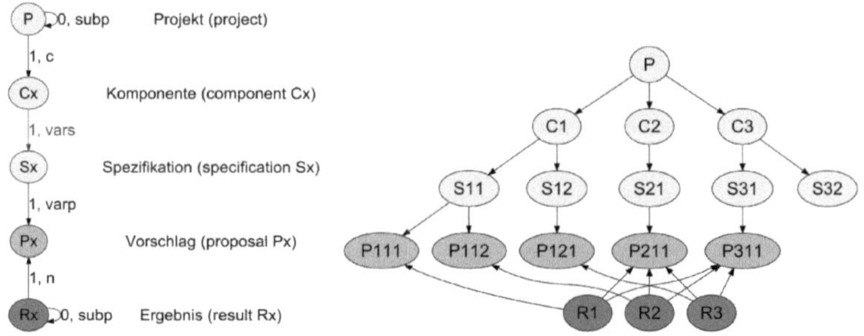

Abb. 58: Metamodell und beispielhafter Graph für Instanz D

4.2.2.5 CIM-Datenmodell Instanz E (Vorschlags-Versionen)

Versionen sind der Ansatz, Erkenntnisse die in Entwicklungsiterationen gewonnen wurden, im Produktmodell auszudrücken. Eine Version ist eine aktuell gültige Produktmodellversion in einer Variante.

Im Metamodell von Szenario E (vgl. Abb. 59 links) ist zu sehen, dass zur Abbildung von Vorschlagsvarianten die reflexive Verbindung von einem Vorschlag-Element auf sich selbst dient. Man erlaubt es hier also, dass ein Vorschlag P_x einen Nachfolger P_y hat, der eine verbesserte Version darstellt.

Letztendlich entscheidet ein Produktentwickler selbst, ob es sich bei einem Teilproduktmodell um eine Version oder aber um eine Variante handelt. Eine vollständig komplementäre(r) TPM-S oder TPM-V ist in der Regel als Variante zu handhaben, während eine Weiterentwicklung eines Modells in einer Version resultiert. In dem in Abb. 59 dargestellten Beispiel entstehen im OMP-Prozess drei Versionen des Vorschlags P_{111}, nämlich P_{111_a} bis P_{111_c}.

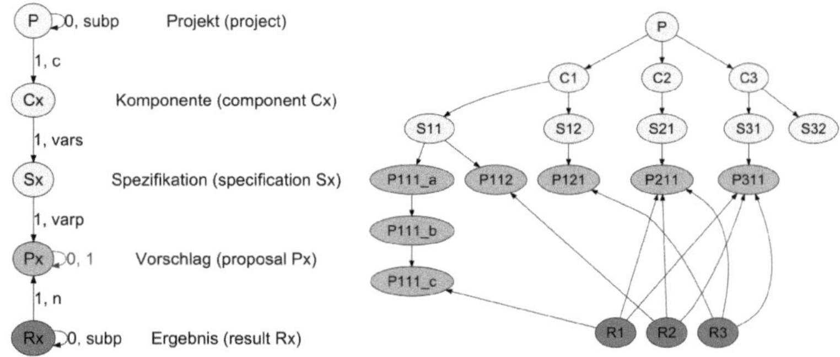

Abb. 59: Metamodell und beispielhafter Graph für Instanz E

4.2.2.6 CIM-Datenmodell Instanz F (Spezifikations-Versionen)

Genauso wie bei den Vorschlägen gilt auch für die Spezifikationen, dass diese in unterschiedlichen Versionen existieren können. Die Lösung entspricht derjenigen aus Instanz

E, auch hier wird eine reflexive Beziehung zwischen Elementen vom Typ Spezifikation ausgenutzt, um Spezifikations-Versionen zu modellieren.

Auf die Darstellung des Metamodells wird verzichtet, im Beispielgraphen in Abb. 60 sind für die Spezifikation S_{11} die Versionen A und B eingeführt wurden. Auf jede der Spezifikations-Versionen gibt es mehrere Vorschlagsversionen. Unterhalb der Spezifikation S_{11_a} gibt es zwei Vorschlagsvarianten P_{111} und P_{112}, wobei am Ende der Kollaboration P_{111} in der Version c und P_{112} in der Version a, also der Ursprungsversion vorliegt.

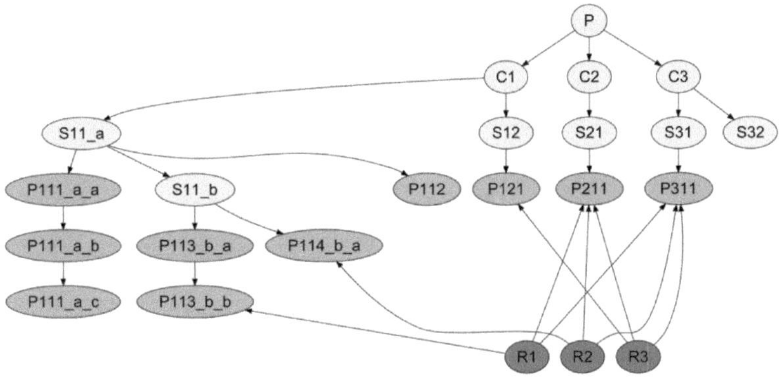

Abb. 60: Beispiel-Graph für Instanz F

4.2.2.7 Zwischenfazit aus den Betrachtungen der CIM-Datenmodelle

An den Beispielgraphen ist zu sehen, dass durch Einbeziehung von Subprojekten und Varianten die Komplexität der Graphen deutlich zunimmt. Daraus folgt, dass die Komplexität eines DeCPD-Prozesses steigt, insbesondere was den Synthese-Prozess angeht. Dieser verkompliziert sich in einem variantenreichen und/oder subprojektestarken DeCPD-Prozess, da deutlich mehr Kombinationsmöglichkeiten zur Verfügung stehen, als bei einem DeCPD-Prozess ohne Varianten und/oder ohne Subprojekte. Der Einbezug von Versionen ist so lange unproblematisch, wie nicht davon ausgegangen wird, dass prinzipiell jede Version eines Vorschlags für die Synthese in Frage kommt. Hier wird davon ausgegangen, dass immer die zuletzt gültige Version einer TPM-Spezifikation oder eines TPM-Vorschlags für die Synthese herangezogen werden kann.

Eine wichtige Einschränkung der oben dargestellten Modellinstanzen ist, dass maximal ein Initiator zum Einsatz kommt. Unter Betrachtung der in der Einleitung dieser Arbeit dargestellten Beziehung zwischen Kollaborationsteilnehmern entlang der Zulieferpyramide (vgl. Abb. 2) wird damit lediglich der Fall abgebildet, dass eine Kollaboration immer als abgeschlossen gilt und daher nicht in weiteren Ebenen fortgeführt werden kann (also ohne Subkollaborationen). Anders ausgedrückt werden in den Szenarien genau die Kollaborationsformen abgedeckt, in denen die Zusammenarbeit entweder in genau einer Ebene der Zulieferpyramide (zum Beispiel zwischen mehreren Teilelieferanten) oder über maximal eine Ebene der Pyramide hinweg (zum Beispiel zwischen dem OEM und unterschiedlichen System-/Modullieferanten) stattfindet.

Für die Fälle, in denen allerdings über mehrere Ebenen der Zulieferpyramide hinweg kollaboriert werden soll, sind **mehrere Initiatoren** notwendig. Das ist genau dann notwendig, wenn in einer Kollaboration festgestellt wird, dass die gesuchten TPM-Spezifikationen durch einen Experten weiter verfeinert werden müssen, um ein in einer Kollaboration gegebenes Teilproblem mit Spezialisten auf der nächst tieferen Ebene der Pyramide zu lösen. Es wird dann auch von einer **Sub-Kollaboration** gesprochen.

Eine Sub-Kollaboration wird initiiert, in dem ein Teilnehmer eine gegebene Spezifikation S in einem separierten Projekt weiterentwickeln lässt. Der Unterschied zwischen einer **Sub-Kollaboration** und einem **Sub-Projekt** besteht darin, dass in einer **Sub-Kollaboration** ein neuer (bzw. ein weiterer) Initiator auftritt, während ein Sub-Projekt immer von ein und demselben Initiator erstellt wird. Dabei ist das Sub-Projekt in die Datenstruktur des übergeordneten DeCPD-Projektes eingruppiert, während eine Sub-Kollaboration einem neuen DeCPD-Projekt entspricht.

4.2.2.8 Überlegungen zum Umfang des verteilten Produktmodells

Je nachdem, welche und wie viele Iterationen durchlaufen werden, bzw. wie viele Teilnehmer an der Kollaboration beteiligt sind, vergrößert sich die Anzahl der Elemente des verteilten Produktmodells (vPMs). Als Elemente interessieren uns primär (TPM-)Spezifikationen und (TPM-)Vorschläge. Genau diese Elemente gilt es dann in der DeCPD „geschickt" unter den Teilnehmern zu verteilen.

Folgende Annahmen liegen den Berechnungen zu Grunde (vgl. Abb. 61):

- Die Anzahl der Initiatoren im Kollaborationsverbund = 1, Sub-Kollaborationen spielen für die Betrachtung keine Rolle.
- Maximal können in einem Projekt c Komponenten (TPMs $C_1,\dots,C_c$) veröffentlicht werden.
- Die maximale Anzahl an TPM-Spezifikations-Varianten beträgt var_S, die Anzahl der Versionen ist entsprechend ver_s.
- Auf jede TMP-Spezifikations-Version kann es var_P TMP-Vorschlags-Varianten geben und davon wiederum ver_P Versionen.

Zur Bestimmung der maximalen **Anzahl der Spezifikationen (Anz_S)** im Entwicklungsverbund wird die maximale Anzahl der Komponenten c multipliziert mit der Anzahl der Spezifikations-Varianten var_S und den Spezifikations-Versionen ver_S.

$$\max Anz_S = c \cdot var_S \cdot ver_S$$

Um die maximale **Anzahl an Versionen (Anz_V)** zu bestimmen, multiplizieren wir dagegen die maximale Anzahl der Spezifikationen mit der maximalen Anzahl an Vorschlags-Varianten var_P und den Vorschlags-Versionen ver_P. Wir erhalten:

$$\max Anz_V = Anz_S \cdot var_P \cdot ver_P$$

In einem letzten Schritt ist die maximale ***Anzahl der Projekt-Instanzen (Anz_{Proj})*** zu bestimmen (vgl. Abb. 61). Die maximale Anzahl an Projekten hängt einerseits davon ab, wie viele Subprojekte (sub_P) pro übergeordnetem Projekt maximal erlaubt sind und wie oft ein

Projekt verzweigt werden darf (Rekursionstiefe t). Die maximale Anzahl an Projekten in einem DeCPD-Prozess in Abhängigkeit der maximalen Anzahl an Subprojekten sub_P und der Baumtiefe t lautet also:

$$\max Anz_{Proj} = \sum_{i=0}^{t} \left(sub_p\right)^i$$

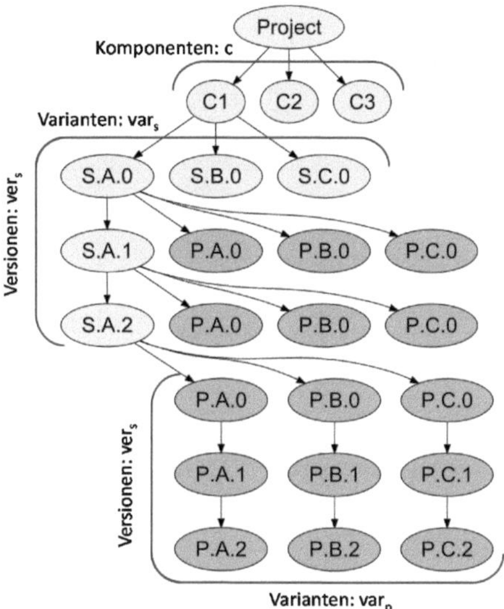

Abb. 61: Baum-Darstellung eines DeCPD-Projekts

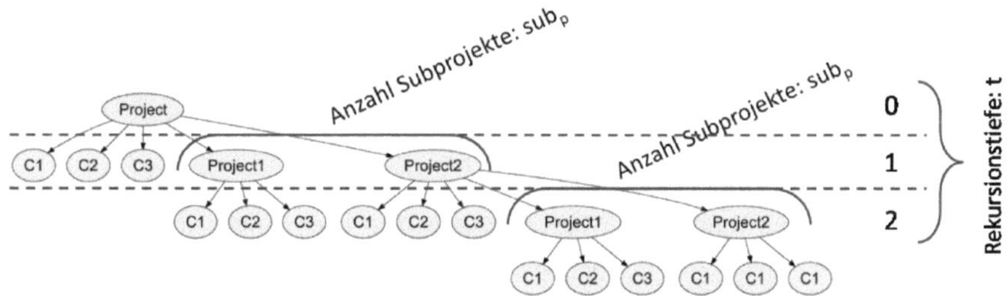

Abb. 62: Zusammenhang zwischen Projekten und Sub-Projekten

Zusammenfassend ergibt sich also für die Bestimmung der maximalen Anzahl an Teilproduktmodellen für die DeCPD je nach CIM-Datenmodellinstanz und damit je nach konkreter Wahl der Kardinalitäten die folgende Formel:

$$\max Anz_{TPM} = (Anz_S + Anz_P) \cdot Anz_{Proj}$$
$$= \left((c \cdot var_S \cdot ver_S) + (c \cdot var_S \cdot ver_S \cdot var_P \cdot ver_P)\right) \cdot \sum_{i=0}^{t} (sub_p)^i$$

Formel zur Bestimmung der max. Anzahl an TPMs in einem DeCPD-Szenario

Im Folgenden wird diese Formel noch einmal gesondert auf die einzelnen Instanzen übertragen. Durch die Betrachtung der maximal möglichen Teilproduktmodelle pro Instanz kann eine genauere Abschätzung über die Komplexität vorgenommen werden. **Tab. 5** zeigt noch einmal eine Übersicht.

Tab. 5: Übersicht über die Variablen der CIM-Datenmodellinstanzen

	Max. Anzahl Projekte	Max. Anzahl Spez.-Varianten	Max. Anzahl Spez.-Versionen	Max. Anzahl Vorschlags-Varianten	Max. Anzahl Vorschlags-Versionen
Instanz 1	1	1	1	1	1
Instanz 2	sub_P	1	1	1	1
Instanz 3	sub_P	1	1	var_P	1
Instanz 4	sub_P	var_S	1	var_P	1
Instanz 5	sub_P	var_S	1	var_P	ver_P
Instanz 6	sub_P	var_S	ver_S	var_P	ver_P

Zu Instanz 1:

Dadurch, dass alle Variablen maximal den Wert 1 annehmen dürfen, erhalten wir durch Einsetzen in die Formel:

$$\max Anz_{TPM} = Anz_{Proj} \cdot (Anz_S + Anz_P)$$
$$= \sum_{i=0}^{t} (sub_p)^i \cdot \left((c \cdot var_S \cdot ver_S) + (c \cdot var_S \cdot ver_S \cdot var_P \cdot ver_P)\right) = 2c$$

Exemplarisch erhalten wir für den in Abb. 55 dargestellten Fall durch Einsetzen von c=3 Komponenten das gesuchte Ergebnis von maximal 6 Teilproduktmodellen.

Zu Instanz 2:

$$maxAnz_{TPM} = Anz_{Proj} \cdot (Anz_S + Anz_P) = 2k \cdot \sum_{i=0}^{t} (sub_p)^i$$

Auch hier können wir für den in Abb. 56 dargestellten Graph die maximale Anzahl der TMPs berechnen. Mit $sub_P = 1$ und Rekursionstiefe t=1, sowie c = max. 2 Komponenten/ Projekt folgt:

$$\max Anz_{TPM} = \sum_{i=0}^{1} (1)^i \cdot 2c = (1^0 + 1^1) \cdot 4 = 8\ TPMs$$

Zu Instanz 3:

$$maxAnz_{TPM} = Anz_{Proj} \cdot (Anz_S + Anz_P) = (c + c \cdot var_P) \cdot \sum_{i=0}^{t} (sub_p)^i$$

In Anlehnung an Abb. 57 werden die Variablen wie folgt gesetzt: c = max. 3 Komponenten/Projekt, var_P = max. 2 Varianten eines Vorschlags und der Anzahl der Subprojekte $sub_P = 0$. Daher berechnet sich:

$$\max Anz_{TPM} = (c + c \cdot var_P) \cdot \sum_{i=0}^{t} (sub_p)^i = (3 + 3 \cdot 2) \cdot 1 = 9\, TPMs$$

Zu Instanz 4:

$$\max Anz_{TPM} = Anz_{Proj} \cdot (Anz_S + Anz_P) = (c \cdot var_S + c \cdot var_S \cdot var_P) \cdot \sum_{i=0}^{t} (sub_p)^i$$

In Abb. 58 waren maximal zwei Varianten für eine Spezifikation erlaubt, die restlichen Variablen entsprechen dem Ansatz in Szenario 3. Daraus folgt:

$$\max Anz_{TPM} = (k \cdot var_S + k \cdot var_S \cdot var_P) \cdot \sum_{i=0}^{t} (sub_p)^i = (3 \cdot 2 + 3 \cdot 2 \cdot 2) \cdot 1$$
$$= 18\, TPMs$$

Zu den Instanzen 5-6:

In der letzen Betrachtung werden jetzt noch „beliebige" Vorschlags- und Spezifikations-Versionen mit betrachtet (vgl. Abb. 59 und Abb. 60). Um nun die maximale Anzahl an TPMs zu berechnen, sind alle Variablen mit zu berücksichtigen.

Gesamtbetrachtung. Es wird an dieser Stelle auf eine Beispielrechnung für die Szenarien 5 und 6 verzichtet, da das Prinzip klar sein sollte und daher an dieser Stelle nun die versprochene Abschätzung hinsichtlich des Umfangs des verteilten Produktmodells vorgenommen wird. Dieser hängt also ab von der Größe der Variablen sub_p, var_S, ver_S, var_P und ver_P.

Im Allgemeinen kann man für die Anzahl an Versionen und Varianten eine Konstante $x_{ver/var}$ annehmen. Angenommen die max. Anzahl an Spezifikations- und Vorschlags-Versionen/ -Varianten wird auf jeweils 10 begrenzt, so ergibt sich für die Konstante

$$x_{\frac{ver}{var}} = (k \cdot var_S \cdot ver_S) + (k \cdot var_S \cdot ver_S \cdot var_P \cdot ver_P) = 100k + 10000k = 10100k.$$

Entsprechend dieser Konvention reduziert sich die Formel wie folgt:

$$\lceil Anz_{TPM} \rceil = 10100k \cdot \sum_{i=0}^{t} (sub_p)^i$$

Anhand dieser Formel ist zu erkennen, dass es genau drei Variablen gibt, deren Variation dahingehend zu untersuchen ist, wie hoch die Gesamtzahl der Teilproduktmodelle wird:

a) Die maximale Rekursionstiefe (t)
b) Die maximale Anzahl der Sub-Projekte (sub_P)
c) Die Anzahl der Komponenten (c)

Fall a. In diesem Fall wird die max. Rekursionstiefe variiert und dabei die ***max. Anzahl der Sub-Projekte***, sowie die ***max. Anzahl Komponenten pro Sub-Projekt*** konstant gehalten.

Für die ***Sub-Projekte*** wird angenommen, dass es in einem OMP-Prozess in der Regel maximal 5 Subprojekte pro Rekursionsstufe gibt. Eine Beispielrechnung für t=5 Rekursionsstufen ergibt daher:

$$[Anz_{Proj}] = \sum_{i=0}^{t} (sub_p)^i = \sum_{i=0}^{5} (5)^i = 1 + 5 + 25 + 125 + 625 + 3125 = 3906$$

Geht man davon aus, dass die ***Anzahl der Komponenten (c)*** in Korrelation mit der Anzahl an Projekten steht, so sei auch hierfür ein konstanter Faktor (zum Beispiel 50) angenommen. Pro Sub-Projekt soll es maximal 50 Komponenten geben, daher gilt für das gesamte OMP-Projekt: $c_{all} = 50 \cdot Anz_{Proj}$.

Auch hier ergibt eine Beispielrechnung für die Rekursionsstufe 5:

$$c_{all} = 50 \cdot \sum_{i=0}^{t} (sub_p)^i = 50 \cdot \sum_{i=0}^{5} (5)^i = 195300$$

In **Tab. 6** sind die weiteren Berechnungen für den Fall a aufgelistet.

Tab. 6: Anzahl der Teilproduktmodelle bei Variation der Rekursionstiefe

max. Rekursionstiefe	Anzahl Projekte	Anzahl Komponenten (c_{all})	Anzahl TPMs
1	6	300	18000
2	31	1550	93000
3	156	7800	468000
4	781	39050	2343000
5	3906	195300	11718000
6	19531	976550	58593000

Als Ergebnis lässt sich festhalten, dass die Anzahl der TPMs entsprechend der Vermutung exponentiell ansteigt.

Fall b. Dieser Fall demonstriert, wie sich die Anzahl der TPMs verändert, wenn die max. Rekursionstiefe mit t=5 und die Anzahl der Komponenten bei dem 50-fachen der Anzahl der Projekte wie in Fall a festgehalten wird und dieses Mal die Rekursionstiefe variiert wird.

Tab. 7: Anzahl der Teilproduktmodelle bei Variation der Anzahl der Sub-Projekte

max. Anzahl Sub-Projekte	Anzahl Projekte	Anzahl Komponenten (c_{all})	Anzahl TPMs
1	6	300	18000
2	63	3150	189000
3	364	18200	1092000
4	1365	68250	4095000
5	3906	195300	11718000
6	9331	466550	27993000

Hier kann festgestellt werden, dass die Anzahl der TPMs polynomial wächst, das entspricht ebenfalls der Vermutung.

Fall c. Im letzten Fall wird die Variation der Komponenten pro Sub-Projekt durchgeführt. Dabei bleibt dieses Mal die maximale Anzahl der Subprojekte und die max. Anzahl der Rekursionen jeweils mit 5 konstant. Wie an der Formel zur Berechnung der Anzahl der TPMs festgestellt werden kann, wird lediglich der konstante Faktor c variiert, was zu einem linearen Anstieg der Anzahl der TPMs führt (vgl Tab. 8).

Tab. 8: Anzahl der Teilproduktmodelle bei Variation der max. erlaubten Anzahl an Komponenten pro Sub-Projekt

Max. Anzahl Komponenten pro Sub-Projekt	Anzahl Projekte	Anzahl Komponenten (c_{all})	Anzahl TPMs
1	3906	3906	234360
2	3906	7812	468720
3	3906	11718	703080
4	3906	15624	937440
5	3906	19530	1171800
6	3906	23436	1406160
10	3906	39060	2343600
50	3906	195300	11718000
100	3906	390600	23436000
500	3906	1953000	117180000

Graphische Darstellung. In Abb. 63 wurde noch einmal zusammenfassend das Ergebnis der mathematischen Berechnung des Umfangs des verteilten Produktmodells abgebildet. Es ist zu sehen, dass die Erhöhung der Anzahl der Komponenten grundsätzlich als unproblematisch angesehen werden kann (=lineares Wachstum). Eine Veränderung der Anzahl der Sub-Projekte oder gar der Rekursionstiefe geht einher mit einem explosionsartigen Anstieg der Anzahl der Teilproduktmodelle des verteilten Produktmodells.

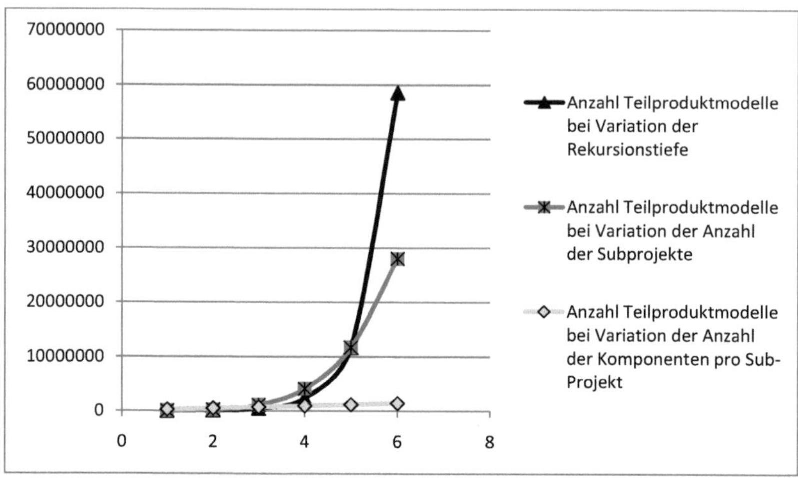

Abb. 63: Wachstum des Umfangs des verteilten Produktmodells in Abhängigkeit der variierten Variable

4.2.3 Ein Metamodell für die CIM-Prozesssicht

In Abb. 64 ist das Metamodell der CIM-Prozesssicht dargestellt. Das Metamodell für die Prozesssicht auf der CIM-Ebene hat als zentrales Element die **Kollaborationsarchitektur**. Diese kann vom Typ hierarchisch oder heterarchisch sein. Beim Instanziieren kann damit festgelegt werden, ob die Kollaboration über mehrere Hierarchieebenen verläuft, wie bei Kollaborationen zwischen einem OEM (als Initiator) und mehreren 1st Tier Supplier (als Teilnehmer) oder ob die Kollaboration innerhalb einer Hierarchieebene verläuft, also zwischen mehreren 1st Tier Suppliern beispielsweise. Bei der hierarchischen Kollaborationsarchitektur wird weiterhin noch entschieden, ob die Kollaboration über mehrere Hierarchieebenen (mehrfach hierarchisch, Subkollaborationen) hinweg verläuft oder nicht (einfach hierarchisch, keine Subkollaborationen).

Jeder Prozessablauf einer Kollaborationsarchitektur kann durch einen **globalen Geschäftsprozess** beschrieben werden, der vom Initiator erzeugt wird. Grundsätzlich kommen auf der CIM-Ebene verschiedenen Darstellungsformate für die Beschreibung des globalen Geschäftsprozesses in Frage. Als Notation eignen sich ereignisgesteuerte Prozessketten (**EPKs**) ebenso wie Business Process Modelling Notation (**BPMN**)-Diagramme oder gegebenenfalls auch **Petrinetze**. In dieser Arbeit wird der Einsatz von BPMN fokussiert (Decker, Grosskopf et al. 2010), (Polančič und Rozman 2008).

Jeder **globale Geschäftsprozess** wird beschrieben durch eine Menge von **lokalen Prozessen**. Ein lokaler Prozess wird einem bestimmten Akteur zur Ausführung zugewiesen. Jeder lokale Prozess besteht aus einer Menge von **Prozessschritten**, die in der Kollaborationsarchitektur ablaufen.

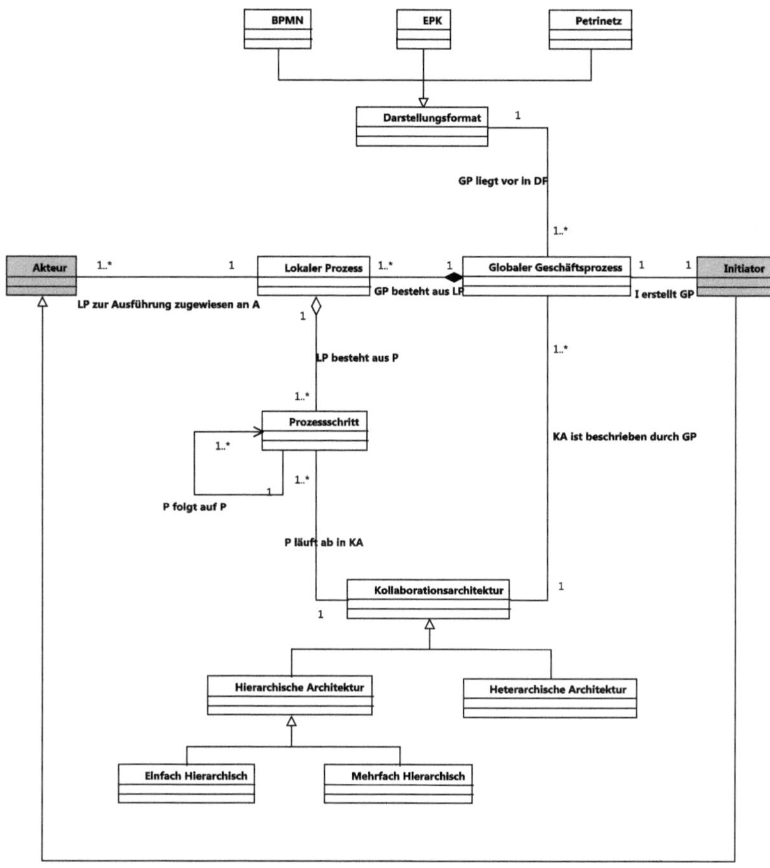

Abb. 64: Metamodell der CIM-Prozesssicht

4.2.4 DeCPD-Geschäftsprozesse

In diesem Abschnitt werden Prozessmodelle der DeCPD als Instanzen des CIM-Metamodells vorgestellt. Die BPMN-Geschäftsprozessdiagramme sind hier zunächst sehr generisch gehalten, um die wesentlichen Eigenschaften darzustellen.

4.2.4.1 Einfachstes CIM-Geschäftsprozessdiagramm für die DeCPD

Aus dem in Abb. 65 dargestellten einfachsten BPMN-Geschäftsprozessdiagramm (engl.: Business Process Diagram, BPD) werden sukzessive Verfeinerungen gebildet.

Für den Initiator sind zunächst folgende Prozesse vorgesehen: „Spezifikation erstellen", „Vorschlag suchen" und „Vorschlag analysieren". Ein Teilnehmer verfügt über die passenden Gegenprozesse „Spezifikation suchen", „Spezifikation analysieren" und „Vorschlag erstellen". Das Erstellen einer Spezifikation ist ein Prozess, in dem die Vorstellung des Initiators über die Gestalt und Eigenschaften eines zu konstruierenden Komponentenmodells durch eine Menge an Parametern im Datenelement „Spezifikation“ beschrieben wird. Das Analysieren einer Spezifikation wird von einem Teilnehmer durchgeführt, sobald diese vorliegt. Daraufhin wird ein korrespondierender Lösungsvorschlag generiert und als Datenelement „Vorschlag“ veröffentlicht. Dieser muss nun wiederum vom Initiator überprüft werden.

Das BPD in Abb. 65 berücksichtigt bereits den wesentlichen Aspekt einer verteilten Produktmodellentwicklung: Die Autonomität der Produktentwicklungspartner. Die Rollen (hier: Initiator, Teilnehmer A) arbeiten vollständig unabhängig voneinander. Jede Rolle entscheidet eigenständig, wann mit dem Prozessablauf begonnen wird.

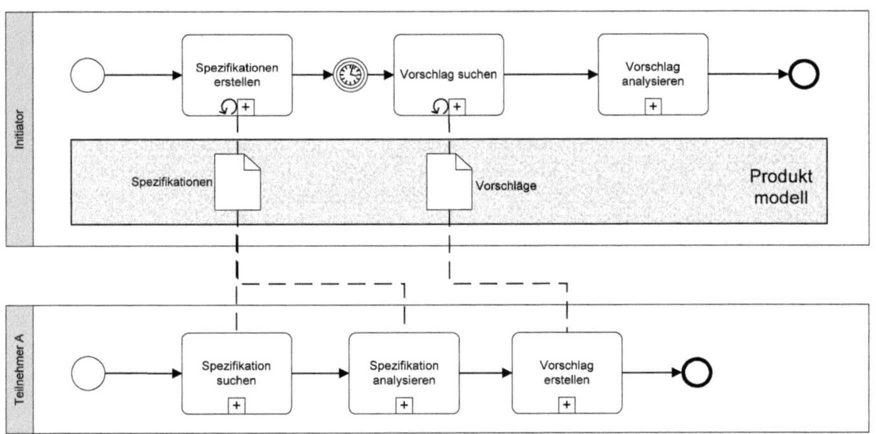

Abb. 65: BPD des einfachsten Produktentwicklungsszenarios

In dieser Arbeit wurde der folgende Modellierungsansatz im BPD dazu verwendet: Nach dem Auslösen eines Startereignis beim Teilnehmer (hier: Teilnehmer A) befindet sich dieser so lange im Subprozess „Spezifikation suchen“, bis tatsächlich eine Spezifikation vorliegt, auf die er zugreifen kann. Das wird im BPD durch einen Schleifen-Subprozess modelliert. Eine ähnliche Schleife findet sich wiederum beim Initiator. Dieser befindet sich solange im Subprozess „Vorschlag suchen“, bis ein solcher vorliegt.

Es gibt alternative Möglichkeiten, die Autonomität im BPD auszudrücken. Beispielsweise könnte ein Initiator einem Teilnehmer auch eine Nachricht schicken, die diesem signalisiert, dass dessen Teilprozess abgearbeitet werden kann. In diesem Fall würden die Suchprozesse „Spezifikation suchen“ und „Vorschlag suchen“ entfallen und im BPD Nachrichten-Ereignisse vorgesehen werden, die als Trigger fungieren.

In diesem simplen Produktentwicklungsszenario werden einige vereinfachende Annahmen getroffen, die im Folgenden diskutiert werden. Die Diskussionspunkte spiegeln die drei Dimensionen einer verteilten Produktmodellentwicklung wider und resultieren bei „Lockerung“ der Vereinfachungen in stark verkomplizierten Geschäftsprozessdiagrammen.

4.2.4.2 CIM-Geschäftsprozessdiagramm mit Berücksichtigung von PM-Verteilungen

Nach der Beschreibung in Abschnitt 3.2.1 wird für die Abbildung eines Produktmodells zunächst eine Menge an Spezifikationen benötigt. Eine einfache Spezifikation entspricht genau einem Komponentenmodell. Im Rahmen der Prozessmodellierung wird jedoch nicht davon ausgegangen, dass jede Spezifikation einzeln im BPD abgebildet werden muss. Das BPD-Datenelement „Spezifikationen" repräsentiert die Menge aller vorhandenen Spezifikationen, entsprechendes gilt für die Vorschläge.

Zwischen einer konkreten Spezifikation und einem Vorschlag existiert eine Beziehung, beide Datenelemente basieren auf einem einheitlichen Datenaustauschformat. Vereinfachend kann davon ausgegangen werden, dass der Initiator das Datenformat dem Netzwerk vor Beginn der Kooperation bekannt macht – Dieser Prozess wird nicht separat im BPD abgebildet.

Dagegen wird die Zuordnung der Datenelemente Spezifikation und/ oder Vorschlag zu einem bestimmten Akteur als strategische Entscheidung des Initiators im BPD ausgedrückt. Er legt damit die Datenverteilungsregeln, insbesondere unter Berücksichtigung von Vertrauen in die Partner, fest. Es gibt drei grundsätzlich voneinander zu unterscheidende Strategien: **Zentrales, dezentrales** und **dezentral-zentrales Verfahren**.

Im ersten Fall wird die Verwaltung einer Spezifikation und aller dazugehörigen Vorschläge genau einem Teilnehmer übertragen (zentrales Verfahren), dies ist im Regelfall der Initiator. Im BPD in Abb. 65 wird dies durch Zuordnung der Datenelemente „Spezifikationen" und „Vorschläge" zum Initiator-Pool erreicht. Im zweiten Fall (vgl. Abb. 66) werden Spezifikationen und Vorschläge „beliebig" im Netzwerk verteilt (dezentrales Verfahren). Dazu wird im BPD das Produktmodell keinem Pool zugeordnet. Im dritten und letzten Fall soll jeder Teilnehmer seine Modelle lokal verwalten (dezentral-zentrales Verfahren). Entsprechend wird im BPD das Datenelement Spezifikation beim Initiator vorgesehen, während der Vorschlag auf die Seite des Teilnehmers gesetzt wird.

Die Verteilung der Datenelemente muss letztendlich durch das P2P-Netzwerk umgesetzt werden. Auch wenn der Unternehmensmodellierer technisch nicht in der Lage ist, bzw. kein Interesse hat, eine netzwerkseitige Produktmodellverteilung auf Geschäftsprozessebene festzulegen, stellt er dennoch durch seine strategische Datenmodellierung die Weichen für mögliche P2P-Netzwerktopologien.

4.2.4.3 CIM-Geschäftsprozessdiagramm mit Berücksichtigung von Hierarchien

Ein Teilnehmer kann ein durch den Initiator gegebenes Teilproblem weiter zerlegen und mit ausgewählten Partnern in einem Teilnetz separat entwickeln. Dieser Fall entspricht der mehrfach hierarchischen Variante der im Metamodell dargestellten Kollaborationsarchitekturen.

Im BPD in Abb. 67 wird dieser Sub-Initiator als Teilnehmer A dargestellt. Er ist ein Experte für ein ausgewähltes Teilproblem des Initiators. Eine Spezifikation wird dabei unter Zuhilfenahme einer Menge an Sub-Spezifikationen in einem separaten Netzwerk verfeinert veröffentlicht. Dieser Prozess dazu muss separat abgebildet werden und findet sich im BPD beim Teilnehmer B.

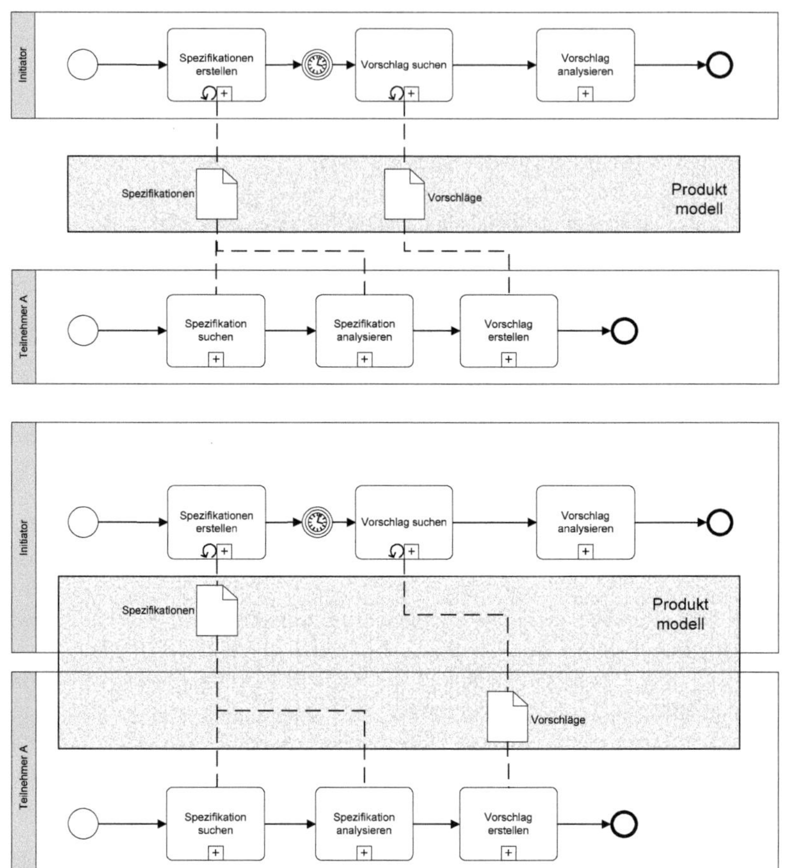

Abb. 66: BPDs für dezentrales (oben) und hybrides Verfahren (unten)

Die Anzahl zusätzlicher Teilnehmer und Hierarchieebenen ist theoretisch unbeschränkt. In der Modellierung des Prozesses kann jedoch auf die Darstellung jedes einzelnen, zusätzlichen Teilnehmers verzichtet werden, da sich die Prozessschritte für jeden Teilnehmer wiederholen. Genau zu dem Zeitpunkt, an dem ein Teilnehmer für gewöhnlich einen Vorschlag abgeben würde, kann er sich dafür entscheiden eine erhaltene Spezifikation weiter zu zerlegen und dann das in Abb. 65 dargestellte Szenario durchführen. Hierarchien können grundsätzlich in allen Datenverteilungsformen (zentral/ dezentral/ dezentral-zentral) existieren. Für die Modellierung wurde sich hier auf die zentrale Variante beschränkt: Spezifikationen und Vorschläge liegen beim Initiator, Sub-Spezifikationen und Sub-Vorschläge beim Sub-Initiator, bzw. Teilnehmer A.

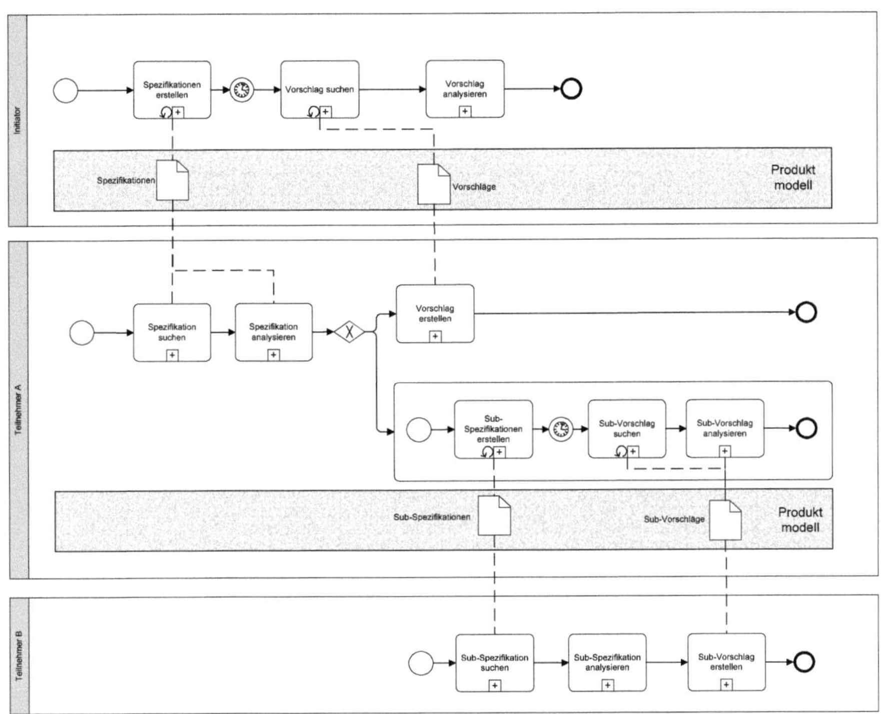

Abb. 67: Hierarchieebenen im BPD bei zentraler Modellverwaltung

4.2.4.4 CIM-Geschäftsprozessdiagramm mit Berücksichtigung von Iterationen

Alle bisher betrachteten Geschäftsprozessdiagramme sind iterationsfrei. Auch diese Tatsache entspricht nicht der Realität. Eine Entwicklung eines Produktmodells benötigt in der Realität für gewöhnlich eine hohe Anzahl an Iterationen. Diese werden im Folgenden durch zwei Möglichkeiten abgebildet. Entweder stellt der Initiator nach Erhalt der ersten Vorschläge fest, dass die von ihm ausgeschriebene Spezifikation zu ungenau, bzw. zu schlecht formuliert war und muss diese verbessern, oder der Initiator kann ausgewählte Teilnehmer bitten, Vorschläge zu überarbeiten. Für das Überarbeiten werden zwei neue Prozessschritte („Spezifikation überarbeiten" und „Vorschlag überarbeiten"), sowie entsprechende Entscheidungs-Verzweigungen eingeführt. In Abb. 68 wird wiederum von zentraler Modellverwaltung und dazu vereinfachend noch von einer hierarchielosen Kooperation ausgegangen.

4.2.4.5 Zusammenfassung der Betrachtungen von DeCPD-Prozessen

Im Rahmen der CIM-Geschäftsprozesse für die DeCPD wurden die folgenden Dimensionen mit berücksichtigt: Die Verteilung der Produktmodelle, sowie das Vorhandensein von Iterationen und/oder Hierarchien. Zusammenfassend kann die Ausgestaltung der Dimensionen der in dieser Arbeit betrachteten Produktentwicklungsszenarien der DeCPD in einem dreidimensionalen Koordinatenkreuz so wie in Abb. 69 abgebildet werden.

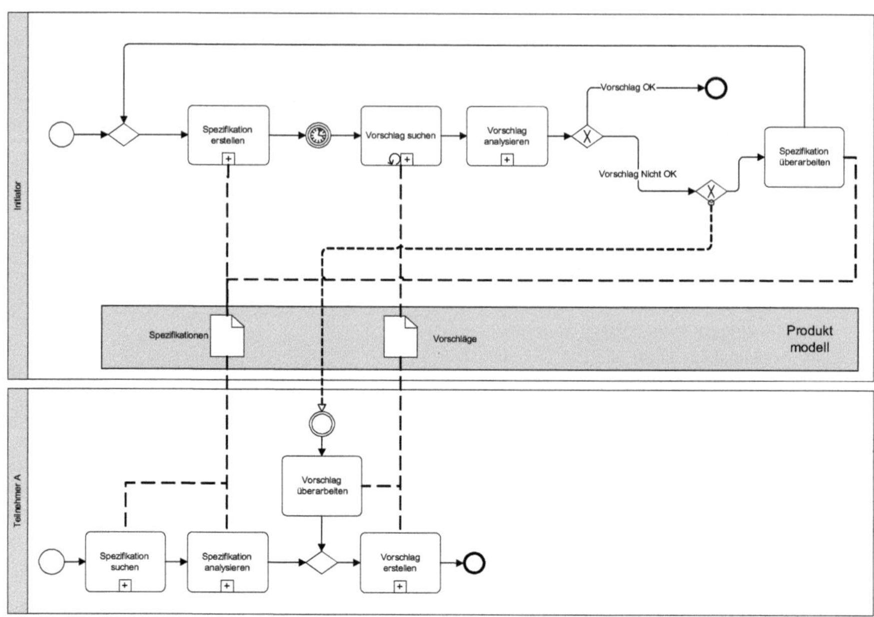

Abb. 68: Iterationen im BPD bei zentraler Modellverwaltung und ohne Hierarchien

Im einfachsten Szenario sind die Ausprägungen der Dimensionen (iterationsfrei, zentrale Modellverwaltung, hierarchielos) am nahesten am Koordinatenursprung. Das aufwändigste Szenario der DeCPD berücksichtigt Hierarchien und Iterationen, sowie eine dezentrale PM-Verteilung.

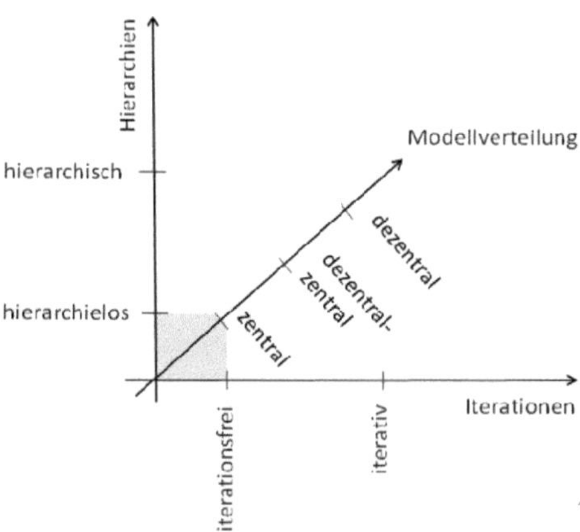

Abb. 69: Dimensionen für DeCPD-Szenarien

4.2.5 Ein Metamodell für die CIM-Netzwerksicht

In Abb. 70 ist das CIM-Metamodell der Netzwerksicht dargestellt. Dort werden **funktionale und nichtfunktionale Anforderungen** an die DeCPD vorgesehen. Diese werden durch den Initiator der Kollaboration festgelegt. Zu den nichtfunktionalen Anforderungen zählen neben der bereits in der Datensicht erklärten **Sichtbarkeit** zusätzlich die **Vertrauenswürdigkeit**, sowie das **Budget**.

- Die **Vertrauenswürdigkeit** gibt an, wie sich die Teilnehmer innerhalb der Kollaboration untereinander gegenseitig vertrauen. Dabei kann unterschieden werden zwischen geringem und hohem Vertrauen (vgl. Abschnitt 4.2.6.1).
- Die **Sichtbarkeit** gibt an, ob ein Datenelement frei zugänglich ist für alle Nutzer (öffentlich), oder ob nur ausgewählte Teilnehmer auf das Element zugreifen können (privat), vgl. Abschnitt 4.2.6.2.
- Beim **Budget** wird unterschieden zwischen geringem und hohem Budget. Diese Angabe spezifiziert, ob für die Durchführung der Kollaboration zusätzliche Kosten toleriert werden oder nicht, vgl. Abschnitt 4.2.6.3.

Zu den funktionalen Anforderungen zählen **Ausfallsicherheit** und **Datenverfügbarkeit**.

- Die **Ausfallsicherheit** bezieht sich auf Teilnehmer und/ oder Dienste unabhängig von einer konkreten Netzwerkinfrastruktur und skizziert die erwartete Stabilität der Kollaborationsumgebung, vgl. Abschnitt 4.2.6.4.
- Die **Datenverfügbarkeit** gibt an, wie sicher Datenelemente während der Kollaboration zur Verfügung stehen müssen, vgl. Abschnitt 4.2.6.5.
- Letztes Element ist die Angabe von **Subkollaborationen**. Subkollaborationen sollen die Möglichkeit darstellen, eine mehrfach hierarchische Kollaboration innerhalb eines Netzwerks durch deren Dekomposition zu ermöglichen (vgl. Abschnitt 4.2.6.6).

4.2.6 Funktionale und Nichtfunktionale Anforderungen der DeCPD

Der Ingenieur, der die netzwerkseitige Anforderungen auf der CIM-Ebene beschreibt, weiß nicht, welcher optimale Netzwerkansatz letztendlich auf PSM-Ebene gewählt werden sollte und ist in der Regel kein IT-Experte. Deshalb ist es notwendig, dass durch ihn „umgangssprachlich" Anforderungen an das Netzwerk gestellt werden, die durch die Modelltransformation auf der PSM-Ebene des Netzwerkmodells in einer spezifischen Netzwerkausprägung enden. Entscheidend sind funktionale und nichtfunktionale Anforderungen in der Art, wie diese zuvor im Metamodell vorgestellt wurden.

4.2.6.1 Vertrauenswürdigkeit

Die Vertrauenswürdigkeit bezieht sich auf das Vertrauen von Akteuren untereinander. Kollaborationen mit vertrauenswürdigen Teilnehmern (also mehreren Teilnehmer einer Hierarchieebene der Zulieferpyramide) können in sogenannten hierarchischen (ein Initiator, mehrere Teilnehmer), bzw. mehrfach-hierarchischen Kollaborationsarchitekturen (mehrere Initiatoren, mehrere Teilnehmer durch die Verwendung von Subkollaborationen, vgl. Abschnitt 4.2.6.6) abgebildet werden. Nicht-vertrauenswürdige Partnerschaften werden dagegen durch heterarchische Kollaborationen (also ohne Subkollaborationen) abgebildet.

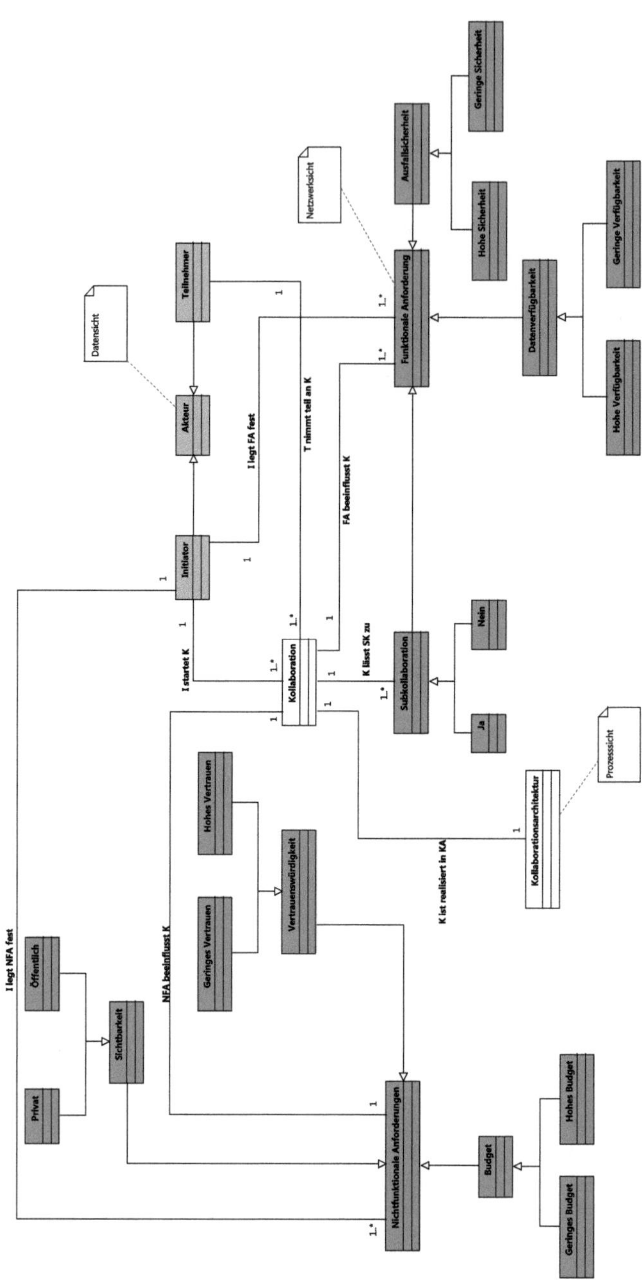

Abb. 70: Metamodell der CIM-Netzwerksicht

Die Angabe der Vertrauenswürdigkeit entscheidet letztendlich auch über den Umgang mit den Datenelementen im Netzwerk. Bei nicht-vertrauenswürdigen Kollaborationen empfiehlt es sich die Sichtbarkeit der Daten als „privat“ einzustufen (vgl. Abschnitt 4.2.6.2).

4.2.6.2 Sichtbarkeit

Mit der Sichtbarkeit wird angegeben, in wie weit Produktmodell-Spezifikationen und/ oder – Vorschläge durch Dritte eingesehen werden können. In der Regel sind Spezifikationen nicht-sensible Datenelemente, die für alle Kollaborationsteilnehmer offen zugänglich sind. Vorschläge sind dagegen sehr sensible Datenelemente, die oftmals nur durch einen ausgewählten Nutzerkreis eigesehen werden sollen. Im CIM-Datenmodell ist diese nichtfunktionale Anforderung daher direkt den Datenelementen Projektausschreibung, Spezifikation und Vorschlag zugeordnet und muss durch den Ingenieur spezifiziert werden. Generell lässt sich sagen, dass nicht-vertrauenswürdige Kollaborationen mit privater Datensensibilität arbeiten und besonders sichere Verfahren für den Produktdatenaustausch erfordern.

4.2.6.3 Budget

Die Einordnung eines vorhandenen Budgets erlaubt eine differenziertere Entscheidung zwischen einem client-/serverbasierten Ansatz und einem P2P-basierten Ansatz auf den nachfolgenden Netzwerk-Modellebenen der OMP. Eine sehr einfache Metrik sieht vor, dass Kollaborationen mit geringem Budget tendenziell stärker für die DeCPD sprechen, währen finanziell starke Kollaborationsprojekte stärker einen Client-/ serverbasiertes Netzwerkmodell bevorzugen werden.

4.2.6.4 Ausfallsicherheit

Ausfallsicherheit fokussiert die erwartete Robustheit einer Netzwerkarchitektur. Da ein Server auf Grund des Single Point auf Failures prinzipiell eine geringe Ausfallsicherheit bietet, offenbart der Peer-To-Peer-Ansatz durch Inanspruchnahme von Replikation, also der Verteilung von Kopien im Netzwerk einen deutlich robusteren Ansatz.

4.2.6.5 Datenverfügbarkeit

Die Datenverfügbarkeit skizziert, in wie weit konkrete Produktmodell-Vorschläge dauerhaft der Kollaborationsumgebung zur Verfügung stehen müssen. Die Datenverfügbarkeit steht unmittelbar in Zusammenhang mit der Ausfallsicherheit des Netzwerks. In einem ausfallsicheren Netzwerk wird in der Regel eine hohe Datenverfügbarkeit verlangt. Je nach Entscheidung der IT-Architekten auf der PIM-Ebene, wird tendenziell ein client-/ serverbasierter Ansatz stärker in den Hintergrund rücken, oder aber der Ansatz wird wesentlich teurer, da mehrere Server angeschafft, bzw. verwendet werden müssen.

4.2.6.6 Subkollaborationen

Eine Subkollaboration wird immer dann benötigt, wenn ein Teilproduktmodell innerhalb eines internen Expertenverbunds unabhängig vom übergeordneten Entwicklungsnetzwerk weiterentwickelt werden soll. Dieser Fall wird auch als **mehrfach hierarchische Kollaboration** bezeichnet und kommt in der Regel sehr häufig vor.

Subkollaborationen werden nur dann angewendet, wenn keine physikalisch getrennte Kollaboration für die Entwicklungen in der nächsten Hierarchieebene angestrebt wird. Diese Entscheidung hängt, wie bereits erwähnt, davon ab, wie sehr die Kollaborationspartner untereinander vertrauenswürdig sind, bzw. wie sehr sie gegeneinander konkurrieren. In der Produktentwicklung genügt das Vorhandensein von Verschlüsselungsverfahren oftmals nicht aus, insbesondere dann, wenn Konkurrenten innerhalb eines gemeinsamen Netzwerks Produktdaten austauschen zu lassen.

In Kollaborationen wird grundsätzlich davon ausgegangen, dass TPM-Vorschläge immer durch den Besitzer vor der Speicherung im Netzwerk verschlüsselt und nur durch einen Kreis ausgewählter Teilnehmer entschlüsselt werden können. Für die Speicherung einer Ressource auf einem „fremden" Rechner (entweder Peer oder Server) gibt es damit eine nahezu 100%-ige Garantie dafür, dass eine Ressource nicht durch einen Dritten illegal entschlüsselt werden kann. Das illegale Entschlüsseln benötigt in der Regel eine bestimmte Zeit t_{dec}, die bei Wahl aktueller Verschlüsselungsalgorithmen in jedem Fall größer ist, als die Lebensdauer des Kollaborationsnetzwerks t_{coop}. Routingmechanismen für dezentrale Ansätze sind nicht Bestandteil dieser Arbeit, obwohl es in diesem Bereich einige interessante Ansätze gibt, die sich zum Beispiel um die Verschleierung von Routing-Wegen Gedanken machen.

Subkollaborationen in mehrfach hierarchischen Kollaborationsarchitekturen bilden sich in Anlehnung an die Abb. 45 entlang der zugrundeliegenden Produktmodellstruktur, da davon auszugehen ist, dass sich für jede Komponente ein Expertenteam findet, dass dessen Entwicklung vornimmt (vgl. Abb. 71, Komponenten T_2 und T_3).

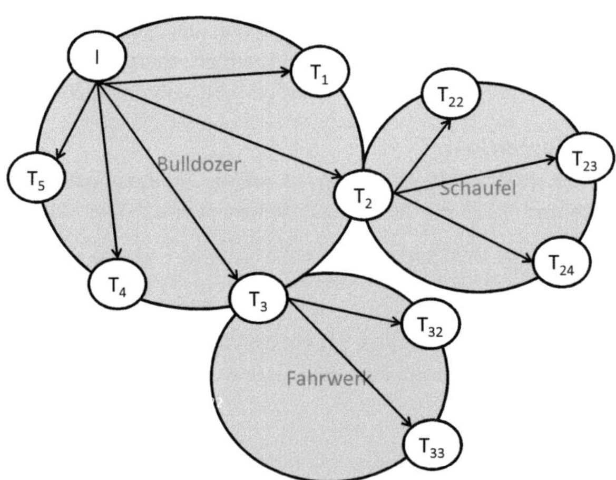

Abb. 71: P2P-Overlay-Organisationsstruktur

4.3 PIM-Modelle für die OMP

4.3.1 Ein Metamodell für die PIM-Datensicht

Das Metamodell für die PIM-Datensicht definiert für die **Datenelemente** der CIM-Sicht eine Form der Datenverwaltung. Dazu gehören unter anderem die **zentrale** und die **dezentrale Datenverwaltung**. Die Wahl der Datenverwaltung wird beeinflusst durch die **funktionalen** und **nichtfunktionalen Anforderungen**, die bereits auf der CIM-Ebene festgelegt wurden.

Die **zentrale Datenverwaltung** wird in der Regel über zentrale Datenbanken realisiert. Dieses Verfahren entspricht den üblichen Methoden aus den PDM-Systemen, so wie im Stand der Technik in Abschnitt 2.2 vorgestellt.

Bei der **dezentralen Datenhaltung** können **verteilte Datenbanken** und **dateibasierte Ansätze** voneinander unterschieden werden. Bei den dateibasierten Ansätzen werden im Wesentlichen drei verschiedene Varianten unterschieden: Die **lokale**, die **hybride** und die **dezentrale PM-Speicherung**. Dieser Varianten werden im nächsten Abschnitt näher erläutert.

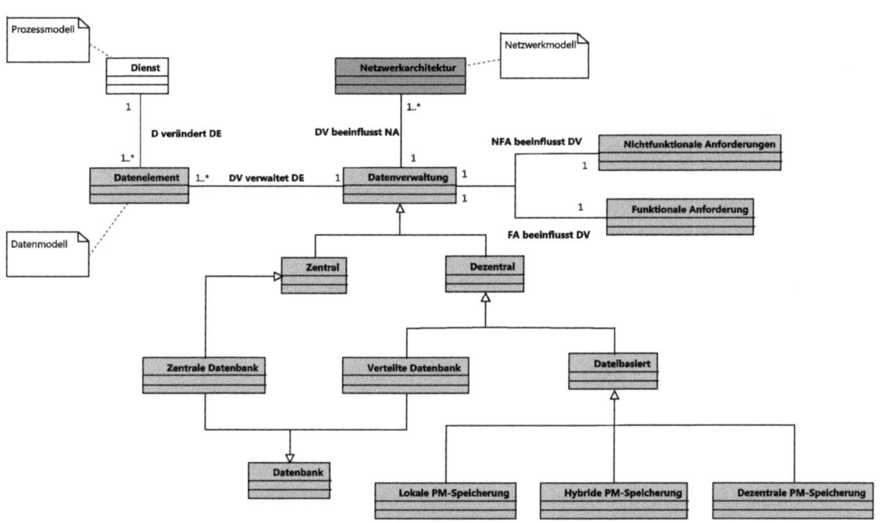

Abb. 72: PIM-Metamodell der Datensicht

4.3.2 Dateibasierte dezentrale Speicherung von Teilproduktmodellen

Wie in Abschnitt 3.2.1 vorgestellt, besteht das Produktmodell aus einer Reihe an TPM-Spezifikationen und zugehörigen TPM-Vorschlägen. Die TPM-Spezifikationen sollen immer allen Teilnehmern zugänglich sein, während die Vorschläge nur unter ausgewählten Teilnehmern einsehbar sein sollen.

Für die Speicherung der **TPM-Spezifikationen** eignet sich in einem P2P-System immer ein Multicast-Verfahren, bei dem alle Teilnehmer des Netzwerks diese übermittelt bekommen.

Bei den DHT-basierten Ansätzen kann dies zum Beispiel über Scribe (Pastry-Multicast) geregelt werden, bei dem alle Teilnehmer eines Kooperationsverbunds in ein verbundweit gemeinsames Topic eingeschrieben sind, innerhalb dessen dann der Ressourcentransfer erfolgen kann. Alternativ können natürlich auch die Spezifikationen im Overlay gespeichert werden, damit diese gesucht und gefunden werden können. Grundsätzlich ist das Speichern von TPM-Spezifikationen jedoch unproblematisch.

Bei der Speicherung von **TPM-Vorschlägen** können unterschiedliche Strategien angewendet und voneinander unterschieden werden. Beim klassischen client-/ serverbasierten Ansatz würden die Vorschläge **zentral** auf einem Produktmodellserver verwaltet werden. Hier ließe sich relativ einfach der Zugriff auf die Teilproduktmodelle regeln. Jedoch existiert damit ein zentraler Knoten, dessen Überlastung oder Ausfall das Gesamtsystem stark belastet. Ein **dezentraler Ansatz** kann dieses Problem lösen, in welcher Form hängt jedoch stark von den Einstellungen des Ingenieurs ab. Folgende Varianten kommen dabei in Frage:

(1) **Lokale Speicherung von TPM-Vorschlägen auf einem Knoten**
Ablage der Produktmodell-Vorschläge nur auf demjenigen Knoten, der auch der Besitzer ist.

(2) **Hybride Speicherung von TPM-Vorschlägen**
Speichern von Vorschlägen auf einem oder mehreren Knoten innerhalb einer Subkollaboration mit ausschließlich vertrauenswürdigen Kollaborations-partnern.

(3) **Dezentrale Speicherung von TPM-Vorschlägen**
Speichern von Vorschlägen nach einem overlayspezifischen, DHT-basierten Verfahren auf „beliebigen“ Knoten

Die Wahl einer Speichervariante für die Speicherung der TPM-Vorschläge hat unmittelbar Auswirkung auf die Netzwerkarchitektur und wird daher noch mal genauer im Abschnitt 4.3.5 bei der Vorstellung des Metamodells für die PIM-Netzwerksicht diskutiert.

4.3.3 Ein Metamodell für die PIM-Prozesssicht

Jeder globale Geschäftsprozess der CIM-Prozesssicht wird im PIM-Modell in eine **Workflow-Choreographie** überführt, vgl. Abb. 73. Zu jeder Choreographie wird zusätzlich die **Koordinierungsart des Workflows** spezifiziert, eine Angabe die in der CIM-Ebene bislang keine Rolle spielte. Bei der Koordinierungsart wird unterschieden zwischen der **zentralen und der dezentralen Koordinierung**.

Jede Choreographie besteht aus einer Anzahl von **Workflow-Orchestrierungen**, die ihrerseits wiederum den lokalen Prozessen des CIM-Geschäftsprozesses entsprechen. Im PIM-Metamodell der Prozesssicht wird für jeden lokalen Prozess der CIM-Ebene eine entsprechende **Workflow-Orchestrierung** definiert. Jeder Workflow besteht aus einer Reihe von Diensten, die zur Umsetzung des Workflows benötigt werden. Der Dienst entspricht in der CIM-Ebene entsprechend den Prozessschritten. Bei der Art und Weise wo und wie diese Dienste ausgeführt werden kann zwischen **verteilter und lokaler Ausführung** unterschieden werden.

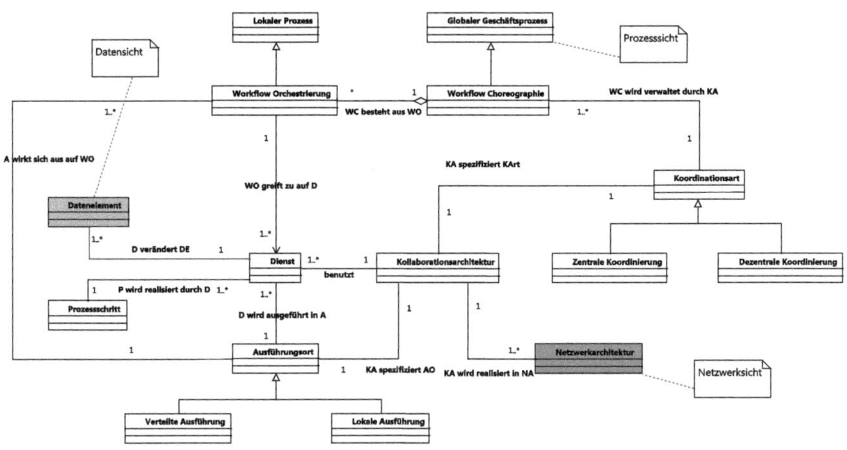

Abb. 73: Metamodell der PIM-Prozesssicht

Das Zusammenspiel aus dem Ausführungsort der Dienste und der Koordinierungsart der Choreographie spezifiziert die **Kollaborationsarchitektur** auf der PIM-Ebene. In Abschnitt 4.3.4 wird dieses Zusammenspiel genauer erläutert.

4.3.4 Kollaborationsarchitekturen

Im Rahmen der Vorstellung der Modellinstanzen der PIM-Sicht werden PIM-Kollaborationsarchitekturen beschrieben, die in der DeCPD relevant sind. In ihnen werden Kombinationen von Koordinationsarten der Choreographie und Ausführungsort der Dienste untersucht. Folgende Fragestellungen werden beantwortet:

a) Welche Prozesse des CIM-Geschäftsprozessmodells werden durch welche Dienste des PIM-Workflowmodells abgebildet?
b) Wie werden die Basisdienste auf die unterschiedlichen Rollen (Initiator/ Teilnehmer X) verteilt („Ausführungsort der Dienste“)?
c) Wer koordiniert die Reihenfolge bei der Abarbeitung?

Beim Entwurf des computerunabhängigen Modells (CIM) wird ein **globaler Geschäftsprozess** (gGP) definiert, der den gesamten Verlauf der Kollaboration durch Verknüpfung lokaler Geschäftsprozesse beschreibt. Ein gGP definiert damit aus übergeordneter Sicht die Aufgaben-, bzw. Prozessverteilung an die beteiligten Produktmodellentwickler der DeCPD auf hohem, grobgranularem Abstraktionsniveau. Das gGP ist weiterhin dafür verantwortlich die Übergangszeitpunkte zwischen den Aktivitäten unterschiedlicher Akteure zu spezifizieren. In der Abb. 74 ist das gGP beispielhaft durch Zusammenstellung der **lokalen Geschäftsprozesse** (lGPs) von drei Akteuren, hier durch blaue, rote und grüne Prozessschritte dargestellt.

Jeder globale Prozess (gGP) wird durch einen darunterliegenden, feingranularen lGP beschrieben. Die Subprozesse des lGPs müssen zur **Run-Time** durch entsprechende Dienste in der festgelegten Reihenfolge (= Orchestrierung) durch einen festgelegten Akteur ausgeführt werden. Dazu müssen zur Design-Time die Prozesse, die das lGP beschreiben, in konkrete DeCPD-Basisdienste des lokalen Workflows (lWf) transformiert werden.

Im Beispiel besteht der lGP B aus drei lokalen Prozessschritten B_1, B_2 und B_3 und der lokale Geschäftsprozess C aus den Schritten C_1, C_2 und C_3. Diese werden in entsprechende Dienste transformiert. Dabei muss jedoch festgelegt werden, welcher Peer zur Run-Time welche Dienste ausführt. Im Beispiel verarbeitet der Peer1 alle Dienste des rot dargestellten lWFs (bestehend aus mehreren rot markierten, lokalen Diensten) und der Peer2 übernimmt die Dienste des in grün hinterlegten lWFMs. Bei der Definition des Ausführungsorts der Dienste gibt es jedoch mehrere Möglichkeiten. Im Folgenden werden einige Architekturmodelle vorgestellt, die im Rahmen der DeCPD eine Rolle spielen. In (Roser 2008, Kap. 4.1.2) wurden dazu bereits einige interessante Ansätze vorgestellt.

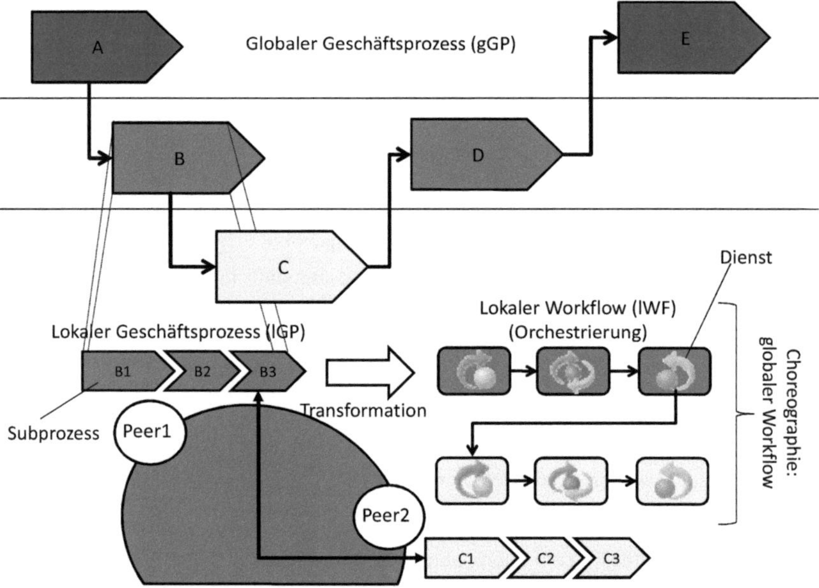

Abb. 74: Zusammenhang zwischen lokalem, bzw. globalem Geschäftsprozess- und Workflowmodell

In einem einfachsten Fall (siehe Beispiel) verfügt die dienstausführende Instanz lokal über alle notwendigen Dienste. Auf Grund des verteilten Charakters der DeCPD bietet sich jedoch auch an, über alternative Dienstverteilungen nachzudenken. Dabei kann unterschieden werden zwischen der

- **lokalen Ausführung** aller kollaborationsrelevanten Dienste und der
- **verteilten Ausführung** der Dienste durch Kollaborationsteilnehmer.

Lokale Ausführung bedeutet, dass jeder Kooperationspartner über sämtliche für die Kooperation notwendigen DeCPD-Basisdienste verfügt. Das hat zur **Run-Time** den Vorteil, dass zu jedem Zeitpunkt sichergestellt ist, dass die durch einen Teilnehmer zu erbringenden, notwendigen Basisdienste jederzeit lokal bereit stehen und ausgeführt werden können. Sind die Basisdienste verteilt über die Teilnehmer (vgl. Abb. 74), so muss zur Run-Time immer zuerst sichergestellt werden, dass ein benötigter Dienst auch tatsächlich zur Verfügung steht und in Anspruch genommen werden kann. Für die DeCPD kommen bei der **verteilten Ausführung von Basisdiensten** zwei Varianten in Fragen:

- Entweder stellen ausgewählte Knoten (Super-Peers) die Dienste einer Gruppe dauerhaft zur Verfügung und können dort in Anspruch genommen werden **(zentrale Ausführung)**, oder
- die Dienste liegen vollständig dezentral im Netzwerk und können über eine verteilte Suche bei Bedarf gefunden und zur Nutzung angefragt werden **(dezentrale Ausführung)**.

Weiterhin kann unterschieden werden, ob der **globale Workflow (gWF)** zentral durch einen kollaborationsübergreifenden Koordinator gesteuert wird, oder ob er dezentral durch mehrere unabhängige Koordinatoren vorangetrieben wird. Im Detail bedeutet dies folgendes:

- In einer **zentral koordinierten Kollaboration** wird der globale Workflow (gWF) zentral von einem Koordinator gesteuert. Er ordnet zur Run-Time lokale und/oder verteilt vorliegende Basisdienste in einer Choreographie und kontrolliert deren Ausführung. Diese Variante verlangt, dass zur vor Beginn der Kooperation die Teilnehmer ihr Basisdienst-Angebot an den Koordinator melden.
- In einer **dezentral koordinierten Kollaboration** soll auf den zentralen Koordinator verzichtet werden. Jeder Kooperationsteilnehmer ist damit selbst dafür verantwortlich, einen Basisdienst zur richtigen Zeit auszuführen und den im Rahmen des gGPM erwarteten Beitrag zu leisten. Zur Run-Time erfolgt die Entscheidung, welcher verteilt vorliegende Dienst ausgeführt werden muss (bzw. kann), durch Auslesen des Zustands des virtuellen Produktmodells (vPM). Verändert sich dieses, so werden beteiligte Produktentwickler darüber informiert und können lokal entscheiden, ob und wann sie einen Basisdienst starten. Bei jedem Teilnehmer gibt es einen speziellen Basisdienst, den sogenannten Kollaborationsdienst (engl.: Collaboration Service, CS), der den Status ausgewählter Teilproduktmodelle (Spezifikationen und Vorschläge) des vPMs überwacht. Genau dieser CS ist dafür verantwortlich, das Verändern der TPMs zu beobachten und die Teilnehmer über das overlayspezifische Nachrichtensystem darüber zu informieren.

Die Fälle der zentral koordinierten Kollaborationen werden vorerst nicht weiter betrachtet, da Sie für die Anwendungsfälle dieser Arbeit ohne Belang sind. Im Vergleich zu existierenden client-/ serverbasierten Ansätzen der Dienstbereitstellung und -ausführung besteht in der DeCPD niemals die Möglichkeit, einen Dienstanbieter direkt zu kontaktieren. Das liegt darin begründet, dass in einem dezentralen Informationssystem zu keinem Zeitpunkt garantiert werden kann, dass ein dienstanbietender Peer auch tatsächlich dem Netzwerk zur Verfügung steht. Die Kommunikation zwischen zwei Teilnehmern wird durch das P2P-Overlay gesteuert. Das gilt für den Austausch von Produktmodellen gleichermaßen wie für das Anbieten und Nachfragen von Diensten.

4.3.4.1 Dezentral koordinierte Kollaboration bei lokaler Basisdienst-Ausführung

Die Abb. 75 soll beispielhaft den Fall der **dezentral koordinierten Kollaboration bei lokaler Basisdienst-Ausführung** verdeutlichen. In der Abbildung sind drei Peers dargestellt. Jeder Peer kennt den globalen Workflow (gWF) der Kooperation und stellt daraufhin seinen individuellen lokalen Workflow (lWF) auf. Die einzelnen Workflowschritte werden durch geeignete Basisdienste (engl.: Services S_X) der jeweiligen Teilnehmer implementiert.

Der gWF ist farbig dargestellt, dabei markiert eine Farbe den durch einen Teilnehmer ausgeführten, lokalen Workflow (Kompositionen von lokalen OMP-Basisdiensten). So führt im Beispiel die grün markierten Basisdienste der Peer1 aus (zum Beispiel S_1[Peer1] = „Erstellen und Veröffentlichen einer Spezifikation", S_2[Peer1] = „Das Überprüfen von eingegangenen Vorschlägen", während der rot gefärbte Dienst S_1[Peer2], zum Beispiel das „Erstellen und Veröffentlichen eines Vorschlags" durch den Peer2 bereitgestellt wird.

Da jeder Kollaborationspartner über sämtliche Basisdienste verfügt, die in einem beliebigen lokalen Workflow benötigt werden, gibt es in Bezug auf die Verfügbarkeit der Dienste in diesem Architekturmodell keine Probleme. Allerdings hängt die Ausführungsreihenfolge der Basisdienste, so wie durch das globale Workflowmodell vorgegeben, voneinander ab. Die Basisdienste stehen ähnlich wie in einer Choreographie in einer Reihenfolge, mit dem Unterschied, dass es hier keinen Koordinator gibt, der diese zentral steuert. So definiert der gWF im Beispiel die folgende Reihenfolge: lWF_1:S_1[Peer1]→ lWF_2:S_1[Peer2]→ lWF_1:S_2[Peer1].

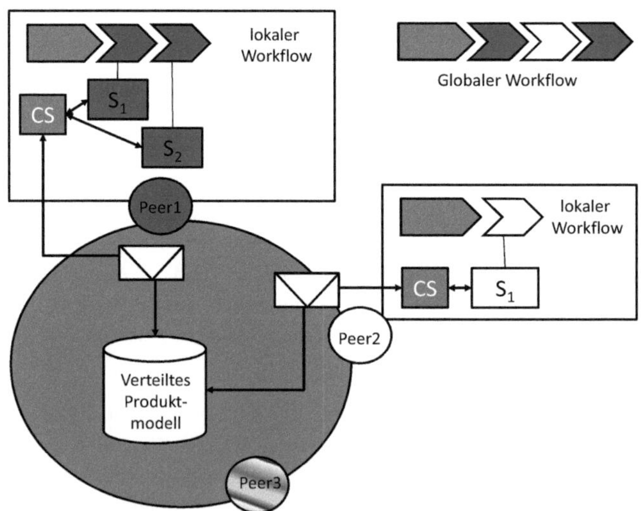

Abb. 75: Architekturmodell (A1) für eine dezentral koordinierte Kollaboration bei lokaler Dienst-Ausführung

Zu klären ist die Frage, wie ohne Koordinator die Koordination des verteilten gWFs erfolgt. Nachdem Peer1 seinen Dienst beendet hat, verändert sich der Status des verteilten Produktmodells (vPM). Genau genommen existieren jetzt eine oder mehrere Spezifikationen im Netzwerk. Um diese Änderungen zu registrieren verfügt jeder Peer über einen Collaboration-Service (CS). Registriert der CS eine Veränderung des vPMs, der als Input von S_1[Peer2] dient, so wird der Dienst bei Peer2 aktiviert und durchgeführt.

4.3.4.2 Dezentral koordinierte Kollaboration bei zentraler Basisdienst-Ausführung

Bei dieser Architekturform stellen ausgewählte Knoten zentral anderen Mitgliedern Basisdienste zur Ausführung zur Verfügung, keines der übrigen Mitglieder verfügt dabei über eigene Basisdienste. In der Regel wird diese Architekturform in Kollaborationsnetzwerken angewendet, in denen die zur Kollaboration benötigte Funktionalität zentral gebündelt werden soll, bzw. muss. In der Abb. 76 ist beispielhaft gezeigt, wie die Dienste der Kooperationsgruppe „Fahrwerk" bestehend aus den Teilnehmern Peer1, Peer2 und Peer3 alle zentral durch den Peer1 bereitgestellt werden. Benötigt ein Teilnehmer einen bestimmten Dienst für seinen lokalen Workflow, so muss er diesen innerhalb der Gruppe (im Beispiel bei Peer1) anfragen. Der Besitzer führt den Dienst aus und liefert das Ergebnis zurück.

Wie eingangs erwähnt, muss eine Methodik gefunden werden, die es ermöglicht, dass die durch einen Peer angebotenen Dienste jederzeit gefunden werden können. Dieses Prinzip hat uns schon beim Umgang mit den Teilproduktmodellen beschäftigt. Es ist nicht möglich, einen DeCPD-Basisdienst-Anbieter direkt zu kontaktieren, da in einem dezentralen IS immer das temporäre Verlassen eines Peers toleriert werden muss. Dabei kann es sich um ein unerwartetes Verlassen des Netzwerks handeln, bei dem einem dienstanbietenden Peer beim Wiedereintritt eine neue Peer-ID zugewiesen wurde, oder es war ein geplantes Verlassen und die Dienste wurden auf einen alternativen Peer repliziert.

Es gibt zwei Möglichkeiten, damit umzugehen:

- Entweder es werden lokal Listen gespeichert, in denen regelmäßig die aktuelle Zieladresse des Peers gespeichert wird, der zentral die Dienste anbietet (verteiltes Dienste-Verzeichnis), oder
- es wird immer im Fall der Dienstanfrage eine Suchinformation an die Teilnehmer des Netzwerks gesendet und der Dienstanbieter antwortet direkt mit seiner aktuellen Zieladresse.

Im Beispiel in Abb. 76 benötigt Peer2 zur Abarbeitung seines lokalen Workflows einen Dienst S_2, der zurzeit durch Peer1 bereitgestellt wird. Der Collaboration-Service CS hat bei diesem Architekturmodell zusätzlich zur Koordination der Ausführungszeitpunkte von Diensten die Aufgabe, einen Dienst beim Anbieter anzufordern. In diesem Fall würde der Workflow durch die Architektur wie folgt unterstützt werden.

Peer1 beginnt wiederum mit dem Workflow durch Abarbeitung des ersten lokalen Workflows (lWF_{green}) und kann den dafür erforderlichen Dienst direkt ausführen (run S_1[Peer1]). Anschließend nutzt er den CS, um das erzeugte Produktmodell zu speichern (call CS[Peer1]: save PM).Das verändern des PMs führt zur Aktivierung des CS bei Peer2 (fire CS[Peer2]) und zum Start des dort anstehenden $1WF_{red}$. Da alle Kooperationsdienste zentral durch den Peer1 bereitgestellt werden, startet Peer2 nun eine Suche nach dem Dienst S_2. Wie zuvor beschrieben wird nicht davon ausgegangen, dass Peer1 direkt kontaktiert werden kann. Ferner wird wieder der CS genutzt, um über das nun schon bekannte Verfahren die Verwendung eines Basisdienstes anzukündigen (call CS[Peer2]: search S_2). Wurde der Eigentümer von S_2 ermittelt, so werden die notwendigen Inputdaten im virtuellen Servicemodell gespeichert und die Ausführung des Dienstes kann beginnen (run S_2[Peer1]). Das Ergebnis wird am Ende im virtuellen Produktmodell gespeichert. Der Ablauf sieht zusammengefasst so aus:

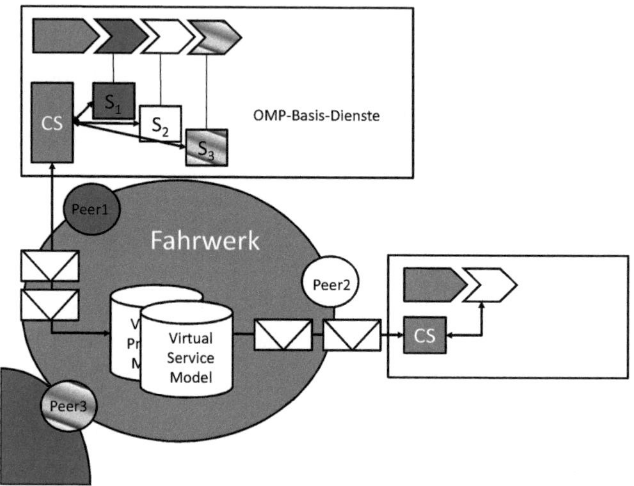

Abb. 76: Architekturmodell (A2) für eine dezentral koordinierte Kollaboration bei zentraler Dienst-Ausführung

start P_{green}→run S_1[Peer1]→ call CS[Peer1]: save PM →fire CS[Peer2]-> P_{red}→ call CS[Peer2]: search S_2→run S_2[Peer1]→ call CS[Peer1]: save PM.

4.3.4.3 Dezentral koordinierte Kollaboration bei dezentraler Basisdienst-Ausführung

Im letzten Fall wird nun noch die **dezentral koordinierte Kooperation bei dezentraler Dienstausführung** betrachtet. Der wesentliche Unterschied im Vergleich zur zentralen Dienstausführung besteht darin, dass die Kooperationsdienste nicht mehr durch einen bestimmten Anbieter bereitgestellt werden, sondern dass ein ausgewählter Dienst (z.B. das Erstellen eines Produktmodells aus Datenquelle X) dezentral im Kooperationsnetzwerk durch einen oder mehrere beliebige Anbieter angeboten wird. Folgende Gründe kann es dafür geben:

1. Der Dienstanbieter veröffentlicht die Beschreibung eines Dienstes als Ressource im Kooperationsnetzwerk. Der eine oder andere Teilnehmer kann die darin beschriebenen Funktionalität implementieren und damit den Dienst für das Kooperationsnetzwerk anbieten. Stellen mehr als nur ein Teilnehmer einen Dienst zur Verfügung, so liegt ein

Dienst mehrfach identisch im Sinne einer potentiellen Lösung im Netzwerk vor. Diese Eigenschaft schafft eine Ausfallsicherheit gegenüber der zentralen Variante. Die Implementierung des Dienstes kann durchaus unterschiedlich sein. Eine interessante Fragestellung dürfte dabei sein, für welchen „Preis" sich ein Teilnehmer bereit erklärt, einen Dienst anzubieten.

2. Mehrere Anbieter verfügen über identische Fähigkeiten, bzw. eine vergleichbare unternehmensinterne Infrastruktur zur Bereitstellung eines Dienstes. Ein Dienst wird daher durch mehrere Anbieter als Kopie zeitgleich identisch angeboten.

Die dezentrale Dienstausführung kann innerhalb eines Sub-Netzwerks oder aber im gesamten Netzwerk Anwendung finden. In Abb. 77 ist ein Beispiel dargestellt, in dem Peer3 einen Service zum Veröffentlichen einer Spezifikation im Netzwerk benötigt. Dieser Dienst ist wie in den vorherigen Beispielen mit S_1 benannt.

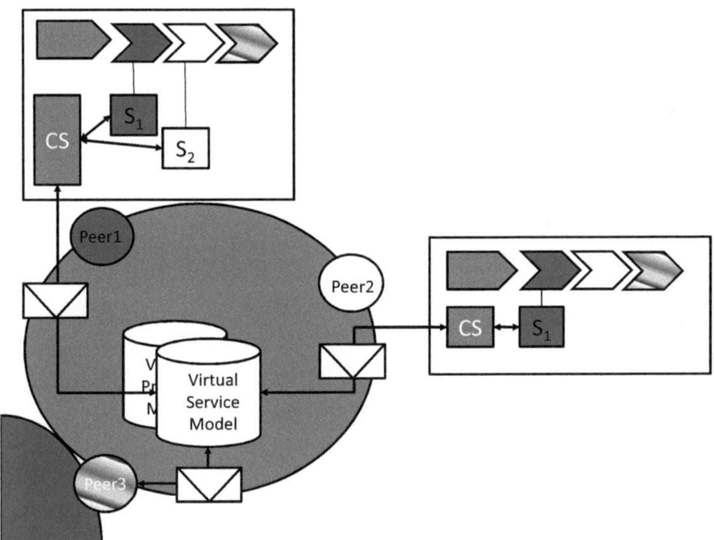

Abb. 77: Architekturmodell (A3) für eine dezentral koordinierte Kollaboration bei dezentraler Dienst-Ausführung

Noch mal zur Erinnerung: Bei der lokalen Dienstausführung hätte Peer3 selbst über den Dienst verfügt, im Fall der zentralen Dienstausführung lag der Dienst auf einem bestimmten Knoten. Mittels des CS hätte Peer3 im zentralen Fall eine Nachfrage nach dem Dienst an das Netzwerk gesendet, um dann letztendlich den Dienst bei einem zentralen Dienstanbieter auszuführen. Im nun betrachteten dezentralen Fall, nutzt Peer3 den CS erneut, um eine Anfrage an das Netzwerk zur Suche nach dem Dienst in der Form call CS[Peer3]: search S_1 zu stellen. Während im hybriden Fall lediglich festgestellt werden musste, welcher Knoten einen Dienst anbietet, ist die Entscheidung jetzt deutlich komplexer. In der Regel antworten nun mehr als nur ein Peer über ihren CS, dass Sie den gesuchten Dienst anbieten können. Es könnten verschiedene Regel für die Wahl eines Dienstanbieters über den CS in Frage kommen:

- Durchschnittliche Verfügbarkeit im Netzwerk
- Wahrscheinlichkeit für das vollständige Ausführen eines Dienstes (Ausfall-wahrscheinlichkeit eines Peers)
- Kosten für die Ausführung des Dienstes

4.3.5 Ein Metamodell für die PIM-Netzwerksicht

In der Netzwerksicht wird für die Kollaborationsarchitektur zusätzlich noch eine konkrete **Netzwerkarchitektur** spezifiziert, vgl. Abb. 78. Bei der Netzwerkarchitektur wird primär unterschieden zwischen einer **P2P-Architektur** und einem **client-/ serverbasierten Ansatz**. Die P2P-Architektur wird dann weiter unterteilt in die Formen **strukturiertes, unstrukturiertes** und **hierarchisches Overlay**.

Die Wahl der geeigneten Netzwerkarchitektur hängt von den funktionalen und nichtfunktionalen Anforderungen auf der CIM-Ebene ab. Oftmals kommen mehrere Varianten in Frage. In dieser Arbeit soll für die DeCPD die Eignung der P2P-Overlays genauer untersucht werden. Dazu werden im folgenden Abschnitt notwendige DeCPD-Basisdienste vorgestellt und ihre Anforderungen an das Overlay untersucht.

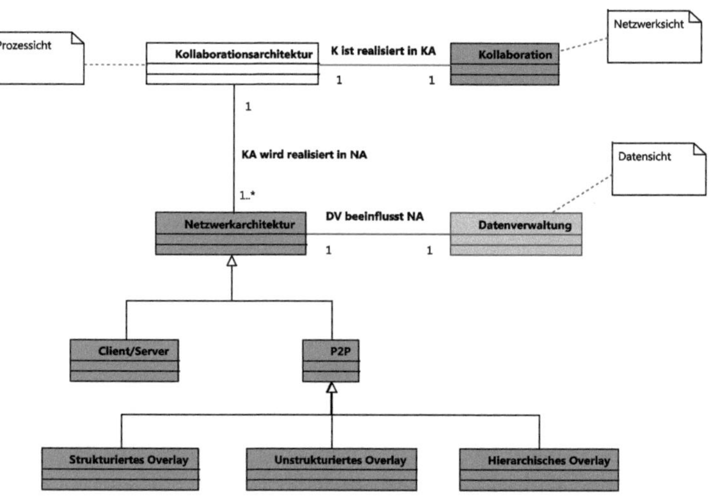

Abb. 78: Metamodell für die PIM-Netzwerksicht

4.3.6 DeCPD-Basisdienste und ihre Anforderungen an die Netzwerkarchitektur

Bei der Beschreibung der Modellinstanzen der PIM-Netzwerksicht werden im folgenden Abschnitt die DeCPD-Basisdienste der Kollaborationsarchitektur und ihre Anforderungen an die P2P-Overlaystrukturen diskutiert. Eine abschließender Vergleich mit dem client-/

serverbasierten Fall schließt den Abschnitt. Die DeCPD besteht im Wesentlichen aus den folgenden vier Basisdiensten: „Aufbau einer Kollaboration“, „Speichern von Teilproduktmodellen“, „Suche nach Teilproduktmodellen“ und „Sicherung des Kollaborationszustands“.

4.3.6.1 DeCPD-Basisdienst „Aufbau einer Kollaboration“

Diese Basisfunktion dient dem Finden von potentiellen Entwicklungsgemeinschaften. Zu den grundlegenden Funktionalitäten gehören die Verteilung der Entwicklungsaufgabe (Spezifikation) unter den neu angemeldeten Kollaborationsteilnehmern und das Aufteilen des Entwicklungsnetzwerks in Subkollaborationen, falls erforderlich.

Grundsätzlich stellt dieser DeCPD-Basisdienst an die Overlays einige spezielle Anforderungen:

- Das gewählte P2P-Overlay muss im Vergleich zu üblichen P2P-Anwendungen (zum Beispiel dem P2P Filesharing) nur mit einer viel kleineren Nutzerzahl von weltweit verteilten Teilnehmern agieren. In der Regel werden in einer DeCPD in etwa 10-15 Teilproduktmodelle als Spezifikation ausgeschrieben. Angenommen jedes des TPMe wird in einem Expertenteam innerhalb einer Subkollaboration mit einer Stärke von ~ 10 Teilnehmern entwickelt, dann nehmen insgesamt 100-150 Entwickler an der Kollaboration teil.
- In der Initialphase, in der sich die Entwicklungspartnerschaften erstmalig formieren, verändert sich die Netzwerkstruktur sehr oft. In dieser Phase evaluieren Teilnehmer, ob eine Kollaborationsteilnahme ihrerseits sinnvoll ist und entscheiden über den Verbleib im Netzwerk und die Einordnung in konkrete Kollaborationsprojekte. Das ist ein sehr dynamischer Prozess der mit einer entsprechenden Netzwerkfluktuation einhergeht. In den sich anschließenden Phasen (Reaktion, Sichtung oder Korrektur) haben sich die Teilnehmer fest zur Kollaboration entschlossen, und die Netzwerkstruktur ist stabil.
- Nach der Stabilisierung müssen zwei Sorten von Nachrichten über das Overlay laufen: Auf der einen Seite gibt es produktmodellbasierte Nachrichten, die zur Verteilung von TPM-Spezifikationen und/ oder -Vorschlägen dienen und darüber hinaus sind Zustandsnachrichten der einzelnen Peers (Auslastung, Bandbreite, Speicherplatz für Replikate, usw.) notwendig. Zustandsnachrichten liefern einen wichtigen Beitrag dazu, dass nicht unnötig Peers mit Aufgaben konfrontiert werden, die diese nicht fristgerecht abarbeiten könnten. Nur die regelmäßige Überwachung der Peers sichert einen reibungslosen Verlauf der Kollaboration.

Die in der CIM-Ebene festgelegte Form der Subkollaborationen hat Konsequenzen für die Wahl des P2P-Overlays, bzw. für die konkrete Strategie mit der ein P2P-Overlay für den gewählten Fall eingesetzt werden kann. Das Bilden von Subnetzwerken in P2P-Overlays bedeutet in der Regel, dass die Knoten der Subnetzwerke nicht notwendigerweise physikalisch voneinander getrennt sind und daher die Möglichkeit besteht, dass Produktmodelldaten über Knoten geroutet werden, die zum Lesen der Information nicht autorisiert sind. Für das Bilden von Subkollaborationen müssen auf der Overlayebene folgende Unterscheidungen getroffen werden:

- Unabhängig vom Verwenden sicherer Verschlüsselungstechniken eignen sich **hierarchische P2P-Overlays**, bei denen die Subnetzwerke über „zentrale Knoten" miteinander verknüpft werden. Dann kennen die Knoten einer Hierarchieebene immer die Knoten von Mitgliedern der gleichen Ebene, jedoch nicht deren Subkollaborationsmitglieder.
- In **strukturierten Overlays** können lediglich über eine geschickte Topic-Wahl die Netzwerke inhaltlich, jedoch nicht physikalisch voneinander getrennt werden. Durch zusätzliches Hinzufügen eines „cleveren" Routingmechanismus und durch Verwenden von Verschlüsselung ist darüber hinaus für Netzwerke mit nicht vertrauenswürdigen Teilnehmern ebenfalls ein akzeptabler Ansatz realisierbar.
- **Unstrukturierte Overlays** eignen sich auf Grund ihrer beliebigen Overlay-Verbindungen nicht für eine Gruppenbildung.

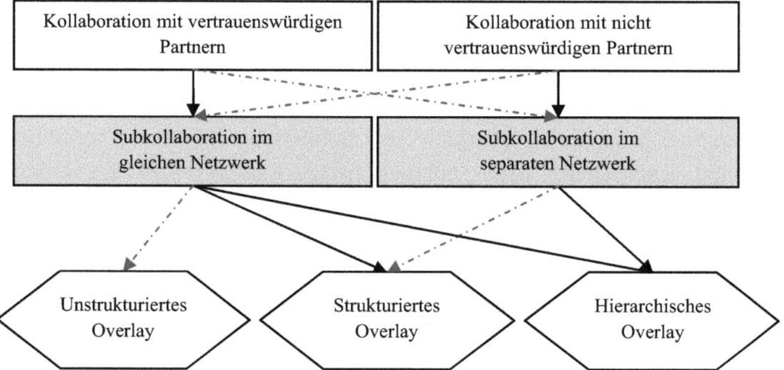

Abb. 79: Unterstützung von Subkollaborationen in P2P-Overlays

Für eine Bewertung hinsichtlich der Qualitätsmerkmale von Peer-To-Peer-Systemen kann folgendes festgestellt werden:

- **Adaptivität.** Insbesondere die sich ständig verändernden Strukturen des Kollaborationsnetzwerks zur Laufzeit erfordern eine hohe Flexibilität des Overlays.
- **Effizienz.** Für den reibungslosen, effizienten Verlauf einer Kollaboration ist es wichtig, dass produktmodellbasierte Nachrichten mit höherer Priorität durch das Netzwerk geroutet werden, als Zustandsnachrichten.
- **Validität.** Für die Suche von passenden Kollaborationsprojekten ist die entsprechende Suchfunktion zu nutzen (vgl. Abschnitt 4.3.6.3). Diese muss die Lokalisierbarkeit sicherstellen. Für das reine Betreten und Verlassen des Netzwerks werden keine Anforderungen an die Validität des Overlays gestellt.
- **Zuverlässigkeit.** Die Funktion stellt hohe Anforderungen an die Verfügbarkeit von Produktmodellen, insbesondere diejenigen der Initiatoren. Die Initialphase ist nicht sicherheitskritisch, da keine sensiblen Produktinformationen verteilt werden.

4.3.6.2 DeCPD-Basisdienst „Speichern von TPM-Vorschlägen"

Diese Basisfunktion übernimmt die Speicherung von TPM-Vorschlägen im Netzwerk. Entsprechend den Ausführungen in Abschnitt 4.3.2 sind die lokale, die hybride und die dezentrale TPM-Speicherung voneinander zu unterscheiden.

Bei der **lokalen Speicherung** liegen die TPM-Vorschläge nach Veröffentlichung direkt auf dem Besitzer-Peer, da kein Vertrauen in der Kollaboration vorhanden ist.

Von **der hybriden Speicherung** wird dann gesprochen, wenn es eine Menge von Entwicklern gibt, die sich innerhalb einer Subkollaboration zusammenschließen, um darin TPM-Vorschläge gemeinsam zu entwickeln. Das bedeutet, dass die hybride Speicherung nur in Kollaborationen auftritt, wo sich die Teilnehmer gegenseitig vertrauen.

Die Motivation könnte einerseits sein, dass aus Gründen der Replikation/ des Lastenausgleichs Vorschläge auf mehreren Knoten im Netzwerk gespeichert werden sollen oder aber der Anwendungsfall selbst verlangt, dass die Entwickler untereinander Vorschläge zur Weiterverarbeitung austauschen müssen. Das kommt immer dann vor, wenn bestimmte Teilnehmer iterativ an einem einzigen Vorschlag arbeiten und sich die entstehenden Revisionen untereinander austauschen.

Eine **dezentrale Speicherung** bedeutet einen noch offeneren Umgang mit Produktmodellvorschlägen in der Kollaboration. Hierbei werden TPM-Vorschläge auf „beliebigen", nicht durch den Besitzer bestimmbaren Knoten abgelegt. Dazu werden die reinen Overlaymechanismen der P2P-Overlays verwendet.

Die Wahl einer PM-Speichervariante schränkt die Wahl der zur Verfügung stehenden Overlays dann ein, wenn **overlaybasierte Suchverfahren (Lokalisierungsmechanismen)** verwendet werden sollen.

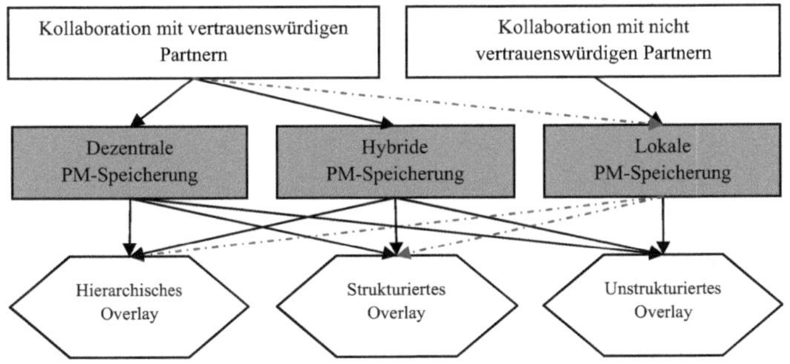

Abb. 80: P2P-Overlays zur Unterstützung der unterschiedlichen PM-Speichervarianten

Die Möglichkeit die TPM-Vorschläge auf ausgewählten Knoten zu speichern und die Option, dass diese dennoch über ein overlayspezifisches Suchverfahren gefunden werden bieten letztendlich nur unstrukturierte Overlays. Dort erfolgt die Suche jedoch über netzwerkflutende

Anfragen, wobei nicht sichergestellt werden kann, dass ein Modell auch garantiert gefunden wird. Bei Nutzen eines strukturierten Overlays ist das Auffinden von lokal gespeicherten TPM-Vorschlägen nur dann möglich, wenn der Besitzer das Vorhandensein des Modells im Netzwerk bei allen Teilnehmern zuvor ankündigt (Announcement). Bei hierarchischen Overlays verhält es sich ähnlich. Hierbei ist entscheidend, dass Super-Peers alle Suchanfragen des Top-Level-Overlays verarbeiten und weiterleiten müssen. Dazu muss ihnen jedoch das Vorhandensein von TPM-Vorschlägen des Bottom-Level-Overlays bekannt sein.

Bei der hybriden oder dezentralen PM-Speicherung können die TPM-Vorschläge beliebig im Netzwerk abgelegt werden. Daher können in diesem Fall die Lokalisierungsfunktionen der Overlays in vollem Umfang genutzt werden.

Dateianhänge. TPM-Spezifikationen oder -Vorschläge können, wie in dieser Arbeit vorgesehen, in einem ontologiebasierten Format definiert werden. Zur Erinnerung: Spezifikationen werden in Anfragen basierend auf einer projektspezifischen Ontologie beschrieben, während Vorschläge als Ontologie-Erweiterungen erstellt werden.

TPM-Spezifikationen und -Vorschläge werden als Dateien verteilt. Dazu gehören in der Regel auch CAD-basierte Dateien. Diese CAD-Files können in realen Anwendungsszenarien bis zu mehrere Megabyte Umfang annehmen. Daher ist es sinnvoll, sich Strategien für den Umgang mit Dateianhängen von Produktmodell-Vorschlägen zu überlegen.

Dateianhänge: Lokale Speicherung. Werden die Produktmodell-Vorschläge lokal gespeichert (Variante 1), so bleibt im Prinzip nur die Option, die Dateianhänge direkt auf dem Peer zu speichern, der auch die Ressource zur Beschreibung eines Vorschlags vorhält. Dieser Fall ist in Abb. 81 schematisch skizziert für ein FreePastry-Overlay.

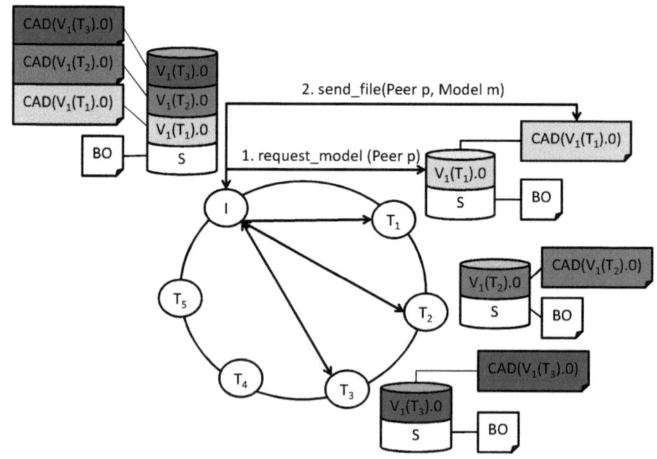

Abb. 81: Lokale Speicherung von Dateianhängen

Dateianhänge liegen lokal bei den Teilnehmern werden bei Bedarf an den Initiator gesendet. Dies geschieht im Regelfall nur auf konkrete Anforderung, also wenn sich ein TPM-Vorschlag als gut herausgestellt hat und weitere Details auf CAD-Ebene betrachtet werden sollen. Die Anhänge des angeforderten TPM-Vorschlags befinden sich nach der Dateiübertragung genau wie der Vorschlag selbst auf genau zwei Peers: Dem Initiator-Peer und dem Peer des entsprechenden Teilnehmers.

Dateianhänge: Hybride oder dezentrale Speicherung. In diesem Fall eröffnen sich ganz andere Möglichkeiten für die verteilte Speicherung von TPM-Vorschlags-Dateianhängen. Im Fall der Verwaltung von TPM-Vorschlägen nach dem DHT-Verfahren bietet sich an, auch die Dateianhänge parallel zur Vorschlags-Ontologie mit auf den verwaltenden Peers zu speichern. Dieser Fall wird in Abb. 82 wiederum am Pastry-Overlay skizziert. Hier ist es so, dass der Teilnehmer T_3 verantwortlich ist für alle Ressourcen mit dem gleichen Schlüsselwort wie die Spezifikation S_1, in diesem Fall die Vorschläge $V_1(T_1).0$ und $V_1(T_2).0$. Entsprechendes gilt für den Teilnehmer T_4.

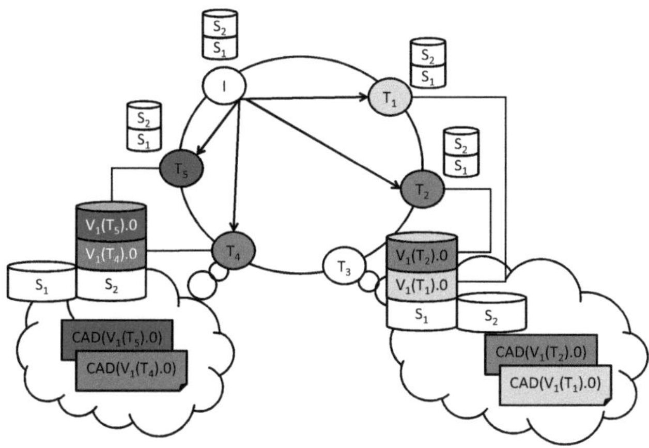

Abb. 82: Speicherung von Dateianhängen auf den durch das Overlay bestimmten Peers

Alternativ kann bei der hybriden oder dezentralen Speicherung von Dateianhängen das Generieren von Chunks zugelassen werden. Chunks können möglichst gleichverteilt werden. In Abb. 83 ist dies exemplarisch gezeigt für einen CAD-Dateianhang zur TPM-Spezifikation des Initiators ($V_1(T_1).0$). Der Initiator teilt die Datei in drei Abschnitte von denen einer durch Peer T_1 und zwei durch T_2 verwaltet werden. Wird der Dateianhang im Netzwerk nachgefragt (Schritt 1), so werden für den Dateitransfer gleichzeitig mehrere Peers involviert (Schritt 2.2). Das erhöht beim Nachfrager die Datentransferrate (bis zur max. verfügbaren Bandbreite) und verringert die durchschnittliche Zeit bis zum Erhalt der angefragten Datei (Schritte 3 und 4).

Bei der Bestimmung der Peers, die bestimmte Chunks verwalten, können zusätzlich die unterschiedlichsten Strategien angewendet werden. Für den Einsatz in der Produktentwicklung spielen die folgenden Kriterien beim Speichern von Chunks eine Rolle:

a) **Zur Verfügung stehende Bandbreite eines Peers.** Dieses Kriterium ist nur dann relevant, wenn die Chunks unternehmensübergreifend gespeichert werden sollen und nicht innerhalb des Intranets verweilen, welches in der Regel ein Hochgeschwindigkeitsnetzwerk ist.

b) **Auslastung eines Peers mit anderen Aufgaben.** Ist ein Rechner aller Voraussicht nach längerfristig mit anderen, wichtigen Aufgaben beschäftigt, so kommt er für die Verwaltung von Chunks weniger in Frage. Dies sollte das Netzwerk tolerieren.

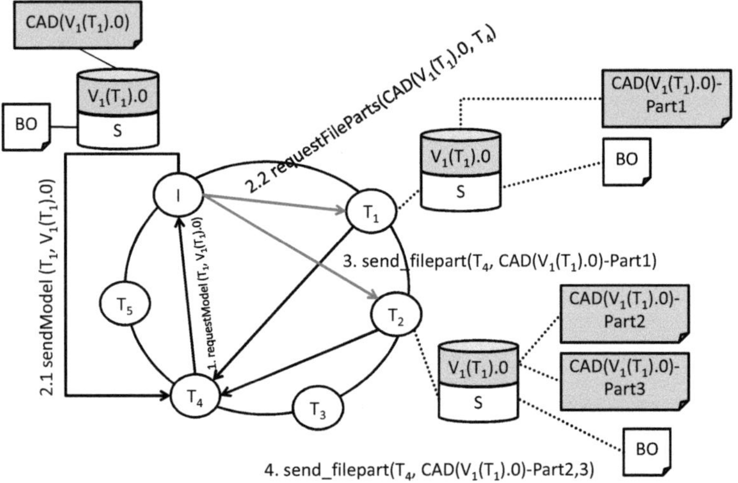

Abb. 83: Aufteilen von Dateianhängen in Chunks

Innovation und Kreativität folgen nicht strikt einem vorgegebenen Weg. Kollaborationsprojekte werden von einer Reihe Mitarbeitern mit wachsenden Aufgabenspektren und unterschiedlichen Qualifikationen an verschiedenen Standorten mehr oder minder gleichzeitig ausgeführt (Vajna und Weber 2002). Neue Versionen resultieren in der Regel aus spontanen Änderungswünschen, die sich erst während der Kollaboration ergeben (sogenannte „running targets"). TPM-Spezifikationen und -Vorschläge werden also iterativ in mehreren Versionen entwickelt, was insbesondere zu häufigen Transaktionen führt und hohe Anforderungen an die Qualität des Overlays stellt. Für eine Bewertung hinsichtlich der Qualitätsmerkmale von Peer-To-Peer-Systemen kann folgendes festgestellt werden:

- **Adaptivität.** Skalierbarkeit in Bezug auf die Verteilung der TPMe im Netzwerk ist nur im Rahmen einer hybriden oder dezentralen PM-Verteilung zusätzlich über das Overlayprotokoll steuerbar. Hier sollte dann ein entsprechender Lastenausgleich vorgesehen werden. Bei der lokalen oder hybriden PM-Speicherung skaliert der Ansatz zumindest gegenüber dem klassischen client-/ serverbasierten Ansätzen besser, da sich hier grundsätzlich eine bessere Verteilung der Modelle ergibt.
- **Effizienz.** Es ist wichtig, dass neue Teilproduktmodelle und/oder korrespondierende Change-Requests entsprechend schnell an die betreffenden Teilnehmer propagiert

werden. Insbesondere für die Übertragung physikalisch großer TPM-Dateianhänge (Zum Beispiel 3D CAD-Dokumente) sind effiziente Übermittlungsprotokolle nützlich, um das Netzwerk nicht unnötig zu belasten und Bandbreitenbeschränkungen zu tolerieren. Das Verwenden eines Ansatzes wie zum Beispiel BitTorrent kann hier Vorteile bringen. Durch die geringe Teilnehmeranzahl im Vergleich zu üblichen P2P-Filesharing-Anwendungen ist es schwierig eine effiziente Verteilung der TPMe zu garantieren.

- **Validität.** Wichtig ist hier in diesem Zusammenhang, dass bei Änderung eines TPMs alle Nutzer darüber informiert werden, damit die Produktstruktur korrekt bleibt.
- **Zuverlässigkeit.** Es muss ein Verschlüsselungsverfahren bereitgestellt und zusätzlich sichergestellt werden, dass die TPM-Vorschläge auch garantiert auf dem dafür vorgesehenen Knoten gespeichert werden.

4.3.6.3 DeCPD-Basisdienst „Suche nach TPM-Vorschlägen"

Das Nutzen overlaybasierter Suchverfahren zur Lokalsierung von TPM-Vorschlägen kommt nur bei der hybriden oder dezentralen TPM-Speicherung in Frage. Bei der lokalen TPM-Speicherung muss wie zuvor erwähnt ein spezielles Announcement-Verfahren für das Verteilen von TPM-Vorschlägen vorgesehen werden. Im Folgenden sollen die unterschiedlichen Lokalisierungsstrategien für ein strukturiertes Overlay genauer betrachtet werden, da diese im weiteren Verlauf der Arbeit eine wesentliche Rolle spielen.

Lokalisierung bei lokaler Speicherung von TPM-Vorschlägen in einem strukturierten P2P-Overlay. In der Abb. 84 ist eine Variante dargestellt, in der in einem strukturierten P2P-Overlay per Scribe (Pastry-Multicast) eine TPM-Spezifikation (S) unter den Netzwerk-teilnehmern verteilt wird.

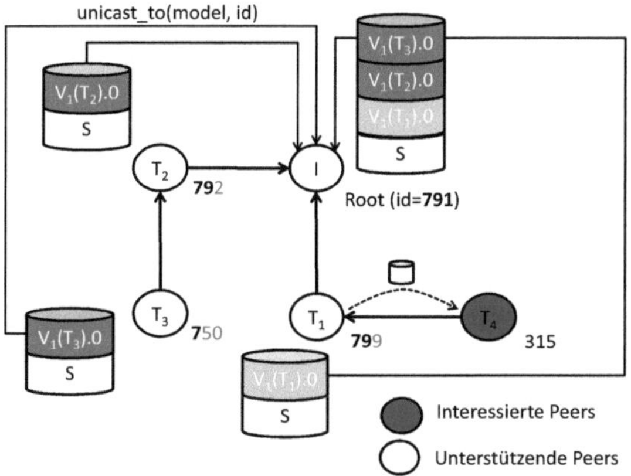

Abb. 84: Lokalisierung von TPM-Vorschlägen bei lokaler Speicherung

Sobald ein neuer Peer dem Netzwerk beitritt (hier: T_1), fragt er den im Multicast-Baum am nächsten zu ihm gelegenen Peer[52] nach Ressourcen im Topic „Spezifikation" (hier: die Verteilung der Spezifikation zwischen T_1 und T_4). Die TPM-Vorschläge werden anschließend lokal erstellt, per Unicast direkt an den Initiator versendet und nicht im Netzwerk zwischengespeichert.

In der Notation bedeutet die Angabe „$V_z(T_y).x$", dass dies die x-te Version eines Vorschlags z ist, welcher durch den Teilnehmer y im Netzwerk abgegeben worden ist. Das Versenden von Teilproduktmodellen eines Peers wird durch farbige Verbindungen dargestellt. In der Abb. 84 ist zu sehen, dass der Initiator von allen Teilnehmern die Vorschläge direkt erhält und daher nach der Übertragung lokal über diese verfügt.

Lokalisierung bei hybrider Speicherung von TPM-Vorschlägen in einem strukturierten P2P-Overlay. In Abb. 85 bilden beispielhaft die Teilnehmer T_3, T_4 und T_5 eine Subkollaboration und wollen darin TPM-Vorschläge per Scribe (Pastry-Multicast) auszutauschen. In diesem Beispiel benötigt der Teilnehmer T_5 die Vorschläge von T_3 UND T_4 zur Verarbeitung. In Phase 1 veröffentlicht T_3 seinen Vorschlag $V_1(T_3).0$ (rot) im Subnetzwerk per Scribe[53]. T_4 und T_5 erhalten per Multicast den Vorschlag. In Phase 2 veröffentlicht dann T_4 seinen Vorschlag $V_1(T_4).0$ (grün) und auch dieser wird bei den übrigen Teilnehmern verteilt. In Phase 3 entsteht nun beim Teilnehmer T_5 der Vorschlag $V_1(T_5).0$ auf Basis der Vorschläge der Teilnehmer 3 und 4.

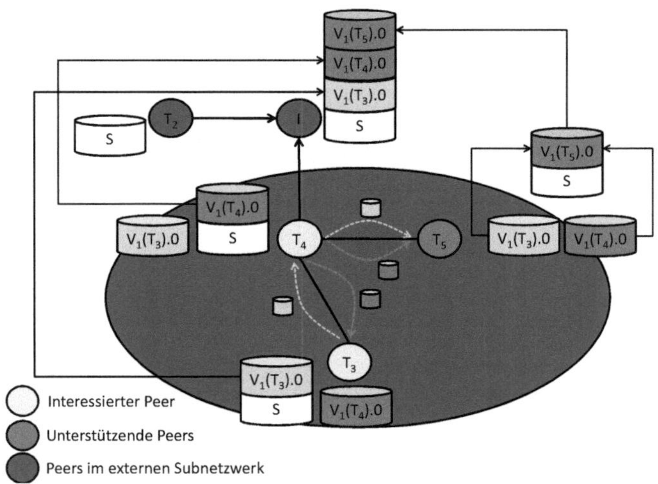

Abb. 85: Hybride Speicherung – Lokalisierung von TPM-Vorschlägen innerhalb einer Subkollaboration

Zur Erhaltung der Synchronität muss idealerweise folgende Regel eingeführt werden: Sobald ein Vorschlag im Netzwerk freigegeben ist, kann dieser nicht mehr verändert werden. Jede Kopie eines TPM-Vorschlags auf einem anderen Peer entspricht immer dem Original. Das

[52] Die Nähe kann bestimmt werden auf Grund des Hashwerts über die Peer-ID. Zwei im Overlay nahe Peers können jedoch physikalisch weit auseinander liegen.

[53] Zur Erinnerung: Beim Beispiel der lokalen Speicherung hatte T3 zuvor diesen Vorschlag direkt zum Initiator gesendet.

Verändern eines Vorschlags resultiert immer in einer neuen TPM-Vorschlags-Version, bzw. -Variante, die dann wieder verteilt werden muss.

Lokalisierung bei dezentraler Speicherung von TPM-Vorschlägen in einem strukturierten P2P-Overlay. Alle Knoten, die einem strukturierten P2P-System beitreten, werden kontrolliert an einer bestimmten Position im P2P-Overlay-Netzwerk platziert. Diese Position bestimmt gleichzeitig den Zuständigkeitsbereich des jeweiligen Knotens, insbesondere welche Produktmodell-Vorschläge auf ihm gespeichert werden. Die Positionsbestimmung wird mittels DHT realisiert.

Die Abb. 86 zeigt beispielhaft in einem ringstrukturierten Overlay, wie alle Produktmodellvorschläge auf die Spezifikation S beim Peer T_3 abgelegt werden. Will der Initiator nun eine Auswertung vornehmen, so muss er die Modelle bei T_3 nachfragen, dies kann er nun wie gewohnt über den overlayseitigen Lokalisierungsmechanismus erledigen.

Größtes Problem bei einer Suche ist das Nicht-Finden eines gesuchten Teilproduktmodells. Das kann folgende Ursachen haben:

- In einem Kollaborationsnetzwerk mit lokaler Speicherung der TPM-Vorschläge hat ein Teilnehmer ein Announcement nicht empfangen. Es muss daher sichergestellt werden, dass alle Announcements eines bestimmten Zeitraums „nachgeliefert" oder unter einem bestimmten Schlüsselwort im Netzwerk nachgefragt werden können.
- In einem Kollaborationsnetzwerk mit dezentraler oder hybrider PM-Speicherung wurde bei der Suche das Schlüsselwort schlecht gewählt. Hier kann eine **Wild-Card-Suche** Abhilfe schaffen, in der erlaubt wird Platzhalter für die Suche zu verwenden.

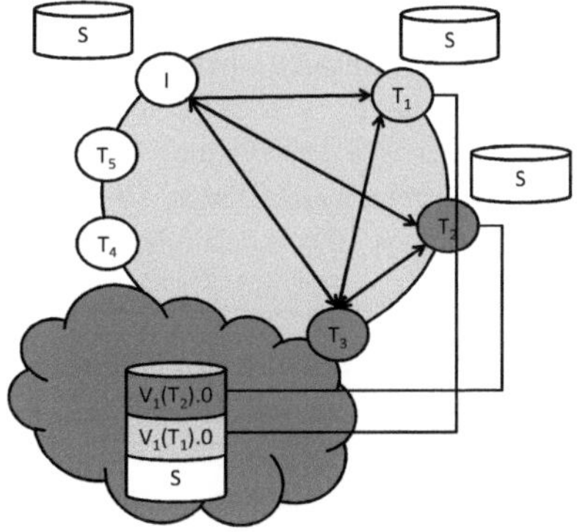

Abb. 86: Lokalisierung bei dezentraler Speicherung der TPM-Vorschläge

Bei der Betrachtung der Qualitätsmerkmale wird als wesentliches Problem bei der Suche das Erhalten eines nicht kohärenten Suchergebnisses, also eines nicht mehr aktuellen TPM-Vorschlags, identifiziert. Dieses Problem tritt in Kollaborationen mit Replikation auf. Es könnte beispielsweise auf einem unerwartet vom Netzwerk abgemeldeten Peer ein noch nicht repliziertes, aktuelleres Ergebnis gelegen haben, dass jetzt nicht mehr auffindbar ist.

Weiterhin ist von Interesse, dass eine Ressource so schnell wie möglich gefunden werden kann. Das ist einerseits eine Frage effizienter Nachbarschaftsbeziehungen, andererseits aber auch davon abhängig, ob und wenn ja wie viele Replikate im Netzwerk verteilt sind, also wie häufig ein Modell im Netzwerk existiert. Grundsätzlich gilt: Je häufiger ein TPM-Vorschlag im Netzwerk vorhanden ist, desto höher die Wahrscheinlichkeit, dass es schnell gefunden werden kann.

- **Adaptivität.** Die Netzwerklast der Knoten ist mit einer steigenden Anzahl an Suchanfragen und/oder Announcements möglichst konstant zu halten, denn beide müssen jeweils vom Quell- zum Zielpeer durch das Netzwerk geroutet werden.
- **Effizienz.** Die Suche sollte so effizient wie möglich durchgeführt werden, das betrifft insbesondere die Minimierung des Aufwands auf der Peer-Ebene bei der Weiterleitung von Suchnachrichten. Hier eignen sich insbesondere strukturierte Overlays. Dadurch, dass die Kollaborationen in der DeCPD über die Welt verteilt ablaufen ist insbesondere die Anzahl der Hops pro Suchnachricht oder Announcement eine entscheidende Metrik. Daher eigenen sich reine unstrukturierte Netze für eine effiziente Suchfunktion nur bedingt.
- **Validität.** Die Lokalisierbarkeit der Ressourcen muss unabhängig von der gewählten PM-Speichervariante garantiert werden. Hier sind strukturierte Netze klar im Vorteil, da diese bei lokaler/ hybrider PM-Speicherung das Zustellen der Announcements und bei dezentraler PM-Speicherung die Suchanfrage mit Zielgarantie durchs Netzwerk routen. Diese Garantie können unstrukturierte Netze nicht anbieten.
- **Zuverlässigkeit.** Hier ist insbesondere das Thema Sicherheit noch einmal kritisch zu betrachten. Bei der Zustellung des Suchergebnisses wird in der Regel ein overlaybasierter Routingmechanismus genutzt. Grundsätzlich bilden kryptografische Methoden die Möglichkeit, Nachrichten sicher zu verschlüsseln, so dass weder Announcements noch Produktmodelle beim Routing durch das Netzwerk nur durch autorisierte Personen gelesen werden können. Zur Wahrung der Sicherheitsanforderungen bei lokaler PM-Speicherung kann es unter bestimmten Umständen sinnvoll sein, dass das Ergebnis einer Suche (also beispielsweise ein konkreter TPM-Vorschlag) direkt zwischen der suchenden und der modellliefernden Instanz ausgetauscht wird.

4.3.6.4 DeCPD-Basisdienst „Sicherung des Kollaborationszustands"

Beim Speichern von TPM-Vorschlägen sind bei Bedarf Mechanismen vorzusehen, die trotz der Struktur einer DeCPD (relativ wenige Teilnehmer, weltweit verteilt) einen **stabilen Ansatz** garantieren, der einerseits die je nach TPM-Speichervariante stark eingeschränkte Wahl der zum Speichern zur Verfügung stehenden Peers toleriert, aber dabei andererseits ermöglicht, dass Peers ausfallen können und die Funktionsfähigkeit trotzdem erhalten bleibt (Fischbach 2008).

Grundsätzlich bietet jedes P2P-Overlay durch das Anwenden von **Replikation** die Möglichkeit in kritischen Fällen die im Netzwerk befindlichen TPM-Vorschläge verfügbar zu halten, auch wenn der bisherige Hostknoten unerwartet offline ist. Beim Verlassen des Netzwerks durch einen Teilnehmer müssen also **unkritische und kritische Fälle** unterscheiden werden. Unkritisch ist das Verlassen dann, wenn ein Teilnehmer über keine für die Kollaboration essentiellen Produktdaten verfügt oder aber diese rechtzeitig auf alternativen Knoten sichert. Kritisch ist es dagegen, wenn ein Ausfall den Verlust von kollaborationsrelevanten Produktmodellen nach sich zieht.

Bei einer durchschnittlichen Kollaborationsdauer von etwa bis zu 30 Tagen bis zur Findung eines gemeinsamen, stabilen Produktmodell-Vorschlags, ist davon auszugehen, dass Teilnehmer (mit Ausnahme der Initiatoren) nach Abgabe ihres Vorschlags nur dann aktiv im Netzwerk sind, wenn Sie benötigt werden. Das spricht für eine durchschnittliche Onlinezeit von ~ 1-max. 2h/ Tag. Die Onlinezeit ist in jedem Fall so gering, dass es sich aus rein technischen Gründen für viele Peers nicht lohnt, diese mit in die Replikation oder in den Lastenausgleich einzubeziehen. Die meisten Teilnehmer sind auch nur deshalb Mitglied der Kollaboration, weil sie einen Beitrag zur Entwicklung des Produktmodells leisten möchten und nicht, weil sie mit ihrem Rechner (Peer) zur Erhaltung des Netzwerks beitragen wollen.

In der DeCPD müssen zwei prinzipielle Replikationsverfahren in Abhängigkeit von der PM-Speicherung unterschieden werden. Es gibt die **overlayseitige und die benutzerseitige Replikation**.

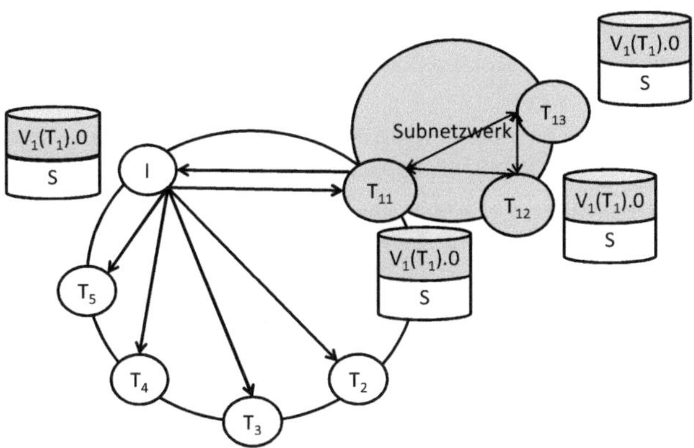

Abb. 87: Replikation in vertrauenswürdigen Subnetzwerken

Im **benutzerseitigen Fall** entscheidet ein Teilnehmer selbständig darüber, auf welchen (vertrauenswürdigen) Peers er Replikate ablegen möchte, im overlayseitigen Mechanismus dagegen entscheidet der im Overlay hinterlegte Algorithmus über den Verbleib der Produktmodelle. Für die benutzerseitige Replikation ist in Abb. 87 exemplarisch ein Netzwerk mit lokaler Speicherung dargestellt, in dem ein Teilnehmer (hier: T_1) innerhalb eines Subnetzwerks (hier: Schaufel) lokal zwei netzwerkinterne Peers (T_{12} und T_{13}) für die Replikation selektiert. Diese halten Kopien aller TPM-Vorschläge von T_1 und können bei Bedarf dessen Rolle im Hauptnetzwerk übernehmen. Folgende Konvention kann zum Beispiel getroffen werden: Im Hauptnetzwerk befindet sich immer der zu einem Zeitpunkt t aus lokaler Sicht eines Subnetzwerks der optimal agierende Peer (hier also: T_1). Sobald sich herausstellt, dass ein Peer aus Überlastungsgründen zum Beispiel nicht optimal reagieren kann oder länger nicht verfügbar ist, tritt einer der anderen Peers an dessen Stelle im Hauptnetzwerk.

Für die **overlayseitige Replikation** ergibt sich die Wahl der Replikations-Peers über das vom Overlay gewählte Verfahren, so wie in Abschnitt 2.6.2.3.1 vorgestellt. Üblicherweise schließen sich „benachbarte" Peers in einer Replikationsgruppe zusammen.

- **Adaptivität.** Das Vorhandensein von Replikation führt zu einer Verbesserung der Skalierbarkeit des Overlays, schafft einen deutlich robusteren Ansatz und erhöht die Stabilität. Bei hybrider oder dezentraler PM-Speicherung geschieht dies durch Verteilung der TPM-Vorschläge im Overlay, womit für die Beantwortung von Suchanfragen potentiell mehr Knoten zur Verfügung stehen. Bei lokaler PM-Speicherung bringt die Replikation in diesem Zusammenhang nur dann Gewinn, wenn der primäre Knoten die Anfragen bei hoher Auslastung direkt an einen internen Peer weiterleitet. Replikation schafft einen entsprechend robusten Ansatz und erhöht die Stabilität im Vergleich zu client-/serverbasierten Lösungen.
- **Effizienz.** Für beide Varianten der Replikation (benutzer- oder overlayseitig) gilt, dass die Inanspruchnahme der Replikationsmechanismen mit einem erhöhten Datenverkehr auf der IP-Infrastruktur-Ebene einhergeht, da sich die Peers – unabhängig vom gewählten Replikationsprotokoll – gegenseitig synchronisieren müssen. Das Speichern und Synchronisieren von Replikaten sollte möglichst effizient sein, damit das Overlay nicht unnötig belastet wird.
- **Validität.** Wichtig ist, dass ausgewählte Knoten einer Replikationsgruppe zeitnah über konsistente Replikate verfügen, damit eine Suche immer ein kohärentes Ergebnis liefert.
- **Zuverlässigkeit.** Replikation steigert die Zuverlässigkeit des Overlays, da mit höherer Wahrscheinlichkeit garantiert werden kann, dass ein TPM-Vorschlag auch tatsächlich auffindbar ist, auch wenn der Peer, der den Vorschlag veröffentlich hat, temporär offline ist.

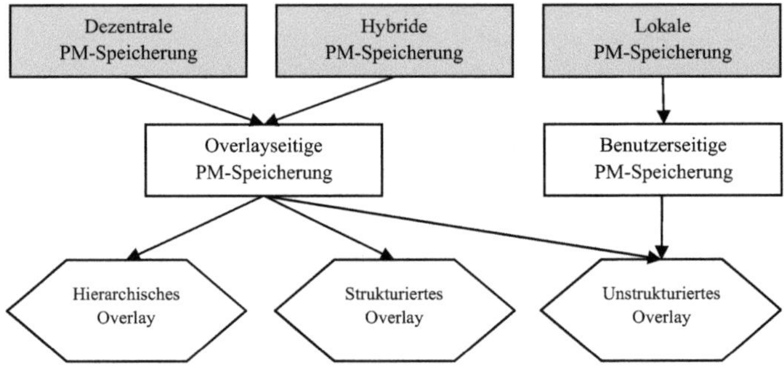

Abb. 88: P2P-Overlay-Wahl in Abhängigkeit von der PM-Speicherung UND dem Replikationsverfahren

4.3.6.5 Vergleich mit einem Client-/ Server-Ansatz

Die in den vorangehenden Abschnitten betrachteten Qualitätsmerkmale werden in diesem Abschnitt auf Client-Server(CS)-Systeme angewendet, um diese dem P2P-Gedanken entgegengesetzte Technologie später im Vergleich zu P2P-Overlays besser einordnen und bewerten zu können.

Bei CS-Systemen ist der Server die herausragende Komponente, die anhand der oben vorgestellten Charakteristiken bewertet werden muss. Der Server bestimmt alleine über den Kommunikationsablauf, die Steuerung und das Verhalten des gesamten Systems. Er wird deswegen auch als Single-Point-of-Failure bezeichnet. Ein Client spielt bei all diesen Überlegungen kaum eine Rolle.

Adaptivität. Um diesen Aspekt zu bewerten, muss zunächst geklärt werden, was Änderungen an der Netzwerkstruktur bei einem CS-System bedeuten. Prinzipiell kann die Anzahl der Clients zu- oder abnehmen, die Anzahl der Kommunikationsschritte sich ändern oder aber der Server selber ausfallen. Die beiden ersteren Punkte sind offensichtlich direkt voneinander abhängig: Je mehr Clients im Netzwerk vorhanden sind, desto stärker wird die Kommunikation anwachsen.

Damit wird sofort klar, dass ein solches System nicht gut skaliert. Auch wenn ein Server auf einem technisch sehr hohem Niveau auf physikalischer Ebene ans Netzwerk angebunden ist und seine Kapazitäten die eines normalen Desktoprechners um einen hohen Faktor überschreiten, so wird es immer Situationen geben, in denen er der Last nicht mehr gewachsen ist. Diese Schwachstelle wird beispielsweise durch die bekannten Denial of Service (DoS) Attacken[54] ausgenutzt. DoS kann aber auch durch zufällige Massenzugriffe verursacht werden, wie etwa bei der Versteigerung des ehemaligen Autos des Papstes Benedikt XVI. bei eBay[55] oder auch bei Live-Streaming-Verfahren insbesondere in Zeiten großer Nachfrage, wie zum Beispiel während einer Fußball-WM.

Beim Aspekt der **Stabilität** erkennt man sofort, dass diese alleine vom Server abhängt. Fällt dieser aus, so ist das gesamte Netzwerk funktionsuntüchtig; der Single-Point-of-Failure wird hier besonders deutlich.

Bei der **Flexibilität** verhält es sich dagegen durchaus anders. Ein Server kann hier auf die Anfragen von Clients reagieren und passende Optimierungen zur Laufzeit vornehmen. Als Beispiel sei hier ein Proxy-Server[56] genannt, der wiederholt und häufig nachgefragte Inhalte separat im Speicher hält und diese dann schnell und ohne weitere ressourcenstrapazierende Abläufe direkt an den anfragenden Client senden kann.

Effizienz. Ein CS-System kann durch hohen Aufwand sehr leistungsfähig sein. Man kann durch die Steigerung des Aufwands direkt die Leistungsfähigkeit des Servers beeinflussen, etwa indem man dem System eine größere Netzwerkbandbreite spendiert, mehr Rechenkerne, mehr Speicher, usw. Dies ist aktuell immer noch ein Standardvorgehen. Als Beispiel sei hier das Product Data Management System Teamcenter Engineering (TcEng) 2007 von Siemens

---

[54] http://de.wikipedia.org/wiki/Denial_of_Service

[55] http://www.netzwelt.de/news/71076-papst-golf-bringt-fast-190-000-euro-streit.html

[56] Zum Beispiel der bekannte Proxy für http und diverse andere Netzwerkprotokolle Squid (http://www.squid-cache.org/)

PLM genannt. Das System bietet die Möglichkeit an, mehrere Rechner mit Server-Aufgaben zu betreuen, welche zentral von einem sogenannten Pool-Manager gesteuert werden. Spendiert man dem System mehr Server-Knoten, so wird die Leistungsfähigkeit steigen, was allerdings höhere Kosten[57] mit sich bringt.

Die **Lokalisierbarkeit** von Ressourcen ist hierbei denkbar einfach, da entweder der Server diese direkt verwaltet (etwa bei einem klassischen Datenbank-Management-System) oder aber zumindest einen Index[58] enthält, durch den alle im Netzwerk befindlichen Ressourcen auffindbar sind.

Validität. Bei diesem Aspekt kann ein CS-System aufgrund der zentralistischen Struktur wiederum punkten. Aufgrund der hohen Lokalisierbarkeit wird es innerhalb eines CS-Systems auch relativ einfach Konsistenz und Kohärenz sicherzustellen. Die präzise Lokalisierbarkeit zusammen mit der einfachen zentralen Steuerung ermöglicht es, exakt zu bestimmen, welcher Client Replikate enthält, um diese ggf. zu aktualisieren. Die Kohärenz eines Suchergebnisses lässt sich ebenfalls unmittelbar von der Lokalisierbarkeit ableiten, da der Server stets sämtliche Versionen finden und damit auch die aktuelle herausfiltern kann.

Auch bei dem Aspekt der Korrektheit kommt die strikte Lokalisierung zum Tragen. Die Verlinkung einer Ressource mit anderen kann durch den Server unmittelbar selbst nachvollzogen werden, da er nur in seinem Index oder seiner lokalen Datenbank zu suchen braucht. Da er die vollständige Kontrolle über die Replikate innerhalb seines Netzwerks hat, ist er auch hier in der Lage sicherzustellen, dass auch bei den Replikaten Änderungen von verlinkten Objekten berücksichtigt werden.

Zuverlässigkeit. Die Verfügbarkeit eines CS-Systems steht und fällt mit der Verfügbarkeit des Servers. Ist dieser online, so ist er auch zu 100% in der Lage den angeforderten Dienst oder die Ressource zu finden, da er sowohl den zugehörigen Knoten (Client) finden, als auch direkt adressieren kann.

Die Verfügbarkeit des Servers j kann nach (Heckmann, Steinmetz et al. 2006) mit Hilfe folgender Formel ausgedrückt werden: $Verfügbarkeit_j = p(p_j|i_j) * p(i_j)$, wobei $p(i_j)$ die Erreichbarkeit des Servers und $p(p_j|i_j)$ die Wahrscheinlichkeit ist, dass der Server die erwarteten Quality of Service-Anforderungen erfüllt.

Somit gilt, dass $p(i_j)$ stets 1 ist, wenn der Server online ist und 0 wenn er offline ist. Man kann also keine direkte Aussage anhand dieser Metrik treffen, sondern müsste hier die Wahrscheinlichkeit, dass ein Server erreichbar bzw. online ist mit einbeziehen. Insofern könnte ein CS-System abhängig von externen Rahmenbedingungen entweder eine gute Verfügbarkeit oder eine schlechte bieten.

Da die Zuverlässigkeit direkt von der Verfügbarkeit abhängt, so gilt für diese dasselbe. Sobald der Server offline ist, wird das System keine Zuverlässigkeit mehr bieten können. Ist er allerdings online, so wird neben der absoluten Verfügbarkeit auch die Wahrscheinlichkeit bei

[57] Neben den Anschaffungskosten spielen hier auch Betriebskosten eine große Rolle (Wartung, Strom, usw.)
[58] Dies entspricht exakt dem Napster-Ansatz.

100% liegen, dass ein Knoten, der eine Ressource oder einen Dienst mit höchster Qualität anbietet, gefunden wird.

Ein CS-System ist generell auch extrem robust. Sollte der Server sämtliche Dienste anbieten, so könnten theoretisch sogar alle anderen Knoten (also die Clients) aus dem Netzwerk ausscheiden, ohne dass das Netzwerk dauerhaft funktionsuntüchtig wäre. Sobald wieder ein Client dem Netzwerk beitritt, kann dieser sofort alle Dienste in Anspruch nehmen. Sollte der Server nur eine administrative Rolle inne haben, so geht erst dann Funktionalität verloren, wenn der letzte Client ausscheidet, der einen bestimmten Dienst anbieten kann (egal ob nativ oder als Replikant). Insofern ist ein CS-System als extrem robust einzuschätzen.

4.4 PSM-Modelle für die OMP

4.4.1 Ein Metamodell für die PSM-Datensicht

Im Metamodell für die Datensicht auf der PSM-Ebene wird das in der CIM-Sicht definierte **Datenelement** genauer spezifiziert durch ein konkretes **Datenaustauschformat**. In der PIM-Ebene wurden bereits drei verschiedene Varianten vorgestellt, die zum Einsatz kommen können: Der **dateibasierte Datenaustausch** oder der Datenaustausch über **zentrale, bzw. verteilte Datenbanken**.

Als Datenaustauschformate für dateibasierten Datenaustausch kann auf der PSM-Ebene noch genauer unterschieden werden zwischen **Ontologien** und dem **Integrierten Produktmodell (IPM)**, zum Beispiel STEP ISO-10303. Beides sind sehr konkrete plattformspezifische Datenaustauschformate. Bei den zentralen Datenbanken kann hingegen genauer unterschieden werden zwischen **relationalen, objektorientierten, objektrelationalen** oder **semistrukturierten Datenbanken**.

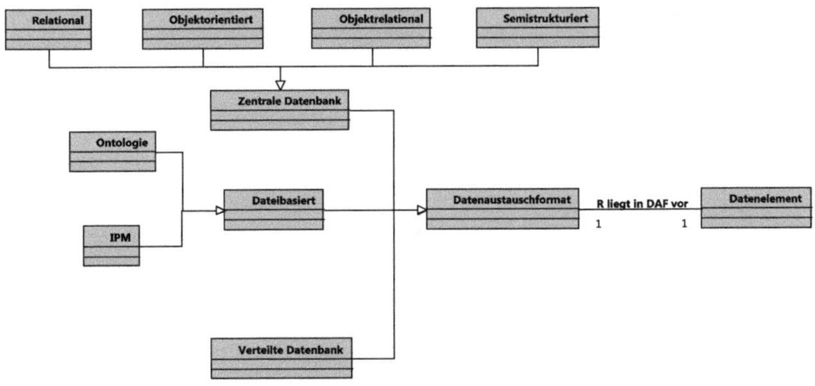

Abb. 89: Metamodell der PSM-Datensicht

4.4.2 Ontologien als dateibasiertes Datenaustauschformat auf der PSM-Ebene

Während im OMP-Datenmodell auf der PIM-Ebene noch offen gelassen wurde, welche Technologie für die Beschreibung der Datenelemente zum Einsatz kommt, so wird in dieser

Arbeit auf der PSM-Ebene das Konzept der Ontologien näher betrachtet. Nach (Hausknecht 2010) erfüllen diese in der DeCPD im Wesentlichen drei große Aufgaben:

1. Sie dienen als Integrations- und Aggregationsmedium für relevante Informationen aus unterschiedlichen Datendokumenten innerhalb der DeCPD (vgl. Abschnitt 4.4.2.1)

2. Sie bieten die Möglichkeit, Komponenten und deren Zusammenhänge auf semantischer Ebene zu beschreiben.

3. Basierend auf den beiden obigen genannten Aspekten ermöglichen Sie es schließlich, die Basiskonzepte der DeCPD, Spezifikation und Vorschlag, auf Anwendungsebene formal zu formulieren.

Für die Beschreibung der Ontologien bzw. der einzelnen Ontologie-Klassen wird im Folgenden die Manchester Syntax für die OWL 2 Web Ontology Language (OWL2) verwendet. Diese zeichnet sich gegenüber dem auf XML basierenden RDF-Format durch eine leichte menschliche Lesbarkeit aus.

Die Beschreibung einer Klasse auf Basis des Vokabulars der Ontologie wird auch Äquivalenzklasse genannt. Das bedeutet, dass ein Individuum, welches alle Eigenschaften einer solchen Definition aufweist, automatisch als Element dieser Klasse ermittelt werden kann. Dieses Vorgehen wird auch als „Reasoning“ bezeichnet. Die Definition einer Äquivalenzklasse ermöglicht es also, implizite Eigenschaften eines Objektes in Explizite umzuwandeln.

In dieser Arbeit wird das „Reasoning“ nicht angewendet, jedoch werden aus zwei Gründen dennoch Äquivalenzklassen angegeben:

1. Für die Zukunft ist nicht auszuschließen, dass diese Technik auch im Umfeld der DeCPD sinnvoll genutzt werden kann.

2. Gerade die formale Definition mittels Äquivalenzklassen vermittelt die Intention einer Klasse sehr deutlich und hilft damit falsche Klassenzuordnungen zu vermeiden.

4.4.2.1 Ontologien als Integrations- und Aggregationsmedium

Da während der Produktentwicklung eine Vielzahl an Daten aus unterschiedlichsten Domänen entstehen, müssen die Entwicklungsbeteiligten stets die für sie relevanten Informationen aus diesen Daten ableiten bzw. einsehen können. Dabei liegen die Produktdaten in unterschiedlichen Datenformaten aus heterogenen PDMS-, CAD- und Office-Programmen vor. Es erscheint sinnvoll, relevante Informationen aus den zugrundeliegenden Dokumenten zu extrahieren, um diese abstrahiert von der fachlichen Ebene in einem neutralen Format aggregiert zu beschreiben. Dadurch ist es Produktentwicklern möglich, komplexe Sachverhalte auf einem generischen Level für Dritte zu beschreiben, und externe Kollaborationsteilnehmer können diese Formulierungen dann leicht durchschauen. Genau aus diesem Grund eignen sich Ontologien zur Beschreibung von Produktmodellen im W3C spezifizierten Format OWL.

Die Verknüpfung mit dem Originaldokument ermöglicht es dem Entwickler dann, einen auf Ontologie-Ebene einfach ersichtlichen Sachverhalt auf fachlich tieferer und detaillierter Ebene an der dort relevanten Stelle nachzuvollziehen.

Speziell in Kollaborationen wie der OMP gibt es unterschiedliche Terminologien der beteiligten Partner. Um eine fehlerfreie Zusammenarbeit zu garantieren, muss folglich eine einheitliche Sprache gefunden werden, um Missverständnisse diesbezüglich zu vermeiden. Auch dabei bieten sich Ontologien an. Sie ermöglichen es Objekte, Eigenschaften und Funktionen eindeutig zu benennen und somit allen Projektteilnehmern ein einheitliches Basisvokabular zur Verfügung zu stellen. Die Bedeutung der verwendeten Bezeichner einer Ontologie können sowohl über Annotationen als auch über semantische Verknüpfungen zu anderen Objekten der Ontologie erklärt werden. Somit kann einfach sichergestellt werden, dass jeder Beteiligte das gleiche Verständnis für das zu lösende Problem oder dessen Lösung hat.

4.4.2.2 Beschreibung von Produktmodell-Komponenten und deren Zusammenhänge

Ein zentrales Konzept der OMP ist die Zerlegung eines Konstruktionsproblems in Teilprobleme. Dabei entspricht das Problem auf PIM-Datenebene dem Element **Projekt** und die Teilprobleme der Struktur **Komponente**. Diese Komponenten müssen nun für die Produktentwicklung auf eine interdisziplinäre Art und Weise beschrieben werden. Natürlich liegt der Fokus zu einem großen Teil auf geometrischer und topologischer Beschreibung der Komponenten, jedoch müssen ggf. auch betriebswirtschaftliche, funktionale und u. U. sogar rechtliche Aspekte berücksichtigt werden.

Für jede dieser Domänen gibt es spezielle Methoden und Entwicklungswerkzeuge. Für die Ausschreibung einer Komponente oder auch einen Lösungsvorschlag müssen jedoch möglichst viele Parameter aus diesen Disziplinen in ein Modell integriert werden. Ontologien eignen sich dafür hervorragend.

Als gemeinsame Basis muss zunächst eine Menge an speziellen Konzepten (Klassen) und deren Verknüpfungsmöglichkeiten (Properties) geschaffen werden. Deren Umfang und ihre Spezialisierung hängen dabei einzig und allein von der Domäne der Kollaboration ab. Da der Fokus dieser Arbeit auf der Produktentwicklung liegt, ist in dieser Arbeit eine mögliche **Basisontologie (BaseOnt)** erstellt worden, deren Design aber bewusst so generisch gehalten ist, dass es sich auch für andere Domänen eignet (vgl. Abschnitt 4.4.2.4).

Basierend auf einer BaseOnt können nun Komponenten beschrieben werden. Der Entwickler kann mit den in der BaseOnt vordefinierten Klassen und Properties die gewünschten oder die vorhandenen Eigenschaften seiner Komponente beschreiben. Sollte ihm dabei eine essentielle Eigenschaft fehlen, so kann er die Ontologie auch selber erweitern und um fehlende benötigte Konzepte ergänzen.

Der Detailierungsgrad für die Ausschreibung einer Komponente hängt dabei vom Wissen oder den Vorstellungen des Entwicklers bezüglich der gewünschten Lösung ab. Die Beschreibung einer Komponente als Lösung hingegen, kann basierend auf den dann bereits vorhandenen Fakten und Erkenntnissen sehr detailliert ausfallen. Hierbei ist jedoch ein gesundes Maß an Informationsgehalt gefragt: Die semantische Beschreibung sollte deutlich machen, wie ein Lösungsvorschlag aufgebaut wurde und wieso der Entwickler eine bestimmte Technik zur Umsetzung gewählt hat. Sie soll dabei die fachlichen Dokumente nicht ersetzen, sondern integrieren und als Ausgangspunkt für nähere Analysen dienen.

4.4.2.3 Ontologien als Medium für Spezifikationen und Vorschläge

Die beiden wichtigsten Konzepte der OMP sind Spezifikationen und Vorschläge bzw. deren Zusammenspiel. Diese können auf eine einfache Art und Weise aufbauend auf Ontologien beschrieben werden.

Ein **Vorschlag** soll die Umsetzung einer Spezifikation als Modell beschreiben. Dazu muss der Entwickler ausgehend von seinen Fachmodellen die implementierten Eigenschaften in einer neuen Vorschlags-Ontologie abbilden. Er darf dazu die bereits in der BaseOnt definierten Klassen und Properties benutzen, um konkrete Objekte anzulegen und diesen konkrete Eigenschaften, basierend auf seinem Modell, zuzuweisen. Zusätzlich kann und sollte er Zusammenhänge zu seinem Fachmodell in der Ontologie definieren, damit bei einer Revision seiner Lösung deutlich wird, wo man die beschriebene Umsetzung im Fachmodell wiederfinden und ggf. auf dieser tiefen Ebene nachvollziehen kann.

Eine **Spezifikation** hingegen soll eine gewünschte Komponente beschreiben, indem Anforderungen an diese definiert werden. In einer Ontologie stehen aber eher „Fakten" und keine „Wünsche". Zudem soll später ein korrespondierender Vorschlag hinsichtlich der Umsetzung dieser Anforderungen überprüft werden. Insofern stellt das Formulieren einer Spezifikation durch das Anlegen von konkreten Objekten in einer Ontologie keine gute Lösung dar.

Stattdessen soll ein anderer Ansatz verfolgt werden. Um aus einer bestehenden Ontologie spezielle Objekte auszulesen, existieren sogenannte An- bzw. Abfragesprachen, die auf Ontologien arbeiten. In dieser Arbeit wird die Sprache **SparQL** verwendet. Eine konkrete Abfrage wird auch (SparQL-)Query genannt. Innerhalb einer Query können spezielle Einschränkungen hinsichtlich der Objekte oder Klassen gemacht werden, die in die Ergebnismenge übernommen werden sollen.

Deswegen wird eine Spezifikation nicht als Faktenwissen repräsentiert, sondern als eine Anfrage auf eine zunächst fiktive Vorschlagsontologie formuliert. Diese Query beinhaltet alle Einschränkungen und Vorgaben, an die sich der Entwickler bei der Erarbeitung einer Lösung halten muss. Zusätzlich kann mittels dieser Abfrage auf der später existierenden Vorschlagsontologie überprüft werden, ob der Vorschlag alle Forderungen umsetzt.

Dieser Ansatz hat dreifachen Nutzen:

1. Der Verfasser der Spezifikation kann seine Anforderungen formal definieren.

2. Der Entwickler eines Vorschlags kann sich an diesen Vorgaben orientieren und gewinnt dadurch eine genaue Vorstellung dessen, was der Initiator erwartet.

3. Beide können auf der fertigen Vorschlags-Ontologie die Spezifikations-Query ausführen und die Korrektheit des Vorschlags überprüfen.

4.4.2.4 Die Basis-Ontologie (BaseOnt)

Die Basisontologie beschreibt einen Katalog aller derjenigen Elemente, die verwendet werden können, um darauf basierend, Projekte, Spezifikationen und Vorschläge zu formulieren. Sie enthält fünf Oberklassen zur Beschreibung von Entwicklungsmodellen:

- **Component**. Besteht aus den Subklassen Project, Assembly und Part, die wiederum Oberklassen für Konstruktionsprobleme darstellen. Von Part abgeleitet können für das in dieser Arbeit vorgestellte Szenario LEGO-Elemente wie Brick, Plate, Lego Technic Part, usw. (also im Prinzip alle verfügbaren LEGO-Elemente des LEGO-Sortiments) definiert werden.
- **Connection**. Mittels dieser Klasse lassen sich die Verbindungen zwischen Teilen bzw. Baugruppen beschreiben. Diese Verbindungen spielen eine große Rolle um sicherzustellen, dass die unterschiedlichen Produktmodellvorschläge am Ende einer Kollaboration beim Zusammenstellen einer Lösung auch zusammenpassen.
- **Requirement**. Mit Hilfe dieser Klasse lassen sich die unterschiedlichen Anforderungen an eine Komponente beschreiben. Hier sind funktionale (Beweglichkeit oder Flexibilität) und dysfunktionale Anforderungen (Preis, Gewicht oder Material) zu unterscheiden.
- **Resource**. Diese Klasse dient als Anker für die Verlinkung von Objekten innerhalb der Ontologie auf externe Datenquellen, wie z.B. CAD-Dateien oder konkrete Datenbankeinträge.
- **ValuePartitions**. Hinter dieser Oberklasse verbergen sich kleine Helferklassen, die spezielle, vorgegebene und unveränderliche Wertebereiche definieren. So gibt es zum Beispiel jeweils nur eine X-, Y- und Z-Achse unabhängig vom konkreten Entwicklungsproblem. Auch Konstanten ließen sich damit abbilden.

Da eine BaseOnt in einer speziellen Domäne eingesetzt wird, enthalten die einzelnen Klassen spezielle Subklassen, die auf das Einsatzgebiet (hier: LEGO) abgestimmt sind. Damit ist klar, dass es je nach Entwicklungsszenario eine auf diesen Oberklassen aufbauende, separate BaseOnt geben muss.

Ein Ausschnitt aus der in dieser Arbeit entwickelten Basisontologie ist in Abb. 90 dargestellt. Zu sehen ist ein Teil der BaseOnt-Klassenhierarchie. Im Folgenden soll nun besprochen werden, welche Konzepte bezüglich der DeCPD hinter diesen fünf Oberklassen stehen und was mit Hilfe dieser Klassen beschrieben werden kann.

4.4.2.5 Die Ontologie-Klasse Component

Die Klasse **Component** ist im wesentlichen Oberklasse für die beiden konstruktiven Klassen **Part** und **Assembly**.

Part ist eine Oberklasse für alle Bauteile, die mit Hilfe der BaseOnt beschrieben werden können. Die BaseOnt repräsentiert damit also einen Teilekatalog. Für unser Szenario befinden sich darunter die Subklassen **Brick, Electric, Plate** und **Technic**. Die Namen wurden aus der freien CAD-Bibliothek für Lego namens LDraw übernommen, um ein einheitliches Domänen spezifisches Vokabular zu etablieren.

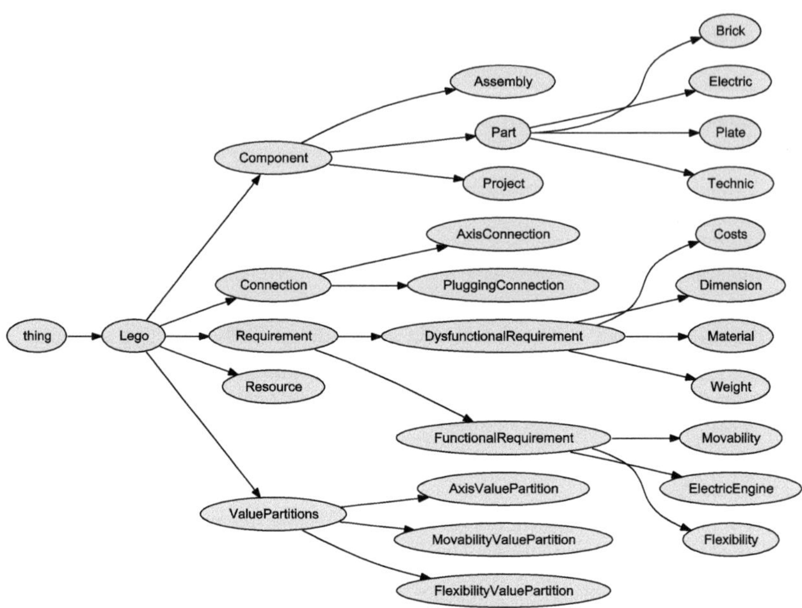

Abb. 90: Ausschnitt aus der Basisontologie (BaseOnt)

Damit ist es uns möglich, jede existierende LEGO-Bausteininstanz, die Teile aus diesen Kategorien einsetzt, in der Ontologie abzubilden. In der Subklasse ***Brick*** lassen sich beispielsweise alle 24 LDU hohen Bausteine einordnen, während die Subklasse ***Plate*** entsprechende Oberklasse für alle 8 LDU hohen Platten ist. ***Technic*** ist eine Sonderklasse für alle Bausteine, die sich durch den speziellen LEGO-Technic-Charakter auszeichnen (Loch-Bauweise). In der Klasse ***Electric*** befinden sich Bauteile für elektrische Antriebe wie z.B. Motoren und Leiterplatten.

In der BaseOnt existieren eine Reihe vordefinierter Bausteine. Als Beispiel sei hier der **1x10-TechnicBrick** vorgestellt. Für diesen Baustein gilt die folgende Vererbungshierarchie:

- Part
  - Brick
  - Plate
  - Technic
    - TechnicBrick
    - TechnicBrick1x10
    - …

Jeder **TechnicBrick** ist ein spezieller Baustein (**Part**), der eine Höhe von 24 LDU aufweist.

Es gilt also:

```
Part and hasHeight value "24"^^integer
```

Weiterhin ist ein ***TechnicBrick*** ein spezieller ***Brick*** mit der Eigenschaft, dass dieser die Tiefe von 20 LDU und zusätzlich über Löcher verfügt:

```
Brick and hasDepth value "20"^^integer and hasHole value true
```

Eine Eigenschaft, die nur ein ***1x10-TechnicBrick*** mitbringt (vgl. Abb. 91), ist eine Länge von 200 LDU. Damit gilt für diesen speziellen *TechnicBrick*:

```
TechnicBrick and hasWidth value "200"^^integer
```

Abb. 91: 1x10-LegoTechnic-Brick

Die Klasse **Assembly** ist eine Oberklasse für alle aus einer Menge an Parts zusammengebauten Baugruppen. In der BaseOnt sind hier keine speziellen Baugruppen vorgesehen. Diese entstehen erst im Laufe der Kooperation durch Erzeugung spezieller Klassen zur Beschreibung des Kooperationsziels seitens des Initiators. Die dafür von der BaseOnt abgeleitete und speziell auf die Bedürfnisse zugeschnittene Ontologie nennt sich dann **Projektontologie (PrOnt)**.

Ein **Assembly** muss sich sowohl aus anderen Assemblies als auch aus einfachen Teilen zusammensetzen können. In OWL2 sieht diese Definition wie folgt aus:

```
hasChild some Assembly or hasChild some Part
```

Ein Assembly entspricht also allen Objekten, die über die Property "*hasChild*" an ein anderes Objekt vom Typ Assembly gekoppelt oder über dieselbe Property mit einem Objekt vom Typ Part verbunden sind. Somit können beliebig tief verschachtelte Baugruppen angelegt werden, was typisch für die Produktentwicklung ist.

4.4.2.6 Die Ontologie-Klasse Requirement

Die Klasse **Requirement** bildet den Mittelpunkt zur Beschreibung aller funktionalen **(FunctionalRequirement)** und dysfunktionalen Anforderungen einer Baugruppe **(DysfunctionalRequirement)**. Erstere werden in den Subklassen **ElectricEngine, Movabilty** und **Flexibility** beschrieben, letztere in den Subklassen **Costs, Dimension, Material** und **Weight**.

Zunächst sollen die dysfunktionalen Anforderungen näher erläutert werden. Die Klasse **Costs** stellt eine Möglichkeit dar, die Kosten für ein Projekt oder eine Baugruppe einzuschränken. Diese werden über eine Data Property **hasCosts** definiert:

```
DysfunctionalRequirement and hasCosts some decimal
```

Die **Dimension** ist eine weitere Spezialisierung und kann dabei über die folgenden konkreten Rollen beschrieben werden:

```
DysfunctionalRequirement and (
  (hasDepth some int) or (hasHeight some int)
                      or (hasWidth some int))
```

In vielen Fällen könnte es wichtig sein, das zu verwendende Material genauer zu definieren. Hierfür kann die Klasse **Material** genutzt werden, in der man mittels einer Data Property **hasMaterial** einen String mit dem Namen eines Materials spezifizieren kann.

```
DysfunctionalRequirement and hasMaterial some string
```

Da in dieser Arbeit alle Beispiele auf dem LEGO-System basieren, spielt das Material keine große Rolle, da es bei allen Steinen vorgegeben ist. Deswegen wurde die Materialproblematik hier nur angedeutet und nicht stärker ausgebaut. Für eine genauere Spezifizierung dürfte es sinnvoller sein, spezielle Material-Klassen anzubieten und demzufolge auch auf Object-Properties bei der Definition aufzubauen.

In der Subklasse **Weight** werden Anforderungen an das Gewicht einer Baugruppe angegeben ebenfalls über eine konkrete Rolle **hasWeight** analog zur Klasse Costs angegeben:

```
Requirement and hasWeight some int
```

Die funktionalen Anforderungen stellen eine wesentlich größere Herausforderung dar. Hier werden oftmals eher abstrakte Konzepte beschrieben, die sich aus einer reinen CAD-orientierten Darstellung nicht offensichtlich erschließen lassen.

Die BaseOnt enthält die beiden folgenden funktionalen Anforderungen:

In der Klasse ***Movability*** werden Anforderungen an die Beweglichkeit einer Baugruppe beschrieben. Dabei muss die Form der Bewegung spezifiziert werden. Beispielsweise soll sich eine Baugruppe entlang einer oder mehrerer Achsen bewegen können, sie soll dreh- oder schwenkbar sein, usw. In diesem Beispiel sieht man eine typische Drehbewegung, die entsteht, indem ein TechnicBrick über einen TechnicPin mit einem anderen TechnicBrick verbunden wird.

*Dazu gibt es in der Klasse **Movability** die folgenden abstrakten Rollen **hasAxisRelation** und **hasMovability**:*

```
FunctionalRequirement
and hasAxisRelation some AxisValuePartition
and hasMovability   some MovabilityValuePartition.
```

Jede abstrakte Rolle verweist auf eine Klasse, in der dann genauere Angaben zu den Rollen gemacht werden können. Das liegt darin begründet, dass simple Datenwerte in diesem Fall nicht reichen, sondern noch einmal genauer unterschieden werden muss. Für die Klasse **AxisValuePartition** gibt es dafür die Subklassen **XAxis, YAxis** und **ZAxis**, die Klasse **MovabilityValuePartition** unterteilt sich weiter in die Subklassen **LinearMovability** oder **RotatingMovability**. Diese werden im Abschnitt über die **ValuePartitions** näher beschrieben. Mit Hilfe der Anforderung **ElectricEngine** kann ein elektrischer Antrieb beschrieben werden.

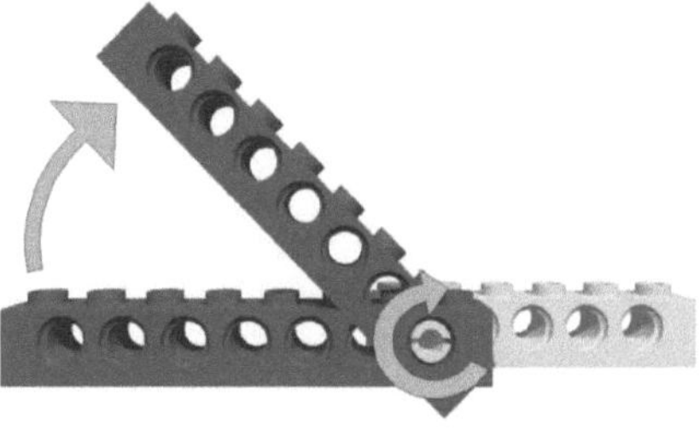

Abb. 92: Rotationsbewegung von Bauteilen

4.4.2.7 Die Ontologie-Klasse Connection

Die Klasse **Connection** bietet die Möglichkeit, Schnittstellen zwischen zwei oder mehreren Bausteinen (**Parts**) abzubilden und wird beschrieben:

```
hasConnectedParts some  (Part and isConnectedWith some Part)
```

Diese sagt aus, dass eine Schnittstelle immer aus Bauteilen besteht, die selbst wiederum mit weiteren Bauteilen verbunden sind. Eine spezielle Connection-Klasse ist die Klasse **PluggingConnection**, in der spezifiziert wird, welche Steckverbindungen möglich sind. Erlaubt sind Verbindungen zwischen zwei **Bricks**, zwischen zwei **Plates** oder zwischen einem **Brick** und einem **Plate**.

```
hasConnectedParts some (Brick  and isPluggedWith some Brick) or
hasConnectedParts some (Brick  and isPluggedWith some Plate) or
hasConnectedParts some (Plate  and isPluggedWith some Plate)
```

Abb. 93: PluggingConnections: Brick-Plate links, Plate-Plate mitte und Brick-Brick rechts

Eine weitere spezielle Klasse **AxisConnection** dient der Modellierung von Achs- und Steckverbindungen aus dem Lego-Technic-Sortiment. Jede dieser Verbindungen ist beweglich, also drehbar. In OWL2 sieht das wie folgt aus:

```
hasConnectedParts some (TechnicBrick  and isPinnedWith some  TechnicAxle)   or
hasConnectedParts some (TechnicBrick  and isPinnedWith some  TechnicPin)    or
hasConnectedParts some (TechnicGear   and isPinnedWith some  TechnicAxle)   or
hasConnectedParts some (TechnicGear   and isPinnedWith some  TechnicPin)
```

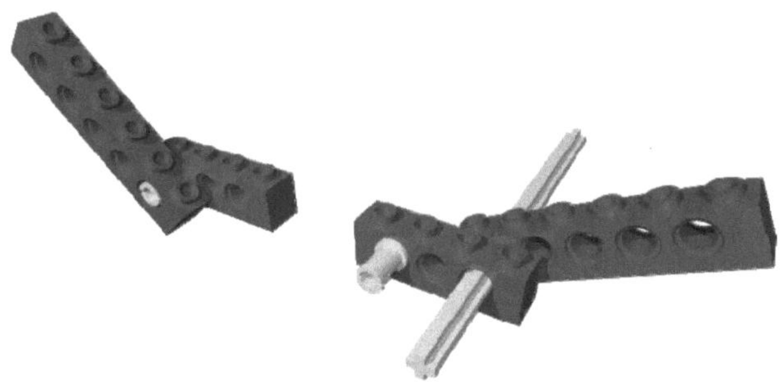

Abb. 94: TechnicBrick mit TechnicPin links und TechnicBrick mit TechnicAxle rechts

4.4.2.8 Die Ontologie-Klasse Resource

Die Klasse **Resource** dient dazu, konkrete Bauteilinstanzen (Individuals) mit einer externen CAD-Datei zu verlinken. Dabei kann jedes Objekt beliebigen Typs mit einem Individuum des Typs Resource über die Object Property **hasResource** verbunden werden. In diesem Objekt werden wiederum über die Data Property **hasResourceURI** beliebig viele URIs zu externen Ressourcen angegeben.

Diese Klasse stellt das Kernelement der Ontologie als Integrationsmedium in der OMP dar.

In der Praxis kann zum einen in der Projekt-Ontologie (PrOnt) davon Gebrauch gemacht werden, etwa wenn der Initiator bereits zu Beginn einer Kollaboration grundlegende Daten wie beispielsweise grobe Skizzen o.ä. in Form von Ressourcen zur Verfügung stellen möchte. Zum Anderen soll ein Teilnehmer diese Klasse nutzen, um die Umsetzung der Anforderungen in feingranulareren Modellen, wie z.B. in CAD-Dateien darzustellen. Dies bietet sich vor allem bei solchen Objekten an, die über die Object Property **isImplementedBy** mit einem **Requirement-Objekt** verbunden sind und die Umsetzung dieser Anforderung darstellen. Über die Ressource kann so anschaulich der Zusammenhang zwischen einer Anforderung, der Umsetzung in der Ontologie und der Umsetzung bzw. Darstellung in einem externen Modelle (wie z.B. CAD) abgebildet werden.

4.4.2.9 Die Ontologie-Klasse Value Partitions

Diese Klasse definiert in der BaseOnt zwei Wertebereiche:

1. Ein Wertebereich dient der Abbildung von Achsenrichtungen (x-, y- oder z-Achse) und wird durch die Klasse **AxisValuePartition** und ihren Subklassen **XAxis, YAxis** und

ZAxis dargestellt. Für die drei Subklassen werden entsprechende Objekte (**XValue, YValue und ZValue**) in der BaseOnt vordefiniert, die dann bei Bedarf direkt verwendet werden können.

2. Ein zweiter Wertebereich dient der Abbildung von Bewegungen (linear oder rotierend). Dazu existiert die Klasse **MovabilityValuePartition** mit ihren Subklassen **LinearMovability** und **RotatingMovability** und den dazugehörigen Individuen **LinearValue** und **RotatingValue**.

Die abstrakte Rolle ***hasAxisRelation*** spezifiziert zu einem Bauteil oder zu einer Baugruppe eine Ausrichtung im 3D-Koordinatensystem. Die abstrakte Rolle ***hasMovability*** dient ferner dazu einem Individuum vom Typ *Movability* (vgl. Abschnitt 4.4.2.6) eine Bewegungseigenschaft zuzuordnen. Kombiniert man beide Rollen miteinander kann beispielsweise eine lineare Bewegungsrichtung der Baugruppe Fahrwerk entlang der x-Achse definiert werden.

4.4.2.10 Zusammenhang zwischen Ontologie-Konzepten und der DeCPD

Im Folgenden sei aufbauend auf dem einfachsten DeCPD-Prozess ein Ablauf skizziert, anhand dessen die Verwendung der zuvor vorgestellten Ontologie-Konzepte deutlicher wird.

Zur Ausschreibung eines Projekts gehören zwei Schritte (vgl. Abb. 95, Schritte 1-3):

- **Schritt 1**: Zuerst muss die BaseOnt erweitert werden zu einer **Projektontologie (PrOnt)**, in dem die gesuchten Komponenten spezifiziert werden.
- **Schritt 2**: Im zweiten Schritt wird die PrOnt an alle Teilnehmer der Kollaboration versendet.
- **Schritt 3**: Ein Teilnehmer erhält die PrOnt und kann die Projektbeschreibung, bzw. die gesuchten Komponenten mit Hilfe einer Projekt-Query, kurz PrQ, auswerten und evaluieren.

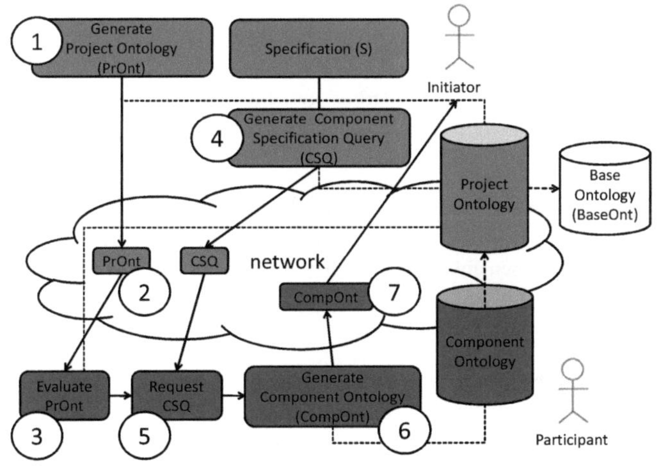

Abb. 95: DeCPD-Basis-Prozess und Ontologie-Konzepte des PSM-Datenmodells

Zum Versenden einer Spezifikation gehören die Schritte 4-5 (vgl. Abb. 95):

- **Schritt 4**: Parallel zum Schritt 3 erstellt der Initiator für jede Komponente eine separate Spezifikation in Form einer SparQL-Query, die **Component Specification Query (CSQ)**, in der die Anforderungen an einzelne Baugruppen genau spezifiziert werden.
- **Schritt 5:** Hat ein Teilnehmer in der PrOnt eine Komponente entdeckt, für die er einen Beitrag leisten kann, so fordert er daraufhin die Spezifikation, also die CSQ an.

Zur Abgabe eines Vorschlags gehören die letzten Schritte (vgl. Abb. 95, Schritte 6 und 7):

- **Schritt 6**: Der Teilnehmer gibt einen Vorschlag ab und erweitert die PrOnt zu einer individuellen **Komponenten-Ontologie (CompOnt)**. Die CompOnt ist eine Erweiterung der Projekt-Ontologie und enthält ein Modell der Komponente des Teilnehmers (zum Beispiel die Baugruppe Fahrwerk).
- **Schritt 7**: Die CompOnt wird dem Initiator zugänglich gemacht, damit dieser sich einen Eindruck über die Entwicklung verschaffen kann, indem er die CSQ auf der CompOnt ausführt.

4.4.2.11 Ausschreiben eines Projekts (Schritte 1 bis 3)

Das Ausschreiben eines Projekts erfolgt über das Versenden einer Projektontologie (**PrOnt**). Diese wird vom Initiator angelegt, indem er eine neue Ontologie erstellt und in dieser die **BaseOnt** importiert. Die **PrOnt** erweitert die **BaseOnt** folglich um projektspezifische Konzepte.

In der PrOnt wird dann das Projekt (= das Konstruktionsproblem) als Subklasse vom Typ Project und die zu konstruierenden Komponenten (= die identifizierten und gesuchten Teilprobleme) als Klassen vom Typ Assembly mittels der Property **subClassOf** angelegt. Um auch die topologischen Zusammenhänge abbilden zu können, wird zusätzlich noch jeweils ein Individuum von jeder dieser Klassen erstellt und über die Property **isChildOf** zu einer Art Stückliste verknüpft. Diesen Individuen wird explizit der Typ der Assembly-Klasse (**lego:Assembly**) zugewiesen und über die Property **isExposed** vermerkt, ob für das entsprechende Objekt ein Entwicklungspartner gesucht wird oder es intern selbst entwickelt werden soll. Als Ergebnis erhält man eine Ontologie, die sowohl die Typen der Komponenten als auch deren topologische Struktur enthält.

Desweiteren kann der Initiator Erweiterungen an der BaseOnt vornehmen, sofern diese nicht für sein Projekt hinreichend ist. Denkbar wären hier z.B. eine Erweiterung der Anforderungen oder sogar konkrete Vorgaben anhand von Teilen, die verbaut werden müssen. Auch kann der Initiator schon in der PrOnt eine Verlinkung auf externe Ressourcen (zum Beispiel CAD-Dateien) vornehmen.

Für ein konkretes Projekt erstellt ein Teilnehmer eine spezielle Query, die **ProjectQuery (PrQ),** die auf der PrOnt ausführbar ist. Diese Query soll die wichtigsten Eckpunkte der Kollaboration für den potenziellen Teilnehmer herausfiltern, nämlich welche Komponenten für ein Projekt gesucht werden. Sie sieht in SparQL-Notation wie folgt aus:

Src. 9: Aufbau einer Project Query (PrQ) für das Projekt Bulldozer

```
PREFIX lego: <http://plm.in.tu-clausthal.de/ont/lego_base.owl#>
PREFIX pront: <http://plm.in.tu-clausthal.de/ont/pront_bulldozer.owl#>
PREFIX rdf: <http://www.w3.org/1999/02/22-rdf-syntax-ns#>
PREFIX rdfs: <http://www.w3.org/2000/01/rdf-schema#>

SELECT ?component ?value ?root ?child
WHERE {
    ?root        rdf:type         pront:Bulldozer;
                 lego:isProject   true;
                 lego:hasChild    ?child.
    ?child       lego:isExposed   ?value;
                 rdf:type         ?component.
    ?component   rdfs:subClassOf  lego:Assembly.
}
```

In der PrQ wird nach einer Hauptkomponente (engl.: root) gesucht, die vom Typ Bulldozer und als Projekt gekennzeichnet ist. Es werden Kinder (engl.: childs) dieser Hauptkomponente gesucht, deren Typ ein Subtyp der Klasse Assembly ist. Zusätzlich wird ausgelesen, ob die Komponenten ausgeschrieben werden sollen (lego:isExposed).

4.4.2.12 Ausschreiben einer Spezifikation (Schritte 4 und 5)

Zusätzlich zur **PrOnt** und der **PrQ** muss der Initiator nun zu jeder öffentlich ausgeschriebenen Komponente eine sogenannte **Component Specification Query (CSQ)** formulieren, welche die konkreten Anforderungen an diese genauer festlegt. Die CSQ repräsentiert somit eine Spezifikation.

In dieser CSQ spezifiziert der Initiator seine Vorstellungen von der gesuchten Komponente, indem er dem folgenden Vorgehen folgt:

1. Der Typ der gesuchten Komponente muss festgelegt werden.
2. Jede Anforderung an die Komponente wird mit Hilfe der *hasRequirement*-Property an einen Namen gebunden, dann jeweils auf den gewünschten Typen festgelegt und die verlangten Eigenschaften mit den geeigneten Properties modellieren.
3. Er sollte zu jeder Anforderung definieren, welche fachlichen Modelle als Lösungsbeitrag erstellt und übermittel werden sollen.

Der prinzipielle Aufbau einer **CSQ** ist in Src. 10 zu sehen[59]. Gesucht wird in der CSQ ein Individuum vom Typ `NAME_KOMPONENTE`, welches später (vgl. Schritte 6, 7) einer konkreten Komponente in der durch einen Teilnehmer formulierten **CompOnt** entspricht.

In der CSQ können mehrere Anforderungen (`NAME_REQUIREMENT`) an die Komponente gestellt werden. Diese werden als Objekt mit eigenem Namen (`NAME_PROPERTY_1`) gebunden, damit im Folgenden jedes Objekt wieder als Subjekt aufgegriffen und über Properties genauer spezifiziert werden kann. Zusätzlich kann und sollte eine externe Ressource (CAD-Modell, Word-Dokument, usw.) angegeben werden, deren Typ über die *hasMimetype*-Property genau

---

[59] Die Namen in den geschweiften Klammern stellen Platzhalter für konkrete Werte dar. Die Syntax entspricht der Template Sprache „jinja2“ (http://jinja.pocoo.org/2/).

definiert werden kann. Somit erkennt der Teilnehmer, welche fachliche Art von Lösung der Initiator sucht.

Src. 10: Prinzipieller Aufbau einer Spezifikation, genannt Component Specification Query (CSQ) im Template-Design

```
PREFIX spec: <http://plm.in.tu-clausthal.de/ontologies/spec_bulldozer.owl#>
PREFIX lego: <http://plm.in.tu-clausthal.de/ontologies/lego_base.owl#>
PREFIX rdf:  <http://www.w3.org/1999/02/22-rdf-syntax-ns#>
SELECT ?item
WHERE {
    ?item   rdf:type    spec:{{NAME_KOMPONENTE}};

            # Anforderungen an Namen binden
            lego:hasRequirement ?req_1, ?req_2, ..., ?req_n.

    # Für jede Anforderung Typen definieren
    ?req_1  rdf:type    lego:{{NAME_REQUIREMENT}};

            # Spezielle Proerties nutzen, um Parameter festzulegen
            lego:{{NAME_PROPERTY_1}}    {{WERT_1}};
            lego:{{NAME_PROPERTY_2}}    {{WERT_2}};
            # ...
            lego:{{NAME_PROPERTY_N}}    {{WERT_N}};
            # Ressource definieren, auf die sich die Lösung
            # bezieht und die das Fachmodell darstellt.
            lego:hasResource            ?req_1_res.

    # Typ dieser Ressource definieren.
    ?req_1_res  lego:hasMimetype        {{MIME-Type}}

    # Das selbe Vorgehen für restliche Anforderungen
    ?req_2  rdf:type    lego:{{NAME_REQUIREMENT}};
            # ...
    ?req_n  rdf:type    lego:{{NAME_REQUIREMENT}};
            # ...
}
```

4.4.2.13 Entwickeln eines Vorschlags (Schritte 6 und 7)

Basierend auf der **PrOnt** und einer **CSQ** kann ein Teilnehmer versuchen, einen geeigneten Vorschlag auf eine Spezifikation zu entwickeln. Dabei muss die CSQ genau analysiert und die dort aufgestellten Anforderungen im Zielmodell berücksichtigt werden.

Zur Abbildung eines Vorschlags erstellt der Teilnehmer eine weitere Ontologie, die so genannte **CompOnt**. Unter Orientierung an der CSQ, die im Prinzip der „Bauplan" für die CompOnt darstellt, wird ein Lösungsvorschlag anhand von Individuen und deren Verbindungen untereinander beschrieben. Die „isImplementedBy" und „hasResource" Properties werden genutzt, um die angelegten Objekte direkt mit dem Fachmodell zu verbinden.

Ein Teilnehmer kann eine CompOnt durch Anlegen von Sub-Baugruppen u.ä. noch weiter detaillieren. Dies hat zwar keinen direkten Einfluss auf die Erfüllung der Vorgaben der CSQ, jedoch soll er seine Umsetzung möglichst genau beschreiben und leistet damit letztlich einen wichtigen Beitrag für die bessere Verständlichkeit und Bewertung seiner Lösung.

Ist die CompOnt vollständig angelegt, so kann diese lokal auf Korrektheit überprüft werden, indem die CSQ darauf ausgeführt wird. Liefert die CSQ das Individuum der modellierten Komponente zurück, so sind sämtliche Anforderungen erfüllt. Wenn nicht, so passt ein Vorschlag noch nicht fehlerfrei zur Spezifikation. Der Fehler muss gesucht und beseitigt werden, bis ein gültiger Vorschlag entsteht. Die Strategien für die Fehlersuche sollen hier nicht näher betrachtet werden. Der Initiator geht analog vor, um zu prüfen, ob ein eingereichter Vorschlag gültig ist.

4.4.2.14 Synthese

Hat der Initiator genügend Vorschläge von Teilnehmern erhalten, die seine Erwartungen erfüllen, so kann er die einzelnen CompOnts in einer Ontologie zusammenfassen, der sogenannten Result Ontology (ResOnt). Eine ResOnt basiert wiederum auf der ursprünglichen PrOnt, importiert aber zusätzlich zu jeder Komponente eine passende CompOnt.

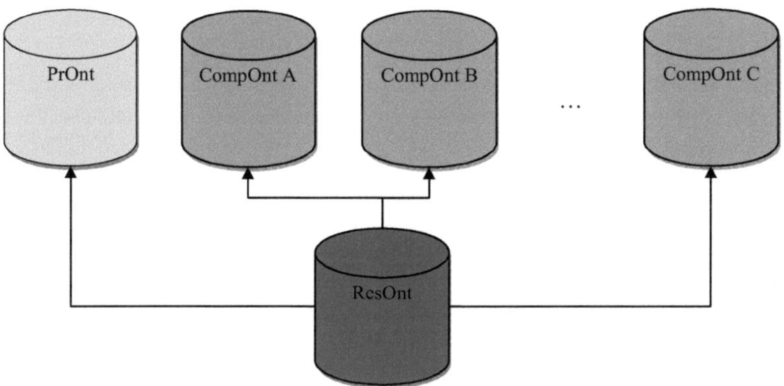

Abb. 96: Die Ergebnisontologie ResOnt

Die Komponenten sind in der PrOnt als Individuals angelegt, ebenso wie in den jeweiligen CompOnts. Um nun eine Beziehung zwischen den vom Initiator angelegten Komponenten-Individuals in der PrOnt und den dazu passenden Individuals aus einer CompOnt herzustellen, wird eine spezielle Objektbeziehung verwendet, nämlich die „SameIndividual"-Beziehung. Damit definiert der Initiator, dass zwei Individuals nach außen dasselbe Objekt repräsentieren. Somit wird die ursprüngliche BOM aus der PrOnt mit den nach unten hin stark detaillierten Lösungen der Teilnehmer semantisch verknüpft.

Abb. 97 zeigt diesen Sachverhalt noch einmal anschaulich: „Ini_Comp_A" ist das Individual einer zu entwickelnden Komponente „A" aus einer PrOnt. Ein Teilnehmer hat in seiner CompOnt ein Individual „Result_Comp_A" erstellt, welches als Wurzelelement seiner Lösung zu dieser gesuchten Komponente fungiert.

Beide Ontologien werden nun in der ResOnt zusammengeführt und diese beiden Individuals durch die Beziehung „SameIndividual" verknüpft.

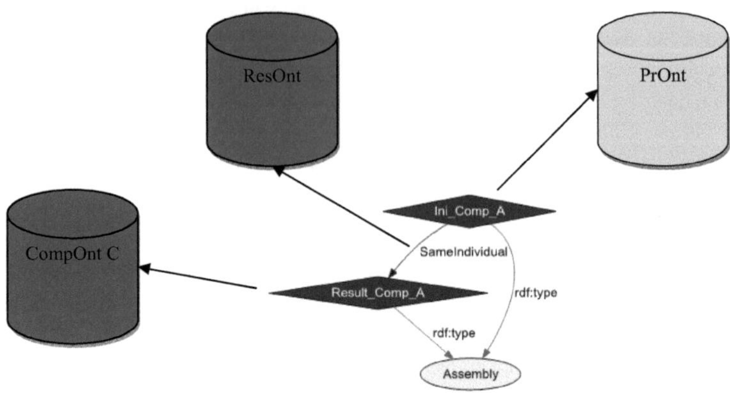

Abb. 97: Die Beziehung SameIndividual

Es gilt daher die Bedingung, dass zu jeder Komponente nur genau eine Lösung in die ResOnt eingebunden wird. Sollte der Initiator mehrere Kombinationen von Lösungen (also Varianten) näher in Betracht ziehen wollen, so muss er sich entsprechend viele ResOnts erstellen.

Die Bauteilbeschreibungen der ResOnt müssen nicht notwendiger Weise geometrisch zusammenpassen. Dafür müssten weitere Constraints definiert werden, die die Verbindungen zwischen Baugruppen auf topologischer und geometrischer Ebene definieren. Dies soll in dieser Arbeit nicht näher betrachtet werden.

4.4.2.15 Funktionsweise des PSM-Datenmodells

Im Szenario dieser Dissertation (vgl. Abschnitt 4.7) möchte der Initiator der Kollaboration einen Bulldozer (vgl. Abb. 49 auf Seite 110) konstruieren, der aus den Komponenten Fahrwerk, Karosserie und Schaufel besteht. Es soll nun gezeigt werden, wie die vier Ontologie-Komponenten PrOnt, PSQ, CSQ und CompOnt aussehen könnten. Hinweis: Die BaseOnt bleibt identisch.

Der Initiator muss zunächst die Komponenten und ihre Struktur in einer PrOnt beschreiben. In diesem Falle gibt es folglich ein Assembly vom Typ **Bulldozer** und entsprechend drei Sub-Assemblies mit den Typennamen **Fahrwerk, Karosserie** und **Schaufel**. Zu jedem dieser projektspezifischen **Assemblies** wird ein Individuum selben Typs erstellt (Der Name ist vollkommen bedeutungslos) und mittels der hasChild Property an das Wurzelelement angeschlossen. Abb. 98 zeigt diese PrOnt.

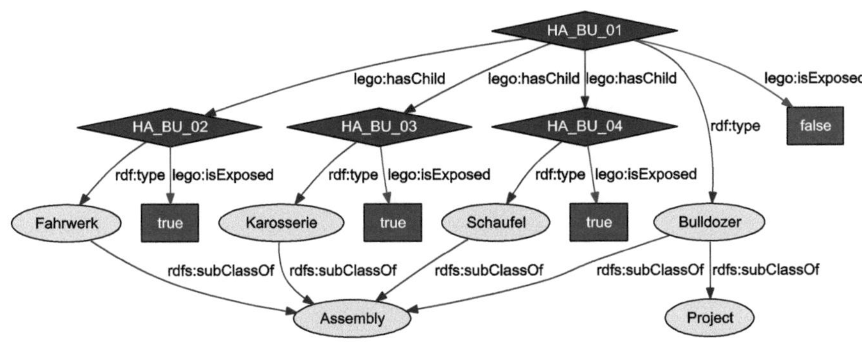

Abb. 98: PrOnt Bulldozer Beispiel

Mit Hilfe der der dazu gehörigen PrQ kann die PrOnt ausgewertet werden. Wie im Abschnitt 4.4.2.11 gezeigt, werden in diesem Fall alle Sub-Typen des Bulldozer-Assemblies heraus gesucht und deren Status ermittelt. In diesem Falle sind alle drei Komponenten öffentlich ausgeschrieben, wie man anhand der Ergebnistabelle erkennen kann.

Tab. 9: Ergebnis der Ausführung einer PSQ auf der Beispiel-PrOnt

component	value	root	child
spec:Schaufel	true	HA_BU_01	HA_BU_04
spec:Karosserie	true	HA_BU_01	HA_BU_03
spec:Fahrwerk	true	HA_BU_01	HA_BU_02

Ein potentieller Teilnehmer könnte nun leicht erkennen, dass u.a. das Modell des Fahrwerks des Bulldozers gesucht ist und sich dafür interessieren. Daher soll nun exemplarisch in Src. 11 die CSQ des Fahrwerks vorgestellt werden, die der Initiator dem Interessenten zukommen lassen würde.

Src. 11: Component Specification Query (CSQ) für das Fahrwerk

```
PREFIX spec: <http://plm.in.tu-clausthal.de/ontologies/spec_bulldozer.owl#>
PREFIX lego: <http://plm.in.tu-clausthal.de/ontologies/lego_base.owl#>
PREFIX rdf: <http://www.w3.org/1999/02/22-rdf-syntax-ns#>
SELECT ?item
WHERE {
    ?item       rdf:type                spec:Fahrwerk;
                lego:hasResource        ?item_res.
                lego:hasRequirement     ?req_dim,  ?req_mov, ?req_costs.

    ?item_res   lego:hasMimetype        lego:application_mlcad.

    ?req_dim    rdf:type                lego:Dimension;
                lego:hasDepth   8;
                lego:hasWidth   ?width FILTER(?width >= 20 && ?width <= 30).

    ?req_mov    rdf:type                 lego:Moveability;
                lego:hasAxisRelation     lego:XValue, lego:ZValue;
                lego:hasMoveability      lego:LinearValue.
```

```
    ?req_costs      rdf:type            lego:Costs;
                    lego:hasCosts       ?price FILTER (?price <= 45.99);
                    lego:hasResource    ?req_costs_res.
    ?req_costs_res  lego:hasMimetype    lego:application_calc.
}
```

Der Typ von „item“ wird wie gefordert auf `spec:Fahrwerk` gesetzt. Zudem fordert der Inititator, dass dieses Assembly durch ein externes Dokument genauer beschrieben wird (`?item_res`). Für dieses hat er den Mimetype `lego:application_mlcad` festgelegt, wodurch explizit deutlich wird, dass er ein Lego-CAD-Modell des Fahrwerks sucht. Danach werden drei Anforderungen für das Fahrwerk an Namen gebunden, die genauer spezifiziert werden sollen:

- `req_dim` grenzt die Dimension des Bauteils ein. Dabei wird die Tiefe auf 8 LDU festgesetzt, wohingegen die Breite zwischen 20 und 30 LDU betragen darf.
- `req_mov` definiert die Beweglichkeit der Baugruppe. Diese soll sowohl in X- als auch in Z-Richtung möglich sein. Zudem definiert der Initiator, dass es sich um eine lineare Bewegung handeln soll. Umgangssprachlich formuliert soll das Fahrwerk eben auf dem Boden in jede Richtung fahren können.
- `req_costs` reguliert die maximalen Kosten der Baugruppe. Diese dürfen 45.99€ nicht überschreiten. Für diese Anforderung legt der Initiator zusätzlich fest, dass ein externes Dokument erstellt werden soll, das Aufschluss über die Kostenrechnung gibt. In diesem Falle soll es ein Tabellenkalkulationsdokument sein.

Mit Hilfe dieser Spezifikation kann sich der Teilnehmer nun an den Entwurf seines CAD-Modells machen, wobei er die gegebenen Restriktionen erfüllen muss (vgl. Abb. 99). Basierend auf diesem Modell und der CSQ entwickelt der Teilnehmer nun seine CompOnt, die seine Lösung auf Ontologie-Basis beschreibt und dabei die Bezüge zu seinem CAD-Entwurf herstellt. Die CompOnt ist in Abb. 100 dargestellt.

Abb. 99: Vorschlag für das gesuchte Fahrwerk

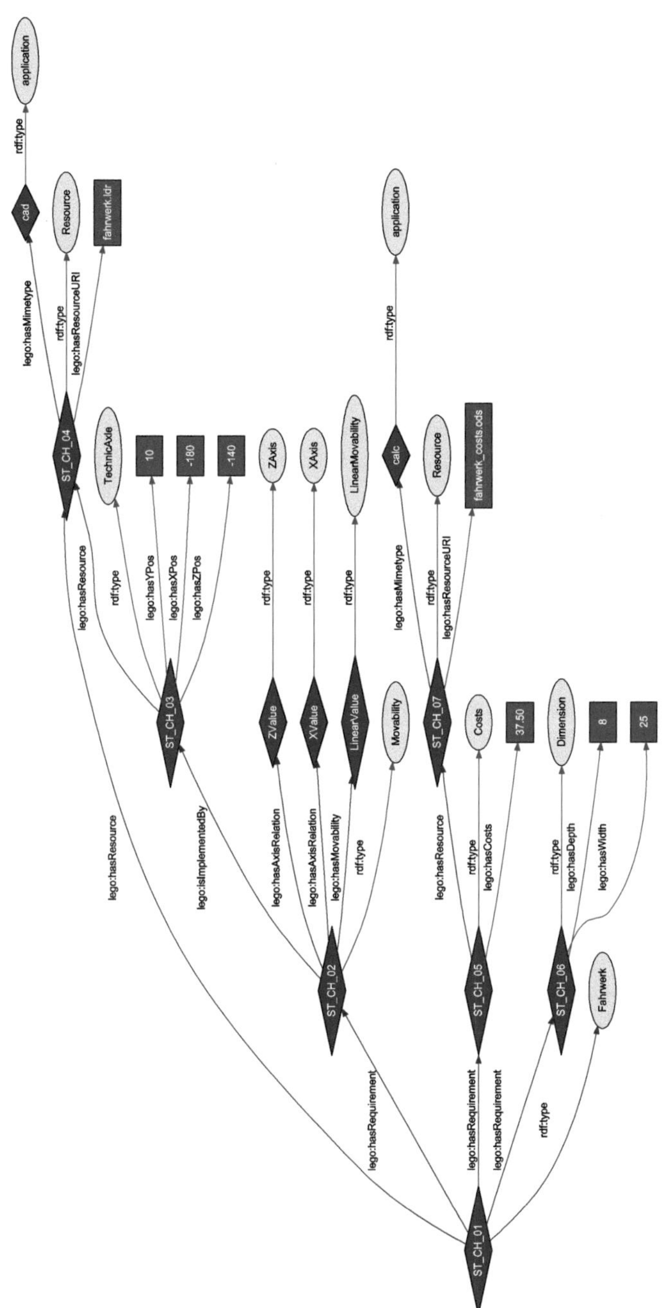

Abb. 100: Ausschnitt der ComponentOntology (CompOnt) für das Fahrwerk

Das Individuum `ST_CH_01` stellt die Komponente `Fahrwerk` dar, wie vom Typ eindeutig geschlussfolgert werden kann. Von `ST_CH_01` zweigen dann die einzelnen Requirements-Individuen ab, die ihrerseits wiederum mit Werten verknüpft sind. Besonders interessant ist das Objekt `ST_CH_03`, welches ein konkretes Bauteil repräsentiert, nämlich eine Achse. Im Beispiel wird exemplarisch gezeigt, wie durch den Teilnehmer die Anforderung an die Beweglichkeit implementiert wurde. Dazu wird die exakte Lage des Bauteils in der CAD-Datei angegeben[60]. Zusätzlich wird eine optionale Verlinkung von diesem Teil (also der Achse) auf die zugehörige CAD-Datei mittels der `hasResource`-Property vorgenommen. Gefordert war die `hasResource`-Property in der CSQ nur für das Individual, welches das Fahrwerk repräsentiert und für das Individual, welches die Kosten darstellt.

Da alle Vorgaben erfüllt sind, liefert die CSQ ausgeführt auf die vorgestellte CompOnt das Individuum `ST_CH_01` zurück. Damit wissen der Teilnehmer und der Initiator, dass dieser Vorschlag bezüglich der Spezifikation gültig ist. Nun ist es Sache des Initiators, dessen Qualität zu bewerten oder gegebenenfalls seine Spezifikation zu überarbeiten, um eine neue Iteration anzustoßen. Natürlich muss es für eine vollständige Kollaboration noch jeweils eine CSQ und eine CompOnt für die Karosserie und die Schaufel geben, damit der Initiator eine Komplettlösung für sein ursprüngliches Gesamtproblem - nämlich den Bulldozer - erhält.

4.4.3 Ein Metamodell für die PSM-Prozesssicht

Im PSM-Metamodell der Prozesssicht (vgl. Abb. 101) wird jetzt eine konkrete **Workflowengine** als Steuerungselement für die Workflows eingeführt. Wie die Workflowengine arbeitet, hängt von der gewählten Koordinationsarbeit ab. Bei der dezentralen Koordination erfolgt die Steuerung über den Zustand des Datenelements, während bei der zentralen Koordination die Workflowengine den Aufruf der Dienste übernehmen kann.

Die Workflowengine verwaltet also den aus der PIM-Ebene schon bekannten **Workflow** und die zugehörigen **Workflowschritte**. Jeder Workflowschritt wird durch einen bestimmten Netzwerkteilnehmer ausgeführt und zwar in einem konkreten **Netzwerk**. Dieses Netzwerk ist eine Überführung der aus der PIM-Ebene festgelegten Netzwerkarchitektur und ist im PSM-Prozessmodell das Bindeglied zum PSM-Netzwerkmodell.

4.4.4 DeCPD-Workflows

In der PSM-Sicht wird nun WDSL als konkrete Beschreibungssprache der Dienste gewählt und BPEL als Sprache zur Beschreibung der Workflows. Dabei muss zunächst die Frage geklärt werden, welche konkreten **Dienste** für die Abwicklung der DeCPD-Geschäftsprozesse benötigt werden (vgl. Abschnitt 4.4.4.1), bevor geklärt werden kann, wie diese Dienste in Abhängigkeit der PIM-Variablen Ausführungsort und Koordinationsart zu konkreten **Workflows** kombiniert werden können (vgl. Abschnitt 4.4.4.2), um diese dann wiederum in globalen Workflows (Choreographien) einzusetzen.

[60] Leider haben Bauteile im LDraw-Format keine eindeutige ID, weswegen sie nur über ihre Position und ihren Typen eindeutig identifiziert werden können.

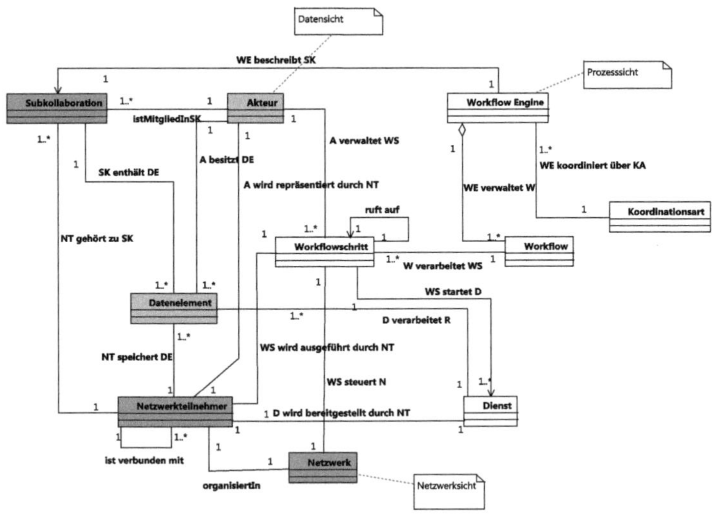

Abb. 101: Metamodell für die PSM-Prozesssicht

Im Rahmen des PSM-Prozessmodells wird lediglich von Diensten und Workflowzusammenstellungen gesprochen. Die konkrete Implementierung der Dienste gehört im Rahmen der Design-Time-Modelle nicht auf diese Ebene und wird in dieser Arbeit daher in einem separaten Kapitel behandelt.

4.4.4.1 DeCPD-Basisdienste auf der PSM-Ebene

Zum Aufstellen der Workflows sind die folgenden zwei **technischen DeCPD-Basisdienste** notwendig:

- **send([Project/Specification/Proposal], Keyword ProjectKeyword).** Die drei Datenelemente der DeCPD von denen die Projektbeschreibung und die Spezifikationen durch den/die Initiator(en) und die Vorschläge durch die Teilnehmer veröffentlicht werden, müssen zur Runtime der Kollaboration unter den Teilnehmern ausgetauscht werden. Diese Aufgabe übernimmt das P2P-Netzwerk. Für das Anstoßen der Prozesse werden die publish-Dienste durch die Aktivität „invoke" vorgesehen.
- **receive(Keyword ProjectKeyword).** Datenelemente werden ebenfalls durch das Netzwerk unter einem gegebenen Schlüsselwort empfangen. Damit der Empfang im Workflow verarbeitet werden kann wird die Notifikation durch receive-Dienste vom Aktivitätstyp „reply" implementiert.

Zusätzlich zu den technischen DeCPD-Basisdiensten gibt es eine Reihe an **fachlichen DeCPD-Basisdiensten**. Der wesentliche Unterschied zu den technischen Diensten besteht darin, dass diese auf den lokalen Systemen durch die Unternehmen selbst bereitgestellt werden müssen, da sie von vielen internen Variablen abhängen. Die folgenden **lokalen DeCPD-Dienste** sind notwendig:

- **createProject(Peer peer): Project.** Ein Projekt ist entsprechend des DeCPD-Datenmodells die primäre Komponente und beschreibt ein Kollaborationsprojekt durch Spezifikation der in der Kollaboration zu entwickelnden Komponenten. Ein neues Projekt wird beim Anlegen durch Nutzen dieses Dienstes eindeutig einem Peer zugeordnet.
- **createSpecification (ProjectID pid, MountPoint treeid, Komponente ComponentQuery): Specification.** Mit Hilfe dieses Dienstes werden Spezifikationen erzeugt. In Anlehnung an das Datenmodell der DeCPD wird eine Spezifikation in jedem Fall einem konkreten Projekt zugeordnet. Diese Zuordnung wird durch Angabe der **ProjectID (pid)** vorgenommen. Weiterhin muss entsprechend des Datenmodells eine Spezifikation an der „richtigen Stelle" im Datenbaum eingehängt werden. Unabhängig davon, ob es sich bei der Spezifikation um eine Erstveröffentlichung handelt, oder eine Variante, bzw. Version lässt sich durch Angabe des Einhängepunkts **(MountPoint treeid)** direkt der Vaterknoten (entweder vom Typ Komponente oder Spezifikation) ermitteln.
- **createProposal (ProjectID pid, MountPoint treeid, Komponente ComponentResult): Proposal.** Dieser Dienst ist das Gegenstück zu „generateSpecification". Auf eine (im Netzwerk) existierende Spezifikation wird ein komponentenbasierter Vorschlag (ComponentResult) erzeugt. Auch hierbei sind die Bezugspunkte ProjectID und MountPoint mit anzugeben.
- **check[Project/Specification/Proposal] ([Project project/ Specification spec/ Proposal prop]).** Diese Überprüfungsdienste dienen der lokalen Auswertung von Ressourcen:
  1. Ein **Projekt** wird durch einen Teilnehmer evaluiert, um festzustellen, ob eine Teilnahme an der Kollaboration sinnvoll erscheint.
  2. Wird die erste Evaluierung positiv beendet, so muss in einer zweiten Stufe die **Spezifikation** untersucht werden. Dazu wird die in einer Spezifikation vorhandene Beschreibung einer gesuchten Komponente (= ComponentQuery) lokal ausgewertet.
  3. Sobald **Vorschläge** beim Initiator eingehen, müssen diese auf Eignung untersucht werden.
- **assembleResult (Project thisProject, Specification thisSpec[], Proposal thisProp[]): Result.** Ein Ergebnis wird erzeugt, in dem zu jeder in einem Projekt veröffentlichten Spezifikation ein gültiger Vorschlag ausgewählt und somit ein oder mehrere gültige Gesamtergebnisse, also Konstruktionsvorschläge generiert werden.

4.4.4.2 Workflowmodelle auf der PSM-Ebene

Auf Basis der vorgestellten technischen und fachlichen OMP-Basisdienste können nun die PSM-Workflowmodelle zusammengestellt werden. Jeder **lokale Workflow** besteht in der Regel aus einer Menge an **lokalen Workflowschritten**, die miteinander verknüpft einen vollständigen, rollenbasierten Ablauf darstellen. In jedem lokalen Workflow auf PSM-Ebene werden die Dienste so miteinander verknüpft, dass die im CIM-Geschäftsprozess festgelegten Aufgaben erfüllt werden können. Der **globale Workflow** wird im Gegensatz zum lokalen Workflow definiert durch die Zeitpunkte an denen die aktive Rolle (Initiator, Teilnehmer) wechselt.

4.4.4.2.1 Workflow-Modellierungsstrategien auf der PSM-Ebene

Bei der Modellierung der Workflows auf PSM-Ebene wird eine Reihe an Strategien angewandt, die im Folgenden kurz vorgestellt werden sollen. Eine detaillierte Beschreibung findet sich in der Diplomarbeit (Wilde 2010).

- Bei der Modellierung der lokalen Workflows werden diese in Teilworkflows unterteilt. Jeder Teilworkflow entspricht einer abgeschlossenen Handlung. Von jedem Teilworkflow können während der Laufzeit mehrere Instanzen erzeugt werden, die a-priori nicht bekannt sind. Zudem erleichtert die Aufteilung die Kontrolle des globalen Workflows und erleichtert mögliche Anpassungsvorgänge.

- Bei der Implementierung von Diensten wird zwischen technischen und fachlichen Dienste unterschieden.
  - Technische Dienste kapseln technische DeCPD-Basisfunktionen, wobei im Workflow nur die technischen Dienste **Send** und **Receive** (dargestellt durch die Notation **ReceiveEventFromGUI**, bzw. **ReceiveEventFromBackend**) verwendet werden. Die Verwendung eines technischen Dienstes dient entweder der Koordinierung der lokalen Workflows von Initiator und Teilnehmer oder der Koordinierung zwischen Workflow und GUI-Events.
  - Fachliche Dienste, in der Regel Human Tasks wie z.B. **createSpecification** (vgl. CIM-Prozesse in Abschnitt 4.2.4) werden, sofern sie Eingaben im GUI erfordern, direkt in das GUI integriert. Die Workflowengine hält die Bearbeitung eines lokalen Workflows an einer solchen Stelle an und wartet auf die Benachrichtigung durch einen technischen Dienst.
- Mit jedem lokalen Workflowschritt werden die bearbeiteten Daten im internen Datenspeicher zwischengespeichert. Eine mögliche Umsetzung dieses internen Datenspeichers wird im Abschnitt 5.3.2.2 genauer beschrieben.
- Ein lokaler Workflow kann prinzipiell auf zwei unterschiedliche Arten angestoßen werden: Entweder direkt durch einen Nutzer aus der GUI, nämlich beim Erstellen eines neuen Kollaborationsprojekts, oder aber durch ein Netzwerk-Event, zum Beispiel beim Empfangen einer Projekt-Ressource.
- Die lokalen Workflows einer DeCPD sind prinzipiell so gestaltet, dass sie nur bei Nutzung auf einem dezentralen Backend, bzw. einem P2P-System, ausgeführt werden können. Dieses muss bei Start eines Workflows bereits aktiv sein. Somit lassen sich in beliebige Reihenfolgen lokaler Workflowschritte spezifizieren, deren konkrete Reihenfolge über den Zustand des im P2P-Netzwerk gespeicherten Produktmodells gesteuert werden kann.

4.4.4.2.2 Globaler Workflow bei lokaler Dienstausführung und dezentraler Koordination

Im Folgenden wird das Modell eines einfachen, globalen Workflows (gWF-1) als Ergebnis der Transformation des BPD aus Abb. 65 vorgestellt. In Abb. 101 ist eine Skizze des globalen Workflows gezeigt, die vollständigen Workflowmodelle des gWF-1 sind in Anhang E ab Seite 325 genauer beschrieben.

Der globale Workflow wird nicht durch einen zentralen Koordinator gesteuert, und jeder der Teilnehmer verfügt über die notwendigen technischen und fachlichen Dienste, um den Workflow auszuführen. Für den globalen Workflow gelten weiterhin die folgenden Eigenschaften:

- Es gibt nur einen Initiator, die Anzahl der Teilnehmer ist aber beliebig, wobei alle Teilnehmer auf einer gleichen Hierarchiestufe stehen (= einstufige Kollaboration, vgl. Abschnitt 4.2.4.1).
- Jeder Teilnehmer führt genau denselben lokalen Workflow aus und zwar genau so, wie er im globalen Workflow für einen Teilnehmer dargestellt ist.
- Es gibt genau ein Kollaborationsprojekt, das aus beliebig vielen zu entwickelnden Komponenten (Spezifikationen) besteht.
- Jeder Kollaborationsteilnehmer kann mehrere Spezifikationen anfordern (vgl. Teilworkflows A2.1 und A2.2 in Abb. 102), für jede Spezifikation jedoch nur einen Vorschlag abgeben. Dieser Vorschlag sollte möglichst gut die durch den Initiator geforderten Bedingungen erfüllen, um am Ende der Kollaboration auch tatsächlich den Zuschlag zu erhalten.
- Alle eingegangenen Vorschläge werden nach einer durch den Initiator festgelegten Zeit bewertet. Es gibt keine Verbesserungsmöglichkeiten für den Teilnehmer, da keine Iterationen unterstützt werden.

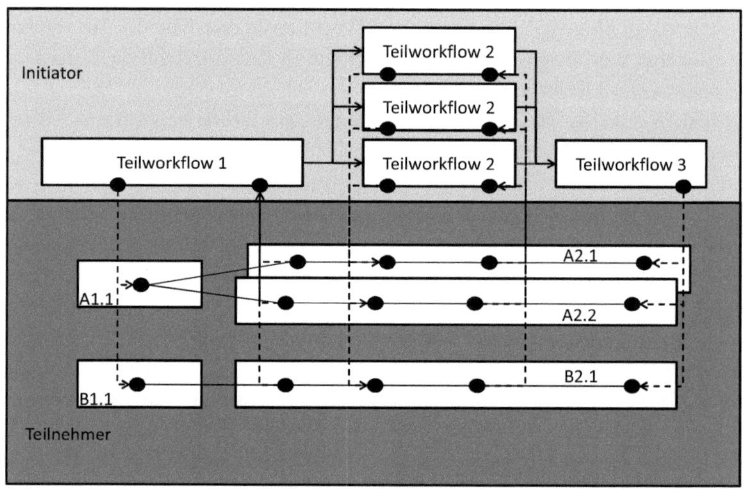

Abb. 102: Skizze des einfachsten globalen Workflows (gWF-1) zur Umsetzung des BPD aus Abb. 65

4.4.4.2.3 Berücksichtigung von Iterationen im globalen Workflow (gWF-2)

Die Berücksichtigung von Iterationen bedeutet, dass ein Vorschlag auf eine Komponente (C_X) noch nicht den Vorstellungen des Initiators entspricht. Dafür kann es zwei Gründe geben: Entweder weist der Vorschlag noch zu beseitigende Schwächen auf (die evtl. auch bewusst durch den Teilnehmer so gewählt wurden, da er zum Beispiel gewünschte Maße nicht einhalten oder geforderte Materialen nicht verarbeiten kann) oder die Spezifikation war von Beginn an zu schlecht formuliert. Letzteres tritt in frühen Kollaborationsphasen alleine deshalb auf, da ein Initiator in der Regel zu Beginn der Kollaboration noch nicht über genügend Wissen verfügt, um eine qualitativ hochwertige Spezifikation zu formulieren. Um Iterationen im globalen Workflow abzubilden müssen einige Änderungen in die lokalen Workflows des Initiators sowie des Teilnehmers eingearbeitet werden:

1. Der Initiator muss die Möglichkeit haben eine bereits vorhandene Spezifikation, unabhängig vom Stand der einzelnen lokalen Workflows, zu verändern, bzw. zu erweitern, vgl. Ablauf in Abb. 103.
2. Der Initiator muss die Möglichkeit haben, direkt nach Abgabe eines Vorschlags (durch einen Teilnehmer) diesen zu prüfen. Falls das Ergebnis der Überprüfung des Vorschlags unzureichend ist, so muss der Teilnehmer die Möglichkeit haben eine verbesserte Version zu erstellen, vgl. Ablauf in Abb. 104.

Der genaue Ablauf des Workflows gWF-2 ist ebenfalls im Anhang E ab Seite 325 detaillierter beschrieben.

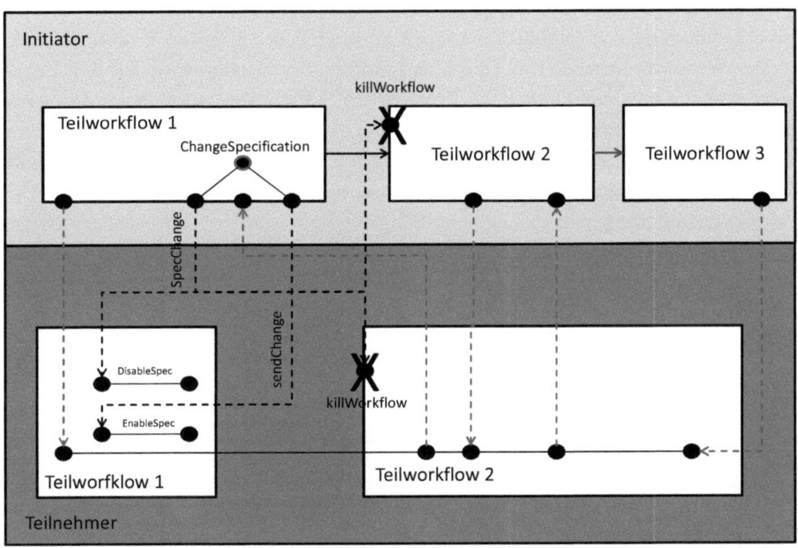

Abb. 103: Skizze des erweiterten globalen Workflows (gWF-2) zur Umsetzung des BPD aus Abb. 68 bei Berücksichtigung von Spezifikations-Anpassungen

4.4.4.2.4 Berücksichtigung von Subkollaborationen im globalen Workflow (gWF-3)

Unter einer Subkollaboration versteht man, dass ein Teilnehmer für eine Spezifikation, für die er selbst (vermutlich auf Grund fehlenden Wissens) keinen zufriedenstellenden Vorschlag erzeugen kann, eine eigene Ausschreibung innerhalb eines Teilverbunds der Kollaboration startet. Der Teilnehmer erstellt ein neues Projekt, in dem er eine Spezifikation erzeugt, welche die Spezifikation des ursprünglichen Initiators noch einmal verfeinert.

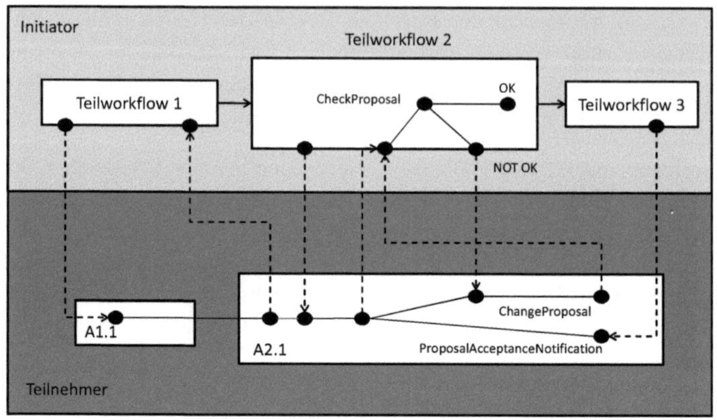

Abb. 104: Skizze des erweiterten globalen Workflows (gWF-2) zur Umsetzung des BPD aus Abb. 68 bei Berücksichtigung von Vorschlags-Anpassungen

Die Berücksichtigung von Subkollaborationen im Modell des globalen Workflows ist relativ trivial. Der Workflow wird so modelliert, dass immer zwei Kollaborationen ihre Ergebnisse miteinander synchronisieren, indem das Ergebnis der Sub-Kollaboration in den Vorschlag der übergeordneten Kollaboration einbezogen wird, vgl. Abb. 105. Die konkrete Implementierung lokaler Teilworkflows ist weit weniger trivial, insbesondere wenn innerhalb der Subkollaborationen zusätzlich noch Iterationen mit betrachtet werden müssen. Der Aufwand für die Implementierung und die Fehleranfälligkeit wird stark erhöht. Idealerweise sollten daher Subkollaborationen nach Möglichkeit immer durch voneinander unabhängige Kollaborationen realisiert werden.

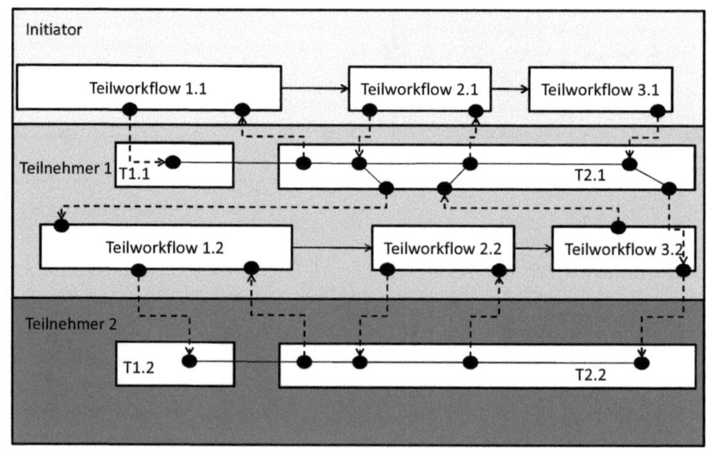

Abb. 105: Skizze des erweiterten, globalen Workflows (gWF-3)

4.4.5 Ein Metamodell für die PSM-Netzwerksicht

Beim PSM-Metamodell auf der Netzwerksicht wird nun ein spezifisches **Netzwerk** eingeführt. Dieses Netzwerk realisiert die auf der PIM-Ebene festgelegte Netzwerkarchitektur durch das Bereitstellen dafür benötigter Software-**Komponenten**. Die Komponenten bestehen ihrerseits aus genau denjenigen **Funktionen**, die benötigt werden, um eine Kollaboration im gewählten Netzwerk auszuführen. Die Funktionen sind in Client-/ Server-Netzen jedoch grundsätzlich unterschiedlich zu denjenigen Funktionen, die P2P-basierte Netzwerke erfordern. Ein Dienst nutzt einen oder mehrere Funktionen, um seine Aufgabe zu erfüllen.

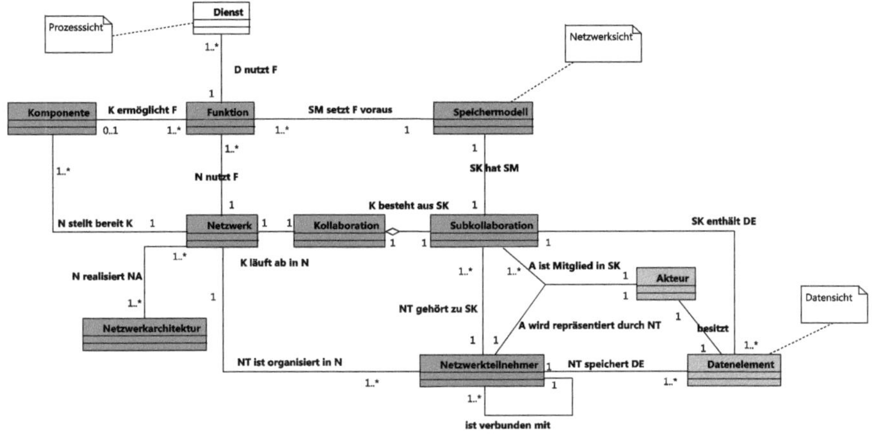

Abb. 106: Metamodell der PSM-Netzwerksicht

4.4.6 FreePastry als Beispiel für ein strukturiertes P2P-Overlay

In den PIM-Modellen der Netzwerksicht wurde für die Netzwerkarchitektur neben dem klassischen Client-/Server-Verfahren die Wahl von Overlays vorgesehen. Da sich diese Arbeit mit dezentralen Technologien für die Produktentwicklung auseinandersetzt, wird im Folgenden angenommen, dass auf der PIM-Ebene ein P2P-Overlay gewählt wird.

Als Modellinstanz der PSM-Netzwerkschicht für die DeCPD wird exemplarisch die P2P-Overlayimplementierung **FreePastry** genauer betrachtet. FreePastry ist eines der wenigen strukturierten P2P-Overlayprotokolle (vgl. Abschnitt 2.5.4.2), dessen quelloffenen Bibliotheken dank BSD-Lizenzierung frei zugänglich sind. Aktuell ist die Implementierung in der Version 2.1[61] und wird in dieser Arbeit unverändert als Basis aller weiteren Betrachtungen verwendet.

Im Folgenden werden die DeCPD-Basisdienste aus Abschnitt 4.4.4.1 als Grundlage für die Beschreibung der benötigten Komponenten und Funktionen eines Netzwerks auf der PSM-Netzwerksicht genommen.

[61] Stand: April 2011. Siehe auch: http://www.freepastry.org/FreePastry/#21 [01.04.2011]

4.4.6.1 Aufbau von verteilten Kollaborationsräumen

Um in einer Kollaboration die Entwicklung mehrerer Teilproduktmodelle parallel zu unterstützen, muss eine Organisationsstruktur aufgebaut werden, bei der Expertenteams innerhalb von Räumen organisiert sind. Darüber hinaus ist es, so wie in Abschnitt 4.2.6.6 beschrieben, evtl. nötig, getrennte Subnetzwerke aufzubauen.

FreePastry bietet eine Art Einteilung in Kollaborationsräume auf Softwareebene an. Zu beachten ist, dass dabei keine physikalischen Grenzen zwischen den Netzen entstehen. Diese Aufteilung erfolgt durch das Subskribieren in sogenannte Topics. Abb. 106 verdeutlich die P2P-Overlay-Organisationsstruktur unter Verwendung von Topics. Jeder Peer kann dabei auf mehrere Topics subskribiert sein.

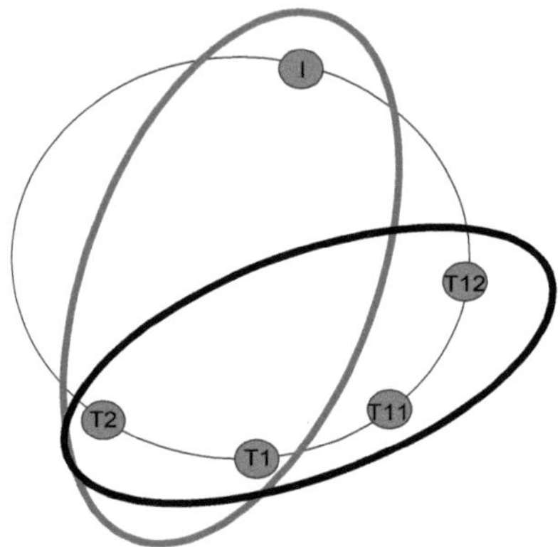

Abb. 107: P2P-Overlay-Organisationsstruktur mit PastryTopics

Startet der Initiator-Peer (I) eine Kollaboration in einem seiner Topics (hier durch eine graue Ellipse gekennzeichnet), so können die Peers (T1) und (T2) Nachrichten dieser Kollaboration empfangen, da sie gemeinsam in das Topic des Initiators eingeschrieben sind. Angenommen T1 und T2 starten eine neue Entwicklung mit den Peers T11 und T12, so können diese Teilnehmer untereinander Nachrichten über ein separates Topic austauschen (schwarze Ellipse), usw.

Das Bilden von Subkollaborationen ist mit Hilfe der Topic-Funktionalität nicht zu ermöglichen, da die Raumbildung nur auf der Softwareebene erfolgt und bei dem im Abschnitt 2.5.4.2 beschriebenem Routing-Algorithmus nicht davon ausgegangen werden kann, dass bei Kommunikation zwischen zwei Teilnehmern nur Peers des eigenen Subnetzwerkes berücksichtigt werden. Das ist vor allem in Bezug auf die DeCPD-Basisfunktion "Sicherung der Kollaborationszustände" zu beachten (vgl. Abschnitt 4.3.6.4).

4.4.6.2 Distribution von TPM-Vorschlägen

Da zur Speicherung von TPM-Vorschlägen unterschiedliche Verfahren angewendet werden können, um diese innerhalb eines Kollaborationsraums (Topic) zu verteilen (lokal, hybrid, dezentral), werden in diesem Abschnitt die entsprechenden Strukturen von FreePastry dazu erläutert.

Bei allen Verfahren muss eine TPM-Spezifikation per Multicast an alle Teilnehmer des Kollaborationsraums weitergeleitet werden. Diese Funktion bietet die Scribe-Komponente von FreePastry.

- **Lokale Speicherung von TPM-Vorschlägen**
  Bei der lokalen Speicherung liegen die Vorschläge nur auf einem Peer und müssen folglich im Falle der Suche direkt von diesem bezogen werden. Dafür bietet FreePastry ein sogenanntes Endpoint-Objekt an, mit dem die Verbindung zu einem bestimmten Peer über einen direkten Stream hergestellt werden kann. Die eigentliche Übertragung findet dann asynchron nach einem Zwei-Wege-Handshake statt. Auf der Softwareebene bedeutet das, dass der anfragende Peer zunächst seine Reaktion auf den Erhalt des angefragten Vorschlags definiert und diese dann zusammen mit seiner eigentlichen Anfrage an den Eigentümer schickt.

- **Hybride Speicherung von TPM-Vorschlägen**
  Bei der hybriden Speicherung werden im Laufe der Kollaboration Replikationen der Produktmodelle auf vertrauenswürdigen Peers hinterlegt. Die Idee bei der Umsetzung mit FreePastry ist die, dass sich die Teilnehmer, die vom Initiator als vertrauenswürdig eingestuft werden, auf ein gemeinsames Topic subskribieren. Innerhalb dieses vertrauenswürdigen Topics können dann die Vorschläge beliebig durch die oben beschriebenen die oben beschriebenen Scribe- und Endpoint-Komponenten ausgetauscht werden. Gegebenenfalls kommt auch ein DHT-basiertes Verfahren zum Einsatz, siehe nächster Punkt.

- **Dezentrale Speicherung von TPM-Vorschlägen**
  Da es sich bei FreePastry um ein strukturiertes P2P-Netzwerk handelt, bietet es entsprechende Strukturen zur Verteilung mittels DHT. Die dazugehörigen Hashtabellen sind zusammen mit dem Routingalgorithmus von FreePastry in Abschnitt 2.5.4.2 erläutert.

4.4.6.3 Suche nach TPM-Vorschlägen

Zur Erinnerung: Unter einer Suche wird bei der DeCPD in der Regel der Prozess der Ausschreibung einer Spezifikation verstanden. Dabei sucht der Initiator nach Kollaborationspartnern, die mit ihm zusammen sein Produkt entwickeln. Mit Hilfe den oben beschriebenen Topics ist es möglich Interessensgemeinschaften in Form von Kollaborationsräumen im FreePastry zu bilden. Demzufolge kann sich der Initiator beispielsweise auf ein Topic subskribieren, in dem nur Teilnehmer sind, die Interesse an der kollaborativen Entwicklung von beispielsweise Baufahrzeugen (vgl. Abb. 49) haben.

Über die Scribe-Komponente des FreePastry-Netzwerks können Multicast-Anfragen innerhalb dieses Topics gestartet werden, die gleich eine entsprechende Beschreibung des geplanten Entwicklungsvorhabens beinhalten (auch ProjectQuery, PrQ genannt). Derjenige

Kollaborationspartner, der die Konstruktion einer bestimmten Komponente des Initiators übernimmt, kann analog in einem neuen Topic die Entwicklung dieser Komponente anstoßen.

Während der Kollaboration ist es allerdings nötig, dass die einzelnen Teilnehmer TPM-Vorschläge austauschen können. Dazu muss sichergestellt werden, dass Vorschläge und ihre Besitzer, bzw. Halter von allen Kollaborationsteilnehmern innerhalb des Netzwerkes gefunden werden können. Hierbei muss erneut nach den verschiedenen Speicherungsstrategien unterschieden werden.

- **Lokalisierung bei lokaler Speicherung von TPM-Vorschlägen**
  Da die TPM-Vorschläge bei der lokalen Speicherung, unabhängig von ihrem Inhalt, auf beliebigen Peers liegen können, gibt es keine Möglichkeit, diese Produktmodelle mit Hilfe von FreePastry zu finden. Folglich muss das in einer, dem FreePastry übergeordneten Ebene realisiert werden. Eine Strategie dafür wäre, dass eindeutige Identifikationsobjekte für den Halter des Vorschlags während der Suche nach Kollaborationspartnern per Multicast zusammen mit den entsprechenden TPM-Spezifikationen verschickt werden. Das würde dazu führen, dass jeder Teilnehmer über die Identifikationsobjekte direkten Kontakt zum Initiator aufnehmen könnte. Über die Endpoint-Komponenten des FreePastry können dann direkte Übertragungen zwischen dem Initiator und dem Teilnehmer stattfinden.

- **Lokalisierung bei hybrider Speicherung von TPM-Vorschlägen**
  Bei der hybriden Speicherung der Vorschläge verhält es sich ähnlich wie bei der lokalen Speicherung. Jedoch ist hier zu beachten, dass auf Grund der höheren Anzahl von Replikationen im Netzwerk bzw. Subnetzwerk eine höhere Ausfallsicherheit im Bezug auf die Verfügbarkeit von TPMe gewährleistet werden soll.
  Auch dafür bietet FreePastry keine direkten Funktionalitäten an. Folglich muss wieder auf einer übergeordneten Ebene dafür gesorgt werden, dass beim Ausfall eines Peers aus dem vertrauenswürdigen Topic, immer einer dieser Peers von den anderen Kollaborationsteilnehmern erreichbar ist. Eine verfolgbare Strategie dabei wäre, dass nur einer der vertrauenswürdigen Peers mit den restlichen Kollaborationsteilnehmern Vorschläge austauscht. Beim Ausfall dieses Peers würde ein anderer aus dem vertrauenswürdigen Topic dessen Position übernehmen.

- **Lokalisierung bei dezentraler Speicherung von TPM-Vorschlägen**
  Bei dieser Strategie der Speicherung kann FreePastry komplett die Verwaltung der Produktmodelle übernehmen. Dazu wird eine PAST-Komponente angeboten, mit deren Hilfe TPMe unter einem bestimmten Hashwert im Netzwerk abgelegt werden können. Über diesen Hashwert können die gesuchten Produktmodelle dann wieder abgerufen werden. Dementsprechend ist die dezentrale Speicherung die einzige Variante, bei der der Zugriff auf Vorschläge auch ohne Wissen über den genauen Speicherort bzw. den Initiator möglich ist.

4.4.6.4 Sicherung des Kollaborationszustands

Wie in Abschnitt 2.6.2.3.1 beschrieben, ist das Bilden von Replikationen die einzige Methode zur Sicherung des Kollaborationszustands. Das bedeutet, dass ein korrekter Verlauf der

Kollaboration stark davon abhängig ist, ob benötigte Produktmodelle stets verfügbar sein müssen.

Diese Verfügbarkeit wiederum ist stark von der gewählten Verteilungsstrategie der TPM-Vorschläge abhängig. Da beispielsweise bei lokaler Datenhaltung keine Replikationen zugelassen sind, ist es nicht möglich mit FreePastry bei dieser Art der Speicherung einen reibungslosen Verlauf der Kollaboration zu garantieren. Bei hybrider PM-Speicherung werden automatisch Kopien auf anderen Knoten abgelegt. Diese müssen jedoch als Stellvertreter benannt werden, wofür Pastry keine Funktion anbietet. Bei der dezentralen Datenhaltung ist die Replikation abhängig vom gewählten Replikationsalgorithmus.

4.5 Abhängigkeiten zwischen Metamodellelementen

Durch die verschiedenen Entscheidungskriterien existieren zwischen den unterschiedlichen Metamodellelementen Abhängigkeiten. Das bedeutet, dass durch die Wahl einer Ausprägung eines Entscheidungskriteriums aus der Menge der möglichen Ausprägungen für andere Kriterien einige wegfallen können, bzw. diese beeinflusst werden. Dabei werden zwei Arten von Abhängigkeiten unterschieden:

1. **Zwingende Abhängigkeiten.** Dieser treten genau dann auf, wenn die Wahl einer bestimmten Ausprägung definitiv andere Entscheidungskriterien einschränkt.
2. **Empfehlende Abhängigkeiten.** Diese treten genau dann auf, wenn die Wahl einer bestimmten Ausprägung Empfehlungen für andere Entscheidungskriterien vorgibt. Diese Abhängigkeiten sind jedoch nicht zwingend und können somit bei der Instanziierung auch ignoriert werden.

Im Folgenden werden diese Abhängigkeiten im Bezug auf die verschiedenen Abstraktionsebenen der MDSD erläutert.

4.5.1 Zwingende Abhängigkeiten auf der CIM-Ebene

- Die Wahl einer **Kollaborationsarchitektur** ist abhängig von der funktionalen Anforderung **Vertrauenswürdigkeit**. Bei geringer Vertrauenswürdigkeit (zum Beispiel bei einer Kollaboration zwischen einem OEM und 1st-Tier-Suppliern) wird eine hierarchische Architektur gewählt, während in einer vertrauenswürdigen Kollaborationsumgebung (zum Beispiel bei einer Kollaboration zwischen mehreren 1st-Tier-Suppliern) eine heterarchische Architektur gewählt wird.

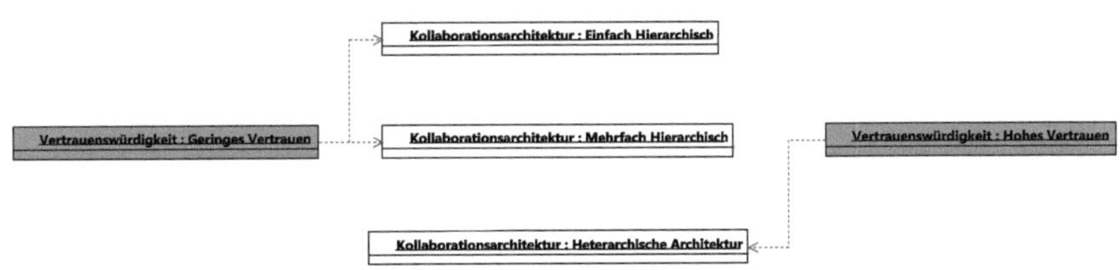

Abb. 108: Abhängigkeiten zwischen Vertrauenswürdigkeit (CIM Netzwerksicht) und Kollaborationsarchitektur (CIM Prozesssicht)

- Die funktionale Anforderung **Subkollaboration** (vorhanden oder nicht) ist ebenfalls von der Ausprägung des Merkmals der Kollaborationsarchitektur abhängig. Das Erstellen einer Subkollaboration innerhalb eines Kollaborationsnetzwerks (vgl. Abschnitt 4.3.6.1) ist nur dann möglich, wenn dieses als vertrauenswürdig eingestuft ist (vgl. Abb. 109). Damit können Subkollaborationen nur in heterarchischen Kollaborationsarchitekturen vorkommen (vgl. Abb. 110).

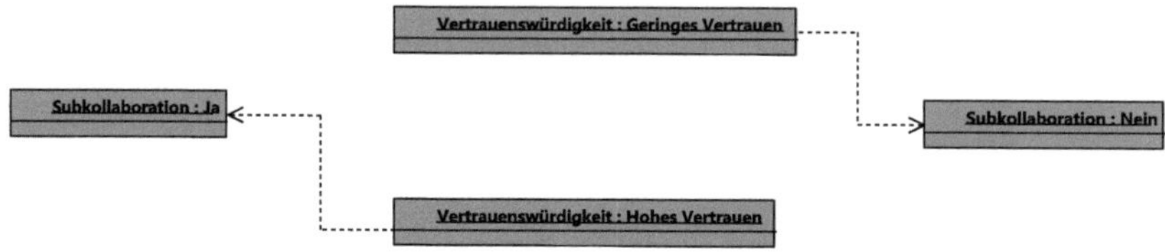

Abb. 109: Abhängigkeiten zwischen dem Vertrauen und dem Vorhandensein von Subkollaborationen in der CIM Netzwerksicht

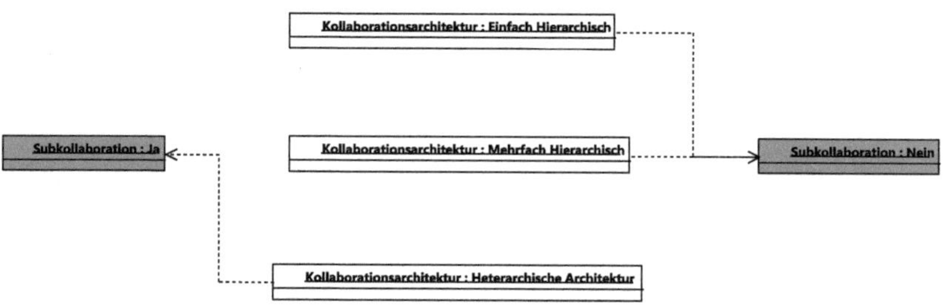

Abb. 110: Abhängigkeiten zwischen der Kollaborationsarchitektur (CIM Prozesssicht) und dem Vorhandensein von Subkollaborationen (CIM Netzwerksicht)

4.5.2 Empfehlende Abhängigkeiten auf der CIM-Ebene

- Die nichtfunktionalen Anforderungen **Sichtbarkeit** und **Vertrauenswürdigkeit** stehen in empfehlender Abhängigkeit zueinander. Verfügt die Kollaboration über eine geringe Vertrauenswürdigkeit, so empfiehlt sich die private Datensichtbarkeit. Bei einer hohen Vertrauenswürdigkeit innerhalb der Kollaboration kann für ausgewählte Datenelemente eine öffentliche Sichtbarkeit gewählt werden, da dadurch effektivere Verteilungsvarianten möglich sind.

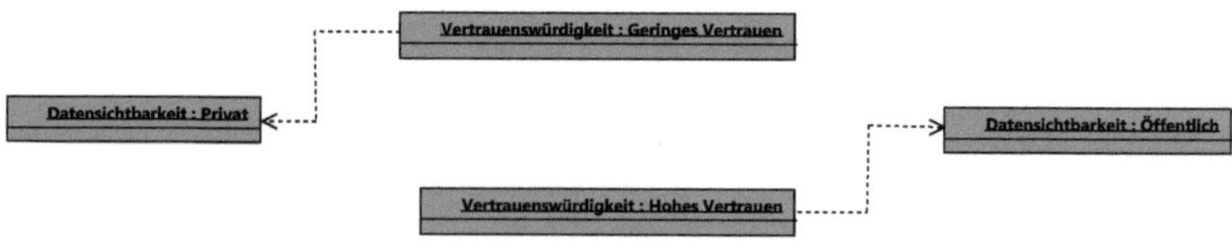

Abb. 111: Abhängigkeiten zwischen der Datensichtbarkeit und der Vertrauenswürdigkeit in der CIM Netzwerksicht

4.5.3 Zwingende Abhängigkeiten auf der PIM-Ebene

Zwingende Abhängigkeiten der Ausprägungen innerhalb der PIM Ebene existieren nicht. Solche Abhängigkeiten bestehen nur mit bestimmten Modellelementen auf der CIM-Ebene.

4.5.4 Empfehlende Abhängigkeiten auf der PIM-Ebene

- Die Wahl einer konkreten **PM-Speichervariante** beeinflusst die **Ausführungsart der Dienste** auf der PIM-Ebene.

  Die Motivation für die Wahl einer **lokalen Speicherung von TPM-Vorschlägen** lag darin begründet, dass es sich um eine Kollaboration handelt, in der die vertraulichen TPM-Vorschläge nicht in die Hände Dritter geraten sollen (private Datensichtbarkeit). In diesem Fall machen auch nur zwei Formen der Dienstausführung Sinn: Die **lokale** Dienstausführung, bei der jeder Teilnehmer selbst die notwendigen Dienste ausführt oder die **zentrale** Dienstausführung durch beispielsweise den Initiator.

  Bei der **hybriden Speicherung von Produktmodellen** wird den Produktentwicklern die Möglichkeit gegeben, Subkollaborationen zu bilden, um darin mit ausgewählten Teilnehmern einen TPM-Vorschlag gemeinsam zu entwickeln. In diesem Fall kann zusätzlich zwar nach wie vor die lokale oder zentrale Ausführung der Dienste (durch den Sub-Initiator) in Betracht gezogen werden, jedoch wird sich ggf. die dezentrale Dienstausführung positiv auf die Gesamtperformance des Ansatzes auswirken.

  Bei der **dezentralen PM-Speicherung** kann im Gegensatz zur hybriden Variante kein Einfluss mehr darauf genommen werden, wo die Produktmodelle gespeichert werden. In einem solchen Netzwerk erscheint es von Vorteil keine strikten Vorgaben für den Ausführungsort von Diensten vorzugeben (lokale oder zentrale Variante), sondern, je nach Verfügbarkeit der Teilnehmer, die für die Kollaboration notwendigen Dienste im Netzwerk verteilt entwickeln und anbieten zu lassen. Die Nachfrage nach Diensten erfolgt dann zur Run-Time über einen verteilten Lookup.

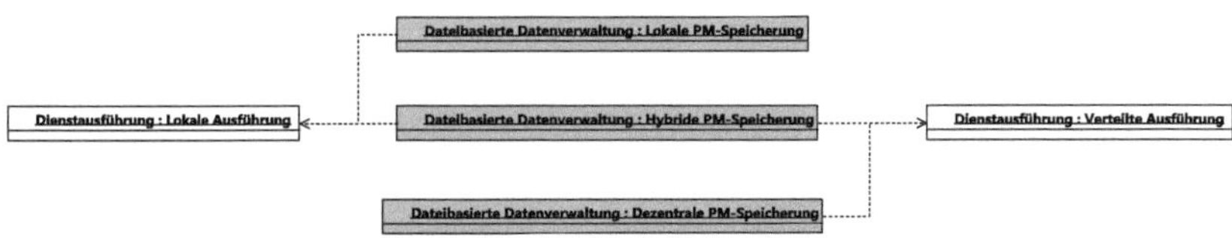

Abb. 112: Abhängigkeiten zwischen Formen der dateibasierten Datenverwaltung (PIM Datensicht) und der Dienstausführung (PIM Prozesssicht)

- Die Wahl der **Netzwerkarchitektur** steht in empfehlender Abhängigkeit zur Wahl der **Datenverwaltung**. So ist es sinnvoll bei der Wahl eines P2P-basierten Ansatzes eine dezentrale Art der Datenverwaltung („Verteile Datenbank“ oder „Dateibasiert“) zu verwenden, wobei sich für einen client-/ serverbasierter Ansatz eine zentral organisierte Datenverwaltung („Zentrale Datenbank“) besser eignet.

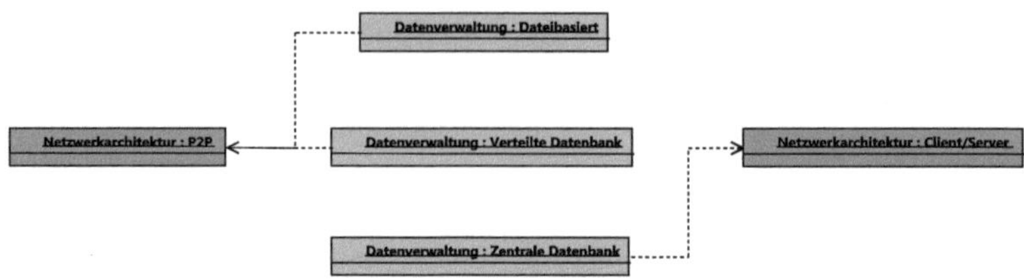

Abb. 113: Abhängigkeiten zwischen der Netzwerkarchitektur (PIM Netzwerksicht) und der Datenverwaltung (PIM Datensicht)

4.5.5 Empfehlende Abhängigkeiten auf der PSM-Ebene

Die Abhängigkeiten auf der PSM Ebene resultieren entweder direkt aus den Entscheidungen den darüber liegenden Abstraktionsebenen (PIM, CIM) oder sind darin begründet, dass die konkreten Technologien bzw. Implementierungen die geforderten Funktionen erfüllen bzw. miteinander kompatibel sein müssen. Da eine Darstellung aller möglichen alternativen Ausprägungen vieler Modellelemente auf der PSM Ebene das Metamodell zu unübersichtlich machen würde (z.B. Darstellung aller möglichen Implementierungen einer Workflowengine), werden diese dort nicht dargestellt. Selbstverständlich stehen aber auch diese Elemente in Abhängigkeiten zueinander. Zunächst wird in diesem Abschnitt auf die empfehlenden Abhängigkeiten eingegangen.

- Das **Netzwerk** muss **Funktionen** bereitstellen, die die gewählte **Datenverwaltung** (auf PIM-Ebene) verarbeiten können. Hierbei handelt es sich um empfehlende Abhängigkeiten, da bspw. ein Austausch von Daten nicht über eine Zwei-Wege- bzw. Drei-Wege-Handshake ablaufen muss, sondern diese Daten auch direkt (ohne Berücksichtigung der Auslastung des Empfängers) übertragen werden können.

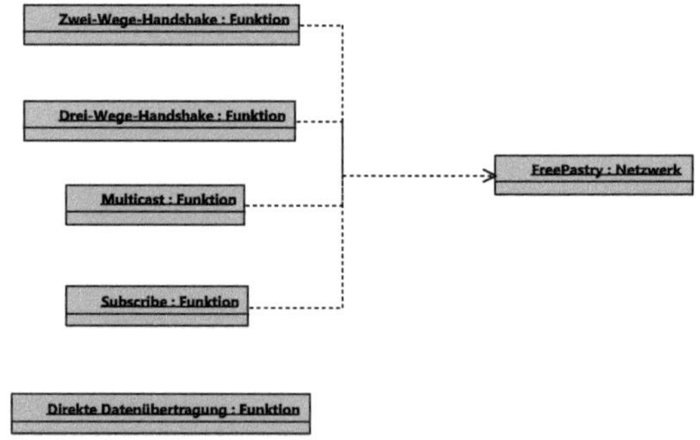

Abb. 114: Abhängigkeiten zwischen dem Netzwerk und dessen Funktionen in der PSM-Netzwerksicht

- Die durch das **Netzwerk** bereitgestellten **Funktionen** können mit Hilfe der **Komponenten** dieses Netzwerks realisiert werden (z.B. empfiehlt sich die Verwendung der Scribe-Komponente von FreePastry zur Realisierung eines Multicasts).

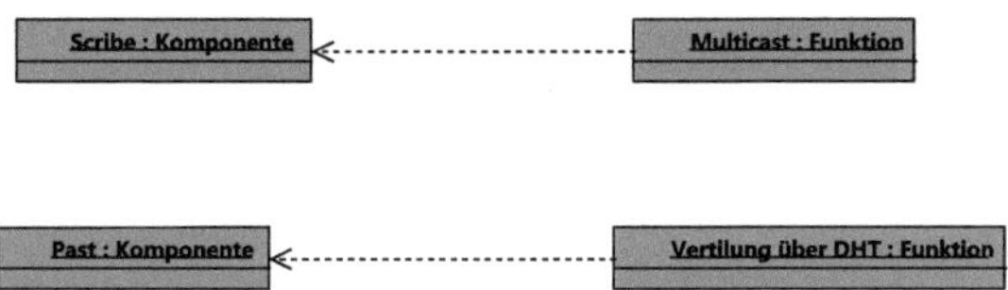

Abb. 115: Abhängigkeiten Komponenten und Funktionen in der PSM-Netzwerksicht

4.5.6 Zwingende Abhängigkeiten auf der PSM-Ebene

- Das **Netzwerk** stellt bestimmte **Komponenten** bereit, die ja nach Wahl des konkreten Netzwerkes variieren (z.B. verfügt FreePastry über die beiden Komponenten Scribe und Past).

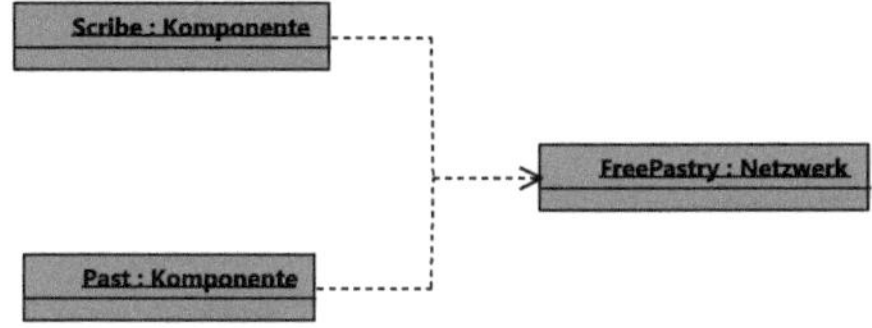

Abb. 116: Abhängigkeiten Netzwerk und Komponenten in der PSM-Netzwerksicht

- Die **Funktionen** müssen das gewählte **Datenaustauschformat** unterstützen. So ist es bspw. nötig, dass bei der Wahl eines integrierten Produktmodells (IPM) als Datenaustauschformat (mit Hilfe der Funktionen) physikalische Dateien über das Netzwerk übertragen werden und nicht nur Datenbankzugriffe möglich sein müssen.

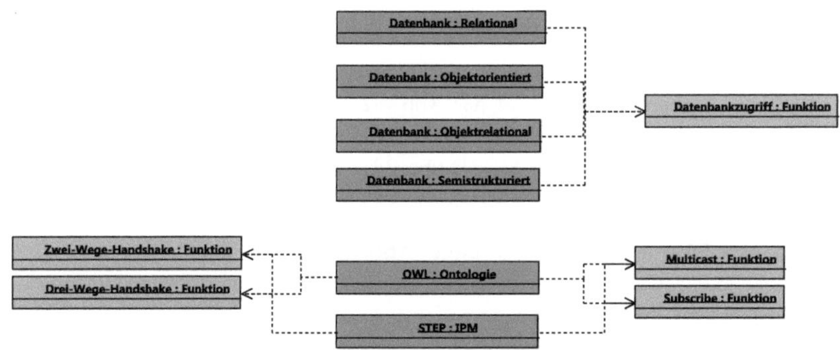

Abb. 117: Abhängigkeiten Datenaustauschformat (PSM Datensicht) und Funktionen (PSM Netzwerksicht)

- Das gewählte **Datenaustauschformat** steht in direkter Abhängigkeit zu den verwendeten **Ressourcen**. D.h., dass bspw. bei der Verwendung von Ontologien als Datenaustauschformat für das Projekt eine Ontologie mit anderen Merkmalen als für eine Spezifikation oder einen Vorschlag benötigt wird.

- Die Wahl der **Workflowengine** hängt von der Workfloworchestrierungssprache ab. Wird bspw. zur Orchestrierung der einzelnen Workflows BPEL benutzt, so wird eine Workflowengine benötigt, die BPEL-Prozesse steuern kann.

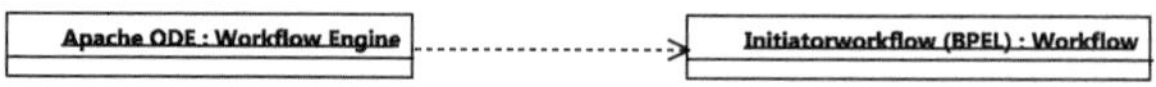

Abb. 118: Abhängigkeiten Workflowengine und Workflow in der PSM-Prozesssicht

Das folgende Beispiel verdeutlicht noch einmal die Abhängigkeiten zwischen den oben beschrieben Merkmalsausprägungen auf der PSM-Ebene. Für die Umsetzung einer lokalen Speicherung von TPM-Vorschlägen auf einem strukturierten P2P-Netzwerk wird zur Ausschreibung einer Kollaboration die Funktion **Multicast** benötigt, die über die Komponente **Scribe** der P2P-Implementierung **FreePastry** realisiert wird. Desweiteren wird eine Funktion benötigt, die es den Teilnehmer ermöglicht, sich in Kollaborationsräumen zu organisieren (**Subscribe**). Um die vertraulichen Daten (lokale PM-Speicherung) zwischen zwei Teilnehmern (T1 und T2) austauschen zu können, werden dafür entsprechende Funktionen benötigt. Entweder werden Daten **direkt übertragen** oder mittels **Zwei-Wege-Handshake** (Übertragung von T1 nach T2) und **Drei-Wege-Handshake** (Übertragung von T2 nach T1), vgl. Abschnitt 5.2.2.

Alle genannten Funktionen müssen über das Netzwerk bereitgestellt werden, weshalb die beiden Modellelemente Netzwerk und Speichermodell in Abhängigkeit zueinander stehen. Die Funktionen des Netzwerks werden von bestimmten Diensten benutzt, die wiederum gemeinsam (mit der Orchestrierungssprache BPEL) verschiedene **Workflows** bilden. Diese Workflows können zum Beispiel von **Apache ODE** (einer BPEL Workflowengine) gesteuert werden.

4.6 Modelltransformationen

Bei der Modelltransformation kann unterschieden werden zwischen dem Top-Down- und dem Bottom-Up-Vorgehen. Entsprechend der Abb. 52 wird in dieser Arbeit lediglich die Top-Down-Vorgehensweise betrachtet, bei der Modelle einer Ebene in Elemente einer "darunter liegenden" Abstraktionsebene der MDSD überführt werden (vgl. Abschnitt 2.7.2). Bei dieser Modelltransformation können zwei verschiedene Aspekte voneinander unterschieden werden:

1. **Metamodelltransformationen ohne Abhängigkeiten auf Instanzebene.** Auf der Ebene der Metamodelle werden bei der Transformation Metamodellelemente (zum Beispiel der CIM-Ebene) entweder
   a. 1:1 in Metamodellelemente einer „darunter liegenden" Ebene (zum Beispiel PIM) überführt oder
   b. durch spezifizierte Elemente in der „darunter liegenden" Ebene ersetzt bzw. um diese erweitert.

2. **Metamodelltransformationen mit Abhängigkeiten auf Instanzebene.** Es gibt Metamodellelemente einer „tieferen" Ebene (zum Beispiel PIM), die sich nicht unmittelbar aus Elementen der „darüber liegenden" Ebene (zum Beispiel CIM) herleiten

lassen und bei denen es einen Entscheidungsspielraum gibt. Dabei muss jedoch beachtet werden:

a. Es gibt Metamodellelemente die völlig frei instanziiert werden können, deren konkrete Instanziierung aber wiederum Auswirkungen auf andere Instanziierungen zur Folge haben.

b. Bestimmte Modellinstanzen einer Abstraktionsebene (zum Beispiel CIM) beeinflussen die gültigen Modellinstanzen einer tieferen Ebene (zum Beispiel PIM). Dabei wird wiederum zwischen den schon bekannten zwei Arten von Abhängigkeiten unterschieden:

   i. **Zwingende Abhängigkeiten**. Diese treten genau dann auf, wenn die Wahl einer bestimmten Ausprägung einer Abstraktionsebene Ausprägungen auf einer tieferen Abstraktionsebene ausdrücklich verbietet.

   ii. **Empfehlende Abhängigkeiten.** Diese liegen dann vor dann, vor wenn eine bestimmte Ausprägung auf der einen Ebene eine Empfehlung für die Wahl einer Instanz auf einer tieferen Abstraktionsebene ausspricht. Auf der tieferen Ebene kann rein theoretisch dennoch eine nicht bevorzugte Ausprägung gewählt werden.

4.6.1 Metamodell-Transformationen ohne Abhängigkeiten auf Instanzebene

In diesem Abschnitt werden in Anlehnung an die in Abschnitt 4.5 Punkt 1a und 1b beschriebenen Metamodelltransformationen ohne Abhängigkeiten auf der Instanzebene beschrieben. Es wird hier nur das prinzipielle Vorgehen gezeigt und keine konkrete Transformationssprache verwendet.

CIM nach PIM (1a).

- Das CIM-Metamodellelement **globaler Geschäftsprozess** wird im PIM in eine entsprechende **Workflow-Choreographie** transformiert.
- Jeder **lokale Prozess** wird im PIM in eine **Workflow-Orchestrierung** überführt.
- **Datenelemente** werde ohne Änderungen oder Erweiterung übernommen.
- **Akteure** werden ebenfalls 1:1 übernommen jedoch aus Gründen der Übersicht nicht nochmals im Metamodell der PIM Ebene aufgeführt.

CIM nach PIM (1b).

- Die **Workflow-Choreographie** (bzw. der **globale Geschäftsprozess** aus dem CIM Ebene) wird durch eine **zentrale oder dezentrale Koordinationsart** erweitert.
- **Prozessschritte** werden genauer spezifiziert, in dem sie einen oder mehrere **Dienste** ausführen. Diese **Dienste** können **entweder lokal oder dezentral** ausgeführt werden.
- Die **Kollaborationsarchitektur** wird mit Hilfe einer **Netzwerkarchitektur** realisiert, bei der es sich entweder um eine **client/ server-basierte, oder eine P2P-basierte Architektur** handelt kann.

- **Datenelemente** werden in einer konkreten **Datenverwaltung** organisiert, die entweder **datei- oder datenbankbasiert** ist.

PIM nach PSM (1a):

- Die **Workflow-Choreographien** werden in einer **Workflow-Engine** ausgeführt.
- **Workflow-Orchestrierungen** werden durch konkrete **Workflows** (in einer spezifischen Workflowbeschreibungssprache wie zum Beispiel BPEL) beschrieben.
- **Prozessschritte** sind abgebildet in **Workflowschritten**, die wiederum durch **Dienste** realisiert werden.
- Die **Datenverwaltung** wird durch ein konkretes Datenaustauschformat beschrieben.

PIM nach PSM (1b):

- Die **Netzwerkarchitektur** wird durch ein konkretes Netzwerk realisiert, dass wiederum aus verschiedenen **Komponenten** bestehen kann und zusätzliche Funktionen zur Realisierung des Workflows bereitstellt bzw. benötigt.
- **Akteure** werden durch **Netzwerkteilnehmer** repräsentiert, die über das **Netzwerk** miteinander verbunden sind.

4.6.2 Metamodell-Transformationen mit Abhängigkeiten auf Instanzebene

Betrachtet man die Transformationen auf der Instanzebene so stellt man schnell Abhängigkeiten zwischen einzelnen Ausprägungen von verschiedenen Modellelementen fest. Das bedeutet, dass nach der Wahl einer Ausprägung für ein bestimmtes Metamodellelemente für andere Modellelemente nicht mehr alle Ausprägungen instanziiert werden können. Diese Abhängigkeiten sehen wie folgt aus:

CIM nach PIM (2b-i).

- Die nichtfunktionale Anforderung **Datensichtbarkeit** auf der CIM-Ebene hat eine Auswirkung auf die **Datenverwaltung** der PIM-Ebene.

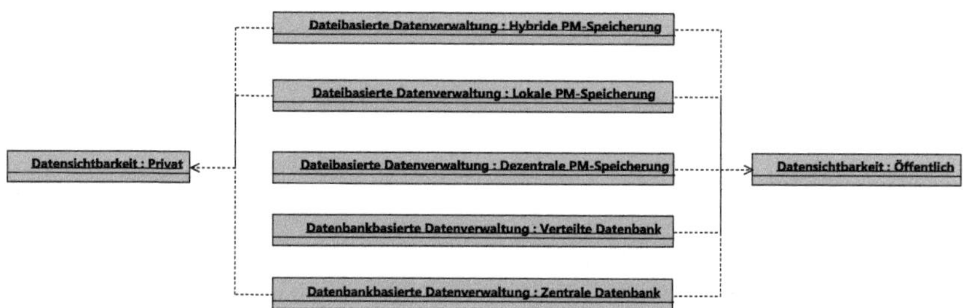

Abb. 119: Abhängigkeiten zwischen Datensichtbarkeit (CIM Datensicht) und Datenverwaltung (PIM Datensicht)

Durch die festgelegte Sichtbarkeit (also der Angabe, ob andere Kollaborationsteilnehmer bestimmte Produktmodelle einsehen dürfen) eignet sich für eine „private Sichtbarkeit" die Wahl einer lokalen oder hybriden PM-Speicherung, sowie die

Möglichkeit Produktdaten in einer zentralen Datenbank zu speichern. Nur so kann sicher gestellt werden, dass (unabhängig von der Tatsache, dass die Produktdaten verschlüsselt sind) kein unberechtigter Dritter Zugang zu den vertraulichen Daten bekommt. Bei öffentlicher Datensichtbarkeit hingegen sind zusätzlich noch die dezentrale PM-Speicherung sowie die Nutzung einer verteilten Datenbank möglich.

CIM nach PIM (2b-ii).

- Die nichtfunktionale Anforderung **Budget** auf der CIM-Ebene hat eine Auswirkung auf die gewählte **Netzwerkarchitektur**. Bei einem geringen verfügbaren Budget ist ein P2P basierter Ansatz vorteilhafter und bei einem hohen Budget ist sowohl ein P2P basierter, als auch ein client-/ serverbasierter Ansatz denkbar. Das liegt insbesondere an den hohen Customizing- und Administrations-Kosten für den Aufbau und die Pflege der zentralen PDM-Systeme, sowie der hohen Anschaffungskosten für die benötigte Serverinfrastruktur, die bei Nutzen der vorhandenen Workstations als Peers entfallen. So wie bereits geschildert, skalieren P2P-basierte Ansätze besser und sparen damit wertvolle Zeit bei Dateiübertragungen.

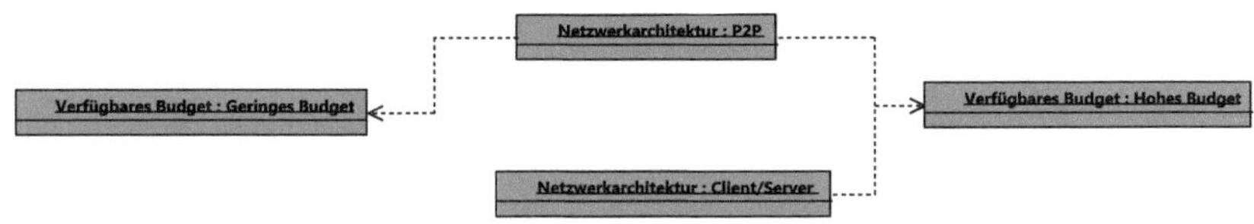

Abb. 120: Abhängigkeiten zwischen Budget (CIM Netzwerksicht) und Netzwerkarchitektur (PIM Netzwerksicht)

- Die nichtfunktionale Anforderung **Vertrauenswürdigkeit** auf CIM-Ebene steht in empfehlender Abhängigkeit zur Ausprägung des Merkmals **Datenverwaltung** (PIM).

Abb. 121: Abhängigkeiten zwischen der Vertrauenswürdigkeit (CIM Netzwerksicht) und der Datenverwaltung (PIM Datensicht)

Für eine Kollaboration, die als nicht vertrauenswürdig eingestuft wurde, empfiehlt sich entweder eine dateibasierte (dezentrale) Lösung mit lokaler/ hybrider PM-Speicherung oder die Verwendung einer zentralen Datenbank (zentral). Auf diese Weise kann genau überwacht werden, welcher Kollaborationsteilnehmer auf welchen Daten Zugriff hat und wer nicht. Für eine vertrauenswürdige Kollaboration hingegen bildet zusätzlich noch die Verwendung einer verteilten Datenbank eine weitere Alternative, sowie die dateibasierte dezentrale PM-Speicherung.

- Die funktionale Anforderung **Ausfallsicherheit** steht in empfehlender Abhängigkeit zur Wahl der **Netzwerkarchitektur** auf der PIM-Ebene. Bei einer geforderten hohen Ausfallsicherheit empfiehlt sich die Wahl einer P2P-basierten Architektur, um den Single Point of Failure des Servers zu umgehen. Selbstverständlich können aber auch client-/serverbasierter Ansätze durch eine entsprechende Serverinfrastruktur eine hohe Ausfallsicherheit bieten. Das hat dann allerdings erhebliche Auswirkungen auf die Kosten und erfordert ein entsprechend hohes Budget. Daher wird in dieser Arbeit die Client-/Server-Architektur nur bei geringer Ausfallsicherheit empfohlen.

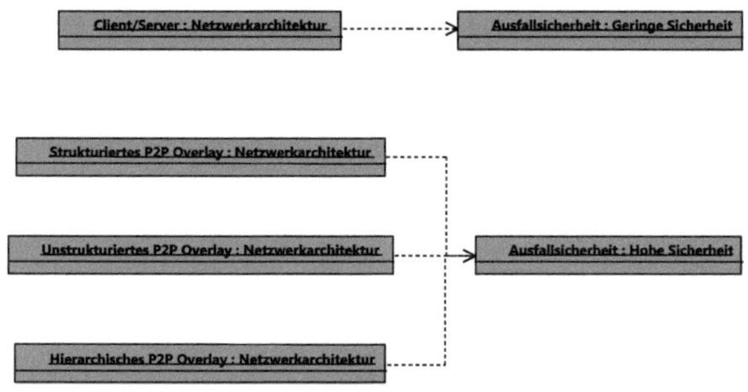

Abb. 122: Abhängigkeiten zwischen der Ausfallsicherheit (CIM Netzwerksicht) und der Netzwerkarchitektur (PIM Netzwerksicht)

PIM nach PSM (2b-i).

- Das **Netzwerk** auf PSM Ebene muss die Anforderungen, die mit der Wahl der **Netzwerkarchitektur** auf PIM Ebene einhergehen, umsetzen.

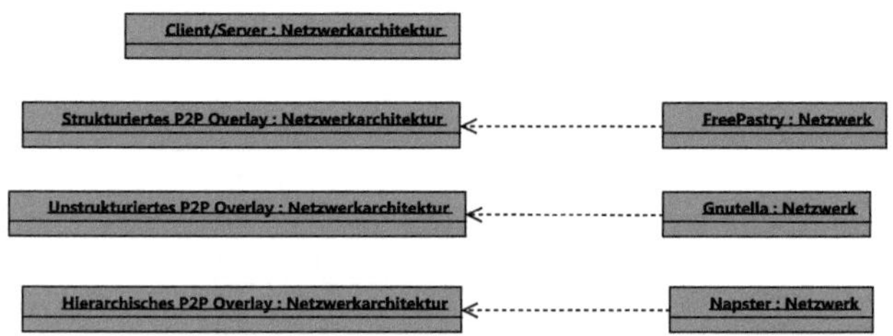

Abb. 123: Abhängigkeiten Netzwerkarchitektur (PIM Netzwerksicht) und dem Netzwerk (PSM Netzwerksicht)

Auf Grund der zahlreichen vorhandenen Implementierungen, die etwaige Netzwerktypen realisieren, werden diese Wahlmöglichkeiten nicht im PSM Metamodell dargestellt. Das Metamodell der PSM Ebene würde dadurch unnötig unübersichtlich werden. Dennoch stehen durch diese funktionale Abhängigkeit die beiden Metamodellelemente in zwingender Abhängigkeit zueinander.

- Genauso wie bei der Netzwerkarchitektur und dem Netzwerk stehen auch die Ausprägungen der Modellelemente **Datenaustauschformat** und **Datenverwaltung** in Abhängigkeit zueinander. So kann beispielsweise als Datenaustauschformat nicht das IPM gewählt werden, falls die Datenverwaltung (aus der PIM-Ebene) die Nutzung einer zentralen Datenbank vorschreibt. Aus Gründen der Übersichtlichkeit werden die verschiedenen Ausprägungen wieder nicht im Metamodell der PSM Ebene dargestellt.

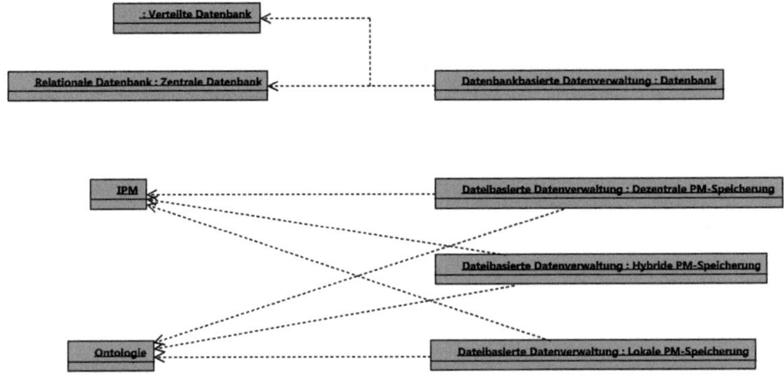

Abb. 124: Abhängigkeiten Datenverwaltung (PIM) und Datenaustauschformat (PSM)

PIM nach PSM (2b-ii).

- Empfehlende Abhängigkeiten bestehen zwischen den Elementen **Netzwerkarchitektur** (PIM) und **Funktionen** (PSM). Diese Abhängigkeiten lassen sich auch als Abhängigkeiten innerhalb der PSM Ebene betrachten, wenn man berücksichtigt, dass die Netzwerkarchitektur durch ein konkretes Netzwerk realisiert wird (vgl. Abschnitt 4.4.6).

4.7 DeCPD Szenario

Basierend auf den zuvor vorgestellten Metamodellen der unterschiedlichen Ebenen soll im Folgenden ein Beispiel-Szenario vorgestellt werden, das im Rahmen der DeCPD relevant ist. Es entspricht der im Einleitungskapitel vorgestellten Kollaborationen zwischen einem OEM und einer Reihe von 1st Tier Suppliern in einer hierarchischen Kollaborationsarchitektur.

Das Szenario ist eine Folge der auf CIM-, PIM- und PSM-Ebene gewählten Modellausprägungen, also konkreter Metamodellinstanzen. Anders ausgedrückt, entscheidet die Ausprägung der CIM-Instanzen über die Möglichkeiten auf der PIM-Ebene, und die Ausprägung auf der PIM-Ebene entscheidet wiederum über die konkreten Instanziierungsmöglichkeiten auf der PSM-Ebene. Das Szenario eignet sich damit hervorragend, um die Eignung der Modelle und Transformationen zu evaluieren.

Zunächst sollen noch einmal sichtabhängig die entscheidenden **Entscheidungskriterien der DeCPD** auf der Instanzebene zusammengefasst werden:

- **CIM-Ebene**
  - Datensicht
    - Festlegung der Komplexität des Datenmodells (Versionen und Varianten)
  - Prozesssicht
    - Kollaborationsarchitektur (Hierarchisch oder heterarchisch)
    - Festlegung des Ablaufs DeCPD-Geschäftsprozesses (Iterationen und Subkollaborationen beispielsweise)
  - Netzwerksicht
    - Funktionale Anforderungen
      - Ausfallsicherheit (hoch oder gering)
      - Verfügbarkeit (hoch oder gering)
      - Subkollaborationen (vorhanden oder nicht vorhanden)
    - Nichtfunktionale Anforderungen
      - Budget (nicht vorhanden/ definiert)
      - Vertrauenswürdigkeit (vertrauenswürdig oder nicht vertrauenswürdig)
      - Datensensibilität (privat oder öffentlich)
- **PIM-Ebene**
  - Datensicht
    - Datenverwaltung (zentrale oder verteilte Datenbank, bzw. dateibasiert)
  - Prozesssicht
    - Koordinationsart der globalen Geschäftsprozesse (zentral oder dezentral)
    - Ausführungsort der Dienste (lokal oder verteilt)
    - Benötigten DeCPD-Basismethoden
  - Netzwerksicht
    - Festlegung des Speichermodells (Lokal, hybrid oder dezentral)
    - Netzwerkarchitektur (Client-/Server oder Peer-To-Peer (strukturiert/unstrukturiert oder hierarchisch))
- **PSM-Ebene**
  - Datensicht
    - Datenaustauschformat (Ontologien, Integriertes Produktmodell (STEP, PDX), Apache Cassandra, MySQL, usw.)
  - Prozesssicht
    - Workflowengine (zum Beispiel Apache ODE)
    - Orchestrierungssprache (zum Beispiel BPEL)
  - Netzwerksicht
    - Netzwerkimplementierung (zum Beispiel FreePastry als strukturiertes Overlay)
    - Benötigte Netzwerkfunktionen zur Umsetzung des Daten- und Prozessmodells (zum Beispiel Multicast, Broadcast, 2- und 3-Wege-Handshakes, usw.)

Für das Szenario werden die in Tab. 10 dargestellten Entscheidungen getroffen, die einer solchen Kollaboration am ehesten entsprechen. Da dieses Szenario eine Kollaboration zwischen OEM und mehreren 1st Tier Suppliern abbilden soll, vertrauen sich die Teilnehmer aus Konkurrenzgründen nicht. Für die Realisierung der Kollaboration soll kein zusätzliches Budget aufgewendet werden. Das Bilden von Subkollaborationen ist nicht vorgesehen. Das wäre nur in einem Szenario notwendig, wo mehrere 1st Tier Supplier untereinander kollaborative Abstimmungen vornehmen wollen. Versionen und Varianten sind in beliebiger Ausprägung erlaubt, was am ehesten einem realen Produktentwicklungsszenario entspricht.

Tab. 10: DeCPD-Szenario – Entscheidungskriterien auf der CIM-Instanzebene

Kollaboration zwischen OEM und 1st Tier Suppliern

• **CIM-Ebene**
  o Datensicht
    ▪ Komplexes Datenmodell mit Versionen und Varianten
  o Prozesssicht
    ▪ Hierarchische Kollaborationsarchitektur
    ▪ Globale Geschäftsprozesse mit Iterationen
  o Netzwerksicht
    ▪ Funktional
      • Hohe Ausfallsicherheit, hohe Verfügbarkeit und keine Subkollaborationen
    ▪ Nichtfunktional
      • Kein Budget, nicht-vertrauenswürdige Kollaborationsteilnehmer und alle Daten sensibel

Das Berücksichtigen der Abhängigkeiten aus Abschnitt 4.5 und Anwenden der Transformationsregeln aus Abschnitt 4.6 liefert die folgende Instanz der PIM-Ebene (vgl. **Tab. 11**).

Auf Grund des geringen Budgets („kein zusätzliches Budget" des Metamodellelements „Budget" der CIM-Ebene) und der empfehlenden Abhängigkeit mit der Netzwerkarchitektur wird eine P2P basierter Ansatz gewählt. Hier kann dann noch frei zwischen den drei möglichen Ausprägungen (strukturiert, unstrukturiert oder hierarchisch) gewählt werden. Für dieses Szenario wählen wir ein strukturiertes Overlay. Dementsprechend können auch die DeCPD-Basisdienste – so wie in Abschnitt 4.3.6 vorgestellt – verwendet werden.

Diese Ausprägung der Netzwerkarchitektur steht wiederum in empfehlender Abhängigkeit mit einer dezentralen Dateiverwaltung („Dateibasiert" oder „Verteilte Datenbank). Auf Grund der geringen Vertrauenswürdigkeit (Merkmal „Vertrauenswürdigkeit" mit der Ausprägung „Geringes Vertrauen" auf der CIM-Ebene), sowie der Einstufung der Daten als sensibel (Merkmal „Sensibilität" mit der Ausprägung „Hohe Datensensibilität") und der zwingenden Abhängigkeit zur Datenverwaltung, steht für diese im Prinzip nur eine dateibasierte „Lokale PM-Speicherung" zur Auswahl.

Durch diese Wahl der Datenverwaltung und der zwingenden Abhängigkeit zwischen den Metamodellelementen „Datenverwaltung" und „Ausführungsort" (im Bezug auf Dienste) steht für die dateibasierte Datenverwaltung eine „lokale Ausführung" zur Verfügung. Das bedeutet, dass Dienste nicht noch zusätzlich über das P2P-Netzwerk lokalisiert werden müssen. Das Modellelement „Datenverwaltung“ steht ebenfalls zum Element „Koordinationsart“ in empfehlender Abhängigkeit. Dementsprechend ist für eine dateibasierte Datenverwaltung eine „dezentrale Koordinierung“ der Workflows empfehlenswert, da auf diese Weise die Choreographien direkt über das Produktmodell koordiniert werden können. Damit kann auch auf einen Koordinator verzichtet werden.

Tab. 11: Unterschiede der beiden relevanten DeCPD-Szenarien auf der PIM-Ebene

Kollaboration zwischen OEM und 1st Tier Suppliern
• **PIM-Ebene** o Datensicht ▪ Dateibasierte Datenverwaltung o Prozesssicht ▪ Workflow-Choreographie mit dezentraler Koordination ▪ Lokale Ausführung der Dienste (DeCPD-Basisdienste wie in Abschnitt 4.3.6) o Netzwerksicht ▪ Lokale PM-Speicherung in einem strukturierten P2P-Netzwerk

Die Modelle der PSM-Ebene ergeben sich aus Entscheidungen der CIM- und PIM-Ebene. Hier werden nun konkrete Technologien gewählt, mit deren Hilfe die geforderten Eigenschaften realisiert werden können (vgl. **Tab. 12**).

Für die dateibasierte Datenverwaltung mit lokaler PM-Speicherung werden Ontologien gewählt. BPEL dient als Orchestrierungssprache für die Koordinierung der einzelnen Workflowschritte in den konkreten Workflows. Für die Choreographie dieser Workflows wiederum kommt die Workflowengine Apache ODE zum Einsatz. Auf Grund der dezentralen Koordinationsart verfügt jeder Peer über diese Workflowengine. Zur Realisierung des strukturierten Overlays wird FreePastry benutzt. Für die Bereitstellung der DeCPD-Basisdienste wurden im Zuge der Instanziierung des PSM-Metamodells drei Funktionen ermittelt, die das Netzwerk bereitstellen muss. Hierbei handelt es sich zum einen um eine Multicastfunktion, mit deren Hilfe Nachrichten an eine festgelegte Gruppe von Teilnehmern gesendet werden können, zum anderen wird im Rahmen der „Lokalen PM-Speicherung“ für die Übertragung der TPM-Vorschläge ein Zwei- bzw. Drei-Wege-Handshake benötigt.

Tab. 12: Unterschiede der beiden relevanten DeCPD-Szenarien auf der PSM-Ebene

Kollaboration zwischen OEM und 1st Tier Suppliern
• **PSM-Ebene** o Datensicht ▪ Ontologien als Datenaustauschformat o Prozesssicht ▪ Apache ODE Workflowengine auf jedem Peer. ▪ BPEL als Orchestrierungssprache. o Netzwerksicht ▪ FreePastry als strukturiertes Overlay ▪ Multicast, 2- und 3-Wege-Handshake

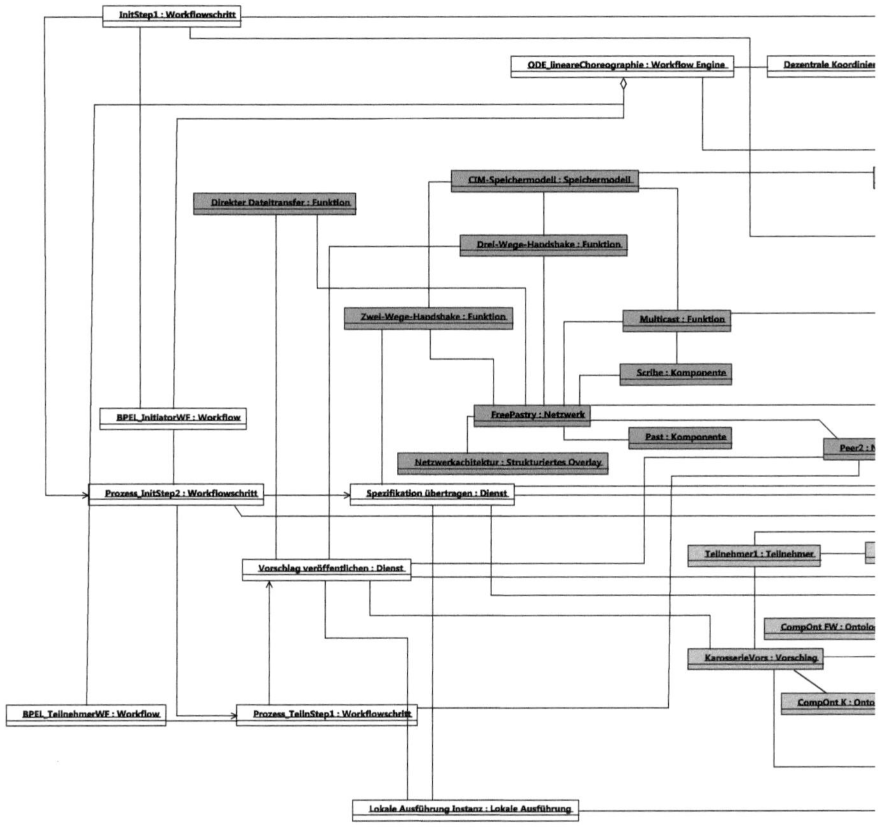

Abb. 125: Instanzdiagramm für das Szenario auf der PSM-Modellebene (linker Teil)

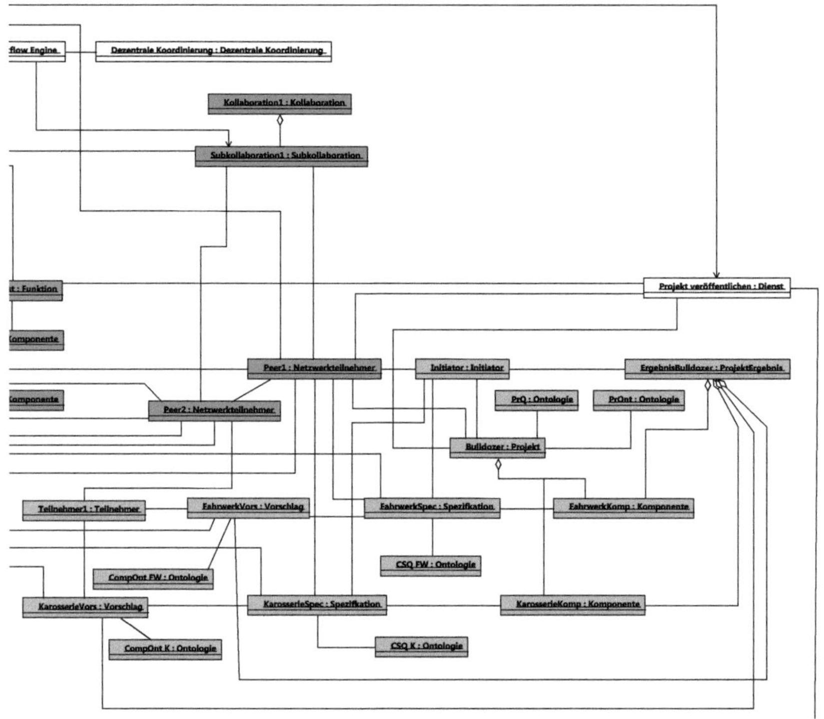

Abb. 126: Instanzdiagramm für das Szenario auf der PSM-Modellebene (rechter Teil)

5 Eine Architektur für die DeCPD

In diesem Abschnitt wird basierend auf den Design-Time-Modellen aus Abschnitt 4 eine DeCPD-Architektur als Basis für eine Runtimeplattform vorgestellt. Als Proof-Of-Concept wird dann in der Evaluierung die Product Collaboration Platform (PCP) als Runtimeplattform beschrieben. Diese ist in der Lage, das in Abschnitt 4.7 vorgestellte Szenario vollständig zu unterstützen.

5.1 Die Mehrschichten-Architektur für die DeCPD

Die in dieser Arbeit entwickelte Architektur (vgl. Abb. 126) für die DeCPD besteht aus insgesamt fünf Schichten (engl.: layer). Die Backend-Schicht bildet das P2P-Overlay **FreePastry**.

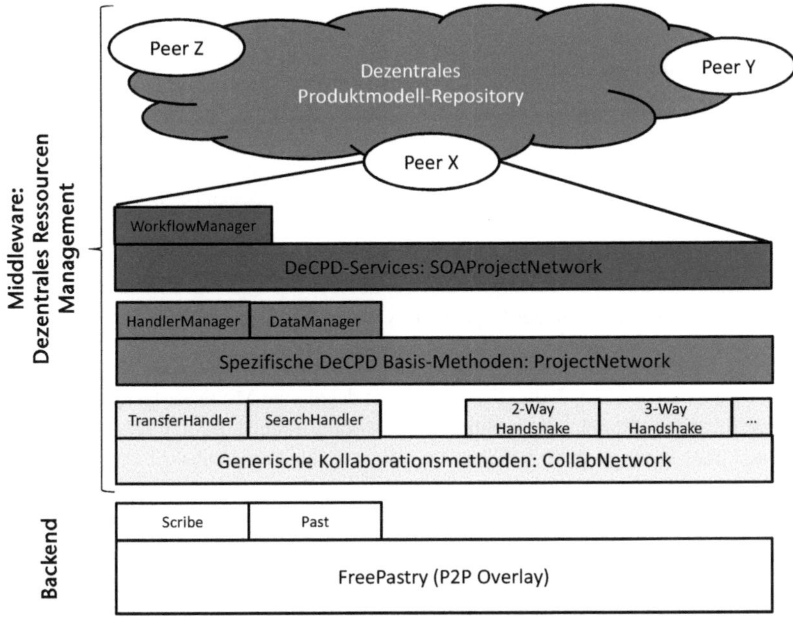

Abb. 127: Übersicht über die Bausteine einer Architektur für die OMP

Die Middlewareschicht – auch Dezentrales Ressourcen Management (DRM) genannt – besteht aus insgesamt drei Subschichten. Die erste Schicht, das **CollabNetwork**, kapselt FreePastry-Basisoperationen und stellt Methoden bereit, die zum Aufbau eines dezentralen Kollaborationsnetzwerks notwendig sind. Dabei ist noch völlig unerheblich, dass diese Architektur für Produktmodellkollaborationen verwendet wird. Diese Schicht wird in Abschnitt 5.1 beschrieben. Darauf bauen zwei weitere Schichten auf, zuerst das **ProjectNetwork** und dann das **SOAProjectNetwork.** Das ProjectNetwork kapselt CollabNetwork-Operationen und stellt technische Methoden speziell für die Anwendung in der DeCPD (zum Beispiel publishProject, usw.) bereit, vgl. Abschnitt 5.3.

Das SOAProjectNetwork stellt diese Methoden als Dienste zur Verfügung, um die notwendige Flexibilität im Rahmen des modellgetriebenen Softwareentwicklungsansatzes bieten zu können, vgl. Abschnitt 5.3.3. Die **PCPGui** ist das Frontend der Architektur und liefert für die Ablaufsteuerung unterschiedlicher CIM-Geschäftsprozesse des Referenz-Szenarios notwendige Dialogschritte.

5.2 Die Schicht CollabNetwork

Das CollabNetwork stellt zwei prinzipielle Kommunikationsmechanismen auf Basis der P2P-Overlayschicht zur Verfügung. Dabei handelt es sich zum einen um einen **Multicast**, der innerhalb eines Topics Ressourcen verteilt, und zum anderen um eine direkte Punkt-zu-Punkt-Übertragung (**Unicast**). Im Folgenden wird aus Gründen der Übersichtlichkeit zwischen den verschiedenen Rollen (Sender und Empfänger) unterschieden. Da aber ein Peer theoretisch jede Rolle übernehmen kann, sind selbstverständlich die eigentlichen Implementierungen gleich.

5.2.1 Kommunikation über Multicast

Multicast-Mechanismen werden in der DeCPD dazu genutzt, um potentielle Kollaborationsteilnehmer ausfindig zu machen, bzw. zu „suchen". Dazu wird allen Teilnehmern des Netzwerks ein Projekt zugesendet, anhand derer dann ein Teilnehmer entscheiden kann, ob eine Teilnahme an der Kollaboration seinerseits Sinn macht.

5.2.1.1 Multicast senden

Für das Ausführen eines Multicasts stellt das CollabNetwork eine **search-Methode** bereit, die als Übergabeparameter Objekte der folgenden Typen erhält.

Topic. Diese FreePastry-Komponente ermöglicht es, ein P2P-Netzwerk auf Softwareebene in Subnetzwerke zu unterteilen. Jedes Topic realisiert dabei eine Multicast-Gruppe. Durch diese rein softwarebasierte Einteilung in Subnetzwerke kann nicht ausgeschlossen werden, dass Nachrichten über Peers geroutet werden, die nicht auf das Topic subskribiert sind. Lediglich die Ziele der Routingvorgänge liegen mit Sicherheit innerhalb dieser Subnetzwerke.

Die Abb. 128 zeigt ein P2P-Netzwerk, welches mit Hilfe von Topics in drei Subnetzwerke unterteilt wurde, wobei ein Peer u.U. auf mehrere Topics subskribiert sein kann. Die roten Pfeile zeigen den Multicast vom Sender zu den Empfängern eines Topics und die grauen Pfeile einen beispielhaften Routingweg.

MessageHeader (Array). Die Elemente dieses Arrays dienen der Implementierung einer protokollbasierten Kommunikation zum Produktdatenaustausch, die in der ProjectNetwork-Schicht benutzt und daher dort ausführlich beschrieben wird (vgl. Abschnitt 5.3.2.3, HandlerManager).

IMessage. Hierbei handelt es sich um Implementierung des Interfaces IMessage, wodurch die Serialisierbarkeit der zu übertragenden Objekte sichergestellt wird. Klassen die von diesem Interface abgeleitet sind, müssen eine Methode bereitstellen, die das Objekt als InputStream liefert, vgl. Src. 12. Mit Hilfe dieses InputStream-Objekts kann nach der Übertragung über das Netzwerk das Objekt wiederhergestellt werden.

User. Objekte dieses Typs stellen DeCPD-Teilnehmer dar. In diesem Fall wird der Nutzer übergeben, der den Multicast startet, so dass ihn jeder Empfänger identifizieren kann. Die Funktionsweise wird genauer im Abschnitt 5.3.2.2 beschrieben.

Src. 12: Beispielimplementierung für die Serialisierung

```
@Override
public InputStream getMessageStream() {
  XStream xstream = new XStream();
  String stringMessage = xstream.toXML(message);
  InputStream is = new ByteArrayInputStream(stringMessage.getBytes());
  return is;
}
```

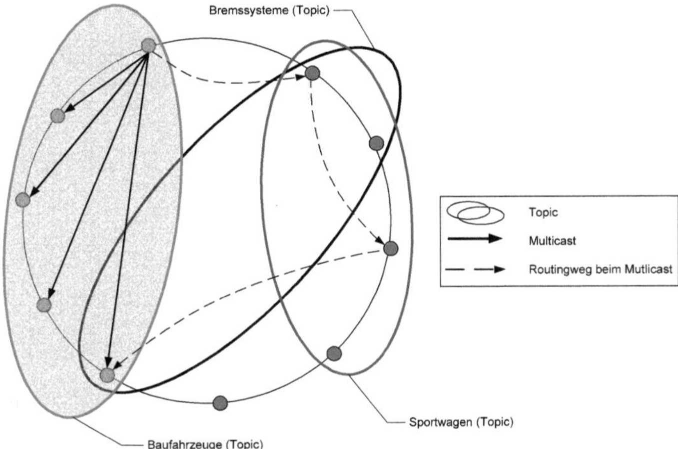

Abb. 128: Multicast in einem Topic und möglicher Routingweg

Der Multicast wird auf der Seite des Senders wie folgt über eine Instanz der Klasse CollabNetwork gestartet: `collabNetwork.search(topic, header, query, user)`.

5.2.1.2 Multicast empfangen

Der Empfang eines Multicasts wird durch eine Implementierung des Interfaces **ISearchHandler** realisiert. Dieser SearchHandler wird bei der laufenden CollabNetwork-Instanz registriert.

Src. 13: Registrierung eines SearchHandlers beim CollabNetwork

```
collabNetwork.setSearchHandler(
  new ISearchHandler() {
    @Override
    public void search(SearchJob job) {
    }}
);
```

Die search-Methode wird genau dann aufgerufen, wenn über das Netzwerk ein Multicast eintrifft. Über den Übergabeparameter SearchJob können Headerinformationen (MessageHeader), der Sender und die Daten des Multicasts ermittelt werden.

5.2.1.3 Kapselung der FreePastry-Methoden

Dieser Abschnitt beschreibt, wie die Methoden des CollabNetworks, die einen Multicast ermöglichen, mit Hilfe von FreePastry implementiert werden können. Abb. 130 zeigt ein Sequenzdiagramm, in dem die Kopplung an das FreePastry nach Aufruf der search-Methode des CollabNetworks dargestellt ist. Dabei wird zwischen der sendenden (grüne Umrandung) und der empfangenden Sequenz (gelbe Umrandung) unterschieden.

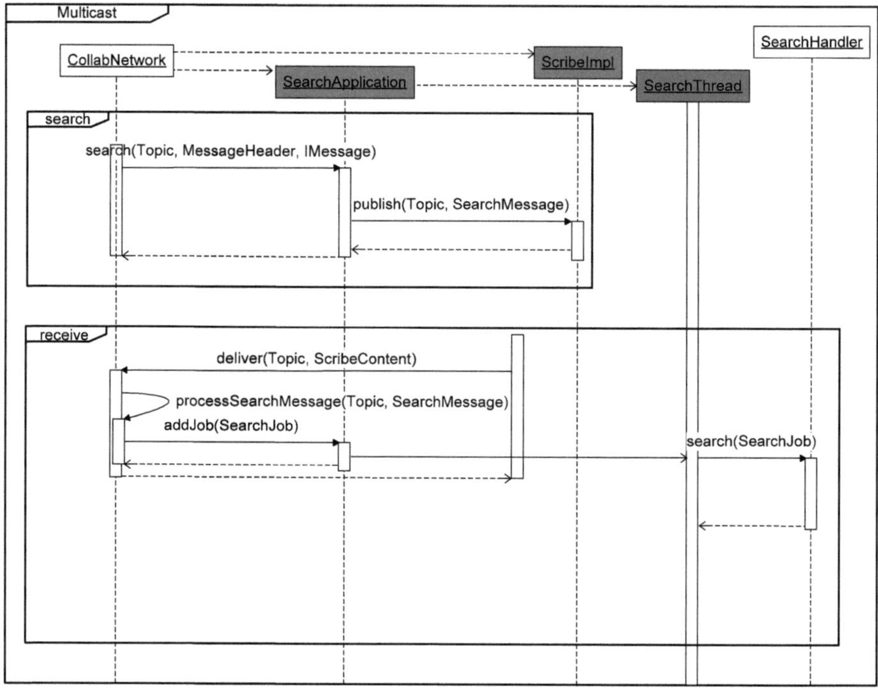

Abb. 129: Sequenzdiagramm für den Multicast des CollabNetworks und den Auswirklungen auf die FreePastry-Schicht

Die dabei verwendete Instanz der Klasse SearchApplication, die vom CollabNetwork instanziiert wird, kann als eine Art Manager gesehen werden, von dem aus alle aus- und eingehenden Multicast-Nachrichten gesteuert werden. Dementsprechend wird der Aufruf der search-Methode des CollabNetworks einfach weitergereicht und die SearchApplication bedient sich der Scribe-Komponente von FreePastry, die durch die Klasse ScribeImpl bereitgestellt wird. Der weitere Ablauf ist für diese Dissertation nicht von Belang und wird daher ab dieser Stelle nicht näher erläutert.

Beim Empfangen eines Multicast (vgl. Abb. 130, mit „receive“ gekennzeichneter Bereich) wird von der Scribe-Komponente von FreePastry ein Objekt vom Typ **ScribeContent** geliefert. Dabei handelt es sich um einen generischen Typen, der die Daten des Multicast beinhaltet. Diese Daten werden entsprechend verarbeitet und zusammen mit den Headerinformation und Informationen über den sendenden Peer in einem Objekt vom Typ **SearchJob** gesammelt und an die SearchApplication weitergeleitet. Die SearchApplication verwaltet alle Multicasts.

Dieses SearchJob-Objekt wird den Elementen einer Liste hinzugefügt, die von einem Objekt der Klasse **SearchThread** als Attribut verwaltet wird. Innerhalb dieses SearchThread-Objekts wird in regelmäßigen Abständen überprüft, ob sich neue Elemente in dieser Liste befinden. Ist das der Fall, so wird dieses Objekt entnommen und an die in Abschnitt 5.2.1.2 beschriebene Implementierung des Interfaces ISearchHandler weitergereicht.

5.2.2 Die Suche über Unicast

Für Punkt-zu-Punkt-Übertragungen stellt das CollabNetwork einen eigenen Manager bereit. Über diesen **TransferManager** können sowohl Datenübertragungen angefordert (Hinweg), als auch die übertragenen Ressourcen verarbeitet werden (Rückweg). Diese Übertragungen verlaufen im CollabNetwork stets nach dem Prinzip eines Zwei-Wege- bzw. Drei-Wege-Handshakes, wobei die eigentliche Übertragung immer im letzten Schritt stattfindet. Wie viele „Handshakes“ nötig sind, ist von der Richtung der Übertragung abhängig. In den Abschnitten 5.2.2.1 und 5.2.2.2 werden zunächst diese beiden Prinzipien in Bezug auf das CollabNetwork näher erläutert. Im weiteren Verlauf dieses Abschnittes werden dann die zu Grunde liegenden Komponenten näher beschrieben.

5.2.2.1 Zwei-Wege-Handshake

Im Folgenden seien zwei Peers gegeben (P_1 und P_2), die untereinander Ressourcen (z.B. Produktmodelle) austauschen wollen. Ressourcen werden nach dem Prinzip des Zwei-Wege-Handshakes übertragen, wenn P_1 diese von P_2 erhalten will und der Sender eine passive Rolle einnimmt. Dann stellt P_1 erst eine Anfrage an P_2 zur Übertragung der Datei und P_2 liefert (im günstigen Fall) dann die angefragten Daten.

Wie bereits erwähnt, stellt das CollabNetwork einen TransferManager bereit, der diese Übertragungen ermöglicht. Das Absenden der Anfrage (P_1 fordert Daten von P_2 an) erfolgt über den Aufruf der receive-Methode dieses TransferManagers.

```
collabNetwork.getTransferManager().receive(transfer, callback);
```

Bei den Übergabeparametern handelt es sich einerseits um ein transfer-Objekt, welches Headerinformation (für die protokollbasierte Kommunikation) und den Ursprung der Übertragungsanforderung (also P_1) enthält. Bei dem callback-Objekt handelt es sich um eine Implementierung des Interfaces **IReceiver**.

Src. 14: Das Interface IReceiver (Verarbeitung von übertragenen Daten)

```
public interface IReceiver {
  public void statusChange(Transfer transfer, TransferStatus status);
  public void receive(Transfer transfer, InputStream stream); }
```

Implementierungen dieses Interfaces bilden die Reaktion auf den Erhalt der angefragten Ressource ab. Dementsprechend kann P_1 vor dem Absenden der Übertragungsanfrage bereits festlegen, was mit diesen Daten nach dem Erhalt weiter geschehen soll. Dazu wird die **receive-Methode** der IReceiver-Implementierung aufgerufen. Das Transfer-Objekt dient dabei wieder der Steuerung des Kommunikationsprozesses. Mit Hilfe des übergebenen InputStreams kann das übertragene Datenobjekt wiederhergestellt werden (vgl. dazu Abschnitt 5.2.1.1, das Interface IMessage).

Nachdem die Anfrage zur Datenübertragung durch P_1 versendet wurde, muss sichergestellt werden, dass der Empfänger diese Anfrage auch als Übertragungsaufforderung interpretiert. Dazu wird bei P_2 eine Implementierung des Interfaces **ITransferListener** bei der laufenden CollabNetwork-Instanz registriert. Dieser TransferListener schafft die Möglichkeit, eingehende Unicasts zu verarbeiten. Folgendes Listing zeigt das Interface ITransferListener und die Registrierung beim CollabNetwork.

Src. 15: Registrierung eines TransferListeners bei der laufenden CollabNetwork-Instanz

```
collabNetwork.getTransferManager().setTransferListener(new
    ITransferListener(){

  /**
   * Benachrichtigung trifft ein, dass eine Übertragung zur Verfügung steht.
   * @param transfer
   *    transfer identifiziert den Ursprung und die Ressource
   */
  @Override
  public void announce(Transfer transfer) { }

  /**
   * Eine Anfrage n. einer bestimmten Ressource trifft ein.
   * @param header
   * @return angeforderte Ressource in Form einer IMessage
   */
  @Override
  public IMessage request(MessageHeader[] headers) {
    return null;
  }

});
```

Trifft eine Übertragungsanforderung von P_1 bei P_2 ein, so wird die **request-Methode des TransferListeners** von P_2 ausgeführt. Die übergebenen MessageHeader dienen der Kommunikationssteuerung und können beliebige Zeichenketten enthalten. Der Rückgabewert dieser Methode ist ein Objekt, welches das Interface IMessage implementieren muss und über das Netzwerk übertragen wird. Wie genau diese Werte aussehen, wird im Abschnitt 5.2.3 ausführlich erläutert. An dieser Stelle sei nur erwähnt, dass die Rückgabe einer solchen IMessage bei P_2 zum Aufruf der receive-Methode des oben beschriebenen IReceivers (callback) von P_1 führt. Diese IMessage kann dort aus dem gelieferten InputStream rekonstruiert werden. Die folgende Abbildung verdeutlicht den Zwei-Wege-Handshake mit den entsprechenden Methoden-Aufrufen. Dabei wird weiter zwischen dem Empfänger von Daten (P_1) und dem Sender (P_2) unterschieden.

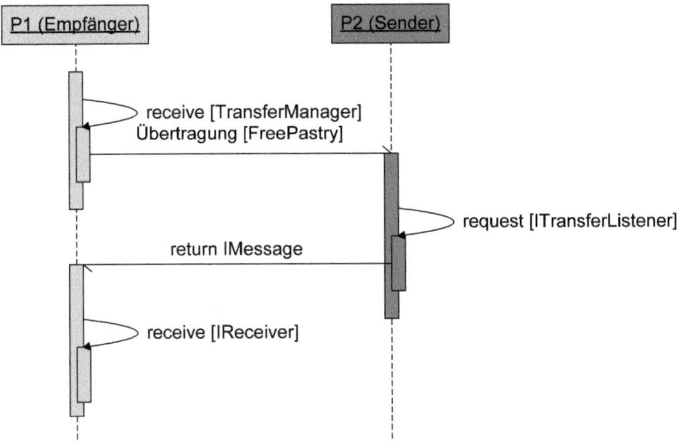

Abb. 130: Zwei-Wege-Handshake im CollabNetwork

5.2.2.2 Drei-Wege-Handshake

Das oben beschriebene Prinzip des Zwei-Wege-Handshakes wird verwendet, wenn P_1 Ressourcen von P_2 erhalten will. Will dagegen P_1 Daten an P_2 übertragen, so muss P_2 dazu gebracht werden, Ressourcen bei P_1 anzufragen.

Die Funktionalität wird wieder durch den TransferManager von P_1 bereitgestellt. Bei der **announce-Methode** des TransferManagers von P_1 handelt es sich um eine Benachrichtigung, dass für P_2 eine neue Übertragung bei P_1 zur Verfügung steht.

Der Aufruf der Methode sieht dabei wie folgt aus:

```
collabNetwork.getTransferManager().announce(handle, headers);
```

Bei den Übergabeparametern handelt es sich dabei zum einen um ein Objekt vom Typ **NodeHandle**, dass direkt aus der FreePastry-Implementierung stammt. Anhand dieses Objektes kann P_2 den Peer P_1 im Netzwerk genau identifizieren. Der zweite Parameter ist ein Array vom Typ **MessageHeader**. Die dort enthaltenen Headerinformationen dienen wiederum der Steuerung des Kommunikationsprozesses und enthalten bspw. Informationen über die bereitgestellte Ressource.

Wie oben beschrieben dienen Implementierungen des Interfaces ITransferListener zur Reaktion auf Unicasts. Zuvor wurde dort lediglich die request-Methode erläutert (vgl. Src. 15). Die **announce-Methode** dieses Listeners hingegen wird genau dann aufgerufen, wenn eine Benachrichtigung für eine neue Übertragung bei P_2 eintrifft. Folglich kann P_2 darauf reagieren, indem er dann die angebotene Ressource direkt bei P_1 nachfragt. Diese direkte

Nachfrage verläuft dann wieder nach dem oben beschriebenen Prinzip des Zwei-Wege-Handshakes.

Bei einem Drei-Wege-Handshake handelt es sich folglich um eine Erweiterung des Zwei-Wege-Handshakes mit vorangegangener Benachrichtigung. Das führt zu einer Umkehrung der Übertragungsrichtung der Ressource. Die Abb. 131 zeigt diese Veränderung mit den entsprechenden Methodenaufrufen der beiden Endpunkte der Übertragung.

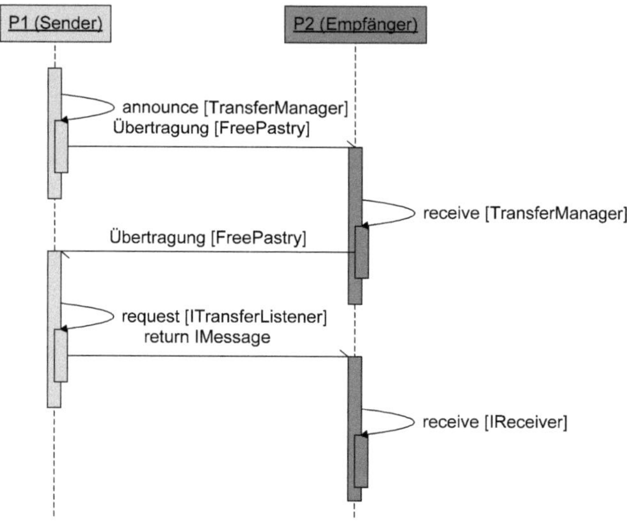

Abb. 131: Drei-Wege-Handshake

5.2.2.3 Kapselung der FreePastry-Methoden

Für die direkte Verbindung zwischen zwei Peers des Netzwerks stellt FreePastry eine sogenannte **Endpoint**-Komponente bereit. Über einen solchen Endpoint können direkte TCP-Verbindungen zwischen zwei Peers hergestellt werden. Über diese bestätigten Verbindungen werden dann mit Hilfe der für Java üblichen Mechanismen (Streams) Daten übertragen. Das Objekt vom Typ Endpoint wird direkt in der receive-Methode des TransferManagers von P_1 verwendet. Um zu verhindern, dass andere Aktivitäten durch Übertragungen mit größerem Datenumfang blockiert werden, läuft die gesamte Übertragung in einem Thread ab.

5.2.3 Das Interface IMessage

Bei den beiden beschriebenen Übertragungsprinzipien (Zwei- und Drei-Wege-Handshakes) werden angefragte Ressourcen immer während des letzten Kommunikationsschrittes übertragen. Die Rückgabewerte der entsprechenden Methoden des TransferListeners müssen dabei Objekte sein, deren Klassen das Interface IMessage implementieren. Diese Konvention dient der Sicherstellung der Serialisierbarkeit der zu übermittelnden Ressourcen. Diejenigen

Klassen, die dieses Interface implementieren, müsse also eine Methode bereitstellen, die das Objekt als InputStream liefert.

Um dieses Interface nicht für jedes benötigte Datenelement der DeCPD implementieren zu müssen, wird die generische Klasse XStreamMessage verwendet, die ihrerseits das Interface IMessage implementiert. Diese Klasse stellt einen Container für beliebige Objekte bereit, um diese serialisierbar zu machen. Das "Verpacken" eines Objekts vom Typ Project in eine XSreamMessage sieht dabei wie folgt aus:

```
XStreamMessage<Project> xstreamMessage = new XStreamMessage<Project>(project);
```

Mit Hilfe des XStream-Projekts[62] wird aus dem Objekt XML-Code erzeugt, der dann in einem String verpackt wird. Anhand dieses String kann mit Java ganz einfach ein InputStream erzeugt werden.

Nach dem Abschluss der Übertragung liegt die XStreamMessage als InputStream vor, woraus dann wieder die ursprüngliche Nachricht hergeleitet werden kann. Dafür bietet die Klasse XStreamMesssage eine build-Methode, die als Parameter diesen Stream und die Klasse des enthaltenen Objekts erhält. Die getMessage-Methode liefert dann das enthaltene Objekt.

Src. 16: Wiederherstellen einer XStreamMessage aus einem InputStream

```
XStreamMessage<RessourceRequest> xstream = null;
try {
  xstream = XStreamMessage.build(stream, Project.class);
  Project project = xstream.getMessage();
} catch (IOException e) {}
```

5.3 Die Schicht ProjectNetwork

Das CollabNetwork und die darunter liegenden Schichten der DeCPD-Architektur sind rein netzwerkorientiert. Da mit der Verwendung der Klasse CollabNetwork alle grundlegenden Netzwerkfunktionen gekapselt werden, kann sich die darüber liegende Schicht (das ProjectNetwork) stärker auf die zu verwendenden Daten fokussieren.

In dieser Ebene soll nach (Kehl 2010) eine Trennung der Netzwerkereignisse von denjenigen Methoden erfolgen, die für den Ablauf der Geschäftsprozesse im Rahmen der DeCPD notwendig sind. Somit wird zunächst die Klasse **AbstractProjectNetwork** eingeführt, welche die Funktionen der Netzwerkverwaltung kapselt. Darüber hinaus ist die Klasse **ProjectNetwork** ausschließlich für Methoden zuständig, die der Durchführung des Geschäftsprozesses dienen. Diese Trennung erlaubt es, dass bei Änderungen im Geschäftsprozess diese leichter integriert werden können, ohne dass netzwerkspezifische Funktionalitäten erneut implementiert werden müssen.

Desweiteren greift das ProjectNetwork auf zwei Manager zurück, wobei einer für die Verwaltung des Netzwerksverkehrs und der andere für die Verwaltung sämtlicher Datencontainer verantwortlich ist. Abb. 132 verdeutlicht graphisch den Aufbau dieser datenorientierten Schicht. Der genaue Aufbau und die Funktionen der einzelnen Klassen dieses Pakets werden in den nachfolgenden Abschnitten ausführlich beschrieben.

---

[62] http://xstream.codehaus.org/

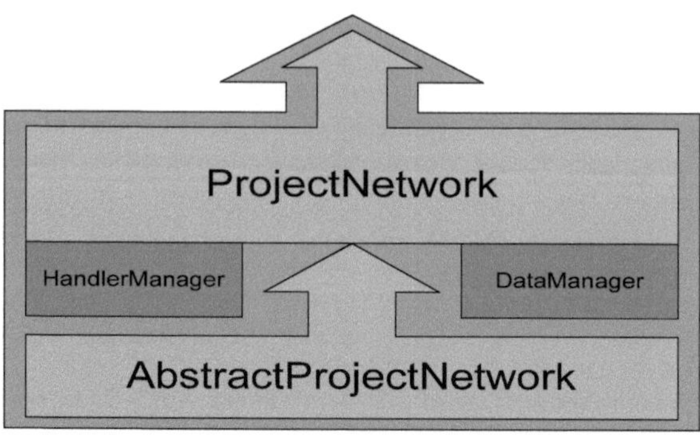

Abb. 132: Aufbau des Pakets ProjektNetwork

5.3.1 Die Klasse AbstractProjectNetwork

Im vorangegangenen Abschnitt wurden im Rahmen des CollabNetwork die Kapselungen der zu Grunde liegenden P2P-Implementierung FreePastry erläutert. In der ProjectNetwork-Schicht werden diese Funktionalitäten nun in den Kontext der dezentralen und kollaborativen Produktentwicklung eingeordnet.

Um das CollabNetwork für diese Anwendungsdomäne nutzen zu können, müssen jedoch noch einige grundlegende, netzwerkbezogene Methoden implementiert werden. Um eine saubere Trennung der Netzwerk- und der Geschäftsprozessebene zu erreichen wird die Klasse AbstractProjectNetwork eingeführt. Diese abstrakte Klasse stellt Methoden bereit, die prinzipiell für jeden DeCPD-Workflow benötigt werden. Das UML-Klassendiagramm aus Abb. 133 zeigt den Aufbau dieser Klasse. Folgende Klassenattribute spielen eine Rolle:

- **CollabNetwork.** Laufende Instanz der Klasse CollabNetwork (vgl. Abschnitt 5.2).
- **DataManager.** Manager, der das zu Grunde liegende Datenmodell verwaltet und Änderungen an diesem über einen Listener meldet (vgl. Abschnitte 5.3.2.1 und 5.3.2.2).
- **Environment.** Objekt, das die Netzwerkumgebung, also das P2P-Netzwerk beschreibt.
- **HandlerManager.** Manager, der eingehende Unicast- und Multicast-Nachrichten verwaltet (vgl. Abschnitt 5.3.2.3)
- **PastryIdFactory.** Mit Hilfer dieser Klasse können neue, eindeutige IDs generiert werden, die beispielsweise für neue Topics benötigt werden.
- **PastryNodeFactory.** Diese Klasse wird für das Erzeugen eines neuen Knotens innerhalb des P2P-Netzwerkes benötigt.
- **User.** Datenobjekt, das den aktuellen Besitzer eines Peers repräsentiert.

Neben einigen getter- und setter-Methoden zum Setzen der Attributwerte der Klasse AbstractProjectNetwork, stellt die Klasse auch einige Funktionalitäten zur Steuerung der Grundfunktionen der FreePastry bereit. Dazu gehören die Methoden:

- **connect.** Herstellen einer Verbindung zum FreePastry über eine angegebene Rendezvous IP.
- **disconnect.** Trennen der Verbindung zu einem FreePastry-Netzwerk.

- **subscribe.** Subskribierung auf ein Topic (bzw. Teilnahme an einem Subnetzwerk).
- **unsubscribe.** Aufheben der Zugehörigkeit zu einem Topic.

Ferner werden die Methoden

- **multicast,**
- **unicastAnnounce** und
- **unicastRequest** spezifiziert.

Letztere Methoden kapseln dabei die Einstiegspunkte der in den Abschnitten 5.2.1 und 5.2.2 beschriebenen Kommunikationsprinzipien für einen Multicast oder eine Punkt-zu-Punkt-Übertragung.

```
<<abstract>>
AbstractProjectNetwork
-----------------------------------------------------------------------
-collabNetwork: CollabNetwork
#dataManager: DataManager
-env: Environment
#handlerManager: HandlerManager
-idFactory: PastryIdFactory
-pastryNodeFactory: PastryNodeFactory
-user: User
-----------------------------------------------------------------------
+<<constructor>> AbstractProjectNetwork(dataManager:DataManager,
                                        handlerManager:HandlerManage
+addSubscribeSuccessListener(listener:ISubscribeSuccessListener): vo
+connect(bootaddress:InetSocketAddress,port:int): void
-clear(): void
+disconnect(): void
+getCollabNetwork(): CollabNetwork
+getDataManager(): DataManager
+getHandlerManager(): HandlerManager
+getNodeHandle(): NodeHandle
+getPastryNodeFactory(): PastryNodeFactory
+getUser(): User
+<<abstract>> isEstablished(): boolean
+isNetworkConnected(): boolean
+multicast(topicName:String,header:MessageHeader,
           query:IMessage): void
+mutlicast(topic:Topic,header:MessageHeader,
           query:IMessage): void
+setUser(user:User): void
+subscribe(topicName:String): void
+subscribe(topic:Topic,topicName:String): void
+unicastRequest(user:User,headers:MessageHeader[],
                callback:IReceiver): void
+unicastRequest(handle:NodeHandle,headers:MessageHeader[],
                callback:IReceiver): void
+unicastAnnounce(user:User,headers:MessageHeader[]): void
+unsubscribe(topicName:String): void
+unsubscribe(topic:Topic): void
```

Abb. 133: UML-Klassendiagramm der Klasse AbstractProjectNetwork

Die abstrakte Methode isEstablished(), die folglich in jeder erbenden Klasse implementiert werden muss, soll genau dann den booleschen Wert true liefern, wenn der Peer mit einem P2P-Netzwerk verbunden ist und alle eventuellen Synchronisationsschritte abgeschlossen wurden.

Klassen mit deren Hilfe die eigentliche Geschäftslogik der DeCPD realisiert wird, hier also zum Beispiel das Finden von Kollaborationspartnern für eine gemeinsame Produktentwicklung und der entsprechende Produktdatenaustausch, können von der Klasse AbstractProjectNetwork erben und erhalten somit auch alle netzwerkseitigen Funktionalitäten.

5.3.2 Die Klasse ProjectNetwork

In der Klasse ProjectNetwork wird die eigentliche Geschäftslogik für die DeCPD implementiert. Dementsprechend erbt sie von AbstractProjectNetwork, wodurch alle netzwerkseitigen Funktionen genutzt werden können.

Alle Ebenen und Teilebenen bis zum ProjectNetwork (einschließlich dem AbstractProjectNetwork) dienen der Steuerung des Netzwerkverkehrs. Der Inhalt der übertragenen Ressourcen spielt keine Rolle. Ab dieser Ebene werden jedoch zum ersten Mal konkrete Datencontainer für Produktdaten verwendet. Aus diesem Grund können sämtliche Ereignisse, die über bzw. vom ProjectNetwork ausgelöst werden, als produktmodellbasiert interpretiert werden. Höhere Schichten der DeCPD-Architektur müssen also lediglich auf Änderungen an den Datencontainern reagieren.

Das ProjectNetwork stellt eine Kapselung der für die DeCPD relevanten Methoden, sowie Strukturen zur persistenten Haltung der benötigten Daten zur Verfügung. Dabei greift das ProjectNetwok hauptsächlich auf zwei untergeordnete Pakete zu: Dem Handler- und dem DataManager.

- Der **DataManager** verwaltet vorwiegend die zur Kollaboration benötigten Datencontainer. Damit können alle Daten persistent gespeichert werden und liegen zentral in einem Objekt vor, was den späteren Zugriff erheblich erleichtert.
- Der **HandlerManager** verwaltet alle Anfragen, die über das Netzwerk den Peer erreichen und führt die entsprechenden Aktionen aus.

5.3.2.1 Datenmodell

In Abb. 134 wird das Datenmodell vorgestellt, welches vom ProjectNetwork über den DataManager im Laufe des Kollaborationsprozesses manipuliert wird. Jede Klasse repräsentiert dabei eine Ressource, die innerhalb der DeCPD-Prozesse benötigt wird. Die folgenden Klassen werden verwendet:

- **User.** Repräsentiert einen Benutzer des Netzwerks.
- **TopicContainer.** Für jedes Pastry-Topic des Netzwerks wird ein TopicContainer initiiert. Im Topic-Container wird dem Topic ein Bezeichner zugeordnet. Weiterhin werden die Projekte (Projects) in das Pastry-Topic einsortiert.
- **BaseItem.** Eine abstrakte Klasse, die Attribute für beliebige Ressourcen (Project, Component, Specification oder Proposal), sowie Getter- und Setter-Methoden für diese bereitstellen.
- **Project.** Ein Projekt, welches innerhalb eines Topics veröffentlicht werden kann. Objekte dieses Typs werden vom Initiator erstellt.
- **Component.** Beschreibt eine TPM-Komponente innerhalb eines Projektes. Objekte dieses Typs werden ebenfalls vom Initiator erstellt.

- **Specification.** Eine Spezifikation für eine TPM-Komponente. Objekte dieses Typs werden vom Initiator erstellt.
- **Proposal.** Ein Lösungsvorschlag zur Erfüllung einer Spezifikation. Objekte dieses Typs werden von einem Teilnehmer erstellt.

5.3.2.2 DataManager

An die Verwaltung der in Abschnitt 5.3.2.1 beschriebenen Datencontainer sind nun verschiedene Anforderungen gerichtet. Zum einen sollen diese Container (bzw. die dadurch repräsentierten Produktmodelle) zentral gesammelt und bereitgestellt werden, und zum anderen sollen diese Daten persistent gespeichert werden können. Ohne eine dauerhafte Datenspeicherung wären alle bisherigen Projekte nach dem Schließen der Anwendung verloren. Alle dafür benötigten Attribute und Methoden werden im Folgenden näher erläutert.

Zunächst stellt sich die Frage, um welche **Datencontainer** es sich dabei überhaupt handelt. Für die in Abschnitt 5.2.1.1 beschriebene Unterteilung in Subnetzwerke auf Softwareebene werden Objekte vom Typ **Topic** benötigt. Diese Topics stammen direkt aus FreePastry und brauchen nicht geändert zu werden. Das Topic-Objekt enthält lediglich einen Hashwert, der aus dem Topic-Bezeichner gebildet wurde. Der Topic-Bezeichner ist nicht wiederherstellbar (Eigenschaft der Hashfunktion, vgl. Abschnitt 2.5.4.2). Für die Zuordnung eines Projekts zu einem Subnetzwerk ist es daher nötig, dass eine Referenz auf dieses Projekt in dem Objekt des entsprechenden Topics hinterlegt wird. Aus diesem Grund wird ein Topic-Objekt zusammen mit seinen Projekten in der Klasse **TopicContainer** gekapselt.

Attribute und Mappings. In einer Liste (`List<TopicContainer>`) werden alle TopicContainer gehalten, auf denen der Teilnehmer subskribiert ist. Über den TopicContainer soll einerseits über entsprechende getter-Methoden direkt auf den Bezeichner, bzw. die zugeordneten Projekte und andererseits auf das Pastry-Topic selbst zugegriffen werden.

Damit zum Beispiel der Bezeichner eines Topics oder die einem Topic zugeordneten Projekte schnell ermittelt werden können, wird ein Mapping vom Pastry-Topic auf den TopicContainer benötigt (`Map<Topic,TopicContainer>`). Der Fall tritt beispielsweise auf, wenn zu einem Topic-Objekt alle Projekte aufgelistet werden sollen oder über das Netzwerk subnetzwerkspezifische Meldungen eintreffen. Da diese Übertragungen mit Hilfe der FreePastry-Implementierung realisiert werden, kommen beim Empfänger lediglich Topic-Objekte an. Wird nun bspw. der Bezeichner dieses Topics für die Darstellung in einer GUI benötigt, so kann dieser über das Mapping bezogen werden.

Gleiches gilt auch, wenn von einem Bezeichner rückgeschlossen werden muss auf das zugehörige Pastry-Topic. Für diesen Fall wird ein weiteres Mapping von einem String auf ein Topic-Objekt eingeführt (`Map<String,Topic>`). Dadurch wird es möglich an Hand des Bezeichners für ein Subnetzwerk auf das zugehörige Topic-Objekt zu schließen, welches für Multicast-Aufrufe benötigt wird. Durch die Konkatenation dieser beiden Mappings kann also vom Bezeichner auf die enthaltenen Projekte geschlossen werden. Die Zugriffe auf Objekte sehen dann in Abhängigkeit des gegebenen Inputs wie folgt aus:

Referenzen. Weiterhin ist es nötig, dass Referenzen hinterlegt werden, ob ein Peer als Teilnehmer oder als Initiator an einem Projekt beteiligt ist. Das erfolgt über zwei Listen. Eine davon hält Referenzen auf Initiatorprojekte und die andere auf Teilnehmerprojekte. Ist ein Peer gar nicht an einem Projekt beteiligt, so ist die entsprechende Referenz des Projekts nur in einem TopicContainer hinterlegt. Auf die gleiche Weise wird bei der Trennung von offenen Projekten und bereits durchgeführten (also geschlossenen) Projekten verfahren. Auch Projekte, die vom Benutzer gelöscht bzw. als gelöscht markiert wurden, sollen nicht völlig verschwinden. Deshalb werden auch sie in separaten Listen gehalten.

Wie bereits erwähnt, gibt es Objekte vom Typ **NodeHandle**. Diese Objekte werden immer bei der Kommunikation über das FreePastry benötigt. Sie ändern sich immer dann, wenn ein Peer das Netzwerk verlässt und ihm später wieder neu beitritt. Dementsprechend sollten besser Daten zur Identifizierung eines Peers genutzt werden, die persistenter als der NodeHandle sind. Weiterhin sollten alle NodeHandle-Objekte zentral gesammelt werden, um eine Aktualisierung der Objekte möglichst übersichtlich gestalten zu können. Aus diesen Gründen werden Referenzen vom Typ NodeHandle im DataManager gehalten. Für die Identifizierung eines Peers werden dann User-Objekte benutzt, die den entsprechenden NodeHandle-Objekten zugeordnet werden können.

Ressourcentransfer (Resource Request). Eine Anfrage nach einer Ressource kann im ProjectNetwork als ResourceRequest beschrieben werden. Darin befinden sich Referenzen auf die ID einer nachgefragten Ressource und den nachfragenden Benutzer (User-Objekt). Hierbei muss zwischen eingehenden und ausgehenden Anfragen unterschieden werden.

Für die Übertragung von Daten nach den beschriebenen Prinzipien werden bekanntlich mehrere Schritte benötigt. In jedem dieser Schritte ist der vorangegangene prinzipiell unbekannt, d.h. dass das zu Grunde liegende Übertragungsprotokoll zustandslos ist. Lediglich einfache Strings können innerhalb des Headers übertragen werden.

Damit nun der Sender bei einer Anfrage nach dem Rückkontakt durch den Empfänger noch weiß, um welche Anfrage es sich handelt, wird der ResourceRequest unter seinem Hashwert im DataManager gespeichert (Mapping von Strings auf ausgehende ResourceRequests). Das gleiche geschieht auf der Seite des Empfängers, nur wird die Anfrage dort in der Map für eingehende ResourceRequests hinterlegt. Zur Identifizierung des ResourceRequests können dann die Hashwerte dieser Anfrage im Header mit übertragen werden. Anhang F enthält ein Beispiel zur genauen Beschreibung dieses Ablaufs und der Nutzung der Hashwerte zur Identifizierung von Ressourcen und Anfragen.

Bei den eigentlichen Ressourcen der DeCPD handelt es sich um Objekte, die von der Klasse BaseItem erben (vgl. Abb. 134). Die Übertragung ähnelt prinzipiell dem Austausch von ResourceRequest-Objekten. Aus diesem Grund findet die Identifizierung wieder über Hashwerte statt, was zu einem neuen Attribut (resources) des DataManagers führt. Für die Manipulation dieser Daten stellt der DataManager jeweils mehrere Methoden zum Hinzufügen von Anfragen, bzw. Ressourcen bereit.

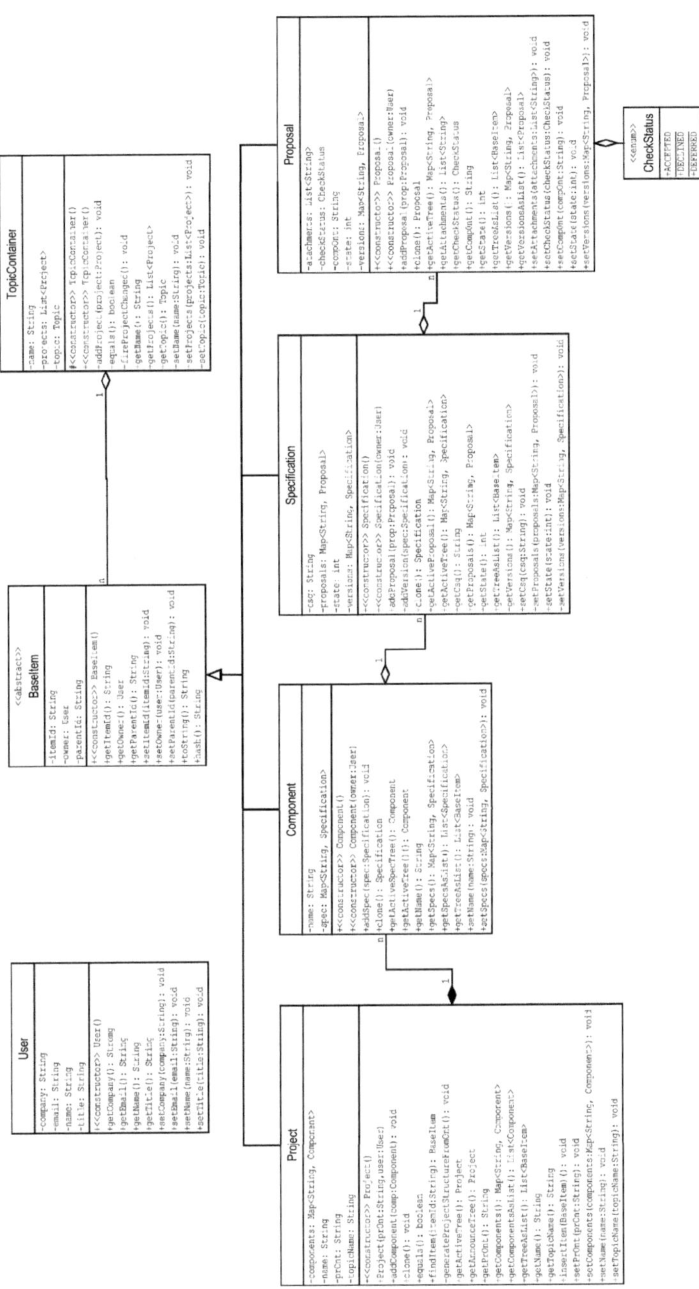

Abb. 134: UML-Klassendiagramm der Datencontainer nach (Kehl 2010)

Werden diese Daten nach dem Ende der Übertragung nicht mehr benötigt, so ist darauf zu achten, dass sie auch im DataManager nicht mehr verfügbar sind. Zum einen würde das unnötig die Gefahr von Kollisionen bei der Erzeugung der Hashwerte vergrößern, zum anderen unnötigen Speicherplatz verschwenden. Daher werden entsprechende Methoden für das Entfernen von Request- und Resource-Objekten vorgesehen.

Persistenz. Bisher sind alle Daten des DataManager noch flüchtig und somit nach Beenden einer Applikation auf Basis der DeCPD-Architektur nicht mehr erreichbar. Folglich muss der Inhalt des DataManagers persistent gespeichert werden können. Die Daten werden beim Instanziieren eines DataManager-Objekts wieder geladen.

Für das persistente Speichern wird XStream[63] verwendet. Das ermöglicht es, direkt aus einem Objekt XML-Code zu erzeugen. Dieser Code liegt dann in einem String vor, der mit Hilfe der Apache Commons IO[64] in einer Datei gespeichert werden kann.

Dadurch, dass der DataManager „in einem Stück" gespeichert werden kann, sind nach dem Ausfall eines Peers nicht nur seine Projektdaten gesichert, sondern auch Teile der aktiven Kommunikation, wie die oben beschriebenen Anfragen und bereitgestellten Ressourcen. Das ermöglicht es dem Empfänger selbst zu entscheiden, wann er Daten erhalten möchte, da sie bis zur Anfrage mit dem korrekten Hashwert im DataManager des Senders gesichert sind.

5.3.2.3 HandlerManager

Wie beschrieben werden Netzwerkaktivitäten im CollabNetwork über ISearchHandler für Multicast-Datentransfers und ITransferListener für Punkt-zu-Punkt-Übertragungen abgefangen. Die Methoden zum Absenden und zum Empfangen dieser Übertragungen sollen nun auf der Ebene des ProjectNetwork so gekapselt werden, dass konkrete Ressourcen mit Hilfe der oben beschriebenen Datencontainer angefragt bzw. übertragen werden können. Dazu werden eine Reihe unterschiedlicher Listener (ITransferListener und ISearchHandler) benötigt, die alle im HandlerManager instanziiert werden. Zur besseren Übersicht unterscheiden wir hier nochmals zwischen Funktionalität auf der Seite des Initiators und des Teilnehmers. In der eigentlichen Implementierung verfügt selbstverständlich wieder jeder Knoten über die gleichen Funktionalitäten, die in Abhängigkeit der ausgeübten Rolle (Initiator oder Teilnehmer) in Anspruch genommen werden können.

Die Aufgabe des HandlerManagers ist es alle SearchHandler zu verwalten und beim CollabNetwork zu registrieren. Die Verwaltung erfolgt intern über einen **SearchDistributor**, der selber das Interface ISearchHandler implementiert und eine Map verwaltet, die einem String einen SearchHandler zuordnet. Trifft nun im CollabNetwork ein Multicast ein, so wird die search-Methode des SearchDistributors aufgerufen. Dort wiederrum wird anhand des übergebenen Headers der unter diesem String registrierte SearchHandler ermittelt und dessen search-Methode aufgerufen, in der die Reaktion auf diesen spezifischen Multicast implementiert wurde.

---

[63] http://xstream.codehaus.org/
[64] http://commons.apache.org/io/

Die Reaktionen auf Multicasts werden also durch die Zuordnung eines Strings (Protokoll-Header) auf eine Implementierung des Interfaces ISearchHandler realisiert. Dadurch ist es möglich spezifische Reaktionen für jede „Art" von Multicast zu implementieren.

Src. 17: Der SearchDistributor

```
public class SearchDistributor implements ISearchHandler {

  private Map<String, ISearchHandler> handlers;

  public SearchDistributor() {
    handlers = new HashMap<String, ISearchHandler>();
  }

  public void register(String queryType, ISearchHandler handler) {
    if (queryType != null && handler != null) {
      handlers.put(queryType, handler);
    }
  }

  public void unregister(String queryType) {
    handlers.remove(queryType);
  }

  @Override
  public void search(SearchJob job) {
    // korrekten Handler aus der Map beziehen
    ISearchHandler searchHandler =
      handlers.get(job.getHeader().getType());
    if (searchHandler != null) {
      searchHandler.search(job);
    }
  }
}
```

Nicht nur Multicasts können unterschiedliche Reaktionen bei den Empfängern auslösen, sondern selbstverständlich auch Unicasts. Diese können sich beispielsweise in der Art der zu übertragenen Ressourcen unterscheiden. Um die verschiedenen TransferListener bereitzustellen, wird genauso wie bei den SearchHandlern verfahren. Folgendes Listing zeigt die Klasse **TransferDistributor**.

Src. 18: Der TransferDistributor

```
public class TransferDistributor implements ITransferListener {

  private Map<String, ITransferListener> handlers;

  public TransferDistributor() {
    handlers = new HashMap<String, ITransferListener>();
  }

  public void register(String queryType, ITransferListener handler) {
    if (queryType != null && handler != null) {
      handlers.put(queryType, handler); }}
```

```
  public void unregister(String queryType) { handlers.remove(queryType); }

  @Override
  public void announce(Transfer transfer) {

    ITransferListener listener =
      handlers.get(transfer.getHeaders()[0].getType());
    if (listener != null) { listener.announce(transfer); }
  }

  @Override
  public IMessage request(MessageHeader[] headers) {
    ITransferListener listener = handlers.get(headers[0].getType());
    if (listener != null) {
      return listener.request(headers);
    }

    return null;
  }
}
```

Die folgende Abbildung zeigt den globalen Workflow des DeCPD-Szenarios 1. Anhand dieses Workflows wird im Anhang E ab Seite 325 die Kommunikation mit Hilfe der Implementierungen der Interfaces ISearchHandler und ITransferListener näher erläutert.

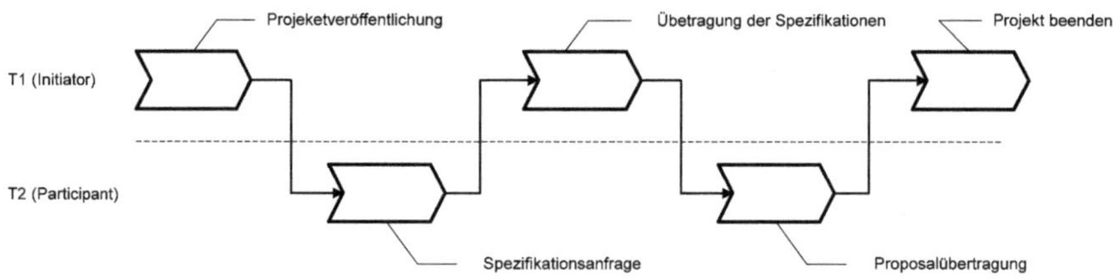

Abb. 135: Einfacher globaler Workflow in Kurzdarstellung

5.3.3 Bereitgestellte Schnittstellen

Mit Hilfe des **CollabNetwork**, in denen die Funktionalitäten der FreePastry-Implementierung gekapselt werden, können Multicasts und Unicasts verwaltet werden. Das **AbstractProjectNetwork** wiederum kapselt die Methoden des CollabNetworks so, dass Teilnehmer dem Kollaborationsnetzwerk auf einfache Art und Weise dem P2P-Netzwerk beitreten können, um dann die Kommunikationsmechanismen zu nutzen. Das **ProjectNetwork** stellt unter Verwendung des HandlerManagers (für die Reaktion auf Netzwerkaktivitäten) und des DataManagers (für die persistente Haltung der Projektdaten) zusätzliche Methoden bereit, die für die Durchführung einer DeCPD nötig sind.

Wie übergeordnete Schichten, wie zum Beispiel das **SOAProjectNetwork** oder direkt eine Benutzeroberfläche (engl.: Graphical User Interface, GUI) die Methoden des ProjectNetworks nutzen können, wird im folgenden Abschnitt genauer gezeigt. Zunächst ist also die Frage zu klären, wie auf Netzwerkaktivitäten bzw. die Manipulation von Projektdaten reagiert werden kann. Der Workflow der DeCPD wird ausschließlich durch die verteilte Manipulation der zu Grunde liegenden Daten gesteuert (vgl. Anhang E).

5.3.3.1 Das Interface INetworkEventListener

Insbesondere deshalb werden Listener benötigt, die übergeordnete Ebenen über Änderungen informiert. Das betrifft zum Beispiel Notifikationen beim erfolgreichen Herstellen oder Trennen einer Verbindung. Zu diesem Zweck kann mit Hilfe der addNetworkEventListener-Methode der Klasse ProjectNetwork eine neue Implementierung des Interfaces INetworkEventListener beim ProjectNetwork registriert werden. Die networkConnect-Methode wird genau dann aufgerufen, wenn eine Verbindung zu der übergebenen InetSocketAddress hergestellt wurde. Die networkDisconnect-Methode wird analog dazu aufgerufen, wenn eine bestehende, aktive Verbindung (also nicht bei Verbindungsfehlern) getrennt wurde.

5.3.3.2 IDataChangeListener und DataChangeListener

Wesentlich umfangreicher als der NetworkEventListener ist hingegen der **DataChangeListener**, dessen Methoden nach der Manipulation von Daten im **DataManager** aufgerufen werden. Über die addDataChangeListener-Methode der Klasse ProjectNetwork können Implementierungen des Interfaces IDataChangeListener beim DataManager registriert werden.

Die einzige Methode **dataChanged** dieses Listeners wird im DataManager immer genau dann aufgerufen, wenn Änderungen an den Attributen bzw. am Datencontainer vorgenommen werden. Über den Parameter vom Typ DataChangeEvent können diese Änderungen zurückverfolgt werden. Der genaue Aufbau dieser Klasse wird im nächsten Abschnitt erläutert.

Für eine flexible Reaktion auf Datenänderungen verwaltet der DataManager zentral mehrere Implementierungen des Interfaces über eine Liste. Die Kapselung der Methodenaufrufe übernimmt die Klasse DataChangeListener, die wiederum selbst das Interface IDataChangeListener implementiert. Objekte der Klasse DataChangeListener sammeln also Implementierungen des Interfaces IDataChangeListener und leiten Events an diese weiter.

5.3.3.3 DataChangeEvent

Durch die Verwendung des DataChangeListeners ist es möglich, auf Änderungen an Daten zu reagieren. Diese Änderungen werden durch den Parameter DataChangeEvent repräsentiert.

Die Klasse **DataChangeEvent** stellt eine Enumeration (Aufzählungstyp mit endlichem Wertebereich) namens **DataChangeType** bereit, durch dessen konkrete Werte der Typ eines DataChangeEvent-Objekts festgelegt wird. Diese Unterscheidung nach Typen ist deshalb notwendig, da auf verschiedene Änderungen an unterschiedlichen Daten anders reagiert werden muss.

Alle Objekte der Klasse DataChangeEvent halten als Attribut einen Wert aus der Enumeration, der den genauen Typ des Events bestimmt (Beispiel: PROPOSAL_RECEIVED). Neben diesem Attribut halten DataChangeEvent-Objekte zusätzlich eine Referenz auf ein Objekt vom Typ **AbstractDataChangeMessage**. Diese Klasse ist abstrakt und kann somit nicht direkt instanziiert werden. Die Idee dahinter ist, dass für jeden Wert aus der Enumeration DataChangeType eine neue Klasse erstellt wird, die von AbstractDataChangeMessage erbt und als Attribute alle benötigen Daten zur Nachverfolgung der Änderungen bereitstellt (Beispiel: Die von AbstractDataChangeMessage erbende Klasse „Incoming Proposal" mit den Attributen UUID und Proposal).

Mit diesem Verfahren wird sichergestellt, dass für jeden DataChangeType alle benötigten Daten für die Rückverfolgung der Änderungen vorhanden sind. Das nächste Listing zeigt die Klasse DataChangeEvent mit der Enumeration DataChangeType.

Wie in Abschnitt 5.3.3.3 schon beschrieben wurde, soll es für jeden DataChangeType (also für jeden Wert aus der Enumeration DataChangeType) eine Klasse geben, die von AbstractDataChangeMessage erbt. Daten, die für alle DataChangeTypes benötigt werden, liegen als Attribute in der Klasse AbstractDataChangeMessge. Dabei handelt es sich zum einen um den Auslöser der Datenmanipulation, also um ein Objekt vom Typ User (vgl. Abschnitt 5.3.2.1), und zum anderen um einen optionalen Kommentar in Form eines Strings.

Die nächste Tabelle zeigt die Zuordnung von Elementen aus der Enumeration DataChangeType zu ihren repräsentierenden Klassen.

Tab. 13 : Zuordnung der DataChangeType zu Message-Klassen

DataChangeType	AbstractDataChangeMessage
ANNOUNCEMENT_CHANGED	AnnounceProjectChange
INITIATOR_PROJECT_CHANGED	InitiatorProjectChange
PARTICIPANT_PROJECT_CHANGED	ParticipantProjectChange
PROJECT_CLOSED	ProjectClosedChange
PROJECT_CONTENT_CHANGED	ProjectContentChange
PROJECT_MARKED_AS_DELETED	MarkProjectAsDeletedChange
PROPOSAL_ACCEPTANCE_RECEIVED	ProposalAcceptanceChange
PROPOSAL_RECEIVED	IncomingProposal
SPECIFICATION_RECEIVED	ResourceRequest
SPECIFICATION_REQUEST_DENIED	ResourceRequest
SPECIFICATION_REQUEST_RECEIVED	ResourceRequest
TOPIC_SUBSCRIBE	TopicsChange
TOPIC_UNSUBSCRIBE	TopicsChange

Die nächste Tabelle zeigt die oben beschriebenen Message-Klassen, die alle von AbstractChangeMessage erben und die von ihnen zusätzlich bereitgestellten Informationen.

Tab. 14: Attribute der Message-Klassen

Message-Klasse	Attribute	Beschreibung
AbstractChangeMessage	User	Der Auslöser der Änderungen
	String	Ein Optionaler Kommentar des Auslösers
AnnounceProjectChange	Project	Ein Objekt, das ein neues Projekt repräsentiert
InitatorProjectChange	UUID	ID mit deren Hilfe das Projekt über den DataManager bezogen werden kann
ParticipantProjectChange	UUID	
ProjectClosedChange	UUID	
ProjectContentChange	Project	Projekt, dessen Inhalt geändert wurde
MarkProjectAsDeletedChange	Project	Projekt, dass gelöscht wurde
ProposalAcceptanceChange	CheckStatus	Annahmestatus des Proposals
	UUID	ID des Projekts
	UUID	ID des Proposals
IncomingProposal	Proposal	Neues Proposal
	UUID	ID des Projekts
ResourceRequest	UUID	ID des Projekts
	UUID	ID der bereitgestellten/angefragten Ressource (vom Typ Component)
TopicsChange	Collection<Topic>	Liste mit Objekten vom Typ Topic in die der Teilnehmer subskribiert wurde bzw. deren Subskribierung aufgehoben wurde

5.4 Die Schicht SOAProjectNetwork

Aufgabe der Schicht SOAProjectNetwork ist es, die Methoden der Schicht ProjectNetwork als Dienste (Webservices) zu kapseln. Die Dienste können dann in einer festgelegten Reihenfolge (= lokale Teilworkflows, vgl. Abschnitt 4.4.4.2) durch eine Workflowengine gesteuert werden. Auf diese Workflowsteuerung kann dann das Graphical User Interface (GUI), also die Client Applikation zur Präsentation der SOA aufgesetzt werden (Liebhart 2007, Kap. 3). In Abb. 136 ist dieser Zusammenhang noch einmal dargestellt.

Die Schicht SOAProjectNetwork benötigt eine Instanz des **ProjectNetwork,** um Zugriff auf DeCPD-Basisdienste (CreateSpecification, PublishProject, usw.), den DataManager und den DataChangeListener des HandlerManagers zu erhalten.

Das SOAProjectNetwork kapselt dann diese DeCPD-Basisdienste inkl. der notwendigen Datenmanagement-Funktionalität und stellt diese als Webservices bereit. Die Webservices selbst werden durch einen **Service-Container**, in dieser Arbeit durch den Embedded Tomcat Server, ausgeführt.

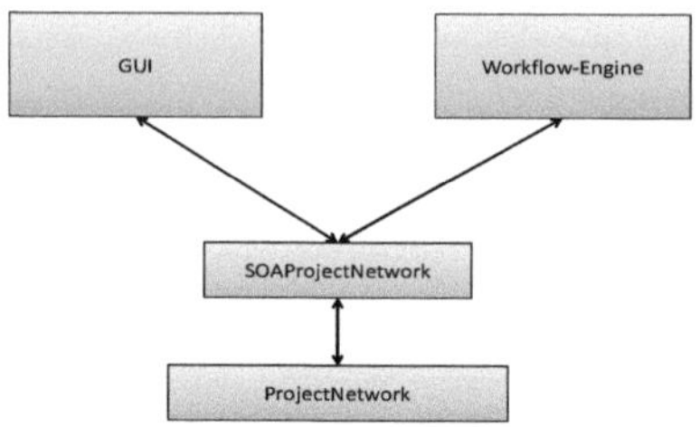

Abb. 136: Die Architekturschicht SOAProjectNetwork

Zur Steuerung der lokalen Workflows wird ein **WorkflowManager** eingeführt, der die sich zur Laufzeit dynamisch ergebenden Partnerschaften (Peers) verwaltet und die Ablaufreihenfolge der lokalen Workflows je nach Kollaborationsszenario und Rolle (Initiator/ Teilnehmer) mit diesen Partnern steuert. Im Falle einer verteilten Ausführung der Workflows (vgl. Abschnitt 4.3.4) übernimmt der WorkflowManager zusätzlich die Lokalisierung der Dienste.

5.4.1 Kommunikation mit der GUI

Die Kommunikation mit der GUI findet rein ereignisgesteuert statt. Es gibt keine Möglichkeit, aus dem **SOAProjectNetwork** das GUI direkt zu manipulieren. Dazu bietet das **SOAProjectNetwork** dem GUI einen eigenen Listener an, den **WorkflowEventListener**. Dieser verarbeitet Ereignisse aus der ProjectNetwork-Schicht und aus der Workflow-Engine, und regelt darüber die Ablaufreihenfolge der GUI-Dialogschritte.

Im Falle der lokalen Ausführung der Workflows „horcht" der **WorkflowEventListener** selbst am **DataChangeListener** des ProjectNetwork und es findet ein 1:1-Mapping von **DataChangeEvent** zu **WorkflowEvent** statt. Ereignisse der **Workflow-Engine** müssen erst dann abgefangen werden, wenn eine verteilte Ausführung der Workflows gewünscht wird.

5.4.2 Kommunikation mit der Workflow-Engine

Die Kommunikation mit der **Workflow-Engine** kann sowohl ereignisgesteuert über das ProjectNetwork als auch nutzergesteuert über die GUI stattfinden.

Bei der ereignisgesteuerten Variante erwartet das **SOAProjectNetwork** ein Ereignis über den **DataChangeListener**. Im Anschluss findet eine Auswertung des Ereignisses statt und es kommt entweder zum Aufruf eines Callbacks auf einen angehaltenen Workflow oder zum Start eines neuen Workflows. Im Src. 19 ist exemplarisch dargestellt, wie über den DataChangeListener des ProjectNetworks eine Reaktion auf den Empfang einer Spezifikation erfolgt und daraufhin der auf den Callback wartende, lokale Workflow des Initiators fortgesetzt wird. Dies entspricht dem Schritt 5 in Abb. 217 (Initiator Teilworkflow 1).

Src. 19: Reaktion auf den Erhalt einer Anfrage nach einer Spezifikation und Konsequenz für das SOAProjectNetwork

```
public void initRequestSpecificationListener() {
  projectNetwork.addDataChangeListener(new IDataChangeListener() {

    @Override
    public void dataChanged(DataChangeEvent e) {
      if (e.getDataChangeType() ==
        DataChangeType.SPECIFICATION_REQUEST_RECEIVED) {
        RessourceRequest request =
                        (RessourceRequest) e.getDataChangeMessage();

        try {
          SpecRequestHandlerCallbackStub stub =
                        new SpecRequestHandlerCallbackStub(
          "http://localhost:8190/ode/processes/SpecRequestHandlerCallback");

        SpecRequestHandlerCallbackStub.SpecResponse resp =
                        new SpecRequestHandlerCallbackStub.SpecResponse();

        resp.setHash(request.hash());
        resp.setProjectId(request.getProjectId().toString());
        stub.onSpecRequest(resp);
      } catch (AxisFault e1) { e1.printStackTrace(); }
        catch (RemoteException e2) { e2.printStackTrace(); }
    }
  }
});
}
```

Bei der Nutzersteuerung wird die Kommunikation mit der **Workflow-Engine** durch einen direkten Dienstaufruf im **SOAProjectNetwork** eingeleitet. In Src. 20 ist exemplarisch dargestellt, wie der Initiator in der GUI die Anfrage nach einer Spezifikation durch einen Teilnehmer autorisiert. Daraufhin wird ebenfalls der wartende Teilworkflow aus dem Ruhezustand aufgeweckt.

Src. 20: Reaktion auf das GUI-Event „Autorisiere Spezifikationsanfrage eines Teilnehmers“

```
public void callAuthorize(boolean authorized, String hash, String projectId)
  throws RemoteException {

    AuthorizeHandlerCallbackStub stub = new AuthorizeHandlerCallbackStub(
      "http://localhost:8190/ode/processes/AuthorizeHandlerCallback");

    AuthorizeHandlerCallbackStub.AuthorizeResponse resp =
      new AuthorizeHandlerCallbackStub.AuthorizeResponse();

      System.out.println("Authorize Callback kommt.");

    if (authorized) {
      resp.setDecision("authorize");
      resp.setHash(hash);
    }
```

```
    else {
      resp.setDecision("deny");
      resp.setHash(null);
    }
    resp.setProjectId(projectId);
    stub.onAuthorize(resp);
  }
```

In Abb. 137 wird noch einmal das Zusammenspiel zwischen ProjectNetwork, GUI und dem SOAProjectNetwork bei der Verarbeitung eines DeCPD-Basisdiesntes illustriert.

Über die GUI erzeugt der Nutzer durch Dateneingabe ein Projekt und möchte dieses veröffentlichen. Dazu wird durch das **SOAProjectNetwork** der erste Teilworkflow des Initiators gestartet. Die Workflow Engine ruft den Dienst **PublishService** auf, der wiederum über **Methoden des Project- und CollabNetworks** das Projekt über einen Multicast veröffentlicht.

Nachdem der Multicast auf Teilnehmerseite eingegangen ist, wird dort das Datenobjekt persistiert gespeichert und ein **DataChangeEvent** erzeugt, welches durch den **DataChangeListener** an das **SOAProjectNetwork** weitergeleitet wird. Im **SOAProjectNetwork** wird nun der erste Teilnehmer-Workflow gestartet und es findet ein Event-Mapping des **DataChangeListeners** zum **WorkflowEventListener** statt, wodurch die GUI des Teilnehmers aktualisiert wird.

5.4.3 Dezentrale Workflowausführung

Bisher wurde lediglich die lokale Workflowausführung betrachtet. Bei der dezentralen Workflowausführung sollen Dienste nicht mehr nur lokal bei jedem Peer vorliegen, sondern verteilt angeboten werden. Dadurch, dass die Dienste nicht mehr lokal vorliegen, ist nun ein „beliebiger" Peer der Kollaboration dafür verantwortlich, den Dienst bereitzustellen und extern auszuführen. Die Frage ist, ob der Standort des Dienstes zur „Designtime" des BPEL-Workflows, also während der Entwicklungsphase der PSM-Modelle, bekannt ist oder nicht?

Dabei können zwei Fälle voneinander unterschieden werden, die in Tab. 15 dargestellt sind. Beim Aufruf eines externen Dienstes muss dieser lokalisiert werden. Im Fall 1 ist die Adresse des Dienstes bekannt, im Fall 2 muss diese erst über das P2P-Netzwerk ermittelt werden. Im Allgemeinen kann der Ablauf einer dezentralen Workflowausführung so wie in Abb. 138 beschrieben werden.

Tab. 15: Fallunterscheidung bei der dezentralen Workflowausführung

Dienststandort zur Designtime	
bekannt	unbekannt
Dezentrale Workflowausführung Fall 1	Dezentrale Workflowausführung Fall 2

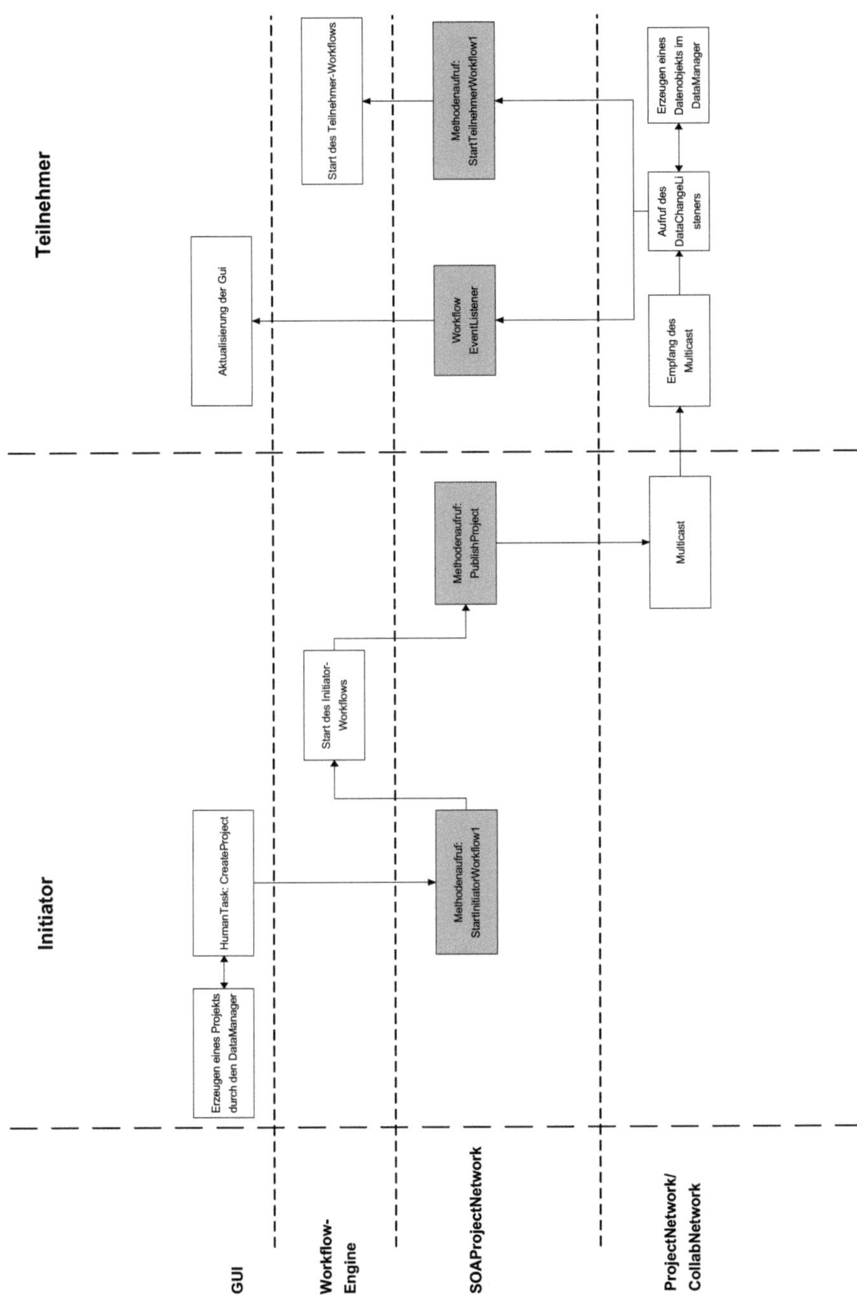

Abb. 137: Ablauf einer typischen Workflowaktivität aus Sicht des SOAProjectNetwork

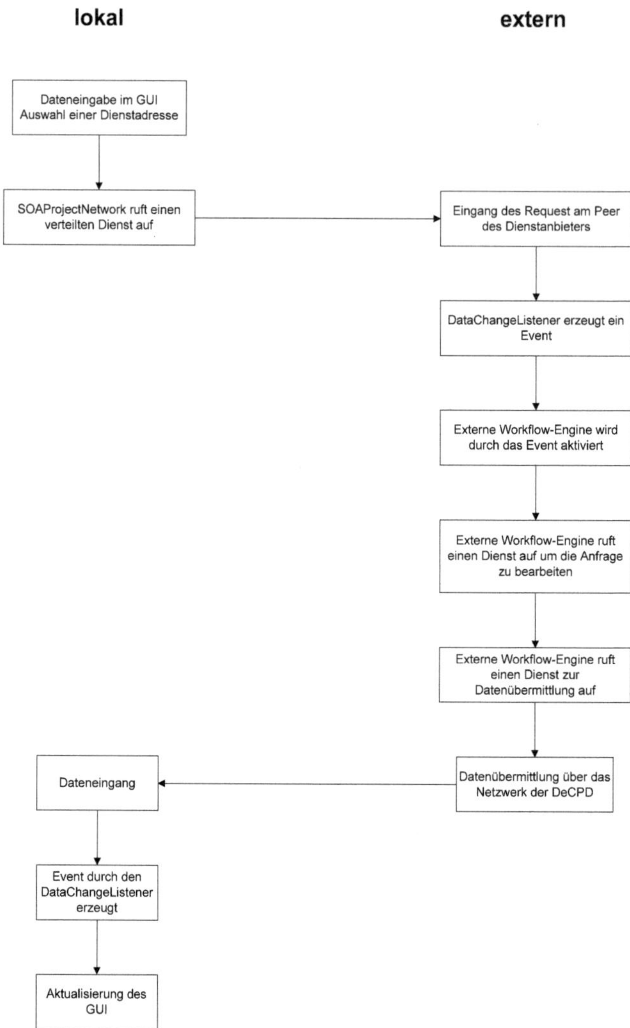

Abb. 138: Ablauf einer dezentralen Workflowausführung

Fall1. Der Standort des Dienstes ist zur Designtime bekannt und ein klassisches Beispiel für den Aufruf eines entfernten Dienstes. Dieser wird durch die Workflow Engine mit dem zu verarbeitenden Datensatz aufgerufen. Das versendete SOAP-Datenpaket enthält dabei die zu verarbeitenden Daten sowie die Adresse eines „Rückruf"-Dienstes. Der Dienst wird in der externen Workflow-Engine ausgeführt und anschließend der Stub des „Rückruf"-Dienstes aufgerufen. Mit Erhalt des Rückrufs wird dann ein lokaler Dienst zur Datenaktualisierung ausgeführt, und der **WorkflowEventListener** erzeugt ein Event durch den das GUI aktualisiert wird. Wie in Abb. 139 zu sehen, wird kein P2P-

Routingmechanismus benötigt, sondern der dienstanbietende Peer (hier P_4) kann direkt kontaktiert werden.

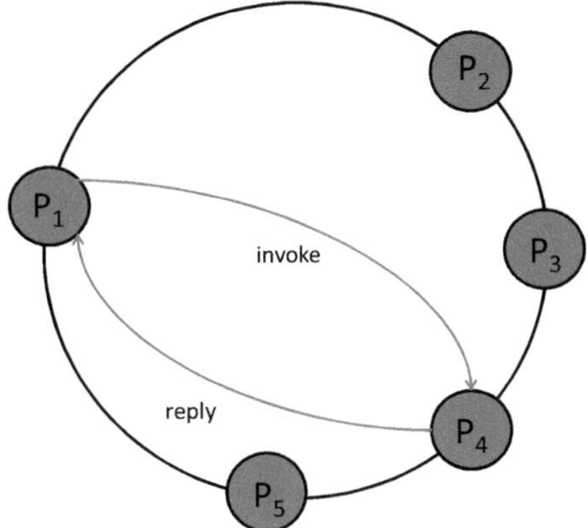

Abb. 139: Dezentrale Dienstausführung Fall 1

Fall2. Der Standort des Dienstes ist zur Designtime unbekannt. In diesem Fall muss der Dienststandort zur Runtime lokalisiert werden. Dies kann über eine verteilte Suche nach dem gleichen Prinzip wie der verteilten Suche nach Produktmodellen erfolgen. Ist der Endpoint des Dienstes lokalisiert, so kann der zugehörige externe Stub wie gewohnt durch die SOAP-Kommunikation aufgerufen werden. Abb. 140 zeigt die Kommunikation über das P2P-Netzwerk zum Auffinden eines Dienststandorts.

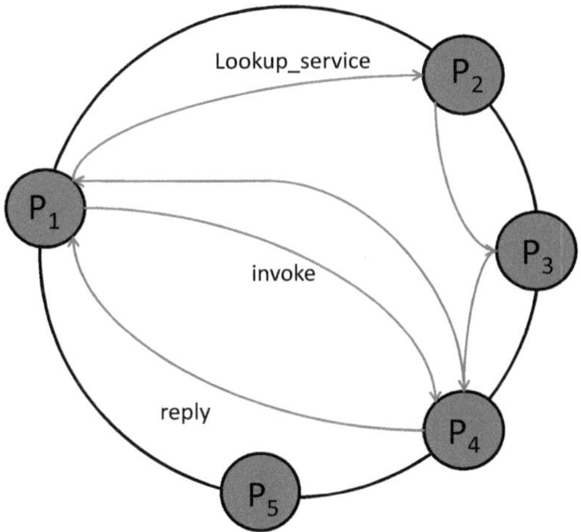

Abb. 140: Dezentrale Dienstausführung Fall 2

6 Evaluierung

In diesem Abschnitt erfolgt die Evaluierung des in dieser Arbeit entwickelten Ansatzes für die dezentrale und kollaborative Produktentwicklung (DeCPD). Die Evaluierung erfolgt dreigeteilt:

1. In Abschnitt 6.2 wird qualitativ betrachtet, in wie weit die im Rahmen des modellgetriebenen Softwareentwicklungsprozesses (OMP) erstellte Architektur und die in den einzelnen Schichten bereitgestellten Methoden für die DeCPD den Anforderungen zur Umsetzung des in Abschnitt 4.7 vorgestellten Szenarios gerecht werden.
2. In Abschnitt 6.3 wird als Proof-Of-Concept die Runtimeplattform „Product Collaboration Platform" (PCP) vorgestellt.
3. Zuletzt präsentiert Abschnitt 6.3 das Ergebnis einer empirischen Studie, in der Anforderungen und Wünsche in Bezug auf die nächste Generation lose-gekoppelter Kollaborationsplattformen für die unternehmensübergreifende, modellbasierte Produktentwicklung untersucht wurden. Dazu wurden Experten befragt, die sich täglich mit Problemen im Bereich Produktdatenmanagement und Produktlebenszyklus-management-Strategien beschäftigen.

Zunächst wird im Abschnitt 6.1 die Methodik für die einzelnen Evaluierungsschritte nacheinander vorgestellt.

6.1 Methodik für die Evaluierung

In diesem Abschnitt wird zunächst die Vorgehensweise für die Evaluierung der Architektur (vgl. Abschnitt 6.1.1) und anschließend die Methodik für die Evaluierung der Methoden der einzelnen DeCPD-Architekturschichten vorgestellt (vgl. Anschnitt 6.1.2). In Abschnitt 6.1.3 erfolgt dann die Beschreibung des Vorgehens zur Durchführung der empirischen Studie.

6.1.1 Evaluierung der DeCPD-Architektur

Nach (Clements, Kazman et al. 2002) repräsentiert eine Architektur eines Softwaresystems dessen gesamte Struktur unter Berücksichtigung der folgenden Aspekte:

- Beschreibung der Softwarekomponenten, also zum Beispiel Module oder Subsysteme,
- die nach außen sichtbaren Schnittstellen und Dienste zur Nutzung der Ressourcen und
- den Beziehungen zu anderen Systemen.

Eine Softwarearchitektur ist also mehr als nur eine technische Realisierung von gegebenen Anforderungen. Die Evaluierung einer Softwarearchitektur sollte daher feststellen, in wie weit diese geeignet ist, die in den OMP-Modellen beschriebenen Anforderungen an die PSM-Ebene umzusetzen und dazu genügt nicht das reine Festlegen von Variablen wie „gut" oder „schlecht". Die Evaluierung der Architektur für die DeCPD erfolgt daher dreigeteilt:

1. Die Architektur wird hinsichtlich ihres Architekturstils eingeordnet. Ein Architekturstil ist nach (Bass, Clements et al. 2003, Kap. 5.9) eine Abstraktionsschicht zur Schaffung von Architekturklassen, um darin Design-Entscheidungen, Basisfunktionalitäten und

Regeln zu dokumentieren, die wiederverwendet werden können. Ein Architekturstil kann über die Festlegung der folgenden Eigenschaften bestimmt werden:

a. Spezifikation der Systemkomponenten, die eine Funktion zur Laufzeit ausführen und der benötigten Datenquellen.
b. Festlegung einer Topologie, mit deren Hilfe die Beziehungen zwischen den Komponenten bestimmt werden können.
c. Festlegung von semantischen Bedingungen für die Ausführung Prozessschritten innerhalb der Architektur (vgl. „Pipe and Filter“-Pattern[65])
d. Interaktionsmechanismen wie Kommunikation, Koordination und Kooperation zwischen den Komponenten, bei Subroutinen-Aufrufen, Event-Benachrichtigungen, usw.

2. Standardisierte Qualitätsattribute werden genutzt, um eine Vergleichbarkeit der Architektur mit alternativen Ansätzen zu ermöglichen und um zu entscheiden, ob das Architekturdesign gut gewählt wurde.

Qualitätsattribute können grundsätzlich in zwei Kategorien aufgeteilt werden:

- Qualitätsattribute, die zur Laufzeit festgestellt werden können und sich in einem spezifischen Systemverhalten ausdrücken.
- Qualitätsattribute die nicht zur Laufzeit beobachtet werden können und daher anhand der statischen Systemstruktur beurteilt werden müssen.

Laufzeit-Qualitätsattribute werden über eine Prüfung der DeCPD-Methoden ausgewertet (vgl. Abschnitt 6.3). Die Architektur für die DeCPD wird dagegen anhand der folgenden Qualitätskriterien qualitativ bewertet:

- **Flexibilität.** Gibt an, wie einfach eine speziell für eine Umgebung entwickelte Komponente modifiziert und in einem anderen Kontext eingesetzt werden kann.
- **Modifizierbarkeit.** Gibt an, wie einfach und vor allem kosteneffektiv Veränderungen am System durchgeführt werden können.
- **Portabilität.** Gibt an, wie gut das System in verschiedenen Ausführungsumgebungen (hardware- oder softwareseitig) umgesetzt werden kann.
- **Wiederverwendbarkeit.** Gibt an, in wie weit eine Systemstruktur in zukünftigen Applikationen wiederverwendet werden kann.
- **Integrität.** Die Fähigkeit, dass separat entwickelte Komponenten korrekt zusammenarbeiten.
- **Testbarkeit.** Gibt an, wie gut eine Software getestet werden kann, um potentielle Fehler zu ermitteln.

Die Beurteilung einer Architektur anhand der vorgestellten Qualitätsattribute gibt weiteren Aufschluss auf ihre Eignung. Die Architektur sollte aber darüber hinaus anhand des Szenarios bewertet werden.

[65] http://www.eaipatterns.com/PipesAndFilters.html [01.04.2011]

3. Die Architektur wird evaluiert hinsichtlich der Umsetzungsfähigkeit des in Abschnitt 4.7 vorgestellten Szenarios. Dabei ist von großer Bedeutung, in wie weit die Anforderungen der einzelnen Modellebenen (Prozess-, Daten- und Netzwerksicht) in der Architektur realisiert wurden.

6.1.2 Evaluierung der SW-Einheiten der DeCPD-Architektur

In diesem Abschnitt wird das Vorgehen für die Evaluierung der SW-Einheiten der DeCPD-Architektur beschrieben. Die Einheiten werden nach dem im Vorgehensmodell „V-Modell XT“ spezifizierten Prüfverfahren für Systemelemente auf ihre Funktion überprüft[66].

Das V-Modell XT bezeichnet als **System** das im Rahmen eines Systementwicklungsprojekts zu realisierende Produkt (hier also eine Runtime-Plattform auf Basis der DeCPD-Architektur). Dieses Produkt setzt die funktionalen und nicht-funktionalen Anforderungen der Gesamtsystemspezifikation um und besteht aus mehreren **Software-Einheiten**[67].

Alle Prüfungen laufen nach einem bestimmten Muster ab. Eine sogenannte **Prüfspezifikation** regelt, was und wie zu prüfen ist, das zugehörige **Prüfprotokoll** beinhaltet die Prüfergebnisse. Abhängig vom Prüfgegenstand werden die **Produkte** im V-Modell XT unterschiedlich benannt, für diese Arbeit ist die **Prüfspezifikation**, bzw. das **Prüfprotokoll Systemelement** relevant (Friedrich, Hammerschall et al. 2008, Kap. 4, S. 89ff.), deren Bedeutung im Folgenden erklärt wird.

- **Prüfspezifikation.** Die Prüfspezifikation wird vom Prüfer erstellt und beinhaltet die Themen **Prüfobjekt** und **Prüfkriterien**. Ein Prüfobjekt identifiziert eindeutig das zu prüfende Objekt, die Prüfkriterien definieren die zu prüfenden Eigenschaften. Darüber hinaus werden **Prüfmechanismen** und **Bedingungen** für das erfolgreiche Bestehen, bzw. den Abbruch der Prüfung definiert. Ein Beispiel für eine Prüfspezifikation ist ein JUnit-Test.
- **Prüfprotokoll.** Die Prüfung eines Produktes (hier also die Prüfung der Systemelemente) wird nicht durch den Produktersteller, sondern durch einen unabhängigen Beobachter durchgeführt. Dies wird auch als **4-Augen-Prinzip** bezeichnet. Der Prüfer erstellt immer ein Prüfprotokoll, in dem jeweils das **Prüfobjekt**, die **Prüfergebnisse** und die **Ergebnisanalyse inkl. Korrekturvorschläge** aufgezeichnet sind. Das Prüfobjekt wird der Prüfspezifikation entnommen, die Prüfergebnisse decken Fehler und Mängel auf. Die Beschreibungen der Fehler sollten idealerweise eine Reproduzierung erlauben. Von besonderem Vorteil ist es, wenn der Prüfer evtl. Problemlösungsvorschläge angeben kann.

Prüfung der Systemelemente. Nach dem V-Modell XT ist der (System-)Architekt im Rahmen der Sicherung der Qualität dafür verantwortlich, die Prüfung des Systems und seiner Bestandteile durchzuführen. Er muss das System also so entwerfen, dass dieses die geforderten Eigenschaften erfüllt und diese auch nachweisbar bzw. prüfbar sind.

---

[66] http://v-modell.iabg.de/v-modell-xt-html/af30f82600e73e.html#toc379 [01.04.2011]

[67] Jede Software-Einheit besteht ausschließlich aus Software und setzt sich hierarchisch aus SW-Komponenten zusammen. Die Menge an Softwarekomponenten definiert die Funktion einer Software-Einheit. Software-Module sind die kleinsten Einheiten. Diese werden nicht weiter untergliedert.

- **Implementierungs-, Integrations- und Prüfkonzepte (IIPK).** Die IIPKs legen fest, wie das System geprüft werden soll. In diesem Rahmen werden einerseits **Prüfstrategien und Prüfprozesse**, sowie andererseits die **zu prüfenden Systemelemente** festgelegt.
    - Die **Prüfstrategie** gibt an, nach welchem Schema ein konkreter Test aufgebaut ist. Der Prüfprozess gibt darüber hinaus an, mit welchen Werkzeugen das in der Prüfstrategie festgelegte Testverfahren durchgeführt werden kann.
    - Die **zu prüfenden Systemelemente** sind genau diejenigen Systemelemente, die überhaupt zur Prüfung geeignet sind. Die Festlegung ist nicht trivial. Der Architekt muss die durchzuführenden Prüfungen so festlegen, dass einerseits alle geforderten Systemeigenschaften anhand der Anforderungen (zum Beispiel bestimmter Funktionalitäten) nachgewiesen werden, und andererseits die Prüfungen trotzdem noch praktikabel sind.

    - Produkttypen für Systemelemente. Für die Prüfung von Systemelementen stehen insgesamt drei Produkttypen zur Verfügung: Die **Prüfspezifikation Systemelement**, das **Prüfprotokoll Systemelement** und die **Prüfprozedur Systemelement** (nur für Regressionstests, wird hier nicht weiter betrachtet).
        - Das **Prüfprotokoll Systemelement** entspricht dem zuvor vorgestellten, allgemeinen Aufbau.
        - Die **Prüfspezifikation Systemelement** beinhaltet neben dem Prüfobjekt folgende weitere Elemente: Die **Prüfstrategie**, die **Prüffälle**, **Schutzvorkehrungen, Prüfumgebungen** und **Prüffallzuordnungen**.
            - Die **Prüfstrategie** gibt an, wie die Prüffälle angeordnet werden müssen, damit das Prüfobjekt entsprechend getestet werden kann (vgl. IIPK). Darüber hinaus müssen aber auch Prüf- und Nachweismethoden festgelegt werden.
            - **Prüffälle** enthalten jeweils einen konkreten Startzustand, ein Prüfablauf und einen erwarteten Endzustand.
            - **Schutzvorkehrungen** sind dann zu beschreiben, wenn ein Tester bei der Ausführung des Tests ggf. in Gefahr geraten kann.
            - Die **Prüfumgebung** enthält die Beschreibung der Landschaft, in der der Test stattfindet. In der Regel werden hier die Werkzeuge aufgelistet, die für den Test benötigt werden (vgl. IIPK).
            - Die **Prüffallzuordnung** ordnet die einzelnen Prüffälle den konkreten Anforderungen an die Systemelemente zu.

6.1.3 Empirische Untersuchung

In diesem Abschnitt wird die Vorgehensweise bei der Durchführung der empirischen Studie vorgestellt. Zunächst wird im Abschnitt 6.1.3.1 die Zielsetzung der Studie beschrieben. In Abschnitt 6.1.3.2 werden dann das Erhebungsdesign und die Auswertungsverfahren erläutert, in Abschnitt 6.1.3.3 wird dann abschließend genauer auf die Durchführung eingegangen.

6.1.3.1 Zielsetzung

Mit der empirischen Studie sollten Gewohnheiten, Anforderungen und Wünsche in Bezug auf Kollaborationsplattformen der nächsten Generation für die unternehmensübergreifende, modellbasierte Produktentwicklung untersucht werden.

Wir haben argumentiert, dass effektive Produktentwicklungsprozesse im "Globalen Unternehmen" innovative IT-Architekturen, Methoden und Werkzeuge zur Bildung von Entwicklerverbünden (Zulieferer, Hersteller, Kunde) und zur Unterstützung kollaborativer Konstruktionstätigkeiten erfordern. Die weltweite Verteilung von Partnern, Kompetenzen und Ressourcen, sowie die unternehmensübergreifende Zusammenarbeit begründen die Erforschung einer neuen Generation von Kollaborationssystemen, die eine verteilte Teamorganisation und lose gekoppelte Interaktion autonomer Akteure unterstützen.

Die Studie untersucht drei wesentliche Teilaspekte:

1. Der erste Aspekt betrifft Fragestellungen zum **allgemeinen Kollaborationsablauf** in den befragten Unternehmen. Dabei soll untersucht werden, in wie weit Kollaboration ein Thema für Unternehmen ist und in welcher Form kollaborative Produktentwicklungstätigkeiten ablaufen.
2. Im zweiten Aspekt untersucht die Studie die **Funktionalitäten aktueller PDM-Systeme** und überprüft, ob und wenn ja in welcher Art und Weise in den Unternehmen PDM-Systeme genutzt werden. Das hilft eine bessere Einschätzung darüber zu bekommen, ob die vorgesehenen Funktionen der in dieser Arbeit vorgestellten DeCPD-Architektur den Ansprüchen aktueller PDM-Systemlösungen genügen.
3. Im dritten Aspekt werden speziell der **unternehmensübergreifende Produktdatenaustausch und die Möglichkeit des Einsatzes von P2P-Technologien** in diesem Segment näher untersucht. Diese Betrachtung ist für diese Arbeit eine der wichtigsten Evaluierungsansätze und klärt ab, in wie weit der vorgestellte DeCPD-Ansatz in zukünftigen PDM/PLM-Strategien eine Rolle spielen kann.

6.1.3.2 Erhebungsdesign und Auswertung

Grundsätzlich lassen sich empirische Daten mit unterschiedlichen Methoden und Ansätzen erheben. Im Rahmen dieser Arbeit standen persönliche Interviews oder Onlinebefragungen zur Auswahl. Da persönliche Interviews sehr aufwändig sind und den Befragten weniger Flexibilität bei der Zeiteinteilung lassen, kommt in dieser Arbeit eine Onlinebefragung mit Hilfe eines standardisierten Fragebogens zum Einsatz. Diese Form der Befragung gewährleistet Neutralität und eine effiziente Auswertung.

Zur Ausarbeitung des Fragebogens wurde die Software „EFS Survey“ der Firma Globalpark GmbH verwendet. In „EFS Survey“ sind alle Prozesse zur Organisation, Durchführung und Auswertung von Online-Befragungen in einer zentralen Verwaltungsoberfläche steuerbar. Aus diesem Grund fand überwiegend die geschlossene Frageform mit skalierten Antwortmöglichkeiten Anwendung. Durch die daraus resultierende Homogenität sollte eine größere Vergleichbarkeit sowie genauere Aussagen auf die gestellten Fragen erreicht werden. Bei den Antwortmöglichkeiten wurde dabei bewusst eine gerade Anzahl von Skalenitems gewählt, um die Befragten zu eindeutigen Aussagen zu führen. Der vollständige Fragebogen ist in Anhang H beschrieben.

Es wurde eine einmalige Befragung über einen Zeitraum von acht Wochen durchgeführt. Diese Methode entspricht einer Querschnittsuntersuchung, in welcher die Befragten einmalig zu aktuell angewandten bzw. für die Zukunft möglicherweise in Frage kommenden Softwarelösungen für die unternehmensübergreifende Produktentwicklung befragt wurden.

Um die gewonnenen Daten auszuwerten, mussten diese zunächst aus der Datenbank des Online-Evaluierungswerkzeugs „EFS Survey“ exportiert und in Microsoft Excel übertragen und codiert werden. Die Weiterverarbeitung der Daten erfolgte durch das Statistikprogramm „SPSS“ von IBM. Alle Ergebnisse der empirischen Untersuchungen werden mit Tabellen oder Grafiken unterlegt.

6.1.3.3 Durchführung der Befragung und Beschreibung der Stichprobe

Um ein möglichst repräsentatives Ergebnis zu erzielen, wurden Produktentwickler unterschiedlicher Branchen und Fachgebiete befragt. Als Befragungsmedium eignete sich das Internet in besonderem Maße, da so auch im Ausland oder in kleinen Unternehmen tätige Produktentwickler, die sonst aus Aufwands-, Zeit- und Kostengründen nicht befragt worden wären, mit in die Erhebung eingingen. Gerade diese kleinen und mittelständischen Unternehmen (KMU) stellen eine wichtige potentielle Zielgruppe im Anwendungsbereich der Kollaborationsplattform dar.

Auch aufgrund der Gewährleistung der Anonymität und der schnellen Handhabung fiel die Wahl auf den Online-Fragebogen. Dieser konnte innerhalb von 12-15 Minuten vollständig bearbeitet werden. Als zusätzliche Motivation wurde unter den Teilnehmern der offizielle Fußball der WM 2010 verlost.

Zur Verteilung der Befragung wurden drei unterschiedliche Vertriebskanäle herangezogen: Persönliche Kontakte, direkte Akquise über Telefon und E-Mail, sowie Postings in relevanten Foren (zum Beispiel dem EDM/PDM/PLM-Forum unter http://www.cad.de) und Web2.0-Plattformen (zum Beispiel XING).

Gesamtzusammensetzung der Stichprobe. Bei der Auswertung der Stichprobe ist zu beachten, dass die Größe der Stichprobe von Frage zu Frage variiert. Dies ist auf nur teilweise aufgefüllte Fragebögen zurückzuführen. Alle Teilnehmenden wurden vor der Untersuchung ausdrücklich auf die Anonymität und Freiwilligkeit der Teilnahme an dieser Datenerhebung hingewiesen.

Bezeichne N im Folgenden die Anzahl an Teilnehmern, die eine Frage beantwortet haben. Bei insgesamt 111 Zugriffen auf die Befragung haben effektiv N=65 Nutzer nach dem Begrüßungstext mit der Online-Studie begonnen. N=34 Nutzer sind bis zur letzen Frage vorgedrungen. Ein Großteil der abgebrochenen Bewertungen erfolgt nach den ersten 4-5 Fragen. Offensichtlich stellen hier viele Befragte fest, dass sie keinen Beitrag zur Studie leisten können.

Im Folgenden sei zunächst die demographische Zusammensetzung der Stichprobe beschrieben[68]. Diese Daten wurden gezielt im letzten Abschnitt des Fragebogens erfragt. Darüber hinaus ermöglichen die Angaben zur Person in der weiteren Beurteilung eine Untersuchung der Antworten in unterschiedlichen Gruppen, z.B. differenziert nach der Berufsgruppe oder der Branche. Hierbei ergaben sich wichtige Hinweise auf unterschiedliche Situationen in verschiedenen Berufsfeldern. Ein Großteil der befragten Unternehmen stammt aus den Bereichen Automobilindustrie und Softwareentwicklung (vgl. Abb. 141). Obwohl die Umfrage insbesondere auch an KMUs weitergeleitet wurde, liegt deren Beteiligungsgrad deutlich hinter den großen Unternehmen (vgl. Abb. 142). Die Berufsfelder der befragten Unternehmen verteilen sich relativ gleichmäßig über die Bereiche Entwicklungsingenieur, Forschung & Entwicklung und IT/ Organisation. Das Management ist prozentual etwas stärker vertreten (vgl. Abb. 143). Dementsprechend ist auch in Bezug auf die Stellung der Befragten im Unternehmen stärker die obere Führungsebene vertreten.

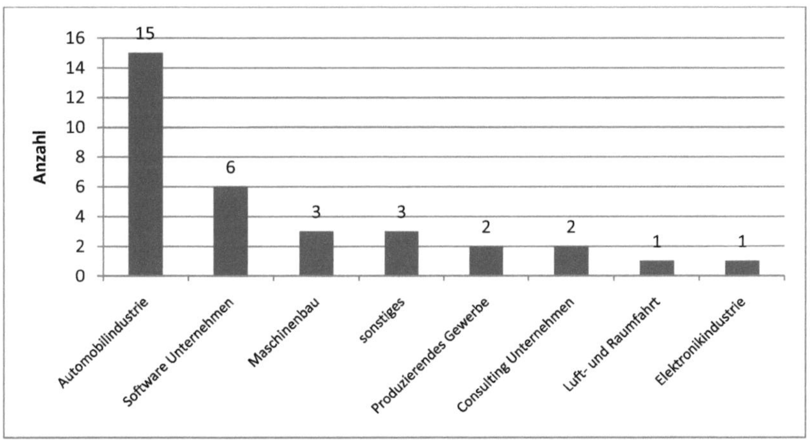

Abb. 141: Branchenverteilung bei den befragten Unternehmen. N=33.

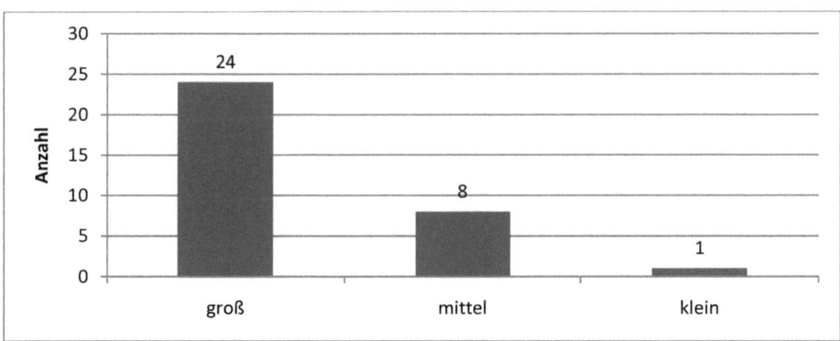

Abb. 142: Unternehmensgröße der befragten Unternehmen. N=33.

68 Hinweis: Die Differenzen, die sich im weiteren Verlauf zwischen der Zahl der Gesamtbefragten und dem Beruf oder dem Geschlecht ergeben, sind ebenfalls auf fehlende Angaben der Befragten zurück zu führen.

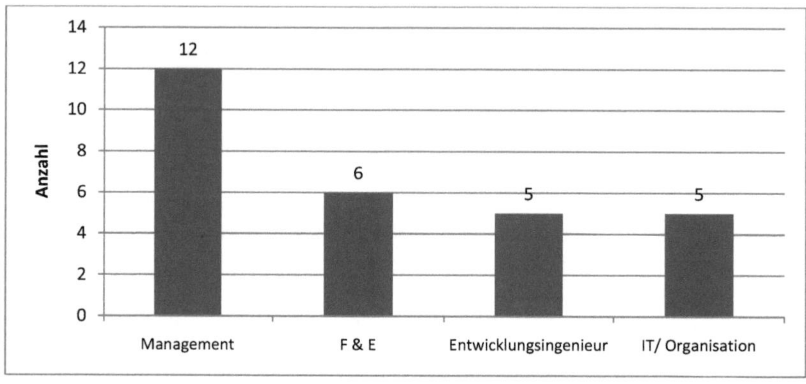

Abb. 143: Berufsfeld der befragten Unternehmen. N=33.

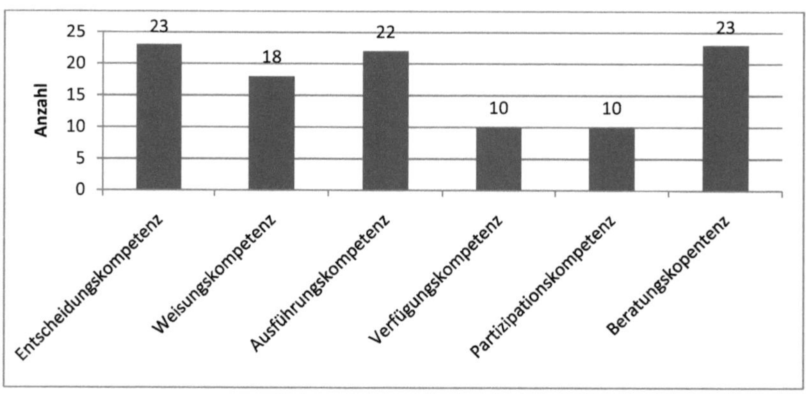

Abb. 144: Stellung der Befragten im Unternehmen. N=34.

6.2 Evaluierung der Architektur für die DeCPD

Im Rahmen dieser Evaluierung soll eine Klassifizierung der DeCPD-Architektur hinsichtlich ihres Architekturstils erfolgen, vgl. Schritt 1 in Abschnitt 6.1.1.

6.2.1 Architekturstile

Nach (Shaw und Garlan 1996) können folgende Architekturstile für die Klassifizierung der in dieser Arbeit entwickelten Architektur (vgl. Abb. 127) für die DeCPD klassifiziert werden kann.

1. **Datenzentrierung.** Bei dieser Architekturform werden die Komponenten nicht über die Kontrollflusssteuerung gekoppelt, sondern über gemeinsam genutzte Daten (Mandl 2009, Kap. 5.2.1). Daher wird diese architekturelle Ausprägung oftmals kombiniert mit einem ereignisgesteuerten Event-System (vgl. Punkt 2a). Bei datenzentrierten Architekturen werden in der Regel Repositories und Blackboards voneinander

unterschieden. Vom einem Repository spricht man dann, wenn die Daten in einer Datenbank verwaltet werden (= passive Datenhaltung), ein Blackboard sendet dagegen Benachrichtigungen an Interessierte (subscriber), wenn sich die Daten ändern, für die sich die subskribierten Komponenten interessieren.

Hauptziel der DeCPD-Architektur ist die dezentrale Verwaltung von Produktdaten und die Adaption des Blackboard-Verfahrens. Wesentlicher Unterschied zu den Blackboard-Systemen ist die dort sonst übliche zentrale Speicherung der Daten, diese liegen bei der DeCPD verteilt im P2P-Netzwerk. Der Nachrichtenaustausch wird durch Publish-Subcribe-Verfahren realisiert (vgl. Punkt 2a). Passive Datenspeicherung sieht die Architektur durch Konnektoren zu unternehmensinternen PDM-Systemen vor.

2. **Unabhängige Komponenten-Architektur.** Architekturen mit diesem Architekturstil bestehen aus unabhängigen Diensten, die über Nachrichten miteinander kommunizieren. Das Ziel dieser Architekturen ist es, Modifizierbarkeit durch die Entkopplung von Komponenten zu erreichen (Dustdar, Gall et al. 2003).
   a. **Ereignisgesteuerte (Event-basierte) Systeme** sind ein spezieller Typ dieses Architekturstils in dem Komponenten, die sich untereinander nicht kennen, Nachrichten über ein Event-System austauschen. Nach dem sogenannten „Publish-Subscribe-Verfahren" veröffentlicht eine Komponente eine Information (publish), die von Interessierten dann empfangen wird, wenn sich diese sich für den Empfang dieser Information zuvor registriert haben (subscribe). Das Event-System sorgt für die Entkopplung der Komponenten, indem es Nachrichten an registrierte Komponenten weiterleitet. Die einzelne Komponente braucht nicht den Ort oder den Namen anderer Komponenten zu kennen.
   b. **Peer-To-Peer-Systeme** sind ebenfalls ein spezieller Typ des unabhängigen Komponenten-Architekturstils. Die Kommunikation der in diesem Stil gleichrangigen Komponenten erfolgt nicht synchron, so wie in Client-/ Server-Systemen, sondern durch beliebige, bidirektionale Interaktionsprotokolle, wobei die Kommunikation durch jeden beliebigen Peer angestoßen werden kann. Oft verwenden P2P-Systeme das Publish-Subscribe-Paradigma kombiniert mit einer verteilten Objekt-Infrastruktur, zum Beispiel einer SOA. Peers stellen Dienste bereit oder nutzen Dienste anderer Peers durch Kommunikation über den Event-Mechanismus.

In der DeCPD verfügt jeder Kollaborationspartner über Komponenten, die jedoch entsprechend einer unabhängigen Komponenten-Architektur nicht direkt miteinander gekoppelt sind. Schnittstellen zu den Komponenten werden in der DeCPD durch Services bereitgestellt. Der benötigte lokale Dienst ergibt sich aus dem aktuellen Zustand des verteilten Produktmodells. Bei Änderung eines Teilproduktmodells durch eine Komponente wird diese Änderung über einen Notifikationsmechanismus innerhalb der Subskriptions-Gruppe propagiert. Eingeschriebene Komponenten reagieren wenn erforderlich und erzeugen somit einen entsprechenden Kontrollfluss.

3. **Schichten (Layer-)Architektur.** Die Schichtenbildung (engl. layering) ist ein Instrument zur Strukturierung von Software-Architekturen, dabei bietet eine Schicht eine bestimmte Menge von Diensten an, oder anders ausgedrückt kapselt eine Schicht die Details ihrer Implementierung gegenüber der „nächst höheren" Schicht (Starke 2009, Kap. 6.2.1). Die höhere Schicht darf Dienst einer darunterliegenden Schicht benutzen, der umgekehrte Fall sollte vermieden werden, da sonst die Unabhängigkeit einer Schicht verletzt wird.

   Voneinander unabhängige Schichten bieten den Vorteil der Austauschbarkeit, sofern eine neue Implementierung die gleichen Dienste anbietet. In der DeCPD-Architektur werden die folgenden Schichten eingeführt: 1. Pastry-Layer, 2. CollabNetwork-Layer, 3. ProjectNetwork-Layer und 4. SOAProjectNetwork-Layer. Durch diese Mehrschichten-Aufteilung ist es in Zukunft beispielsweise möglich, ein alternatives P2P-System unter die Methoden des CollabNetworks zu setzen, um damit gegebenenfalls noch weitere Szenarien zu unterstützen, die durch FreePastry als solches nicht unterstützt werden.

   Durch Hilfe des sogenannten Layer-Bridging wird das Überspringen von Stufen ermöglicht, womit die Performance erhöht werden kann. Das betrifft in der DeCPD im Wesentlichen die Ereignisse (Events), die im Pastry-Netzwerk auflaufen und direkt über das Modell des ProjectNetwork an die GUI weitergereicht werden und keine separaten Dienstaufrufe benötigen.

6.2.2 Bewertung der DeCPD-Architektur anhand von Qualitätsattributen

Die in Abschnitt 6.1.1, Punkt 2 vorgestellten Qualitätsattribute werden jetzt genutzt, um die Architektur zu bewerten.

Flexibilität. Die Flexibilität der Architektur kann über eine separate Betrachtung der Schichten festgemacht werden.

- Für das **CollabNetwork** gilt, dass die vorgestellten Methoden speziell für den Datenaustausch in einem strukturierten Pastry-Netzwerk unter den Bedingungen lokale TPM-Speicherung und lokale Workflowausführung entwickelt wurden. Die entwickelten Methoden (search, receive), inklusive der SearchHandler und TransferManager, kapseln die Free-Pastry-Methoden für einen Datenaustausch innerhalb einer kollaborativen Umgebung. So werden Multicast-Verfahren für die „Suche" und ein Unicast-Datenaustausch über den vorgestellten Zwei-Wege- oder Drei-Wege-Handshake implementiert. Generell lassen sich die Methoden ohne weiteres auf einem alternativen P2P-Overlay anwenden – dazu muss lediglich das Pastry-Layer durch eine entsprechende Schicht ausgetauscht werden. Das Verwenden von DHT-basierten Verfahren für das Ablegen und Suchen von Daten in einem Netzwerk bei dezentraler Speicherung von TPM-Vorschlägen bedeutet, dass in der CollabNetwork-Schicht die Search- und Receive-Verfahren neben den bisher angewendeten SCRIBE-Methoden auch auf PAST-Verfahren erweitert werden müssen.

- Das **ProjectNetwork** stellt einen Container für die Datenelemente des CollabNetwork bereit (den DataManager) und verwaltet alle SearchHandler, die im Rahmen eines Projektes benötigt werden, in einem HandlerManager. Das **AbstractProjectNetwork** nutzt Data- und HandlerManager und kapselt die im CollabNetwork spezifizierten Datenaustauschverfahren in drei Methoden: multicast, unicastAnnounce und unicastRequest. Werden neue Verfahren im CollabNetwork eingefügt, so sind diese im AbstractProjectNetwork ebenfalls neu zu kapseln. Für das gegebene Beispiel der Einführung des PAST-Verfahrens im CollabNetwork würden sich dann Methoden wie dhtAnnounce und dhtRequest anbieten.

- Das **SOAProjectNetwork** stellt in lokalen Repositories Dienste bereit, die in den Workflows zu den gewünschten Kollaborationsabläufen kombiniert werden. Das Hinzufügen neuer Dienste ist grundsätzlich unproblematisch, beim Entfernen von Diensten muss lediglich sicher gestellt werden, dass diese nicht mehr in den lokalen Workflows benötigt werden. Aus diesen Gründen ist das SOAProjectNetwork eine besonders flexible Architekturschicht in Bezug auf die Anpassungsfähigkeit an einen neuen Kontext. Das Bereitstellen neuer Funktionalität auf der Dienstebene und die Anpassung von lokalen Workflows bedeuten in der Regel auch eine Anpassung der globalen Workflows und gegebenenfalls auch die Anpassung der Dienste bei den anderen Peers.

Modifizierbarkeit. Die Modifizierbarkeit ist im Wesentlichen durch die Vorteile der SOA-Schicht gegeben, die eine lose Kopplung von Dienst-Anbieter und -Nutzer in der DeCPD anbietet. Dienste sind modular und in sich abgeschlossen, womit die Anzahl der Abhängigkeiten reduziert wird. Damit reduzieren sich allgemein auch die Kosten bei Anpassungsvorgängen (O'Brien, Bass et al. 2005).

Eine Anpassung der Schnittstelle eines veröffentlichten Dienstes ist nach wie vor eine Herausforderung, da in der Regel nicht festgestellt werden kann, wo Dienste zu diesem Zeitpunkt verwendet werden und welche Auswirkungen die Anpassungen für die beteiligten Partner mit sich bringt. Prinzipiell ist es jedoch möglich über entsprechende Notifikationen die notwendigen Anpassungen den Teilnehmern einer DeCPD mitzuteilen.

Die Modifizierbarkeit der DeCPD-Architektur muss auch in Abhängigkeit vom modellgetriebenen Softwareentwicklungsansatz gesehen werden. Die Anpassung eines Dienstes im SOAProjectNetwork ist das Resultat einer Änderung der CIM-Geschäftsprozesse und damit auch der PSM-Workflows. Die Effizienz eines Anpassungsvorgangs der MDSD-Modelle hängt besonders stark von der Erweiterbarkeit der Modelle ab. Die Gestaltung der Modelle und der dafür notwendigen Transformationsprozesse müssen zur Design-Time so „einfach“ wie möglich gehalten werden, damit eine Anpassung unproblematisch ist. In der Regel werden aber ausgiebige Anpassungen auf allen Modellebenen notwendig sein (Völter und Vogel 2009, Kap. 6.2.6, S. 181).

Portabilität. Die Ausführungsumgebung einer DeCPD-Architektur ist insbesondere durch den P2P-basierten Ansatz an keine speziellen Hardwareanforderungen geknüpft. Dieser Punkt ist einer der entscheidenden Architektur-Entwurfskriterien. Bisherige Architekturen für die

CPD, insbesondere die existierende PDM-Systemlösungen verlangen in der Regel besonders leistungsstarke IuK-Technologien im Unternehmen[69], werden speziell auf das Unternehmen angepasst und sind daher nur wenig portabel. Der generelle Verzicht auf zentrale Instanzen erhöht die Portabilität insofern, da entwickelte Clients auf der Basis der DeCPD-Architektur auf jedem beliebigen Arbeitsplatzrechner, ohne aufwändige Integration in existierende PDM-Systemlandschaften, im Unternehmen zum Einsatz kommen können.

Wiederverwendbarkeit. Die Wiederverwendbarkeit der Ansätze muss kontextabhängig betrachtet werden. Die vorgestellten Verfahren des CollabNetwork und die daraus resultierenden Methoden des AbstractProjectNetwork sind, wie im Punkt Flexibilität bereits erwähnt, speziell für den in der kollaborativen Produktentwicklung relevanten Kontext entwickelt worden. Diese Anforderungen finden sich jedoch auch in anderen Anwendungsbereichen. So können die Methoden zur Datenübertragung beispielsweise auch für die P2P-basierte Softwaremodell-Entwicklung adaptiert werden, in denen ähnliche Bedingungen vorherrschen.

Integrität. Das Sicherstellen einer korrekten Zusammenarbeit der Architekturkomponenten verlangt insbesondere in einem P2P-Ansatz die korrekte Definition von Schnittstellen, da die einzelnen Komponenten ihre Funktionalität verteilt im Netzwerk auf unterschiedlicher Hardware erbringen. Diese Arbeit sieht daher vor, die Zusammenarbeit der Komponenten über ein verteiltes, service-orientiertes Architekturkonzept zu realisieren. Die Funktionalität der Komponenten wird durch Dienste beschrieben, ihre Kommunikation erfolgt über das P2P-Netzwerk. Dies ermöglicht einen hohen Freiheitsgrad beim verteilten Komponentendesign und reduziert die Abhängigkeiten.

Testbarkeit. Die einzelnen Architekturschichten können separat auf ihre Funktion getestet werden, dies erlaubt eine Fehleranalyse und –beseitigung innerhalb einer Schicht. In der Regel hängen die Methoden einer Schicht jedoch sehr stark von den Methoden einer darunterliegenden Schicht ab. In der korrelierten Betrachtung ergeben sich oftmals Fehler, die bei isolierter Betrachtung nicht auffallen würden.

In Abschnitt 6.3 werden anhand von Testfällen die DeCPD-Basisfunktionen aus Abschnitt 4.3.6 auf ihre Korrektheit getestet. Dies erfordert eine integrierte Betrachtung der Methodenfunktionalität aller Schichten.

6.2.3 Szenario

Anhand des in Abschnitt 4.7 vorgestellten Szenarios kann die Anwendbarkeit der durch die einzelnen Schichten der DeCPD-Architektur bereitgestellten Funktionalitäten evaluiert werden.

CollabNetwork. In dieser Schicht wurden die in Abschnitt 5.2 vorgestellten Verfahren für den Austausch von TPM-Spezifikationen und TPM-Vorschlägen entwickelt. Für das Ankündigen der Spezifikationen wird ein Multicast-Verfahren entwickelt (vgl. Abschnitt 5.2.1). Für das Versenden der TPM-Spezifikationen wird ein Zwei-Wege-Handshake

[69] siehe Artikel Nr. 49442 „Klassisches PLM – Nicht mehr zeitgemäß" im Online-Magazin „IT&Production" unter http://www.it-production.com/index.php?seite=einzel_artikel_ansicht&id=49442 [01.04.2011]

eingeführt, in dem ein Teilnehmer die TPM-Spezifikation anfragt und diese dann zugesendet bekommt (vgl. Abschnitt 5.2.2.1). Für das Versenden der TPM-Vorschläge wird darüber hinaus ein Drei-Wege-Handshake entwickelt, in dem der Teilnehmer den Vorschlag zuerst beim Initiator ankündigt und dieser dann die angekündigte Ressource beim Teilnehmer anfragt (vgl. Abschnitt 5.2.2.2).

ProjectNetwork. Die Schicht ProjectNetwork stellt ein speziell für die DeCPD ausgerichtetes Datenmodell zur Verfügung. Deren Bestandteile sind in Abb. 134 dargestellt. Das Datenmodell ist in der Lage alle verteilt entstehenden Elemente und Verknüpfungen lokal zu verwalten und zu ordnen. Zur Verwaltung der Datenelemente wurde ein DataManager entwickelt (vgl. Abschnitt 5.3.2.2), der Änderungen aus der darunterliegenden Schicht (CollabNetwork) über einen DataChangeListener „überwacht" und diese bei Bedarf an die darüber liegende Schicht (SOAProjectNetwork) weiterreicht (vgl. Abschnitt 5.3.3.2). Darüber hinaus verwaltet ein HandlerManager über den SearchDistributor die SearchHandler des CollabNetwork für Multicast-Datentransfers und die TransferListener für Punkt-zu-Punkt-Verbindungen (vgl. Abschnitt 5.3.2.3).

SOAProjectNetwork. Das SOAProjectNetwork ist im Wesentlichen dafür verantwortlich, die in den Geschäftsprozessen festgelegte Funktionalität durch entsprechende Workflows zu unterstützen. Die Workflows werden durch lokale Workflowengines abgearbeitet. Hier wird durch den dynamischen Charakter der DeCPD eine Ablaufkontrolle für lokale Teilworkflows benötigt, die je nach Teilnehmerzahl der Kollaboration die Workflows in entsprechender Kardinalität instanziiert und steuert. Ferner wird in Abhängigkeit der Zusammensetzung des globalen Workflows eine Steuerung der Dialogschritte durch die Workflowengine übernommen.

6.3 Evaluierung der SW-Einheiten der DeCPD-Architektur

In diesem Abschnitt sollen nun die Systemelemente einer DeCPD Runtimeplattform nach dem zuvor vorgestellten Vorgehen aus dem V-Modell XT evaluiert werden.

6.3.1 Prüfspezifikation Systemelement nach dem V-Modell XT

Die Prüfspezifikation Systemelement dient dem Prüfer als Vorgabe und Anleitung bei der Durchführung der Prüfung. In ihr werden die Prüffälle (bzw. die Testfälle als spezielle Form der Prüffälle) und die Prüfumgebung definiert, sowie die Zuordnung der Prüffälle zu den Anforderungen vorgenommen. Die Abdeckung der Anforderungen durch die Prüffälle kann beispielsweise in Form einer Abdeckungsmatrix erfolgen. Die Prüfspezifikation orientiert sich an den Vorgaben im zugehörigen Implementierungs-, Integrations- und Prüfkonzept. Mit Hilfe der Prüfspezifikation muss entschieden werden können, ob die Prüfung erfolgreich war oder nicht.

6.3.1.1 Prüfobjekte

Im Folgenden werden die Prüfobjekte beschrieben, für die jeweils eine separate Prüfspezifikation aufgestellt werden muss. In Anlehnung an (Friedrich, Hammerschall et al. 2008, S. 103 ff.) werden nicht alle Systemelemente einzeln einer Prüfung unterzogen, sondern Systemelemente einzelner Architekturschichten in Kombination miteinander.

Die zu prüfenden Systemelemente ergeben sich aus der Systemstruktur in Abb. 145. Als **Prüfobjekte** werden hier die Software-Komponenten der DeCPD-Architekturschichten betrachtet:

- Auf der Architekturschicht des CollabNetworks müssen die vier Software-Komponenten **Subscribe** (einem Subnetzwerkbeitreten), **Serialisierung der zu Grunde liegenden Datencontainer**, **Multicast** (innerhalb eines Subnetzwerkes) und **Unicast** (direkte Übertragung zwischen zwei Teilnehmern) auf ihre Funktion überprüft werden. Zur Steuerung des Kommunikationsprotokolls werden desweiteren **Headerinformation** benötigt, dessen Übertragung ebenfalls korrekt erfolgen muss. Der Inhalt dieser Headerinformation spielt dabei für das CollabNetwork allerdings keine Rolle, da sich diese Architektur rein auf die Bereitstellung der Übertragungsmöglichkeiten beschränkt. Spezifische Headerinformationen werden erst auf der nächsten Architekturschicht - dem ProjectNetwork – benötigt.

- Auf der Schicht des ProjectNetwork werden dann die einzelnen netzwerkseitigen Funktionen zur Teilnahme an einer Kollaboration getestet. Dazu gehören die **Projektveröffentlichung**, die **Spezifikationsanfrage**, die **Spezifikationsübertragung**, die **Abgabe eines Lösungsvorschlags** und das **Beenden des Projekts**. Desweiteren werden zur Realisierung persistent gehaltenen Daten benötigt. Diese Funktion, die der **DataManager** übernimmt, müssen ebenfalls getestet werden. Dabei muss überprüft werden, ob der Inhalt des DataManagers ohne Änderungen serialisiert und anschließend wieder deserialisiert werden kann. Der **HandlerManager**, der die eigentliche Verwaltung des Kommunikationsprotokolls übernimmt, wird zu Realisierung der Funktionen benötigt, die das ProjectNetwork bereitstellt. Folglich reicht es hier, diese ProjectNetwork-Funktionen zu testen.

  Testfälle für die Schnittstelle für Änderungen an den zu Grunde liegenden Datenobjekten (DataChangeListener) gehören ebenfalls in diese Schicht. Dieser Listener wird allerdings schon für die Implementierung der JUnit-Tests für die ProjectNetwork-Funktionen benötigt, weshalb auch hierfür keine separaten Testfälle implementiert werden müssen.

- Auf der Schicht SOA-ProjectNetwork muss darüber hinaus die Funktionalität zwei wesentlicher Komponenten für die Workflowsteuerung getestet werden. Das sind zum einen der Mechanismus zur Koordinierung der lokalen Workflows (Lokale Ablaufkontrolle für Teilworkflows), und zum anderen der Mechanismus zum Koordinieren der GUI-Dialogschritte mit dem Workflowzustand (GUI Dialogsteuerung). Der Test dieser Softwarekomponenten erfolgt im Zusammenspiel mit den benötigten Komponenten der Schichten Collab- und ProjectNetwork.

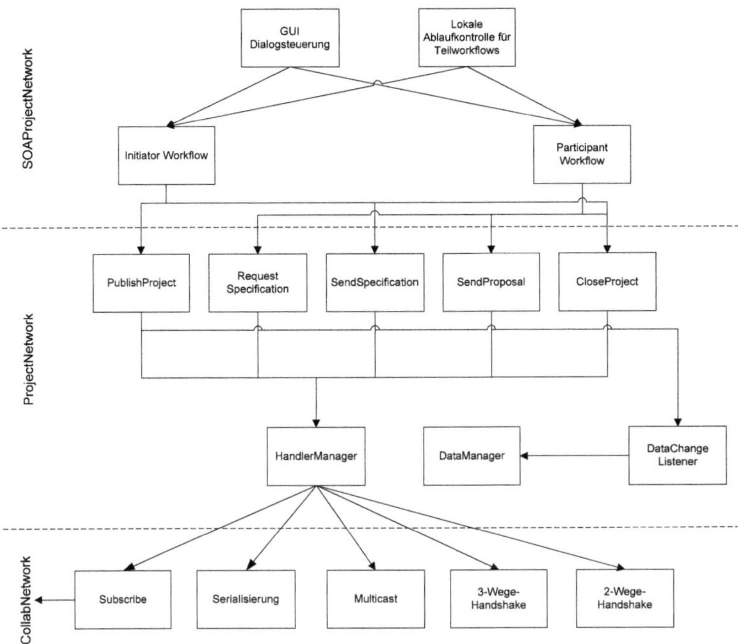

Abb. 145: Software-Komponenten einer DeCPD-Architektur

6.3.1.2 Prüfstrategie

Zum Testen der Softwareeinheit CollabNetwork werden vier Prüffälle angelegt, um die oben genannten Prüfobjekte Subscribe (vgl. Prüffall 1.1 in Abschnitt 6.3.1.3.1), Serialisierung und Multicast (vgl. Prüffall 1.2), 2-Wege-Handshake (vgl. Prüffall 1.3) und 3-Wege-Handshake (vgl. Prüffall 1.4) zu testen.

Zum Testen der SW-Einheit Project-Network werden fünf weitere Prüffälle generiert und zwar zum Testen der Funktionalität des DataManagers (vgl. Prüffall 2.1), sowie zum Testen der DeCPD-Basisdienste PublishProject (vgl. Prüffall 2.2), Request- und Send-Specification (vgl. Prüffall 2.3), PublishProposal (vgl. Prüffall 2.4), CloseProject (vgl. Prüffall 2.5).

Für die Einheit SOAProjectNetwork wird ein Prüffall zum Testen der Workflowsteuerung vorgesehen (vgl. Prüffall 3.1).

6.3.1.3 Prüffälle

Die Prüffälle müssen für jede Software-Einheit separat aufgestellt werden. In Abschnitt 6.3.1.3.1 werden die Prüffälle für die SW-Einheit „CollabNetwork" vorgestellt, in Abschnitt 6.3.1.3.2 die der Einheit „ProjectNetwork" und zuletzt in Abschnitt 6.3.1.3.3 die Prüffälle des „SOAProjectNetwork".

6.3.1.3.1 Prüffälle für die SW-Einheit "CollabNetwork"

Hier werden kurz die einzelnen Prüffälle (JUnit-Tests) für die Funktionen, die das CollabNetwork bereitstellt, definiert.

Tab. 16: Prüfung der netzwerkseitigen, zustandslosen Kommunikationen

Prüffall 1	
PF1.1	Beschreibung: Ein Peer subskribiert sich in ein Topic.
	Ergebnis: Die Implementierung des Interfaces ISubscribeSuccessListener muss den booleschen Wert true liefern.
PF1.2	Beschreibung: Fünf von zehn Peers subskribieren sich in ein Topic. Anschließend wird ein Multicast innerhalb dieses Topics gestartet.
	Ergebnis: Genau die fünf subskribierten Peers müssen den Multicast empfangen. Die übertragenen Daten wurden nicht verfälscht (Serialisierung mit XStream).
PF1.3	Beschreibung: Ein Peer fragt bei einem zweiten Peer aus einer Menge von insgesamt zehn Peers Daten an.
	Ergebnis: Die Daten und die zugehörigen Headerinformationen wurden unverfälscht übertragen.
PF1.4	Beschreibung: Ein Peer schickt eine Benachrichtigung (TransferAnnounce) an einen zweiten Peer aus einer Menge von insgesamt zehn Peers.
	Ergebnis: Die Benachrichtigung wurde erhalten und die Headerinformationen nicht verfälscht.

6.3.1.3.2 Prüffälle für die SW-Einheit "ProjectNetwork"

Hier werden nun die entsprechenden Prüffälle (ebenfalls JUnit-Tests) für die Funktionen, die das ProjectNetwork bereitstellt, definiert.

Tab. 17: Prüfung der DeCPD-Basisdienste

Prüffall 2	
PF2.1	Beschreibung: Ein Peer verbindet sich mit dem Netzwerk und trennt danach die Verbindung wieder.
	Ergebnis: Beide Netzwerkaktivitäten werden erkannt.
PF2.2	Beschreibung: Zwei Peers subskribieren sich in ein Topic. Ein Peer veröffentlicht per Multicast ein Projekt innerhalb dieses Topics.
	Ergebnis: Das Projekt wird unverfälscht zum Teilnehmer übertragen.
PF2.3	Beschreibung: Zwei Peers subskribieren sich in ein Topic. Nachdem einer von beiden ein Projekt veröffentlicht hat, fragt er Spezifikationen an und bekommt diese geliefert.
	Ergebnis: Der anfragende Peer erhält die richtige Spezifikation. Die Spezifikation wurde stimmt mit dem Original überein.
PF2.4	Beschreibung: Zwei Peers subskribieren sich in ein gemeinsames Topic. Nachdem einer von beiden ein Projekt veröffentlicht hat und eine Spezifikation übertragen wurde, sendet der zweite Peer einen Lösungsvorschlag (Proposal).
	Ergebnis: Der Lösungsvorschlag wurde unverändert zum Initiator übertragen. Die Spezifikation wurde auf beiden Seiten gefunden und der Lösungsvorschlag dieser Spezifikation zugeordnet.
PF2.5	Beschreibung: Zwei Peers subskribieren sich in gemeinsames Topic. Einer der beiden veröffentlicht ein Projekt. Anschließend versucht zuerst der Teilnehmer dieses Projekt wieder zu schließen und dann der Initiator.
	Ergebnis: Das Schließen durch den Teilnehmer schlägt fehl. Das Schließen durch den Initiator führt dazu, dass das Projekt im DataManager in die Liste der geschlossenen Projekte übernommen wird.

6.3.1.3.3 Prüffälle für die SW-Einheit "SOAProjectNetwork"

Ein letzter Prüffall testet die Funktionalität des SOAProjectNetwork.

Prüffall 3	
PF3.1	Beschreibung: Ein Peer subskribiert sich in ein Topic und veröffentlicht eine Projektressource.
	Ergebnis: Der Teilnehmerworkflow 1 wird gestartet und der WorkflowEventListener meldet den Eingang des unverfälschten Projekts.

6.3.1.4 Prüfumgebung

In den folgenden Abschnitten werden die Prüfumgebungen für die zuvor definierten Prüffälle genau beschrieben. Geprüft wird mit dem JUnit Framework. In Anhang G.1 ist genauer beschrieben, wie das Prüfen damit grundsätzlich abläuft.

6.3.1.4.1 Prüfumgebung für die SW-Einheit CollabNetwork

Die Prüfumgebung für alle Testfälle der SW-Einheit CollabNetwork sieht vor, dass ein Pastry P2P-Netzwerk mit zehn Teilnehmern erstellt wird. Diese Anzahl an Peers reicht aus, um die grundsätzliche Funktionalität sicherzustellen. Für eine Simulation des Netzwerkverhaltens würden zehn Peers dagegen nicht ausreichen. Desweiteren tritt immer eine bestimmte Anzahl dieser Teilnehmer - wie viele hängt vom jeweiligen Testfall ab - durch die Verwendung von Topics (vgl. Abschnitt 5.2) einem Subnetzwerk bei. Ergebnisse, die am Ende des Tests ausgewertet werden können, werden durch Objekte der generischen Klasse MutableResult dargestellt.

Src. 21: Beispiel für das Ergebnis eines JUnit-Tests

```
final Project project = generateProject();
final MutableResult<Integer> count = new MutableResult<Integer>();
count.ready = false;
count.result = 0;
```

Dieses Objekt wird im Laufe des Tests manipuliert. Anhand des Attributs result kann dann am Ende des JUnit-Test entschieden werden, ob der Test erfolgreich war oder nicht. Die asynchronen Kommunikationen, die über mehrere Threads hinweg laufen, müssen zur Auswertung in einem JUnit-Test synchronisiert werden. Das passiert mit Hilfe in Java üblichen Mechanismen. Synchronisation ist also immer dann notwendig, wenn das Ergebnis bearbeitet wird und wenn es ausgewertet wird. Auf diese Synchronisationsschritte wird im Weiteren nicht weiter eingegangen.

Die folgenden beiden Listings zeigen beispielhaft die Manipulation und die Auswertung des Ergebnisses eines dieser JUnit-Tests. Der genaue Ablauf der einzelnen Tests sowie deren Ergebnisse werden in den folgenden Abschnitten ausführlich erläutert.

Src. 22: Manipulation eines Objekts vom Typ MutableResult

```
synchronized (count) {
  count.result++;
  count.notifyAll();
}
```

Src. 23: Auswertung des Ergebnisses eines JUnit-Tests

```
synchronized (count) {
  while (count.result != groupCount) {
    try {
      logger.info("only " + count.result + " peers have received
                                  the project yet ..." + " waiting");
        count.wait();
    } catch (InterruptedException e) {
        fail(); }
  }  logger.info("testMulticast was successful"); }
```

Die Prüffälle für die SW-Einheit CollabNetwork werden im Anhang G.2 detailliert beschrieben.

6.3.1.4.2 Prüfumgebung für die SW-Einheit "ProjectNetwork"

Das Paket ProjectNetwork ist für die Kommunikation über das Netzwerk und die persistente Datenhaltung der zu Grunde liegenden Datenobjekte verantwortlich. Intern greift das ProjectNetwork dabei auf zwei Manager zu:

- **DataManager.** Der DataManager verwaltet die benötigten Datenobjekte und sorgt für ihre persistente Speicherung.
- **HandlerManager.** Der HandlerManager realisiert die protokollbasierte Kommunikation zwischen einzelnen Netzwerkteilnehmern. Dabei handelt es sich meistens um den Austausch von Datenobjekten.

Die nach außen bereitgestellten Schnittstellen werden durch die folgenden Klassen bzw. Interfaces realisiert:

- **ProjectNetwork.** Schnittstelle zur aktiven Kommunikation mit anderen Teilnehmern innerhalb des P2P-Netzwerkes.
- **IDataChangeListener.** Listener, dessen Methoden bei Änderungen an den zu Grunde liegenden Datencontainern aufgerufen werden.
- **INetworkEventListener.** Realisiert Listener, dessen Methoden bei der Herstellung bzw. Trennung einer Verbindung zum P2P-Netzwerk aufgerufen werden.

Im Anhang G.3 werden die JUnit-Tests beschrieben, mit deren Hilfe die Funktionalitäten der einzelnen Bestandteile des Pakets **ProjectNetwork** evaluiert werden. Aufgrund der Notwendigkeit der Synchronisation wird in den JUnit-Tests für das Paket ProjectNetwork genauso wie bei den Tests für das CollabNetwork verfahren (MutableResult und synchronzied).

6.3.1.4.3 Prüfumgebung für die SW-Einheit "SOAProjectNetwork"

Das Paket SOAProjectNetwork ist für die Kommunikation zwischen Netzwerk (CollabNetwork/ProjectNetwork), GUI und Workflow-Engine verantwortlich.

Die Kommunikation vom Netzwerk zu den höher liegenden Schichten findet über den **DataChangeListener** statt. Ereignisse, die über diesen Listener das SOAProjectNetwork erreichen, werden ausgewertet und dann an die nächst höher liegende Schicht weitergereicht. Falls das Ereignis eine Aktualisierung des GUIs nötig macht, findet ein Mapping auf den **WorkflowEventListener** statt, welcher das Ereignis an das GUI weiterreicht. Andernfalls wird die Nachricht des Ereignisses direkt im **SOAProjectNetwork** ausgewertet und die nötigen Informationen an die **Workflow-Engine** gesendet. Im Anhang G.4 wird detailliert der JUnit-Test beschrieben, durch den die geschilderte Funktionalität getestet werden kann.

6.3.1.5 Prüffallzuordnung

Die Prüffälle werden jetzt konkreten Anforderungen an eine DeCPD-Runtimeplattform in einer Abdeckungsmatrix zugeordnet. Die Anforderungen resultieren aus dem konkreten Szenario (vgl. Abschnitt 4.7). Hier soll sichtbar werden, ob der gewünschte Abdeckungsgrad und die Prüfqualität gegeben sind, besonders in Bezug auf die vorher festgelegte Prüfstrategie.

Tab. 18: Anforderungen an eine DeCPD-Runtimeplattform

Anforderungs-ID	Beschreibung
AF1	Starten einer neuen Kollaboration.
AF1.1	Herstellen einer Verbindung zum P2P-Netzwerk und Beitritt zu einem Kollaborationsraum (Topic)
AF2	Erstellen einer Projektbeschreibung zur Ankündigung der Kollaborationseigenschaften.
AF2.1	Verteilen von Projektbeschreibungen unter den Teilnehmern.
AF3	Erstellen einer Spezifikation zur Beschreibung einer Produktmodell-Komponente.
AF 3.1	Autorisieren eines Teilnehmers und Versenden der Spezifikation an einen Teilnehmer.
AF4	Erstellen eines Vorschlags zur Lösung einer Spezifikation.
AF4.1	Übertragen eines Lösungsvorschlags für eine Spezifikation.
AF5	Beenden einer Kollaboration.
AF5.1	Übertragen der Beendigungsnachricht an alle involvierten Teilnehmer.
AF6	Workflowsteuerung über BPEL-Engine

Tab. 19: Abdeckungsmatrix

Anforderungen / Prüffälle	AF1.1	AF2.1	AF3.1	AF4.1	AF5.1	AF6
PF1.1	X					
PF1.2		X				X
PF1.3			X	X		
PF1.4				X	X	
PF2.1	X	X	X	X	X	X
PF2.2		X				X
PF2.3			X			
PF2.4				X		
PF2.5					X	
PF3.1		X				X

6.4 Die Product Collaboration Platform

In diesem Abschnitt wird die Product Collaboration Platform (PCP), eine Runtimeplattform auf Basis der DeCPD-Architektur, vorgestellt. Die PCP wurde in der Version 1.0 auf der Cebit Messe Hannover 2009 präsentiert. Der Fokus lag dabei auf der Darstellung der prinzipiellen Funktionsweise durch Verwendung von 3D-CAD-Modellen im STEP-Datenmodell.

Die in diesem Abschnitt als Version 2.0 präsentierte Weiterentwicklung der PCP stellt eine vollständige Umsetzung der DeCPD-Architektur für das in Abschnitt 4.7 vorgestellte Szenario dar. Anhand der PCP 2.0 kann die Umsetzungsmöglichkeit der Instanzen des plattformspezifischen Modells verifiziert werden. Im Speziellen müssen der im Anhang E.1 detailliert dargestellte Workflow ausgeführt und die in Abschnitt 4.4.2 entwickelten Ontologien für die Beschreibung der Kollaborationsdaten genutzt werden. Als P2P-Backend kommt wie dargestellt FreePastry zum Einsatz.

Nach dem Starten der Plattform erhalten Initiator und Teilnehmer den gleichen Übersichtsbildschirm (vgl. Abb. 146). Die Navigationsleiste bietet die Basisfunktionen für das Verbinden zum Kollaborationsnetzwerk, dem Ausschreiben eines neuen Projekts und der Einstellung von Verbindungsoptionen. Ansonsten ist die GUI viergeteilt.

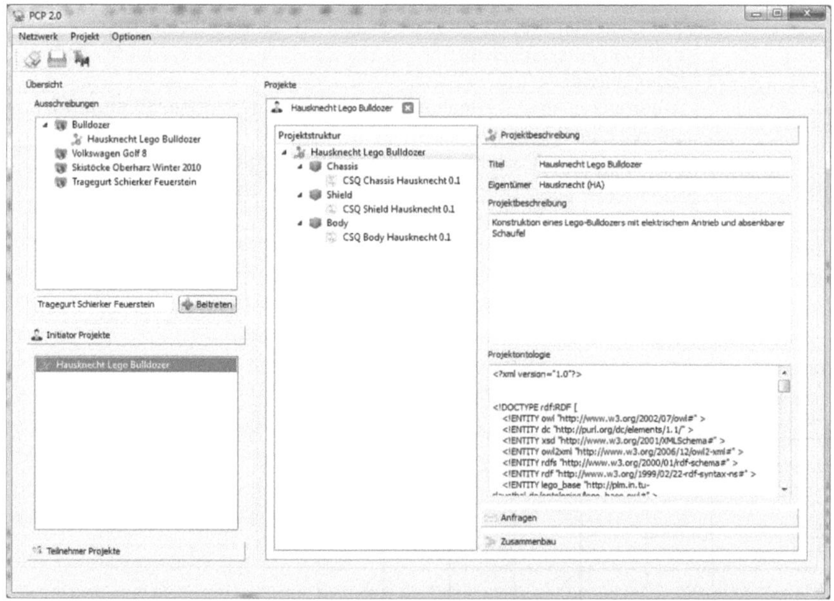

Abb. 146: Die GUI der PCP 2.0

Im linken Teil der GUI befindet sich eine Übersicht, in der alle Kollaborationsräume (Topics, vgl. Abschnitt 4.4.6) gelistet sind. Unter den entsprechenden Topics werden die bereits in einem Topic veröffentlichten Projekte aufgeführt. Direkt darunter werden dem Nutzer in einer separaten Liste nur diejenigen Projekte angezeigt, in denen er als Initiator agiert. Darunter wiederum werden Projekte gelistet, in denen der Nutzer als Teilnehmer arbeitet.

Im rechten Teil der GUI werden die geöffneten Tabs dargestellt. In Abb. 146 hat beispielswiese der Initiator das von ihm ausgeschrieben Projekt „Hausknecht Lego Bulldozer“ geöffnet. Auf die Details dieser Ansicht wird später noch eingegangen.

6.4.1 Initiator Schritt 1: Erstellen und Veröffentlichen eines Projekts

Im ersten Schritt erstellt der Initiator ein neues Kollaborationsprojekt. Dabei muss eine entsprechende Projekt-Ontologie (PrOnt) geladen werden (hier: „pront_bulldozer.owl“), vgl. Abschnitt 4.4.2.11. Anschließend wird die dazugehörige Projektabfrage (hier die ProjectQuery „prq_bulldozer.sparql“) angegeben. Automatisch wird die PrQ auf der PrOnt ausgeführt und liefert die in den Feldern Titel, Eigentümer und Projektinhalt angegebenen Inhalte und die Struktur der gesuchten Komponenten (Chassis, Shield, Body) automatisch zurück. Durch Klicken auf den „Vor“-Button gelangt der Initiator zum zweiten Schritt beim Anlegen eines neuen Projekts, der Angabe der Komponenten-Spezifikationen (CSQs).

Für jede der im Projekt spezifizierten Komponenten, die in der Kollaboration ausgeschrieben werden soll, muss eine entsprechende Spezifikation angegeben werden. Der Dialog in Abb. 147 stellt für jede Komponente einen separaten Tab bereit, in dem die CSQ geladen werden muss. Im Beispiel wird die „CSQ Chassis Hausknecht 0.1“ importiert. Nach Durchführung dieser Tätigkeiten wird das Projekt im Netzwerk veröffentlicht.

In dem in Abb. 148 geöffneten Tab ist nach der Veröffentlichung des Projekts die gesamte Projektstruktur (Komponenten und zugehörige Spezifikationen) zu sehen. Rechts neben der Projektstruktur werden für das in der Projektstruktur ausgewählte Projekt die Details angezeigt.

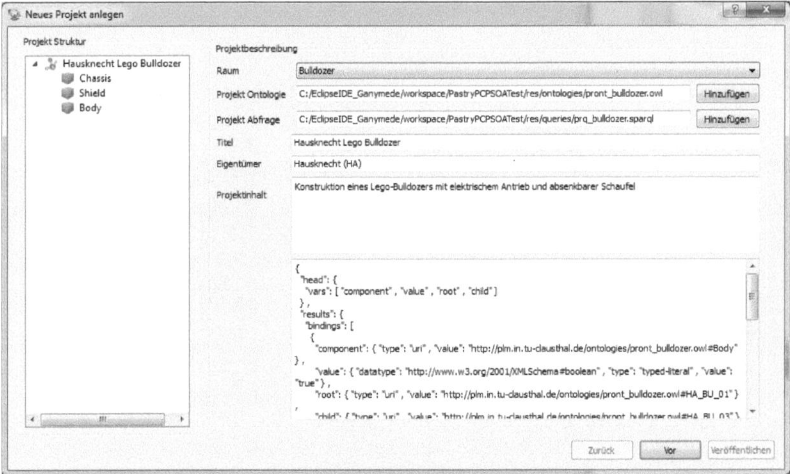

Abb. 147: Dialog zum Anlegen eines neuen Projekts

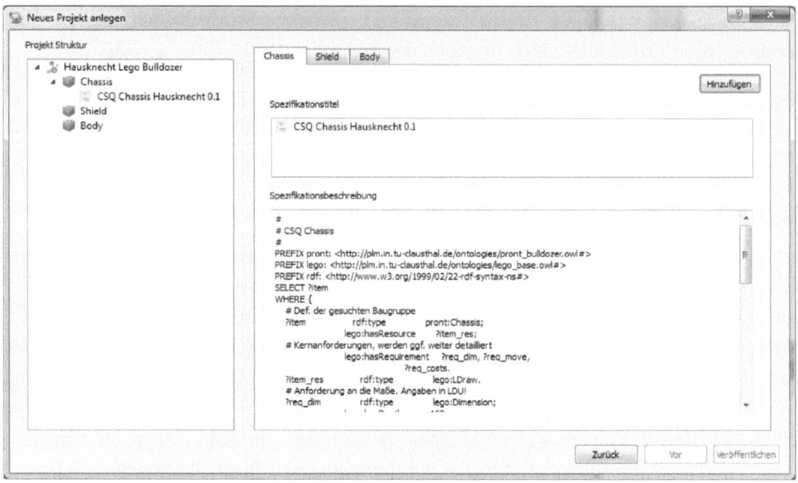

Abb. 148: Dialog zum Anlegen einer neuen Spezifikation für eine Komponente

6.4.2 Teilnehmer Schritt 1: Teilnahme an einem Projekt

Der Aufbau der GUI auf der Teilnehmerseite ist im Wesentlichen identisch mit der der Initiatorseite. Jedoch unterscheiden sich die konkreten Funktionen und Darstellungen der Tabs für den „Teilnehmer" von denen des Akteurs „Initiator". In Abb. 149 ist zu sehen, wie der Teilnehmer die Detailansicht des ausgeschriebenen Projekts geöffnet hat.

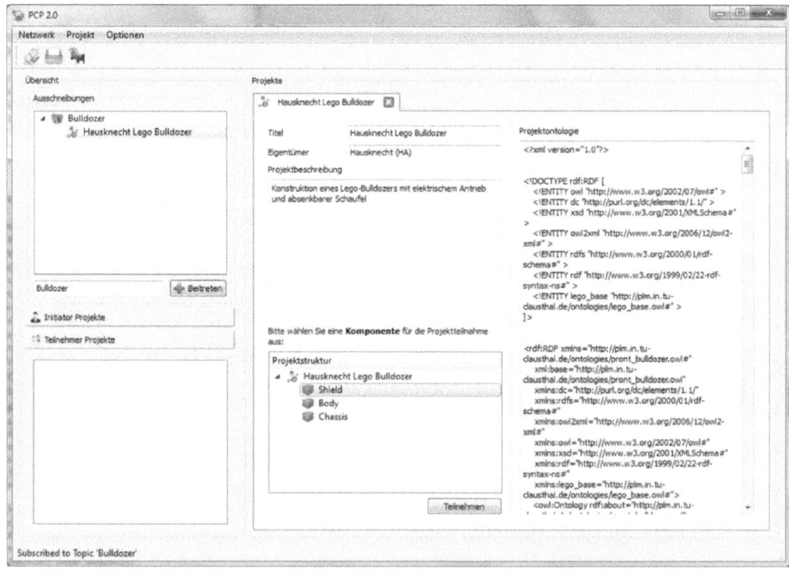

Abb. 149: Tab zur Darstellung eines ausgeschriebenen Projekts

Hier muss er sich eine konkrete Komponente aussuchen, für die er die Spezifikation anfordern möchte. Durch Klick auf „Teilnehmen" öffnet sich ein Dialog, in dem persönlich Informationen für die Anfrage der Spezifikation ergänzt werden können (vgl. Abb. 150).

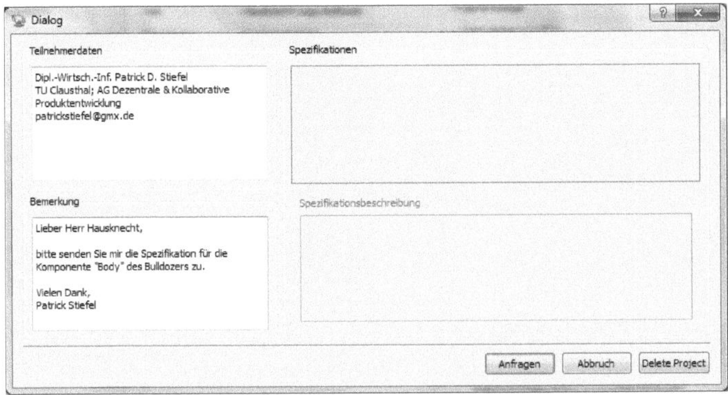

Abb. 150: Dialog zur Anfrage einer Spezifikation

6.4.3 Initiator Schritt 2: Autorisieren eines Teilnehmers zur Projektteilnahme

Nachdem der Teilnehmer die Anfrage versendet hat, trifft diese beim Initiator ein. In der Projektansicht kann der Reiter „Anfragen" geöffnet werden (vgl. Abb. 151). Durch Klick auf die Anfrage kann diese eingesehen und beantwortet werden (vgl. Abb. 152). Die zu autorisierende Spezifikation wird markiert und versendet.

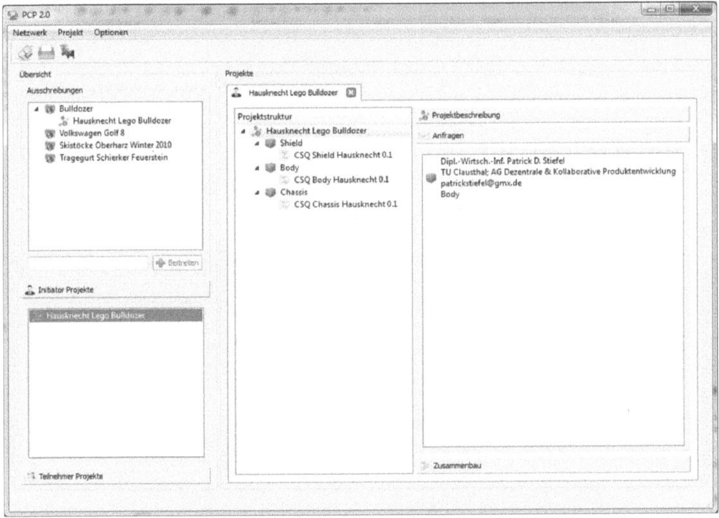

Abb. 151: Eingegangene Anfrage eines Teilnehmers

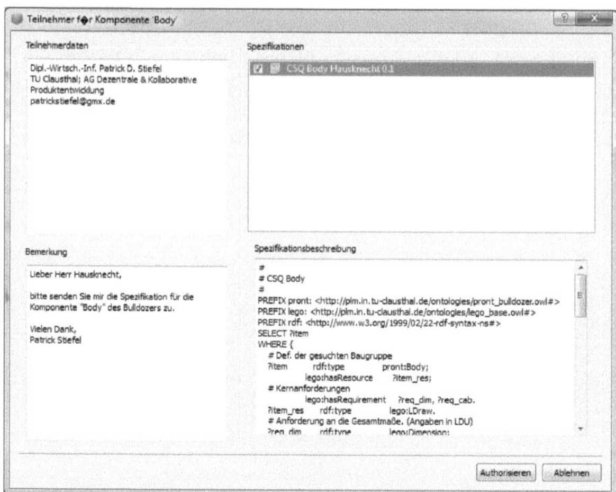

Abb. 152: Autorisierung eines Teilnehmers

6.4.4 Teilnehmer Schritt 2: Abgabe eines Vorschlags

Auf der Teilnehmer-Seite geht nun für die zuvor angefragte Komponente (hier: die Spezifikation für die Karosserie) ein und kann eingesehen werden (vgl. Abb. 153).

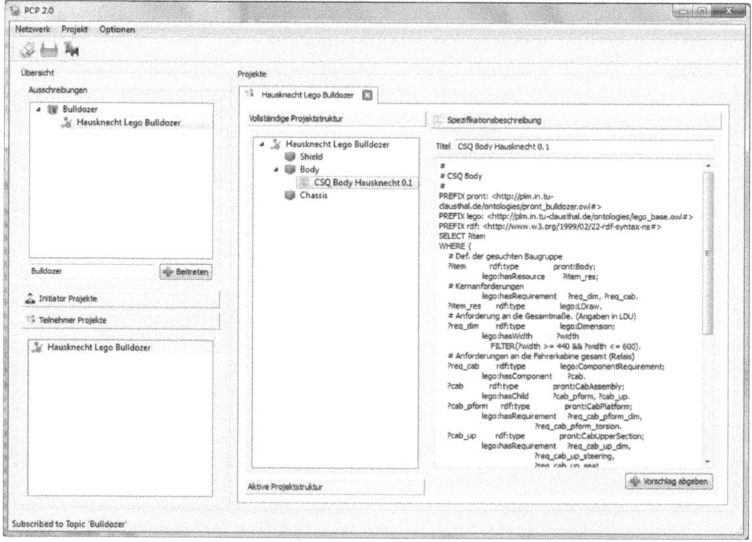

Abb. 153: Eingegangene Spezifikation auf der Teilnehmerseite

Jetzt erfolgt die Entwicklung eines gültigen Vorschlags, die in der Regel mit entsprechenden CAD-Tools lokal durchgeführt wird. Dieser Prozess wird hier nicht weiter betrachtet. Die CAD-Entwicklungen werden transformiert in eine Proposal-Ontologie (PropOnt), die eine gültige Lösung für das in der CSQ beschriebene Problem ist. Durch Klick auf den Button

„Vorschlag abgeben“ wird ein Dialog geöffnet, über den die PropOnt in die PCP-Umgebung importiert werden kann.

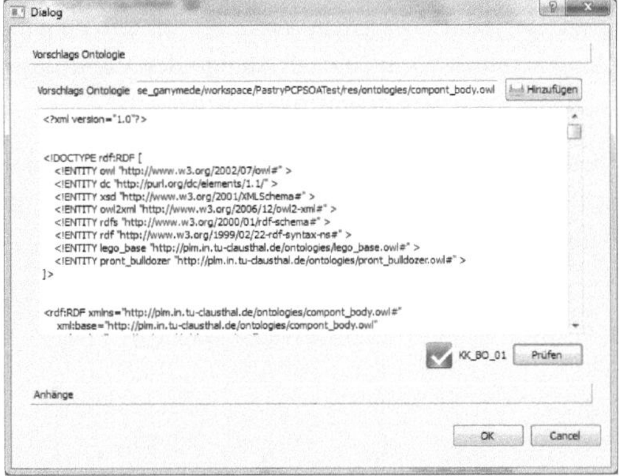

Abb. 154: Dialog zum importieren einer Vorschlags-Ontologie (PropOnt)

Vor dem Import ist allerdings ein Überprüfen des Vorschlags auf Gültigkeit notwendig. Die Überprüfung liefert zurück, ob ein Vorschlag gültig ist oder nicht. Derzeit sieht die PCP nur die Veröffentlichung von gültigen Vorschlägen vor.

6.4.5 Initiator Schritt 3: Auswerten der eingegangenen Vorschläge

Nachdem der Teilnehmer den Vorschlag abgegeben hat, wird dieser über das Netzwerk an den Initiator versendet. Dieser kann nun überprüfen, in wie weit ihm dieser Vorschlag gefällt.

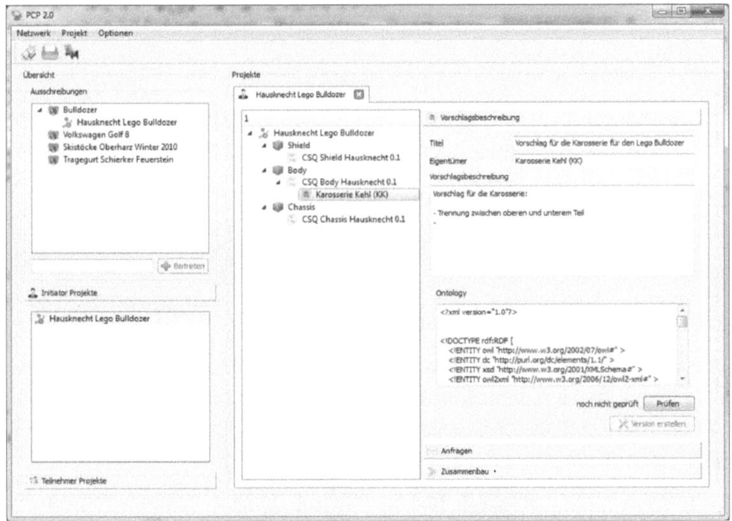

Abb. 155: Eingegangener Vorschlag

Der in diesem Szenario unterstützte, sehr einfache Workflow erlaubt nicht das Veröffentlichen von neuen Versionen einer Spezifikation oder der Anforderung von Vorschlags-Überarbeitungen. Es wird hier davon ausgegangen, dass jeder abgegebene Vorschlag gültig ist. Es ist jedoch möglich, dass für eine Komponente durch mehrere Teilnehmer ein Vorschlag abgeben wird. Je nach Menge der Vorschläge verkompliziert dies den anschließenden Sichtungs- und Syntheseprozess.

In Abb. 156 ist zu sehen, dass für jede der ausgeschriebenen Komponenten genau ein Vorschlag eingegangen ist. Diese Vorschläge werden in der Ergebnisstruktur zusammengestellt und als Projektergebnis-Ontologie gespeichert.

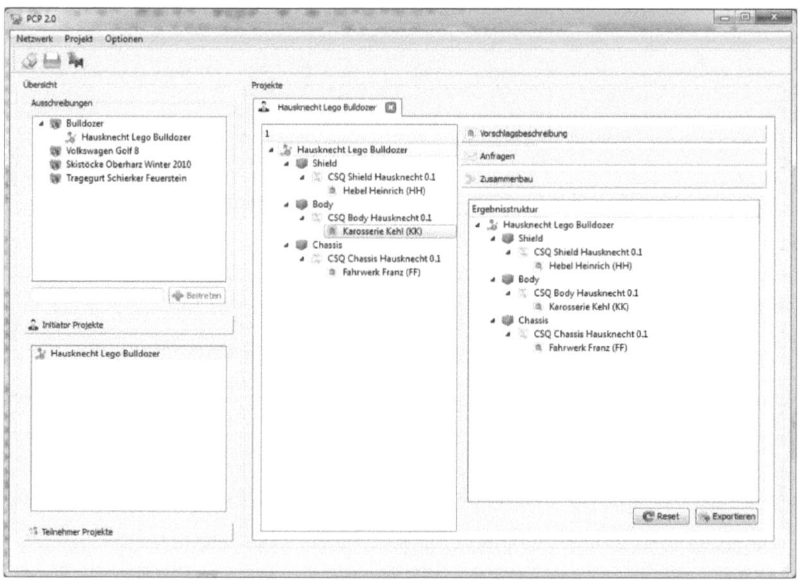

Abb. 156: Die Synthese von Teil-Vorschlägen zu einem Gesamtvorschlag

6.5 Ergebnis der empirischen Untersuchung

Für jeden der in Abschnitt 6.1.3.1 vorgestellten Teilbereiche der Studie werden jetzt die Ergebnisse vorgestellt und interpretiert.

6.5.1 Kollaboration und Kollaborationsabläufe

Wir haben die beteiligten Unternehmen gefragt, ob im Rahmen der Produktentwicklungstätigkeiten in ihrem Hause unternehmensübergreifend kollaboriert wird. N = 44 Teilnehmer haben die Frage bearbeitet, davon wiederum haben 89% die Frage mit Ja beantwortet und nur 9% mit Nein, vgl. Abb. 157.

Das Ergebnis bestätigt im Wesentlichen die Annahme, dass unternehmensübergreifende, kollaborative Produktentwicklung ein entscheidendes Betätigungsfeld der befragten

Unternehmen ist. Das zeigt die gute Wahl der befragten Zielgruppe und die Relevanz der Umfragethematik.

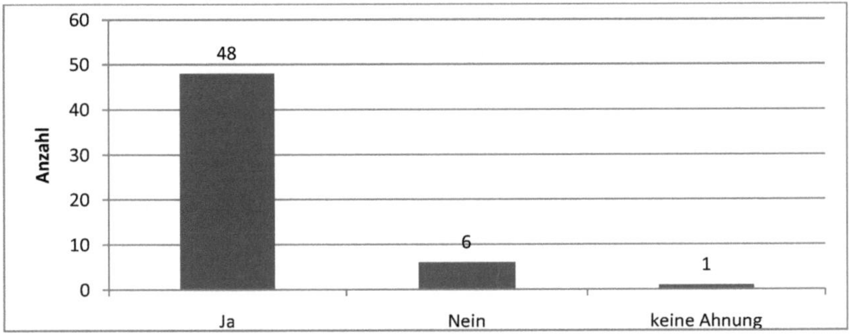

Abb. 157: Wird in ihrem Unternehmen unternehmensübergreifend kollaboriert? N=55.

Unter den wenigen Teilnehmern, die nicht unternehmensübergreifend kollaborieren begründen dies die meisten damit, dass keine Notwendigkeit für eine Kollaboration besteht. Diese Nutzergruppe wird im Folgenden nicht weiter betrachtet. Nur unter den Teilnehmern, die tatsächlich unternehmensübergreifend kollaborieren, haben wir weiterhin gefragt, mit wie vielen Unternehmen in der Regel eine Kollaboration eingegangen wird. Aggregiert man die erhaltenen Antworten, so ergeben sich die folgenden Verteilungen:

- ~70% (20 von 29) der Befragten kollaborieren mit wenigen Partnern (1-49),
- ~20% (6 von 29) kollaborieren mit vielen Partnern (>50 und <=1000) und
- Nur ~10% (3 von 29) kollaborieren mit sehr vielen Partnern (> 1000).

Das Ergebnis zeigt, dass die meisten der Befragten mit nur wenigen Partnern kollaborieren. Bei den in dieser Arbeit betrachteten Kollaborationen in den frühen Phasen der Produktentwicklung gehen wir ebenfalls von nur wenigen Kollaborationsteilnehmern aus. Das entspricht dem Ergebnis der Studie und belegt, dass diese Annahme offensichtlich korrekt ist.

Der in Abb. 158 dargestellte Fragenblock soll zusätzlich Aufschluss darüber geben, wie eng die Bindung zwischen den kollaborierenden Unternehmen ist und wie flexibel diese bei der Suche nach neuen Partnern sind.

- Die Mehrzahl (25 von 35) der befragten Unternehmen kollaborieren nur selten mit denselben Partnern und die meisten (28 von 35) der Befragten suchen für Entwicklungstätigkeiten gezielt neue Partner.
- Außerdem haben 23 von 35 der befragten Unternehmen feste Partner und nur 10 haben keine festen Partner.

Aus dem Ergebnis lässt sich deuten, dass die Kollaborationszusammensetzung offensichtlich sehr dynamisch ist, und die Unternehmen ganz bewusst Partner für Kollaborationen ermitteln. In der Regel werden für die Entwicklungstätigkeiten jedoch diejenigen Partner selektiert, die sich schon in vorangegangenen Entwicklungstätigkeiten etabliert haben und dem Unternehmen bereits bekannt sind.

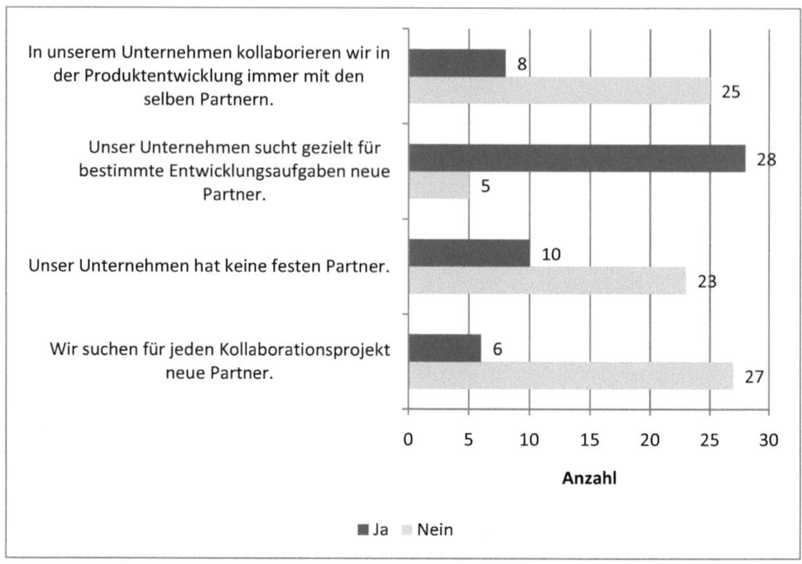

Abb. 158: Aussagen über das Unternehmen in Bezug auf die Kollaboration. N=35.

Folgende Schlussfolgerung kann gezogen werden. Das dynamische Finden und Formieren von neuen Partnerschaften scheint nur dann ein Problem zu sein, wenn neu angestrebte Entwicklungen nicht mit den altbekannten Partnern durchgeführt werden können, bzw. eine neue Unternehmensausrichtung erfolgt. Dann stellt sich in diesem Zusammenhang jedoch unmittelbar die Frage, wie neue Unternehmen kontaktiert werden? Wir haben die Unternehmen daher gefragt, mit welchen Techniken kollaborative Produktentwicklungsprozesse umgesetzt werden, vgl. Abb. 159.

Nur 12 von 46 der Befragten nutzen spezielle Kollaborationssoftware. Nach wie vor sind Techniken, die den persönlichen Kontakt in den Vordergrund stellen, sehr wichtig. Dazu zählen Telefonmeetings, Konferenzen oder Internetkonferenzen.

Das Ergebnis lässt sich wie folgt deuten. Es scheint derzeit noch keinen Bedarf für spezielle Kollaborationssoftware zu geben oder existierende Kollaborationslösungen bieten keinen adäquaten Ersatz für die bisher genutzten Techniken. Dass insbesondere Kollaborationstechniken mit persönlichem Kontakt bevorzugt werden, ist nicht weiter verwunderlich, da die kollaborative Produktentwicklung oftmals einem Geschäftsabschluss gleich kommt.

Aus technischer Sicht sollte man jedoch mittlerweile davon ausgehen, dass moderne Kollaborationssoftware durch Anwenden von technisch seit langem erfolgreich etablierten Kommunikationsmöglichkeiten (wie zum Beispiel Videochats, Instant-Messaging, Live-Konstruktion, Desktop-Clonen, usw.) deutliche Vorteile gegenüber den klassischen Verfahren bietet, insbesondere in weltweit verteilten Kollaborationen. Vielleicht haben viele Hersteller bisher versäumt, diese Technologien in ihren PDM-Systemlösungen zu integrieren, oder die existierenden Lösungen konnten sich auf dem Markt noch nicht durchsetzen.

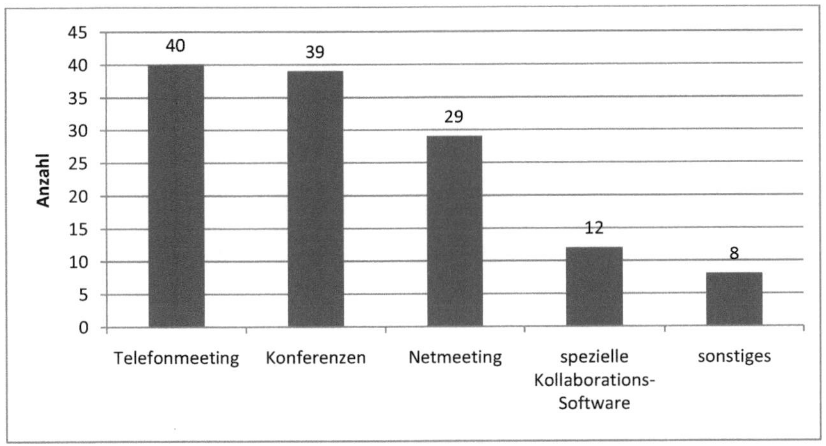

Abb. 159: Techniken für die Umsetzung von kollaborativen Produktentwicklungsprozessen. N=46.

Auch das Ergebnis der folgenden Frage bekräftigt die oben angestellten Vermutungen. Neue Kollaborationspartner werden in der Regel gefunden über direkten Kontakt, über Messen und ggf. noch über Ausschreibungen. Das Nutzen von Software für den Findungsprozess ist dagegen offensichtlich noch keine wirkliche Alternative, vgl. Abb. 160.

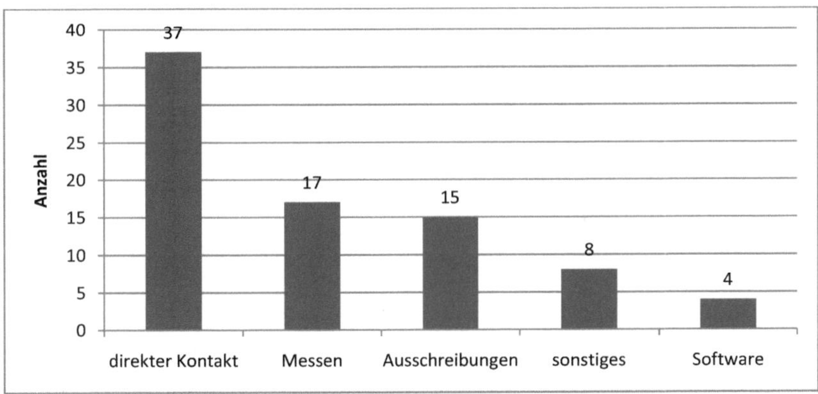

Abb. 160: Finden neuer Kollaborationspartner. N=43.

Moderne Kollaborationsplattformen können den Kontakt- und Abstimmungsprozess scheinbar noch nicht effizient genug unterstützen. Diese Schlussfolgerung wird auch noch verstärkt durch das Ergebnis der folgenden Umfrage.

Wir haben gezielt nach Kollaborationstechniken gefragt (vgl. Abb. 161). Wie zu erwarten erfolgt die Kollaboration in der Produktentwicklung über die bekannten PDM-Systeme. Erstaunlich ist jedoch der ebenfalls sehr hohe Anteil an Unternehmen, die offensichtlich Kollaboration via E-Mail betreiben. Kollaborationsplattformen sind deutlich weniger im Einsatz als vermutet.

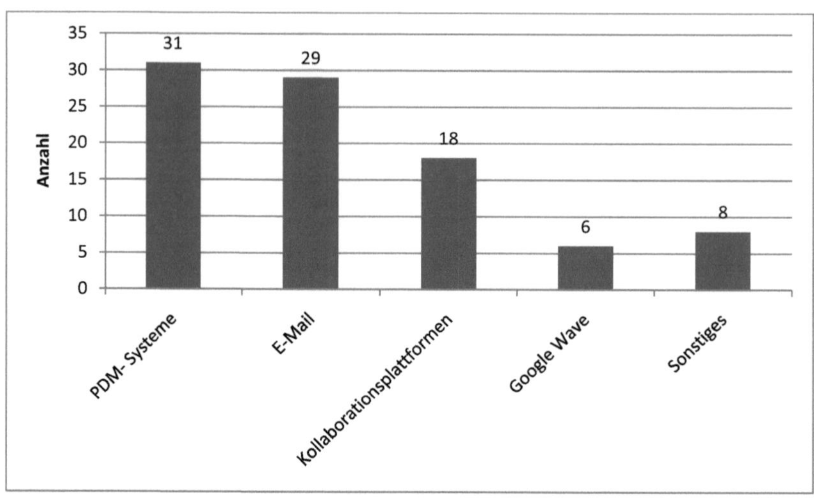

Abb. 161: Bekanntheit von Kollaborationstechniken. N=39.

Wir haben nach dem Organisationsaufwand von Kollaborationen gefragt (vgl. Abb. 162) und stellen fest, dass etwa 76% der Studienteilnehmer den Organisationsaufwand für einen Kollaborationsprozess bei der Entwicklung eines neuen Produktes eher für hoch halten.

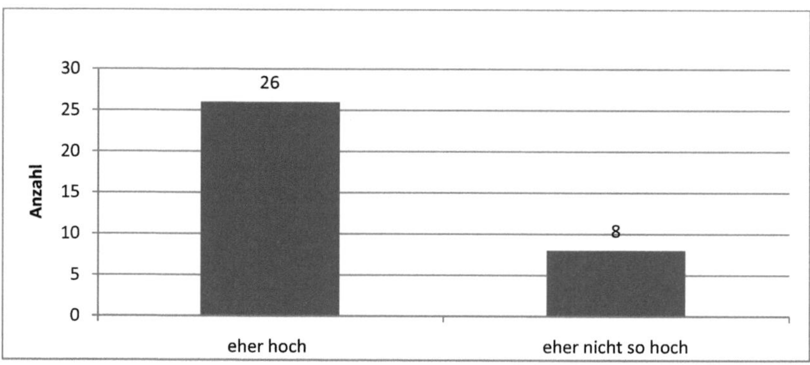

Abb. 162: Organisationsaufwand von Kollaborationen. N=36.

Dieses Ergebnis lässt sich so deuten, dass Kollaborationsansätze gesucht werden, mit denen sich der Organisationsaufwand reduzieren lässt.

Wie in Abschnitt 2.11 beschrieben, sieht der DeCPD-Ansatz die Entwicklung einer Kollaborationsplattform vor, die in existierende PDM-Systemumgebungen integriert wird und durch Nutzen der P2P-Technologie primär Kommunikations- und Datenaustauschverfahren effizienter gestaltet. Die P2P-basierte Product Collaboration Platform, die als Proof-Of-Concept im Rahmen dieser Arbeit entwickelt wurde (vgl. Abschnitt 6.4), versucht den Prozess des Findens neuer Partner einfacher zu gestalten. Nur so kann der Organisationsaufwand reduziert werden, da sich die im Unternehmen eingesetzten Verfahren dazu offensichtlich nicht in einem genügenden Maß eignen.

Bei der Frage nach dem Grund, warum der Kollaborationsprozess als aufwändig betrachtet wird, nannten die meisten Teilnehmer Kommunikations-, Datenaustausch- oder Organisationsprobleme. Dagegen nannten aber nur sehr wenige Teilnehmer (~32%), dass schlechte Softwareunterstützung der Grund für einen hohen Aufwand bei der Kollaboration ist. Diejenigen Studienteilnehmer, die den Kollaborationsprozess eher als nicht aufwändig einschätzen (~24%), begründen dies dagegen damit, dass sie mit ihrer jetzigen Softwarelösung zufrieden sind und kaum Kommunikations-, Datenaustausch- oder Organisationsprobleme haben.

Gute Kollaborationslösungen müssen einen Beitrag zur Lösung der Kommunikations-, Datenaustausch- oder Organisationsprobleme liefern. Offensichtlich gibt es auf dem Markt noch keine Software, die diesen Erwartungen gerecht wird. Vielleicht sind die Nutzer auch nur noch nicht mit entsprechenden Lösungen ausgestattet.

In der Schlussfolgerung lässt sich jedoch sagen, dass der DeCPD-Ansatz und insbesondere eine darauf basierende Kollaborationsplattform, wie die Product Collaboration Platform, genau diese Probleme adressieren müssen. Der Funktionsumfang der Kollaborationssoftware und die daraus resultierende Unterstützung beeinflusst ganz entscheidend, ob ein Kollaborationsprozess als aufwändig betrachtet wird oder nicht.

Im weiteren Verlauf der Umfrage wurden die Teilnehmer befragt, wie lange ein Kollaborationsprozess im Durchschnitt dauert. Entgegen der eigentlichen Vermutung, dass kollaborative Produktentwicklungstätigkeiten in der Regel sehr kurzlebig sind, zeigt die Umfrage, dass der Zeitaufwand offensichtlich eher im Monatsbereich anzusiedeln ist.

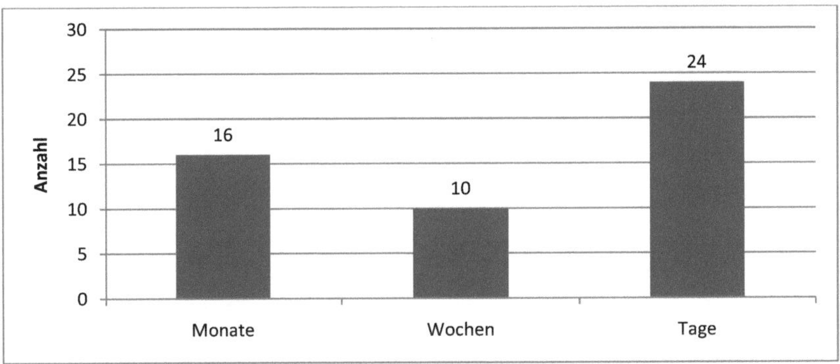

Abb. 163: Zeitaufwand von Kollaborationen. N=36.

Aus diesem Ergebnis kann entnommen werden, dass in einem P2P-basierten Kollaborationsansatz in jedem Fall Maßnahmen erforderlich sind, die die Persistenz sichern. Grundsätzlich ist ein P2P-Ansatz damit nur für ganz bestimmte Phasen der kollaborativen Produktentwicklung interessant und kein Ansatz, der phasenübergreifend genutzt werden sollte. Der Übergang einer Phase in eine andere sollte daher über client-/serverbasierte Mechanismen und Zwischenspeicherungen realisiert werden.

6.5.2 Untersuchung des Einsatzes und der Verwendung von PDM-Systemen

Abb. 164 zeigt das Ergebnis der Befragung nach der Einsatzhäufigkeit von PDM-Systemen. In mehr als 80% der Fälle sind PDM-Systeme im Unternehmen im Einsatz. Das bestätigt die Wichtigkeit dieser Unternehmenssoftware in der Produktentwicklung.

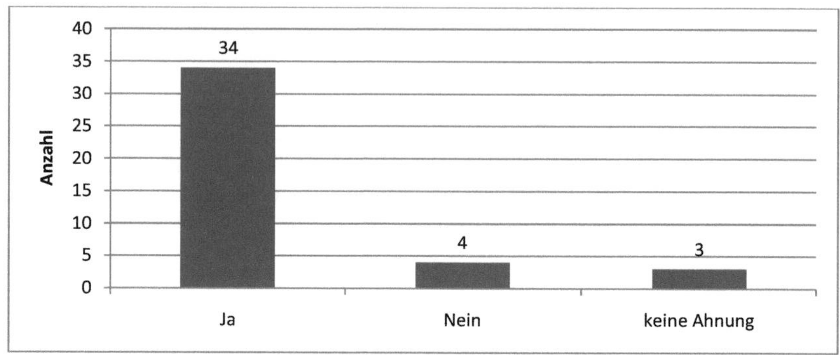

Abb. 164: Einsatzhäufigkeit von PDM-Systemen. N=37.

Bei der Frage nach konkreten PDM-System-Lösungen gaben die meisten Nutzer an, mit dem Produkt Siemens Teamcenter zu arbeiten. Die folgende Übersicht spiegelt selbstverständlich keine Marktübersicht dar, sondern gibt lediglich eine Einschätzung über das vorhandene PDM-Systemwissen der Befragten wieder.

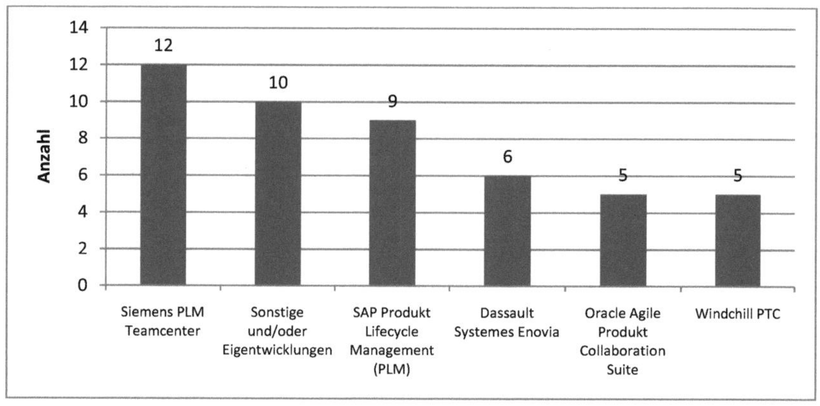

Abb. 165: Im Unternehmen verwendete PDM-Systeme. N=37.

Besonders interessant ist jedoch für diese Arbeit, wofür die PDM-Systeme im Unternehmen eingesetzt werden. Hauptsächlich werden PDM-Systeme für die Verwaltung der Produktdaten über den gesamten Lebenszyklus genutzt. Obwohl aktuelle PDM-Systeme ausgeklügelte Verfahren für das unternehmensübergreifende Workflowmanagement und den Produktdatenaustausch besitzen, werden beide Punkte nur selten als relevante Funktion genannt.

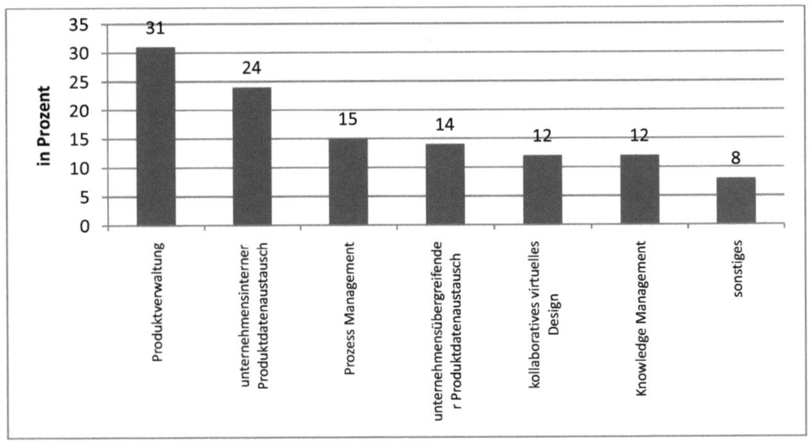

Abb. 166: Einsatzbereiche von PDM-Systemen. N=33.

Daraus lässt sich schlussfolgern, dass PDM-Systeme noch nicht für das Abstimmen und Durchführen von Arbeits- und Entwicklungsschritten an einem gemeinsamen Produktmodell genutzt werden, wodurch in der Regel viel Potential bei der Entwicklung verloren geht und Entwicklungsschritte auf Grund der manuellen Abstimmungsprozesse unnötig mehr Zeit und Aufwand benötigen. Dafür können viele Gründe in Frage kommen. Zum Beispiel könnte der Prozess des Entwickeln und Pflegen von Workflows zu aufwändig sein oder wird auf Grund fehlender Expertise (noch) nicht entsprechend genutzt.

Um eine bessere Aussage über die Gründe treffen zu können, wird weiter gefragt, mit welchen der oben genannten Funktionen eines PDM-Systems die Nutzer besonders zufrieden sind. Das Ergebnis deckt sich mit den oben genannten Vermutungen und bestätigt diese, vgl. Abb. 167:

- Die meisten Nutzer sind mit den Verfahren für die Verwaltung der Produktdaten zufrieden.
- Deutlich weniger Nutzer sind dagegen mit der Unterstützung der genutzten PDM-Systeme in Bezug auf den Produktdatenaustausch, insbesondere dem unternehmensübergreifenden zufrieden.
- Darüber hinaus sind auch nur wenige Nutzer mit dem Prozess- und Workflowmanagement zufrieden.

Das Ergebnis zeigt, dass es kaum Verbesserungsbedarf bei existierenden Verfahren für die Verwaltung der Produktdaten gibt. Die Tatsache, dass nur wenige Nutzer mit dem Produktdatenaustausch zufrieden sind, erklärt warum PDM-Systeme dafür nicht verwendet werden. Dafür gibt es zwei mögliche Begründungen: Die Systeme sind entweder noch nicht für den Datenaustausch über Unternehmensgrenzen hinweg gerüstet, oder aber die Nutzer sind (noch) nicht in der Lage, die vorhandenen Funktionalitäten zielgerichtet einzusetzen. Selbiges gilt für das Prozess- und Workflowmanagement.

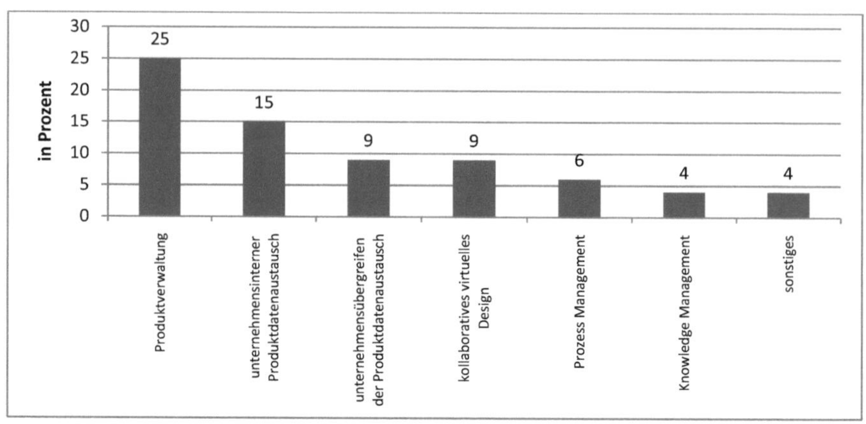

Abb. 167: Zufriedenheit mit aktuell verwendeten PDM-System-Funktionen. N=33.

Zur Gegenprobe wird erneut gefragt, bei welchen Funktionen die Nutzer noch Verbesserungsbedarf sehen, vgl. Abb. 168. Die Gegenprobe bestätigt das erwartete Ergebnis. Genau die oben angesprochenen Funktionen werden durch aktuelle PDM-Systeme nicht oder nicht genügend unterstützt.

Um genauer zu überprüfen, welche konkreten Funktionen sich die Nutzer in Zukunft in PDM-Systemen wünschen, haben wir mittels einer offenen Frage recherchiert.

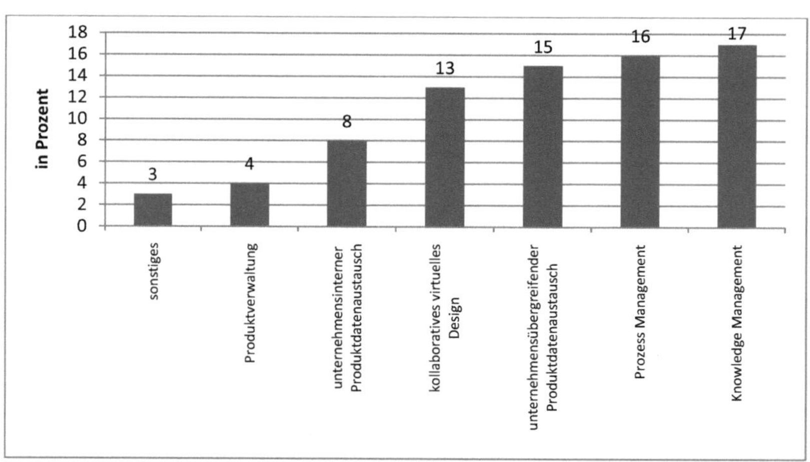

Abb. 168: Verbesserungsbedarf bei Funktionen der aktuellen PDM-Systeme. N=32.

- Drei Befragte wünschen sich die Integration der Web2.0-Technologien im Sinne eines PLM2.0-Ansatzes, in dem die Produktnutzer dem Produkthersteller deutlich mehr Feedback über das Produkt geben können, als das bisher der Fall ist. Diese Ergebnisse können dann wiederum gewinnbringend in der Produktentwicklung für zukünftige Design-Entscheidungen wiederverwendet werden.

- Fünf Befragte wünschen sich das Speichern von benutzerspezifischen Entwicklungswissen und Designentscheidungen, so dass diese bei ähnlichen Entwicklungen wieder benutzt werden können.

6.5.3 Unternehmensübergreifender Produktdatenaustausch und Chancen für Peer-To-Peer

In diesem Segment wurde gezielt nach den Strategien für den unternehmensübergreifenden Produktdatenaustausch gefragt. Zur Erinnerung: In Abb. 161 ist das Ergebnis der Umfrage zu sehen, bei der gefragt wurde, welche Kollaborationstechniken generell bekannt sind. Die Frage wird nun erneut im Kontext des unternehmensübergreifenden Produktdatenaustauschs gestellt.

Wieder wird E-Mail als das entscheidende Kommunikationsmedium für den Austausch von Produktdaten genannt. PDM-Systeme spielen jedoch speziell für Produktdatenaustauschprozesse über Unternehmensgrenzen hinweg keine bedeutende Rolle. Nur ~40% der Befragten setzen die Systeme dafür ein. Kollaborationssysteme sind allerdings mindestens genauso stark vertreten, wie PDM-Systeme, was deren Schwerpunkt auf unternehmensübergreifende Entwicklungsprozesse bestätigt. Auch der Austausch über digitale Medien (zum Beispiel DVDs) wird in den Unternehmen nach wie vor praktiziert.

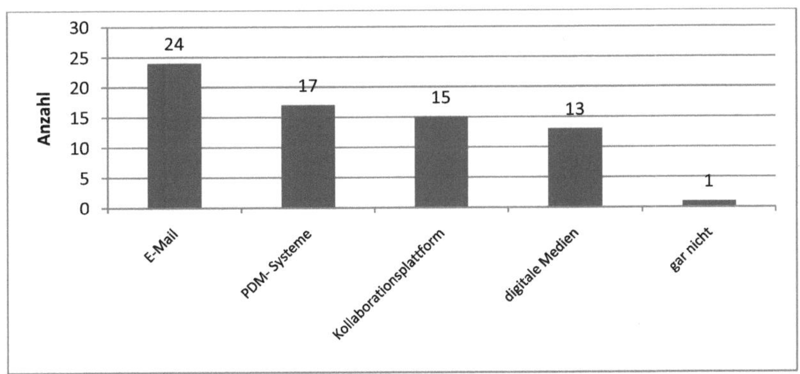

Abb. 169: Techniken für den unternehmensübergreifenden Produktdatenaustausch. N=43.

Interessant ist weiterhin, ob Verschlüsselung beim Produktdatenaustausch eine Rolle spielt. Wir nehmen an, dass Verschlüsselung eines der Grundprinzipien einer sicheren, kollaborativen Produktentwicklung ist. Die Frage soll bestätigen, in wie weit die Anwender mit Sicherheitstechniken vertraut sind, bzw. ob für sie Verschlüsselung überhaupt eine Rolle spielt.

Die meisten der Befragten geben an, dass der Produktdatenaustausch verschlüsselt stattfindet, nur ~24% der Befragten antworten bewusst, dass die Daten unverschlüsselt ausgetauscht werden, weitere ~16% der Befragten können keine Aussage machen.

Verschlüsselungstechnologien sind bekannt und werden aktiv genutzt, um sicher Produktdaten auszutauschen. In Korrelation mit der zuvor gestellten Frage lässt sich schließen, dass Produktdatenaustausch zum Beispiel durch Versenden verschlüsselter E-Mails stattfindet. Es wird demnach also dem Verschlüsselungsprinzip vertraut.

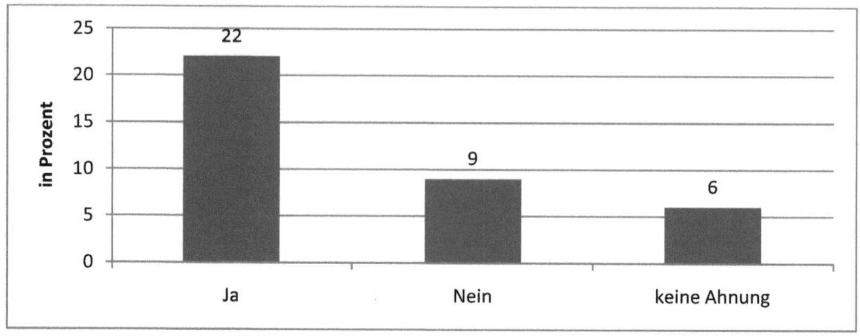

Abb. 170: Verschlüsselter Produktdatenaustausch. N=40.

Zur Gegenprobe wurde weiter nach dem Risiko gefragt, dass in Kauf genommen werden muss, wenn verschlüsselte Produktdaten auf beliebigen Rechnern im Kollaborationsnetzwerk gespeichert werden. Die überwiegende Anzahl der Befragten schätzt das Risiko doch sehr hoch ein.

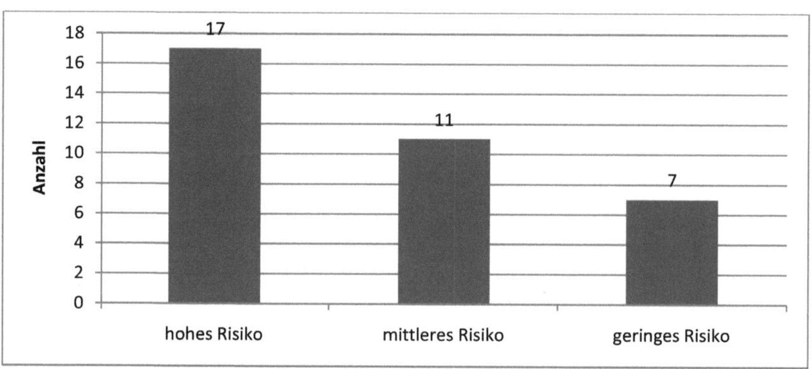

Abb. 171: Risikoeinschätzung beim Speichern verschlüsselter Produktdaten auf beliebigen Rechnerknoten im Kollaborationsnetzwerk. N=38.

Insbesondere diese Einschätzung wirft eine Frage auf: Wenn ein Produktentwickler das Risiko, sensible Produktdaten trotz Verschlüsselung auf fremden Rechnern zu speichern (oder alternativ: über fremde Rechner zu routen) als hoch einschätzt, wieso wird die kollaborative Produktentwicklung dann noch standardmäßig über verschlüsselte E-Mail-Kommunikation realisiert?

Folgende Schlussfolgerung kann gezogen werden: Wenn die Nutzer bereit sind, sensible Daten durch Verschlüsselung über „fremde" E-Mail-Server zu senden, dann müssten sie in der Konsequenz ebenso bereit sein, verschlüsselte Produktdaten durch ein P2P-basiertes Netz zu verteilen. Viele der Sicherheitsbedenken gegenüber P2P sind demnach völlig unbegründet und scheinen die Folge der im Kontext des illegalen Musikaustauschs lange Zeit verbreiteten, unbegründeten Sicherheitsbedenken gegenüber P2P-Technologien zu sein. P2P-Techniken müssen nur „richtig“ angewendet werden.

Um noch genauer die Chancen eines P2P-Ansatzes zu verifizieren, wird im Anschluss an die Frage nach dem verschlüsselten Produktdatenaustausch die Frage gestellt, wie wichtig es den Befragten ist, ihre eigenen Produktdaten selbst zu kontrollieren, vgl. Abb. 172. Anders ausgedrückt wollten wir wissen, ob die Nutzer bereit sind, Produktdaten in die Hände Dritter zu legen und/oder auch die Verwaltung von Produktdaten Dritter zu übernehmen, wenn daraus letztendlich Kosten- und Performancevorteile resultieren. Der überwiegende Teil der Befragten will jedoch die Kontrolle der Produktdaten behalten.

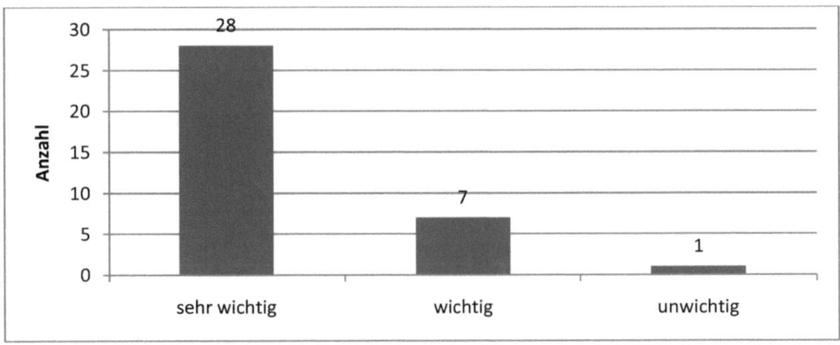

Abb. 172: Selbstkontrolle der Produktdaten. N=38.

Das bestätigt einerseits die paradoxe Haltung der Befragten: PDM-Systeme und Kollaborationsplattformen bieten die Möglichkeit zum kontrollierten Produktdatenaustausch, werden jedoch für diesen Zweck nur wenig eingesetzt. Aus einem anderen Blickwinkel betrachtet bedeutet diese sehr klare Aussage, dass ein P2P-basierter Ansatz für die kollaborative Produktentwicklung nur dann eine Chance hat, wenn durch geeignete Sicherheitsmaßnahmen und Routingprotokolle sichergestellt wird, dass die Produktmodelle nicht in die Hände Dritter gelangen, bzw. durch Dritte entschlüsselt werden können, und damit die Kontrolle über die Produktdaten beim Besitzer liegt.

Zur Gegenprobe wird gefragt, ob sich die Befragten von einem lose gekoppelten Datenaustausch Wettbewerbsvorteile versprechen würden. Der Begriff „lose gekoppelt“ diente in der Umfrage als Umschreibung eines spontanen, ad-hoc-Datenaustauschs zwischen Produktentwicklern durch Nutzen geeigneter Informations- und Kommunikations-Technologien wie zum Beispiel P2P.

Das Ergebnis (vgl. Abb. 173) entspricht den Erwartungen und zeigt, dass doch ein großer Anteil (50%) der Befragten den lose gekoppelten Strategien für die kollaborative Produktentwicklung durchaus aufgeschlossen sind, wenn dadurch ein Wettbewerbsvorteil erlangt werden kann.

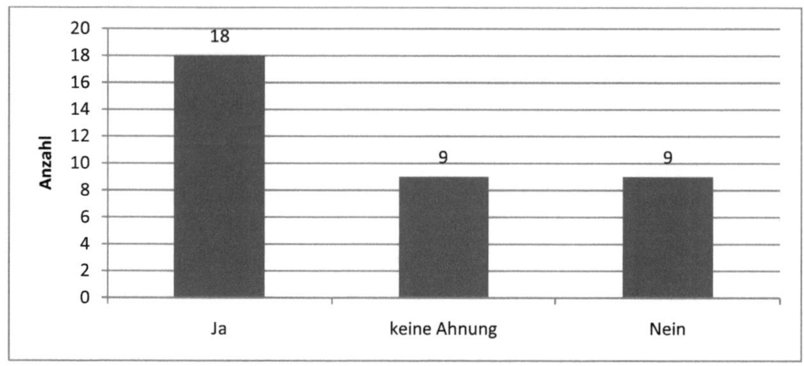

Abb. 173: Wettbewerbsvorteile durch lose gekoppelten Produktdatenaustausch. N=38.

In einem direkten Vergleich wird abschließend überprüft, ob entweder die Selbstkontrolle der Produktdaten oder aber die Wettbewerbsvorteile eines lose gekoppelten Datenaustauschs überwiegen.

Das Ergebnis zeigt, dass, obwohl zuvor deutlich für die Wettbewerbsvorteile eines lose gekoppelten Ansatzes gestimmt wurde, die Befragten sehr viel Angst vor dem Verlust ihrer sensiblen Daten haben. Es könnte weiterhin auch geschlussfolgert werden, dass nur wenige Leute den Verschlüsselungstechniken tatsächlich vertrauen.

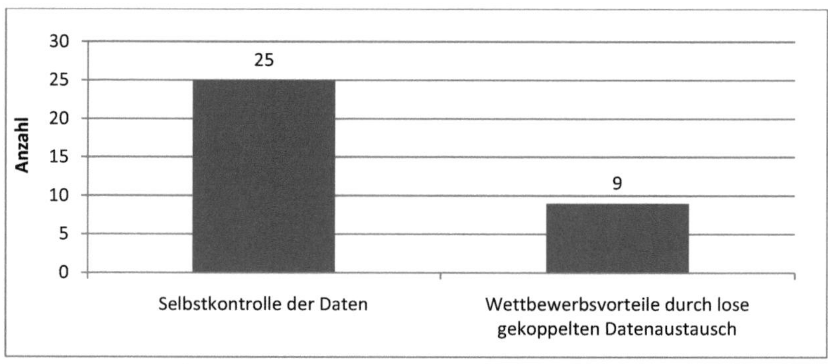

Abb. 174: Selbstkontrolle der Daten vs. Lose gekoppelter Datenaustausch. N=38.

Zur Gegenprobe wird nun die direkte Frage gestellt, ob sich die Befragten im Rahmen einer unternehmensübergreifenden Produktentwicklung einen P2P-basierten Ansatz vorstellen können? Das Ergebnis in Abb. 175 ist eindeutig und belegt die zuvor interpretierten Ergebnisse erneut. Ein P2P-basierter Ansatz für die Produktentwicklung hat Chancen und ist denkbar, aber in Rückblick auf die zuvor gegebenen Antworten nur dann, wenn die Technologie akzeptiert wird und die Wettbewerbsvorteile klar auf der Hand liegen.

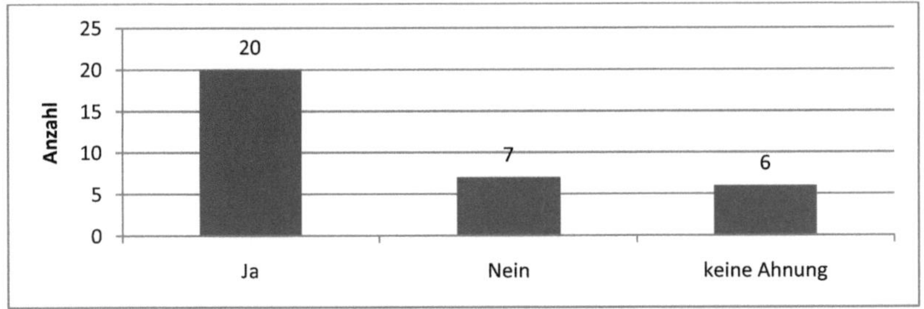

Abb. 175: Peer-To-Peer in der unternehmensübergreifenden Produktentwicklung denkbar? (N=35)

Welche Wettbewerbsvorteile das genau sind, klärt die folgende Frage nach den Vor- und Nachteilen von P2P, vgl. Abb. 176.

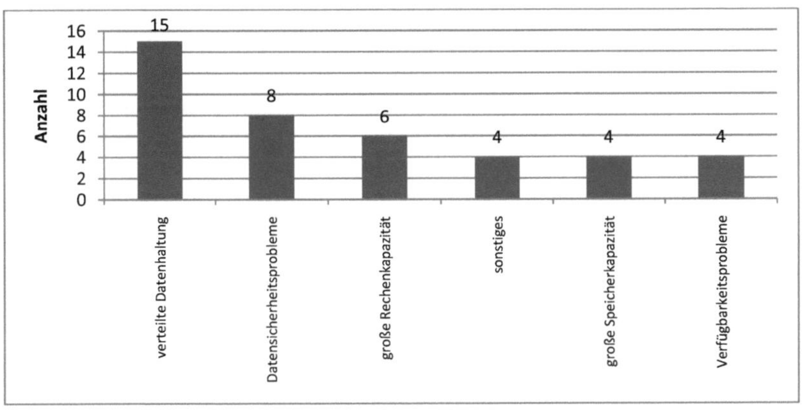

Abb. 176: Vor- und Nachteile von Peer-To-Peer. N=20.

Die verteilte Datenhaltung ist eines der entscheidenden Vorteile von P2P, das von den Befragten auch als solches identifiziert wird. Leider werden auch Datensicherheitsprobleme erneut mit hohem prozentualem Anteil genannt.

Das Ergebnis belegt noch einmal die offensichtlich unnötige Existenz von Ängsten gegenüber der P2P-Technologie in den Köpfen der Befragten. Wie zuvor bereits erwähnt, sind Datensicherheitsprobleme bei Verwendung von geeigneten Verschlüsselungs- und Routingmechanismen nicht mehr oder weniger als in client-/ serverbasierten Ansätzen vorhanden. Leider bleiben auch die beiden entscheidenden Kriterien, die große Rechen- und Speicherkapazität, eher unberücksichtigt. Hier besteht offensichtlich noch großer Aufklärungsbedarf.

In der abschließenden Umfrage zum Thema P2P wird noch einmal explizit gefragt, ob der Begriff Peer-To-Peer negativ belastet ist? Das Ergebnis belegt erneut die Chancen eines P2P-basierten Ansatzes.

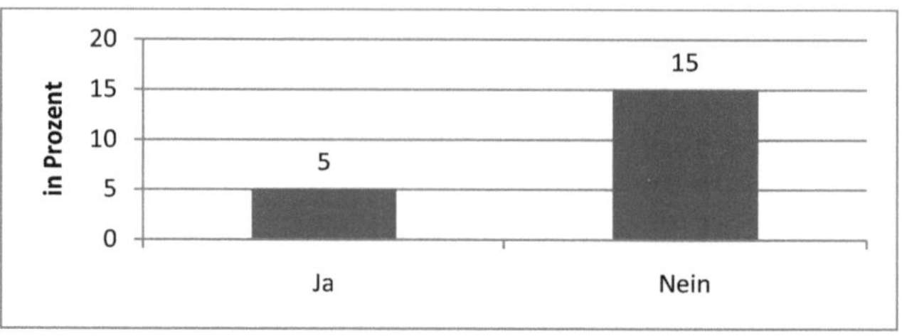

Abb. 177: Ist der Begriff P2P für Sie negativ belastet? N=20.

Nachdem nun geklärt ist, dass P2P Chancen im Bereich der unternehmensübergreifenden Kollaboration hat, wird nun noch einmal explizit geschaut, welche Funktionen die Nutzer von einer Kollaborationsplattform erwarten (vgl. Abb. 178).

1. Die direkte **Integration der Plattformfunktionen in existierende CAx-Umgebungen** ist für die meisten der Befragten (20 von 36) sehr wichtig, für den Rest eher unwichtig. Dies hängt vermutlich sehr von den Kollaborationsszenarien der Unternehmen ab.
2. Das **Festlegen eines individuellen Produktentwicklungsworkflows** wird von den meisten Befragten mit höchster oder zweithöchster Präferenz beantwortet und ist damit ebenfalls eine wichtige Funktion.
3. Die **zentrale Verwaltung von Benutzer- und Zugriffsrechten** ist ebenfalls wichtig.
4. Auch die **schnelle Integration von Kollaborationspartnern** in bereits existierende Kollaborationen wird von einem Großteil der Befragten als wichtige Funktion und von keinen als unwichtig benannt.
5. Das **Nutzen von formalen Modellen** für die Formulierung kollaborativ zu lösender Probleme ist weniger wichtig als beispielsweise die schnelle Integration der Partner oder der Möglichkeit, einen individuellen Workflow festzulegen.
6. Das **schnelle Finden von Kollaborationspartnern** ist für den überwiegenden Anteil der Befragten unwichtig und hängt offensichtlich ebenfalls stark vom Kollaborationsszenario im Unternehmen ab.
7. Als die insgesamt wichtigste Funktion werden die **schnelle Verfügbarkeit von Produktdaten** bewertet.

Bewertet man dieses Ergebnis im Kontext einer dezentralen Lösung für die kollaborative Produktentwicklung, so zeigt sich doch sehr deutlich, dass die Befragten die Vorteile einer solchen Lösung gerne nutzen würden.

Die in dieser Arbeit entwickelte DeCPD-Architektur bietet durch Nutzen eines P2P-Overlays die unter Punkt 4,6 und 7 genannten Vorteile. Weiterhin sieht der Ansatz durch das Nutzen von Ontologien vor, die kollaborative Problemformulierung (Punkt 5) entscheidend zu verbessern (vgl. auch Abschnitt 4.4.2) und setzt auf die Definition von Produktentwicklungs-workflows durch die beteiligten Produktentwickler (vgl. Punkt 2 und Abschnitt 4.4.4.2).

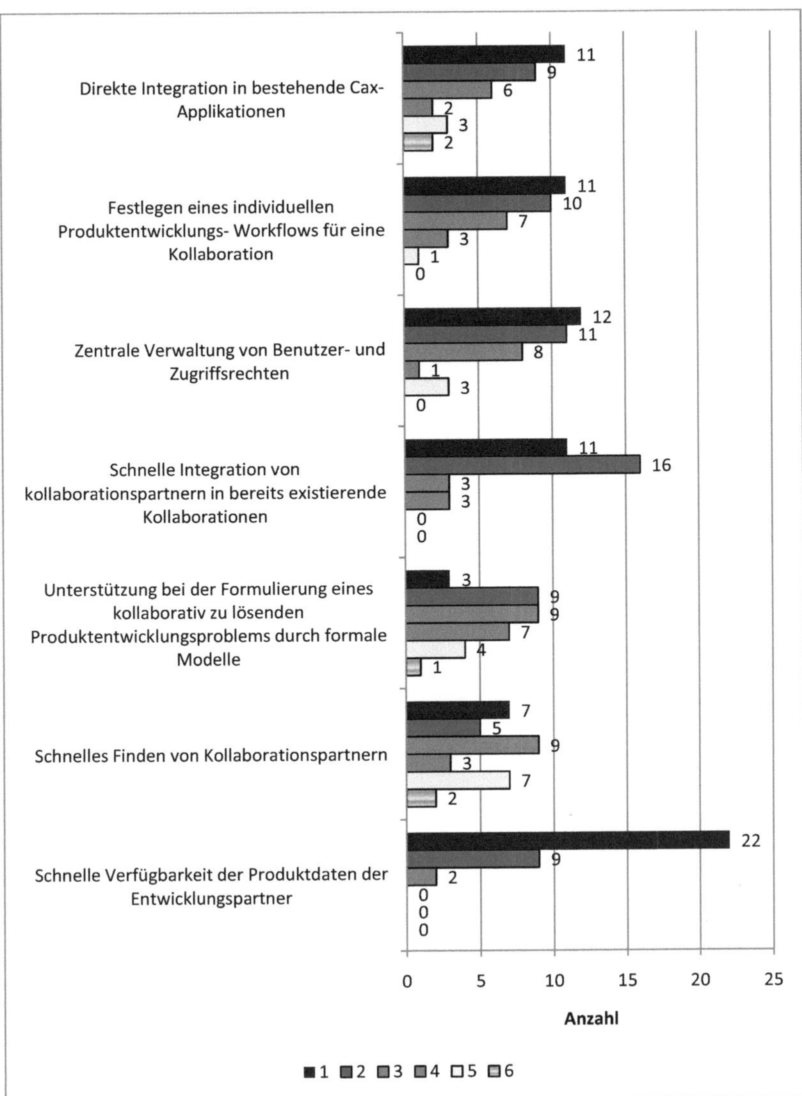

Abb. 178: Präferenzen in Bezug auf die Funktionen einer Kollaborationsplattform. N=36.

7 Zusammenfassung und Ausblick

In diesem Abschnitt werden eine Zusammenfassung dieser Arbeit und ein Ausblick auf zukünftige Forschungsfragen gegeben.

7.1 Zusammenfassung

Die Unterstützung von kollaborativen Produktentwicklungstätigkeiten durch dezentrale IT-Ansätze ist ein vollkommen neuer Ansatz, mit dem es möglich ist, die Prozesse der unternehmensübergreifenden Produktentwicklung effektiver zu gestalten. Dazu müssen jedoch spezielle Verfahren und Vorgehensweisen konzipiert werden, die es erlauben, die Peer-To-Peer-Technologie im betrieblichen Kontext zu verwenden.

Diese Arbeit stellt zunächst mit dem Konzept der dezentralen und kollaborativen Produktentwicklung (DeCPD) einen Ansatz vor, wie sich verteilte, dezentrale Produktentwicklungstätigkeiten formal beschreiben lassen (vgl. Abschnitt 3.3). Die Adaption des DSP-Verfahrens aus dem Bereich der Mehragentensysteme spezifiziert für die dezentrale Produktentwicklung ein Verfahren für die Zerlegung des Produktentwicklungsproblems in Teilprobleme, deren unabhängige Lösung durch die Kollaborationsteilnehmer bis hin zur späteren Synthese.

Für die Implementierung des DeCPD-Konzepts im Unternehmen ist darüber hinaus ein spezielles Vorgehensmodell notwendig, um die Experten der Produktentwicklung und der IT gleichermaßen in den Entwicklungsprozess mit einzubinden. Die in dieser Arbeit unter dem Begriff der organisationsübergreifenden und modellbasierten Produktentwicklung (OMP) nach dem Prinzip des MDSD-Vorgehens entwickelten Design-Time-Modelle erlauben die Integration des Wissens aller in einem produktentwickelnden Unternehmen arbeitenden Spezialisten in den Softwareentwicklungsprozesses einer DeCPD-Architektur. Dazu gehört vor allem der Ingenieur, der als Taktgeber der Produktentwicklungstätigkeiten die Prozesse, das Datenmodell, sowie die gewünschte Systemumgebung in einer für ihn verständlichen Sprache formulieren will (vgl. CIM-Modelle in Abschnitt 4.2). Ferner gehören zum OMP-Prozess IT-Verantwortliche des Unternehmens, die Design-Entscheidungen auf der technologischen Ebene treffen und dabei spezifizieren, welchen technologischen Spielraum es gibt, um die funktionalen und nichtfunktionalen Anforderungen der CIM-Ebene zu realisieren (vgl. Abschnitt 4.3). Und letztendlich sind die IT-Experten dafür verantwortlich, plattformspezifische Modelle aufzustellen, auf deren Basis dann eine DeCPD-Architektur entwickelt werden kann (vgl. Abschnitt 4.4).

Letztendlich hängt es vom gegebenen Szenario und den Rahmenbedingungen, bzw. Präferenzen des Unternehmens und der am OMP-Prozess beteiligten Entwickler ab, wie die Metamodelle der einzelnen MDSD-Abstraktionsebenen für die DeCPD instanziiert werden. In Abschnitt 4.7 stellt diese Arbeit ein Szenario für die unternehmensübergreifende Zusammenarbeit zwischen einem OEM und mehreren 1st Tier Suppliern vor und beschreibt die Anforderungen an die Modelle auf CIM-, PIM- und PSM-Ebene. Insbesondere wird hierbei deutlich wie komplex und umfangreich die Modellbeschreibungen und die Abhängigkeiten der einzelnen Modellebenen untereinander sind.

Um die Praktikabilität des OMP-Ansatzes zu untermauern wird in dieser Arbeit eine DeCPD-Architektur auf Basis der plattformspezifischen Modelle für das Beispielszenario entwickelt. Dabei wird als Backend das strukturierte P2P-Overlay FreePastry genutzt, und darauf aufbauend werden genau diejenigen DeCPD-Basisdienste bereitgestellt, die notwendig sind, um das vorgestellte Szenario in einer DeCPD-Runtimeplattform vollständig umsetzten zu können.

Als Proof-Of-Concept wird die Product Collaboration Platform (PCP) entwickelt. Die PCP ist ein Forschungsdemonstrator, der das DeCPD-Konzept für das gewählte Szenario demonstriert. Auf der Cebit 2009 wurde der Demonstrator in der Version 1.0 vorgestellt. Einige Messebesucher lieferten sehr nützliche Informationen, die für die aktuelle Ausgestaltung des Szenarios und die Ausprägung der Metamodelle und Modellinstanzen in dieser Arbeit genutzt wurden. Der Demonstrator wird daher bereits in der Version 2.0 vorgestellt (vgl. Abschnitt 6.4). Dieser arbeitet auf dem im Rahmen dieser Arbeit entwickelten, ontologiebasierten Datenformat (vgl. Abschnitt 4.4.2) und ermöglicht das Verteilen von Spezifikationen und Vorschlägen innerhalb einer dezentralen Kollaborationsumgebung auf Basis der DeCPD-Architektur (vgl. Abschnitt 5).

Das Ergebnis der empirischen Studie belegt, dass der Bedarf von flexibleren und effizienteren Lösungen für die kollaborative Produktentwicklung gegeben ist. Gleichzeitig ist jedoch die Akzeptanz von P2P unter Produktentwicklern zurzeit leider nur kaum vorhanden. Die völlig unbegründete Angst vor Datenverlust und den Verfahren der P2P-Technologie generell macht es daher besonders schwierig, einen solchen Ansatz im Unternehmen zu platzieren. Hier besteht ein erheblicher Aufklärungsbedarf.

Einen kleinen Beitrag dazu leistet diese Arbeit, insbesondere deshalb, da es einer der ersten Versuche ist, P2P-Technologien und Verfahren für eine konkrete betriebliche Anwendung, der unternehmensübergreifenden Produktentwicklung, vollständig aufzubereiten und die Einsatz- und Verwendungsmöglichkeiten auszutesten. Viele der existierenden Arbeiten im P2P-Umfeld beschäftigen sich im Wesentlichen mit rein technischen Fragestellungen, wie zum Beispiel der Optimierung von P2P-Protokollen, Routingmechanismen, der Umsetzung von Sicherheitsanforderungen, usw. Sie sind eine Basis für Arbeiten wie diese. Letztendlich kann die P2P-Technologie jedoch nur dann einen Nutzen für Unternehmen bringen, wenn diese als solches, fern ab von reinen Datenaustauschbörsen, zur Lösung von komplexen Problemen genutzt werden. Genau an dieser Stelle resultieren aus der P2P-Community noch zu wenige Bestrebungen.

7.2 Ausblick

In diesem Abschnitt soll noch einmal der Entwicklungsstand der drei wesentlichen Beiträge dieser Arbeit kritisch diskutiert werden (OMP Vorgehensmodell, DeCPD Architektur und PCP Runtime-Plattform), um zukünftige Aufgabenfelder zu klassifizieren.

Im Rahmen der OMP zeigt diese Arbeit Modellierungsansätze und denkbare Modellinstanzen auf Basis der entwickelten Metamodelle auf, hier aber einen Anspruch auf Vollständigkeit zu erheben, ist illusorisch. Dies hängt insbesondere damit zusammen, dass die Praktikabilität (und Vollständigkeit) der Modelle nur dann erwiesen ist, wenn die DeCPD-Architektur in einem Unternehmen als Basis für eine Kollaborationsplattform verwendet wird. Als rein wissenschaftliche Leistung erlaubt die Arbeit in diesem Punkt keine konkrete Aussage, zeigt aber den prinzipiellen Weg auf. Darüber hinaus wird an dieser Stelle auch noch einmal die Schwierigkeit eines modellgetriebenen Ansatzes deutlich aufgezeigt – Das Bilden von geeigneten Modellen ist keineswegs eine Arbeit im Softwareentwicklungsprozess, die unterschätzt werden sollte. Der MDSD-Ansatz kann nur dann gewinnbringend eingesetzt werden, wenn die Modelle in der geeigneten Abstraktionstiefe definiert wurden und weder zu fein-, noch zu grobgranular formuliert wurden. Insbesondere ist auch der notwendige, automatische Transformationsprozess nicht trivial.

Die in dieser Arbeit geschaffene DeCPD-Architektur ist ein Ansatz für zukünftige Generationen lose gekoppelter Kollaborationsplattformen. Zwei wesentliche Faktoren sind jedoch zu berücksichtigen, damit Runtime-Plattformen auf Basis der DeCPD-Architektur einsatzfähig sind: Ausfallsicherheit und Verfügbarkeit. Nur durch das Bereitstellen notwendiger Funktionen zur Sicherung dieser Qualitätsfaktoren kann in P2P-Umgebungen der Stillstand von kollaborativen Entwicklungen vermieden werden (vgl. Abschnitt 2.6.2). Der in dieser Arbeit gezeigte Ansatz auf Basis von FreePastry berücksichtigt nicht die Möglichkeit, dass Peers durch ungewollte Störungen bedingt (zum Beispiel Ausfall der Netzanbindung, Überlastung des Knotens) dem Kollaborationsnetzwerk temporär nicht zur Verfügung stehen. Das liegt im Wesentlichen am Funktionsumfang des aktuell verfügbaren FreePastry-Pakets. Daher müssen qualitätssichernde Funktionen auf der CollabNetwork-Schicht bereitgestellt werden. In der Arbeit von (Kehl 2010) werden zurzeit einige Erweiterungen der DeCPD-Architektur ausgearbeitet und evaluiert.

Die vorgestellte Runtime-Plattform PCP demonstriert den verteilten Entwicklungsprozess auf Basis von Ontologien. Für einen vollständigen Demonstrator fehlt letztendlich noch die Verknüpfung der Ontologiewelt mit der Welt der CAD-Modelle, da nur diese in der Produktentwicklung für die Ingenieure eine Rolle spielen und das manuelle Beschreiben von Ontologien per se eine sehr aufwändige Arbeit ist, die die gesamte Kollaboration verlangsamen würde. Es muss also eine menschenlesbare Form für Spezifikationen und Vorschläge, bzw. darüber hinaus ein automatischer Transformationsmechanismus für das Wandeln von CAD-basierten Modellen in Ontologiebeschreibungen entwickelt werden.

7.2.1 Entwicklungstendenzen im PLM Bereich

Es gibt zwei große Forschungsfelder im Bereich PLM, die in dieser Arbeit bisweilen unberücksichtigt bleiben. Zum einen wird verstärkt versucht, die unter dem Begriff Web 2.0 bekannten Technologien zu adaptieren und in einen äquivalenten PLM 2.0 Ansatz umzusetzen. Hierbei ist die Idee, Kundeninformation und Nutzungsdaten gewinnbringend in den Produktentwicklungsprozess einfließen zu lassen, um nicht nur frühzeitig potentielle Problemfelder eines Produktes zu identifizieren, sondern auch um Produktentwicklungen noch kundenorientierter und bedarfsgerechter steuern zu können[70] [71].

[70] vgl. http://www.konstruktionspraxis.vogel.de/themen/digitale_konstruktion/projektplanung/articles/143894/ [01.04.2011]

[71] vgl. http://www.3ds.com/de/products/v6/welcome/ [01.04.2011]

Eine weitere Entwicklungstendenz ist Software as a Service (SaaS), das in der Regel als Bestandteil des Cloud Computing betrachtet wird. SaaS kann nach Siemens beschrieben werden als „[...] eine Standard-Applikation, die über das Internet zum Nutzer übermittelt und in der Regel durch einen Webbrowser genutzt werden kann."[72].Erste Entwicklungen auf der Windows Azure™ Cloud-Plattform werden durch Siemens stark vorangetrieben. SaaS ist die konsequente Fortsetzung der unter dem Begriff des Application Service Providing (ASP) bekannten Vorgehensmodelle. Bei SaaS werden die Applikationen jedoch über das Internet als Plattform bereitgestellt und verbrauchsabhängig abgerechnet (Stichwort: „pay-as-you-go").

Im PLM-Bereich ergibt sich daher die Chance, die langwierigen Customizing-Prozesse bei der Einführung und Instandhaltung von PLM-Lösungen drastisch zu beschleunigen und etablierte Prozesse über Unternehmensgrenzen hinweg bereit zu stellen, bzw. von externen Providern abzurufen. Oftmals wird vom sogenannten „PLM on Demand" gesprochen, dass für eine kundengerecht zugeschnitte PLM-Anwendung auf Basis der SaaS-Technologie steht.

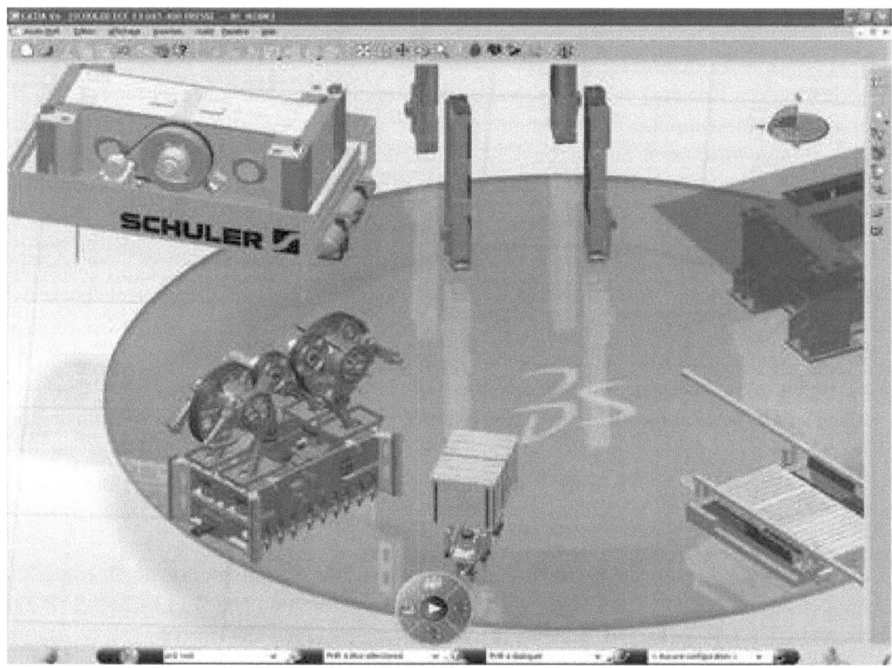

Abb. 179: Die 3D-Online Umgebung für jedermann!? (Dassault Systèmes PLM 2.0)

[72] Software as a Service (SaaS) mit Anwendungsbeispielen nach http://www.it-solutions.siemens.com/country/cee/de/Documents/Publikationen/at-cc-softwar_PDF_d.pdf [01.04.2011]

Zwei Konsequenzen ergeben sich daher für zukünftige Weiterentwicklungen der DeCPD-Architektur:

- Die Integration einer serviceorientierten Schicht (SOAProjectNetwork) ist ein erster Schritt zur Schaffung einer flexiblen Kollaborationsumgebung. In einer dezentral organisierten Kollaboration wäre es jedoch stark von Vorteil ein dem SaaS-Modell angelehntes Verfahren bereitzustellen, in dem bestimmte Peers Dienste als Lösung für Kollaborationsaufgaben im P2P-Netzwerk dezentral anbieten, und deren Nutzungsbedingungen durch ein entsprechendes ökonomisches Modell organisiert sind.

- Das Bereitstellen von P2P-basierten Clients für den weltweiten Austausch von automatisch erfassten und ggf. nach dem Web2.0-Prinzip personalisierten und dokumentierten Erfahrungswerten, Verbrauchskennzahlen, usw. zwischen Produktnutzern oder zwischen Produktnutzer und Hersteller, kann die Entwicklung zukünftiger Produkte noch effizienter gestalten.

Die in dieser Arbeit vorgestellte DeCPD-Architektur und die PCP-Runtimeplattform stellen eine solide Basis für das Erforschen oben genannter Themen dar. Damit lassen sich auch in Zukunft interessante Forschungsfragestellungen im Bereich der dezentralen kollaborativen Produktentwicklung lösen.

A. Produktkonkretisierungsgrade

Die Produktkonkretisierungsgrade lassen sich in Anlehnung an das Münchner Produktkonkretisierungsmodell wie folgt spezifizieren (Lindemann 2007, Kap. 3.2.6):

A.1. Anforderungsmodell

Ein Anforderungsmodell dient der Aufgabenklärung zu Beginn eines Entwicklungsprojektes. Anforderungen repräsentieren technische Entwicklungsziele, bzw. gewünschte Produkteigenschaften für alle sich anschließenden Entwicklungsaktivitäten und werden im Verlauf der Produktentwicklungsphasen konkretisiert. Weiterhin dient die Anforderungsliste als Bewertungsgrundlage für die generierten Lösungsalternativen. Eine Nicht-Berücksichtigung kann zu späten, aufwendigen Änderungen führen.

Das Vorgehen bei der Ermittlung von Anforderungen läuft in der Regel wie folgt ab: Zunächst werden die Anforderungen gesammelt. Dann werden die Zusammenhänge zwischen den Anforderungen skizziert. In einem dritten Schritt werden die Anforderungen geordnet, zum Beispiel nach Verantwortlichkeiten, Lebenslaufphasen, technisch-wirtschaftlichen oder organisatorischen Anforderungen, Wichtigkeit, usw. Zuletzt wird jede Anforderung in der Anforderungsliste dokumentiert durch Angabe von Bezeichnung, Merkmal, Ausprägung, Verantwortlichkeit und Datum.

A.2. Funktionsmodell

Ein Funktionsmodell dient der zweckorientierten Beschreibung des Produkts auf abstrahierter Ebene und dient der Darstellung wesentlicher Produktfunktionen und ggf. ihrer Widersprüche, sowie der Abbildung des funktionalen Zusammenhangs. Zwei Dinge sind beim Aufstellen einer Funktionsstruktur wichtig: Die Vermeidung der Fixierung auf eine bestimmte Lösung, also die lösungsneutrale Beschreibung der Struktur und die Reduzierung der Komplexität, sowie die Gliederung in Einzelprobleme.

Die ***umsatzorientierte Funktionsmodellierung*** wird beispielswiese genutzt, um technische Systeme mit Umsatzprodukten zu beschreiben. Dazu werden einerseits die Eigenschaften des Umsatzproduktes (Zustände) und andererseits die Eigenschaftsänderungen des Umsatzproduktes (Operationen) beschrieben. Unter Einsatz von Operations- und Zustands-Verzweigungen, bzw. –Vereinigungen ist praktisch jede beliebige Struktur modellierbar.

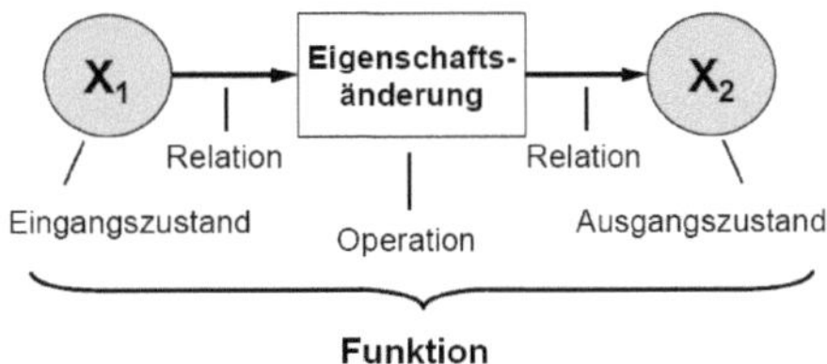

Abb. 180: Umsatzorientierte Funktionsmodellierung aus (Lindemann 2009, Kap. 3)

Eine andere Methodik ist das relationsorientierte Funktionsmodell. Dabei wird eine Funktion durch Substantiv und Verb beschrieben (vgl. Abb. 181, links). Nützliche und schädliche technische Funktionen werden sinnvoll miteinander verknüpft. Die Ermittlung erfolgt durch systematisches Befragen, so wie im formalen Vorgehen in Abb. 181 rechts dargestellt.

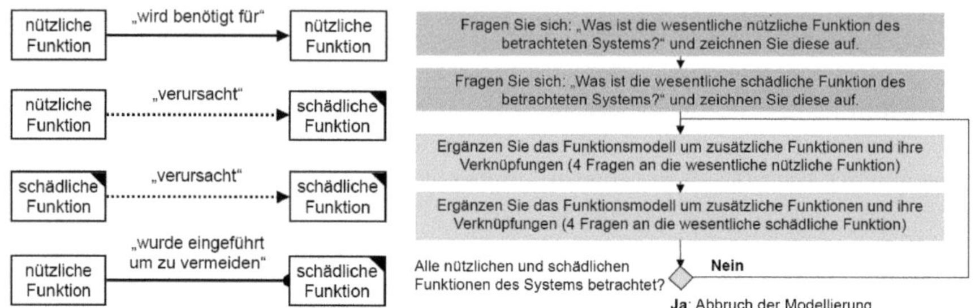

Abb. 181: Relationsorientierte Funktionsmodellierung aus (Lindemann 2009, Kap. 3)

A.3. Wirkmodell

Das Wirkmodell dient der Darstellung der prinzipiellen Lösung einer technischen Problemstellung unter Vermeidung konkreter Gestaltausprägungen. Als ***(physikalische) Wirkprinzipien*** bezeichnet man die prinzipiellen Lösungsideen die zur Umsetzung der einzelnen Teilfunktionen der Funktionsmodelle ermittelt werden, diese werden bei der strukturierten Erarbeitung des Lösungsraums zu Wirkkonzepten verknüpft. Aus den beschriebenen Wirkkonzepten muss denn das Gesamtkonzept festgelegt werden.

Ein kleines Beispiel soll hier das Prinzip verdeutlichen: Es soll ein innovatives Konzept für das Knacken von Nüssen entwickelt werden. Bekannt sind marktübliche Nussknackerlösungen und vorhandene Patente. Gesucht sind also vielversprechende ***Wirkprinzipen*** für ausgewählte Nussknacker-Teilfunktionen. In einem ersten Schritt werden dazu am relationsorientierten Funktionsmodell eines Nussknackers Schwachstellen identifiziert. Dazu gehören zum Beispiel die schädlichen Funktionen „Kern- und Schalenteile vermengen", „Bruchstücke verstreuen" oder „Nusskern beschädigen" (vgl. Abb. 182).

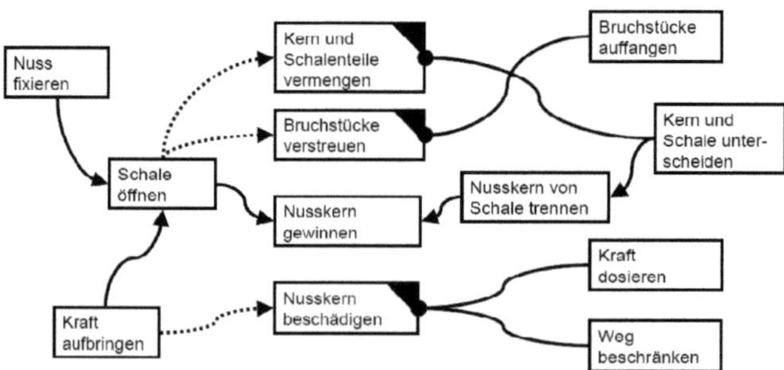

Abb. 182: Relationsorientiertes Funktionsmodell des Nussknackers aus Übung zu (Lindemann 2009, Kap. 3)

Im zweiten Schritt werden für die Funktionen physikalische Effekte, bzw. Effektketten ermittelt, die zur grundsätzlichen Realisierung der Funktion herangezogen werden können. Als Beispiel sei hier die Teilfunktion „Nusskern von Schale trennen" genommen. Für diese sind folgende zwei exemplarische Realisierungen denkbar:

Physikalische Wirkprinzipien	Auftrieb	Magnetische Anziehung	...
Skizze	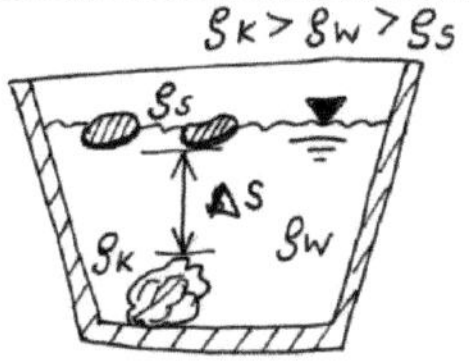	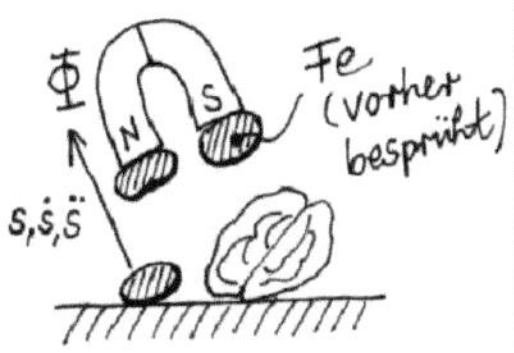	...

Abb. 183: Physikalische Wirkprinzipien zur Realisierung der Funktion „Nusskern von Schale trennen" eines Nussknackers

Durch Zusammenstellung aller denkbaren Lösungsvorschläge entsteht ein sogenannter morphologischer Kasten, in dem in den Zeilen die Teilfunktionen und in den Spalten die dazugehörigen Teillösungen in Form von physikalischen Wirkprinzipien gelistet sind. Ein Wirkkonzept ist daher die Wahl jeweils einer gültigen Teillösung (eines Wirkprinzips) für eine erforderliche Teilfunktion und die Kombination zu einem gesamtgültigen Lösungskonzept, vgl. Abb. 184.

Teilfunktionen	Teillösungen			
	Lösung 1	Lösung 2	Lösung 3	Lösung 4
T_A: Kraft aufbringen	A_1 Hebel 	A_2 Stoß 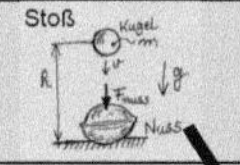	A_3 Druckkraft 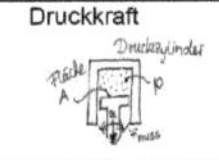	
T_B: Nuss fixieren	B_1 KfK, Keil 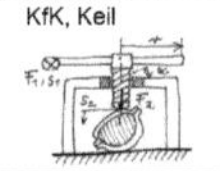	B_2 Magnet. Anzieh. 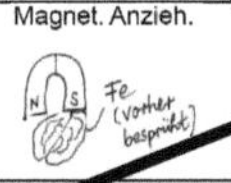	B_3 Druckkraft (Saugrohr) 	
T_C: Kraft dosieren	C_1 Kohäsion fester Körper (KfK) 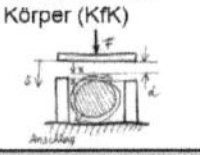	C_2 Elastische Verformung 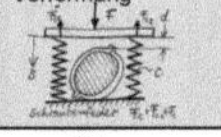	C_3 Druckkraft, Boyle Mariotte 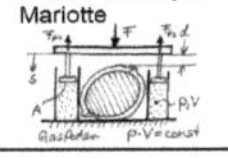	C_4 Magnet. Abstoß. 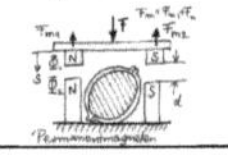
T_D: Kern und Schale trennen	D_1 Magnet. Anzieh. 	D_2 Auftrieb 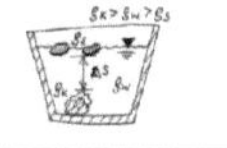	D_3 Ström.widerstand Gravitation 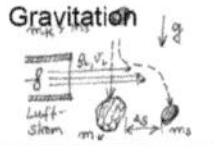	D_4 Gravitation, KfK 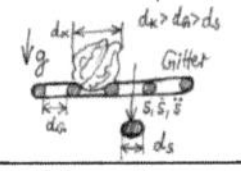

Abb. 184: Morphologischer Kasten mit Kombination von Wirkprinzipien zu einer Wirkstruktur

Allerdings entsteht eine Reihe an Kombinationen, die schnell unübersichtlich werden, daher gilt die Grundregel, dass der Umfang des morphologischen Kastens so gewählt werden soll, dass der Aufwand für die Beurteilung von Zweierkombinationen (Teillösungspaaren) minimiert wird.

Zur Beherrschung der übrigbleibenden „Alternativenflut“ gibt es zwei Ansätze:

1. Das Anpassen des morphologischen Kastens durch Strukturierung, bzw. Reduktion und
2. die Integration von Auswahlverfahren in mathematische Kombinationsverfahren.

A.4. Gestaltsmodell

Auf der Gestaltebene werden die Produkte soweit konkretisiert und detaillier, dass diese hergestellt werden können. Dazu wird die Gestaltstruktur erarbeitet, die alle Bauteile, Baugruppen und deren Verknüpfung enthält. Eine Vielzahl technische und wirtschaftlicher Produkteigenschaften wird festgelegt. Dabei kann es auch zu Wechselwirkungen zwischen einzelnen Merkmalen kommen, man spricht dann auch von Systemkomplexität. Zur Erarbeitung initialer Gestaltkonzepte sind in der Regel zwei Vorgehensweisen von Bedeutung. Beim **generierenden Vorgehen** werden unterschiedliche, gleichberechtigte Gestaltausprägungen parallel erarbeitet, während beim **korrigierenden Vorgehen** nach der Definition einer ersten Gestaltslösung diese fortschreitend überarbeitet und auf Schwachstellen analysiert wird.

Eine systematische Variation des aktuellen Gestaltsmodells ist zum Beispiel dann erforderlich, wenn in einem ersten Entwicklungsstand bestimmte Hauptziele nicht erreicht wurden. Beispiel: Ein Entwickler eines Mountainbikes könnte als Hauptziel die Fertigung einer Leichtbau-Version haben, sein erster Entwurf weist jedoch ein zu hohes Gesamtgewicht auf (vgl. Abb. 185). Der Entwickler muss also geeignete Gestaltsparameter im Gestaltsmodell variieren, um die erforderliche Gewichtsreduzierung zu erzielen.

Abb. 185: Systematische Variation des aktuellen Gestaltsmodells

B. Sprachen zur Beschreibung von Ontologien

B.1. Das Resource Description Framework (RDF)

Jedes RDF-Dokument kann durch einen Graphen visualisiert werden und stellt Beziehungen zwischen Ressourcen dar. In RDF bezeichnet man den Anfangspunkt als das ***Subjekt***, die Kante als das ***Prädikat*** und den Endpunkt als das ***Objekt***, so dass das entsprechende ***RDF-Tripel „Subjekt-Prädikat-Objekt“*** entsteht. So ist mit RDF zum Beispiel ausdrückbar, dass die Ressource „2x2-Legostein“ (Subjekt) ein Element einer Ressource[73] „5x5-Legowand“ (Objekt) ist, vgl. Abb. 186.

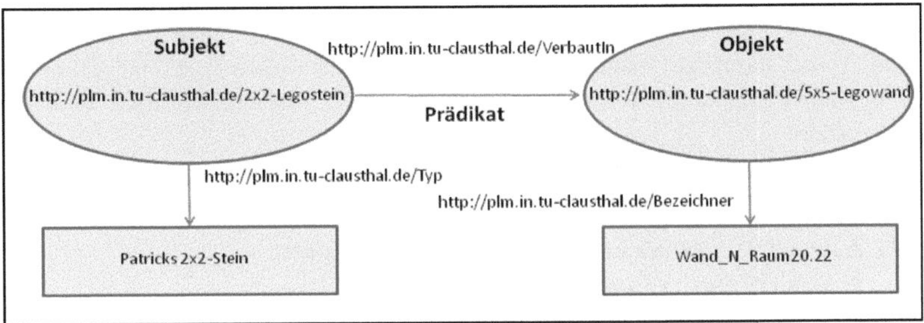

Abb. 186: Beispiel-RDF-Graph

B.1.1 Uniform Resource Identificator

Insbesondere bei dezentralen Informationsquellen eignen sich RDF-Graphen, um die Informationen aus den unterschiedlichsten Quellen zu integrieren. Dabei ist jedoch zu beachten, dass Ressourcen in unterschiedlichen

Bei der Integration von Informationen auf unterschiedlichsten Quellen haben diese oft verschiedenen Bezeichner, obwohl das gleiche gemeint ist. Um Verwechslungen zu vermeiden werden in RDF die bekannten Uniform Resource Identificators (URIs)[74] verwendet, zum Beispiel: `http://plm.in.tu-clausthal.de/2x2-Legostein`.

Jede URI besteht aus zwei Teilen, dem URI-Schema (hier: http), das der Interpretation des Folgeteils dient. Zusätzlich kann durch die # ein Fragment angehängt werden, wodurch eine URI-Referenz entsteht: `Schema://Server/[Pfad][?Anfrage][#Fragment]`.

B.1.2 Literale

Konkrete Datenwerte, deren Interpretation durch beliebige Teilnehmer immer eindeutig sein soll, werden in RDF **Literale** genannt. Literale werden allgemein durch Zeichenketten beschrieben. Deren Interpretation wird erst dann eindeutig, wenn ein konkreter Datentyp[75]

---

[73] Der Begriff Ressource beschreibt im Kontext von Ontologien eine eindeutig zu identifizierende Entität.

[74] Ein Uniform Resource Identificator (URI) ist ein „einheitlicher Bezeichner für Ressourcen“ von dem zwei bekannte Unterformen existieren: Uniform Resource Locators (URLs) werden zur Adressierung von Web-Ressourcen über entsprechende Protokolle (HTTP, FTP, usw.) genutzt und Uniform Resource Names (URNs) identifizieren Ressourcen über weltweit eindeutige Bezeichner, wie z.B. die ISBN. Generell stellen also URIs einen Mechanismus zur Verfügung, um eindeutige Bezeichner – nicht nur im WWW – zu erzeugen.

[75] RDF empfiehlt die Nutzung der XML Schema Datentypen.

angegeben wird (z.B. meinen die Zeichenfolgen „22“ und „2x2“ denselben Legostein). Jeder Datentyp beschreibt zunächst einen Wertebereich (z.B. $\mathbb{N}^+$). Weiterhin werden syntaktisch zulässige Beschreibungen im Sinne eines lexikalischen Bereichs definiert (z.B. Zeichenketten aus Ziffern von 0-9, die max. einmal das Zeichen x enthalten dürfen). Die Abbildung vom lexikalischen Bereich in den Wertebereich beschreibt dann die Interpretation des Datentypen als gewohnte Lego™-Größenangabe.

B.1.3 RDF/XML-Syntax

Bei Umwandlung des Graphen in eine entsprechende RDF/XML-Syntax betrachtet man die Menge tatsächlich vorhandener Kanten. In Abb. 186 gibt es genau eine Kante (`http://plm.in.tu-clausthal.de/VerbautIn`) mit den Anfangspunkt `http://plm.in.tu-clausthal.de/2x2-Legostein` und dem Endpunkt `http://plm.in.tu-clausthal.de/5x5-Legowand`. RDF-Tripel werden für gewöhnlich in XML hierarchisch nach dem Subjekt gruppiert kodiert.

Src. 24: Übersetzung des RDF-Graphen aus Abb. 186 in RDF/XML[76]

```
<?xml version="1.0" encoding="utf-8"?>
<rdf:RDF xmlns:rdf="http://www.w3.org/1999/02/22-rdf-syntax-ns#"
         xmlns:plm="http://plm.in.tu-clausthal.de/">

   <rdf:Description rdf:about="http://plm.in.tu-clausthal.de/2x2-Legostein">
       <plm:Typ>Patricks 2x2-Stein</plm:Typ>
       <plm:VerbautIn>
         <rdf:Description rdf:about="http://plm.in.tu-clausthal.de/5x5-Legowand">
             <plm:Bezeichner>Wand_N_Raum20.22</plm:Bezeichner>
         </rdf:Description>
      </plm:VerbautIn>
   </rdf:Description>
</rdf:RDF>
```

Im Src. 24 werden dazu als erstes in der Wurzel die **Namensräume**[77] `rdf` und `plm` deklariert. Ein Namensraum spezifiziert eine Menge an eindeutigen XML-Namen innerhalb des Raumes und wird grundsätzlich im Start-Tag eines XML-Elements wie folgt deklariert: `<Element-Name xmlns[:Präfix] = URI>`
Der Namensraum ist nur innerhalb des XML-Elements gültig. Der Name des Namensraums wird als Wert des Attributs `xmlns` in der Form einer URI (Beispiel: `http://plm.in.tu-clausthal.de/`) angegeben. Präfixe werden als Abkürzung für Namensräume genutzt (Beispiel: `xmlns:plm`).

Im Element `rdf:RDF` wird das Tripel aus Abb. 186 kodiert. Das Subjekt mit dem Bezeichner `http://plm.in.tu-clausthal.de/2x2-Legostein` wird in einem XML-Element des Typs `rdf:Description` angegeben. Direkt darauf folgt das Prädikat, welches direkt als `plm:VerbautIn` dargestellt ist. Schlussendlich folgt noch das Objekt, das wiederum als Typ

[76] Validiert durch den W3C-RDF-Validator: http://www.w3.org/RDF/Validator/
[77] Zur Vermeidung von Namenskonflikten hat das W3C die sogenannten Namensräume (engl.: namespaces) eingeführt. Dazu werden URIs verwendet.

`rdf:Description` angegeben wird. Literale werden einfach als Inhalte des Prädikats dargestellt.

B.1.4 RDF/Turtle-Syntax

Die RDF/Turtle[78]-Syntax ist im Vergleich zur RDF/XML-Syntax eine besonders einfache und platzsparende Möglichkeit RDF-Triple abzubilden. Die Übersetzung des Beispiels aus Abb. 186 sieht dann wie folgt aus:

```
@prefix plm: <http://plm.in.tu-clausthal.de/>.
plm:2x2-Legostein    plm:VerbautIn    plm:5x5-Legowand;
                     plm:Typ          "Patricks 2x2-Stein".
plm:5x5-Legowand     plm:Bezeichner   "Wand_N_Raum20.22".
```

Die Deklarierung von Namensräumen zur Abkürzung von URIs wird über den Bezeichner „prefix" erreicht. Dann erfolgt eine direkte Übersetzung des RDF-Graphen in Triple. Ein Subjekt kann durch Abschluss einer Zeile mit Hilfe eines Semikolons in nachfolgenden Tripeln Verwendung finden (hier: Das Subjekt `plm:2x2-Legostein`). Subjekt und Prädikat können gemeinsam durch ein Komma abgetrennt Wiederverwendung finden, dies wird hier nicht benötigt. Mehrwertige Beziehungen

Die Abbildung mehrwertiger Beziehungen in RDF-Graphen kann nur durch Hinzufügen von Hilfsknoten erfolgen. Der Graph in Abb. 187 enthält dazu die beiden Hilfsknoten `plm:Komponente1` und `plm:Komponente2` und die entsprechenden Prädikate `plm:bestehtAus`. Ein Hilfsknoten erzeugt eine eindeutige Beziehung zwischen der „Baugruppe" 5x5-Legowand, Komponente und Menge.

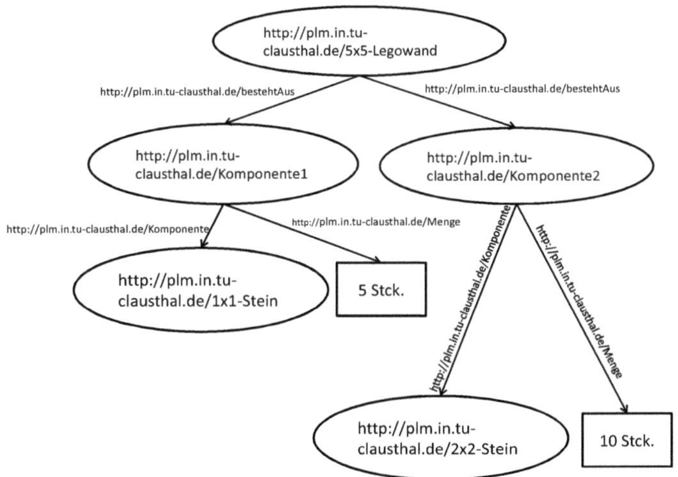

Abb. 187: Mehrwertige Beziehungen im RDF-Graphen

[78] Turtle ist entstanden durch Vereinfachung der bekannten N3-Notation (N3) von Tim Berners-Lee.

Aus der Abb. 187 lässt sich die RDF/ Turtle-Darstellung in Src. 25 herleiten. `rdf:value` markiert dabei den Hauptwert einer mehrwertigen Beziehung.

Src. 25: Übersetzung des RDF-Graphen aus Abb. 187 in RDF/Turtle

```
@prefix plm: <http://plm.in.tu-clausthal.de/>.
@prefix rdf: <http://www.w3.org/1999/02/22-rdf-syntax-ns#>.

plm:5x5-Legowand     plm:bestehtAus     plm:Komponente1;
plm:Komponente1      rdf:value          plm:1x1-Stein;
                     plm:Menge          "5 Stck".
plm:5x5-Legowand     plm:bestehtAus     plm:Komponente2;
plm:Komponente2      rdf:value          plm:2x2-Stein;
                     plm:Menge          "10 Stck".
```

Um die Darstellung noch weiter zu vereinfachen gibt es leere Knoten (engl.: blank nodes). Sie stehen in der graphischen Darstellung an Stelle der Hilfsknoten und müssen nur im Falle einer dokumentseitigen Referenzierung im RDF-Dokument angegeben werden.
Ansonsten können leere Knoten weggelassen werden und es gibt sich der stark vereinfachte RDF/ Turtle-Code bei der Übersetzung des RDF-Graphen aus Abb. 187:

```
@prefix plm: <http://plm.in.tu-clausthal.de/>.

plm:5x5-Legowand    plm:bestehtAus
    [plm:Komponente        plm:1x1-Stein       plm:Menge "5 Stck";
     plm:Komponente        plm:2x2-Stein       plm:Menge "10 Stck"].
```

So würde die Übersetzung in RDF/ XML aussehen:

```
<rdf:Description rdf:about=http://plm.in.tu-clausthal.de/5x5-Legostein>

  <plm:bestehtAus rdf:parseType="Resource">
    <plm:Komponente rdf:Resource=http://plm.in.tu-clausthal.de/1x1-Legostein />
    <plm:Menge>5 Stck</plm:Menge>
  </plm:bestehtAus>

  <plm:bestehtAus rdf:parseType="Resource">
    <plm:Komponente rdf:Resource=http://plm.in.tu-clausthal.de/2x2-Legostein />
    <plm:Menge>10 Stck</plm:Menge>
  </plm:bestehtAus>

</rdf:Description>
```

Dem Leser sei bereits an dieser Stelle bewusst gemacht, was Ontologien zu leisten im Stande sind und was nicht. Die Ontologie in Src. 25 beschreibt zwar durchaus einen semantischen Zusammenhang zwischen Komponenten und einer Baugruppe im Sinne einer Stückliste, dennoch entstehen eine Vielzahl von Baugruppen-Varianten und es existiert keinesfalls Eindeutigkeit bei der Interpretation. Diese Eindeutigkeit von Baugruppen herzustellen ist jedoch auch nicht Aufgabe einer Ontologie. Abb. 188 zeigt mögliche Interpretationen.

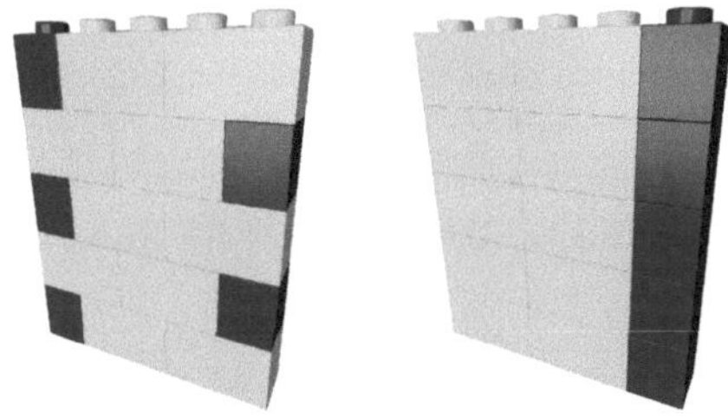

Abb. 188: Mögliche Interpretationen der Ontologie aus Src. 25

B.2. RDF-Schema (RDFS)

B.2.1 RDFS: Klassen

Mit der in RDF vordefinierten URI `rdf:type` können Ressourcen als Instanzen einer Klasse[79] gekennzeichnet werden. Um eine Ressource explizit als eine Klasse zu kennzeichnen wird die vordefinierte URI `rdfs:Class` verwendet. Klassenzugehörigkeit ist nicht exklusiv, dass bedeutet, dass eine Ressource in mehr als nur einer Klasse vertreten sein kann.

Aus dem menschlichen Hintergrundwissen folgt zum Beispiel, dass ein **2x2-Stein** sowohl vom Typ **Komponente** als auch vom Typ **Lego** ist. Folgende Schreibweise drückt diesen Sachverhalt aus:

```
plm:2x2-Stein   rdf:type   plm:Komponente.
plm:2x2-Stein   rdf:type   plm:Lego.
```

Intuitiv ist klar, dass jede Komponente ebenfalls vom Typ Lego ist, also zwischen den Objekten Komponente und Lego eine Beziehung besteht. Bei jedem weiteren Stein, der definiert werden soll (zum Beispiel der `plm:1x1-Stein`) müssten nun jeweils die beiden Klassendefintionen formuliert werden. Daher bedient man sich dem Konzept der Unterklasse über die URI `rdfs:subClassOf`. Mit Unterklassen lassen sich vollständige Klassenhierarchien von einem Wurzelelement aus etablieren. Das Wurzelelement wird angegeben durch die URI `rdfs:Class`, das heißt die Klasse „Lego" ist die einzige Klasse, die nicht von einer anderen Klasse erbt. Folgendes Beispiel zeigt die Klassenbeziehungen in RDF/ Turtle[80]:

```
@prefix plm:    <http://plm.in.tu-clausthal.de/>.
plm:Lego          rdf:type          rdfs:Class.
plm:Komponente    rdfs:subclassOf   plm:Lego.
plm:1x1-Stein     rdfs:subclassOf   plm:Komponente.
plm:2x2-Stein     rdfs:subclassOf   plm:Komponente.
```

Da die Unterklassenbeziehung transitiv ist, kann implizit gefolgert werden, dass gilt „`plm:2x2-Stein rdf:type  plm:Lego`", womit oben geschilderte Problematik gelöst ist.

[79] Klasse meint hier: Menge von Ressourcen, also Entitäten realen Welt.
[80] Validiert durch den W3C-RDF-Validator: http://www.w3.org/RDF/Validator/

B.2.2 RDFS: Properties

Als Properties werden Prädikats-URIs wie zum Beispiel `plm:VerbautIn` oder `plm:Typ` bezeichnet. Sie stellen eine Relation (Beziehung) zwischen Subjekt und Objekt dar und sind keine „echten" Ressourcen, auch wenn sie als solche dargestellt werden. Relationen können mathematisch als Mengen aufgefasst werden – Insofern wäre `plm:VerbautIn` die Menge aller tatsächlich verbauten Legosteine. Das folgende RDF-Konstrukt wird dazu verwendet, eine Property zu definieren:

```
plm:VerbautIn                  rdf:type          rdf:Property.
```

Ebenso wie bei den Klassen gibt es auch hier sogenannte Unterpropertys, die zum Beispiel den folgenden Sachverhalt ausdrücken können:

```
plm:Steckverbindung            rdf:subPropertyOf   plm:VerbautIn.
plm:FlexibleDrehverbindung     rdf:subPropertyOf   plm:VerbautIn.
```

Damit kann aus

```
plm:2x2-Legostein              plm:Steckverbindung plm:5x5-Legonwand.
```

geschlussfolgert werden:

```
plm:2x2-Legostein              plm:VerbautIn       plm:5x5-Legonwand.
```

Properties haben zusätzlich einen Definitionsbereich (`rdfs:domain`) und einen Wertebereich (`rdfs:Range`), womit ein semantischer Zusammenhang zwischen Klassen und Properties geschaffen wird. Der Definitionsbereich typisiert Subjekte, der Wertebereich die Objekte. Ein Beispiel verdeutlicht dies:

```
plm:VerbautIn                  rdfs:domain         plm:Komponente
plm:VerbautIn                  rdfs:range          plm:Baugruppe
```

Wertebereiche können auch Literalen hinzugefügt werden, damit diese nur bestimmte Datenwerte annehmen können.

B.3. Die Web Ontology Language (OWL)

B.3.1 OWL:Klassen

Im Wesentlichen bestehen OWL-Ontologien aus Klassen und Properties, so wie sie von RDF bekannt sind. In OWL können diese jetzt mit nahezu beliebiger Komplexität zueinander in Beziehung gesetzt werden. Eine OWL-Klasse namens „Komponente" wird in RDF-Schreibweise durch das folgende Tripel definiert:

```
<rdf:Description rdf:about="Komponente">
    <rdf:type rdf:resource="&owl;Class"/>
</rdf:Description>
```

In OWL wird dafür folgende Kurzschreibweise verwendet:

```
<owl:Class rdf:about="Komponente"/>
```

Alle selbst definierten Klassen erben in OWL von der allgemeinsten Klasse `owl:Thing`. Da es in RDF keine explizite semantische Trennung zwischen Klassen und Individuen (engl.: individuals) gibt, wird dieses Konzept in OWL eingeführt. In RDF könnten Individuals als Instanzen von Klassen interpretieren:

```
<rdf:Description rdf:about="1x1-Legostein">
    <rdf:type rdf:resource="Komponente"/>
</rdf:Description>
```

Und auch hierfür kann in OWL die folgende Kurzform verwendet werden:

```
<Komponente rdf:about="1x1-Legostein"/>
```

OWL-Klassen können durch das Konstrukt `owl:subclassOf` (transitiv) zueinander in Beziehung gesetzt werden. Aus:

```
<owl:Class rdf:about="Baustein">
    <rdfs:subClassOf rdf:resource="Komponente"/>
</owl:Class>

<Komponente rdf:about="1x1-Legostein"/>
```

folgt durch Inferenz, dass der 1x1-Legostein eine spezielle Komponente, nämlich ein Baustein ist.

Mit Hilfe des Konstrukts `owl:disjointWith` können zwei Klassen als disjunkt deklariert werden. Es gibt also kein Individuum, das in beide Klassen eingeordnet werden kann. Entsprechend können mit `owl:equivalentClass` zwei Klassen als gleich deklariert werden.

```
<owl:Class rdf:about="Baustein">
   <owl:disjointWith rdf:resource="Platte"/>
   <owl:disjointWith rdf:resource="Dachziegel"/>
</owl:Class>
```

B.3.2 OWL: Logische Konstruktoren

Mit Hilfe von logischen Konstruktoren lässt sich komplexes Wissen ausdrücken, womit diese in zwei Formen eine Rolle spielen:

- Mit Hilfe von Konstruktoren (auch Äquivalenzklassen genannt) ist es möglich, Individuen automatisch Klassen zuzuordnen, ohne dass diese Zuordnung explizit in der Ontologie erfolgt. Dieses Verfahren nennt sich Reasonning. Dabei wird überprüft, ob ein Individuum die im Konstruktor aufgestellten Constraints erfüllt. Im positiven Falle kann die Zuordnung als gültig angesehen und wie eine zusätzliche Aussage in der Ontologie behandelt werden. Reasonning dient also dazu, implizites Wissen verfügbar zu machen.

- Konstruktoren beschreiben formal, wie sich der Autor die Individuen einer Klasse vorstellt. Man kann diese Beschreibungen also als eine Art Blaupause auffassen für das Aussehen von Individuen, die dieser Klasse zugehörig sein sollen. Somit ist es für andere Autoren einer Ontologie möglich zu verstehen, welche Art von Objekten der Autor als eine Klasse ansieht und welche ihrer Individuen ggf. zu dieser Klasse passen. Dieser Aspekt einer Äquivalenzklasse stellt damit quasi eine Art semantische Dokumentation dar.

Für Konstruktoren stehen folgende Mittel zur Verfügung: Konjunktion (`owl:intersectionOf`), Disjunktion (`owl:unionOf`) und Negation (`owl:complementOf`). Bei der Konjunktion zweier Klassen enthält eine Klasse (z.B.: „SchnittstellenBaustein") genau diejenigen Objekte, bzw. Instanzen, die gleichzeitig zu zwei oder mehreren Klassen (hier z.B.: „Bausteine-Hausknecht" und „Bausteine-Bachmann") gehören, mengentheoretisch betrachtet also die Schnittmenge:

```
<owl:Class rdf:about="SchnittstellenBaustein">
     <owl:intersectionOf rdf:parseType="Collection">
          <owl:Class rdf:about="Bausteine-Hausknecht">
          <owl:Class rdf:about="Bausteine-Bachmann">
     </owl:intersectionOf>
</owl:Class>

<Schnittstellenbaustein rdf:about="1x1-Legostein_3250"/>
```

Bei der Disjunktion gehört ein Objekt entweder der einen oder der anderen Klasse an (Mengenlehre: Vereinigung). In Kombination mit dem Fragment `rdfs:subclassOf` erreicht man zusätzlich, dass ein Objekt mindestens einer Klasse angehören muss:

```
<owl:Class rdf:about="VerbauteBausteine">
     <rdfs:subClassOf>
          <owl:unionOf rdf:parseType="Collection">
               <owl:Class rdf:about="Bausteine_ProjektA">
               <owl:Class rdf:about="Bausteine_ProjektB">
          </owl:unionOf>
     <rdfs:subClassOf>
</owl:Class>
```

Bei der Negation sind im Komplement einer Klasse genau die Objekte, die nicht in der Klasse selbst sind. Dieser Sachverhalt lässt sich auch über das Konstrukt `owl:disjointWith` ausdrücken. Ein Objekt ist im folgenden Beispiel entweder eine Steckverbindung oder eine Drehverbindung:

```
<owl:Class rdf:about="Steckverbindung">
     <owl:disjointWith rdf:resource="Drehverbindung">
</owl:Class>
```

```
<owl:Class rdf:about="Steckverbindung">
     <owl:complementOf rdf:parseType="Collection">
          <owl:Class rdf:about="Drehverbindung">
     </owl:complementOf>
</owl:Class>
```

B.3.3 OWL: Rollenbeziehungen

RDF-Properties werden in OWL Rollen genannt, wobei abstrakte Rollen (`ObjectProperties`) jeweils zwei Individuen miteinander verbinden und konkrete Rollen dagegen Individuen mit Datentypen (`DatatypeProperties`) verknüpfen. Die Angabe der Bereiche der Properties ist bereits aus RDFS bekannt.

```
<owl:ObjectProperty rdf:about="hatKomponente">
     <rdfs:domain rdf:resource="Baugruppe"/>
     <rdfs:range  rdf:resource="Komponente"/>
</owl:ObjectProperty>

<owl:DatatypeProperty rdf:about="hatXKoordinate">
   <rdfs:domain rdf:resource="Komponente"/>
     <rdfs:range  rdf:resource="&xsd;integer"/>
</owl:DatatypeProperty>
```

Properties sind in OWL durch spezielle Eigenschaften genauer spezifizierbar. Dabei unterscheidet man zwischen den **beschreibenden** und den **charakteristischen Rolleneigenschaften (engl.: properties)**.

Um die Eigenschaften von Properties exakt zu beschreiben, soll die formale Definition von Ontologien, so wie in (Hausknecht 2010) beschrieben, erweitert werden. Ein Tripel T sei definiert durch $T = (I_a, p, I_b)$ mit $I_a, I_b \in L_C$ und $p \in R$, wobei gilt, dass I_a Subjekt und I_b Objekt des Tripels sei.

$$\text{Beispiel: T} = (\text{"Brick\_1"}, \text{isConnectedWith}, \text{"Brick\_TUC\_01"})$$

- **Beschreibende Properties: Inverse Properties.** Dies ist eine Menge von Properties, die semantisch die „Umkehrrichtung“ einer Relation zwischen Subjekt und Objekt beschreiben. Sei $T_e = (I_s, p_a, I_o)$ ein Tripel einer Ontologie O. Wird eine Property p_b in die Menge der Inverse Properties von p_a aufgenommen, so kann geschlussfolgert werden, dass ein Tripel $T_i = (I_o, p_b, I_s)$ existiert.

  Ein Beispiel wäre eine Eltern-Kind Beziehung zwischen Baugruppen. Eine Oberbaugruppe B_O habe eine ihr eingegliederte „Kind“-Baugruppe B_K. Explizit sei das Tripel $T_e = (B_O, hasChild, B_K)$ gegeben. Ist die Property isChildOf als invers definiert, so gilt auch $T_i = (B_K, isChildOf, B_O)$. Grafisch entpräche das folgender Darstellung:

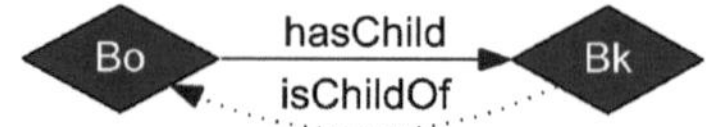

- **Beschreibende Properties: Disjoint Properties.** Sei $T_e = (I_s, p_a, I_o)$ ein Tripel einer Ontologie O und eine Property p_b wird in die Menge der Disjoint Properties von p_a aufgenommen, so darf es in der Ontologie O kein anderes Tripel geben, für das gilt $T_x = (I_s, p_b, I_o)$.

  Ein Beispiel hierfür wäre die Art der Verbindung zwischen zwei Lego-Bauteilen. Zwei Steine können durch eine Steckverbindung miteinander befestigt werden, was durch die Property „isPluggedWith“ ausgedrückt werden kann. Andererseits können sogenannte Lochsteine aus dem Technik-Sortiment auch durch Achsen und Pins miteinander verbunden werden; das wird durch die Property „isPinnedWith“ ausgedrückt. Innerhalb der Lego-Domäne gibt es aber keine Bausteine, für die beides gilt. Insofern ist es sinnvoll, die beiden Properties als „disjoint“ zu definieren.

isPluggedWith

isPinnedWith

- **Charakteristische Properties: Transitive Properties.** Seien $T_{e1} = (I_a, p, I_b)$ und $T_{e2} = (I_b, p, I_c)$ Tripel einer Ontologie O und die Property p als transitiv definiert, so enthält die Ontologie implizit auch das Tripel $T_i = (I_a, p, I_c)$. Als Beispiel seien hier die Legosteine B1, B2 und B3 angenommen, die aufeinander gesteckt sind. Damit könnte man die Tripel $T_1 = (B_1, \text{isConnectedWith}, B_2)$ und $T_1 = (B_2, \text{isConnectedWith}, B_3)$ explizit aufstellen. Ist die Property „isConnectedWith“ als transitiv definiert, so gilt implizit auch das Tripel $T_3 = (B_1, \text{isConnectedWith}, B_3)$. Grafisch kann der Sachverhalt so anschaulich dargestellt werden:

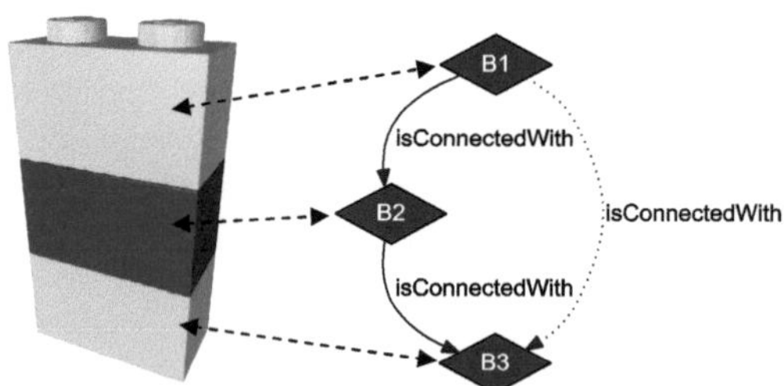

- **Charakteristische Properties: Symmetric/ Asymmetric Properties.** Sei $T_e = (I_a, p, I_b)$ ein Tripel einer Ontologie O und die Property p als symmetrisch definiert, so enthält die Ontologie implizit auch das Tripel $T_i = (I_b, p, I_a)$. Ist p asymmetrisch, so darf das Tripel T_i nicht in O enthalten sein. Als Beispiel für symmetrische Properties kann die bereits bekannte „isPluggedWith"-Property herangezogen werden. Die Richtung, in der zwei Steine miteinander verbunden sind, ist nicht wirklich bestimmbar.

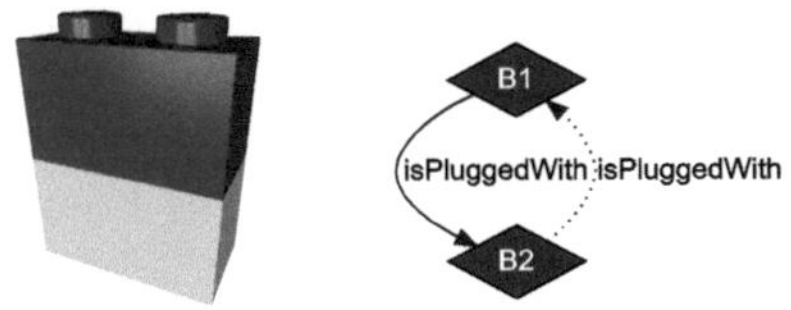

Im Gegensatz dazu sind die Properties „hasChild" oder „isChildOf" hier asymmetrischer Natur (siehe Inverse Properties).

- **Charakteristische Properties: Reflexive/ Irreflexive Properties.** Sei $T_e = (I_a, p, I_b)$ ein Tripel einer Ontologie O und die Property p als reflexiv definiert, so darf gelten $I_a = I_b$. Eine reflexive Property darf also ein Individuum mit sich selbst verbinden. Eine irreflexible Property schließt dieses explizit aus. In diesem Falle ist es einfacher ein Negativbeispiel zu geben. Die bekannte „is PluggedWith"-Property ist auf keinen Fall reflexiv; ein Stein kann nicht mit sich selbst verbunden sein, wie folgende Abbildung zeigt:

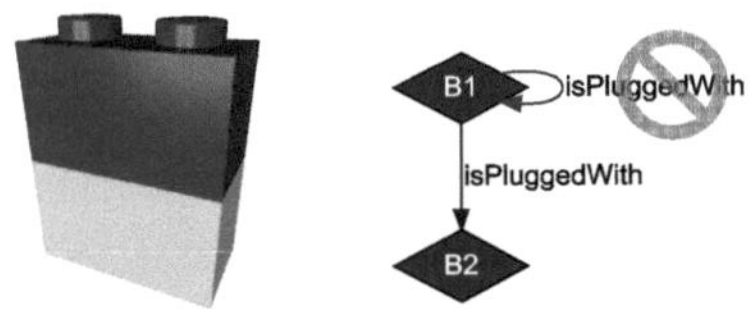

- **Charakteristische Properties: Functional / Inverse Functional Properties.** Seien $T_{e1} = (I_a, p, I_c)$ und $T_{e2} = (I_b, p, I_d)$ Tripel einer Ontologie O und die Property p als funktional definiert, so gilt $I_c = I_d$. Eine funktionale Property verbindet also beliebige Subjekte zu genau ein und demselben Objekt. Bei einer als invers funktional definierten Property gilt der umgekehrte Fall, so dass gilt mit $T_{e1} = (I_a, p, I_c)$ und $T_{e2} = (I_b, p, I_d)$: $I_a = I_b$. In diesem Falle ist also das Subjekt ein und dasselbe.

C. WSDL First/ Contract First mit Axis2

In diesem Abschnitt soll exemplarisch demonstriert werden, wie mit Hilfe von Axis2 der Contract-First-Ansatz zur Realisierung von Webservice-Anwendungen genutzt werden kann.

Nach der Vorbereitung der Entwicklungsumgebung muss bei diesem Ansatz als aller erstes die Web Service-Schnittstelle in Form einer WSDL-Datei erzeugt werden. Dafür wird eine geeignete Tool-Unterstützung benötigt. Hier wird der Empfehlung der Autoren Dai et. al. gefolgt und der WSDL-Editor der Eclipse Web Tools Plattform (WTP)[81] genutzt (Dai, Mandel et al. 2007).

C.1. Vorbereitung der Entwicklungsumgebung

Für das Beispiel wird die Eclipse IDE in der Version 3.4.1, also Ganymede SR1 für Java EE Entwickler[82] benutzt.

1. Nach dem Starten von Eclipse muss zu allererst eine Ausführungsumgebung für serverseitigen Java-Code (Servlets) konfiguriert werden. Mit Apache Tomcat steht in der hier verwendeten Version 5.5.28[83] ein ausgereifter Open Source Servlet-Container zur Verfügung. Der Servlet-Container Tomcat wird nach dem Entpacken über den Windows Arbeitsplatz in der Eclipse IDE über das Menü „Windows -> Preferences" und in dem sich öffnenden Dialog „Preferences" unter dem Navigationspunkt „Server -> Runtime Environment" als Servlet-Container eingebunden.

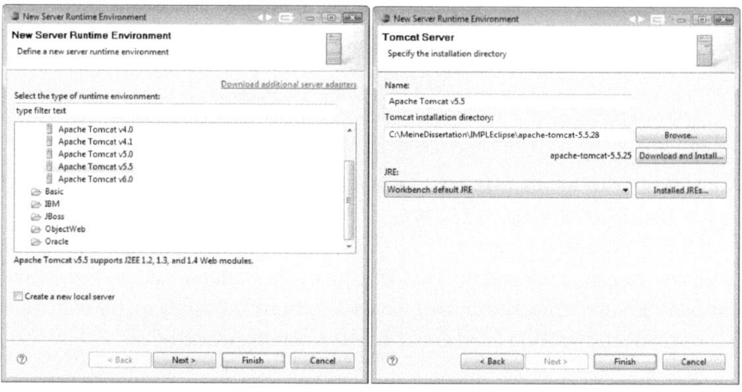

Abb. 189: Hinzufügen von Tomcat 5.5.28 als Servlet-Container in der Eclipse IDE

2. Eine Instanz (z.B. „My Apache Tomcat") des zuvor angelegten Tomcat-Servers wird in der Ansicht (View) „Servers" per Rechtsklick über das Kontextmenü (New -> Server) erzeugt.

3. Durch Doppelklick auf die Serverinstanz werden dessen Einstellungen angezeigt. Unter „Server Locations" wird dabei die Option „Use Tomcat Installation" gewählt, damit

[81] http://www.eclipse.org/webtools/ [01.04.2011]
[82] http://www.eclipse.org/downloads/packages/release/ganymede/sr1 [01.04.2011]
[83] http://www.osnt.org/apache/tomcat/tomcat-5/v5.5.28/bin/apache-tomcat-5.5.28.zip [01.04.2011]

direkt auf die Servereinstellungen (cataline.base) und –Deploypfade zugegriffen werden kann. Unter Ports können zusätzlich Einstellungen für die Serverports vorgenommen werden, in diesem Fall wird der Tomcat auf dem Port 8180 laufen.

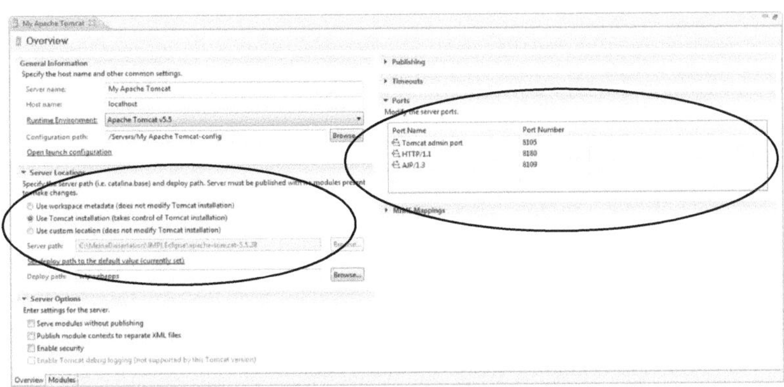

Abb. 190: Apache Tomcat Konfiguration

4. Im nächsten Schritte wird eine Laufzeitumgebung speziell für Web Services, eine sogenannte SOAP Engine benötigt. Diese SOAP Engine soll als Servlet im zuvor eingerichteten Servlet-Container Tomcat ausgeführt werden. Seit einiger Zeit hat sich dafür Apache Axis2 auf dem Open Source Markt etabliert. Die Aufgabe von Axis2[84] ist das Parsen von XML basieren SOAP Nachrichten, wofür ein StAX[85] Parsing-Verfahren eingesetzt wird. Die Axis2 Runtime wird im Dateiverzeichnis bereitgestellt und in der Eclipse IDE über den Menüpunkt „Window->Preferences->Axis2 Preferences" im Punkt „Axis2 runtime location" eingebunden.

5. Der Tomcat Servlet mit dem Axis2 Soap Engine Servlet wird durch Klick auf den Start Button in der Server-View gestartet. Anschließend wird über den bevorzugten Webbrowser die Tomcat-Startseite aufgerufen, in diesem Fall über die URL[86] http://localhost:8180/. Der Aufruf des Tomcat Managers geschieht durch Wahl des entsprechenden Navigationspunkts und über Autorisierung mit Hilfe einer zuvor in der `tomcat-users.xml` festgelegten Manager-Rolle. In der Liste der Webanwendungen ist dann bereits das Axis2 Servlet zu sehen, durch Klick gelangt man zu dessen Weboberfläche (http://localhost:8180/axis2/).

---

[84] http://axis.apache.org/axis2/java/core/download.cgi [01.04.2011]

[85] StAX steht kurz für „Streaming API for XML" und ist auf dem JDK 6 implementierte, java-basierte API für die Verarbeitung von XML-Dokumenten. Beim DOM-Verfahren wurde bisher das komplette Quelldokument zur Verarbeitung im Speicher gehalten (->speicheraufwendig), SAX fokussierte einen einmaligen Dokumentendurchlauf des Quelldokuments zum Finden der gewünschten Speicherstelle (-> schnell, aber kein direkter Zugriff auf Elemente). StAX ist ein Mittelweg und verwendet Zeiger zur Markierung von Parser-Einstiegsstellen im Quelldokument.

[86] URL steht kurz für Uniform Resource Locator (URL) und ist eine Subklasse des von Tim Berner-Lee (dem Erfinder von HTML) 1994 geprägten Ressourcenschemas, dem Uniform Resource Identifier (URI) und wird zur Identifizierung von Webressourcen genutzt.

Abb. 191: Die Axis2-Weboberfläche

C.2. Codegerüste für die Serverseite

Die erste Aufgabe besteht darin, Codegerüste für die Service-Klassen auf der Serverseite zu generieren. Dafür enthält Axis2 das Werkzeug WSDL2Java, welches in dieser Arbeit über die Dialoge des Eclipse Plug-Ins gesteuert wird. Dazu muss zunächst über XSD und WSDL Editoren die Webservice Interface Beschreibung spezifiziert werden. Danach muss mit Hilfe des Plug-Ins der Skeleton erstellt werden, um darin dann die Webservice-Funktionalität zu implementieren.

1. Im ersten Schritt wird ein „Dynamic Web Project“ angelegt (File->New->Other->Web->Dynamic Web Project). In diesem Beispiel bekommt es den Namen „DissStiefel_WSExample“. Als „Target Runtime“ wird der zuvor angelegte „Apache Tomcat v5.5“ verwendet. Die übrigen Einstellungen werden so gelassen.

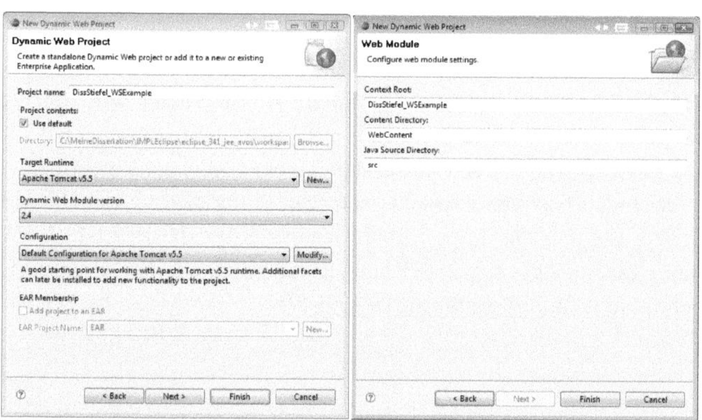

Abb. 192: Anlegen eines neuen „Dynamic Web Project“

2. Zum designen der Webservice-Nachrichten muss im zweiten Schritt nun eine XML Schema Definition (XSD) erzeugt werden. In der Praxis hat sich bewährt eine XSD-Struktur zu verwenden, die von XML Data Binding Toolkits (zum Beispiel JAX-RPC oder JAX-WS) verarbeitet werden kann. Hier wird dementsprechend ein XSD-Element

„ProductModel“ erzeugt werden, dessen Inhalt über einen komplexen Datentyp „ProductModelDef“ spezifiziert wird, das XML-File sieht daher wie folgt aus:

```
<?xml version="1.0" encoding="UTF-8"?>
<xsd:schema
  xmlns:xsd="http://www.w3.org/2001/XMLSchema"
  targetNamespace="http://plm.in.tu-clausthal.de/types/ProductModel"
  xmlns:tns="http://plm.in.tu-clausthal.de/types/ProductModel"
  elementFormDefault="qualified">

  <xsd:element name="ProductModel" type="tns:ProductModelDef" />

  <xsd:complexType name="ProductModelDef">
    <xsd:sequence>
      <xsd:element name="productmodelID" type="xsd:int" />
      <xsd:element name="owner" type="xsd:string" />
      <xsd:element name="name" type="xsd:string" />
      <xsd:element name="description" type="xsd:string" minOccurs="0" />
      <xsd:element name="price" type="xsd:float" minOccurs="0" />
    </xsd:sequence>
  </xsd:complexType>
</xsd:schema>
```

Der integrierte Viewer in Eclipse liefert die folgende graphische Darstellung des im XSD-File modellierten Elements **ProductModel**.

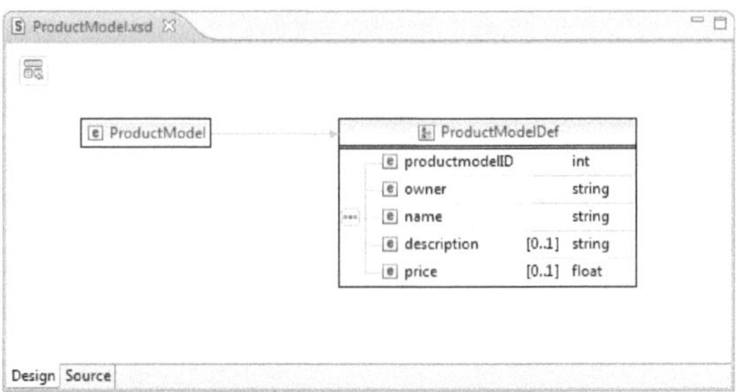

Abb. 193: ProductModel XSD in der graphischen Ansicht

3. Im nächsten Schritt wird mit Hilfe des Wizards ein WSDL-File erzeugt (File -> New -> Other… -> Web Services -> WSDL), um den Webservice zu beschreiben. Der Webservice soll eine Operation beinhalten, die als Input eine Produktmodell-ID (also einen Integer-Wert) verlangt und als Output ein Produktmodell (wie oben definiert) zurückliefert. Im ersten Schritt des Wizards wird die WSDL-Datei `DirectoryService.wsdl` benannt und im Projekt-Unterordner „../wsdl“ abgelegt. Als TargetNamespace spezifizieren wir `http://plm.in.tu-clausthal.de/services/DirectoryService` und geben diesem den Präfix `dir`. Der WSDL Skeleton soll erzeugt werden und als Nachrichtenprotokoll wird SOAP gewählt.

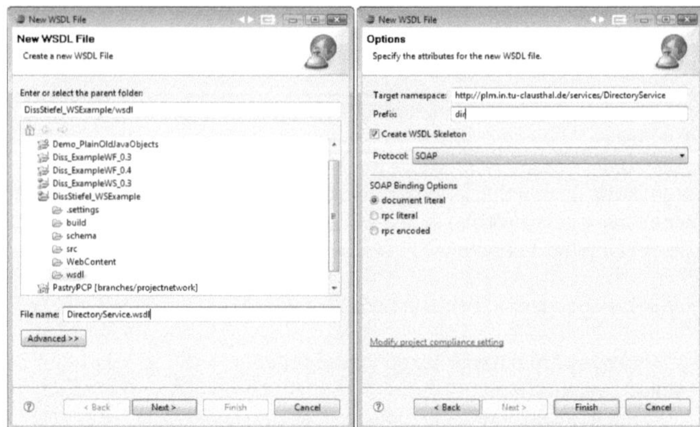

Abb. 194: Erzeugen einer neuen WSDL-Datei mit dem Eclipse Wizard

Der Wizard erstellt vorerst nur das Grundgerüst einer WSDL-Datei, der Src. 26 zeigt noch einmal vollständig die in Abschnitt 2.10.1 entwickelte WSDL-Datei des DirectoryService.

Src. 26: DirectoryService.wsdl

```
<?xml version="1.0" encoding="UTF-8" standalone="no"?>
<wsdl:definitions
      xmlns:dir="http://plm.in.tu-clausthal.de/services/DirectoryService"
      xmlns:soap="http://schemas.xmlsoap.org/wsdl/soap/"
      xmlns:wsdl="http://schemas.xmlsoap.org/wsdl/"
      xmlns:xsd="http://www.w3.org/2001/XMLSchema"
      xmlns:types="http://plm.in.tu-clausthal.de/types/ProductModel"
            name="DirectoryService"
            targetNamespace="http://plm.in.tu-clausthal.de/services/DirectoryService">

      <wsdl:types>
            <xsd:schema targetNamespace="http://plm.in.tu-clausthal.de/
                                                services/DirectoryService">
            <xsd:import namespace="http://plm.in.tu-clausthal.de/types/ProductModel"
                        schemaLocation="../schema/ProductModel.xsd" />

                  <xsd:element name="directoryRequest">
                        <xsd:complexType>
                              <xsd:sequence>
                                  <xsd:element name="in" type="xsd:string" />
                              </xsd:sequence>
                        </xsd:complexType>
                  </xsd:element>

                  <xsd:element name="directoryResponse">
                        <xsd:complexType>
                              <xsd:sequence>
                                  <xsd:element name="out"
                                          type="types:ProductModelDef" />
```

```
                    </xsd:sequence>
                </xsd:complexType>
            </xsd:element>

        </xsd:schema>
    </wsdl:types>

    <wsdl:message name="DirectoryRequestMessage">
        <wsdl:part element="dir:directoryRequest" name="request" />
    </wsdl:message>
    <wsdl:message name="DirectoryResponseMessage">
        <wsdl:part element="dir:directoryResponse" name="response" />
    </wsdl:message>

    <wsdl:portType name="DirectoryService">
        <wsdl:operation name="queryLocalDirectory">
            <wsdl:input message="dir:DirectoryRequestMessage" />
            <wsdl:output message="dir:DirectoryResponseMessage" />
        </wsdl:operation>
    </wsdl:portType>

    <wsdl:binding name="DirectoryServiceSOAP" type="dir:DirectoryService">
        <soap:binding
            style="document"
            transport="http://schemas.xmlsoap.org/soap/http" />
        <wsdl:operation name="queryLocalDirectory">
            <soap:operation
                soapAction="http://plm.in.tu-clausthal.de/
                services/DirectoryService/queryLocalDirectory" />
            <wsdl:input>
                <soap:body use="literal" parts="request" />
            </wsdl:input>
            <wsdl:output>
                <soap:body use="literal" parts="response" />
            </wsdl:output>
        </wsdl:operation>
    </wsdl:binding>

    <wsdl:service name="DirectoryService">
        <wsdl:port binding="dir:DirectoryServiceSOAP"
               name="DirectoryServiceSOAP">
               <soap:address location="http://plm.in.tu-clausthal.de/" />
        </wsdl:port>
    </wsdl:service>
</wsdl:definitions>
```

4. Im Rahmen der Top-Down-Vorgehensweise muss jetzt auf Basis der WSDL-Datei der Java Server Skeleton erzeugt werden. Dieser Skeleton wird dann in Form einer Web-Applikation im Servlet-Container deployed. Nach Starten des Wizards (Rechtsklick auf die WSDL-Datei -> Web Services -> Generate java bean skeleton) muss dabei die Option „Top down Java bean Web Service“ ausgewählt werden. Als nächstes wird der

Webservice `DirectoryService.wsdl` ausgewählt und die „Configuration“ so wie unten abgebildet eingestellt (Server: Tomcat v5.5 Server/ Web service runtime: Apache Axis2/ Service project: DissStiefel_WSExample). Der Regler wird dabei auf „Install Service“ geschoben.

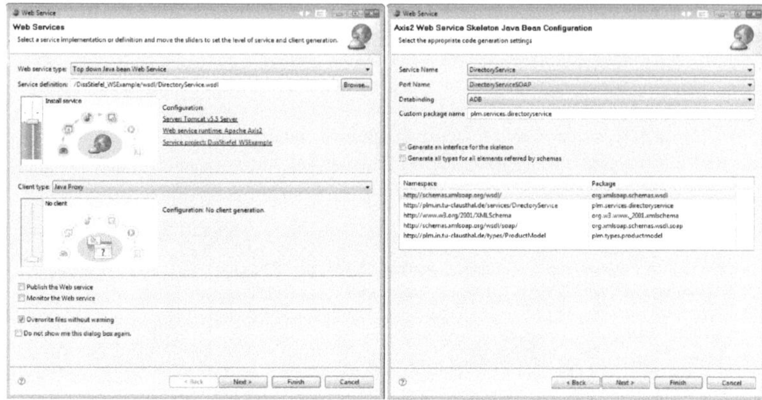

Abb. 195: Wizard zum Erstellen eines Java Bean Skeleton

Im zweiten Schritt des Wizards können Einstellungen für die Codegenerierung vorgenommen werden. In diesem Fall wurden die Paketnamen „gekürzt“ (vgl. Abb. 195, rechts). Nach Abschluss des Wizards wird die Klasse `DirectoryServiceSkeleton.java` erstellt, in der nun die Geschäftsfunktionalität implementiert werden muss.

C.3. Implementierung der Geschäftsfunktionalität für den Skeleton

Werden Änderungen an der WSDL-Beschreibung vorgenommen und muss der Skeleton neu generiert werden, so hat das immer zur Folge, dass die zuvor im Skeleton implementierte Geschäftslogik verloren geht. Aus diesem Grund wird diese in einer separaten Klasse DirectoryServiceImpl erstellt. Durch Aufruf der Methode `queryLocalDirectory` wird das `directoryRequest`-Objekt erstellt, dass dann an den Skeleton zurückgegeben wird.

Src. 27: Der Java Skeleton für den Axis2 Service

```
package plm.services.directoryservice;

    public class DirectoryServiceSkeleton {
        public DirectoryResponse queryLocalDirectory (DirectoryRequest directoryRequest)
        {
          return new DirectoryServiceImpl().queryLocalDirectory(directoryRequest);
        }
    }
```

In dem folgenden Beispiel soll eine Datenbankabfrage simuliert werden, in der nur bei Anfrage nach der Produktmodell-ID 12345 ein gültiges Modell gefunden und zurückgegeben wird.

Src. 28: Implementierung der Geschäftslogik des Java Skeleton

```
package plm.services.directoryservice;
import plm.types.productmodel.ProductModelDef;

public class DirectoryServiceImpl {

  public DirectoryResponse queryLocalDirectory(DirectoryRequest request){

    DirectoryResponse response = new DirectoryResponse();
    if (request.getIn().equals("12345")){
      ProductModelDef modeldef = new ProductModelDef();
        modeldef.setProductmodelID(12345);
        modeldef.setName("Bucket_PartA");
        modeldef.setOwner("ParticipantA");
        modeldef.setPrice((float) 250.99);
        modeldef.setDescription("This is a test product model of participant A");
        response.setOut(modeldef);
    } else {
      ProductModelDef modeldef = new ProductModelDef();
        modeldef.setProductmodelID(00000);
        modeldef.setName("not found");
        modeldef.setOwner("not found");
        modeldef.setPrice((float) 0.00);
        modeldef.setDescription("not found");
        response.setOut(modeldef);
    }
    return response;
  }
}
```

C.4. Ausführen des Webservice

Um die Funktionsweise des Webservice zu testen muss das Projekt (hier: DissStiefel_WSExample) im Tomcat veröffentlicht werden. In der View „Servers" wird im Kontextmenü der Menüpunkt „Add and Remove Projects…" angewählt. Im sich nun öffnenden Dialog wird das genannte Projekt von der Seite „Available projects" per Drag and Drop auf die Seite „Configured projects" kopiert. Sofern nicht bereits geschehen, kann dann der Tomcat neu gestartet werden.

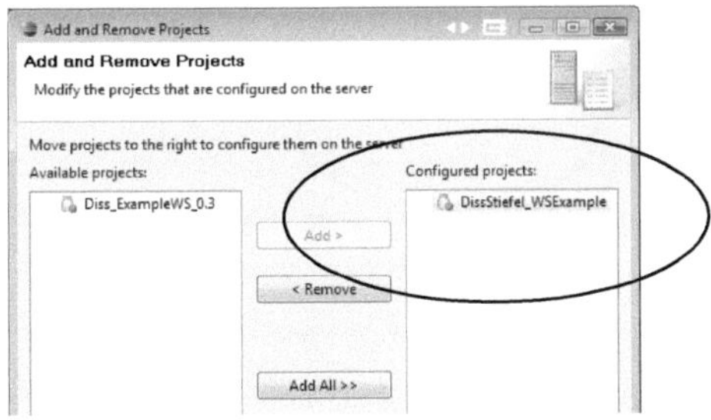

Abb. 196: Projekte zum Servlet Container hinzufügen

Nach dem Starten des Tomcat Servlet Containers kann der Webservice über den „Web Service Explorer“ aufgerufen werden. Durch Klick auf das Symbol oder über den Menüpunkt „Run -> Launch the Webservice Explorer“ wird dieser gestartet. Der Webservice Explorer wird per Klick auf das Symbol (WSDL Page) umgeschaltet auf die WSDL-Ansicht, in der durch Wahl des Navigationspunkts „WSDL Main“ eine WSDL-URL eingegeben werden kann.

Die URL des Webservice kann man sehr leicht ermitteln, in dem man im Tomcat Manager die dort gelistete Anwendung (hier: DissStiefel_WSExample) öffnet und zur Service-Liste navigiert (vgl. Abb. 197). Diese befindet sich hier unter der URL:

```
http://localhost:8180/DissStiefel_WSExample/services/listServices
```

Abb. 197: Überblick über die im Axis2 veröffentlichten Web Service

Aus der Axis2 Serviceliste wird für den Webservice die folgen URL ermittelt, die nun im Web Service Explorer eingetragen wird:

```
http://localhost:8180/DissStiefel_WSExample/services/DirectoryService?wsdl
```

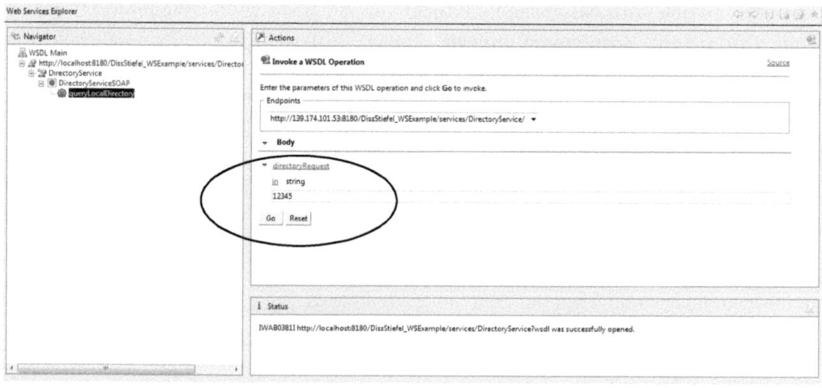

Abb. 198: Der Webservice-Explorer

Durch Klicken auf den Button „Go“ wird der Webservice mit dem spezifizierten Eingabestring aufgerufen. In diesem Beispiel wird hier die Produktmodell-ID „12345“ als Input definiert, so dass entsprechend des Codebeispiels im Src. 28 als Ausgabe ein Produktmodell erwartet wird. Die Ausgabe erscheint im Webservice-Explorer, in dem der SOAP-Nachrichten-Body ausgegeben wird.

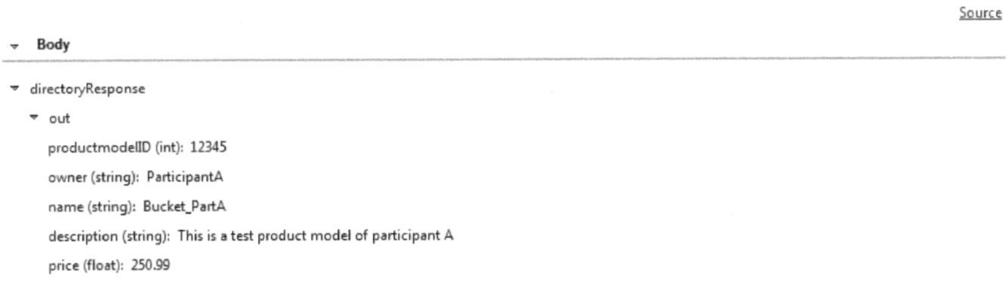

Source

Body

directoryResponse

out

productmodelID (int): 12345

owner (string): ParticipantA

name (string): Bucket_PartA

description (string): This is a test product model of participant A

price (float): 250.99

Abb. 199: Die Ausgabe des DirectoryService

D. Entwicklung eines BPEL Workflows mit Apache ODE

Im Folgenden soll der in Abb. 200 dargestellte BPEL-Workflow implementiert werden. Der Workflow basiert auf einem vereinfachten Szenario, so wie dieser in der DeCPD benötigt wird. Es wird simuliert, wie sich ein Teilnehmer in ein Topic (Schlüsselwort) eintragen kann und so lange über Netzwerkaktivitäten innerhalb dieses Topics informiert wird, bis sich der Nutzer wieder aus dem Topic abmeldet. Es werden also die technischen Basisdienste Subscribe, Unsubscribe und Notify der DeCPD verwendet.

Für das Verständnis ist es hier nicht notwendig, die genauen technischen Abläufe des dahinterliegenden P2P-Nerzwerks zu verstehen. Diese Techniken werden in dieser Arbeit im Abschnitt 5 genauer erklärt, das tiefergehende Verständnis wird hier nicht benötigt. In diesem Abschnitt steht die Veranschaulichung der Technologie für die Umsetzung des vorgestellten BPEL-Workflows im Vordergrund.

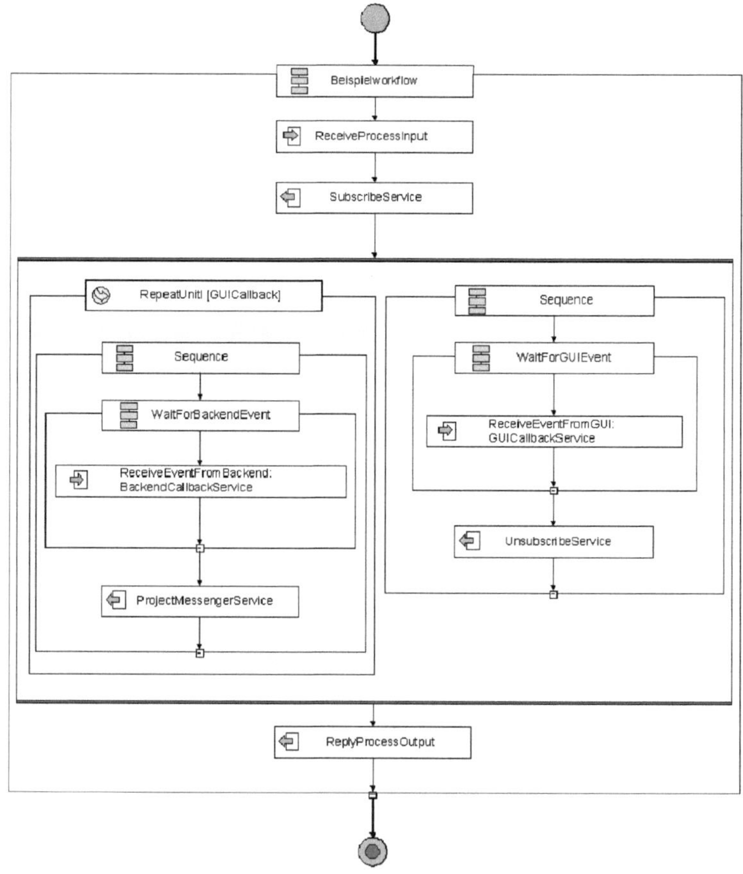

Abb. 200: Beispiel BPEL-Workflow

Der BPEL-Workflow wird durch einen Netzwerkteilnehmer unter Angabe eines beliebigen Topicnamen gestartet (Receive). Durch Nutzen des **SubscribeService** wird der Nutzer in das Topic mit dem gewählten Topicnamen subskribiert.

Der Workflow bleibt dann in einem Haltezustand stehen bis er durch einer der beiden asynchronen Dienste **GUICallbackService** oder **BackendCallbackService** wieder aktiviert wird.

- Falls das P2P-Netzwerk Aktivitäten innerhalb des Topics verzeichnet wird der Workflow über den **BackendCallbackService** reaktiviert und die Netzwerkaktivität wird über den **ProjectMessengerService** ausgegeben.
- Der Workflow geht anschließend wieder in den Haltezustand zurück. Dies kann so oft wiederholt werden, bis sich der Nutzer über die GUI endgültig entschließt sich zu desubskribieren und den **GUICallbackService** auslöst. Mithilfe des **UnsubscribeService** wird er dann aus dem Topic entfernt.

D.1. Vorbereitung der Entwicklungsumgebung

Bevor ein BPEL-Prozess in Eclipse modelliert und ausgeführt werden kann, muss etwas Vorarbeit geleistet werden. Zusätzlich zu den in Anhang C installierten Tools wird noch die Apache ODE Workflowengine und der Eclipse BPEL Designer benötigt.

Eine aktuelle Version der Apache ODE lässt sich unter http://ode.apache.org/getting-ode.html herunterladen. Für diesen Anwendungsfall wird jedoch eine Betaversion 1.3.4, die unter http://hudson.zones.apache.org/hudson/view/ODE/job/ODE-1.x erhältlich ist, verwendet. Unter dieser Adresse sollte das Paket „Ode-axis2-war-1.3.4-SNAPSHOT.war" geladen werden.

Die geladene Version kopiert man in das \webapps Verzeichnis des Tomcat Servers und startet diesen, um die WAR-Datei zu „deployen". Erfolgreich deployte Prozesse lassen sich unter der Pfadangabe \webapps\ode\WEB-INF\processes finden.

Abschließend fehlt noch der Eclipse BPEL Designer, dieser ist frei unter http://www.eclipse.org/bpel/ erhältlich. Am einfachsten lässt sich dieser über die Update Funktion des Eclipse installieren. Dazu wählt man im Menü „ Help -> Software Updates", richtet unter dem Reiter „Available Software" eine neue Update Site mit der Adresse http://download.eclipse.org/technology/bpel/update-site ein und installiert darüber den Eclipse Bpel Designer. Nach dem Vorgang ist eventuell ein Neustart von Eclipse nötig.

In der Eclipse-Umgebung wird dann ein neuer ODE Server eingerichtet. Dies geschieht durch Öffnen des Menüs „Windows → Preferences". Dort wechselt man in den Navigationspunkt „Server → Runtime Environment", wo „Add" gewählt wird, um einen neuen „Apache – Apache ODE 1.x Runtime"-Server hinzuzufügen.

Der Server sollte unter dem gleichen Port wie der Tomcat Server laufen, in diesem Fall Port 8180. Die Java Runtime Environment (JRE), sowie der Tomcat und ODE-Pfad muss individuell anpasst werden, vgl. Abb. 201.

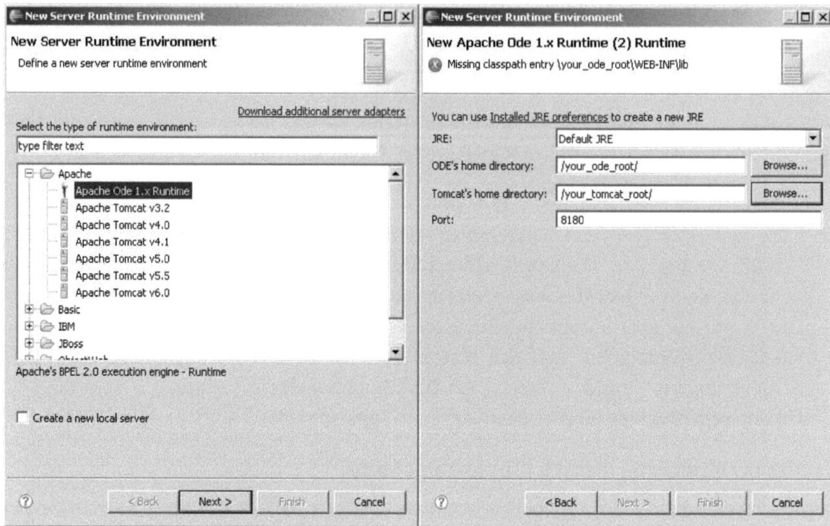

Abb. 201: Hinzufügen einer Apache ODE Workflowengine in Eclipse

Nach dem Einrichten des ODE-Servers lässt sich dann in der View „Servers" durch „Rechtsklick → New → Server" eine Instanz des ODE Servers erstellen.

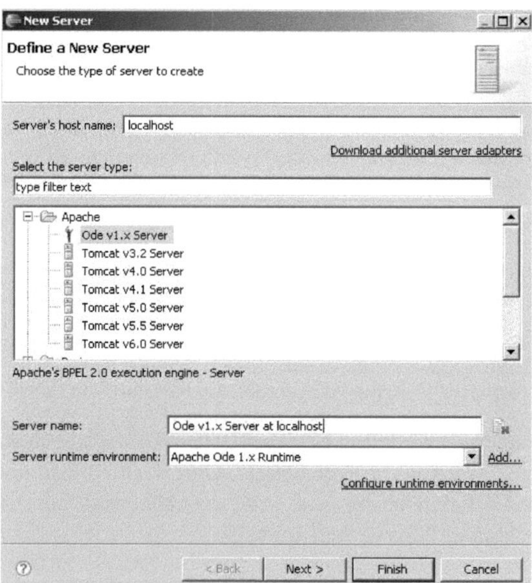

Abb. 202: Erstellen einer ODE-Serverinstanz

D.2. Erstellen eines BPEL-Workflows

Zum Erstellen eines BPEL-Workflows muss ein neues „BPEL Project“ angelegt werden. Das ist über das Menu „File → New → Other“ möglich, indem man dort die Option „BPEL 2.0 → BPEL Project“ wählt. Anschließend erstellt man in dem neu angelegten Projekt einen „BPEL Process“. Dies geschieht wieder über das Menü „File → New → Other“ durch Wahl von „BPEL 2.0 → New BPEL Process File“. Dem Prozess wird ein passender Namen gegeben und der Namespace wird angepasst. In diesem Beispiel wird als Name „BeispielProcess“ und als Namespace http://plm.in.tu-clausthal.de/bpel/TestProcess gewählt. Als Template wird „Empty BPEL Process“ gewählt. Durch Klick auf Finish wird der BPEL Prozess angelegt.

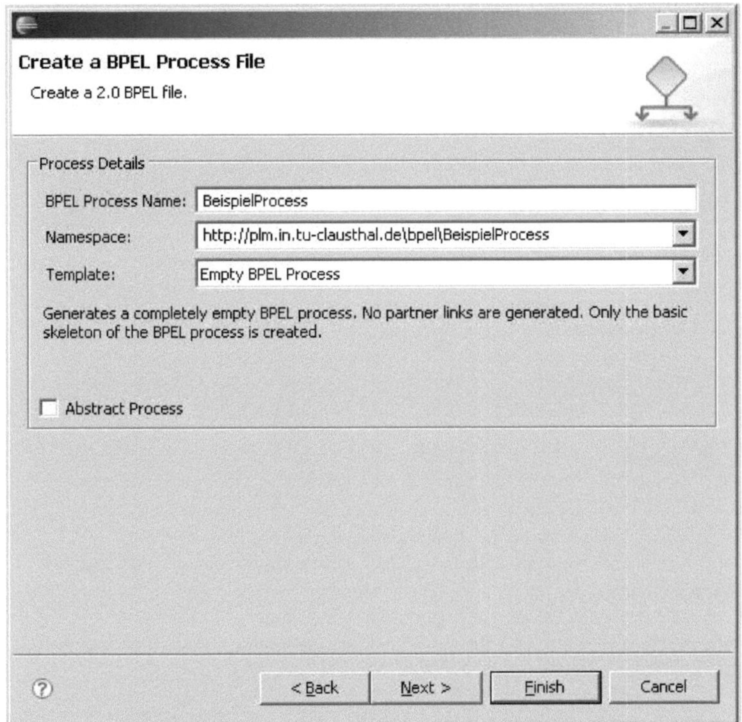

Abb. 203: eclipse Dialog zum Erstellen eines BPEL-Prozesses

D.3. Definition von BPEL-Prozessen

Als erstes wird ein synchroner BPEL-Prozess definiert. Der Prozess **(BeispielProcess)** empfängt Nachrichten **(BeispielProcessRequestMsg)** vom aufrufenden Client und gibt entsprechende Antworten **(BeispielProcessResponseMsg)** über den PortType **BeispielProcessPT** zurück. In Src. 29 ist die WSDL-Beschreibung des BeispielProcess abgebildet.

Src. 29: WSDL-Beschreibung des BPEL-Prozesses „BeispielProcess“

```
<?xml version="1.0" encoding="UTF-8" standalone="no"?>
<wsdl:definitions
        xmlns:soap="http://schemas.xmlsoap.org/wsdl/soap/"
        xmlns:tns="http://plm.in.tu-clausthal.de/processes/BeispielProcess"
        xmlns:wsdl="http://schemas.xmlsoap.org/wsdl/"
        xmlns:xsd="http://www.w3.org/2001/XMLSchema"
        name="BeispielProcess"
        targetNamespace=
            "http://plm.in.tu-clausthal.de/processes/BeispielProcess">

  <wsdl:types>
    <xsd:schema
        targetNamespace=
            "http://plm.in.tu-clausthal.de/processes/BeispielProcess">
      <xsd:element name="BeispielProcessRequest">
        <xsd:complexType>
          <xsd:sequence>
            <xsd:element name="in" type="xsd:string"/>
          </xsd:sequence>
        </xsd:complexType>
      </xsd:element>
      <xsd:element name="BeispielProcessResponse">
        <xsd:complexType>
          <xsd:sequence>
            <xsd:element name="out" type="xsd:string"/>
          </xsd:sequence>
        </xsd:complexType>
      </xsd:element>
    </xsd:schema>
  </wsdl:types>

  <wsdl:message name="BeispielProcessRequestMsg">
    <wsdl:part element="tns:BeispielProcessRequest" name="request"/>
  </wsdl:message>
  <wsdl:message name="BeispielProcessResponseMsg">
    <wsdl:part element="tns:BeispielProcessResponse" name="response"/>
  </wsdl:message>

  <wsdl:portType name="BeispielProcessPT">
    <wsdl:operation name="startProcess">
      <wsdl:input message="tns:BeispielProcessRequestMsg"/>
      <wsdl:output message="tns:BeispielProcessResponseMsg"/>
    </wsdl:operation>
  </wsdl:portType>

  <wsdl:binding name="BeispielProcessSOAP" type="tns:BeispielProcessPT">
    <soap:binding style="document"
              transport="http://schemas.xmlsoap.org/soap/http"/>
    <wsdl:operation name="startProcess">
      <soap:operationsoapAction=
    "http://plm.in.tu-clausthal.de/processes/BeispielProcess/startProcess"/>
```

```
      <wsdl:input>
        <soap:body use="literal" parts="request"/>
      </wsdl:input>
      <wsdl:output>
        <soap:body use="literal" parts="response"/>
      </wsdl:output>
    </wsdl:operation>
  </wsdl:binding>

  <wsdl:service name="BeispielProcess">
    <wsdl:port binding="tns:BeispielProcessSOAP" name="BeispielProcessSOAP">
      <soap:address
           location="http://localhost:8180/ode/processes/BeispielProcess"/>
    </wsdl:port>
  </wsdl:service>
</wsdl:definitions>
```

Im zweiten Schritt werden die beteiligten Services beschrieben und aufgebaut. Grundsätzlich wird jeder Service genauso wie im Anhang C beschrieben entwickelt werden. Bei BPEL muss jedoch zwischen synchronen und asynchronen Prozess-Aufrufen unterschieden werden.

- Im asynchronen Fall rufen Services den Prozess auf und erwarten keine Rückgabenachricht. Dazu gehört unter anderem der **BackendCallbackService**. Dieser Service sendet also nur Nachrichten (in diesem Fall die **BackendCallbackResponseMessage**) und zwar über den PortType **BackendCallbackPortType**. Solche asynchronen Aufrufe werden in der DeCPD häufig genutzt um BPEL-Workflows aus Wartezustände zu reaktivieren nachdem ein Ereignis eingetreten ist, beispielsweise eine bestimmte Netzwerkaktivität oder ein GUI-Event. Daher ist auch der **GUICallbackService** ein asynchroner Dienst.
- Zu den synchronen Services zählen der **ProjectMessengerService,** der **SubscribeService** und der **UnsubscribeService**.

D.4. Spezifikation der PartnerLinks und PartnerLinkTypes

Um mit einem Service zusammenzuarbeiten benötigt der Prozess (BeispielProcess) nun einen PartnerLink, der die Serviceschnittstelle beschreibt. Ein PartnerLink lässt sich über die Aktionsleiste neben der Palette erstellen.

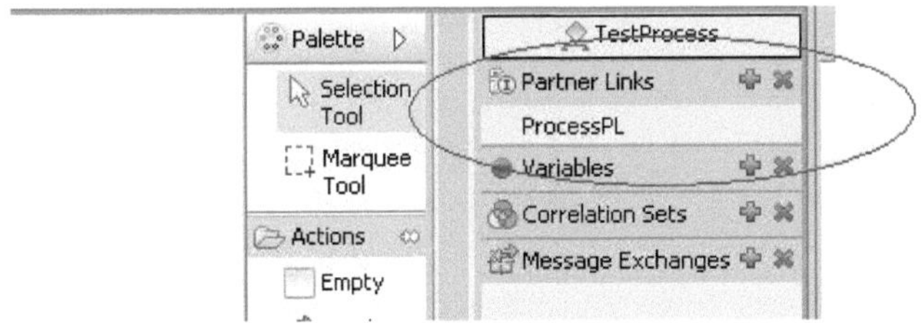

Abb. 204: Erstellen eines PartnerLinks

Die PartnerLinks-Anzeige sollte zu Beginn noch leer sein. Über den Button mit dem grünen Plus-Symbol lässt sich ein neuer PartnerLink erstellen. Dabei gibt man dem PartnerLink einen passenden Namen (hier: ProcessPL).

Anschließend wechselt man in die „Properties“-View des entsprechenden Partnerlinks. In Abb. 207 ist diese View bereits nach Abschluss der nun folgenden Prozesschritte dargestellt. Unter dem Menüpunkt „Details“ der „Properties“-View, kann man über den „Browse“-Button (rechts oben) dem Partnerlink einen Service zuordnen. Es öffnet sich der Dialog wie in Abb. 205 dargestellt. Durch Klick auf „Add WSDL“ wird die passende WSDL-Datei aus dem Projekt herausgesucht. Unter dem Menüpunkt „Matches“ klickt man anschließend auf den automatisch durch eclipse erkannten Service und drückt den OK Button.

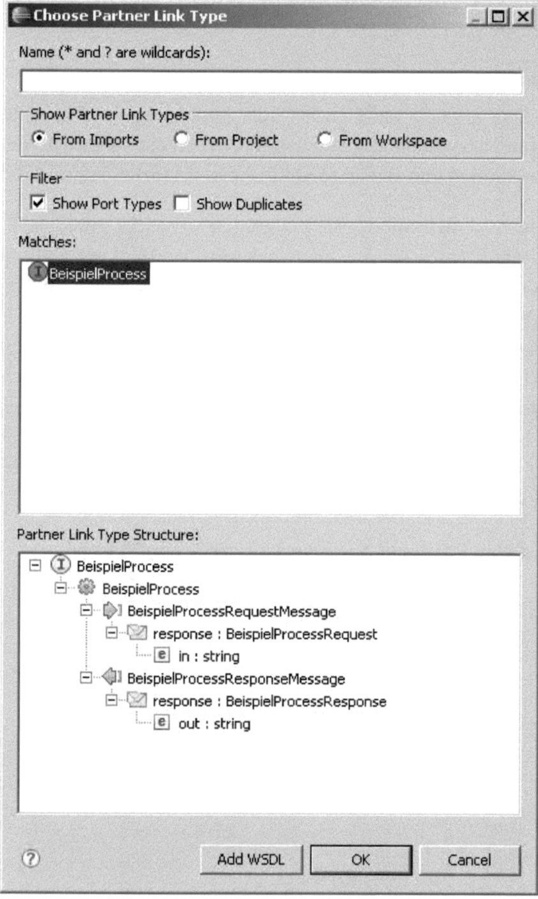

Abb. 205: Eigenschaften eines PartnerLinks

Anschließend muss zum PartnerLink ein PartnerLinkType erstellt werden. Man vergibt einen passenden Namen (hier: BeispielProcessPLT, vgl. Abb. 206 links), und geht mit „Next“ zum nächsten Dialogschritt. Dort muss man dem PartnerLinkType eine Rolle zuweisen (hier: BeispielProcessProvider, vgl. Abb. 206 rechts).

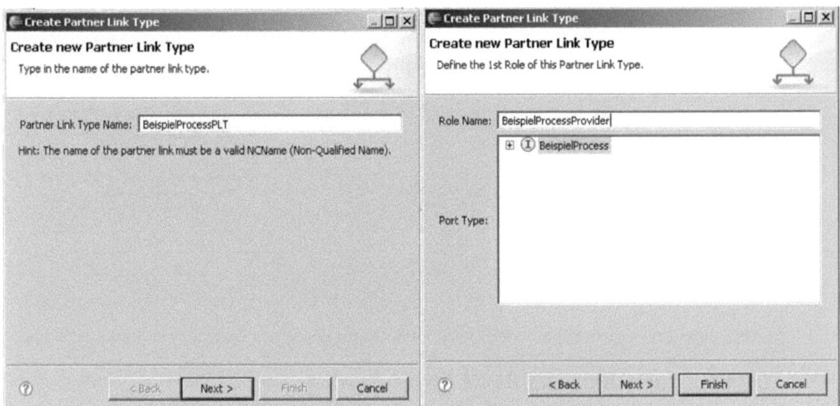

Abb. 206: Erstellen eines PartnerLinkTypes und der Partner Role

Hiernach wechselt man wieder in die „Properties"-Ansicht des PartnerLinks. Dort wählt man den PartnerLink unter MyRole an. MyRole steht für PartnerLinks die in asynchronen Aktionen genutzt werden, sogenannte One-Way-Invocations wie „Receive" und „Reply". PartnerRole steht für synchrone Aktionen, sogenannte Request-Response-Invocations wie z.B. „Invoke".

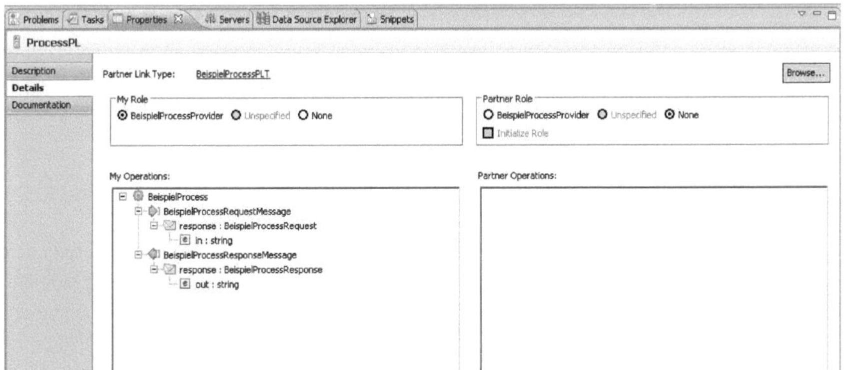

Abb. 207: Die „Properties"-View zum Erstellen eines PartnerLinks

Das Erstellen der PartnerLinks für die anderen Services folgt demselben Muster. Einzig bei synchronen Diensten spezifiziert ein PartnerLink nicht die „MyRole", sondern die „PartnerRole" (vgl. Abb. 208).

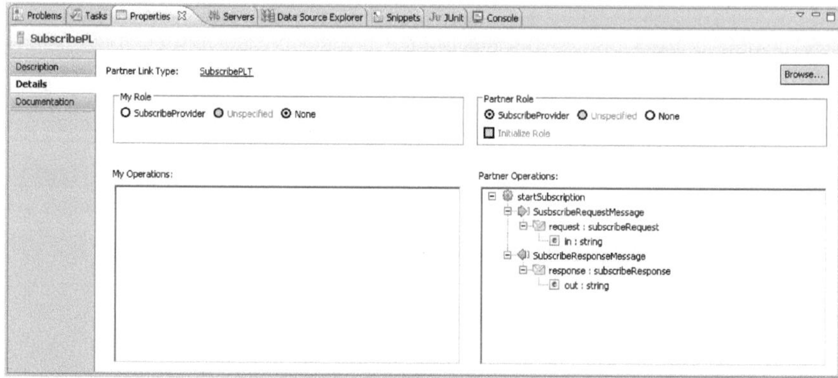

Abb. 208: Erstellen des PartnerLinks SubscribePL für den synchronen Dienst SubscribeService

D.5. Zusammenstellung des BPEL-Workflows

Der Grundaufbau eines jeden BPEL-Dokuments ist im Src. 30 dargestellt (Masak 2007, S. 247 ff.).

Src. 30: Grundaufbau eines BPEL-Dokuments

```
<process name ="BeispielProcess">
  <partnerLinks>
    <!- Clients die mit dem Workflow interagieren -->
  </partnerLinks>

  <variables>
    <!- Variablen zum Speichern der Nachrichten -->
  </variables>

  <sequence>
    <!- Reihenfolge des Aufrufs von Diensten -->
  </sequence>
</process>
```

Grundsätzlich ist es möglich einen BPEL-Workflow allein „von Hand“ zu schreiben, die Nutzung eines grafischen Modellierungs-Tool wie dem eclipse BPEL-Designer erleichtert jedoch den Vorgang.

Für die Modellierung des Beispiel-Workflows wird eine Anzahl an Aktivitäten benötigt (vgl. Abschnitt 2.10.3 und Abb. 200). Um den noch leeren Prozess starten und beenden zu können, benötigt man eine Receive- und eine Reply-Aktivität. Diese kann man per Drag&Drop von der Palette der rechten Seite des Prozessfensters in die Sequenz ziehen. Die Receive-Aktivität wird dabei das Startereignis und die Reply-Aktivität das Endereignis sein. Anschließend wird das Receive in **ReceiveProcessInput** und das Reply in **ReplyProcessOutput** umbenannt.

Nun muss den Aktivitäten noch eine Operation zugeordnet werden. Im Prozessdesigner klickt man auf die Aktivität ReceiveProcessInput und wechselt dort in die Properties-Ansicht. Dort wählt man unter „Quick Pick“ die Operation des PartnerLinks aus. Nun hat man der Aktion den PartnerLink (hier: ProcessPL) und die zugehörige Operation (hier: startProcess) zugewiesen (vgl. auch Src. 29).

Nachdem man sichergestellt hat, dass der Haken bei „Create a new process instance if one does not alredy exist" gesetzt ist, wiederholt man dies mit der ReplyProcessOutput-Aktivität, bei der dieser Haken jedoch nicht gesetzt wird, da es sich hierbei um das Prozessende handelt.

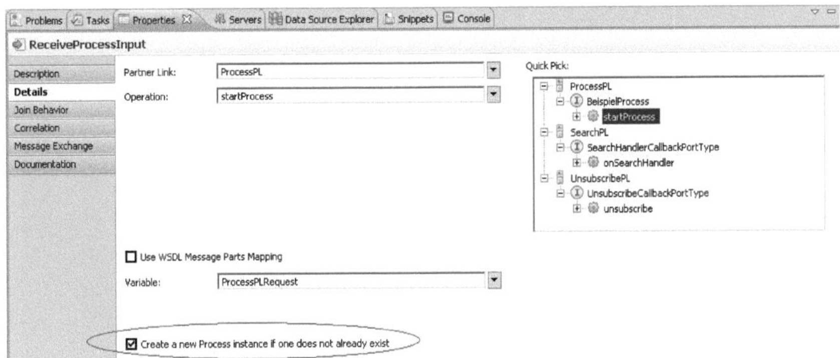

Abb. 209: Zuweisung eines PartnerLinks und einer Operation zu einer BPEL-Aktivität

Als nächstes wird eine Invoke-Aktivität „Subscribe" zwischen der Receive- und Reply-Aktivität erzeugt. Mit dieser Aktivität wird der **SubscribeService** der DeCPD aufgerufen. Die konkrete Implementierung des **SubscribeService-Skeletons** könnte wie in Src. 31 aussehen.

Src. 31: Webservice-Funktionalität im Skeleton

```
/**
*  SubscribeServiceSkeleton java skeleton for the axisService
*/
public class SubscribeServiceSkeleton{

  public de.tu_clausthal.in.plm.services.SubscribeResponse startSubscription
    (de.tu_clausthal.in.plm.services.SubscribeRequest subscribeRequest)
      throws IOException{

      CollabNetwork collabNetwork = SOAProjectNetwork.getNetwork();
      Logger logger = Logger.getLogger(SOAProjectNetwork.class);
      logger.info("Subscribe gestartet: " + collabNetwork.getNode());

      SOAProjectNetwork.subscribe(collabNetwork, subscribeRequest.getIn());
      SOAProjectNetwork.setSearchHandler(collabNetwork);

      SubscribeResponse response = new SubscribeResponse();
      response.setOut("Subscribe erfolgt von Node:" +
                                    collabNetwork.getNode().toString());
      return response;
  }
}
```

Damit der SubscribeService zur Runtime einen Input erhält, muss seiner Input-Variable ein Wert zugewiesen werden. Dies geschieht über eine **Assign-Aktivität** (hier:

AssignInputForSubscribe). Man platziert ein Assign zwischen den „ReceiveProcessInput“ und der Invoke-Aktivität „Subscribe“ und wechselt in die „Properties“-View des Assigns (vgl. Abb. 210).

Dort klickt man auf „New“ und erzeugt dann eine „Variable-zu-Variable“-Zuweisung. Unter „From:“ wählt man die Input-Variable des ReceiveProcessInput aus und leitet diesen Wert als „To:“ weiter an die Input-Variable des SubscribeService. Anschließend muss die Input-Variable des Subscribes noch initialisiert werden. Diese Aufgabe übernimmt der BPEL-Designer. Direkt nach Abschluss der „Variable-zu-Variable“-Zuweisung wird dazu ein Dialogfeld angezeigt, dass mit „Yes“ zu bestätigen ist.

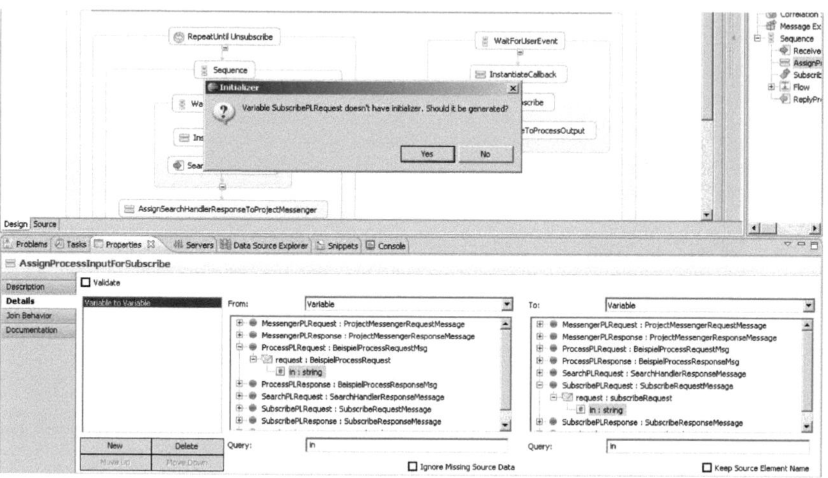

Abb. 210: Die „Variable-zu-Variable“-Zuweisung einer Assign-Aktivität

Anschließend wird aus der Palette eine **Flow-Aktivität** zwischen dem Subscribe und dem ReplyProcessOutput platziert. Darin wird wiederum eine RepeatUntil-Aktivität gesetzt, die zwei Sequenzen enthält. In der inneren Sequenz werden eine Assign- und eine Receive-Aktivität platziert. Dem Receive wird die Operation des SearchHandlerService zugewiesen (onSearchHandler), damit dieser den Workflow reaktivieren kann (vgl. Abb. 211). Dies geschieht in der DeCPD dann, wenn Aktivitäten in dem vorher subskribierten Topic im Netzwerk verzeichnet worden sind.

Auch die Input Variable des SearchHandlerService muss durch ein Assign initialisiert werden (hier: InstantiateBackendCallback). Dieses Mal soll allerdings ein fixer Wert zugewiesen werden. Dazu wechselt man wieder in die Properties-View des Assigns und wählt unter „From:“ den Eintrag „Fixed Value“. Unter „To:“ dann nur die Input-Nachricht des PartnerLinks und nicht die Variable selbst gewählt werden. Nach einem Klick in die freie Fläche außerhalb des Dialogfelds sind die Einstellungen betätigt. Dort sollten nun 2 Zuweisungen stehen. Eine „Fixed Value to Variable“ Zuweisung und eine „? To Variable“ Zuweisung. Letztere wird gelöscht.

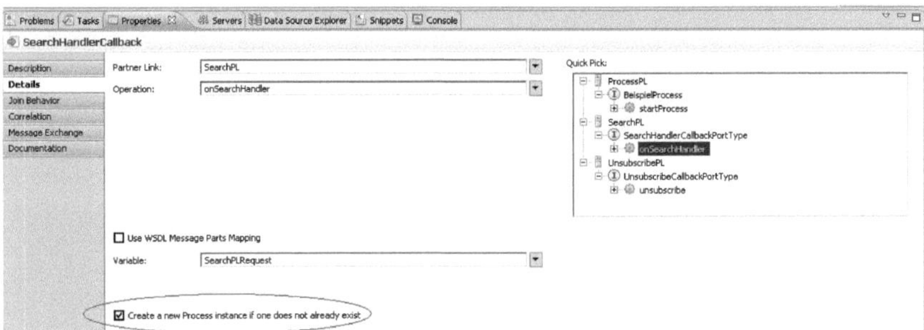

Abb. 211: Zuweisung einer Operation zu einer BPEL-Aktivität

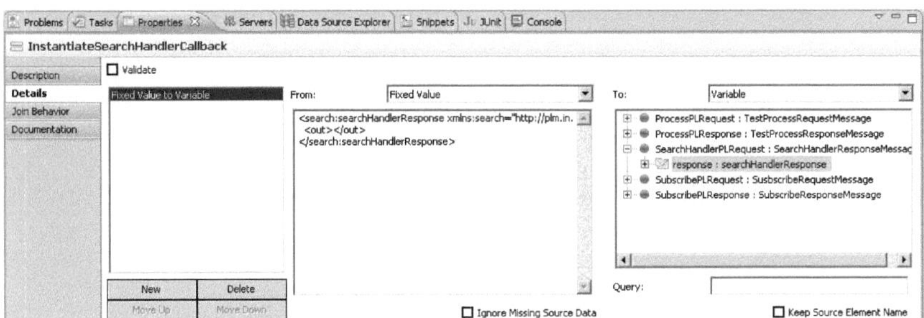

Abb. 212: Die „Fixed-Value"-Zuweisung einer Assign-Aktivität

Anschließend wird ein weiteres Invoke für den **ProjectMessengerService** sowie eine weitere Sequenz, innerhalb des Flows, für den **UnsubscribeService** erzeugt. Den Aktivitäten werden wie eben beschrieben Operationen und den Variablen über Assigns Werte zugewiesen, bis der Workflow schließlich so wie in Abb. 214 aussehen sollte.

Als Letztes muss zu der RepeatUntil-Schleife des **BackendCallbackService** noch eine Abbruchbedingung hinzugefügt werden. Die im Beispiel gewählte Abbruchbedingung stellt sicher, dass nach dem Eintreffen *einer* Nachricht über den **GUICallbackService** die Schleife des **BackendCallbackService** deaktiviert wird. In Src. 32 ist abschließend der Aufbau des BPEL-BeispielProcess dargestellt.

Abb. 213: Abbruchbedingung

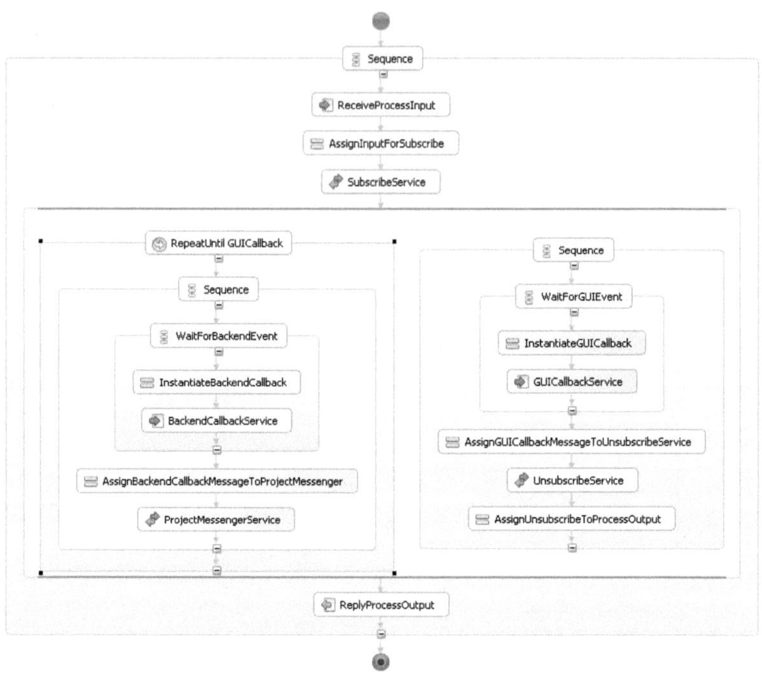

Abb. 214: Original Workflow aus dem eclipse BPEL Designer

Src. 32: Der BPEL BeispielProcess

```
<!-Start des BPEL Process Dokuments-->
<bpel:process name="BeispielProcess"
  ...
  <!-Definition der PartnerLinks-->
  <bpel:partnerLinks>
      <bpel:partnerLink
      name="ProcessPL" partnerLinkType="ns1:BeispielProcessPLT"
      myRole="BeispielProcessProvider">
    </bpel:partnerLink>
    ...
  </bpel:partnerLinks>

  <!-Definition der Variablen-->
  <bpel:variables>
    <bpel:variable  name="ProcessPLRequest"
                    messageType="ns:BeispielProcessRequestMsg">
    </bpel:variable>
    ...
  </bpel:variables>

  <!-Beginn der Prozesssequenz-->
  <bpel:sequence>
```

```
    <!-Start des BPEL-Process mittels einer Receive-Aktivität-->
    <bpel:receive name="ReceiveProcessInput" createInstance="yes"
                  operation="startProcess" partnerLink="ProcessPL"
                  variable="ProcessPLRequest">
    </bpel:receive>

    <!- Übergabe der Process-Inputvariablen zur SubscribeService-
        Inputvariablen durch eine Assign-Aktivität-->
    <bpel:assign validate="no" name="AssignInputForSubscribe">
      <bpel:copy>
        <bpel:from>
            <bpel:literal xml:space="preserve">
            <tns:subscribeRequest
          xmlns:tns="http://plm.in.tu-clausthal.de/services/SubscribeService"
          xmlns:xsi="http://www.w3.org/2001/XMLSchema-instance">
                <in></in>
            </tns:subscribeRequest>
          </bpel:literal>
        </bpel:from>

        <bpel:to variable="SubscribePLRequest" part="request"></bpel:to>
      </bpel:copy>
      <bpel:copy>
        <bpel:from part="request" variable="ProcessPLRequest">
            <bpel:query queryLanguage="urn:oasis:names:tc:
                          wsbpel:2.0:sublang:xpath1.0"> <![CDATA[in]]>
          </bpel:query>
        </bpel:from>
        <bpel:to part="request" variable="SubscribePLRequest">
          <bpel:query queryLanguage="urn:oasis:names:tc:
                          wsbpel:2.0:sublang:xpath1.0"> <![CDATA[in]]>
          </bpel:query>
        </bpel:to>
      </bpel:copy>
    </bpel:assign>

    <!-Aufruf des SubscribeService mittels einer Invoke-Aktivität-->
    <bpel:invoke name="SubscribeService" partnerLink="SubscribePL"
      operation="startSubscription" outputVariable="SubscribePLResponse"
      inputVariable="SubscribePLRequest1">
    </bpel:invoke>

    <!- Definition der Flow-Aktivität-->
    <bpel:flow name="Flow">
    ...
    </bpel:flow>
    ...
  <!-Ende der Processsequenz-->
  </bpel:sequence>
<!-Ende des BPEL-Process Dokuments-->
</bpel:process>
```

D.6. Deploy-Prozess

Um den Prozess auf dem anfangs erstellten ODE Server ausführen zu können, benötigt man einen Deployment Deskriptor. Diesen erstellt man über das Menü „File → New → Other" und wählt dort unter „BPEL 2.0 -> ApacheODE Deployment Deskriptor".

Man öffnet nun die erstellte Deploy.xml und ordnet den einzelnen PartnerLinks einen entsprechenden Port zu. Wenn eine WSDL gleichzeitig eine MyRole und PartnerRole ausfüllt, kann es zu Unklarheiten kommen. Dann hilft ein Blick in die jeweilige WSDL-Datei. Die Datei „deploy.xml" sollte wie folgt aussehen:

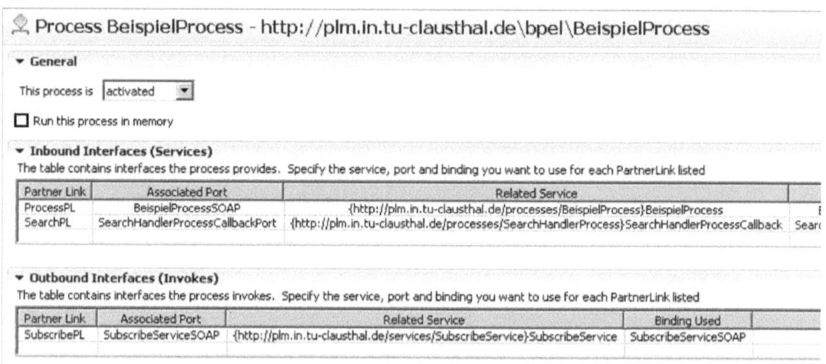

Abb. 215: Der Deployment Deskriptor

Nun müssen die Prozesse und Stubs und Skeletons auf dem in Anhang C beschriebenen Tomcat Server deployed werden. Dazu wechselt man in die Servers-Ansicht. Nach dem Rechtsklick auf den ODE Server wird der Menüpunkt „Add and Remove Projects" gewählt. Dort fügt man über „Add" die Prozesse dem Server hinzu und klickt auf „Finish"[87].

Nachdem die Prozesse hinzugefügt wurden wird durch einen Rechtsklick auf den ODE Server der „Publish"-Prozess angestoßen. Der Server wird nun die Prozesse deployen und im Erfolgsfall eine Bestätigung, andernfalls eine in der Regel hilfreiche Fehlermeldung präsentieren.

```
INFO: Server startup in 40391 ms
15:19:56,718 INFO  [CronScheduler] Cancelling PROCESS CRON jobs for: {http://plm.in.tu-clausthal.de/bpel/TestProcess}TestProcess-43
15:19:56,718 INFO  [CronScheduler] Scheduling PROCESS CRON jobs for: {http://plm.in.tu-clausthal.de/bpel/TestProcess}TestProcess-43
15:19:56,781 INFO  [BpelProcess] Created new process DAO for {http://plm.in.tu-clausthal.de/bpel/TestProcess}TestProcess-43 (guid=vtqo7kpf74sc1gwk
15:19:56,781 INFO  [BpelProcess] Created new process DAO for {http://plm.in.tu-clausthal.de/bpel/TestProcess}TestProcess-43 (guid=vtqo7kpf74sc1gwk
15:19:56,843 INFO  [BpelServerImpl] Registered process {http://plm.in.tu-clausthal.de/bpel/TestProcess}TestProcess-43.
15:19:56,859 INFO  [CronScheduler] Cancelling PROCESS CRON jobs for: {http://plm.in.tu-clausthal.de/bpel/TestProcess}TestProcess-43
15:19:56,859 INFO  [CronScheduler] Scheduling PROCESS CRON jobs for: {http://plm.in.tu-clausthal.de/bpel/TestProcess}TestProcess-43
15:19:56,859 INFO  [DeploymentPoller] Deployment of artifact BpelTest successful: [{http://plm.in.tu-clausthal.de/bpel/TestProcess}TestProcess-43]
```

Abb. 216: Auszug aus dem Deployment Log des Apache Tomcat

Sobald alle Prozesse erfolgreich deployed wurden, kann man sich alle auf dem Server aktiven Prozesse unter `http://localhost:8180/ode/services/listServices` ansehen.

---

[87] Falls ein Prozess nicht angezeigt wird hilft ein Neustart von Eclipse. Der ODE Server scheint Projekte die in der gerade aktiven Eclipse Session erstellt wurden nicht zu erkennen.

E. Workflows für die DeCPD

In diesem Anhang werden die in Abschnitt 4.4.4.2 vorgestellten Workflowmodelle unter Verwendung der BPEL-Notation genauer vorgestellt.

E.1. Modelle des globalen Workflows 1 (gWF-1)

Der gWF-1 verlangt im 1. Schritt das Anstoßen des ersten lokalen Initiator-Teilworkflows, in dem der Nutzer über die GUI ein neues Kollaborationsprojekt anlegt. Dabei spezifiziert er über Dialogschritte das Projekt über eine **ProjectOntology (PrOnt)**, sowie die einzelnen Komponenten, durch entsprechende ComponentSpecificationQuerys, kurz CSQs.

Sobald alle notwendigen Informationen vorhanden sind, wird anschließend der erste lokale Initiator-Teilworkflow gestartet (**ReceiveEventFromGUI: StartInitiatorWorkflow1**). Danach wird der technische Dienst zum Veröffentlichen einer Projektressource (**SendTask: PublishProject**) aufgerufen. Dieser Dienst versendet das Projekt an ausgewählte Netzwerkteilnehmer und der lokale Workflow geht anschließend in einen Wartezustand über. In Abb. 217 entspricht dies den beiden Schritten 1 und 2.

Auf der Gegenseite reagiert nun der entsprechende technische Dienst auf die Veröffentlichung der Projektressource, startet den ersten lokalen Teilnehmer-Workflow **(ReceiveEventFromBackend: IncomingProject)** und aktualisiert das GUI des Nutzers, vgl. Schritt 2 in Abb. 218. Dieser Workflow befindet sich nach dem Start dann direkt in einem Haltezustand und wartet auf eine mögliche Reaktion seitens des Nutzers oder des Backends. Über das GUI kann sich der Nutzer das neue Projekt und die darin enthaltenen Komponenten, bzw. Teilprobleme darstellen lassen.

Der Nutzer hat nun folgende Möglichkeiten:

1. Entweder kann er am Projekt teilzunehmen und dazu eine oder mehrere Spezifikationen anfordern **(ReceiveEventFromGUI: SpecificationRequest)**, oder
2. er kann die Teilnahme ablehnen **(ReceiveEventFromGUI: DisableProject)** womit das Projekt im internen Datenspeicher deaktiviert wird, oder
3. er kann das Projekt vollständig ignorieren. In diesem Fall würde der lokale Workflow beendet, sobald der Nutzer eine Nachricht vom Initiator erhält, die über die Beendigung des Projekts informiert **(ReceiveEventFromBackend: CloseProject**), vgl. Schritt 15 in Abb. 218.

Für den hier beispielhaft dargestellten globalen Workflow (gWF-1) wird davon ausgegangen, dass sich der Nutzer für das Projekt interessiert, eine der im Projekt enthaltenen Komponenten auswählt und eine Anfrage an den Initiator sendet **(ReceiveEventFromGUI: SpecificationRequest)**. Der lokale Teilnehmer-Workflow 1 startet daraufhin eine Instanz des lokalen Teilnehmer-Workflows 2 **(Start ParticipantWorkflow2)** und geht wieder in den vorherigen Haltezustand zurück um mögliche weitere Anfrage zu verarbeiten, vgl. Schritt 3 und 4 in Abb. 217.

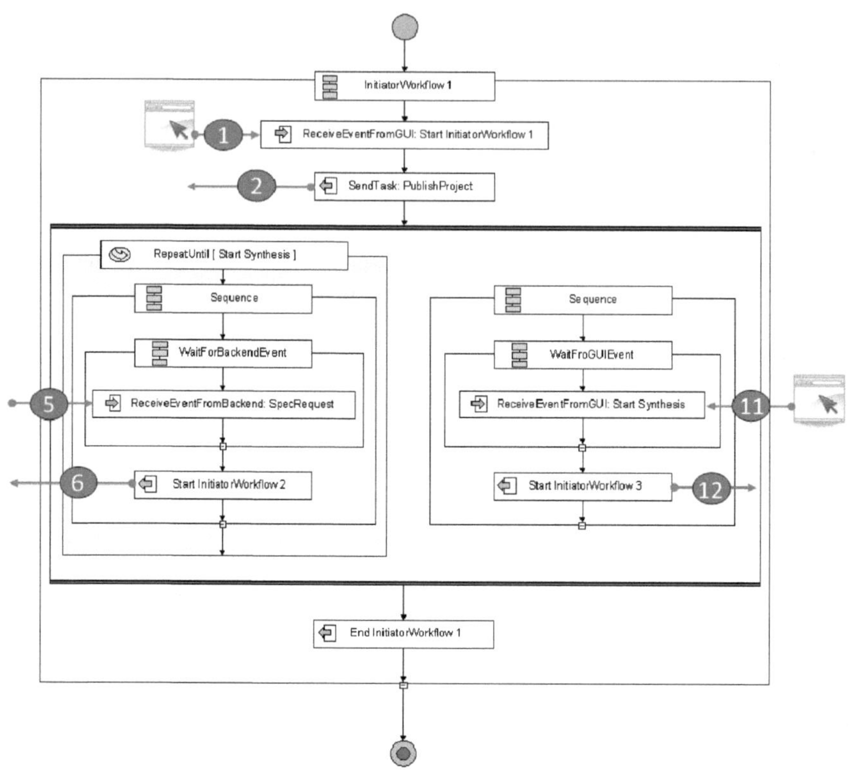

Abb. 217: Initiator Teilworkflow 1

Die ausgewählte Spezifikation wird dann beim Initiator angefordert **(SendTask:RequestSpecifcation)**, vgl. Schritt 5 in Abb. 219. Aus Übersichtlichkeitsgründen fordert der Teilnehmer in diesem Beispielablauf nur eine einzige Spezifikation an, damit kann die Nummerierung der Workflowschritte regulär fortgeführt werden.

Der erste Teilworkflow des Initiators befindet sich nach wie vor in einem permanenten Wartezyklus. Solange der Initiator sich nicht dazu entscheidet, die Kollaboration zu beenden (**ReceiveEventFromGUI: StartSynthesis**) wartet der Teilworkflow auf eingehende Spezifikationsanfragen (**ReceiveEventFromBackend: SpecRequest**), vgl. Schritt 5 in Abb. 217.

Sobald eine Spezifikations-Anfrage eintrifft, startet der Initiator eine Instanz des zweiten Teilworkflow **(Start InitiatorWorkflow 2)**, vgl. Schritt 6 in Abb. 217. Da die Anzahl der Teilnehmer einer Kollaboration a-priori nicht festgelegt ist, muss dieser zweite Teilworkflow des Initiators (ähnlich wie der zweite Teilworkflow des Teilnehmers) für jeden Teilnehmer neu angestoßen werden. Auch hier wird aus Gründen der Übersichtlichkeit nur ein einziger Teilnehmer vorgesehen.

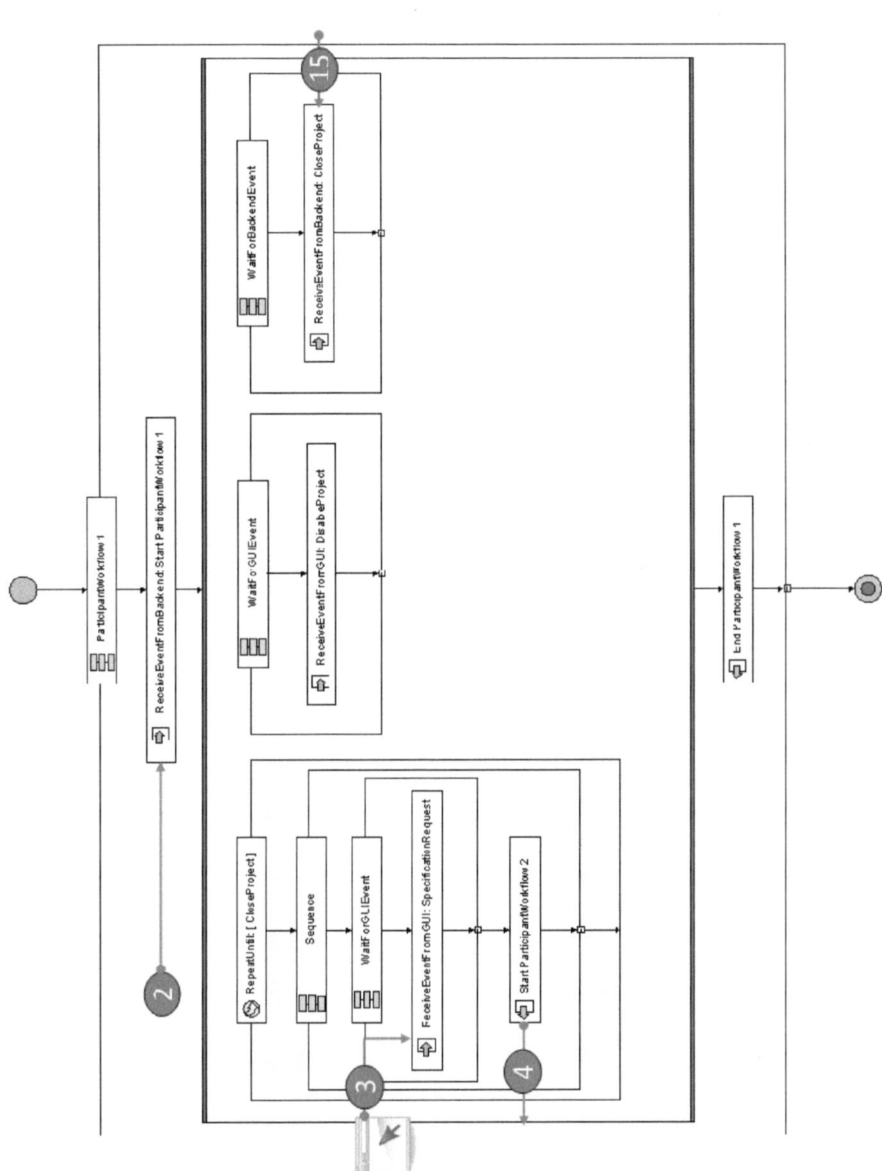

Abb. 218: Teilnehmer Workflow 1

Ab hier kann theoretisch der konkrete Verlauf der Workflows variieren und von Teilnehmer zu Teilnehmer unterschiedlich sein (in diesem Beispiel sei das aber nicht der Fall). Damit der Initiator weiß, mit welchem Teilnehmer er wie kollaboriert und in welchem Zustand er sich befindet, merkt er sich die Kollaborationen und Workflowzwischenstände ebenfalls in der internen Datenstruktur.

Nach dem Start des zweiten Initiator-Workflows befindet sich dieser in einem Haltezustand und wartet auf eine Autorisierungsentscheidung durch den Initiator **(ReceiveEventFromGUI: Authorize).** Die Entscheidung wird ausgewertet und eine entsprechende Benachrichtigung an den Teilnehmer versendet **(SendTask: SendAccept)/(SendTask: SendDeny)**, vgl. Schritte 7 und 8 in Abb. 220. Im Falle einer positiven Antwort gilt die Kollaboration zwischen Initiator und Teilnehmer als vereinbart.

Der Teilnehmer empfängt die Spezifikation, dies entspricht dem zugehörigen Schritt 8 in Abb. 219. Nach Sichtung der Spezifikation wird entschieden, ob ein Vorschlag abgegeben werden soll oder nicht. Bei positiver Entscheidung wird in Schritt 9 der Vorschlag über die GUI erzeugt **(ReceiveEventFromGUI: CreateProposal)** und dann an den Initiator gesendet **(SendTask: SendProposal)**, vgl. Schritt 10 in Abb. 219.

Da im hier betrachteten Ablauf ein Teilnehmer nur genau einen Vorschlag auf eine Spezifikation abgeben darf, wird mit Empfang des Vorschlags **(ReceiveEventFromBackend: IncomingProposal)** der Initiator-Teilworkflow 2 für diese Spezifikation beendet. Der Teilworkflow 2 des Teilnehmers bleibt unterdessen in einer Receive-Aktivität **(ReceiveEventFromBackend: ProposalAcceptance)** stehen.

Da ebenfalls festgelegt wurde, dass in dieser Kollaboration nur ein Teilnehmer beteiligt ist, kann nun der Initiator die Kollaboration beenden, vgl. Schritt 11 in Abb. 217. Dabei wird über das GUI der Befehl **(ReceiveEventFromGUI: StartSynthesis)** zum Start des Teilworkflow 3 des Initiators **(Start InitiatorWorkflow 3)** gegeben, in dem das Ergebnis der Kollaboration ermittelt wird.

Der Initiator-Teilworkflow 3 wartet nach seinem Start auf das Ergebnis der Projektauswertung **(ReceiveEventFromGUI: SynthesisResult)**. Der Initiator entscheidet über die Annahme oder Ablehnung einzelner Vorschläge und verschickt seine Entscheidung an die Teilnehmer (**SendTask:Proposal Acceptance**), vgl. Schritte 13 und 14 in Abb. 221.

Nach dem Empfang der Notifikation beim Teilnehmer, vgl. Schritt 14 in Abb. 219, wird der Teilworkflow des Teilnehmers beendet.

Abschließend wird eine Benachrichtigung (**SendTask: SendCloseProject**) an alle im Topic subskribierten Teilnehmer, die alle noch nicht abgeschlossenen Kollaborationen beendet und das Projekt im DataManager löscht, vgl. Schritt 15 in Abb. 221.

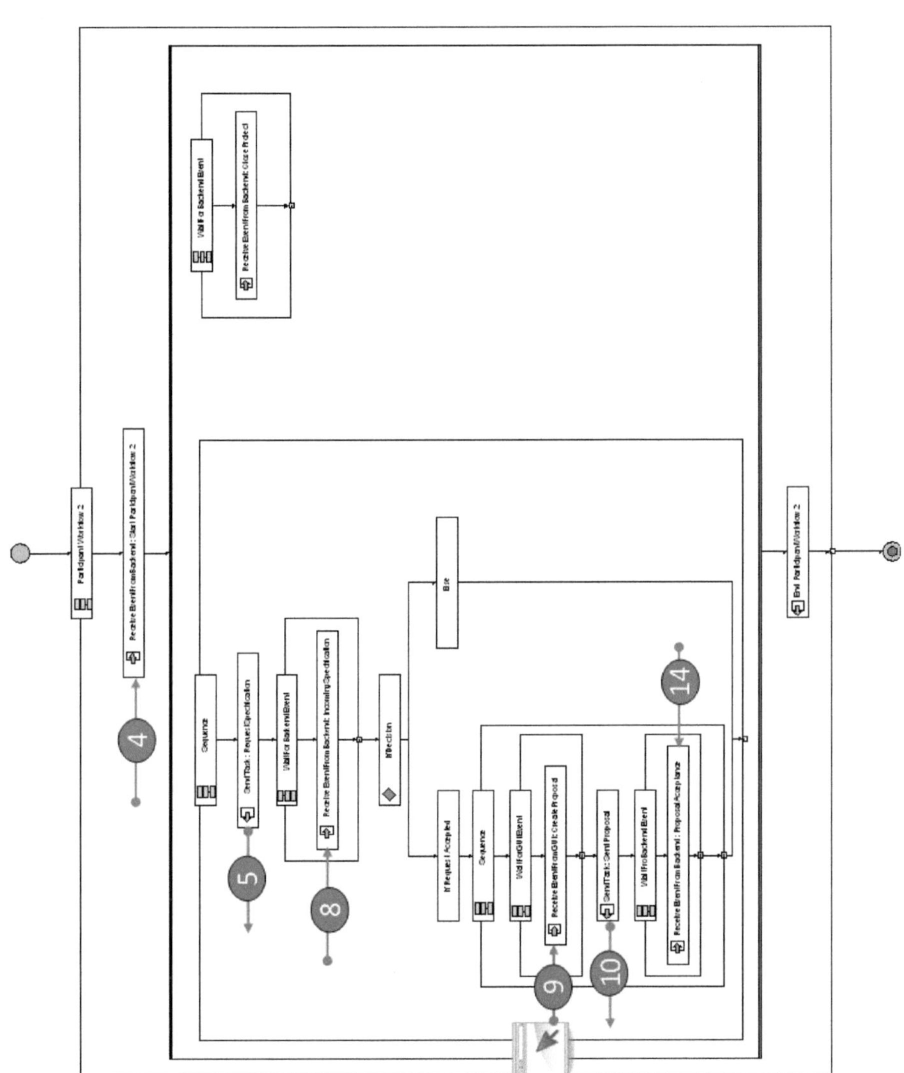

Abb. 219: Teilnehmer Workflow 2

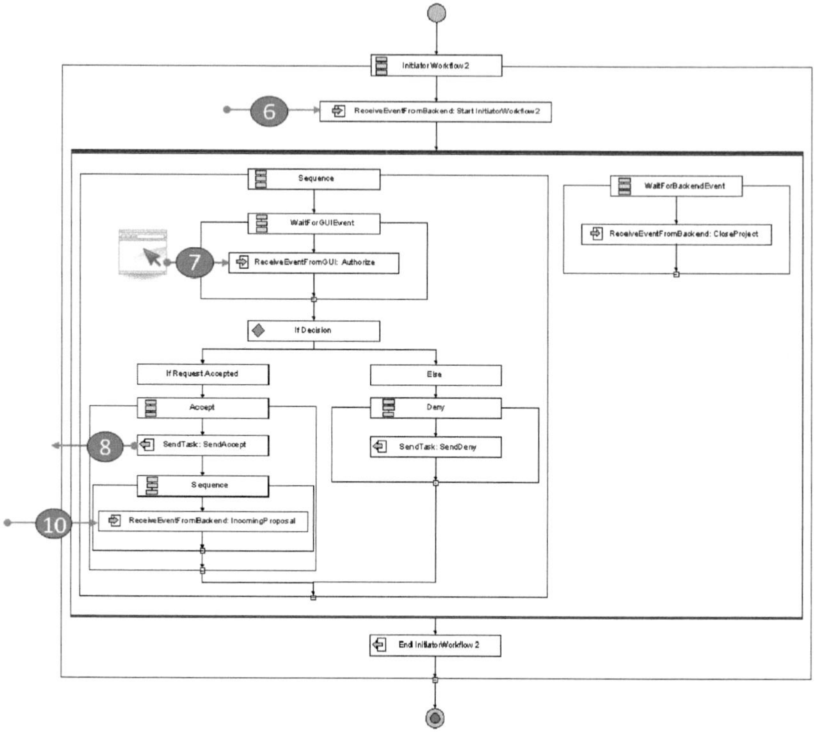

Abb. 220: Initiator Teilworkflow 2

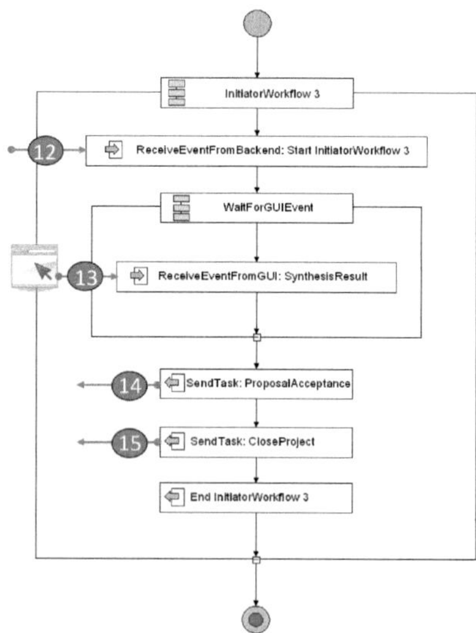

Abb. 221: Initiator Teilworkflow 3

E.2. Modelle des globalen Workflows 2 (gWF-2)

Der Ablauf des gWF-2 wird in zwei Abschnitten beschrieben. Im ersten Abschnitt wird der Change-Prozess der Spezifikationen durch den Initiator betrachtet, im zweiten Abschnitt der entsprechende Change-Prozess für das Anpassen von Vorschlägen.

1. **Spezifikationen:** Der Initiator kann aus dem GUI heraus eine bestimmte Spezifikation auswählen um diese zu verbessern. Nach der Auswahl wird ein Callback ausgelöst der im Initiator-Teilworkflow 2 durch einen neu implementierten Handler **(ReceiveEventFromGUI: SpecChange)** abgefangen wird, vgl. Schritt i1 in Abb. 222.

   Anschließend wird ein Notify **(SendTask: Upcoming SpecChange)** an alle im Topic subskribierten Teilnehmer versendet, vgl. Schritt i2 in Abb. 222. Nach Erhalt der Notifikation werden entsprechende Callbacks in den Teilnehmer-Teilworkflows 1 und 2 **(ReveiveEventFromBackend: SpecChange)** ausgelöst, vgl. Schritt i2 in Abb. 224 und Abb. 225. Auch im Initiator-Teilworkflow 3 löst der Callback aus, vgl. Schritt i2 in Abb. 223. Damit werden alle Teilworkflows, die diese Spezifikation betreffen, beendet. Gleichzeitig wird bei den Teilnehmern im internen Dateispeicher die Spezifikation als „temporär inaktiv" gekennzeichnet **(Disable Spec in ProjectView)**, vgl. Schritt i4 in Abb. 224.

   Nun kann der Initiator die Spezifikation überarbeiten **(ShowGUI: ChangeSpec)** und die Spezifikation wird über das Notify **(SendTask: SpecChanged)** verbreitet, vgl. Schritte i6 und i7 in Abb. 222. Nach Eintreffen des Callbacks **(ReceiveEventFromBackend: SpecChanged)** wird das Spezifikation bei den Teilnehmern wieder freigegeben **(Change Project Details)**, vgl. Schritte i7 und i8 in Abb. 224. Die geänderte Spezifikation kann nun von den Teilnehmern erneut angefordert werden.

2. **Vorschläge:** Um Vorschläge iterativ entwickeln zu können, muss zunächst dem Initiator die Möglichkeit gegeben werden, diese Vorschläge noch vor der endgültigen Projektauswertung zu analysieren. Dazu wird im Initiator-Teilworkflow 3 die Aktion **CheckProposal** eingefügt, vgl. Schritt t1 in Abb. 226. Nach dieser „vorläufigen" Auswertung wird entschieden ob der Vorschlag den Ansprüchen genügt. Bei positivem Ausgang geht der Workflow wie im einfachen Fall weiter, ist der Vorschlag jedoch unzureichend wird dies dem Teilnehmer mitgeteilt **(SendTask: ChangeProposal)**, vgl. Schritt t2 in Abb. 226.

   Auf der Teilnehmer-Seite wird im Teilworkflow 2 nach veröffentlichen des Vorschlags ein weiterer Callback eingefügt **(ReceiveEventFromBackend: ChangeProposal)**, vgl. Schritt t3 in Abb. 227. Der Teilnehmer kann dann seinen Vorschlag überarbeiten **(ShowGUI: ChangeProposal)** und anschließend neu veröffentlichen **(SendTask: PublishProposal)**, wodurch der zuvor skizzierte Arbeitsablauf ein weiteres Mal durchlaufen wird, vgl. Schritte t4 und t5 in Abb. 227.

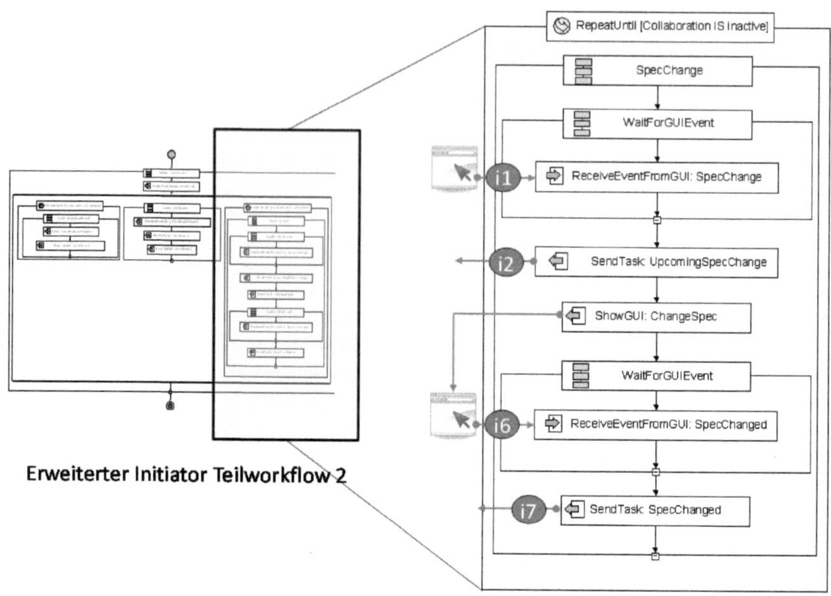

Abb. 222: Erweiterter Initiator Teilworkflow 2

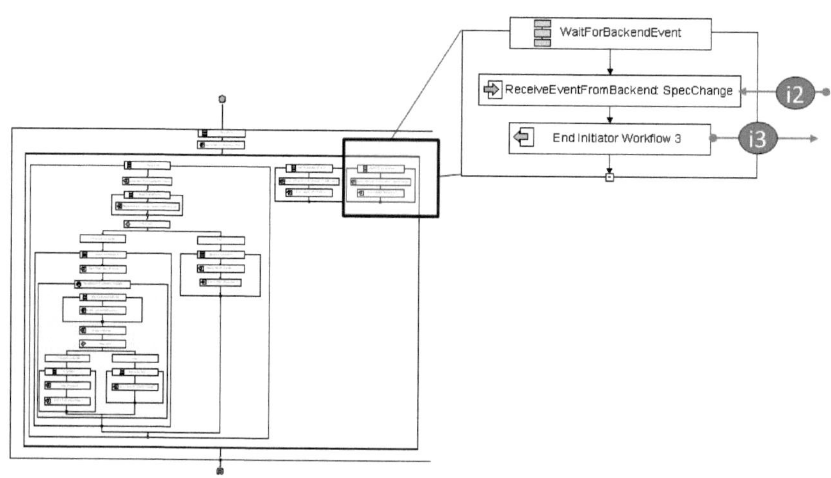

Abb. 223: Erweiterter Initiator Teilworkflow 3 mit Fokus auf SpecChange

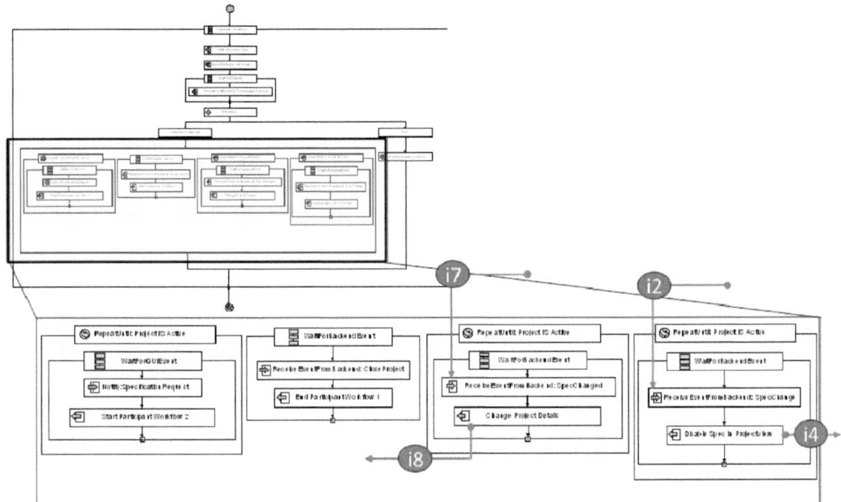

Abb. 224: Erweiterter Teilnehmer Teilworkflow 1

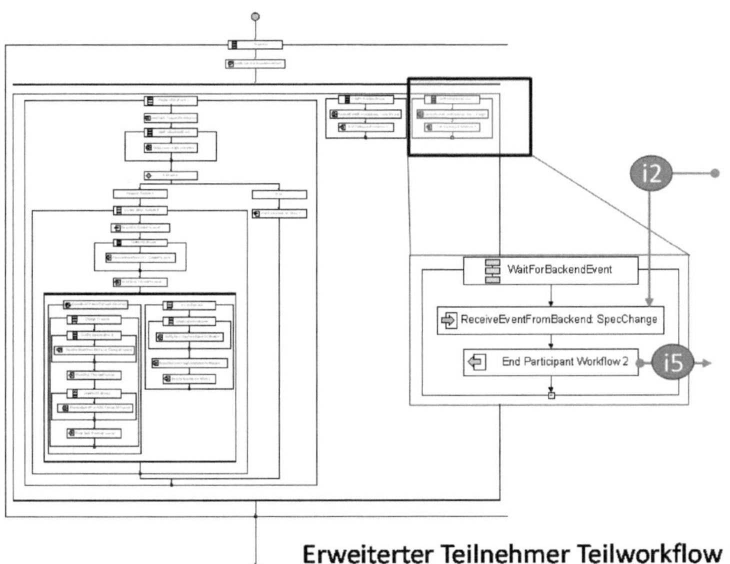

Abb. 225: Erweiterter Teilnehmer Teilworkflow 2

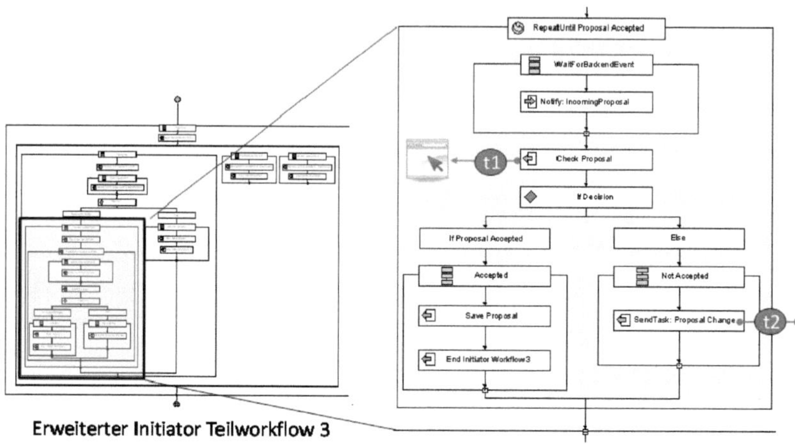

Abb. 226: Erweiterter Initiator Teilworkflow 3 mit Fokus auf Proposal Change

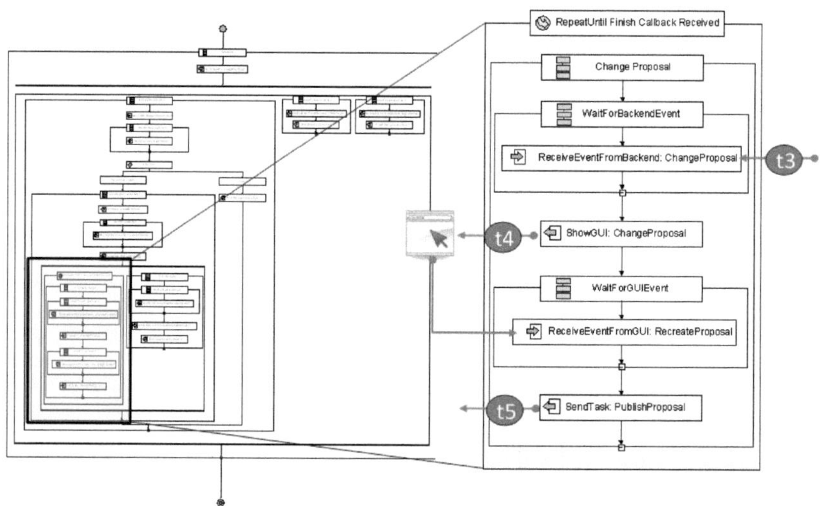

Abb. 227: Erweiterter Teilnehmer Teilworkflow 2 mit Fokus auf Proposal Change

F. Methoden des ProjectNetwork

In diesem Anhang wird noch einmal detaillierter die Umsetzung des in Abschnitt 4.7 vorgestellten Szenarios für die DeCPD auf der ProjektNetwork-Ebene in Anlehnung an die Arbeiten von (Kehl 2010) gezeigt. Dazu sind entsprechende Implementierungen der Interfaces ISearchHandler und ITransferListener notwendig.

F.1. Projektveröffentlichung

Beim Veröffentlichen eines Projekts soll dieses per Multicast innerhalb eines Topics an alle subskribierten Teilnehmer verteilt werden. Dazu wird zunächst auf der Seite des Initiators eine Methode im ProjectNetwork namens **publishProject** bereitgestellt, die diesen Multicastaufruf durchführt.

Src. 33: Die Methode announceProject des Pakets ProjectNetwork

```
public void publishProject(Project project, Topic topic) {

  // Header für das ProjectAnnounce
  MessageHeader header = new MessageHeader(HandlerManager.
    PROJECT_ANNOUNCE);

  // Project in eine XStreamMessage zur Übertragung verpacken
  XStreamMessage<Project> projectMessage =
    new XStreamMessage<Project>(project);

  // Das eigentliche Veröffentlichen
  multicast(topic, header, projectMessage);

  // Das Project im Datencontainer den Initiatorprojekten zuordnen
  dataManager.addProject(project, DataManager.Role.INITIATOR);
}
```

Durch den Aufruf der multicast-Methode (vgl. Abschnitt 5.2.1.1) wird diese Anfrage im Netzwerk innerhalb des gewählten Topics gestartet. Der Kommunikationspartner muss dann auf diese Anfrage reagieren können. Das erfolgt, wie bereits zuvor beschrieben, über eine Implementierung des ISearchHandlers, die beim SearchDistributor registriert wird. Der Protokollheader lautet dabei PROJECT_ANNOUNCE.

Src. 34: ISearchHandler (Teilnehmerseite) für die Annahme einer neuen Ausschreibung

```
searchDistributor.register(PROJECT_ANNOUNCE, new ISearchHandler() {

  @Override
  public void search(SearchJob job) {
    Project project = null;

    try {
      /* Das Projekt mit Hilfe einer XStreamMessage serialisieren
       */
      XStreamMessage<Project> projectMessage =
                  XStreamMessage.build(job.getQuery(), Project.class);
      project = projectMessage.getMessage();
```

```
    } catch (IOException e) { e.printStackTrace(); }

    // Abbrechen, falls es sich um ein eigenes Projekt handelt
    List<Project> initiatorProjects =
                projectNetwork.getDataManager().getInitiatorProjects();
    for (Project initPro : initiatorProjects) {
      if (initPro.getItemId().equals(project.getItemId())) {
        return;
      }
    }

    // NodeHandle zusammen mit dem User im DataManager speichern
    DataManager dataManager = ProjectNetwork.getInstance().getDataManager();
    User owner = project.getOwner();
    if (owner != null) {
      dataManager.addUser(owner, job.getFrom());
      project.setOwner(owner);
    }

    // Speichern des empfangenen Projekts im DataManager
    dataManager.addProject(project, DataManager.Role.NONE);
  }
});
```

F.2. Spezifikationsanfrage

Nachdem nun ein auf dem Topic subskribierter Teilnehmer von dem neuen Projekt erfahren hat, kann er entscheiden, ob er sich an einer Kollaboration beteiligen will oder nicht.

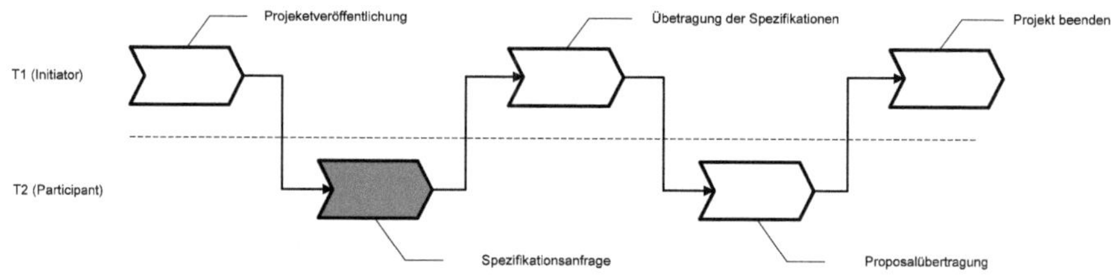

Abb. 228: Ablaufdiagramm ProjectNetwork (Schritt: Spezifikationsanfrage)

Für diese Anfrage benutzen wir den TransferManager (vgl. Abschnitt 5.2.2), bzw. die in der Klasse AbstractProjectNetwork gekapselten unicast-Methoden für Punkt-zu-Punkt Übertragungen (vgl. Abschnitt 5.3.1). Bekanntlich laufen sämtliche Übertragungen nach dem Prinzip des Zwei-Wege- bzw. Drei-Wege-Handshake ab.

Bei der Spezifikationsanfrage benachrichtigt T2 zunächst T1 (Initiator), dass er etwas von ihm haben möchte. Anschließend kann T1 dann Daten anfragen, die Informationen über den Bittsteller und die betreffenden Ressourcen der Spezifikationsanfrage enthalten. Folgende Abbildung zeigt den schematischen dieser Übertragung mit den entsprechenden Protokollheadern (vgl. Abb. 229, Fettschrift und Großbuchstaben).

Der Teilnehmer (T2) sendet also erst einen RESSOURCE_REQUEST an den Initiator (T1). In den Headerinformationen dieser Anfrage steht zusätzlich ein Hashwert, unter dem ein Objekt vom Typ ResourceRequest bei T1 hinterlegt ist (vgl. Abschnitt 5.3.2.2: Zustandslosigkeit des Übertragungsprotokolls). Daraufhin kann der Initiator beim Teilnehmer erfragen, um wen es sich überhaupt handelt, und welche Ressourcen er erhalten möchte, in dem er den ResourceRequest unter dem zuvor erhaltenen Hashwert über einen RESSOURCE_CAUSER_REQUEST anfragt. Anhand der Antwort kann der Initiator dann entscheiden, ob er dem Teilnehmer die Kollaboration gestatten will oder nicht.

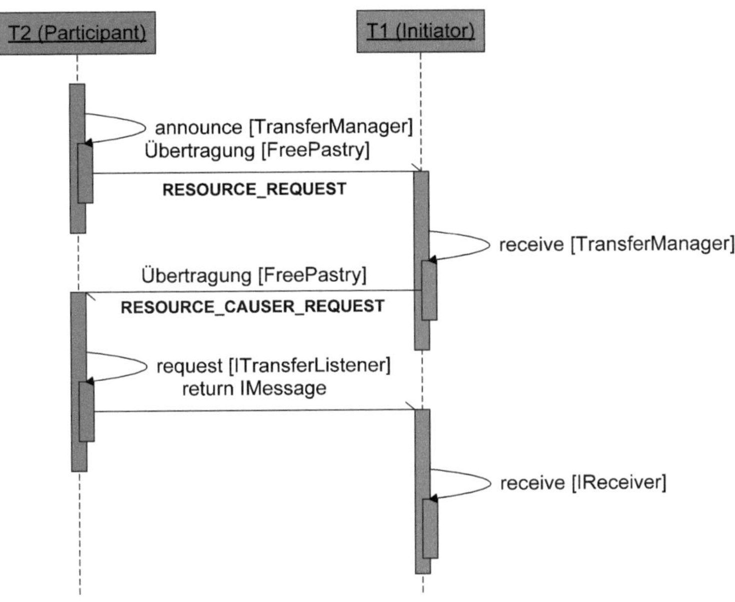

Abb. 229: Schematischer Ablauf der Spezifikationsanfrage

Das ProjectNetwork stellt für die Anfrage einer Spezifikation die in Src. 35 dargestellte Methode requestSpecification bereit.

Src. 35: Die Methode requestSpecification des ProjectNetwork (Teilnehmerseite)

```
public void requestSpecification(final RessourceRequest request) {
  MessageHeader[] headers = new MessageHeader[] {
    new MessageHeader(HandlerManager.RESOURCE_REQUEST),

    // Hashwert der Anfrage im DataManager
    new MessageHeader(request.hash()) };

   // Hinterlegen der Anfrage im DataManager
   dataManager.addSentRequest(request);
   unicastAnnounce(ProjectNetwork.getInstance().getUser(), headers);
}
```

Die Reaktion auf den RESOURCE_REQUEST auf der Seite des Initiators (T1) wird im HandlerManager implementiert (vgl. Src. 36).

Src. 36: TransferListener für die Verarbeitung eines RESOURCE_ REQUEST (Initiatorseite)

```
transferDistributor.register(RESOURCE_REQUEST,
  new ITransferListener() {

    @Override
    public void announce(Transfer transfer) {
      MessageHeader[] receivedHeader = transfer.getHeaders();

      // Neuer Header für die Antwort
      MessageHeader[] header = new MessageHeader[] {
        new MessageHeader(RESOURCE_CAUSER_REQUEST),
        // Hashwert der hinterlegten Anfrage
        receivedHeader[1] };

      // Definition der Reaktion beim Erhalt der nachgefragten Ressource
      IReceiver callback = new IReceiver() {

        @Override
        public void statusChange(Transfer transfer,TransferStatus status) {}

        @Override
        public void receive(Transfer transfer, InputStream stream) {
          XStreamMessage<RessourceRequest> xstream = null;
          try {
            xstream = XStreamMessage.build(stream, RessourceRequest.class);
          } catch (IOException e) { }

          DataManager dataManager = projectNetwork.getDataManager();

          RessourceRequest request = xstream.getMessage();
          User causer = request.getCauser();
          NodeHandle causerHandle = transfer.getFrom();

           // Registrieren des neuen Teilnehmers
          dataManager.addUser(causer, causerHandle);

          // Anfrage im DataManager hinterlegen, damit, später wieder
          // über den Hashwert darauf zugegriffen werden kann
          dataManager.addReceivedRequest(request);
        }
      };

      projectNetwork.unicastRequest(transfer.getFrom(), header, callback);
    }

    @Override
    public IMessage request(MessageHeader[] headers) { return null; }
  }
);
```

Auch die Reaktion auf den RESSOURCE_CAUSER_REQUEST vom Initiator (T1) an den Teilnehmer (T2) wird im HandlerManager implementiert. Dabei wird lediglich mit Hilfe des übergebenen Hashwerts das zuvor erstellte ResourceRequest-Objekt aus dem DataManager des Teilnehmers geholt und übertragen. Anschließend kann der Initiator entscheiden, ob er den Teilnehmer für die Kollaboration zulassen will oder nicht.

Src. 37: TransferListener für die Verarbeitung eines RESOURCE_CAUSER_REQUEST (Teilnehmerseite)

```
transferDistributor.register(RESOURCE_CAUSER_REQUEST,
  new ITransferListener() {

    @Override
    public IMessage request(MessageHeader[] headers) {
      String hash = headers[1].getType();

      // Anfrage aus dem DataManager holen
      RessourceRequest request =
          projectNetwork.getDataManager().getSentRequest(hash);

      XStreamMessage<RessourceRequest> xstream =
        new XStreamMessage<RessourceRequest>(request);
        return xstream;
    }

    @Override
    public void announce(Transfer transfer) {}
  });
```

F.3. Spezifikationsanfrage

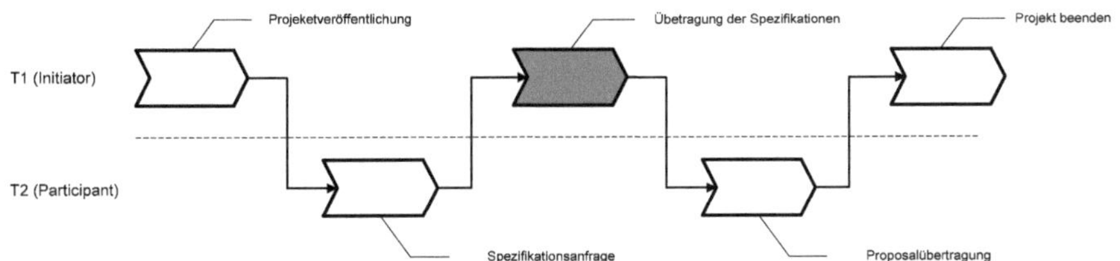

Abb. 230: Ablaufdiagramm ProjectNetwork (Schritt: Spezifikationsübertragung)

Entscheidet sich der Initiator dafür, den Teilnehmer für die Kollaboration zuzulassen, so sendet er seinerseits wiederum einen unicastAnnounce an den Teilnehmer (T2). Der Header dieses announce enthält einen Hashwert unter dem die angefragte Ressource im DataManager des Initiators hinterlegt ist. Auch hierfür wird im ProjectNetwork wieder eine Methode implementiert, die diese Funktionalität bereitstellt.

Src. 38: Die Methode sendResourceRequestGranted des ProjectNetworks

```
public void sendRessourceRequestGranted(BaseItem item, RessourceRequest
request) {
  String hash = null;
```

```
  if (item != null) {
    hash = item.hash();
    // Angefragte Ressource im DataManager hinterlegen
    dataManager.addRessource(item);
  }

  MessageHeader[] headers = new MessageHeader[] {
    new MessageHeader(HandlerManager.RESOURCE_REQUEST_GRANTED),
    new MessageHeader(hash) };

sendRessourceRequestAnswer(request, headers);
}

private void sendResourceRequestAnswer(ResourceRequest request,
    MessageHeader[] headers) {

  User causer = request.getCauser();

  // Senden der Übertragungbenachrichtigung
  unicastAnnounce(causer, headers);
}
```

Gehen wir zunächst davon aus, dass der Initiator den neuen Teilnehmer zulassen will, so erhält dieser Teilnehmer eine Nachricht mit der Headerinformation RESOURCE_REQUEST_GRANTED. Zusätzlich findet der Teilnehmer in den Headerinformationen den Hashwert unter der die Ressource im DataManager des Initiators (T1) hinterlegt ist. Daraufhin kann er dann die entsprechende Ressource anfragen. Das erfolgt wiederum über eine Implementierung des Interfaces ITransferListener im HandlerManager (vgl. Src. 39).

Src. 39: TransferListener für die Verarbeitung eines RESOURCE_DELIVERY_REQUEST (Teilnehmerseite)

```
transferDistributor.register(RESOURCE_REQUEST_GRANTED,
  new ITransferListener() {

    @Override
    public IMessage request(MessageHeader[] headers) {
      return null;
    }

    @Override
    public void announce(Transfer transfer) {
      MessageHeader[] receivedHeaders = transfer.getHeaders();
      String hash = receivedHeaders[1].getType();

      MessageHeader[] headers = new MessageHeader[] {
        new MessageHeader(RESOURCE_DELIVERY_REQUEST),
        new MessageHeader(hash) };

      // Implementierung der Reaktion auf den Erhalt der
      // eigentlichen Ressource (bzw. der Spezifikationen)
```

```
      IReceiver callback = new IReceiver() {

        @Override
        public void statusChange(Transfer transfer,TransferStatus status) {}

        @Override
        public void receive(Transfer transfer, InputStream stream) {
          XStreamMessage<BaseItem> xstream = null;
          try {
            xstream = XStreamMessage.build(stream,BaseItem.class);
          } catch (IOException e) {}

        DataManager dataManager = projectNetwork.getDataManager();

        // Die Komponenten mit den angehängten Spezifikationen
        Component comp = (Component) xstream.getMessage();
        UUID parentId = comp.getParentId();

        // Die neuen Spezifikationen im dem Project hinzufügen
        dataManager.addReceivedSpecification(parentId, comp);
        Project project = dataManager.getProjectByItemId(parentId);

        // Im DataManager markieren, dass dieser Peer als Teilnehmer des
        // Projekts zugelassen wurde
        dataManager.addProjectToParticipantList(project);
      }
    };

    projectNetwork.unicastRequest(transfer.getFrom(), headers, callback);
  }
});
```

Anschließend sendet der Teilnehmer einen RESSOURCE_DELIVERY_REQUEST an den Initiator in dessen Headerinformationen wiederum der Hashwert für die bereitgestellte Ressource (auf der Seite des Initiators T1) enthalten ist.

Selbstverständlich muss auch die Reaktion auf diese Anfrage im HandlerManager auf der Seite des Initiators (T1) implementiert werden. Hier muss aber lediglich die zuvor im DataManager hinterlegte Ressource abgerufen und in einer XStreamMessage verpackt zurückgegeben werden.

Src. 40: TransferListener für die Verarbeitung eines RESOURCE_DELIVERY_REQUEST (Initiatorseite)

```
transferDistributor.register(RESOURCE_DELIVERY_REQUEST,
  new ITransferListener() {

    @Override
    public IMessage request(MessageHeader[] headers) {
      String hash = headers[1].getType();

      // Hinterlegte Ressource anhand des Hashwertes abfragen
      BaseItem item = projectNetwork.getDataManager().takeRessource(hash);
```

```
      // Ressource in eine XStreamMessage verpacken
      XStreamMessage<BaseItem> xstream = new XStreamMessage<BaseItem>(item);
      return xstream;
    }

    @Override
    public void announce(Transfer transfer) {}
  });
```

Die Abb. 231 verdeutlich den schematischen Ablauf Übertragung. Dabei entsprechen die fett markierten, in Großbuchstaben dargestellten Angaben wieder den jeweiligen Headern.

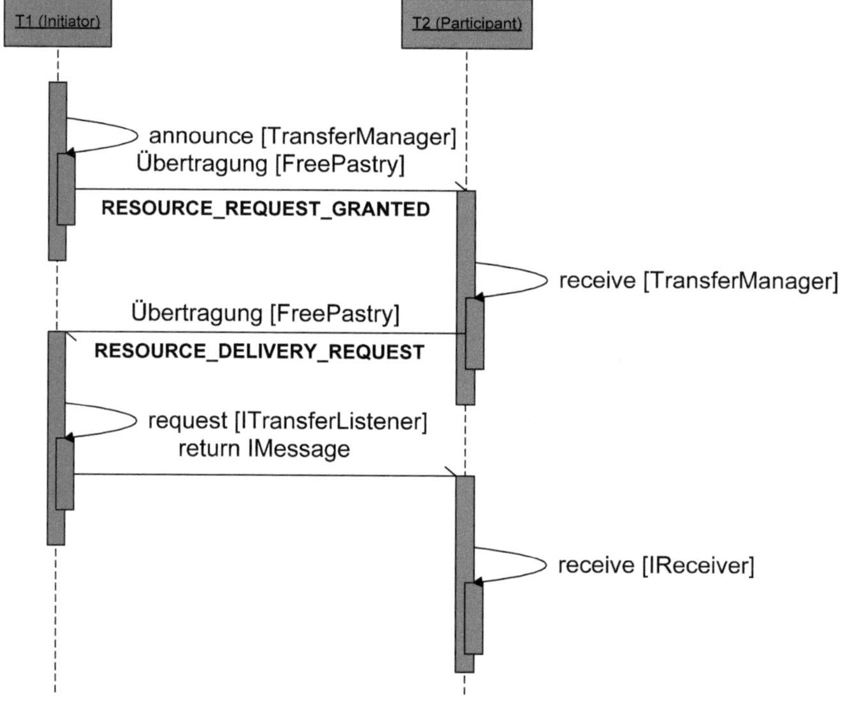

Abb. 231: Schematischer Ablauf der Spezifikationsübertragung

Wie oben schon erwähnt wurde, ist es aber auch möglich, dass der Initiator (T1) den Teilnehmer (T2) **nicht** für die Kollaboration zulassen will. In diesem Fall sendet T1 keine Benachrichtigung mit dem Header RESSOURCE_REQUEST_GRANTED sondern mit **RESOURCE_REQUEST_DENIED**. Erhält der Teilnehmer diesen announce, so bricht der Übertragungsvorgang ab (vgl. Abb. 232).

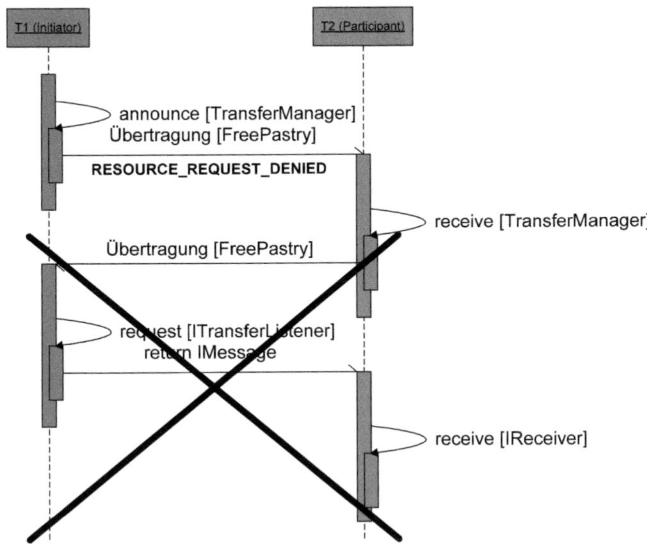

Abb. 232: Schematische Darstellung der Ablehnung einer Spezifikationsanfrage

Die Methode aus dem ProjectNetwork ist dabei sehr ähnlich, nur das kein Hashwert mit übertragen wird, da ja schließlich auch keine Ressource für die Übertragung bereitgestellt werden soll. Die Reaktion auf den RESOURCE_REQUEST_DENIED im HandlerManager sieht wie folgt aus:

Src. 41: TransferListener für die Verarbeitung eines RESOURCE_REQUEST_DENIED (Teilnehmerseite)

```
transferDistributor.register(RESSOURCE_REQUEST_DENIED,
  new ITransferListener() {

    @Override
    public void announce(Transfer transfer) {
      DataManager DataManager=ProjectNetwork.getInstance().getDataManager();
      String hash = transfer.getHeaders()[1].getType();

      // Durch den Aufruf der takeReceivedRequest-Methode wird nicht nur der
      // RessourceRequest aus dem DataManager geholt, sondern dort auch
      // gleich gelöscht
      RessourceRequest request = dataManager.takeReceivedRequest(hash);

      DataChangeEvent e = new DataChangeEvent(
              DataChangeType.SPECIFICATION_REQUEST_DENIED, request);
      dataManager.fireDataChangeEvent(e); }

    @Override
    public IMessage request(MessageHeader[] headers) { return null; }
});
```

Der Aufruf der fireDataChange-Methode des DataManagers löst dabei eine Benachrichtigung für übergeordnete Softwareebenen (SOAProjectNetwork) aus. Die genaue Wirkungsweise dieser DataChangeEvents wird im Abschnitt 5.3.3 ausführlich erläutert.

F.4. Übertragung eines Vorschlags

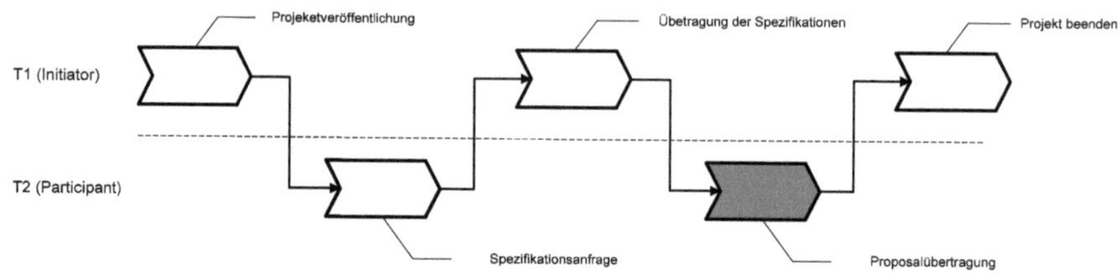

Abb. 233: Ablaufdiagramm ProjectNetwork (Schritt: Proposalübertragung)

In den vorangegangen Abschnitten wurde erläutert, wie sich ein Teilnehmer an einer Kollaboration beteiligen und die dafür erforderlichen Ressourcen erhalten kann. Seine Aufgabe besteht anschließend darin, einen Lösungsvorschlag (Proposal) auszuarbeiten, der die entsprechenden Bedingungen der Spezifikation(en) erfüllt. In diesem Abschnitt wird beschrieben, wie diese Ausarbeitung nach ihrer Fertigstellung an den Initiator übertragen werden kann. Abb. 234 zeigt den schematischen Ablauf der Übertragung mit den entsprechenden Headern.

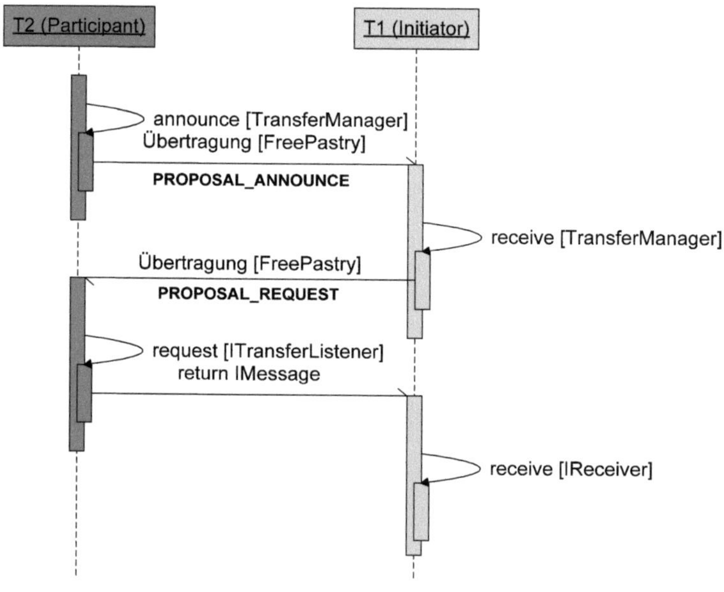

Abb. 234: Schematische Darstellung des Ablaufs bei der Proposalübertragung

Der Auslöser für diese Übertragung ist wieder eine Methode, die durch die Klasse ProjectNetwork bereitgestellt wird. Diese **sendProposal**-Methode erhält als Parameter das Projekt, die ID der Spezifikation für die das Proposal erstellt wurde sowie das Proposal selbst. Bei der ersten Übertragungsankündigung (announce) vom Teilnehmer (T2) zum Initiator (T1) wird wieder der Hashwert des Proposals im Protokollheader übertragen. Unter diesem Hashwert ist das Proposal im DataManager des Teilnehmers hinterlegt.

Src. 42: Die Methode sendProposal des ProjectNetworks

```
public void sendProposal(Project project, UUID specId, Proposal proposal)
    throws WrongTypeException, ParentNotFoundException{

      proposal.setParentId(specId);
      String hash = proposal.hash();

      //Proposal im DataManager hinterlegen
      dataManager.addRessource(proposal);

      // Proposal an das entsprechende Project anhaengen. Hier wird der
      // Umweg über den DataManager gemacht, damit Änderungen an den
      // Datencontainer zentral vom DataManager nach oben weiter gereicht
      // werden können.
      dataManager.addProposalToProject(project.getItemId(), proposal);

      MessageHeader[] headers = new MessageHeader[] {
        new MessageHeader(HandlerManager.PROPOSAL_ANNOUNCE),
        new MessageHeader(project.getItemId().toString()),
        new MessageHeader(specId.toString()),
        new MessageHeader(hash) };

      // Dem Initiator melden, dass neuer Transfer fuer ihn verfuegbar ist
      unicastAnnounce(project.getOwner(), headers);
}
```

Die Reaktion auf der Seite des Initiators (T1) ist dabei wieder im HandlerManager implementiert, wobei die Verarbeitung eines Proposal umfangreicher ist, als die einer Spezifikation, da Proposals auch Dateianhänge wie bspw. CAD-Files enthalten können. Diese Anhänge werden als Bytefolgen übertragen, dann separat in einem eigenen Ordner (PROPOSAL_PATH) beim Initiator (T1) gespeichert.

Src. 43: TransferListener für die Verarbeitung eines PROPOSAL_ANNOUNCE (Initiatorseite)

```
transferDistributor.register(PROPOSAL_ANNOUNCE, new ITransferListener() {

    @Override
    public void announce(Transfer transfer) {
      MessageHeader[] receivedHeader = transfer.getHeaders();
      String projectId = receivedHeader[1].getType();
      String specId = receivedHeader[2].getType();
      String hash = receivedHeader[3].getType();

      MessageHeader[] headers =  new MessageHeader[] {
        new MessageHeader(PROPOSAL_REQUEST),
        new MessageHeader(projectId),
```

```
      new MessageHeader(specId),
      new MessageHeader(hash) };

    // Reaktion auf Erhalt der angefragten Ressource (Proposal)
    IReceiver callback = new IReceiver() {

      @Override
      public void receive(Transfer transfer, InputStream stream) {
        UUID projectId =
                  UUID.fromString(transfer.getHeaders()[1].getType());

        // Die XStreamMessage entpacken
        XStreamMessage<ProposalMessage> xstream = null;
        try {
          xstream = XStreamMessage.build(stream,ProposalMessage.class);
        } catch (IOException e) {}

        ProposalMessage propMessage = xstream.getMessage();
        Proposal prop = propMessage.getProposal();
        List<byte[]> attachmentBytes = propMessage.getAttachments();
        List<String> attachmentNames = propMessage.getFileNames();

        // Start | Speichern der Anhänge
        if (attachmentBytes.size() != attachmentNames.size()) {
          throw new IndexOutOfBoundsException();
        }

        List<String> lokalAttachments = new ArrayList<String>();
        for (int i = 0; i < attachmentNames.size(); i++) {
          String fileName = attachmentNames.get(i);
          byte[] attachment = attachmentBytes.get(i);

          File remoteFile = new File(fileName);
          File file = new File(PROPOSAL_PATH + prop.getItemId().toString()+
                                 "/" + remoteFile.getName());
          File localPath = new File(PROPOSAL_PATH +
                                 prop.getItemId().toString());
          localPath.mkdirs();
          lokalAttachments.add(file.getAbsolutePath());

          try {
            file.createNewFile();
            FileUtils.writeByteArrayToFile(file, attachment);
          } catch (IOException e) {}
        }

        prop.setAttachments(lokalAttachments);
        DataManager dataManager = projectNetwork.getDataManager();
        try {
          // Proposal an Project anhängen
          dataManager.addProposalToProject(projectId, prop);
        } catch (WrongTypeException e) {}
```

```
        catch (ParentNotFoundException e) {}
      }

      @Override
      public void statusChange(Transfer transfer,TransferStatus status) {}
    };

    // Das eigentliche Versenden der Anfrage (PROPOSAL_REQUEST) als
    // Reaktion auf den PROPOSAL_ANNOUNCE
    projectNetwork.unicastRequest(transfer.getFrom, headers, callback);
  }

  @Override
  public IMessage request(MessageHeader[] headers) {
    return null;
  }
});
```

Als Reaktion auf diesen PROPOSAL_ANNOUNCE, der im HandlerManager implementiert ist, fordert der Initiator (T1) die Ressource bzw. das Proposal mit dem zuvor erhaltenen Hashwert vom Teilnehmer (T2) an.

Verpackt wird die Anfrage zunächst in ein Objekt vom Typ ProposalMessage. Dabei handelt es sich lediglich um einen Datencontainer, der die Dateianhänge als Bytefolgen, deren Dateinamen und das Proposal kapselt. Anschließend wird dieses Objekt zur leichteren Serialisierbarkeit in eine XStreamMessage verpackt und an den Initiator (T1) zurückgegeben.

Die Implementierung auf der Seite des Teilnehmers (T2), bei der das ProposalMessage-Objekt instanziiert und übertragen werden muss, sieht wie folgt aus:

Src. 44: TransferListener für die Verarbeitung eines PROPOSAL_REQUEST (Teilnehmerseite)

```
transferDistributor.register(PROPOSAL_REQUEST, new ITransferListener() {

  @Override
  public void announce(Transfer transfer) {}

  @Override
  public IMessage request(MessageHeader[] headers) {
    String hash = headers[3].getType();
    Proposal proposal = (Proposal) projectNetwork.
                             getDataManager().takeRessource(hash);

    // Einlesen der Dateianhänge
    List<String> attachmentNames = proposal.getAttachments();
    List<byte[]> attachmentBytes = new ArrayList<byte[]>();

    for (String attachment : attachmentNames) {
      File file = new File(attachment);
      try {
        byte[] fileBytes = FileUtils.readFileToByteArray(file);
        attachmentBytes.add(fileBytes);
```

```
        } catch (IOException e) {}
      }

      // In eine ProposalMessage verpacken
      ProposalMessage proposalMessage = new ProposalMessage();
      proposalMessage.setProposal(proposal);
      proposalMessage.setAttachments(attachmentBytes);
      proposalMessage.setFileNames(attachmentNames);

      // In eine XStreamMessage verpacken und zurückgeben
      XStreamMessage<ProposalMessage> xstream =
        new XStreamMessage<ProposalMessage>(proposalMessage);
      return xstream;
    }

});
```

Durch das Hinterlegen eines Proposal-Objekt in dem zugehörigen Project sind auch die Dateipfade der Anhänge jederzeit rekonstruierbar.

F.5. Projekt beenden

Sobald für jede Spezifikation ein Proposal abgeben wurde, soll das Projekt ausgewertet und beendet werden. Auf Netzwerkebene heißt das also, dass jedem Teilnehmer und jedem potenzielle Teilnehmer (also alle in das entsprechende Topic subskribierte Peers) mitgeteilt werden muss, dass keine Spezifikationen mehr vom Initiator erfragt werden können und keine weiteren Proposals mehr akzeptiert werden. Dafür existiert in der Klasse ProjectNetwork eine Methode, die zunächst überprüft, ob der Teilnehmer, der das Projekt schließen möchte auch der Initiator ist (also über die notwendigen Rechter verfügt) und dann einen Multicast innerhalb des Topics startet.

Src. 45: Die Methode closeProject des ProjectNetworks zum Melden der Beendigung eines Projekts per Multicast

```
public void closeProject(Project project, String comment)
    throws AuthorisationException {

  // Überprüfen, ob der schließende Peer die Berechtigung dazu hat
  if (!project.getOwner().equals(getUser())) {
    throw new AuthorisationException(
      "You don't have permission to close the project "
      + project.getItemId());
  }
  ProjectClosedChange pcc = new ProjectClosedChange(
                        getUser(), comment, project.getItemId());
  XStreamMessage<ProjectClosedChange> xstream =
    new XStreamMessage<ProjectClosedChange>(pcc);
  MessageHeader header = new MessageHeader(HandlerManager.CLOSE_PROJECT);
  // Start des Mutlicasts
  multicast(project.getTopicName(), header, xstream);
}
```

Bei dieser Benachrichtigung handelt es sich lediglich um einen Multicast, der innerhalb des betreffenden Topics gestartet wird und dessen Header die ID des zu beenden Projekts enthält. Auf der Seite der Teilnehmer muss dann wieder eine Implementierung des Interfaces SearchHandler vorhanden sein. Dabei wird dem DataManger auf der Seite des Teilnehmers (T2) mitgeteilt, welches Projekt geschlossen werden soll.

Src. 46: SearchHandler für das Beenden einen Projekts (Teilnehmerseite)

```
searchDistributor.register(CLOSE_PROJECT, new ISearchHandler() {

  @Override
  public void search(SearchJob job) {
    InputStream is = job.getQuery();
    XStreamMessage<ProjectClosedChange> xstream = null;
    try {
      xstream = XStreamMessage.build(is, ProjectClosedChange.class);
    } catch (IOException e) {}

    ProjectClosedChange pcc = xstream.getMessage();
    Project closedProject = projectNetwork.getDataManager()
                    .getProjectByItemId(pcc.getClosedProjectId());
    projectNetwork.getDataManager().closeProject(
                    closedProject, pcc.getComment());
  }
});
```

G. Prüffälle

G.1. Erstellen von Prüffällen mit JUnit

Zunächst folgt eine Einleitung in das Prüfen mit JUnit, wie es in den folgenden Abschnitten angewendet wird. Als Prüfumgebung verwenden wir die Integration von JUnit in Eclipse 3.4 (oder höher).

Zum Anlegen von JUnit-Tests in Eclipse wird wie folgt vorgegangen:

1. Die Testfälle sollten in einem separaten Source-Ordner angelegt werden. Dafür wird im "Package Explorer" mit der rechten Maustaste auf den Projektnamen (hier zum Beispiel: "JUnit-Test") geklickt und durch "Properties" | "Java Build Path" | Tabulatorreiter " Source" | "Add Folder..." | "Create New Folder..." ein Ordner mit dem "Foldername:" "tst" oder "test" angelegt. Im "Package Explorer" erscheint jetzt neben dem Source-Ordner "src" noch zusätzlich der Source-Ordner "tst" (vgl. Abb. 235 links).

2. Durch Rechtsklick im "Package Explorer" auf den Dateinamen der Java-Klasse (hier: "MeineKlasse.java") kann über "New" | "JUnit Test Case" einer neuer Testcase angelegt werden. Falls eine Warnung angezeigt wird, dass sich JUnit nicht im "build path" befindet, kann durch Klick auf "Click here" und wählen von "OK" das Problem behoben werden. Betätigen Sie noch den Button "Browse..." neben dem "Source Folder"-Editierfenster und wählen "tst" statt "src" aus. Achten Sie darauf, dass das richtige Package und der richtige "Name", der zu testenden Klasse, eingestellt ist. Es erscheint jetzt eine neue Java-Klasse mit dem Dateinamen: <Name der zu testenden Klasse> + Test.java. Das Ergebnis ist in Abb. 235 rechts dargestellt.

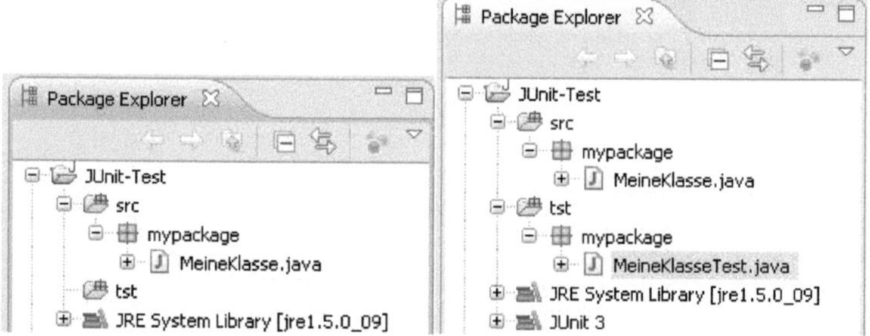

Abb. 235: Anlegen einer Testumgebung in eclipse

3. Zum Ausführen der Test-Klasse wird "Run" | "Run As" | "JUnit Test" gewählt.

4. Desweiteren sollen die Test-Klassen in einer Test-Suite zusammengefasst werden. Dies geschieht durch Rechtsklick auf den Dateinamen der Test-Klasse und Wahl von "New" | "Other..." | "[+] Ja-va"| "[+] JUnit" | "JUnit Test Suite". Es muss lediglich darauf geachtet werden, dass der richtige "Source-Folder" und "Package" eingestellt sind. Unter "Test Classes in Suite" werden die Test-Klassen ausgewählt, die zu der Test-Suite

zusammengefasst werden sollen. In die soeben angelegte Test Suite Klasse AllTests wird eine main()-Methode integriert, die die grafische Oberfläche von JUnit aufruft (vgl. Abb. 236).

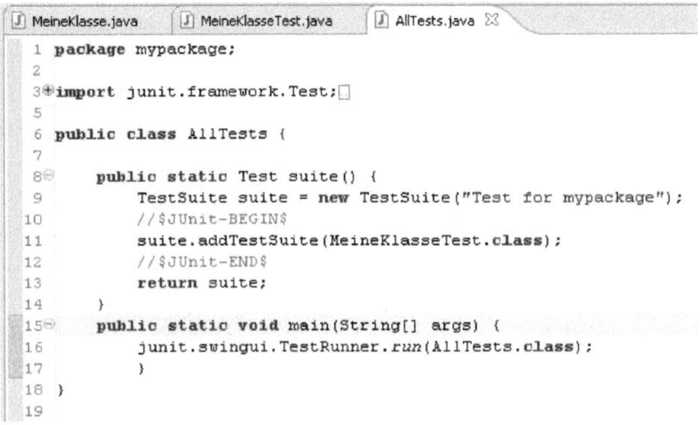

```
MeineKlasse.java | MeineKlasseTest.java | AllTests.java

package mypackage;

import junit.framework.Test;

public class AllTests {

    public static Test suite() {
        TestSuite suite = new TestSuite("Test for mypackage");
        //$JUnit-BEGIN$
        suite.addTestSuite(MeineKlasseTest.class);
        //$JUnit-END$
        return suite;
    }
    public static void main(String[] args) {
        junit.swingui.TestRunner.run(AllTests.class);
        }
}

```

Abb. 236: Die Test-Suite AllTests zum Bündeln der Test-Klassen

5. Die Klasse AllTests kann jetzt entweder über "Run" | "Run As" | "JUnit Test" ausgeführt werden oder über "Run" | "Run As" | "Java Application". Dann er-scheint das Ergebnis nicht mehr im Eclipse-JUnit-View, sondern in einem neuen Fenster mit der grafischen Oberfläche von JUnit.

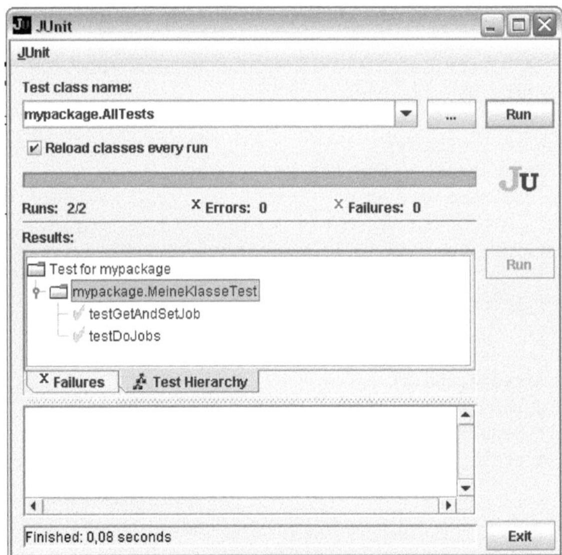

Abb. 237: Grafische Oberfläche von JUnit

G.2. Prüffälle zum Testen der Funktionalität des CollabNetworks

G.2.1 Subscribe - Der Beitritt zu einem Subnetzwerk (Prüffall 1.1)

War der Beitritt in ein Subnetzwerk erfolgreich, so wird die subscribe-Methode der Implementierung des Interfaces ISubscribeSuccessListener aufgerufen, der zuvor bei der CollabNetwork-Instanz registriert werden kann. In diesem Testfall wird zufällig ein Peer aus der Menge der Peers gewählt. Diesem Peer wird eine Implementierung des Interfaces ISubscribeSuccessListener übergeben. War der Subskribierungsvorgang erfolgreich, so wird die subscribe-Methode dieser Implementierung mit einem booleschen true aufgerufen. Ist das der Fall, so war der Test erfolgreich. Für den Fall, dass der boolesche Wert false geliefert wird, bricht der Test ab und ist somit fehlgeschlagen. Folgendes Listing zeigt die Implementierung dieses Testfalls.

Src. 47: JUnit-Test für Subscribe

```
@Test(timeout=5000)
public void testSubscribe() {
  logger.info("testSubscribe started");
  final MutableResult<Boolean> result = new MutableResult<Boolean>();
  result.ready = false;
  result.result = false;

  // get a random Peer
  CollabNetwork peer = randomPeer();

  // set SubscribeSuccessListener
  peer.addSubscribeSuccessListener(new ISubscribeSuccessListener() {

    @Override
    public void subscribe(Collection<Topic> topics, boolean success) {
      // subscribe was successful
      if (success) {
        String topicsString = "";
        for (Topic topic : topics) {
          topicsString += topic + "\t";
        }
        logger.info("successfully subscribed to topic: " + topicsString);
      } else {
        logger.error("subscribe failed");
        fail();
      }
      synchronized (result) {
        result.ready = true;
        result.result = success;
        result.notifyAll();
      }
    }
  });
```

```
    // subscribe to topic "testTopic"
    Topic topic = new Topic(idFactory, "testTopic");
    peer.subscribe(topic);

    try { timeSource.sleep(2000); }
    catch (InterruptedException e) { e.printStackTrace();}

    synchronized (result) {
      while (!result.ready) {
        logger.info("SubscribeSuccessListener hat not"
                                    + " been invoked yet ... waiting ...");
        try { result.wait(); } catch (InterruptedException e) { fail(); }
      }
      if (result.result) {
        logger.info("testSubscribe was successful");
      } else {
        logger.error("testSubscribe failed");
        fail();
      }
    }
}
```

Dieser Test zeigt aber noch nicht, ob die Unterteilung in Subnetzwerke wirklich erfolgreich war. Ein mögliches Vorgehen zur Evaluierung dieser Funktionalität beruht auf Multicasts. Dementsprechend wird dieser Test im nächsten Abschnitt erweitert.

G.2.2 Serialisierung und Multicast (Prüffall 1.2)

Um Datencontainer korrekt zwischen zwei Teilnehmern (Peers) austauschen zu können, müssen diese serialisiert werden können. Zur Vereinfachung dieses Vorgangs werden nur Implementierungen des Interfaces IMessage (vgl. Abschnitt 5.2.3) übertragen. Dementsprechend bietet die generische Klasse XStreamMessage (die IMessage implementiert) die Möglichkeit beliebige Datenobjekte zu serialisieren. Die dabei verwendete XStream-Library[88] wandelt ein Objekt in XML um, der dann in Java als String verbarbeitet und serialisiert werden kann.

Der hier beschriebene JUnit-Test soll also überprüfen, ob Datenobjekte unverfälscht beim Empfänger ankommen. Da diese Funktionalität bei allen Übertragungen verwendet wird, wird sie im Rahmen des Tests für den Multicast mit getestet. Nachdem Peers eine Multicast-Nachricht empfangen haben wird das übertragende Objekt mit dem Originalobjekt verglichen. Stimmen diese nicht überein, so ist der Test fehlgeschlagen.

Zum Testen der Multicastfunktion sieht die Testumgebung so aus, dass fünf der insgesamt zehn Peers einem Subnetzwerk beitreten (also fünf Peers subskribieren sich in ein Topic). Anschließend wird ein Multicast innerhalb dieses Topics gestartet. Erhalten nun die fünf Peers, die sich zuvor in das Topic subskribiert haben die Nachricht und die anderen fünf nicht, dann ist der Multicast erfolgreich. Erhalten mehr oder weniger bzw. andere als genau diese fünf Peers die versendete Nachricht, so ist der Test fehlgeschlagen.

---

[88] http://xstream.codehaus.org/ [01.04.2011]

Wie im vorangegangenen Abschnitt schon beschrieben, eignet sich dieses Vorgehen auch zur Evaluierung der Funktion, die den Teilnehmern des P2P-Netzwerks die Möglichkeit bietet sich in Subnetzwerken zu organisieren. War nämlich der Multicast-Test erfolgreich, so bilden die fünf subskribierten Peers ein Subnetzwerk, in dem sie „unabhängig" von den anderen Teilnehmern kommunizieren können. Das folgende Listing zeigt die Implementierung dieses Testfalls.

Src. 48: JUnit-Test für Multicast

```
@Test(timeout=20000)
public void testMulticast() {
  logger.info("testMulticast starts");
  final Project project = generateProject();
  final MutableResult<Integer> count = new MutableResult<Integer>();
  count.ready = false;
  count.result = 0;

  ISearchHandler searchHandler = new ISearchHandler() {

    @Override
    public void search(SearchJob job) {
      try {
        InputStream is = job.getQuery();
        XStreamMessage<Project> xstream =
                              XStreamMessage.build(is, Project.class);
        Project receivedProject = xstream.getMessage();

        // check whether the XStreamMessage works correctly
        if(!project.equals(receivedProject)){
          logger.error("project wasn't transferred correctly. test failed.");
          fail();
        }
        logger.info("peer "+ (count.result +1) +" has received the project "
          + receivedProject.getTitle());

        synchronized (count) {
          count.result++;
          count.notifyAll();
        }
      } catch (IOException e) {
        e.printStackTrace();
        logger.error("reading query failed");
        fail();
      }
    }
  };

  Topic testMulticastTopic = new Topic(idFactory, "testMulticastTopic");
  int groupCount = 0;

  //Start subscription...
  for (int i = 0; i < nodeCount; i += 2) {
```

```
    groupCount++;
    CollabNetwork peer = peers.get(i);
    logger.info("subscribe ... waiting for two seconds.");
    peer.subscribe(testMulticastTopic);
    try {
      timeSource.sleep(2000);
    } catch (InterruptedException e) { e.printStackTrace(); }
  }

  // ... each peer gets a SearchHandler instance
  for (CollabNetwork peer : peers) {
    logger.info("setting SearchHandler");
    peer.setSearchHandler(searchHandler);
  }

  CollabNetwork initiator = randomPeer();
  XStreamMessage<Project> query = new XStreamMessage<Project>(project);
  MessageHeader header = new MessageHeader("PROJECT_ANNOUNCE");
  initiator.search(testMulticastTopic, header, query, project.getOwner());

  synchronized (count) {
    while (count.result != groupCount) {
      try {
        logger.info("only " +count.result+ " peers received the project."
        count.wait();
      } catch (InterruptedException e) { fail(); }
    }
    logger.info("testMulticast was successful");
  }
}
```

G.2.3 Zwei-Wege-Handshake (Prüffall 1.3)

Mit Hilfe des Zwei-Wege-Handshakes werden genau dann Daten übertragen, wenn T1 (Empfänger) bei T2 (Sender) gezielt bestimmte Daten anfragt. Dazu wird auf der Empfängerseite in einer Implementierung des Interfaces IReceiver zunächst definiert, wie die angefragten Daten weiter verarbeitet werden sollen.

Anschließend sendet T1 (Empfänger) die entsprechenden Headerinformationen an T2 (Sender). Anhand der Headerinformationen kann nun T2 die angefragten Daten ermitteln und diese zurückgeben. Die eigentliche Übertragung der Daten verläuft dabei über TCP-Sockets.

Um diese Funktion zu testen werden zufällig zwei der zehn Peers aus der Prüfumgebung gewählt. Einer davon repräsentiert den Empfänger (T1) und der zweiten den Sender (T2). T1 sendet dann einen TransferRequest an T2. Nachdem T2 (Sender) diese Übertragungsaufforderung erhalten hat, kann er anhand der Headerinformationen die angeforderten Daten ermitteln. In diesem Testfall wird auf die Headerinformationen verzichtet, da hier nur die korrekte Übertragung geprüft werden soll. Die protokollbasierte Kommunikation, bei der die Headerinformationen relevant sind, wird im Rahmen der Testfälle für das ProjectNetwork getestet, da dort mehrere spezielle Übertragungen aufeinander folgen. Hier wird durch die Verwendung von beliebigen Zeichenketten im Header lediglich geprüft, ob diese ebenfalls korrekt übertragen werden. Das folgende Listing zeigt die Implementierung dieses JUnit-Tests.

Src. 49: JUnit-Test für den Zwei-Wege-Handshake

```
@Test(timeout=2500)
public void testTwoWayHandshake() {
  logger.info("testTwoWayHandshake starts...");
  final Project project = generateProject();
  final MutableResult<Boolean> result = new MutableResult<Boolean>();
  result.ready = false;
  result.result = false;

  // initialize two random peers
  CollabNetwork initiator = randomPeer();
  CollabNetwork participant = randomPeer();

  // initialize the TransferListener for the initiator
  ITransferListener transferListener = new ITransferListener() {

    @Override
    public void announce(Transfer transfer) {
      // this method should only be invoked by using the three-way-handshake
      logger.error("wrong method invoked ...");
      fail();
    }

    @Override
    public IMessage request(MessageHeader[] headers) {
      logger.info("initiator has received a request");
      // packing the project
      XStreamMessage<Project> xstream =  new
                              XStreamMessage<Project>(project);
      logger.info("return project");
      return xstream;
    }
  };

  // set the TransferListener
  inititor.getTransferManager().setTransferListener(transferListener);

  // participant's reaction for receiving the source
  IReceiver callback = new IReceiver() {

    @Override
    public void receive(Transfer transfer, InputStream stream) {
      try {
        // check whether the header is correct
        if (!transfer.getHeaders()[0].getType().equals("PROJECT_REQUEST")) {
          logger.error("wrong header received");
          fail();
        }
        // unpacking project
```

```
        XStreamMessage<Project> xstream =
                        XStreamMessage.build(stream, Project.class);
        logger.info("project " +xstream.getMessage().getTitle()+ " rec.");
        synchronized (result) {
          // checking whether the project was transmitted correctly
          if(project.equals(xstream.getMessage())){ result.result = true; }
          result.ready = true;
          result.notifyAll();
        }
      } catch (IOException e) {
        logger.error("failed to read project");
        e.printStackTrace();
        fail();
      }
    }

    @Override
    public void statusChange(Transfer transfer, TransferStatus status) {
      // nothing
    }
  };

  MessageHeader[] headers = new MessageHeader[] {
          new MessageHeader("PROJECT_REQUEST")};
  Transfer transfer = new Transfer(initiator.getNode().
          getLocalNodeHandle(), headers);

  // send the request
  participant.getTransferManager().receive(transfer, callback);

  synchronized (result) {
    while (!result.ready) {
      try {
        logger.info("nothing received yet ... waiting");
        result.wait();
      } catch (InterruptedException e) { fail(); }
    }
    if (result.result) {
      logger.info("testTwoWayHandshake was successfull");
    } else {
      logger.error("testTwoWayHandshake failed ... wrong project received");
      fail();
    }
  }
}
```

G.2.4 Drei-Wege-Handshake (Prüffall 1.4)

Der Unterschied zwischen dem Drei- und Zwei-Wege-Handshake ist der, dass beim Drei-Wege-Handshake zuerst an Benachrichtigung an den Übertragungspartner gesendet wird, dass eine neue Übertragung für ihn bereitsteht. Zuvor wollte also T1 von T2 empfangen und jetzt will T1 Daten an T2 senden. T1 (Sender) sendet also eine TransferAnnounce

(Benachrichtigung über bereitgestellte Übertragung) an T2 (Empfänger) und dieser fragt dann unter Verwendung des Zwei-Wege-Handshakes diese Daten an, so wie Abschnitt 5.2.2.2 beschrieben.

Da für den Zwei-Wege-Handshake bereits ein JUnit-Test existiert wird hier lediglich der vorangehende TransferAnnounce getestet. Dafür werden wiederum zwei Peers zufällig aus den bereitgestellten zehn gewählt. Anschließend sendet der erste Peer dem Zweiten über den TransferManager einen TransferAnnounce. Der Test ist dann erfolgreich, wenn der TransferAnnounce mit den korrekten Headerinformationen (dessen korrekte Übertragung hier wieder nur getestet wird) beim zweiten Peer ankommt. Erreicht diese Benachrichtigung den zweiten Peer nicht, sind die Headerinformationen nicht korrekt oder wird der zweite Peer direkt zur Übertragung aufgefordert (vgl. Zwei-Wege-Handshake) so bricht der Test ab und ist somit fehlgeschlagen. Src. 50 zeigt die Implementierung dieses JUnit-Tests.

Src. 50: JUnit-Test für den TransferAnnounce

```
@Test(timeout=2500)
public void testTransferAnnounce() {
  /*
   * After the TansferAnnounce a Two-Way-Handshake can be invoked in
   * order to receive the announce source
   */
  logger.info("testTransferAnnounce startet.");
  final MutableResult<Boolean> result = new MutableResult<Boolean>();
  result.ready = false;
  result.result = false;
  final String headerMessage = "TRANSFER_ANNOUNCE";

  // get two random peers
  CollabNetwork sender = randomPeer();
  CollabNetwork receiver = randomPeer();

  // initialing the TransferListener for the receiving peer
  ITransferListener transferListener = new ITransferListener() {

    @Override
    public void announce(Transfer transfer) {
      String headerString = transfer.getHeaders()[0].getType();
      logger.info("announce received ... " + headerString);
      synchronized (result) {
        result.ready = true;
        // check the header
        if (headerString.equals(headerMessage)) { result.result = true; }
        result.notifyAll();
      }
    }

    @Override
    public IMessage request(MessageHeader[] headers) {
      logger.error("wrong method invoked");
      fail();
      return null;
```

```
      }
    };

    // set the TransferListener
    receiver.getTransferManager().setTransferListener(transferListener);

    // send the announce
    sender.getTransferManager().announce(receiver.getNode().
            getLocalNodeHandle(), new MessageHeader(headerMessage));

    synchronized (result) {
      while (!result.ready) {
        try {
          logger.info("nothing received yet ... waiting");
          result.wait();
        } catch (InterruptedException e) { fail(); }
      }
      if (result.result) {
        logger.info("testTransferAnnounce was successfull");
      } else {
        logger.error("testTransferAnnounce failed ... wrong header received");
        fail();
      }
    }
  }
```

G.3. Prüffälle zum Testen der Funktionalität des ProjectNetwork

G.3.1 DataManager, HandlerManager und IDataChangeListener

Der DataManager stellt während des gesamten Kollaborationsprozesses die benötigten Datenobjekte bereit. Folglich ist ein reibungsloser Ablauf einer Kollaboration nicht gewährleistet, wenn diese Bereitstellungen nicht korrekt funktionieren. Aus diesem Grund wird die Funktionalität des DataManagers in Rahmen der Evaluierung der DeCPD-Basismethoden (aus der Klasse ProjectNetwork) geprüft, vgl. Abschnitt G.3.3. Gleiches gilt für den HandlerManager, der für die Bereitstellung der Kommunikationsprotokolle und dem IDataChangeListener, der zur Überprüfung der Ergebnisse benötigt wird.

G.3.2 INetworkEventListener (Prüffall 2.1)

Die beim ProjectNetwork registrierten Implementierungen des Interfaces INetworkEventListener werden genau dann aufgerufen, wenn die Verbindungen zum P2P-Netzwerk hergestellt wird bzw. sie aktiv getrennt wird. Aktiv bedeutet hierbei, dass der Listener nicht auslöst, falls die Verbindung auf Grund eines Fehlers getrennt wird.

Im Rahmen des JUnit-Tests zur Evaluierung des INetworkEventlisteners wird zunächst eine Implementierung dieses Interfaces beim ProjectNetwork registriert. Anschließend wird die Verbindung mit einem Rendezvous-Peer (in diesem Fall der eigene Peer) hergestellt und anschließend wieder getrennt. Der Test ist genau dann erfolgreich, wenn bei beiden Ereignissen die entsprechende Methode der Implementierung des Interfaces

INetworkEventListener aufgerufen wird. Src. 51 zeigt die Implementierung dieses JUnit-Tests.

Src. 51: JUnit-Test für das Interface INetworkEventListener

```
@Test
public void testINetworkEventListener() {
  final MutableResult<Integer> result = new MutableResult<Integer>();
  result.ready = false;
  result.result = 0;

  final MutableResult<Boolean> eventLogger = new MutableResult<Boolean>();
  eventLogger.ready = false;
  eventLogger.result = false;

  // create a random peer which is not connected to any network
  ProjectNetwork peer = createNewDisconnectedPeer();
  // set the INetworkEventListener for the peer
  peer.addNetworkEventListener(new INetworkEventListener() {

    @Override
    public void networkDisconnect() {
      logger.info("disconnected from network");
      synchronized (result) {
        synchronized (eventLogger) {
          result.result++;
          eventLogger.result = true;
          result.ready = eventLogger.result && eventLogger.ready;
          eventLogger.notifyAll();
        }
        result.notifyAll();
      }
    }

    @Override
    public void networkConnect(InetSocketAddress bootaddress,
        int port) {
      logger.info("connected with the network");
      synchronized (result) {
        synchronized (eventLogger) {
          result.result++;
          eventLogger.ready = true;
          result.ready = eventLogger.result && eventLogger.ready;
          eventLogger.notifyAll();
        }
        result.notifyAll();
      }
    }
  });

  // connect to the network
  peer.connect();
  sleep(5000);
```

```
    // disconnect
    peer.disconnect();
    sleep(5000);

    synchronized (result) {
      while (!result.ready) {
        try {
          logger.info("nothing received yet ...waiting ...");
          result.wait();
        } catch (InterruptedException e1) {
          // should not happen
          fail();
        }
      }
      // 1 for connect an 1 for disconnet
      if (result.result != 2) {
        logger.error("testINetworkEventListener failed ... ");
        fail();
      }
      logger.info("testINetworkEventListener was successfull");
    }
  }
```

G.3.3 ProjectNetwork

Die Klasse ProjectNetwork stellt die oberste Schnittstelle für die Steuerung der Kommunikation über das Netzwerk dar. Dazu gehören dementsprechend Methoden, die die einzelnen Schritte im Kollaborationsprozess auslösen (DeCPD-Basisdienste). Diese Methoden und die zugehörigen Tests zur Evaluierung ihrer Funktionalität werden in den folgenden Abschnitten erläutert.

Während bei den Tests für das CollabNetwork immer von einem bestehen P2P-Netzwerk ausgegangen wurde, wird hier jeweils nur ein Netzwerk mit ein bis zwei Peers betrachtet. Diese Einschränkung ist deshalb möglich, weil die Funktionen des ProjectNetworks auf denen des CollabNetworks aufbauen somit die netzwerkseitige Kommunikation bereits evaluiert ist.

G.3.4 ProjectNetwork: DeCPD-Basisdienst PublishProject (Prüffall 2.2)

Beim Veröffentlichen eines Projekts wird innerhalb eines Topics (Subnetzwerk) per Multicast ein Objekt vom Typ Project verteilt. Da die Multicast-Funktionalität bereits im Rahmen der Tests für das CollabNetwork getestet wurde, wird an dieser Stelle lediglich überprüft, ob das Projekt nach dem entsprechenden Methodenaufruf auch korrekt übertragen wurde. Das folgende Listing zeigt die Realisierung dieses JUnit-Tests.

Src. 52: JUnit-Test für die Veröffentlichung eines Projekts

```
@Test
public void testPublishProject() {
  logger.info("testPublishProject started");
  final Project project = generateProject();
  final MutableResult<Boolean> result = new MutableResult<Boolean>();
  result.ready = false;
```

```
    result.result = false;

    // create two new peers and subscibe them to a topic
    ProjectNetwork initiator = createNewPeer();
    ProjectNetwork participant = createNewPeer();

    // set the DataChangeListener for the participant
    participant.addDataChangeListener(new IDataChangeListener() {

      @Override
      public void dataChanged(DataChangeEvent e) {
        logger.info(e.getDataChangeType() + " received");
        if (e.getDataChangeType() == DataChangeType.ANNOUNCEMENT_CHANGED) {
          logger.info("DataChangeListener invoked");
          logger.info("new project received");
          if (e.getDataChangeMessage() instanceof AnnounceProjectChange) {
            AnnounceProjectChange change =
                    (AnnounceProjectChange) e.getDataChangeMessage();
            synchronized (result) {
              result.result = change.getAnnouncement().equals(project);
              result.ready = true;
              result.notifyAll();
            }
          } else {
            logger.error("wrong type DataChangeMessage");
            fail();
          }
        }}});

    Topic topic = initiator.subscribe(project.getTopicName());
    participant.subscribe(project.getTopicName());
    sleep(2000);
    // publish the project
    initiator.publishProject(project, topic);

    synchronized (result) {
      while (!result.ready) {
        try {
          logger.info("nothing received yet ...waiting ...");
          result.wait();
        } catch (InterruptedException e1) {
          // should not happen
          fail();
        }
      }
      if (result.result) {
        logger.info("testPublishProject was successfull");
      } else {
        logger.error("testPublishProject failed ... wrong project received");
        fail();
      }}
}
```

G.3.5 ProjectNetwork: DeCPD-Basisdienste Request- und Send-Specification (Prüffall 2.3)

Nachdem ein Projekt innerhalb eines Subnetzwerkes veröffentlicht wurde, kann sich ein Teilnehmer dieses Projekt ansehen, sich entscheiden, ob er an einer Kollaboration teilnehmen will und dementsprechend die Spezifikationen für eine Komponente beantragen. Wurde dieser Antrag verschickt, so kann der Initiator des Projekts entscheiden, ob er den anfragenden Teilnehmer für die Kollaboration zulassen will oder nicht. Entscheidet er sich für eine Teilnahme, so wird die Spezifikation an den Teilnehmer übertragen. Da die beiden Funktionen **requestSpecification** und **sendSpecification** daher sehr eng miteinander verbunden sind, empfiehlt es sich sie auch in einem gemeinsamen JUnit-Test zu evaluieren.

Im Rahmen des JUnit-Tests, werden zunächst zwei Peers erzeugt. Anschließend werden Implementierungen des Interfaces IDataChangeListener bei den beiden Peers registriert, die zum einen auf Initiatorseite auf eingehende Spezifikationsanfragen und auf Teilnehmerseite auf abgeschlossene Spezifikationsübertragungen reagieren. Anschließend subskribieren sich beide Peers in ein Topic. Nachdem dann der Initiator ein Projekt veröffentlicht hat, sendet der Teilnehmer eine Anfrage nach einer beliebigen Spezifikation. Hier wird der Einfachheit halber immer davon ausgegangen, dass der Initiator der Teilnahme zustimmt, da ansonsten der Test bereits abgeschlossen wäre. Dementsprechend sucht der Initiator die nachgefragte Spezifikation aus seinem DataManager (was wiederum zusätzlich die Funktionalität des DataManagers testet) und versendet diese an den anfragenden Teilnehmer. Der Test ist genau dann erfolgreich, wenn die Spezifikation unverändert beim Teilnehmer angekommen ist. Es reicht hier also das Ergebnis der Methode sendSpecification zu testen, da der Rest aufeinander aufbaut.

Falls entweder die angefragte Spezifikation beim Initiator oder Teilnehmer nicht gefunden, die Spezifikation gar nicht oder verändert übertragen wird, bricht der Test ab und ist somit fehlgeschlagen. Src. 53 zeigt die Implementierung dieses JUnit-Tests.

Src. 53: JUnit-Test für die Spezifikationsanfrage und -übertragung

```
@Test
public void testRequestAndSendSpecification() {
  final Project project = generateProject();
  final Proposal proposal = generateProposal();
  final MutableResult<Boolean> result = new MutableResult<Boolean>();
  result.ready = false;
  result.result = false;

  logger.info("testRequestAndSendSpecification started.");

  // generate two random peers
  final ProjectNetwork initiator = createNewPeer();
  initiator.setUser(project.getOwner());
  initiator.getDataManager().addUser(
            project.getOwner(), initiator.getNodeHandle());

  final ProjectNetwork participant = createNewPeer();
  participant.setUser(proposal.getOwner());
```

```
participant.getDataManager().addUser(
            proposal.getOwner(), participant.getNodeHandle());

// set the initiator's IDataChangeListener
initiator.addDataChangeListener(new IDataChangeListener() {

  @Override
  public void dataChanged(DataChangeEvent e) {
    logger.info("initiator recevied "
      + e.getDataChangeType());
    // a new specification request has been received
    if (e.getDataChangeType() == DataChangeType.
            SPECIFICATION_REQUEST_RECEIVED) {
      if (e.getDataChangeMessage() instanceof RessourceRequest) {
        RessourceRequest request =
           (RessourceRequest) e.getDataChangeMessage();
        // what was sent
        logger.info("Causer:\t" + request.getCauser());
        logger.info("Comment:\t" + request.getComment());
        logger.info("ProjectId:\t" + request.getProjectId());
        logger.info("ComponentId:\t"+ request.getRessourceId());

        BaseItem item;
        try {
          // get the requested resource from the DataManager
          Project innerProject =
            initiator.getDataManager().getProjectByItemId(
              request.getProjectId());
          // find requested specification
          item = innerProject.findItem(request.getRessourceId());
          // send the specification
          initiator.sendRessourceRequestGranted(item, request);
        } catch (NoSuchFieldException e1) {
          // the requested specification was
          // not found
          logger.info("initiator doesn't have the requested "
            + "specification");
          fail();
        }
      }

      synchronized (result) {
        result.result = (e.getDataChangeMessage()
          instanceof RessourceRequest);
        result.notifyAll();
      }
    }
  }
});

// set the IDataChangeListener for the participant
participant.addDataChangeListener(new IDataChangeListener() {
```

```
    @Override
    public void dataChanged(DataChangeEvent e) {
      logger.info("participant received " + e.getDataChangeType());
      if (e.getDataChangeType() == DataChangeType.SPECIFICATION_RECEIVED) {
        // a new specification has been received
        if (e.getDataChangeMessage() instanceof RessourceRequest) {
          RessourceRequest request =
              (RessourceRequest) e.getDataChangeMessage();
          // who requested the specification?
          logger.info("Causer:\t" + request.getCauser());
          logger.info("Comment:\t" + request.getComment());
          logger.info("ProjectId:\t" + request.getProjectId());
          logger.info("ComponentId:\t"  + request.getRessourceId());

          // get the project from the DataManager
          Project innerProject = participant.
            getDataManager().getProjectByItemId(request.getProjectId());
          Component comp = null;

          try {
            // find the component
            comp = (Component) innerProject.findItem(
                                request.getRessourceId());
          } catch (NoSuchFieldException e1) {
            logger.error("component doesn't exist for participant");
            fail();
          }

          try {
            logger.info("participant received "+ comp.getSpecsAsList()
              + " new specification with itemId "
              + comp.getSpecsAsList().get(0).getItemId());
          } catch (Exception ex) {
            // no specification has been received
            logger.error(
              "participant did not receive a new specification");
            fail();
          }
        }
        synchronized (result) {
          result.result &=
            (e.getDataChangeMessage() instanceof RessourceRequest);
          result.notifyAll();
        }
      }

      if (e.getDataChangeType() == DataChangeType.
          PARTICIPANT_PROJECT_CHANGED) {
        // peer is now a participant and could send proposals
        logger.info("participant can now participate");
        synchronized (result) {
```

```
          result.result &= true;
          result.ready = true;
          result.notifyAll();
        }
      }
    }
  });

  sleep(2000);
  // subscribe initiator to the topic
  Topic topic = participant.subscribe(project.getTopicName());
  sleep(2000);
  // subscribe participant to the topic
  initiator.subscribe(project.getTopicName());
  sleep(2000);

  // initiator publishes the project in the given topic
  initiator.publishProject(project, topic);
  sleep(2000);

  String projectId = project.getItemId().toString();
  String compId = project.getComponentsAsList().get(0).getItemId()
    .toString();
  RessourceRequest request = new RessourceRequest(proposal.
    getOwner(), null, projectId, compId);
  // particpant requests a random specification
  participant.requestSpecification(request);

  synchronized (result) {
    while (!result.ready) {
      try {
        logger.info("nothing received yet ... waiting...");
        result.wait();
      } catch (InterruptedException e1) {
        // should not happen
        fail();
      }
    }
    if (result.result) {
      // everything is fine
      logger.info("testRequetSpecification was successfull");
    } else {
      logger.error("testRequestSpecification failed... wrong message type");
      fail();
    }
  }
}
```

G.3.6 ProjectNetwork: DeCPD-Basisdienst PublishProposal (Prüffall 2.4)

Besitzt ein Teilnehmer Spezifikationen für ein bestehendes Projekt, so kann er für diese einen Lösungsvorschlag abgeben. Auch hier für stellt die Klasse ProjectNetwork wiederum eine entsprechende Methode bereit. Der JUnit-Test zur Evaluierung dieser Methode sieht so aus, dass zunächst wieder zwei Peers erzeugt werden, wobei einer die Rolle des Initiators und der andere die des Teilnehmers übernimmt. Nachdem beide wieder in ein gemeinsames Topic subskribiert sind und der Initiator ein Projekt veröffentlicht hat, werden wie im vorangegangenen Test Spezifikationen ausgetauscht. Der JUnit-Test blockiert an dieser Stelle solange, bis die eben beschriebenen Schritte durchgeführt sind. Für eine der Spezifikationen wird ein zufälliger Lösungsvorschlag generiert und an den Initiator geschickt. Der Test ist genau dann erfolgreich, wenn er ohne Veränderung beim Initiator ankommt. Für den Fall, dass entweder die benötigte Spezifikation nicht gefunden wird, nichts übertragen oder der Lösungsvorschlag verändert beim Initiator eintrifft, bricht der Test ab und ist fehlgeschlagen. Src. 54 zeigt die Implementierung dieses JUnit-Test.

Src. 54: JUnit-Test für die Übertragung eines Proposals

```
@Test
public void testSendProposal() {
  final MutableResult<Boolean> result = new MutableResult<Boolean>();
  result.ready = false;
  result.result = false;

  logger.info("testSendProposal started.");

  // generate two peers
  final ProjectNetwork initiator = createNewPeer();
  final Project project = generateProject();
  initiator.setUser(project.getOwner());

  final ProjectNetwork participant = createNewPeer();
  final Proposal proposal = generateProposal();
  participant.setUser(proposal.getOwner());

  // subscribe the peers to the same topic
  String topicname = project.getTopicName();
  Topic topic = initiator.subscribe(topicname);
  sleep(2000);
  participant.subscribe(topicname);
  sleep(2000);

  final RessourceRequest request = new RessourceRequest(participant
    .getUser(), "", project.getItemId(), project
      .getComponentsAsList().get(0).getItemId());

  // set the initiator's IDataChangeListener
  initiator.addDataChangeListener(new IDataChangeListener() {

    @Override
    public void dataChanged(DataChangeEvent e) {
      if (e.getDataChangeType() == DataChangeType.
          SPECIFICATION_REQUEST_RECEIVED) {
        // specification request received ...
        // not important for this test
        initiator.sendRessourceRequestGranted(project
```

```
        .getComponentsAsList().get(0), request);
    }

    if (e.getDataChangeType() == DataChangeType.PROPOSAL_RECEIVED) {
      // new proposal received
      IncomingProposal change =
          (IncomingProposal) e.getDataChangeMessage();
      Proposal newProposal = change.getProp();
      synchronized (result) {
        // check whether the proposal was transferred correctly
        result.result = newProposal.equals(proposal);
        result.ready = true;
        result.notifyAll();
      }
    }
  }
});

// set the participant's IDataChangeListener
participant.addDataChangeListener(new IDataChangeListener() {

  @Override
  public void dataChanged(DataChangeEvent e) {
    if (e.getDataChangeType() == DataChangeType.ANNOUNCEMENT_CHANGED) {
      // new project was published ...
      // not important for this test
      logger.info("ANNOUNCEMENT changed received");
      synchronized (result) {
        result.ready = true;
        result.notifyAll();
      }
    }
  }
});

// publish the project
initiator.publishProject(project, topic);

// block until everything is set
synchronized (result) {
  while (!result.ready) {
    try {
      result.wait();
    } catch (InterruptedException e1) {
      fail();
    }
  }
  result.ready = false;
  result.notifyAll();
}

// request specification
```

```
  participant.requestSpecification(request);

  sleep(2000);

  try {
    // send the new proposal to the project's owner
    participant.sendProposal(project.getItemId(), project
      .getComponentsAsList().get(0).getSpecsAsList().get(0)
        .getItemId(), proposal);
  } catch (WrongTypeException e1) {
    logger.error("item is not a proposal");
    fail();
  } catch (ParentNotFoundException e1) {
    logger.error("specification not found");
    fail();
  }

  synchronized (result) {
    while (!result.ready) {
      try {
        logger.info("nothing received yet ...waiting ...");
        result.wait();
      } catch (InterruptedException e1) {
        // should not happen
        fail();
      }
    }
    if (result.result) {
      // everything is fine
      logger.info("testSendProposal was successfull");
    } else {
      // nothing happened
      logger.error("testSendProposal failed ... wrong "
        + "proposal received");
      fail();
    }
  }
}
```

G.3.7 ProjectNetwork: DeCPD-Basisdienst CloseProject (PF2.5)

Hat der Initiator ausreichend Lösungsvorschläge für seine Spezifikationen erhalten, so kann er das Projekt als beendet erklären. Danach werden für das Projekt keine weiteren Lösungsvorschläge mehr angenommen und keine weiteren Teilnehmer für die Kollaboration zugelassen. Um andere Teilnehmer darüber in Kenntnis zu setzen, dass ein Projekt geschlossen wurde, muss diese Benachrichtigung per Multicast verteilt werden. Hat ein Teilnehmer diese Nachricht erhalten, so wird in seinem DataManager das Projekt in eine Liste verschoben, die nur geschlossene Projekte enthält. Genau dieses Vorgehen wird im Rahmen des folgenden JUnit-Tests evaluiert. Außerdem darf es einem Teilnehmer nicht möglich sein ein Projekt zu schließen. In diesem Fall muss eine AuthorisationException geworfen werden.

In diesem JUnit-Test werden zunächst wieder zwei Peers generiert, die sich in ein gemeinsames Topic subskribieren. Der Initiator veröffentlicht ein Projekt und der Teilnehmer versucht es anschließend wieder zu schließen. War das erfolgreich, so bricht der Test ab und ist fehlgeschlagen (der Teilnehmer hat dafür keine Berechtigung). War das Schließen des Projekts durch den Teilnehmer nicht erfolgreich, so sendet der Initiator eine entsprechende Benachrichtigung. Der Test war genau dann erfolgreich, wenn diese Benachrichtigung vom Initiator eintrifft und das richtige Projekt in die richtige Liste im DataManager verschoben wurde. Das folgende Listing zeigt die Implementierung dieses JUnit-Tests.

Src. 55: JUnit-Test für das Beenden eines Projekts

```
@Test
public void testCloseProject() {
  final MutableResult<Boolean> extension = new MutableResult<Boolean>();
  extension.ready = false;
  extension.result = false;

  final MutableResult<Project> result = new MutableResult<Project>();
  result.ready = false;

  logger.info("testCloseProject started.");

  // generate two random peers
  final Project project = generateProject();
  result.result = project;
  final ProjectNetwork initiator = createNewPeer();
  initiator.setUser(project.getOwner());

  Proposal proposal = generateProposal();
  ProjectNetwork participant = createNewPeer();
  participant.setUser(proposal.getOwner());

  // subscribe to topic
  Topic topic = initiator.subscribe(project.getTopicName());
  sleep(2000);

  // set the initiator's IDataChangeListener
  initiator.addDataChangeListener(new IDataChangeListener() {

    @Override
    public void dataChanged(DataChangeEvent e) {
      if (e.getDataChangeType() == DataChangeType.PROJECT_CLOSED) {
        // someone closed the project
        ProjectClosedChange change =
            (ProjectClosedChange) e.getDataChangeMessage();
        // the project is in the correct list (closedProjects)
        UUID projectId = change.getClosedProjectId();
        logger.info("PROJECT_CLOSED received ...comment: "
          + change.getComment());

        // the project was removed from the old list
        List<Project> projectList =
```

```
initiator.getDataManager().getProjects();
        if (projectList.size() > 0) {
          logger.error("project is stored in the wrong list"); fail();
        }

        Project changedProject = initiator.getDataManager().
          getClosedProjectByItemId(projectId);

        if (changedProject == null) {
          logger.error("received Project is null"); fail();
        }

        synchronized (result) {
          result.result = changedProject;
          result.ready = true;
          result.notifyAll();
        }
      }}});

  // publish the project
  initiator.publishProject(project, topic);
  sleep(5000);

  try {
    participant.closeProject(project, "project closed by participant");
    fail();
  } catch (AuthorisationException e3) {
    logger.info("participant doesn't have the permssion to close project");
  }

  try {
    // the initiator closes the project
    initiator.closeProject(project.getItemId(), "project is finished");
  } catch (AuthorisationException e2) {
    logger.error("initiator doesn't have the permission to close project");
    fail();
  }

  synchronized (result) {
    while (!result.ready) {
      try {
        logger.info("nothing received yet ...waiting ...");
        result.wait();
      } catch (InterruptedException e1) { fail(); }
    }
    // the projectIds are the equal
    if (result.result.getItemId().toString().equals(project.toString())) {
      logger.error("testCloseProject failed ... wrong project received");
      fail();
    }
    logger.info("testCloseProject was successfull");
  }}
```

G.4. Prüffälle für das Testen der Funktionalität des SOAProjectNetwork

G.4.1 Workflow-Steuerung (Prüffall 3.1)

Das Starten von Workflows und die Aktualisierung des GUIs finden ereignisgesteuert statt. Dazu muss die Funktionalität der korrekten Weiterleitung der Ereignisse an das SOAProjectNetwork überprüft werden.

Diese Funktionalität wird am Beispiel der Veröffentlichung eines Projekts getestet. Die korrekte Veröffentlichung eines Projekts innerhalb eines Topics wurde bereits in den Prüffällen des CollabNetworks(PF1.2) und des ProjectNetworks(PF2.2) getestet und muss in diesem Fall nicht weiter betrachtet werden. Src. 56 zeigt die Implementierung dieses JUnit-Tests.

Src. 56: JUnit-Test für das Veröffentlichen eines Projekts

```
@Test
public void testWorkflowsAndEventMapping() {
  logger.info("testWorkflowsAndEventMapping started");

  //create new project
  final Project project = createProject();

  // Listener Result
  final MutableResult<Project> listener = new MutableResult<Project>();
  listener.ready = false;
  listener.result = project;

  // Workflow Result
  final MutableResult<Boolean> workflow = new MutableResult<Boolean>();
  workflow.ready = false;
  workflow.result = false;

  // Test Result
  final MutableResult<Boolean> result = new MutableResult<Boolean>();
  result.ready=false;

  // connect to the network
  initiator = createNewPeer();

  //initializing the WorkflowEventListener to check the mapping
  initiator.addWorkflowEventListener(new IWorkflowEventListener() {

    @Override
    public void workflowEvent(final WorkflowEvent e) {
      logger.info(e.getWorkflowEventType() + " received");

      if (e.getWorkflowEventType() ==
      WorkflowEventType.ANNOUNCEMENT_CHANGED) {
        logger.info("WorkflowEventListener invoked");
        logger.info("Mapping successful");
```

```
      AnnounceProjectChange change = (AnnounceProjectChange)
                                             e.getMessage();

      // start the listener result test
      synchronized (listener) {
        listener.ready = true;
        listener.result = change.getAnnouncement();
        listener.notifyAll();
      }}}});

  // subscribe to topic
  initiator.subscribe(topic);

  // persist the project
  initiator.getDataManager().addUnpublishedProject(project);

  //publish the project
  initiator.publishProject(project.getItemId().toString());
  logger.info("Project published"+project.getItemId());


  try {
          Thread.sleep(2000);
      } catch (InterruptedException e1) { ... }

    // start the workflow result test
    synchronized (workflow) {
    workflow.ready = true;
    workflow.result = initiator.getWorkflowTest();
    workflow.notifyAll();
    }

    try {
          Thread.sleep(1000);
      } catch (InterruptedException e1) {
          e1.printStackTrace();
      }

    // start the total test
    synchronized (result) {
    result.ready = true;
    result.notifyAll();
  }


    // check if the correct project was transfered
  synchronized (listener) {
    while (!listener.ready) {
      try {
        logger.info("nothing received yet ...waiting ...");
```

```
        listener.wait();
      } catch (InterruptedException e1) { fail(); }
    }
    if
      (listener.result.getItemId().toString().
      equals(project.getItemId().toString())) {
      logger.info("testEventMapping was successfull");

    } else {
      logger.error("testEventMapping failed ...");
      fail();
    }
  }

  // Check if the workflow is active
  synchronized (workflow) {
    while (!workflow.ready) {
      try {
        logger.info("nothing received yet ...waiting ...");
        workflow.wait();
      } catch (InterruptedException e1) {
        // should not happen
        fail();
      }
    }
    if (workflow.result == true) {
      logger.info("testWorkflows was successfull");
    } else {
      logger.error("testWorkflows failed ...");
      fail();
    }
  }

  // total test result
  synchronized (result) {
    while (!result.ready) {
      try {
        logger.info("nothing received yet ...waiting ...");
        result.wait();
      } catch (InterruptedException e1) {
        // should not happen
        fail();
      }
    }
    if (listener.result.getItemId().toString().
                  equals(project.getItemId().toString())
        && workflow.result == true) {
      logger.info("testWorkflowsAndEventMapping was successfull");
    } else {
      logger.error("testWorkflowsAndEventMapping failed ...");
      fail();
    }}}
```

H. Fragenkatalog der empirischen Studie

Begrüßung	Sehr geehrte Damen und Herren, effektive Produktentwicklungsprozesse im "Globalen Unternehmen" erfordern innovative IT-Architekturen, Methoden und Werkzeuge zur Bildung von Entwicklerverbünden (Zulieferer, Hersteller, Kunde) und zur Unterstützung kollaborativer Konstruktionstätigkeiten. Weltweite Verteilung von Partnern, Kompetenzen und Ressourcen, sowie unternehmensübergreifende Zusammenarbeit begründen die Erforschung einer neuen Generation von Kollaborationssystemen, die eine verteilte Teamorganisation und lose gekoppelte Interaktion autonomer Akteure unterstützen. In dieser Umfrage möchten wir Sie daher gerne einladen, ihre Gewohnheiten, Anforderungen und Wünsche in Bezug auf Kollaborationsplattformen für die unternehmensübergreifende, modellbasierte Produktentwicklung zu untersuchen. Die Umfrage wird in etwa 10-12min. dauern und ist grundsätzlich anonym. Unter den Personen, die bei Ausfüllen des Fragebogens ihre E-Mail-Adresse als Kontakt hinterlassen, verlosen wir als kleines Dankeschön den offiziellen Ball der Fußball-WM 2010 im Wert ~120,-EUR. Selbstverständlich können Sie die Untersuchungsergebnisse nach der Auswertung per E-Mail erhalten. Für Ihre Teilnahme bedankt sich herzlichst, Ihr Patrick Stiefel und die PLM-Projektgruppe der TU Clausthal
Frage 2	Wird in ihrem Unternehmen im Rahmen der Produktentwicklung unternehmensübergreifend kollaboriert? Kollaboration bezeichnet in diesem Zusammenhang die unternehmensübergreifende Zusammenarbeit für die gemeinsame Entwicklung von neuen Produkten. Antwortmöglichkeiten: Ja, Nein, Keine Ahnung
Frage 3.1 (Wenn ja bei 2)	Wie werden kollaborative Produktentwicklungsprozesse in Ihrem Unternehmen realisiert? Mehrfachnennungen möglich. Antwortmöglichkeiten: Konferenzen, Telefonmeeting, Spezielle Kollaborationssoftware, Netmeeting, Sonstiges…
Frage 3.2	Wie werden neue Kollaborationspartner in Ihrem Unternehmen gefunden? Mehrfachnennungen möglich.

	Antwortmöglichkeiten: Ausschreibungen, Messen, Software, Verbände (VDI), Direkter Kontakt, Sonstiges...
Frage 3.3	Welche Kollaborationstechniken zur unternehmensübergreifenden Produktentwicklung sind Ihnen bekannt? Mehrfachnennungen möglich. Antwortmöglichkeiten: ProduktDatenManagement(PDM-)Systeme, Kollaborationsplattformen (zum Beispiel Open PDM), Google Wave, E-Mail, Sonstiges...
Frage 3.4	Wie hoch ist der Organisationsaufwand eines Kollaborationsprozesses bei der Entwicklung eines neuen Produktes in Ihrem Unternehmen? Ein Kollaborationsprozess bezeichnet den vollständigen Ablauf beginnend mit der Auswahl der Entwicklungspartner bis hin zur entwickelten Produktkomponente. Antwortmöglichkeiten: eher hoch, eher nicht so hoch
Frage 3.5.1 (Wenn hoch bei 3.4)	Warum erachten Sie den Kollaborationsprozess als eher aufwändig? Mehrfachnennungen möglich. Antwortmöglichkeiten: Schlechte Softwareunterstützung, Kommunikationsprobleme, Datenaustauschprobleme, Organisationsprobleme, Sonstiges...
Frage 3.5.2 (Wenn n. hoch bei 3.4)	Warum erachten Sie den Kollaborationsprozess als eher nicht aufwändig? Antwortmöglichkeiten: Gute Kommunikation, Gute Software-unterstützung, Schneller Datenaustausch, Sonstiges...
Frage 3.6	Wie hoch schätzen Sie den Zeitaufwand eines Kollaborationsprozesses bei der Entwicklung eines neuen Produktes in Ihrem Unternehmen? Antwortmöglichkeiten: Stunden, Tage, Wochen, Monate
Frage 4 (Wenn nein bei 2)	Aus welchen Gründen kollaborieren Sie nicht? Mehrfachnennungen möglich. Antwortmöglichkeiten: Keine Notwendigkeit, Angst vor Wissensabfluss, fehlende Softwareunterstützung, zu hoher Zeitaufwand, Sonstiges..
Frage 5	Sind in Ihrem Unternehmen ProduktDatenManagement-Systeme im Einsatz? Antwortmöglichkeiten: Ja, Nein, Keine Ahnung.
Frage 6.1 (Wenn ja bei 5)	Mit welchen PDM-Systemen arbeiten Sie? Mehrfachnennungen möglich. Antwortmöglichkeiten: Oracle Agile Product Collaboration Suite,

	Siemens PLM Teamcenter, Windchill PTC, Dassault Systèmes Enovia, SAP Produkt Lifecycle Management (PLM), Sonstige...
Frage 6.2	Wofür werden PDM-Systeme in Ihrem Unternehmen eingesetzt? Mehrfachnennungen möglich. Antwortmöglichkeiten: Produktdatenverwaltung, unternehmensinterner Produktdatenaustausch, unternehmensübergreifender Produktdatenaustausch, Knowledge Management, Prozess Management, kollaboratives virtuelles Design, Sonstiges...
Frage 6.3	Mit welchen Funktionen/ Eigenschaften des aktuell von Ihnen verwendeten PDM-Systems sind Sie besonders zufrieden? Mehrfachnennungen möglich. Antwortmöglichkeiten: Produktdatenverwaltung, unternehmensinterner Produktdatenaustausch, unternehmensübergreifender Produktdatenaustausch, Knowledge Management, Prozess Management, kollaboratives virtuelles Design, Sonstige...
Frage 6.4	Bei welchen Funktionen/ Eigenschaften sehen Sie noch Verbesserungsbedarf? Mehrfachnennungen möglich. Antwortmöglichkeiten: Produktdatenverwaltung, unternehmensinterner Produktdatenaustausch, unternehmensübergreifender Produktdatenaustausch, Knowledge Management, Prozess Management, kollaboratives virtuelles Design, Sonstige...
Frage 6.5	Gibt es Funktionen/ Eigenschaften, die Sie sich zusätzlich wünschen würden? Antwortmöglichkeit: Freies Antwortfeld.
Frage 7	Wie wird der unternehmensübergreifende Produktdaten-austausch in Ihrem Unternehmen gehandhabt? Mehrfachnennungen möglich. Antwortmöglichkeiten: PDM-System, Kollaborationsplattform, Digitale Medien (DVD etc.), E-Mail, gar nicht.
Frage 8	Werden Produktdaten zwischen Ihrem Unternehmen und den an der Kollaboration beteiligten Partnerunternehmen verschlüsselt ausgetauscht? Antwortmöglichkeiten: Ja, Nein, Keine Ahnung.
Frage 9.1 (Wenn ja bei 8)	Welche Sicherheitstechniken werden für den unternehmensübergreifenden Produktdatenaustausch verwendet? Mehrfachnennungen möglich.

<table>
<tr><td></td><td>Antwortmöglichkeiten: SSL (symmetrische Verschlüsselung), PKI (asymmetrische Verschlüsselung), VPN, Keine, Sonstige...</td></tr>
<tr><td>Frage 10</td><td>Wie wichtig ist es Ihnen, die für die Kollaboration notwendigen Produktdaten selbst zu kontrollieren?

Produktdatenkontrolle umfasst sowohl die Kontrolle der eigenen Produktdaten, als auch die der Entwicklungspartner.

Antwortmöglichkeiten: Auswahl auf einer sechsstufigen Skala von sehr wichtig bis unwichtig.</td></tr>
<tr><td>Frage 11</td><td>Wie hoch schätzen Sie das Risiko ein, wenn sicher verschlüsselte Produktdaten auf beliebigen Rechnern gespeichert werden?

Antwortmöglichkeiten: Auswahl auf einer sechsstufigen Skala vom hohen bis geringem Risiko.</td></tr>
<tr><td>Frage 12</td><td>Versprechen Sie sich von einem lose gekoppelten Datenaustausch Wettbewerbsvorteile?

Lose gekoppelter Datenaustausch meint in diesem Fall, die Möglichkeit spontan Produktdaten mit Partnern auszutauschen und benötigt ein einheitliches Datenformat.

Antwortmöglichkeiten: Ja, Nein, Keine Ahnung.</td></tr>
<tr><td>Frage 13</td><td>Ist es Ihnen wichtiger, Produktdaten selbst zu kontrollieren, oder überwiegen die Wettbewerbsvorteile eines lose gekoppelten Datenaustauschs?

Antwortmöglichkeiten: Wahl zwischen „Selbstkontrolle der Daten“ und „Wettbewerbsvorteile durch lose gekoppelten Datenaustausch“.</td></tr>
<tr><td>Frage 14</td><td>Bewerten Sie die folgenden Funktionen einer Kollaborationsplattform nach Ihren Präferenzen:

• Schnelle Verfügbarkeit der Produktdaten der Entwicklungspartner.
• Schnelles Finden von Kollaborationspartnern.
• Unterstützung bei der Formulierung eines kollaborativ zu lösenden Produktentwicklungsproblems durch formale Modelle.
• Schnelle Integration von Kollaborationspartnern in bereits existierende Kollaborationen.
• Zentrale Verwaltung von Benutzer- und Zugriffsrechten.
• Festlegen eines individuellen Produktentwicklungs-Workflows für eine Kollaboration
• Direkte Integration in bestehende CAx- Applikationen

Antwortmöglichkeiten: Auswahl jeweils auf einer sechsstufigen Skala.</td></tr>
<tr><td>Frage 15</td><td>Würden Sie ihre bisherigen Kollaborationslösungen für eine Plattform, welche die von Ihnen in der vorausgegangenen Frage als relevant genannten Funktionen unterstützt, ersetzen?

Antwortmöglichkeiten: Ja, Nein.</td></tr>
</table>

Frage 16.1 (Falls nein bei 15)	Aus welchen Gründen würden Sie eine Umstellung nicht in Betracht ziehen? Antwortmöglichkeit: Freies Antwortfeld.
Frage 17	Können Sie sich im Rahmen einer unternehmensübergreifenden Produktentwicklung einen Peer-To-Peer-(P2P)-basierten Ansatz vorstellen? Ein P2P-System ist ein spezielles Rechnernetz (also ein Zusammenschluss elektronischer Systeme), in dem es keine Rollenaufteilung in Client und Server gibt. Zur Etablierung eines solchen Rechnernetzes reichen in der Regel normale Arbeitsplatzrechner aus. Antwortmöglichkeiten: Ja, Nein, Keine Ahnung.
Frage 18.1 (Falls ja bei 17)	Was verbinden Sie mit Peer-to-Peer? Mehrfachnennungen möglich. Antwortmöglichkeiten: Große Speicherkapazität, Verteilte Datenhaltung, Datensicherheitsprobleme, Große Rechen-kapazität, Verfügbarkeitsprobleme, Sonstiges...
Frage 18.2	Welche Peer-to-Peer Systeme sind Ihnen bekannt? Mehrfachnennungen möglich. Antwortmöglichkeiten: KaZaA, Napster, Gnutella, eDonkey, BitTorrent, eMule, Sonstige...
Frage 18.3	Ist der Begriff Peer-to-Peer für Sie negativ belastet? Antwortmöglichkeiten: Ja, Nein.
Frage 19	In welcher Branche sind Sie tätig? Antwortmöglichkeiten: Maschinenbau, Automobilindustrie, Schiffbau, Luft- und Raumfahrt, Elektronikindustrie, Unterhalt-ungselektronik, Produzierendes Gewerbe, Consulting Unternehmen, Software Unternehmen, Chemische Industrie, Sonstige...
Frage 20	Wie viele Mitarbeiter sind in Ihrem Unternehmen beschäftigt? Antwortmöglichkeiten: Auswahl zwischen <10, <250 und >250.
Frage 21	Mit wie vielen Unternehmen kollaborieren Sie in der Regel? Antwortmöglichkeit: Freie Angabe in ganzen Zahlen.
Frage 22	Treffen die folgenden Aussagen auf Ihr Unternehmen zu? • In unserem Unternehmen kollaborieren wir in der Produktentwicklung immer mit denselben Partnern. • Unser Unternehmen sucht gezielt für bestimmte Entwicklungsaufgaben neue Partner. • Unser Unternehmen hat keine festen Partner. • Wir suchen für jedes Kollaborationsprojekt neue Partner.

	Antwortmöglichkeiten: Jeweils Ja, Nein.
Frage 23	In welchem Berufsfeld sind Sie tätig? Antwortmöglichkeiten: Produktorientierte Forschung und Entwicklung, Entwicklungsingenieur, IT/Organisation, Management, Sonstiges...
Frage 24	Über welche Kompetenzen verfügen Sie in Ihrem Arbeitsplatz? Mehrfachnennungen möglich. Antwortmöglichkeiten: Entscheidungskompetenz, Weisungskompetenz, Ausführungskompetenz, Verfügungskompetenz, Partizipationskompetenz, Beratungskompetenz
Schluss	Vielen Dank für Ihre Teilnahme! Bei Interesse an den Untersuchungsergebnissen wenden Sie sich bitte per Email an Herrn Stiefel...

I. Abbildungsverzeichnis

J. Source-Codes

K. Definitionen

L. Tabellenverzeichnis

M. Abkürzungsverzeichnis

BOM: Bill of material (engl. für Produktstruktur)
CIM: Computational Independent Model (engl. für Domänenmodell, bzw. umgangssprachliche Beschreibung)
CPD: Collaborative Product Development (engl. für kollaborative Produktentwicklung)
DeCPD: Decentral Collaborative Product Development (engl. für Dezentrale Kollaborative Produktentwicklung)
DHT: Distributed Hashtables
DSP: Distributed Problem Solving (engl. für Verteilte Problemlösung)
gGP: globaler Geschäftsprozess
GUI: Graphical User Interface (engl. für grafische Benutzeroberfläche)
IPM: Integriertes Produktmodell
lGP: lokaler Geschäftsprozessl
lWf: lokaler Workflow
MDSD: Model Driven Software Engineering (engl. für Modellgetriebene Softwareentwicklung)
OEM: Original Equipment Manufacturer (engl. für Originalausrüstungshersteller)
OMP: Organisationsübergreifende Modellbasierte Produktentwicklung
PCP: Product Collaboration Platform
PDM: ProduktDatenManagement
PDMS: ProduktDatenManagement-System
PIM: Platform Independent Model (engl. für Plattformunabhängiges Modell)
PSM: Platform Specific Model (engl. für Plattformspezifisches Modell)
SOA: ..Serviceorientierte Architektur
TPM: Teilproduktmodell
vPM: verteiltes Produktmodell

N. Literaturverzeichnis

(W3C), W. W. W. C. (2007). SOAP Version 1.2: Part 0: Primer (Second Edition).

Aberer, K., L. O. Alima, et al. The essence of P2P: A reference architecture for overlay networks. 5th IEEE International Conference on Peer-To-Peer Computing (P2P2005). Konstanz, Germany: 11-20.

Abramovici, M., J. Schlingensiepen, et al. (2003). "Kooperationslösungen für heterogene PDM-Umgebungen." eDM-Report 4: 22-25.

Acosta, W. und S. Chandra (2005). Unstructured peer-to-peer networks - next generation of performance and reliability. 24th Conference on Computer Communications and Networking. Miami.

Albers, A. und D. Schweineberger (1998). Effektives Kooperationsmanagement in der Produktentwicklung. Tagungsband der Fachkonferenz "Zukunft Konstruktion". Düsseldorf, Germany.

Allweyer, T. (2009). BPMN 2.0 - Business Process Model and Notation : Einführung in den Standard für die Geschäftsprozessmodellierung. Norderstedt, Books on Demand.

Andriessen, J. H. E. (2003). Working with groupware : understanding and evaluating collaboration technology. London [u.a.], Springer.

Aringhieri, R., E. Damiani, et al. (2006). "Fuzzy techniques for trust and reputation management in anonymous peer-to-peer systems: Special Topic Section on Soft Approaches to Information Retrieval and Information Access on the Web." J. Am. Soc. Inf. Sci. Technol. 57(4): 528-537.

Bass, L. J., P. Clements, et al. (2003). Software architecture in practice. Boston, Addison-Wesley.

Berket, K., A. Essiari, et al. (2004). PKI-Based Security for Peer-to-Peer Information Sharing. Proceedings of the Fourth International Conference on Peer-to-Peer Computing, IEEE Computer Society: 45-52.

Bradler, D., L. Krumov, et al. (2010). BridgeFinder: Finding communication bottlenecks in distributed environments. Technical Report TU Darmstadt. Darmstadt, Germany, TU Darmstadt.

Bradler, D., L. Krumov, et al. (2009). PathFinder: Efficient Lookups and Efficient Search in Peer-to-Peer Networks. The 28th Conference on Computer Communications. Rio de Janeiro, Brasilien, IEEE.

Braun, T., M. Brogle, et al. (2007). "Peer-To-Peer Netze: Informationen effizient im Internet verbreiten." Bulletin SEV/VS 07(21): 9-12.

Buddendick, C., S. Gruttmann, et al. (2007/ 2008). E-Learning in kollaborativen Softwareentwicklungsprojekten Potenziale und Fallstricke auf Basis eines Action Research Projekts. 6. und 7. Tagung "Grundfragen multimedialen Lehrens und Lernens" (GML²). K. Rebensburg und N. Apostolopoulos. Berlin: 131-140.

Castro, M., P. Druschel, et al. (2003). Topologyaware routing in structured peer-to-peer overlay networks. Future Directions in Distributed Computing. Berlin / Heidelberg, Springer. 2584.

Chappell, D. A. (2004). Enterprise Service Bus. Beijing [u.a.], O'Reilly.

Chawathe, Y., S. Ratnassamy, et al. (2003). Making Gnutella-like P2P Systems Scalable. Applications, technologies, architectures, and protocols for computer communications: 407-418.

Chen, Y., R. H. Katz, et al. (2002). Dynamic Replica Placement for Scalable Content Delivery. Revised Papers from the First International Workshop on Peer-to-Peer Systems, Springer-Verlag: 306-318.

Clements, P., R. Kazman, et al. (2002). Evaluating software architectures : methods and case studies. Boston, Addison-Wesley.

Czarnecki, K. und S. Helsen (2006). "Feature-based survey of model transformation approaches." IBM SYSTEMS JOURNAL 45(3): 621-645.

Dai, N., L. Mandel, et al. (2007). Eclipse Web tools platform : developing Java Web applications. Upper Saddle River, NJ [u.a.], Addison-Wesley.

Damker, H. (2002). Sicherheitsaspekte von P2P Anwendungen im Unternehmen. Peer-To-Peer. D. Schoder, K. Fischbach und R. Teichmann. Berlin, Heidelberg, Springer: 209-228.

De Meer, H., K. Tutschku, et al. (2007). "Dynamic Operation of Peer-to-Peer Overlay Networks." Praxis der Informationsverarbeitung und Kommunikation 26: 65-73.

Decker, G., A. Grosskopf, et al. (2010). "BPMN Poster Version 1.2." 2010, from bpt.hpi.uni-potsdam.de.

Dostal, W., M. Jeckle, et al. (2004). "Semantik und Webservices: Vokabulare und Ontologien." JavaSpektrum 2004(3): 51-54.

Durfee, E. H. (1999). Distributed problem solving and planning. Multiagent Systems: A Modern Approach to Distributed Artificial Intelligence. G. Weiss: 121-164.

Durfee, E. H. und J. S. Rosenschein (1994). Distributed Problem Solving and Multi-Agent Systems: Comparisons and Examples. 12th National Conference on Artificial Intelligence. Seatlle, Washington, AAAI Press. 94: 52-62.

Dustdar, S., H. Gall, et al. (2003). Software-Architekturen für Verteilte Systeme : Prinzipien, Baustein und Standardarchitekturen für moderne Software. Berlin, Springer.

Ehrig, M. und R. Studer (2006). Wissensvernetzung durch Ontologien Semantic Web: Wege zur vernetzten Wissensgesellschaft T. Pellegrini und A. Blumauer. Berlin Heidelberg, Springer: 469-484.

Ehrlenspiel, K. (2009). Integrierte Produktentwicklung : Denkabläufe, Methodeneinsatz, Zusammenarbeit. München [u.a.], Hanser.

Eigner, M. (2009) Virtuelle Produktentwicklung (VPE) II. Vorlesung aus dem Sommersemester 2009

Emig, C., J. Weisser, et al. (2006). Development of SOA-Based Software Systems - an Evolutionary Programming Approach. International Conference on Internet and Web Applications and Services/Advanced International Conference on Telecommunications. Piscataway, NJ, IEEE.

Erl, T. (2006). Service-oriented architecture : concepts, technology, and design. Upper Saddle River, NJ [u.a.], Prentice-Hall.

Eymann, T. (2003). Digitale Geschäftsagenten : Softwareagenten im Einsatz ; mit ... CD-ROM. Berlin [u.a.], Springer.

Finger, P. und K. Zeppenfeld (2009). SOA und WebServices. Berlin [u.a.], Springer.

Fischbach, K. (2008). Strukturbildung in Peer-to-Peer-Netzwerken. Köln, Kölner Wiss.-Verl.

Friedrich, J., U. Hammerschall, et al. (2008). Das V-Modell XT : Für Projektleiter und QS-Verantwortliche kompakt und übersichtlich. Berlin ;Heidelberg, Springer.

Garcés-Erice, L., E. W. Biersack, et al. (2003). Hierarchical Peer-to-Peer Systems. 9th International Euro-Par Conference, Parallel Processing. H. Kosch. Klagenfurt, Austria

Gausemeier, J. und A. Hahn (2006). Vernetzte Produktentwicklung : der erfolgreiche Weg zum Global Engineering Networking. München [u.a.], Hanser.

Grabowski, H., R. Anderl, et al. (1993). Integriertes Produktmodell. Berlin [u.a.], Beuth.

Graffi, K., K. Pussep, et al. (2007). Overlay Bandwidth Management: Scheduling and Active Queue Management of Overlay Flows. 32nd IEEE Conference on Local Computer Networks (LCN). A. Crouch. Dublin.

Gronau, N. (2002). Kollaborative Engineering Communities - Architektur und Integrationsansätze. Multikonferenz Wirtschaftsinformatik (MKWI). Nürnberg.

Gruber, T. R. (1993). "A translation approach to portable ontology specifications." Knowledge Acquisition 5(2): 199-220.

Gruhn, V., D. Pieper, et al. (2006). MDA : effektives Software-Engineering mit UML 2 und Eclipse. Berlin [u.a.], Springer.

Hausknecht, C. (2010). Diplomarbeit Titel N.N. (noch nicht veröffentlicht). Institut für Informatik. Clausthal-Zellerfeld, TU Clausthal. Diplom.

Hauswirth, M. und S. Dustdar (2005). "Peer-to-Peer: Grundlagen und Architektur." Datenbank Spektrum 13: 5-14.

Heckmann, O., R. Steinmetz, et al. (2006). Qualitätsmerkmale von Peer-To-Peer-Systemen: Technical Report. Darmstadt, Technische Universität Darmstadt.

Hesse, W. (2002). "Ontologie(n)." Informatik Spektrum 2002(25): 477-480.

Hewitt, E. (2009). Java SOA cookbook : [SOA implementation recipes, tips, and techniques]. Sebastopol, Calif. [u.a.], O'Reilly.

Hitzler, P. (2008). Semantic Web : Grundlagen. Berlin [u.a.], Springer.

Juric, M. B. (2009). "A Hands-on Introduction to BPEL." Oracle Developer: J2EE & Web Services. from http://www.oracle.com/technology/pub/articles/matjaz_bpel1.html.

Kamrani, A. K. und E. S. A. Nasr (2008). Collaborative Design Approach in Product Design and Development Collaborative engineering : theory and practice. A. K. Kamrani und E. S. A. Nasr. New York, NY, Springer: 1-17.

Kamvar, S. D., M. T. Schlosser, et al. (2003). The Eigentrust algorithm for reputation management in P2P networks. Proceedings of the 12th international conference on World Wide Web. Budapest, Hungary, ACM: 640-651.

Katzenbach, A. (2009) Informationstechnik und Wissensverarbeitung in der Produktentwicklung. Vorlesung aus dem Sommersemester 2009 an der Universität Stuttgart, Institut für Konstruktion und Technisches Design

Kehl, S. (2010). Diplomarbeit Titel N.N. (noch nicht veröffentlicht). Institut für Informatik. Clausthal-Zellerfeld, TU Clausthal. Diplom.

Krause, F.-L., H. J. Franke, et al. (2007). Innovationspotenziale in der Produktentwicklung. München [u.a.], Hanser.

Krause, F.-L., H. Hayka, et al. (2004). Integrative Gestaltung des Collaboration Life Cycles. Integrierte Informationsverarbeitung in der Produktentstehung (I²P). Stuttgart, VDI-Verl. 1819: S. 21-42.

Krause, F.-L., H. Hayka, et al. (2003). Produktdatenbasierte Kooperation in der Produktentstehung. Datenmodelle in der Produktion. W. Adam, G. Pritschow, E. Uhlmann und M. Weck. Düsseldorf, VDI Fortschrittberichte. 2.

Kubiatowicz, J., D. Bindek, et al. (2000). Oceanstore: An architecture for global-scale persistent storage. Ninth international Conference on Architectural Support for Programming Languages and Operating Systems, ASPLOS-IX: 190-201.

Li, J., B. Thau Loo, et al. (2003). On the Feasibility of Peer-to-Peer Web Indexing and Search. Peer-to-Peer Systems II. Second International Workshop, IPTPS 2003 Berkeley. Berlin / Heidelberg, Springer: 207-215.

Li, W. D. und Z. M. Qiu (2006). "State-of-the-art technologies and methodologies for collaborative product development systems." International Journal of Production Research 44(13): 2525 - 2559.

Liebhart, D. (2007). SOA goes real : service-orientierte Architekturen erfolgreich planen und einführen. München [u.a.], Hanser.

Lindemann, U. (2007). Methodische Entwicklung technischer Produkte : Methoden flexibel und situationsgerecht anwenden. Berlin [u.a.], Springer.

Lindemann, U. (2009) Produktentwicklung und Konstruktion. Vorlesung aus dem Sommersemester 2009

Liu, Y., X. Liu, et al. (2004). Location-Aware Topology Matching in P2P Systems. 23rd Conference of the IEEE Communications Society, IEEE INFOCOM. Hong Kong.

Loeliger, J. (2009). Version control with Git : [powerful techniques for centralized and distributed project management]. Beijing [u.a.], O'Reilly.

Lv, Q., P. Cao, et al. (2002). Search and replicaiton in unstructured peer-to-peer networks. 16th International Conference of Supercomputing 2002. New York: 84-95.

Mahlmann, P. und C. Schindelhauer (2007). Peer-to-Peer-Netzwerke : Algorithmen und Methoden. Berlin [u.a.], Springer.

Mandl, P. (2009). Masterkurs Verteilte betriebliche Informationssysteme : Prinzipien, Architekturen und Technologien ; [mit Online-Service]. Wiesbaden, Vieweg + Teubner.

Masak, D. (2007). SOA? : Serviceorientierung in Business und Software ; mit 39 Tabellen. Berlin [u.a.], Springer.

Nöldner, N. (2007). Analyse von Service Discovery Protokollen für P2P-Anwendungen. Institut für Betriebs- und Dialogsysteme. Karlsruhe, Universität Karlsruhe (TH). Studienarbeit.

O'Brien, L., L. Bass, et al. (2005). Quality Attributes and Service-Oriented Architectures. Pittsburgh, Pennsylvania, Software Engineering Institute, Carnegie Mellon University and U.S. Department of Defense. CMU/SEI-2005-TN-014.

O'Hara-Devereaux, M. und R. Johansen (1994). Globalwork : bridging distance, culture, and time. San Francisco, Calif., Jossey-Bass.

Object Management Group, I. O. (2003). MDA Guide Version 1.0.1.

Object Management Group, I. O. (2009). Business Process Model and Notation (BPMN).

On, G., J. Schmitt, et al. (2003). The effectiveness of realistic replication strategies on quality of availability for peer-to-peer systems. Third International Conference on Peer-to-Peer Computing, P2P 03. Linköping, Schweden, IEEE: 57-65.

Oram, A. (2001). Peer-to-peer : harnessing the benefits of a disruptive technology. Beijing [u.a.], O'Reilly.

Peltz, C. (2003). Web Services Orchestration and Choreography: Computer. Computer. 36: 46-52.

Pilone, D., N. Pitman, et al. (2006). UML 2.0 in a Nutshell. Beijing [u.a.], O'Reilly.

Pohl, A. (2004). Datenverteilung in Peer-to-Peer Overlay-Netzwerken. Rostock, Universität Rostock. Lehrstuhl Datenbank- und Informationssysteme: 70.

Polančič, G. und T. Rozman (2008). "BPMN Poster Version 1.0.10." Retrieved 28.06., 2010, from http://www.itposter.net/itPosters/bpmn/bpmn.htm.

Radtke, P., E. Abele, et al. (2004). Die smarte Revolution in der Automobilindustrie : das Auto der Zukunft, Optionen für Hersteller, Chancen für Zulieferer. Frankfurt [u.a.], Ueberreuter.

Ramabhadran, S., S. Ratnasamy, et al. (2004). Prefix Hash Tree: An Indexing Data Structure over Distributed Hash Tables. 23rd ACM Symposium on Principles of Distributed Computing, PODC 2005. St. John's, Canada: 367 ff.

Rannenberg, K., A. Pfitzmann, et al. (1999). IT Security and Multilateral Security. Multilateral Security in Communications – Technology, Infrastructure, Economy. K. R. Günter Müller. München, Addison-Wesley-Longman. 1999-42.

Rashid, A., A. Behm, et al. (2006). "Kollaborative Softwareentwicklung - Zum Kollaborationsbegriff." Arbeitspapier aus dem Projekt CollaBaWü.

Ratnasamy, S., I. Stoica, et al. (2002). Routing Algorithms for DHTs: Some Open Questions. International workshop on Peer-To-Peer Systems (IPTPS). P. Druschel, F. Kaashoek und A. Rowstron.

Reynolds, P. und A. Vahdat (2003). Efficient peer-to-peer keyword searching. ACM/IFIP/USENIX 2003 - International Conference on Middleware: 21-40.

Rosen, M. (2008). Applied SOA : service-oriented architecture and design strategies. Indianapolis, Ind., Wiley Pub.

Roser, S. (2008). "Designing and Enacting Cross-organisational Business Processes." from http://opus.bibliothek.uni-augsburg.de/volltexte/2008/805/pdf/Diss_Roser_Business_Processes.pdf.

Rowstron, A. und P. Druschel (2001). "Pastry: Scalable, decentralized object location and routing for large-scale peer-to-peer systems." LECTURE NOTES IN COMPUTER SCIENCE 2218: 329-350.

Rude, S. (1998). Wissensbasiertes Konstruieren. Aachen, Shaker.

Saroiu, S., P. K. Gummadi, et al. (2002). A Measurement Study of Peer-to-Peer File Sharing Systems. Multimedia Computing and Networking (MMCN). M. G. Kienzle und P. J. Shenoy. San Jose, USA, Spie.

Scheer, A.-W. (2002). ARIS - vom Geschäftsprozess zum Anwendungssystem. Berlin [u.a.], Springer.

Scheer, A.-W. und A. Cocchi (2006). Prozessorientiertes Product Lifecycle Management ; mit 3 Tabellen. Berlin [u.a.], Springer.

Schichtel, M. (2002). Produktdatenmodellierung in der Praxis. München [u.a.], Hanser.

Schollmeier, R. und G. Schollmeier (2002). Why Peer-to-Peer (P2P) Does Scale: An Analysis of P2P Traffic Patterns. Second International Conference on Peer-to-Peer Computing, IEEE Computer Society: 112.

Schönemann, N. und R. Keller (2004) Verfügbarkeit in Peer-to-Peer-Netzwerken. Hauptseminar Peer-To-Peer-Netzwerke an der Universität Köln

Schrage, M. (1990). Shared minds : the new technologies of collaboration. New York, Random House.

Sendler, U. (2009). Das PLM-Kompendium : Referenzbuch des Produkt-Lebenszyklus-Managements. Berlin [u.a.], Springer.

Shaw, M. und D. Garlan (1996). Software architecture : perspectives on an emerging discipline. Upper Saddle River, NJ, Prentice Hall.

Smith, R. G. (1981). Frameworks for Cooperation in Distributed Problem Solving. IEEE Transactions on Systems, Man and Cybernetic. 11: 61-70.

Speck, H.-J. (1998). Methode zur entwicklungsbegleitenden Ergebnisdokumentation bei der Produktdatenmodellentwicklung. Aachen, Shaker.

Stäber, F. (2008). Service layer components for decentralized applications. Institut für Informatik. Clausthal-Zellerfeld, Germany, Technische Universität Clausthal: XII, 182 S.

Stahl, T., M. Völter, et al. (2005). Modellgetriebene Softwareentwicklung : Techniken, Engineering, Management. Heidelberg, dpunkt-Verl.

Starke, G. (2009). Effektive Software-Architekturen : ein praktischer Leitfaden. München, Hanser.

Steinmetz, R. und K. Wehrle (2004). "Peer-to-Peer-Networking & -Computing." Informatik Spektrum 27: 51-54.

Steinmetz, R. und K. Wehrle (2005). Peer-to-peer systems and applications. Berlin [u.a.], Springer.

Swoboda, J., S. Spitz, et al. (2008). Kryptographie und IT-Sicherheit : Grundlagen und Anwendungen. Wiesbaden, Vieweg + Vieweg.

Ten Hompel, M. und V. Heidenblut (2008). Taschenlexikon Logistik : Abkürzungen, Definitionen und Erläuterungen der wichtigsten Begriffe aus Materialfluss und Logistik. Berlin [u.a.], Springer.

Terpstra, W. W., C. Leng, et al. (2007). BubbleStorm: Analysis of Probabilistic Exhaustive Search in a Heterogeneous Peer-to-Peer System. ACM SIGCOMM Computer Communication Review: 49-60.

Teufel, S. (1995). Computerunterstützung für die Gruppenarbeit. Bonn <etc.>, Addison-Wesley.

Tietze, O. (2003). Strategische Positionierung in der Automobilbranche : der Einsatz von virtueller Produktentwicklung und Wertschöpfungsnetzwerken. Wiesbaden, Dt. Univ.-Verl.

Tomanek, K. (2004). Implementierung und Evaluierung eines hybriden Overlays auf Basis von CAN und Chord. Seminararbeit am Institut für Telematik. M. P. D. Zitterbart und T. D. Fuhrmann. Karlsruhe, Universität Karlsruhe (TH), Fakultät für Informatik.

Ungerer, M., L. Lämmer, et al. (2005). PLM Services Standardization - A Leap forward in Product Data Communication. The 7th NASA-ESA Workshop on Product Data Exchange (PDE). Manufacturing Research Center, Georgia Tech, Atlanta

Vajna, S. und C. Weber (2002). Dynamisches Managen von Produktentwicklungsprozessen. Informationsverarbeitung in der Produktentwicklung – Von CAx zu PLM. Düsseldorf, VDI-Verlag.

van der Vlist, E. (2002). XML schema: [the W3C's object-oriented descriptions for XML]. Beijing, O'Reilly.

VDI, V. D. I. (1993). Methodik zum Entwickeln und Konstruieren technischer Systeme und Produkte. Düsseldorf, VDI-Verlag. 2221: 44.

Völter, M. und O. Vogel (2009). Software-Architektur : Grundlage - Konzepte - Praxis. Heidelberg 2008, Spektrum.

Walter, P. und D. Werth (2008). Eine Peer-to-Peer-Infrastruktur zur Konstruktion kollaborativer Geschäftsprozesse. Multikonferenz Wirtschaftsinformatik (MKWI). München, Logos-Verl.: 63-88.

Weatherspoon, H. und J. Kubiatowicz (2002). Erasure Coding Vs. Replication: A Quantitative Comparison Peer-to-Peer Systems. Berlin / Heidelberg, Springer: 328-337.

Wilde, S. (2010). Diplomarbeit Titel N.N. (noch nicht veröffentlicht). Institut für Informatik. Clausthal-Zellerfeld, TU Clausthal. Diplom.

Winer, M. B. und K. L. Ray (1994). Collaboration handbook : creating, sustaining, and enjoying the journey. Saint Paul, Minn, Amherst H. Wilder Foundation.

Wölfl, T. (2005). Public-Key-Infrastructure Based on a Peer-to-Peer Network. 38th Annual Hawaii International Conference on System Sciences. Hawaii, IEEE Computer Society.

Wolfson, O., S. Jajodia, et al. (1997). "An adaptive data replication algorithm." ACM Trans. Database Syst. 22(2): 255-314.

Wooldridge, M. (1999). Intelligent Agents. Multiagent Systems: A Modern Approach to Distributed Artificial Intelligence. G. Weiss: 3-51.

Xie, H. und Y. R. Yang (2008). P4P: Provider Portal for Applications. ACM SIGCOMM Computer Communication Review. Seattle, Washington, USA. 38: 351-362.

Xiong, L. und L. Liu (2003). A reputation-based trust model for peer-to-peer ecommerce communities [Extended Abstract]. Proceedings of the 4th ACM conference on Electronic commerce. San Diego, CA, USA, ACM: 228-229.

Xu, Z., C. Tang, et al. (2003). Building Topology-Aware Overlays Using Global Soft-State. 23rd International Conference on Distributed Computing Systems, ICDCS. Providence, Rhode Island, USA, IEEE Computer Society: 500 ff.

Zang, S., A. Hofer, et al. (2004). Cross-Enterprise Business Process Management Architecture – Methods and Tools for Flexible Collaboration. On the move to meaningful internet systems 2004: OTM 2004 Workshop. Agia Napa, Cyprus, Springer. 3292: 483-494.

MIX
Papier aus verantwortungsvollen Quellen
Paper from responsible sources
FSC® C105338

If you have any concerns about our products,
you can contact us on
ProductSafety@springernature.com

In case Publisher is established outside the EU,
the EU authorized representative is:
Springer Nature Customer Service Center GmbH
Europaplatz 3, 69115 Heidelberg, Germany

Printed by Libri Plureos GmbH
in Hamburg, Germany